中央编译局文库编辑委员会

主　任：贾高建
委　员：贾高建　俞可平　魏海生　王学东　陈和平　杨金海
　　　　柴方国　尹汾海　何增科　季正聚　郗卫东　张文成
　　　　李惠斌　杨雪冬　李京洲　薛晓源　陈家刚

中央编译出版社文库编辑中心编辑小组

刘明清　薛晓源　邢艳琦　谭　洁　尹承东　贾宇琰　冯　章
董　巍　苗永姝　郑　锦　盛菊艳　李媛媛　董　妍

国家"十二五"重点图书

国际共产主义运动历史文献

第30卷

主　编　王学东
副主编　戴隆斌（常务）童建挺

共产国际第二次代表大会文献

本卷主编　戴隆斌

《国际共产主义运动历史文献》顾问委员会

贾高建 俞可平 顾锦屏 高　放 张中云 殷叙彝 胡文建
宋洪训 顾家庆 洪肇龙 沈志华 杨光远 林勋建

《国际共产主义运动历史文献》编辑委员会

主　　编：王学东
副 主 编：戴隆斌（常务）童建挺
编　　委：（以姓氏笔画为序）
　　　　　王　瑾 邢艳琦 许宝友 张文成 张文红 陈新明
　　　　　林德山 胡振良 姚　颖 彭萍萍 薛晓源

参加本卷译校工作的有

林荫成 吴永清 丁如筠 李金秋 曾宪权 邵　宇 杨云恪
黄良平 宋洪训

参加本卷编辑出版工作的有

郑　锦 苗永姝 薛晓源

丛书编务统筹

苗永姝 郑　锦 李媛媛 董　妍

总　序

　　国际共产主义运动，是由以马克思主义为指导的无产阶级政党领导的国际性的无产阶级革命运动，其宗旨是推翻资产阶级统治和一切剥削制度，建立和发展社会主义制度，进而最终实现人的彻底解放，建立共产主义社会。

　　国际共产主义运动迄今已有一百六十多年的历史。19世纪40年代，马克思、恩格斯在创立科学社会主义理论的同时，努力把它与当时西欧无产阶级的革命实践相结合，于1847年6月创建了第一个国际性的无产阶级政党——共产主义者同盟，亲自拟定并于1848年2月公开发表了同盟纲领《共产党宣言》。这标志着国际共产主义运动的兴起。

　　自从共产主义者同盟建立以来，历经第一国际（国际工人协会）、第二国际、第三国际（共产国际），国际共产主义运动由小到大、由弱到强，从西方推进到东方、从欧洲扩展到全球，终于突破资本主义链条上一个又一个薄弱环节，取得了社会主义由一国到多国的胜利。二战后社会主义阵营的建立、民族解放运动的胜利进军、社会主义国家革命与建设的重大成就，为国际共产主义运动史书写了辉煌的篇章。20世纪末，由于东欧剧变、苏联解体，国际共产主义运动遭遇了严重挫折。但是，历史并没有因此而终结。由《共产党宣言》奠基的国际共产主义运动仍在曲折中前进。各资本主义国家中的共产党、工人党仍在不断探索无产阶级取得解放的道路；中国等社会主义国家仍继续高举社会主义伟大旗帜，为完善社会主义、最终实现共产主义而不懈奋斗。

国际共产主义运动一百六十多年跌宕起伏的发展历程，积累了卷帙浩繁的文献档案，留下了丰富的历史遗产。深入发掘和充分利用这些文献档案，对于我们准确地了解和把握国际共产主义运动的发展进程及各个时期的特点，科学地研究和总结国际共产主义运动丰富且宝贵的经验教训，具有极其重要的意义。特别是无产阶级国际组织，作为国际共产主义运动的重要载体，其文献档案对于国际共产主义运动史研究更是具有特殊的重要意义。

早在1984年春，中国国际共产主义运动史学会就发起编辑出版《国际共产主义运动史文献》。当时由中共中央编译局、中国社会科学院马列主义毛泽东思想研究所和近代史研究所、中共中央党校和中国人民大学等单位共同组建了编辑委员会。编委会商定：这套文献主要收编共产主义者同盟、第一国际、第二国际、第三国际、共产党和工人党情报局这五个国际组织已发表的全部文献档案，包括历次代表大会、代表会议和其他重要会议的记录、决议和有关文件；收编材料力求齐全；凡外国有选编完整的版本者，根据外国版本翻译；凡文件散见于外国不同出版物者，尽力搜集完整，组织力量统一编译；文件完全按照原件翻译，译文力求准确，不作修改删节，以便读者根据完整、准确的第一手材料了解这些国际组织的历史。在当时代管全国哲学社会科学基金的中国社会科学院科研局的资助下，经过编辑委员会、编译工作者和中国人民大学出版社的共同努力，这套文献于1986年开始陆续出版，截至1997年共出版了21卷。

到上世纪末，文献的编辑出版工作遇到了巨大困难。首先是编委会发生了重大变故，主编林基洲、副主编王颖和校纪英相继谢世；其次是出版经费难以为继。为继续出版这套文集，中国国际共产主义运动史学会多方努力，组成以会长顾锦屏为主编的新编委会，从全国哲学社会科学规划办公室争取到一笔资助，于1999—2001年又出版了两卷。此后，因缺乏经费，编辑出版工作完全陷于停顿。

2010年，在中共中央编译局和中国国际共产主义运动史学会的鼎力支持下，中央编译出版社以这套文献申报国家出版基金项目，获得立项资助。中共中央编译局对此项目高度重视，在国家出版基金资助的基础上，给予了相应的资金支持，组建了新编委会，成立了专门机构负责文献整理和编辑工作，并将这套文献纳入"中央编译局文库"出版规划。

经新编委会研究决定，这套文献定名为《国际共产主义运动历史文献》，在其前身《国际共产主义运动史文献》的基础上重新编辑出版。通过进一步广泛搜集资料和适当改变编辑方式，新《文献》的资料更详尽、收文更齐全。例如，在原《文献》的某些卷次中，对已出版的马克思主义经典著作中译本只列目录，不收正文，而新《文献》则全部依据最新的中译本收录，以方便读者查阅。此外，《国际共产主义运动历史文献》扩大了文献资料的搜集和选材范围，采用开放式结构，规模暂定60卷，约2500万字。

中共中央编译局和中国国际共产主义运动史学会对这套文献的编辑出版工作给予了强有力的支持，中央编译出版社为这套文献的立项和出版做了大量艰苦细致的工作，文献的前两任编委会和编译工作者在十分困难的条件下为这套文献奠定了良好的基础，中国人民大学出版社为这套文献的重新编辑出版提供了帮助，在此一并表示衷心感谢。

《国际共产主义运动历史文献》
编辑委员会
2011年12月20日

编辑说明

共产国际（第三国际）第二次代表大会于1920年7月19日在彼得格勒开幕，从7月23日起移至莫斯科，8月7日闭幕。出席大会的有来自41个国家的67个政党和工人组织的217名代表。中国刘绍周（刘泽荣）和安恩学出席了大会，拥有发言权。这次大会是在共产主义运动迅速发展的形势下召开的，主要任务是研究克服"左"、右倾机会主义，制定国际共产主义运动的战略策略原则，确定共产国际的组织原则和行动纲领。大会的主要议程有：关于国际形势和共产国际的基本任务；共产党在无产阶级夺取政权之前和夺取政权之后的作用及其组织结构；工会和工厂委员会；议会制问题；民族和殖民地问题；土地问题；对待"中派"新思潮的态度和加入共产国际的条件；共产国际章程；组织问题（公开和秘密组织、妇女组织等）；青年共产主义运动；成立苏维埃的条件，等等。列宁在大会召开前写的《共产主义运动中"左派"幼稚病》一书以及《土地问题提纲》、《民族和殖民地问题提纲初稿》、《加入共产国际的条件》、《关于国际形势和共产国际基本任务》等一系列著作成为了代表大会各项决议的基础。大会经过讨论后通过了列宁制定的《加入共产国际的条件》，即"二十一条"，规定加入共产国际的政党和组织必须按民主集中制原则建立，在党内实行严格的纪律，必须同改良主义和中派彻底决裂，承认无产阶级专政，各成员党必须完全服从共产国际的决议。大会还讨论并通过了列宁制定的《关于民族和殖民地问题的提纲》、《土地问题提纲初稿》等。大会讨论并通过了《共产国际章程》。大会通过的各项决议确定了共产国际的战略、策略任务和组织原则，对于加强共产国际、指导各国共产党和各国革命的发展起了重要作用。但大会也不切实际地提出了在各地立刻准备实现无产阶级专政的任务。大会还选举了领导机构——共产国际执行委员会。

本卷收录的文献包括四个部分：（1）召开共产国际第二次代表大会的通知和提纲；（2）共产国际第二次代表大会会议记录；（3）共产国际第二次代表大会文件；（4）附录：列宁关于共产国际第二次代表大会的文献。前三部分的文献大多译自联共（布）中央马克思恩格斯列宁研究院编辑的《共产国际代表大会记录。共产国际第二次代表大会。1920年7—8月》（莫斯科党的出版社1934年版）（Протоколы Конгрессов Коммунистического Интернационала——Второй Конгресс Коминтерна. июль - август 1920 г. Партийное издательство，Москва，1934）编译的。这个版本是以1921年版为基础的，参照德、法、英三种文本做了修改和补充，文件搜集比较齐全。在文件编排上，我们做了技术上的调整。由于俄文版多处字迹模糊无法辨认，译校者根据1981年南斯拉夫出版的《共产国际代表大会速记稿和文件》塞尔维亚文版做了补译。列宁在大会上的报告和发言，均按《列宁全集》中文第2版的译文刊印。附录部分选自《列宁全集》中文第2版。书中除译者加的译者注外，未注明的脚注为原书或者原作者加的注释，本卷主编加的注释标明为编者注。需要特别说明的是，附录部分的编者注，有的是《列宁全集》中文版译者加的注释，有的是本卷主编加的注释，未作详细区分。本书第二部分"共产国际第二次代表大会会议记录"正文中的标题大多为中国人民大学出版社1988年出版的《共产国际第二次代表大会文件》中文版编者所加，本卷主编对一些标题作了调整。

编辑说明

本卷是根据中国人民大学出版社1988年出版的《共产国际第二次代表大会文件》中译本进行编辑的。本卷主编依据中央编译局编译马克思主义经典著作的标准重新进行了人名、地名、组织机构名、报刊名等专用名的统一，并对书中个别译文进行了重新校订。

目　录

召开共产国际第二次代表大会的通知和提纲 ………… 1
  共产国际执行委员会关于召开共产国际第二次代表大会的通知…… 3
  共产国际执行委员会为共产国际第二次代表大会拟定的提纲……… 7
    关于共产国际第二次代表大会的基本任务的提纲……………… 7
    关于共产党在无产阶级革命中的作用 …………………………… 21
    民族和殖民地问题提纲初稿 ……………………………………… 30
    加入共产国际的条件 ……………………………………………… 36
    共产党与议会制问题 ……………………………………………… 42
    实行共产主义议会制 ……………………………………………… 47
    工会运动、工厂委员会与第三国际 ……………………………… 49
    土地问题提纲初稿 ………………………………………………… 56
    何时以及在何种条件下可以建立工人代表苏维埃？…………… 66
    关于共产主义妇女运动的提纲草案 ……………………………… 69
    关于青年运动的提纲 ……………………………………………… 88

共产国际第二次代表大会会议记录

 （1920年7月19日至8月7日）……………………………… 91

第一次会议（1920年7月19日）………………………… 93
 季诺维也夫致开幕词 ……………………………………… 93
 选举主席团 ………………………………………………… 100
 加里宁致贺词 ……………………………………………… 101
 列宁作《关于国际形势和共产国际基本任务的报告》…… 102
 罗斯默向彼得格勒无产阶级致贺词 ……………………… 118
 塞拉蒂向俄国红军致贺词 ………………………………… 120
 施泰因哈特关于匈牙利白色恐怖的讲话 ………………… 122
 马尔赫列夫斯基关于波兰局势的讲话 …………………… 125
 莱维关于欧洲无产阶级在波苏战争中的任务的讲话 …… 127
 告世界各国无产者书 ……………………………………… 128
 表决贺词和呼吁书 ………………………………………… 131

第二次会议（1920年7月23日）………………………… 132
 确定议事规则和议事日程 ………………………………… 132
 季诺维也夫作《论共产党在无产阶级夺取政权之前和之后的
  作用及其组织结构问题》的报告 ……………………… 134
 讨论季诺维也夫的报告 …………………………………… 147

第三次会议（1920年7月24日）………………………… 170
 成立大会各个专题委员会 ………………………………… 170
 美国代表团关于美国共产党与美国共产主义工人党合并
  的声明 …………………………………………………… 172
 南非国际社会主义联盟的电报 …………………………… 173
 选举资格审查委员会 ……………………………………… 174

季诺维也夫作共产党在无产阶级夺取政权之前和之后的
　　　　作用及其组织结构问题委员会的工作报告 …………… 175
　　表决并通过关于共产党的作用的提纲 ………………………… 184
　　宣读各委员会委员名单 ………………………………………… 184
　　表决并通过在组织委员会中设立妇女问题和青年问题
　　　　专门小组委员会的提案 ………………………………… 185
　　讨论是否允许德国独立社会民主党和法国社会党的代表
　　　　参加加入共产国际的条件委员会的问题 ……………… 186
　　表决并通过允许德国独立社会民主党和法国社会党的代表
　　　　参加加入共产国际的条件委员会的问题 ……………… 195
　　选举各小组委员会并成立审议英国工党问题的特别委员会 … 195

第四次会议（1920年7月26日） ………………………………… 197
　　列宁作《民族和殖民地问题的报告》 ………………………… 197
　　马林作民族和殖民地问题委员会的工作报告 ………………… 202
　　罗易发言并提出补充提纲 ……………………………………… 205
　　讨论民族和殖民地问题 ………………………………………… 207
　　关于是否停止申请发言的争论 ………………………………… 216

第五次会议（1920年7月28日） ………………………………… 219
　　继续讨论民族和殖民地问题 …………………………………… 219
　　塞拉蒂对民族和殖民地问题提纲的表决投弃权票的声明 …… 258
　　就塞拉蒂的声明展开的争论和声明 …………………………… 259
　　表决并通过民族和殖民地问题提纲及将有争论的问题提交
　　　　委员会审议的建议 ……………………………………… 267

第六次会议（1920年7月29日上午） …………………………… 268
　　季诺维也夫作《加入共产国际的条件》的报告 ……………… 268
　　讨论加入共产国际的条件 ……………………………………… 286

召开国际妇女（共产党员）代表会议的通知书 …………… 309

第七次会议（1920年7月29日晚）………… 310
   继续讨论加入共产国际的条件 ………………………… 310

第八次会议（1920年7月30日）………… 348
   就施泰因哈特提出的召开专门会议报道俄国工会
      工作的提案所展开的争论 ………………………… 348
   继续讨论加入共产国际的条件 ………………………… 350
   挪威代表团的声明 ……………………………………… 392
   季诺维也夫的结束语 …………………………………… 393
   表决并通过关于加入共产国际的条件的提纲 ………… 402

第九次会议（1920年8月2日上午）………… 404
   季诺维也夫关于匈牙利苏维埃政权被颠覆一周年的讲话 … 404
   克里斯平（德国独立社会民主党）的声明 …………… 404
   布哈林作《关于议会制问题》的报告 ………………… 406
   沃尔弗施泰因作议会制问题委员会的工作报告 ……… 416
   博尔迪加作补充报告并提出反提纲 …………………… 419
   讨论议会制问题 ………………………………………… 429

第十次会议（1920年8月2日晚）………… 436
   继续讨论议会制问题 …………………………………… 436
   布哈林的结束语 ………………………………………… 446
   表决议会制问题提纲并将修正案交由委员会审议 …… 454
   拉狄克作资格审查委员会的报告 ……………………… 454

第十一次会议（1920年8月3日上午）………… 458
   宣读奥地利革命社会民主党人"劳动友谊社"的贺电以及
      共产国际代表大会的复电 ……………………… 458
   拉狄克作关于工会和工厂委员会问题的报告 ………… 459

宣读花拉子模劳动人民的贺信 473
　　讨论工会和工厂委员会问题 474
第十二次会议（1920年8月3日晚） 480
　　继续讨论工会和工厂委员会问题 480
　　关于停止辩论工会和工厂委员会问题的讨论和声明 488
　　表决工会和工厂委员会问题提纲并将修正案交由委员会
　　　审议 493
第十三次会议（1920年8月4日上午） 494
　　巴拉巴诺娃宣布奥森遇难的消息 494
　　迈耶尔作关于土地问题的报告 495
　　讨论土地问题 504
　　表决并通过土地问题提纲 516
第十四次会议（1920年8月4日晚） 517
　　卡巴克奇耶夫作关于共产国际章程的报告 517
　　巴马捷尔作拟定共产国际章程委员会的工作报告 522
　　讨论共产国际章程 524
　　季诺维也夫的总结讲话 533
　　表决并通过共产国际章程 538
第十五次会议（1920年8月5日） 540
　　资格审查委员会就承认美国共产党代表资格问题提出的通报
　　　 540
　　讨论资格审查委员会的通报 541
　　表决资格审查委员会的提案 543
　　季诺维也夫作关于成立工兵代表苏维埃的时机问题的报告 543
　　表决并通过关于何时以及在何种条件下可以建立工兵代表
　　　苏维埃的提纲 546

拉狄克作关于工会和工厂委员会问题委员会的工作报告……… 547
里德代表委员会少数派作补充报告……………………… 554
讨论工会和工厂委员会问题………………………………… 556
表决并通过工会和工厂委员会问题的提纲………………… 563
季诺维也夫关于红色工会国际问题的补充发言…………… 564
表决并通过季诺维也夫的提案……………………………… 567

第十六次会议（1920年8月6日）……………………… 568
关于代表大会不可能认真讨论青年运动问题的争论和决定…… 568
关于英国各党加入英国工党问题的争论…………………… 570
表决并通过英国各党加入英国工党问题的提案…………… 580
表决并通过共产国际的基本任务的提纲…………………… 580
迈耶尔作关于加入共产国际的条件委员会的工作报告…… 583
表决并通过加入共产国际的二十一条规定………………… 584
表决并通过共产国际章程的修正案………………………… 585
表决并通过共产国际执行委员会驻在地…………………… 586
表决并通过将妇女运动提纲和青年运动提纲交由
　执行委员会审议………………………………………… 586
表决并通过议会制问题提纲………………………………… 586
土地问题委员会的通报……………………………………… 587
佩斯塔尼亚提出使用世界语的建议………………………… 587
关于召开青年代表会议的通知……………………………… 588
季诺维也夫关于各党在共产国际执行委员会中的代表
　资格问题的讲话………………………………………… 589
讨论各党在共产国际执行委员会中的代表资格问题……… 589
表决向执行委员会派遣享有表决权的代表的政党名单和
　瓦涅克的提案…………………………………………… 593

通过关于告德国共产主义工人党书和关于共产国际宣言
的提案 ·· 594
闭幕式（1920年8月7日） ································ 596
季诺维也夫致闭幕词 ································· 596

共产国际第二次代表大会文件 ································ 607
代表大会议事日程 ································ 609
关于共产国际的基本任务 ································ 611
一、无产阶级专政和苏维埃政权的实质 ················· 612
二、应该如何立即在各地为建立无产阶级专政做准备？ ········ 614
三、纠正已经加入或愿意加入共产国际的各政党的路线
以及部分地改变其成分 ································ 621
关于共产党在无产阶级革命中的作用 ··············· 626
关于民族和殖民地问题的决议 ···················· 636
关于民族和殖民地问题的补充提纲 ··············· 642
加入共产国际的条件 ······························ 645
共产党与议会制 ···································· 651
一、新时代与新议会制 ······························ 651
二、共产主义，为实现无产阶级专政和利用资产阶级
议会而斗争 ·· 653
三、革命的议会制 ···································· 658
工会运动、工厂委员会与第三国际 ················ 661
一 ·· 661
二 ·· 665
三 ·· 668
关于土地问题的决议 ······························ 669

共产国际章程 ································· 678
共产国际第二次代表大会宣言 ························ 683
　　一、凡尔赛和约后的国际关系 ····················· 683
　　二、经济状况 ····························· 688
　　三、战后的资产阶级制度 ······················· 694
　　四、苏维埃俄国 ··························· 699
　　五、无产阶级革命和共产国际 ····················· 701
共产国际第二次代表大会主席团告法国社会党全体党员
　　和法国一切有觉悟的无产者书 ····················· 711
第三国际告世界各国工会书 ·························· 724
执行委员会向第二次代表大会所作的工作报告 ··········· 732
　　一、共产国际执行委员会的组成 ···················· 732
　　二、执行委员会的总的工作条件 ···················· 734
　　三、执行委员会的中央机关刊物——《共产国际》 ············ 736
　　四、共产国际执行委员会对黄色的第二国际的斗争 ··········· 737
　　五、共产国际执行委员会对所联合的政党事务的
　　　　直接"干预" ·························· 738
　　六、共产国际执行委员会与工会 ···················· 744
　　七、执行委员会与国际共产主义青年组织 ··············· 745
　　八、执行委员会与国际妇女组织 ···················· 746
　　九、执行委员会向各国派遣个别代表的问题 ·············· 746
　　十、对各兄弟党的经济援助 ······················ 747
　　十一、我们在各国设立的辅助执行局 ·················· 748
　　十二、执行委员会对1919年7月21日罢工的态度 ············ 750
　　十三、执行委员会与东方问题 ····················· 751
　　十四、共产国际执行委员会的原则性指示 ··············· 751

十五、执行委员会和第二次代表大会的筹备工作 …………… 752
各个政党和组织提交第二次代表大会的报告目录 …………… 755
    欧洲 …………………………………………………………… 755
    美洲 …………………………………………………………… 756
    亚洲 …………………………………………………………… 757
革命的爱尔兰与共产主义 ……………………………………… 758
    爱尔兰民军 …………………………………………………… 761
    新芬党和爱尔兰义勇军 ……………………………………… 763
    爱尔兰工人运动 ……………………………………………… 766
资格审查委员会记录 …………………………………………… 771
    1920年7月17日资格预审委员会会议记录摘要 …………… 771
    1920年7月28日资格审查委员会会议记录 ………………… 772
共产国际第二次代表大会代表名单 …………………………… 774
参加共产国际第二次代表大会的俄国代表团成员名单 ……… 784
第二次代表大会主席团和各委员会成员名单 ………………… 787

附录　列宁关于共产国际第二次代表大会的文献 …………… 791

致共产国际执行委员会 ………………………………………… 793
同一位外国记者的谈话 ………………………………………… 795
给奥地利共产党人的信 ………………………………………… 797
共产国际第二次代表大会 ……………………………………… 800
给德国和法国工人的信
    关于共产国际第二次代表大会的讨论 …………………… 803
同威廉·波尔的谈话 …………………………………………… 806
同阿古尔斯基的谈话 …………………………………………… 809
    一　美国和苏维埃俄国 ……………………………………… 809

二　关于工农党……………………………………………… 810
　　三　关于美国共产主义运动………………………………… 810
论意大利社会党党内的斗争……………………………………… 812
　　1 ……………………………………………………………… 812
　　2　关于自由的假话（代后记）…………………………… 824
共产国际第二次代表大会材料…………………………………… 829
　　1　关于草拟民族和殖民地问题提纲 ……………………… 829
　　2　关于共产国际基本任务的提纲 ………………………… 831
　　3　关于"无产阶级专政"这个概念的内容和反对
　　　　这个口号的"时髦"曲解的决议提纲 ………………… 840
　　4　《关于国际形势和共产国际基本任务的报告》
　　　　的草稿和提纲初稿………………………………………… 843
　　5　国际形势和共产国际的基本任务（报告提纲）……… 852
　　6　关于杰·坦纳在共产国际第二次代表大会上的发言
　　　　的笔记…………………………………………………… 856
　　7　对阿·苏尔坦－扎德关于东方社会革命前途的报告
　　　　的意见…………………………………………………… 857
　　8　对保·莱维关于民族和殖民地问题提纲的建议的意见 …… 858
　　9　为民族和殖民地问题委员会写的意见 ………………… 859

召开共产国际第二次代表大会的通知和提纲

共产国际执行委员会关于召开共产国际第二次代表大会的通知

致各国共产党和共产主义小组、各国红色工会、一切妇女共产主义者组织、各国共产主义青年团、各国拥护共产主义的工人组织和正直的劳动者。

同志们！共产国际执行委员会决定：1920年7月15日在莫斯科市召开共产国际第二次代表大会。

共产国际执行委员会制定了第二次代表大会初步的议事日程草案，内容如下：

1. 共产国际执行委员会的工作报告。
2. 各国代表的工作报告（须以书面形式提出）。
3. 目前世界形势和共产国际的任务。
4. 议会制问题。
5. 工会和工厂委员会。
6. 共产党在无产阶级夺取政权之前和夺取政权以后的作用及其组织结构。
7. 民族和殖民地问题。
8. 土地问题。
9. 对待只在口头上站在共产主义立场的"中派"新思潮的态度，以及加入第三国际的条件。
10. 共产国际章程。

11. 组织问题（公开和秘密组织、妇女组织等）。

12. 青年运动。

13. 选举。

14. 其他事项。

一切业已正式加入共产国际并经共产国际执行委员会承认的共产党、共产主义小组、工会，均被邀请前来参加代表大会，并享有表决权。

那些虽然拥护共产国际但对正式合并起来的共产党采取反对立场的小组和组织，也被邀请前来参加代表大会，由大会决定给它们何种权利。

此外，革命的工团主义小组、世界产业工人联合会以及共产国际执行委员会所要联系的其他组织，将被邀请前来参加代表大会。

青年团不仅要通过青年国际执行委员会派出代表，而且还要通过所有各国的共产主义组织派出代表。

行将举行的代表大会召开以后，拟召开妇女共产党员国际代表会议和共产主义青年团国际代表会议。

如果具备一定的条件，在代表大会召开以后，还要举行红色工会第一次国际代表会议。

请各政党和组织尽可能派遣人数众多的代表前来参加大会（当然，会上的表决票数问题，与代表人数的多少无关）。

共产国际执行委员会坚决要求各国共产党在派出代表参加大会时，必须任命一名代表为该党在共产国际执行委员会的常驻代表，以便该同志能长期留在俄国。

你们从议事日程草案中可以看出，代表大会将研究当前全世界工人共产党员所面临的那些重大问题。共产主义思想在全世界的迅速发展，促使我们尽快召开这次代表大会，以便给各国无产者所面临的急待解决的种种问题，作出切实而又明确的回答。

共产国际第一次代表大会高举起共产主义的旗帜。目前，全世界已有千千万万有觉悟的工人站到这面旗帜之下。现在的问题已经不单纯是宣传共产主义思想。现在，把拥护共产主义的无产阶级**组织起来**，并为共产主义革命而**直接开展斗争**的时代已经来到了。

第二国际像纸牌搭成的房子一样垮台了。一些"社会主义"外交家企图召集介乎第二国际和第三国际之间的某种不伦不类的新国际，但这种图谋显然是荒谬可笑的，因而没有得到工人的任何支持。世界各国工人，虽然彼此之间被军事检查机关、戒严状态、黄色社会民主党人和资产阶级舆论的诬蔑宣传所隔离，但是他们相互之间还是伸出了友爱之手。共产国际成立一年多以来，在全世界的工人群众中取得了道义上的重大胜利。千千万万工人的心倾向于我们，倾向于正义的国际工人协会组织——第三国际。

希望这些普通工人迫使自己的党和组织作出明确、彻底的选择。希望他们结束那些有外交手腕的老"领袖"为阻止其党加入共产国际而搞的卑鄙勾当。

特别是，希望那些形式上还属于白卫国际（资本代理人列金、阿贝尔·托马等人在阿姆斯特丹建立的）的工会会员，设法促使他们的工人组织同工人事业的叛徒断绝关系，派出自己的代表参加共产国际代表大会。

希望7月15日即将举行的共产国际第二次代表大会，成为真正的全世界工人阶级的代表大会。同时，希望这次代表大会成为真正志同道合者、真正拥护当代共产主义纲领和革命共产主义策略者的代表大会。

希望每个工人组织和每个工人小组都能讨论共产国际执行委员会提出的议事日程。希望工人们亲自提出所拟定的问题的决议草案。希望各共产主义报刊在最近几星期的版面上探讨所提出的各项重大问题。希望准备工作紧张地开展起来。只有这样，我们的代表大会才能总结全世界有觉悟的无产者的经验，才能体现所有各国工人共产党员的真正意志。

共产国际执行委员会向全世界有觉悟的无产者致以兄弟般的敬意，并号召他们加入共同的兄弟行列。

国际共产主义工人协会万岁！

第三国际万岁！

致以共产主义敬礼！

共产国际执行委员会主席　**格·季诺维也夫**
共产国际执行委员会秘书　**卡·拉狄克**

1920年6月2日

共产国际执行委员会为共产国际第二次代表大会拟定的提纲

关于共产国际第二次代表大会的基本任务的提纲①

1. 目前国际共产主义运动发展的特点,是在一切资本主义国家里,革命无产阶级的优秀代表充分懂得了共产国际的基本原则,即无产阶级专政和苏维埃政权,并且满腔热情地站到共产国际方面来了。一个更重大的进步,就是在各地,不仅城市无产阶级的最广大群众,而且先进的农业工人,都十分明确地表示他们无条件地赞同这些基本原则。

另一方面,发展得异常迅速的国际共产主义运动出现了两种错误或弱点。一种是很严重的并且对无产阶级解放事业的胜利有着极大的直接危险的错误,那就是第二国际的一部分老领袖和旧政党,一方面有意无意地对群众的愿望和压力让步,另一方面为了继续在工人运动内部充当资产阶级的代理人和帮手而有意欺骗群众,声称他们愿意有条件地甚至无条件地加入第三国际,但是实际上他们在党的工作和政治工作的全部实践中,依旧停留在第二国际的水平上。这种情形是完全不能容许的,因为这样会直接腐蚀群众,破坏第三国际的威信,像匆忙改名为共产党

---

① 中译文见《列宁全集》中文第2版第39卷第179—195页。——编者注

人的匈牙利社会民主党人那样的叛变，有再度重演的危险。另一种小得多的错误，更正确地说是运动发展过程中的病症，就是"左"的倾向，就是不能正确地估计党在对待阶级和群众方面的作用和任务，不能正确地估计革命的共产党人在资产阶级议会和反动工会中进行工作的必要性。

共产党人的责任不是隐讳自己运动中的弱点，而是公开地批评这些弱点，以便迅速而彻底地克服它们。为此必须做到：第一，更具体地，特别是根据已有的实际经验来确定"无产阶级专政"和"苏维埃政权"这两个概念的内容；第二，指出在一切国家内为了实现这两个口号，可以而且应该立即有步骤地进行哪些准备工作；第三，指出纠正我们运动中的缺点的途径和方法。

一

无产阶级专政和苏维埃政权的实质

2. 要使社会主义（共产主义的第一阶段）战胜资本主义，必须由无产阶级这一唯一真正革命的阶级完成下面三个任务。第一个任务是：推翻剥削者，首先是推翻他们在经济上和政治上的主要代表——资产阶级；彻底粉碎他们，镇压他们的反抗，使他们恢复资本压迫和雇佣奴隶制的任何尝试都不能得逞。第二个任务是：不仅要争取和引导整个无产阶级或无产阶级的绝大多数，而且要争取和引导全体受资本剥削的劳动者跟着无产阶级的革命先锋队共产党走；要在反对剥削者的英勇忘我、坚决无情的斗争的进程中，启发他们，组织他们，教育他们，培养他们的纪律性；要使一切资本主义国家的这绝大多数人摆脱对资产阶级的依赖，使他们根据实际经验相信无产阶级和它的革命先锋队的领导作用。第三个任务是：使几乎在一切先进国家里人数还相当多的（虽然只占人口的少数）必然动摇于资产阶级和无产阶级之间、资产阶级民主和苏维埃政权之间的农业、工业和商业中的小业主阶级以及和这个阶级地位相当的知识分子、职员等阶层保持中立，或者使他们不起有害的作用。

第一个和第二个任务都是独立的任务，它们要求对待剥削者和对待被剥削者采取不同的行动方法。第三个任务则是由前两个任务产生的，它要求根据每一次表现动摇的具体情况，把前两种方法都能巧妙地、及时地、灵活地结合起来。

3. 在全世界首先是在最先进、最强大、最文明、最自由的资本主义国家目前这种由军国主义、帝国主义、对殖民地和弱小国家的压迫、全世界的帝国主义大厮杀、凡尔赛"和约"所造成的具体形势下，凡是认为可以用和平方式使资本家服从被剥削的大多数人的意志，可以通过和平的、改良主义的道路过渡到社会主义，都不仅是市侩的极端愚蠢的想法，而且是对工人的公然的欺骗，对资本主义雇佣奴隶制的粉饰，对真实情况的隐瞒。现在的真实情况是：最文明最民主的资产阶级，也已经不惜采取任何欺骗和犯罪的手段，不惜屠杀千百万工人和农民来挽救生产资料私有制。只有用暴力推翻资产阶级，没收他们的财产，彻底破坏全部资产阶级国家机构即议会、司法、军事、官僚、行政、地方自治等等机构，一直到驱逐和关押全部最危险最顽固的剥削者，严格地监视他们，以便同他们必然进行反抗和恢复资本主义奴隶制的尝试作斗争，只有这种措施才能使整个剥削阶级真正服从我们。

另一方面，第二国际的旧政党和老领袖总是认为，在资本主义奴隶制下，在资产阶级压迫下（这种压迫具有层出不穷多种多样的形式，某个资本主义国家愈文明，这些压迫形式就愈巧妙，同时也就愈残酷，愈厉害），多数被剥削劳动者自己能够培养出十分明确的社会主义意识、坚定的社会主义信念和品格，这种看法同样是对资本主义和资产阶级民主的粉饰，同样是对工人的欺骗。事实上，只有无产阶级的先锋队，在无产阶级这个唯一革命阶级的全体或多数人的支持下，推翻剥削者，镇压剥削者，使被剥削者摆脱奴隶地位，立刻靠剥夺资本家来改善他们的生活条件，只有在这以后，只有在尖锐的阶级斗争的进程中，才能启发和教育最广大的被剥削劳动群众，把他们组织在无产阶级周围，受无产阶级的影响和领导，使他们克服私有制所造成的自私、散漫、劣根性和软弱性，使他们结成自由工作者的自由联盟。

4. 为了战胜资本主义，在起领导作用的政党共产党、革命的阶级无产阶级和群众即全体被剥削劳动者之间，必须建立正确的相互关系。只有共产党真正成为革命阶级的先锋队，吸收了这个阶级的一切优秀代表，集中了经过顽强的革命斗争的教育和锻炼的、完全觉悟的和忠诚的共产主义者，把自己跟本阶级的全部生活密切联系起来，再通过本阶级跟全体被剥削群众密切联系起来，取得这个阶级和这些群众的充分信任——只有这样的党才能在反对资本主义一切势力的最无情最坚决的最后斗争中领导无产阶级。另一方面，只有在这样的党的领导下，无产阶级才能发挥自己进行革命冲击的全部威力，才能使为数不多的被资本主义腐蚀的工人贵族、老工联领袖和合作社领袖等等必然采取的冷淡态度和有时的反抗不起一点作用，才能发挥自己的全部力量。由于资本主义社会的经济结构，这种力量要比无产阶级在人口中所占的比重大得多。最后，只有真正摆脱了资产阶级和资产阶级国家机构的压迫，只有取得了真正自由地（不受剥削者的束缚）组成自己的苏维埃的可能性，群众即全体被剥削劳动者，才能在历史上第一次发挥受资本主义压制的千百万人的全部主动性和活力。只有在苏维埃成为唯一的国家机构时，全体被剥削者才能真正参加国家管理，而在最文明最自由的资产阶级民主制度下，他们事实上在百分之九十九的情况下仍然一直被排斥在国家管理工作之外。只有在苏维埃里，广大被剥削者才开始不是从书本上，而是从自己的实际经验中真正地学习建设社会主义，学习建立新的社会纪律,建立自由工作者的自由联盟。

二
应该如何立刻在各处为建立无产阶级专政做准备?

5. 当前国际共产主义运动发展的特点是:在大多数资本主义国家内,无产阶级还没有为建立本阶级的专政做好准备,甚至往往还没有步骤地着手这种工作。由此不应得出结论说,在最近的将来,无产阶级革命是不可能发生的;这种革命是完全可能发生的,因为整个经济政治情况包含着非常多的可能突然起火的易燃物和导火线。除了无产阶级的准备程度以外,革命的另一条件就是一切占统治地位的和一切资产阶级的政党都处于普遍危机状态,现在这个条件也已经具备了。但是从上面所说的情况中应当得出这样的结论:各国共产党的当前任务并不在于加速革命的到来,而在于加强无产阶级的准备。另一方面,上面已经指出的许多社会党历史上发生的事件,使我们不得不注意到,"承认"无产阶级专政不能仅仅停留在口头上。

因此,从国际无产阶级运动来看,目前各国共产党的主要任务,是团结分散的共产主义力量,在每一个国家中成立统一的共产党(或加强和革新已有的党),以便百倍地加强工作,为无产阶级赢得国家政权,并且是赢得无产阶级专政这种形式的政权做好准备。承认无产阶级专政的集团和政党通常进行的社会主义工作,还远没有充分地经过根本的改造和革新,要使这种工作成为共产主义的工作并且能与无产阶级专政前夕的各项任务相适应,那就必须经过根本的改造和革新。

6. 无产阶级取得了政权,并没有结束无产阶级同资产阶级的阶级斗争,相反会使这种斗争变得特别广泛、尖锐和残酷。凡是完全或部分持有改良主义、"中派"等等观点的集团、政党和工人运动活动家,由于斗争极端尖锐化,都不可避免地或者站到资产阶级一边,或者置身动摇者之列,或者成为胜利的无产阶级的不可靠的朋友(这是最危险的)。因此,要为建立无产阶级专政作准备,就不仅要加强反对改良主义和"中派"倾向的斗争,而且要改变这种斗争的性质。这种斗争不能只限于弄清这种倾向的错误,而且应当不断地和无情地揭露在工人运动内部表现出这种倾向的一切活动家,否则无产阶级就无从知道,它将要同谁一道去对资产阶级进行最坚决的斗争。这种斗争随时都可能(而且经验已经表明确实是在)用武器的批判代替批判的武器。① 在揭发那些改良主义者或"中派分子"时,任何不彻底或软弱的表现都会直接增加资产阶级推翻无产阶级政权的危险,因为有些分歧今天在近视的人看来只是"理论上的分歧",明天就会被资产阶级用来达到他们反革命的目的。

7. 特别是不能只限于像通常那样从原则上否认无产阶级和资产阶级的任何合作,否认任何"同敌人合作"。在无产阶级专政的条件下,当还保存生产资料私有制(无产阶级永远不能一下子完全消灭私有制)的时候,单纯地维护"自由"和"平等",就会变成同资产阶级的"合作",直接破坏工人阶级的政权。要知道,无产阶级专政就是国家通过整个政权机构来巩固和维护剥削者的"不自由",使他们不能继续干压迫和剥削的勾当,就是巩固和维护私有者(即把社会劳动所创造的一定的生产资料据为己有的人)同无产者的"不平等"。在无产阶级胜利以前,在"民主"问题上存在的看来似乎是理论上的分歧,在明天,在胜利后,必然会成为要用武力解决的问题。因此,不根本改变对"中派分子"和"民主制的维护者"的斗争的全部性质,甚至使群众为建立无产阶级专政做好初步的准备都是不可能的。

---

① 参见《马克思恩格斯文集》第 1 卷第 11 页。——编者注。

8. 无产阶级专政是无产阶级同资产阶级进行阶级斗争的最坚决最革命的形式。只有在无产阶级的最革命的先锋队带领本阶级的绝大多数前进时，这种斗争才能取得胜利。因此，要为建立无产阶级专政做准备，就不仅要说明在保存生产资料私有制的情况下，任何改良主义，任何维护民主制的行为都是资产阶级性质的，不仅要揭露实际上等于在工人运动内部维护资产阶级的那些倾向的各种表现，而且要在所有的无产阶级组织中（不仅在政治组织中，而且在工会、合作社、教育等等组织中）用共产党人去代替老领袖。在一个国家内，资产阶级民主的统治愈长久、愈彻底、愈巩固，资产阶级就愈能把他们培养的、满脑子都是他们的观点和偏见的、往往是他们直接或间接收买的人物安置在这种领袖的地位上。必须比过去大胆百倍地把这些工人贵族或资产阶级化了的工人的代表人物从他们所占据的一切岗位上赶走，宁愿用最没有经验的工人去代替他们，只要这些工人同被剥削群众息息相关，在反对剥削者的斗争中得到这些群众的信任就行。无产阶级专政要求任命这些没有经验的工人去担任国家最重要的一些职务，不然工人政府这种政权就会没有力量，而这个政府就会得不到群众的支持。

9. 无产阶级专政就是由资本主义的全部历史准备好的去担负领导作用的唯一阶级，对一切被资本家阶级压迫、折磨、压制、恐吓、分裂和欺骗的被剥削劳动者实行最充分的领导。因此应该立即在各处用下列办法开始为建立无产阶级专政做准备。

在首先是无产阶级的、其次是非无产阶级被剥削劳动群众的一切组织、协会、团体（政治的、工会的、军事的、合作社的、教育的、体育的等等）中，无一例外都应该成立共产党的小组或支部，这些小组或支部大多数是公开的，但是也有秘密的（在凡是考虑到资产阶级可能取缔这些小组或支部、逮捕或驱逐它们的成员的情况下，都必须成立秘密的小组或支部）。这些彼此之间有密切联系并同党中央也有密切联系的支部，应该互相交流经验，针对社会生活各个方面的情况，针对各类劳动群众的情况，进行鼓动、宣传和组织工作，通过这种多方面的工作不断地教育自己，教育党，教育阶级，教育群众。

同时，在实践中创造出必要的各种不同的工作方法是非常重要的。一方面，对于那些受小资产阶级的和帝国主义的偏见毒害很深以致往往不可救药的"领袖"或"负责人"必须进行无情的揭露，把他们从工人运动中赶出去；另一方面，对于特别是在帝国主义大厮杀以后多半愿意倾听和接受关于必须由无产阶级来领导才能摆脱资本主义奴隶制的学说的群众，则必须学会采取特别耐心和谨慎的态度，以便能够了解每个阶层、每个行业等等的群众的心理特点和特性。

10. 作为共产党员的小组或支部之一的议会党团，也就是在资产阶级代表机构（首先是全国的，其次是地方的、地方自治的等等代表机构）中当议员的党员的小组，是特别值得党加以注意和关心的。一方面，在最广大的落后的或满脑子都是小资产阶级偏见的劳动群众的心目中，议会讲坛具有特别重要的意义。因此，共产党员正应该从这个讲坛上进行宣传、鼓动和组织工作，向群众说明为什么在俄国由全国苏维埃代表大会解散资产阶级议会是合理的（任何国家在适当的时候这样做也都是合理的）。另一方面，资产阶级民主的全部历史已经把议会讲坛特别是先进国家的议会讲坛变成进行闻所未闻的营私舞弊、在财政上和政治上欺骗人民、升官发财、弄虚作假、压迫劳动者的主要场所或主要的场所之一。因此，革命无产阶级的优秀代表对议会深恶痛绝是完全正当的。因此，各国共产党和一切加入第三国际的政党，特别是那些不是通过与旧党分裂，不是通过与旧党进行长期顽强斗争，而是通过由旧党采取（往往只是在名义上采取）新的立场而成立的政党，就尤其需要严格对待自己的议会党团；使议会党团完全服从党中央委员会的监督和指示；议会党团的成员必须主要是革命工人；在党的报刊和党的会议上，极其认真地分析这些议员的发言是否坚持共产主义的原则;把这些议员派到群众中去进行鼓动工作,把那些表现出第二国际倾向的人从议会党团中开除出去,等等。

11. 在发达的资本主义国家中,革命工人运动受到阻碍的一个主要原因就是:资本家拥有殖民地,获得金融资本的超额利润等等,因此能够在国内培植一个比较广泛、比较稳定而人数不多的工人贵族阶层。工人贵族享有优厚的工资待遇,具有最浓厚的行会狭隘性以及市侩的和帝国主义的偏见。他们是第二国际、改良主义者和"中派分子"的真正的社会"支柱",而在目前他们几乎是资产阶级的主要的社会支柱。如果不立即有步骤地、广泛地、公开地同这个阶层作斗争,那就谈不上无产阶级为推翻资产阶级做任何初步准备工作,如经验已经充分证明的,在无产阶级胜利之后,这个阶层无疑还会给资产阶级的白卫军提供不少的人力。一切加入第三国际的政党必须竭力实现"更深入群众"和"更密切地联系群众"的口号,这里讲的群众,是指全体受资本剥削的劳动者,特别是那些最无组织、最少受教育、最受压迫、最难组织的劳动者。

无产阶级只有不局限在狭隘的行会范围内,只有在社会生活的各个方面和各个领域都表现出是全体被剥削劳动群众的领袖,只有这样才能成为革命阶级。假如无产阶级没有决心,又不能够为战胜资产阶级作出极其巨大的牺牲,那它就不能实现无产阶级专政。俄国的经验在这方面既有原则意义又有实际意义。在世界资产阶级举行进攻、发动战争、实行封锁的最艰苦的时期,如果俄国无产阶级没有作出最大的牺牲,不是比其他各阶层的劳动群众挨饿得更厉害,那么,它就不能实现无产阶级专政,就不能赢得全体劳动群众一致的尊敬和信任。

具体地说,共产党和整个先进的无产阶级尤其必须从各方面全力支持广泛的和自发的群众罢工运动,因为在资本的压迫下,只有这种运动才能真正唤醒、推动、启发和组织群众，才能教育群众充分信任革命无产阶级的领导作用。没有这样的准备，无产阶级专政根本不可能实现。在加入第三国际的政党的队伍里，绝对不能容许有像德国的考茨基、意大利的屠拉梯这类公开反对罢工的人。当然对于那些经常出卖工人的工联领袖和议会领袖更是如此，因为他们利用罢工的经验教工人实行改良主义，而不是教他们进行革命（例如，近几年在英国和法国就是这样）。

12. 目前在一切国家里，甚至在最自由、最"合法"、最"和平"即阶级斗争最不尖锐的国家里，共产党绝对必须经常把合法工作和不合法工作、合法组织和不合法组织结合起来的时期已经完全到来了。这是因为在最文明、最自由、资产阶级民主制最"稳固"的国家里，政府都已经不顾它们种种骗人的虚伪声明，经常开列共产党人的黑名单，不断违反它们自己的宪法，半秘密地和秘密地支持自卫分子，杀害各国共产党人，暗中准备逮捕共产党员，派遣奸细打入共产党内部，如此等等。只有最反动的市侩（不管他们用什么"民主主义的"与和平主义的花言巧语来掩饰自己），才会否认这一事实，或者否定由此必然得出的结论：一切合法的共产党必须立即建立不合法组织，以便经常进行不合法工作，做好充分准备，来应付资产阶级的一切迫害。特别需要在陆军、海军和警察中进行不合法工作，因为在这次帝国主义大厮杀以后，世界各国政府都对工农可以参加的全民军队不放心了，开始秘密地采取各种办法，专门从资产阶级中挑选人员，来建立专门用特别精良的技术装备起来的军队。

另一方面，在任何场合都不应该只是从事不合法工作，而应该同时也从事合法工作，为此就应当克服各种困难，建立具有各种名称（必要时名称可以经常改变）的合法刊物和合法组织。芬兰、匈牙利的不合法的共产党正在这样做，德国、波兰、拉脱维亚等国的共产党也部分地在这样做。美国的"世界产业工人联合会"（I.W.W.）也应当这样做，只要检察官想以共产国际代表大会的决议为借口提出起诉，现在一切合法的共产党就都应当这样做。

在原则上绝对必须把不合法工作和合法工作结合起来，这不仅是因为当前这个时期即无产阶级专政前夕有着种种特点，也是因为必须向资产阶级证明，没有也不可能有共产党人不能夺取的工作部门和场所，尤其是因为到处都有广大的无产阶级阶层和更广大的非无产阶级的被剥削劳动群众，他们还相信资产阶级民主下的合法性，而说服他们放弃这种信念对我们来说是一件最重要的事情。

13. 尤其是在最先进的资本主义国家中，工人报刊的状况特别明显地说明资产阶级民主下的自由和平等完全是假的，说明必须经常把合法工作和不合法工作结合起来。无论在战败国德国或在战胜国美国，为了取缔工人报刊，资产阶级国家机构都使尽了全部力量，金融大王施展了一切伎俩：司法追究、逮捕编辑（或雇用凶手来杀害他们）、禁止邮寄，没收纸张，如此等等。此外，日报所需要的新闻资料都掌握在资产阶级通讯社手里，广告又由资本家"自由"支配，而大型报纸没有广告是弥补不了亏空的。总之，资产阶级正在用欺骗，用资本和资产阶级国家的压力，来取缔革命无产阶级的报刊。

针对这种情况，各国共产党应当创办一种在工人中间大量发行的新型的定期刊物：第一，发行合法的出版物，不要把它称为共产主义的，不要说它是属于党的，要学会像1905年以后布尔什维克在沙皇统治下那样来利用甚至最小的合法机会；第二，散发不合法的小报，虽然这种小报篇幅极小，出版不定期，但它可以由工人在许多印刷所翻印（秘密地翻印或在运动壮大时用革命手段夺取印刷所来翻印），可以自由地向无产阶级报道革命的消息和提出革命的口号。

不进行有群众参加的争取共产主义报刊出版自由的革命斗争，就不可能为建立无产阶级专政做好准备。

三

纠正加入或愿意加入共产国际的各政党的路线以及部分地改变其成分

14. 第二国际最有影响的政党,如法国社会党、德国独立社会民主党、英国独立工党、美国社会党,都已经退出这个黄色国际,决定(前三个党是有条件的,后一个党甚至是无条件的)加入第三国际,这个事实极其客观地确切地说明了,在那些从世界经济和世界政治来看都是最重要的国家中,无产阶级对于实现本阶级专政的准备程度如何。这一事实证明,不仅革命无产阶级的先锋队,而且革命无产阶级的多数在整个事态发展的启迪下,都开始转到我们这方面来了。现在主要的事情是完成这种转变,切实地从组织上巩固既有的成就,以便毫不动摇地全线前进。

15. 上面提到的这些政党(如瑞士社会党决定加入第三国际的消息属实,还应加上瑞士社会党)的全部活动证明,并且它们的每一种定期出版物也明显地证实,它们的活动还不是共产主义的,而且往往直接违背第三国际的基本原则:承认无产阶级专政和苏维埃政权,否认资产阶级民主。

因此,共产国际第二次代表大会应当作出决议:大会认为还不能立即吸收这些政党;批准第三国际执行委员会给德国"独立"党人的回信;重申准备和任何一个退出第二国际并愿意靠拢第三国际的政党进行谈判;允许这些政党派代表列席共产国际的一切代表大会和代表会议;为这些政党(以及类似的政党)正式加入共产国际规定如下条件:

(1)在党的一切定期出版物上公布共产国际各次代表大会及共产国际执行委员会的一切决议。

（2）党的各个支部或地方组织必须召开特别会议讨论这些决议。

（3）讨论以后，必须召开党的特别代表大会，以便作出结论并

（4）清除党内仍然按照第二国际的精神从事活动的分子。

（5）把党的一切定期机关刊物移交给完全由共产主义者组成的编辑部。

第三国际第二次代表大会应该委托自己的执行委员会先行审查上述及其他类似的政党，如查明它们确实已执行上述条件，确实已从事共产主义性质的活动，那就可以正式接受它们加入第三国际。

16. 关于在上述和其他类似的政党的负责岗位上至今仍居少数的共产主义者应该采取何种行动的问题，共产国际第二次代表大会应当作出决定，说明鉴于这些政党中的工人愈来愈衷心拥护共产主义，共产主义者退出这些政党是不适当的，因为在这些政党内部目前还能够本着承认无产阶级专政和苏维埃政权的精神进行工作，还能够对留在党内的机会主义者和中派分子进行批评。

同时，第三国际第二次代表大会应当赞成英国共产主义的或者同情共产主义的小组和组织加入"工党"（Labour Party），尽管"工党"是参加第二国际的。这是因为这个政党还能让加入进去的组织像现在这样自由地进行批评，为无产阶级专政和苏维埃政权自由地进行宣传、鼓动和组织工作，这个政党还具有工人阶级一切工会组织的联合会的性质。只要这样，共产主义者就必须采取一切步骤，作出一定的妥协，以便能够影响最广大的工人群众，从群众容易看到的更高的讲台上揭露他们的机会主义的领袖，使政权更快地从资产阶级的直接代表的手里转到"资本家阶级的工人帮办"的手里，使群众尽快地抛弃这方面的最后的幻想。

17. 至于意大利社会党，第三国际第二次代表大会认为该党都灵支部对该党提出的批评和实际建议，即刊载在1920年5月8日《新秩序》

（L'Ordine Nuovo）杂志上的向意大利社会党全国委员会提出的建议，基本上是正确的，是完全符合第三国际的一切基本原则的。

因此，第三国际第二次代表大会要求意大利社会党召集一次紧急代表大会，来讨论这些建议和共产国际两次代表大会的一切决议，以纠正党的路线，清除党内特别是议会党团内的非共产主义分子。

18. 第三国际第二次代表大会认为，在这次代表大会的专门决议中遭到详尽驳斥的关于党和阶级以及群众的关系的观点、关于共产党不必参加资产阶级议会和极反动的工会的观点是错误的；竭力维护这些观点的有"德国共产主义工人党"、多少持有这些观点的有"瑞士共产党"、共产国际东欧书记处在维也纳出版的机关刊物《共产主义》（Kommunismus）、现在已经被解散的阿姆斯特丹书记处和某些荷兰同志，以及英国的某些共产主义组织，如"工人社会主义联盟"等，此外还有美国的"世界产业工人联合会"和英国的"车间代表委员会"（Shop Stewards Committee）等。

但是，第三国际第二次代表大会认为，这些组织中还没有正式加入共产国际的组织可以而且最好立即加入共产国际，因为在这方面，特别是拿美国和澳大利亚的"世界产业工人联合会"以及英国的"车间代表委员会"来说，涉及一个深刻的无产阶级和群众的运动，而这个运动事实上主要是以共产国际的基本原则为基础的。这些组织对于参加资产阶级议会所以采取错误的观点，主要不是因为那些资产阶级出身的人带来了自己的、实质上往往是无政府主义者所持的小资产阶级的观点，而是因为完全革命的、同群众保持联系的无产者在政治上缺乏经验。

因此，第三国际第二次代表大会要求盎格鲁-撒克逊国家的一切共产主义组织和小组，即使在"世界产业工人联合会"和"车间代表委员会"没有立即加入第三国际的情况下，也要对这些组织采取如下的政策：极其友好地对待它们，接近它们，接近同情它们的群众，根据历次革命的经验，特别是根据20世纪俄国三次革命的经验，善意地向它们说明它们的上述观点的错误；不要放弃反复争取同这些组织合并为一个统一的共产党的尝试。

19. 因此，代表大会提请全体同志，特别是罗马语国家和盎格鲁-撒克逊国家的同志们注意：战后在全世界，无政府主义者在对待无产阶级专政和苏维埃政权的态度方面已经发生了深刻的思想分化。对第二国际各党的机会主义和改良主义的义愤，过去往往使无产阶级分子转向无政府主义，现在很明显，他们对这些原则已经有了正确的认识，而且他们愈熟悉俄国、芬兰、匈牙利、拉脱维亚、波兰、德国的经验，这种认识就传播得愈广泛。

因此，代表大会认为全体同志都有责任全力支持一切广大的无产阶级分子从无政府主义转到第三国际方面来。代表大会指出，衡量各个真正的共产主义政党的工作成就的标志之一应该是：它在多大程度上把广大的无产阶级分子而不是知识分子、小资产阶级分子从无政府主义方面争取了过来。

1920年7月4日

关于共产党在无产阶级革命中的作用

共产国际第一年的工作，主要限于进行共产主义思想的宣传与鼓动。目前，在共产国际第二次代表大会即将召开之际，国际无产阶级组织正在进入一个新阶段：共产国际开始进入**组织建设**时期。在此以前，各国无产阶级当中只有共产主义**派别**，而现在，几乎在工人运动蓬勃发展的一切国家里，我们不仅看到共产主义派别，而且也看到共产主义的**组织和政党**。这种情况必将使共产国际第二次代表大会对于共产党在工人阶级夺取政权之前和夺取政权以后的作用问题，采取鲜明而又确切的立场。有些共产主义拥护者（德国"左"派，美国世界产业工人联合会的拥护者，某些革命工团主义小组和无政府主义小组）对于共产主义**政党的这种作用**估计不足，甚至直接否定建立共产党的必要性。这是共产国际第二次代表大会应切实回答上面提出的问题的另一缘由。

* * *

1. 共产党是工人阶级的**一部分**，也就是它的最先进、最有觉悟因而也是最革命的一部分。共产党是通过选拔最优秀的、最有觉悟的、最富有自我牺牲精神的、最有远见的工人建立起来的。共产党的利益与整个工人阶级的利益完全一致。共产党不同于全体工人群众之处，在于它能洞察整个工人阶级的全部历史进程，并能在这一进程的各个转折关头努力捍卫整个工人阶级的利益，而不是某些集团、某些行业的利益。共产党是一种组织上和政治上的推动力，借助于它，工人阶级最先进的部分能够引导全体无产阶级和半无产阶级群众走上正确的道路。

2. 在无产阶级还没有取得国家政权之前，在无产阶级还没有彻底巩固自己的统治、确保资产阶级不致复辟之前，共产党在其有组织的队伍中通常不会有很多的工人。在夺取政权之前和在过渡时期，如果情势有利，共产党可以从**思想上和政治上**给予一切无产阶级和半无产阶级居民阶层以巨大的**影响**，但不能从组织上把他们联合在自己的队伍里。只有在无产阶级专政剥夺了资产阶级诸如报刊、学校、议会、教会、管理机关等这样一些强大的施加影响的工具之后，只有在所有的人都已认清资产阶级制度必将彻底崩溃之后，**全体或几乎全体**工人才会开始加入共产党的队伍。

3. 应当把**党和阶级**这两个概念严格地区别开来。德国、英国及其他国家的"基督教"工会和自由工会的会员，无疑都是工人阶级的一部分。而至今还在拥护谢德曼和龚帕斯之流的、那批为数相当多的工人，无疑也都是工人阶级的一部分。在一定的历史条件下，工人阶级中可能会有一些人数众多的反动阶层。共产党的任务并不是迁就工人阶级中的这些落后的部分，而是要把整个工人阶级提高到其共产主义先锋队的水平。把**党**和**阶级**这两个概念混淆起来，就可能导致大的错误和造成混乱。例如，很明显，对于某一部分工人群众在帝国主义战争时期曾抱有的情绪或偏见，工人政党就是应该坚决予以反对，以捍卫无产阶级的历史性利益，而这种利益要求无产阶级政党以战争反对战争。

又如，1914年帝国主义战争爆发时，各国背叛社会主义的政党为了援助"本国"资产阶级，总是说这是工人阶级的意志。但是它们忘记了，如果当时情况确实如此，无产阶级政党在这种情况下的任务，也应该是反对大多数工人的情绪，捍卫无产阶级的历史性利益。再如，在20世纪初，当时的俄国孟什维克（所谓"经济派"）反对同沙皇制度进行公开的政治斗争，其理由是，似乎整个工人阶级还没有成长到能理解政治斗争的程度。

4. 共产国际坚定不移地认为，无论如何也不能把第二国际旧"社会民主主义"政党的垮台说成是无产阶级一切政党的破产。为实现无产阶级专政而进行直接斗争的时代，必然要产生一个**新**的无产阶级政党——共产党。

5. 共产国际极其坚决地反对那种认为无产阶级没有自己的独立政党，也可以完成自己的革命的观点。任何阶级斗争都是政治斗争。这种斗争必然要变为国内战争，其目的是夺取政权。但是并非任何一个政党都能夺取、组织和掌握政权。如果无产阶级有一个有组织的、经过考验的并在内外政策上具有非常明确的目标和当前具体行动纲领的政党作为其领导者，那么只有在这种情况下，夺取政权才不会是一个偶然插曲，而会是无产阶级进行长期共产主义建设的出发点。

这种阶级斗争要求把各种各样的无产阶级运动形式（工会、合作社、工厂委员会、文化教育工作、选举等等）联合在一个核心的周围，并对其实行总的领导。这种共同的起联合和领导作用的核心，只能是政党。反对建立和巩固政党，拒不服从政党的领导，这就等于反对对活动于不同斗争场所的各个无产阶级战斗队实行统一的领导。最后，无产阶级的阶级斗争要求有集中的宣传鼓动，以及以同一观点来阐明各个斗争阶段的情况，把无产阶级的注意力集中到各该时期整个阶级的某些共同任务上。若是没有一个集中统一的政治机构，也就是说，若是没有一个政党，这是无法做到的。因此，革命的工团主义者和世界产业工人联合会（I. W. W.）的拥护者，宣传无须建立独立的工人政党，这在过去和现在都只能在客观上帮助资产阶级和反革命的"社会民主党人"。工团主义者和产业主义者打算只以工会或某些不定型的"一般"工人协会来代替共产党，他们的这种反对建立共产党的宣传是与那些臭名昭著的机会主义者不谋而合的。例如：俄国孟什维克，在1905年革命失败以后若干年来，一直鼓吹以所谓工人代表大会来代替工人阶级的革命政党；英、美形形色色的"工党分子"，一面在实践中公开实行资产阶级政策，一面向工人鼓吹建立不定型的工人协会，反对建立政党。革命的工团主义者和产业主义者想反对资产阶级专政，但不知道怎样干。他们没有理解到，工人阶级没有独立的政党，就等于是无头的躯干。

革命的工团主义和产业主义，只是同第二国际那种**陈腐的**反革命意识形态相比，才算是前进了一步。但是，同革命的马克思主义，即同共产主义**相比**，却是后退了一步。德国"左派"共产党人声明（他们在4月成立大会的纲领性宣言中所作的声明），他们要建立一个政党，"但不是一般传统意义上的政党"（«Keine Partei im überlieferten Sinne»）。这个声明乃是在思想上向工团主义和产业主义的反动观点投降。

6. 共产主义者除建立共产党外，还要全力支持建立最广泛的**非党**工人组织。共产主义者认为，在这些广泛的工人组织**内部**经常不断地进行组织工作和教育工作,是自己最重要的一项任务。但是,正是为了卓有成效地进行这项工作,为了不让革命无产阶级的敌人控制这些广泛的工人组织,先进的工人共产主义者就必须建立自己独立的、团结一致的共产党,以便能够始终进行有组织的行动,并在发生任何情况、采取任何运动形式时,都能捍卫共产主义的共同利益。

7. 共产党人对群众性的非党工人组织,决不能采取回避的态度,即使这种组织带有明显的反动黑帮性质(例如黄色工会、基督教工会等等)。共产党应当在这种组织的内部经常进行自己的工作,并坚持不懈地向工人说明资产阶级及其走狗把不参加党派的思想作为一项原则在工人中间有意散播,是为了诱使无产者脱离为实现社会主义而进行的有组织的斗争。

8. 把工人运动划分为政党、工会和合作社三种形式的这种旧的"经典"划分法,显然已经过时。俄国无产阶级革命提出了工人专政的基本形式,即**苏维埃**。但是,对于苏维埃的工作,也和对于革命化的产业工会的工作一样,无产阶级政党即共产党,必须始终不渝地、经常不断地加以领导。有组织的工人阶级先锋队即共产党,对于整个工人阶级的经济斗争、政治斗争和文化教育方面的斗争,必须同样地加以领导。共产党应当是产业工会、工人代表苏维埃和其他一切形式的无产阶级组织的灵魂。

苏维埃是历史提供的无产阶级专政的一个主要形式,它的产生丝毫没有降低共产党在无产阶级革命中的领导作用。德国"左派"共产党人(参看1920年4月14日"德国共产主义工人党"签署的告德国无产阶级书)宣称,"党也应日益顺应苏维埃思想,并具有无产阶级性质"(das auch die Partei sich immer mehr dem Rätegedanken anpasst und proletarischen Charakter annimmt)(《共产主义工人杂志》第54期),这含糊其词地表达了这样一种思想:似乎共产党应当**融合**在苏维埃里,似乎苏维埃可以**代替**共产党。

这种思想是极端错误和反动的。

在俄国革命史上我们看到有一个时期,苏维埃曾敌视无产阶级政党,支持资产阶级代理人的政策。在德国也发生过同样的情况。在其他国家也可能发生这种情况。

为使苏维埃能够完成它的历史使命,相反,倒需要有一个如此强大的共产党,这个党不单能"顺应"苏维埃,而且能对苏维埃政策起**决定性的**影响,使苏维埃本身不再"迁就"资产阶级和反动的社会民主党,并能通过苏维埃中的共产党党团引导苏维埃**跟着**共产党走。

谁主张共产党去"顺应"苏维埃,谁认为这种顺应会加强党的"无产阶级性质",谁就是对党和苏维埃帮了倒忙,谁就是既不理解党的作用,也不理解苏维埃的作用。我们在每个国家建立的共产党越强大,"苏维埃思想"就能越快地取得胜利。现在,有许多"独立"社会党人,甚至右翼社会党人,口头上也承认"苏维埃思想"。但是,只有当我们有了强大的共产党,能够**确定**苏维埃政策并引导它前进的时候,才能使这些社会党人不再歪曲苏维埃思想。

9. 工人阶级不仅在夺取政权**之前**,不仅**在**夺取政权**时期**需要共产党,而且**在掌握政权之后**,也需要共产党。在一个大国执政三年的俄国共产党的历史表明,共产党在工人阶级取得政权之后所起的作用,不仅没有缩小,反而大大增强了。

10. 在无产阶级掌握政权之后的第二天,它的党仍然只不过是工人阶级的一部分。但这正是工人阶级中奠定胜利的那一部分。正如我们所看到的,俄国共产党20年来,以及德国共产党13年来,不仅在同资产阶级进行的斗争中,而且在同那些向无产阶级传播资产阶级影响的"社会党人"进行的斗争中,不断地把工人阶级中最坚强、最有远见、最先进的战士吸收到自己的队伍中来。只有有了这样一个由工人阶级优秀分子组成的团结一致的组织，才能克服工人专政取得胜利之后所面临的一切困难。在建立新型的无产阶级红军方面，在实际摧毁资产阶级国家机器、代之以无产阶级新的国家机器方面，在反对某些工人集团的行会倾向方面，在反对地方性和区域性的"爱国主义"方面，在着手创建新的劳动纪律方面——在所有这些方面，起着决定性作用的是共产党，因为共产党员能通过自己生动的榜样来领导工人阶级的大多数。

11. 只有在阶级完全消灭的时候，无产阶级政党才会失去存在的必要性。在走向共产主义最后胜利的道路上，现代无产阶级的三种基本组织形式（政党、苏维埃和产业工会）的比重，可能会发生变化，可能逐渐形成单一类型的工人组织。但是，共产党完全融合于工人阶级之中，只能是在共产主义不再成为奋斗目标，而整个工人阶级已成为共产主义的工人阶级的时候。

12. 共产国际第二次代表大会不仅应当切实地阐明共产党的一般历史使命，而且应当为国际无产阶级指出（哪怕是概括地指出）我们所需要的**究竟是怎样的**共产党。

13. 共产国际认为，特别是在无产阶级专政时期，共产党必须建立在铁一般的无产阶级集中制的基础上。为了在即将到来的旷日持久的国内战争中成功地领导工人阶级，共产党本身就应当在自己的队伍内部建立铁的军事纪律。俄国共产党成功地领导工人阶级进行三年国内战争的经验证明，没有最严格的纪律，没有完备的集中制和一切党组织对党中央领导的同志般的绝对信任，工人要获得胜利是不可能的。

14. 共产党必须建立在**民主集中制**的基础上。民主集中制的主要原则是，上级组织由下级组织选举产生，下级组织必须绝对执行上级组织的一切指示，在代表大会闭会期间设有党内一切领导同志所公认的权威的党中央。

15. 由于资产阶级对共产党人采取戒备措施，欧美各国许多共产党被迫转入地下。必须记住，在这种情况下，有时只得放弃严格执行选举的原则，党的领导机关可以自行遴选，就像俄国当时曾经做过的那样。在实际戒备状态下，共产党不仅不能就每一重大问题在全体党员中间采取民主表决方式（这是部分美国共产党人的建议），相反，应当让自己的中央领导机关在必要时能迅速地向全体党员作出重要的决定。

16. 目前提倡某些地方党组织实行广泛的"自治"，只会削弱共产党的队伍，损害它的活动能力，纵容小资产阶级无政府主义的离心倾向。

17. 在资产阶级或反革命的社会民主党还执政的国家里，共产党应当学会有计划地把合法工作与非法工作结合起来，同时，合法工作应当始终受地下党的**实际**监督。中央和地方国家机关中的共产党议会党团，不论当时整个党处于合法地位，还是非法地位，都必须完全、绝对地服从整个共产党。凡是以这种或那种方式拒不服从党领导的共产党议员，都必须开除出党。

合法的出版事业（报纸、出版社）必须无条件地完全服从整个党及其中央委员会的领导，在这方面不得作丝毫让步。

18. 共产党全部组织工作中的一个基本原则是，在各处，即使在无产者和半无产者人数不多的地方，都要建立**共产党组织**。在每个工人代表苏维埃里，在每个工会里，在每个合作社里，在任何一个作坊里，在每个居民委员会里，在每个国家机关里，只要有三个同情共产主义的人，共产党人都应当立即设立自己的组织。只有共产党人组织起来，工人阶级**先锋队**才能领导**整个工人阶级**。在非党组织里从事活动的一切共产党组织，不论当时党处于合法地位还是非法地位，都要绝对服从整个党组织。各种共产党组织，都应当按照严格的等级和尽可能明确的组织系统来确定相互间的从属关系。

19. 各地的共产党，开始时几乎都是**城市**的党，即多半是居住在城市的产业工人的党。为使工人阶级更易于迅速地取得胜利，共产党不仅要成为城市的党，而且也要成为农村的党。共产党应当在雇农、小农和中农中间进行宣传和组织工作。共产党应当千方百计地设法在农村中建立共产党组织。

＊　＊　＊

只有在那些有共产党人生活和斗争的国家里都确立起上述关于共产党的作用的观点，无产阶级的国际组织才能得到巩固。凡承认第三国际原则并决心同黄色国际断绝关系的工会，共产国际都将邀请它们参加自己的代表大会。共产国际将为那些持共产主义立场的红色工会设立一个国际支部。共产国际不拒绝同每个非党工人组织合作，只要它愿意同资产阶级进行严肃的革命斗争。虽然如此，但是共产国际还是要向全世界无产阶级指出以下几点：

1. 共产党是工人阶级解放的主要的和基本的工具。现在，在每个国家里，我们所要建立的已经不是小组和派别，而是共产党。

2. 每个国家只应有一个统一的共产党。

3. 共产党必须按照最严格的集中制的原则建立起来，在国内战争时期，应当在自己的队伍内部制定一种军事纪律。

4. 在各地，即使那里只有十个无产者或半无产者，共产党也应设立自己的组织。

5. 在每个非党机关里，都应当设有严格服从于全党的共产党支部。

6. 共产党要坚决地、不遗余力地维护共产主义的纲领和革命策略，同时要始终同广大工人组织保持最密切的联系，并把宗派主义当做一种无原则的现象加以克服。

民族和殖民地问题提纲初稿①

（为共产国际第二次代表大会草拟）

我为共产国际第二次代表大会准备了一个关于殖民地和民族问题的提纲草案，请同志们讨论，并请全体同志，特别是具体了解这些极为复杂的问题中的这个或那个问题的同志，**以最简短（至多两三页）的方式**提出自己的意见、修正、补充或具体说明，尤其是关于以下各点：

奥地利经验。

波兰犹太人的经验和乌克兰的经验。

阿尔萨斯-洛林和比利时。

爱尔兰。

丹麦和德国的关系。意大利和法国的关系以及意大利和斯拉夫的关系。

---

① 这是列宁为共产国际第二次代表大会起草的文件之一，写于1920年6月5日。当天列宁将它寄给了斯大林、格·瓦·契切林、尼·尼·克列斯廷斯基、莫·格·拉费斯、叶·阿·普列奥布拉任斯基、帕·路·拉品斯基等征求意见。对寄来的某些不正确的意见，列宁明确表示不同意。例如，契切林没有很好考虑列宁关于对资产阶级和农民要加以区别的意见，对此列宁写道："我的提纲**更**强调同**农民**的联盟（而这并**不完全**＝资产阶级）。"普列奥布拉任斯基在意见中谈到未来社会主义欧洲各共和国同经济上落后的附属国之间的关系时说："如果不能同这些民族的领导集团达成经济协议，那么用强力镇压它们和用强制手段把经济上重要的地区并入欧洲共和国联盟就在所难免。"对此，列宁写道："说得太过分了。'用强力**镇压**''在所难免'之说是缺乏根据的和不正确的，完全不对。"提纲初稿由代表大会的民族和殖民地问题委员会略加修改，交共产国际第二次代表大会讨论。提纲于1920年7月28日被代表大会通过。中译文见《列宁全集》中文第2版第39卷第159—166页。——编者注。

巴尔干的经验。

东方各民族。

同泛伊斯兰主义的斗争。

高加索的关系。

巴什基尔共和国和鞑靼共和国。

吉尔吉斯坦。

土耳其斯坦及其经验。

美国的黑人。

各殖民地。

中国——朝鲜——日本。

尼·列宁
1920年6月5日

1. 资产阶级民主由它的本性所决定的一个特点就是抽象地或从形式上提出平等问题，包括民族平等问题。资产阶级民主在个人平等的名义下，宣布有产者和无产者、剥削者和被剥削者的形式上或法律上的平等，用这种弥天大谎来欺骗被压迫阶级。平等思想本身就是商品生产关系的反映，资产阶级借口个人绝对平等，把这种思想变为反对消灭阶级的斗争工具。要求平等的实际含义只能是要求消灭阶级。

2. 共产党是无产阶级争取推翻资产阶级压迫的斗争的自觉代表，它的基本任务是反对资产阶级民主，揭露资产阶级民主的欺骗和虚伪，因而在民族问题上也不应当把提出抽象的和形式上的原则当做主要之点，主要之点应当是：第一，准确地估计具体的历史情况，首先是经济情况；第二，把被压迫阶级、被剥削劳动者的利益，同笼统说的民族利益这样一种意味着统治阶级利益的一般概念，明确地区分开来；第三，把被压迫的、附属的、没有平等权利的民族，同压迫的、剥削的、享有充分权利的民族也明确地加以区分。这同资产阶级民主的谎言是截然相反的，这种谎言掩盖金融资本和帝国主义时代所特有的现象，即为数无几的最富裕的先进资本主义国家对世界大多数人实行殖民奴役和金融奴役。

3. 1914—1918年的帝国主义战争，在一切民族和全世界被压迫阶级面前，特别清楚地揭示了资产阶级民主词句的欺骗性，用事实表明，所谓"西方民主国家"的凡尔赛条约是比德国容克和德皇的布列斯特-里托夫斯克条约更加野蛮、更加卑劣地强加于弱国的暴力。国际联盟和战后协约国的全部政策更清楚更突出地揭示了这一真相，它们到处加剧了先进国无产阶级和殖民地、附属国的一切劳动群众的革命斗争，使所谓在资本主义制度下各民族能够和平共居和一律平等的市侩的民族主义幻想更快地破灭。

4. 从上述的基本原理中就得出以下的结论：共产国际在民族和殖民地问题上的全部政策，主要应该是使各民族和各国的无产者和劳动群众为共同进行革命斗争、打倒地主和资产阶级而彼此接近起来。这是因为只有这种接近，才能保证战胜资本主义，如果没有这一胜利，便不能消灭民族压迫和不平等的现象。

5. 目前的世界政治形势把无产阶级专政提上了日程，世界政治中的一切事变都必然围绕着一个中心点，就是围绕世界资产阶级反对俄罗斯苏维埃共和国的斗争。而俄罗斯苏维埃共和国必然是一方面团结各国先进工人的苏维埃运动，另一方面团结殖民地和被压迫民族的一切民族解放运动。这些民族根据自己的痛苦经验深信，只有苏维埃政权战胜世界帝国主义，他们才能得救。

6. 因此，目前不能局限于空口承认或空口提倡各民族劳动者互相接近，必须实行使一切民族解放运动和一切殖民地解放运动同苏维埃俄国结成最密切的联盟的政策，并且根据各国无产阶级中共产主义运动发展的程度，或根据落后国家或落后民族中工人和农民的资产阶级民主解放运动发展的程度，来确定这个联盟的形式。

7. 联邦制是各民族劳动者走向完全统一的过渡形式。无论在俄罗斯联邦同其他苏维埃共和国（过去的匈牙利苏维埃共和国、芬兰苏维埃共和国、拉脱维亚苏维埃共和国，现在的阿塞拜疆苏维埃共和国、乌克兰苏维埃共和国）的关系中，或在俄罗斯联邦内部同从前既没有成立国家又没有实行自治的各民族（例如，在俄罗斯联邦内，1919年建立的巴什基尔自治共和国，1920年建立的鞑靼自治共和国）的关系中，联邦制已经在实践上显示出它是适当的。

8. 共产国际在这方面的任务，是进一步地发展、研究以及通过实际来检验在苏维埃制度和苏维埃运动基础上所产生的这些新的联邦国家。既然承认联邦制是走向完全统一的过渡形式，那就必须力求建立愈来愈密切的联邦制联盟，第一，因为没有各苏维埃共和国最密切的联盟，便不能捍卫被军事方面无比强大的世界帝国主义列强所包围的各苏维埃共和国的生存；第二，因为各苏维埃共和国之间必须有一个密切的经济联盟，否则便不能恢复被帝国主义所破坏了的生产力，便不能保证劳动者的福利；第三，因为估计到建立统一的、由各国无产阶级按总计划调整的完整的世界经济的趋势，这种趋势在资本主义制度下已经十分明显地表现出来，在社会主义制度下必然会继续发展而臻于完善。

9. 在国家内部关系方面，共产国际的民族政策决不能只限于空洞地、形式地、纯粹宣言式地、实际上却不负任何责任地承认民族平等，就像资产阶级民主派所做的那样。这些人不管是坦率地承认自己是资产阶级民主派，或者是像第二国际的社会党人那样，借社会党人的称号来掩饰自己，都是一样的。

不仅在各国共产党的全部宣传鼓动工作（议会讲坛上和议会讲坛外的宣传鼓动）中，应当不断地揭露各资本主义国家违背本国的"民主"

宪法，经常破坏民族平等，破坏保障少数民族权利的种种事实，而且还必须做到：第一，经常解释，只有在反资产阶级的斗争中首先把无产者、然后把全体劳动者联合起来的苏维埃制度，才能实际上给各民族以平等；第二，各国共产党必须直接帮助附属的或没有平等权利的民族（例如爱尔兰，美国的黑人等）和殖民地的革命运动。

没有后面这个特别重要的条件，反对压迫附属民族和殖民地的斗争以及承认他们有国家分离权就仍然是一块假招牌，正像我们在第二国际各党那里看到的一样。

10. 口头上承认国际主义，而事实上在全部宣传、鼓动和实际工作中却用市侩民族主义与和平主义偷换国际主义，这不仅在第二国际各党中是最常见的现象，而且在那些已经退出这个国际的政党中，甚至在目前往往自称为共产党的政党中也是最常见的现象。把无产阶级专政由一国的（即存在于一个国家的，不能决定全世界政治的）专政转变为国际的专政（即至少是几个先进国家的，对全世界政治能够起决定影响的无产阶级专政）的任务愈迫切，同最顽固的小资产阶级民族主义偏见这种祸害的斗争就愈会提到首要地位。小资产阶级民族主义宣称，只要承认民族平等就是国际主义，同时却把民族利己主义当做不可侵犯的东西保留下来（更不用说这种承认纯粹是口头上的），而无产阶级的国际主义，第一，要求一个国家的无产阶级斗争的利益服从全世界范围的无产阶级斗争的利益；第二，要求正在战胜资产阶级的民族，有能力有决心为推翻国际资本而承担最大的民族牺牲。

因此，在已经完全是资本主义的、拥有真正是无产阶级先锋队的工人政党的国家中，首要的任务就是同歪曲国际主义的概念和政策的机会主义和市侩和平主义作斗争。

11. 对于封建关系或宗法关系、宗法农民关系占优势的比较落后的国家和民族，要特别注意以下各点：

第一，各国共产党必须帮助这些国家的资产阶级民主解放运动；把落后国家沦为殖民地或在财政上加以控制的那个国家的工人，首先有义务给予最积极的帮助；

第二，必须同落后国家内具有影响的僧侣及其他反动分子和中世纪制度的代表者作斗争；

第三，必须同那些企图利用反欧美帝国主义的解放运动来巩固可汗、地主、毛拉等地位的泛伊斯兰主义和其他类似的思潮作斗争；①

第四，必须特别援助落后国家中反对地主、反对大土地占有制、反对各种封建主义现象或封建主义残余的农民运动，竭力使农民运动具有最大的革命性，使西欧共产主义无产阶级与东方各殖民地以至一切落后国家的农民革命运动结成尽可能密切的联盟；尤其必须尽一切努力，用建立"劳动者苏维埃"等方法把苏维埃制度的基本原则应用到资本主义前的关系占统治地位的国家中去；

第五，必须坚决反对把落后国家内的资产阶级民主解放思潮涂上共产主义的色彩；共产国际援助殖民地和落后国家的资产阶级民主民族运动，只能是有条件的，这个条件是各落后国家未来的无产阶级政党（不仅名义上是共产党）的分子已在集结起来，并且通过教育认识到同本国资产阶级民主运动作斗争是自己的特殊任务；共产国际应当同殖民地和落后国家的资产阶级民主派结成临时联盟，但是不要同他们融合，要绝对保持无产阶级运动的独立性，即使这一运动还处在最初的萌芽状态也应如此；

第六，必须向一切国家特别是落后国家的最广大的劳动群众不断地说明和揭露帝国主义列强一贯进行的欺骗，即打着建立政治上独立的国

---

① 列宁在校样上用大括号将第二点和第三点括在一起并写道："第二点和第三点合并"。——译者注

家的幌子,来建立在经济、财政和军事方面都完全依赖于它们的国家;在目前国际形势下,除了建立苏维埃共和国联盟,附属民族和弱小民族别无生路。

12. 帝国主义列强历来对殖民地和弱小民族的压迫,在被压迫国家劳动群众的心中不仅播下了仇恨,而且播下了对整个压迫民族包括对这些民族的无产阶级的不信任。这些民族的无产阶级的多数正式领袖,在1914—1919年曾经站在社会沙文主义的立场上,借口"保卫祖国"来保卫"本国"资产阶级压榨殖民地和掠夺财政上不独立的国家的"权利",他们这种背叛社会主义的卑鄙行径不能不加深这种完全合乎情理的不信任心理。另一方面,一个国家愈是落后,这个国家的小农业生产、宗法性和闭塞性就愈加厉害,也就必然使最深的小资产阶级偏见,即民族利己主义和民族狭隘性的偏见表现得特别厉害和顽固。既然这些偏见只有在各先进国家内的帝国主义和资本主义消灭以后,只有在落后国家的经济生活全部基础急剧改变以后才能消逝,那么这些偏见的消逝,就不能不是极其缓慢的。因此,各国有觉悟的共产主义无产阶级对于受压迫最久的国家和民族的民族感情残余必须持特别小心谨慎的态度,同样,为了更快地消除以上所说的不信任心理和各种偏见,必须作出一定的让步。没有世界各国和各民族的无产阶级以至全体劳动群众自愿要求结盟和统一的愿望,战胜资本主义这一事业是不能顺利完成的。

尼·列宁

加入共产国际的条件[①]

共产国际第一次代表大会(成立大会)没有制定各个党加入第三

[①] 中译文见《列宁全集》中文第2版第39卷第198—204页。——编者注

国际的确切条件。召开第一次代表大会时，多数国家只有一些共产主义的**派别**和**小组**。

共产国际第二次世界代表大会召开时的情况就不同了。现在多数国家不仅已经有了共产主义的流派和派别，而且有了共产主义的**政党和组织**。

现在申请加入共产国际的政党和小组愈来愈多，它们不久以前还属于第二国际，现在都希望加入第三国际了，不过它们还没有真正成为共产主义的政党和小组。第二国际已被彻底粉碎。中间政党和"中派"集团看到第二国际已经毫无希望，就想倒向日益壮大的共产国际，但是，它们还希望保留一种"自主权"，以便推行它们原来的机会主义的或"中派主义的"政策。共产国际在某种程度上已经成了时髦的东西。

现在"中派"的某些领导集团希望加入第三国际，这就间接证明，共产国际得到了全世界大多数觉悟工人的拥护，并且成为一天比一天强大的力量。

在一定的情况下，共产国际有被那些还没有摆脱第二国际思想体系的、不坚定和不彻底的集团溶蚀的危险。

此外，在多数人抱有共产主义观点的某些大党（意大利、瑞典）里，至今还存在势力相当大的改良主义的和社会和平主义的派别，它们一直在等待时机，以便东山再起，积极展开暗中破坏无产阶级革命的活动，来帮助资产阶级和第二国际。

任何一个共产主义者都不应该忘记匈牙利苏维埃共和国的教训。匈牙利共产党人同改良主义者的联合，使匈牙利无产阶级付出了昂贵的代价。

因此，第二次世界代表大会认为，必须制定十分确切的接纳新党的条件，并向那些已经加入共产国际的政党指出它们应当承担的义务。

共产国际第二次代表大会决定，加入共产国际的条件如下：

* * *

1. 日常的宣传和鼓动必须具有真正的共产主义性质。党掌握的各种机关报刊，都必须由已经证明是忠于无产阶级革命事业的可靠的共产党人来主持编辑工作。无产阶级专政不应该只当做背得烂熟的流行公式来谈论，而应该很好地进行宣传，使每一个普通的工人、士兵、农民都能通过我们报刊上每天不断报道的活生生的事实，认识到无产阶级专政的必要性。在报纸上，在群众集会上，在工会、合作社中，总之，在第三国际拥护者所能利用的一切场合，不仅要不断地、无情地斥责资产阶级，而且还要斥责资产阶级的帮手即各式各样的改良主义者。

2. 凡是愿意加入共产国际的组织，都必须有计划有步骤地撤销改良主义者和"中派"分子在工人运动中（在党组织、编辑部、工会、议会党团、合作社、地方自治机关等等中）所担负的比较重要的职务，用可靠的共产党人来代替他们，不必顾虑最初有时不得不用普通工人来接替"有经验的"活动家。

3. 在所有由于实行戒严或者非常法而使共产党人不能合法地进行工作的国家里，绝对必须把合法工作和不合法工作结合起来。几乎在欧美所有的国家里，阶级斗争都正在进入国内战争阶段。在这种情况下，共产党人不能信赖资产阶级法制。他们必须在各个地方建立平行的不合法机构，以便在决定关头能够帮助党执行自己的革命职责。

4. 必须坚持不懈地有步骤地在军队中进行宣传鼓动工作，并在每个部队中成立共产党支部。共产党人多半要不合法地进行这项工作，如果放弃这项工作，就等于背叛革命职责，这同第三国际成员的称号是不相称的。

5. 必须有步骤有计划地在农村中进行鼓动工作。如果工人阶级不能得到哪怕是一部分雇农和贫苦农民的拥护，不能用自己的政策使一部分其他农村居民保持中立，那就不能巩固自己的胜利。在目前这个时期，共产党在农村中的工作具有头等重要的意义。这项工作主要应当通过同农村有联系的革命的工人共产党员去进行。放弃这项工作，或者把它交给不可靠的半改良主义者，就等于放弃无产阶级革命。

6. 凡是愿意加入第三国际的党，不仅要揭露赤裸裸的社会爱国主义，而且要揭露社会和平主义的虚伪实质，要不断地向工人证明，除用革命推翻资本主义之外，任何国际仲裁法庭、任何关于裁减军备的议论、任何对国际联盟的"民主"改组，都不能使人类摆脱新的帝国主义战争。

7. 凡是愿意加入共产国际的党，都要承认必须同改良主义和"中派"政策完全彻底地决裂，并在最广大的党员群众中宣传这一点。否则，就不可能执行彻底的共产主义政策。

共产国际无条件地、断然地要求在最短期间内实行这种决裂。共产国际决不能容许像屠拉梯、莫迪利扬尼之流的著名改良主义者有权成为第三国际的成员。这样会使第三国际在很大程度上和已经死亡的第二国际相类似了。

8. 在资产阶级占有殖民地并压迫其他民族的国家里，党在殖民地和被压迫民族的问题上必须采取特别明确的路线。凡是愿意加入第三国际的党，都必须无情地揭露"本国的"帝国主义者在殖民地所干的勾当，不是在口头上而是在行动上支持殖民地的一切解放运动，要求把本国的帝国主义者赶出这些殖民地，教育本国工人真心实意地以兄弟般的态度来对待殖民地和被压迫民族的劳动人民，不断地鼓动本国军队反对对殖民地人民的任何压迫。

9. 凡是愿意加入共产国际的党，都必须在工会、合作社以及其他群众性的工人组织中不断地坚持不懈地进行共产主义的工作。必须在这些组织内部建立共产党支部，这些支部应该通过长期的顽强的工作，争取工会为共产主义事业服务。这些支部必须在日常工作中时时刻刻揭露社会爱国主义者的背叛行为和"中派"的动摇表现。这些共产党支部应该完全服从整个党的领导。

10. 加入共产国际的党，必须同阿姆斯特丹黄色工会"国际"进行坚决斗争。它应当在参加工会组织的工人中间坚持不懈地宣传同阿姆斯特丹黄色国际决裂的必要性。它应该竭力支持正在形成的属于共产国际的红色工会国际联合组织①。

11. 愿意加入第三国际的党，必须重新审查其议会党团的成员，清除不可靠的分子，使议会党团不是在口头上而是在行动上服从党中央委员会；并要求每个共产党员议员都使自己的全部工作服从于真正革命的宣传鼓动工作的利益。

12. 同样，不管整个党目前是合法的或是不合法的，一切定期和不定期的报刊、一切出版机构都应该完全服从党中央委员会，出版机构不得滥用自主权，实行不完全符合党的要求的政策。

13. 加入共产国际的党，应该是按照民主**集中制**的原则建立起来的。在目前激烈的国内战争时代，共产党只有按照高度集中的方式组织起来，在党内实行近似军事纪律那样的铁的纪律，党的中央机关成为拥有广泛的权力、得到党员普遍信任的权威性机构，只有这样，党才能履行自己的职责。

14. 在共产党员可以合法进行工作的国家里，共产党应该定期清洗（重新登记）党组织的成员，以便不断清除那些难免混入党内的小资产阶级分子。

---

① 红色工会国际联合组织指当时正在筹备而于1921年正式成立的革命工会的国际联合组织——红色工会国际。红色工会国际联合了未参加阿姆斯特丹工会国际的一些全国性工会组织以及改良主义工会组织中的反对派。1937年底，红色工会国际停止活动。——编者注

15. 凡是愿意加入共产国际的党，都必须全力支持每一个苏维埃共和国同反革命势力进行的斗争。各国共产党应该坚持不懈地进行宣传，使工人拒绝把军事装备运送给苏维埃共和国的敌人。应该在派去扼杀工人共和国的军队中进行合法的或者不合法的宣传工作，等等。

16. 凡是到目前为止还保留着旧的社会民主主义纲领的党，必须在最短期间内重新审查这些纲领，并根据本国的特殊情况制定出新的合乎共产国际决定精神的共产主义纲领。按照规定，每个加入共产国际的党的纲领，都应该由例行的共产国际代表大会或共产国际执行委员会批准。如果某党的纲领没有得到共产国际执行委员会的批准，该党有权向共产国际代表大会提出申诉。

17. 共产国际代表大会及其执行委员会的一切决定，所有加入共产国际的党都必须执行。共产国际是在非常激烈的国内战争的情况下进行活动的，它应当比第二国际组织得更加集中。同时共产国际及其执行委员会在一切工作中，当然必须考虑各党斗争和活动的种种不同的条件，因此，作出全体必须执行的决定的仅限于此类决定可行的问题。

18. 鉴于上述种种，一切愿意加入共产国际的党，都应当更改自己的名称。凡是愿意加入共产国际的党都应该称为：某国共产党（第三国际即共产国际支部）。名称问题不只是一个形式问题，而且是具有重大意义的政治问题。共产国际已经宣布要同整个资产阶级世界和一切黄色社会民主党进行坚决斗争。必须使每一个普通的劳动者都十分清楚共产党同那些背叛了工人阶级旗帜的旧的正式的"社会民主"党或"社会"党之间的区别。

19. 共产国际第二次世界代表大会闭幕后，凡是想加入共产国际的党，都应该在最短期间内召集一次党的紧急代表大会，以便以全党的名义正式确认上述各项义务。

20. 凡是现在愿意加入第三国际但至今还没有根本改变自己以往策

略的党,在没有加入以前必须设法做到,在党的中央委员会和其他一切最重要的中央机关内,至少有三分之二的同志在共产国际第二次代表大会召开以前就公开而明确地主张加入第三国际。只有经第三国际执行委员会批准,才允许有例外。共产国际执行委员会有权对第7条中提到的"中派"代表人物采取例外的办法。①

共产党与议会制问题

1. 在西欧和美洲的一些国家,议会斗争问题是一个急待解决的共产主义策略问题。德国共产党的分裂,意大利党内反对议会制派别的形成,比利时共产主义小组的立场,英国共产主义者队伍中的意见分歧,以及革命工团主义派和世界产业工会人联合会的态度——这一切都要求共产国际对议会制问题给予明确的指示。

(一)

2. 议会制这种国家政治制度是资产阶级统治的一种"民主"形式。资产阶级在一定的发展阶段需要有一个虚设的人民代表机关,这种机关从外表看来,是一个超阶级的民意组织,但实际上却是占统治地位的资本用来实行镇压和压迫的工具。

3. 议会制是国家政治制度的一种特定形式。因此,它决不会成为

---

① 列宁为这次代表大会草拟的加入共产国际的条件只有上面的19条,这第20条是列宁于大会召开期间在加入共产国际的条件的委员会上提出来的。这次代表大会通过的加入共产国际的条件又加了第21条:"党员如果原则上否认共产国际所提出的义务和提纲,应该开除出党。"——译者注

那种既不存在阶级、也没有阶级斗争的任何国家政权的共产主义社会形式。

4. 议会制也不会成为从资产阶级专政到无产阶级专政的过渡时期的无产阶级国家管理形式。在尖锐的阶级斗争转变为国内战争的时刻，无产阶级必然要建立自己的国家机器作为**战斗组织**，其中不容许有以前的统治阶级的代表参加；在这个阶段上，对"全民意志"的任何虚构都是直接危害无产阶级的；议会分权制度，对无产阶级来说，既不需要，也是有害的；无产阶级专政的形式是苏维埃共和国。

5. 资产阶级议会是资产阶级国家机器的重要机构之一，无产阶级不能控制它，正如不能控制整个资产阶级国家一样。无产阶级的任务就是要破坏资产阶级的国家机器，摧毁它，同时也要摧毁议会机关，不论是共和国的议会机关，还是君主立宪的议会机关。

6. 对待资产阶级市政机关，也要采取这样的态度。在理论上把这种机关同国家机关对立起来，是不正确的。实际上，它们同样是资产阶级国家机器的一种机构，革命的无产阶级必须消灭这种机构，代之以地方工人代表苏维埃。

7. 可见，共产主义否认议会制是未来社会的一种形式，否认议会制是无产阶级的阶级专政形式，否认控制议会的可能性，其目的是要摧毁议会制。**因此，问题只能是为摧毁资产阶级国家机器而利用资产阶级国家机关。**问题的提法就是这样，而且也只能是这样。

（二）

8. 任何阶级斗争都是政治斗争，因为归根到底都是为政权而斗争。任何席卷全国的罢工都开始威胁资产阶级国家，从而具有政治性。竭力推翻资产阶级以及采取任何方式**摧毁**它的国家，这就是进行政治斗争。

建立无产阶级自己的**阶级**机构（无论是怎样的机构）来管制和镇压反抗的资产阶级，这就是夺取政权。

9. 可见，政治斗争问题决不能归结为对议会制的态度问题。这是无产阶级阶级斗争的一般问题，因为这个斗争会从小规模的、局部的斗争转变为推翻整个资本主义制度的斗争。

10. 无产阶级同资产阶级，即同资产阶级国家政权作斗争的主要方法，首先是开展群众性的活动。这种群众性的活动，要在团结一致的、恪守纪律的、集中统一的共产党全盘领导之下，由无产阶级的群众性团体来进行组织和指导。国内战争是一场战争，在这场战争中，无产阶级本身要有一批出色的政治军官骨干，要有一个在各个斗争领域领导一切活动的出色的总政治司令部。

11. 群众斗争是一系列不断发展着的行动，这种行动在形式上日益激化，而在逻辑上必然会导致反对资本主义国家的起义。在日益发展成为国内战争的群众斗争中，负领导责任的无产阶级政党，通常必须牢牢地控制一切合法阵地，使其成为进行革命工作的辅助据点，并使其遵循群众斗争这一主要运动的计划。

12. 资产阶级议会讲坛就是这种辅助据点之一。决不能借口这是资产阶级国家机关而反对参加议会斗争。共产党进入这个机关，不是为了在那里进行组织工作，而是为了从内部摧毁资产阶级国家机器和议会本身（例如，李卜克内西在德国的活动，布尔什维克在沙皇杜马、"民主会议"、克伦斯基"预备国会"以及"立宪会议"、市杜马等处所进行的活动）。

13. 议会里的这种工作，主要是利用议会讲坛进行革命宣传鼓动，揭露敌人，从思想上团结群众，等等。这种工作必须完全从属于议会之外的群众斗争的目的和任务。

14. 为此，必须确定下列原则：（1）共产党议会党团没有任何"自治权",须绝对服从党的中央委员会;(2)中央委员会要经常给予监督和指示;(3)议会活动须适应于议会外的活动;(4)在议会中要坚持革命立场,即不顾议会议事规程的限制也要坚持原则;(5)共产党议员要进行一部分议会外的工作,特别是与群众性活动有关的工作;(6)要经常与秘密工作相联系,并利用议员豁免权来达到此目的;(7)议会党团的任何成员,在议会工作中违背党的指示时,应立即召回或开除出党。

15. 在选举运动中所应贯彻的精神,不是尽量追求议会席位,而是以无产阶级的革命口号对群众进行革命动员。选举斗争,应当由全体党员群众进行,而不应单单由党的领导人进行。必须利用当时发生的一切群众性活动(罢工、游行示威、陆海军士兵中间的运动等等),并同它们保持密切的联系。必须吸引无产阶级的一切群众性组织来积极参加工作。

16. 如果根据这些原则来进行议会工作,那它就完全不同于各国社会民主党所玩弄的卑劣的政治手腕,因为社会民主党进入议会,是为了支持这个"民主"机关,或者至多不过是"控制"它。共产党只能本着卡尔·李卜克内西、霍格伦和布尔什维克的精神,利用议会来**为革命服务**。

(三)

17. 由此可见,根本"反对议会制",即绝对地、断然地拒绝参加选举和放弃在议会中进行革命工作,乃是一种经不起批评的、天真幼稚的论点,这往往是出于对那些玩弄政治手腕的议会主义者的正当的厌恶心理,然而却没有看到在议会中进行革命工作的可能性。此外,这种论点之所以产生,往往是由于对党的作用持有十分错误的观点,即认为共产党并不是集中的、战斗的工人先锋队,而是一些涣散的、联系很差的集团的组合。

18. 另一方面,决不能由于在原则上赞同议会工作,就要求在任何条件下都必须绝对赞成每一次选举和实际参加议会会议。这要根据一系列的特殊条件来决定。如果在一定程度上具备了这些条件,那就可以退出议会了。布尔什维克就曾这样做过,当时他们退出预备国会是想搞垮它,使它立即陷于瘫痪,并以准备领导起义的彼得堡苏维埃同它尖锐对立起来;在解散立宪会议那一天,他们在立宪会议上也这样做了,并把一切工作都转移到苏维埃第三次代表大会上。在其他情况下,也许需要抵制选举,直接用暴力摧毁资产阶级议会集团,或者一方面抵制议会本身,一方面又参加选举,等等。

19. 由此可见,通常在确定是否有必要参加中央议会或地方自治机关的选举,以及是否在这些机关中进行工作时,共产党应当根据对时局种种特点的估计来具体解决问题。主要是,在直接过渡到武装夺取政权的条件具备时,才可以抵制选举,抵制议会,乃至退出议会。

20. 此外,必须绝对认清这是一个比较次要的问题。既然**在议会外**夺取国家政权的斗争是工作的重心,那就显然不能把无产阶级专政和争取无产阶级专政的**群众**斗争问题,与利用议会制这一局部问题等量齐观。

21. 因此,共产国际毅然地着重指出,共产党内部在这一方面发生任何分裂或企图制造分裂,都是对工人运动的犯罪行为。党代表大会要号召为无产阶级专政而进行群众斗争的全体党员,在集中的革命无产阶级政党的领导下,在党对工人阶级一切群众组织施加影响的情况下,尽管在议会制问题上还存在着意见分歧,但应力求团结一致。

实行共产主义议会制

对资产阶级议会（中央、省议会以及地方自治机关）中的共产党议员和负责领导资产阶级议会共产党党团的共产党中央委员会的指示草案（议会制问题的补充提纲）

不赞成共产党人参加资产阶级议会的反对派，大都对第二国际时期社会民主主义议会制的印象很深。绝大多数社会民主党议员在资产阶级议会中的所作所为，的确毫无原则可言，往往具有叛卖的性质，因而工人阶级不能忘记这个惨痛的教训。

共产国际从革命事业的利益出发，赞成共产党人利用议会讲坛，因此，必须特别严格地监督共产党议员的活动，采取一切措施培植新型的**革命议员——共产主义战士式**的议员。

为此，必须做到以下各点：

1. **在准备阶段**，即在议会选举以前，整个共产党及其中央委员会就应当经常关心为议会党团配备品德优秀的成员。共产党中央委员会应对共产党议会党团的全部工作负责。共产党中央委员会应有绝对权力来撤销任何组织的任何候选人，只要党中央委员会不相信这个候选人进入议会后能实行真正共产主义政策。

共产党必须抛弃旧社会民主党惯于采取的那种做法，即只把所谓有经验的议会主义者（主要是律师等等）选作议员。通常必须提名工人为候选人，不必担心普通工人往往没有丰富的议会工作经验。共产党对于那些为要进入议会而在选举前夕混入党内的沽名钓誉分子，应给予无情的打击。对于那些在多年工作中表明自己绝对忠于工人阶级的人，共产党中央委员会应同意推荐他们为候选人。

2. 选举结束以后，不论这时整个党处于合法地位，或是非法地位，议会党团的组织工作要完全掌握在共产党中央委员会手中。共产党议会党团的主席和主席团，必须经党中央委员会批准。党中央委员会在议会党团中应当有一名有否决权的常设代表。对于一切重大政治问题，议会党团必须事先请示党中央委员会。当共产党人在议会中要发表重要讲话时，中央委员会有权而且有责任指定或更换党团发言人，并要求发言人事先把发言提纲或发言稿送交中央委员会审批，等等。共产党候选人名单中的每个候选人，都必须正式提出保证：一经党中央委员会提出要求，就立即交出自己的当选证书，以便党能另行选派他人。

3. 在改良主义分子、半改良主义分子和纯粹沽名钓誉分子已混进共产党议会党团的国家（某些国家已发生这种情况），共产党中央委员会必须彻底清理议会党团的成员，其原则是：对于工人阶级事业来说，一个人数不多的真正坚持共产主义路线的党团，要比一个人数虽多但不坚持共产主义路线的党团有益得多。

4. 共产党议员必须按照中央委员会的决定将合法工作与非法工作结合起来。在共产党议员还享有某种不受资产阶级法律约束的议员不可侵犯权的国家，必须利用这种不可侵犯的权利来帮助党的秘密组织和进行宣传活动。

5. 共产党议员在议会中的一切行动，都应当从属于党的议会外的工作。应当遵照党和党的中央委员会的指示，按期提出一些示威性的法案，其目的不是为了求得资产阶级多数的通过，而是为了宣传鼓动和组织工作。

6. 每当工人举行街头示威和采取其他革命行动时，共产党议员必须站在最前列，率领无产阶级群众前进。

7. 共产党议员应当在党的监督下千方百计地设法同革命工人、农民及其他劳动者建立书面的和其他各种形式的联系，决不能像社会民主党议员那样，只是追求与选民建立一些事务性的联系。

8. 每个共产党议员都必须记住：他不是与其他立法者谋求达成协议的"立法者"，而是由党派到敌人营垒中去执行党的决议的宣传鼓动员。共产党议员不是对大量分散的选民负责，而是对本党（合法的或非法的）负责。

9. 共产党议员在议会里发言时，应采用每个普通工人、农民、洗衣女工、牧人所能理解的语言，以便党能把他的发言印成传单，在国内边远农村的各个角落散发。

10. 普通工人共产党员要敢于在资产阶级议会中发言，即使他们在议会活动方面是新手，也不必在所谓老练的议员面前退缩。必要时，工人议员可以直接照读讲稿，以便事后能把演说词刊登在报纸上或印成传单。

11. 共产党议员利用议会讲坛，不仅是为了揭露资产阶级及其公开的走狗，而且是为了揭露社会爱国主义者、改良主义者、摇摆不定的中派政客及其他反共分子，同时要利用它来广泛宣传第三国际的思想。

12. 即使在整个议会里只有一两名共产党议员，共产党议员也应当以自己的全部活动向资本主义挑战，永远不要忘记：只有在行动上，而不是在口头上誓死反对资产阶级制度及其社会爱国主义仆从的人，才无愧于共产党员的称号。

工会运动、工厂委员会与第三国际

（一）

1. 工人阶级在资本主义和平发展时期建立起来的工会，是工人为提高劳动力在劳动市场上的价格和改善使用劳动力的条件而进行斗争的组织。革命的马克思主义者曾竭力通过自己的思想影响，使工会同无产阶级政党，即同社会民主党联合起来，以便共同为社会主义而奋斗。但由于种种原因，国际社会民主党（少数例外）并没有成为无产阶级推翻资本主义的革命斗争的工具，反而成为阻挠无产阶级进行革命，以维护资产阶级利益的组织；由于同样的原因，工会在战时多半成了资产阶级战争机器的一个组成部分，帮助资产阶级尽可能多地榨取工人阶级的汗水，从而使无产阶级为资本家的利润流出更多的鲜血。当时参加工会的，主要是一些熟练工人，他们领取企业主的优厚报酬，只考虑自己的狭隘的职业利益，受着脱离群众的官僚机构的束缚，被机会主义领袖引入歧途。因此，工会不仅背叛了社会革命事业，甚至也背叛了它们所组织起来的工人为改善生活条件而进行斗争的事业。它们背离了工会要对企业主作斗争的观点，而换上了无论如何也要同资本家和平妥协的纲领。实行这种政策的，不仅有英国和美国的自由派工会、德国和奥地利的所谓"社会主义"自由工会，而且还有法国的工团主义工会。

2. 战争造成的经济后果，世界经济的彻底瓦解，物价暴涨，女工和童工的广泛使用，居住条件的恶化——这一切，促使无产阶级广大群众走上反对资本主义的斗争道路。这个斗争，就其广度和具有日益明显的性质来说，是客观上破坏资本主义制度基础的革命斗争。今天，由于某一部分工人进行了经济斗争而工资有所提高，明天，就由于物价的必然上涨而使工资提高失去任何意义。要知道，战胜国的资本家阶级，既然要以剥削政策来破坏中欧与东欧，他们就不仅不能组织世界经济，而且还会不断地使它遭到瓦解。为了取得经济斗争的胜利，就要使至今还没有加入工会的广大工人群众踊跃参加工会的队伍。在一切资本主义国家，工会在蓬勃地向前发展，它们现在已经不仅是无产阶级先进部分的组织，而且也是无产阶级广大群众的组织。这些群众加入工会，是想把工会变成自己的斗争工具。他们迫使工会举行罢工，罢工的浪潮已席卷整个资本主义世界，使资本主义生产过程和交换过程经常中断。工人群众随着物价的不断上涨和自身的日益贫困，而提高自己的要求，从而破坏一切资本主义成本核算的基础，而这种成本核算乃是搞好任何经济工作的基本前提。工会在战时曾是劝导工人群众的机构，而现在，则成为摧毁资本主义的机关。

3. 旧工会官僚和旧工会组织，千方百计地阻挠工会在性质上发生这样的变化。旧工会官僚现在也还企图以同资本家勾结的政策，签订长期合同的政策（这个政策，由于物价不断上涨已完全失去其意义），来代替工人的罢工斗争，而罢工斗争越来越具有无产阶级对资产阶级进行革命搏斗的性质。在斗争的紧要关头，旧工会官僚在战斗着的工人群众当中制造纠纷，阻挠各类工人的斗争汇合成为总的阶级斗争。帮助他们进行这种活动的是各行业的旧工会组织，它们把一个产业部门的工人划分成几个独立的专业集团，尽管资本主义经营过程是把它们联结在一起的。虽然个别无产阶级集团的特权由于资本主义总崩溃而逐渐削弱，但是，旧工会官僚却仍然依靠着旧工人贵族的传统思想势力。由此可见，工会官僚把强大的工人运动巨流分成一些微弱的支流，以改良主义的局部要求来代替运动的总的革命目的。总之，他们在阻止无产阶级斗争形成为推翻资本主义的革命斗争。

4. 鉴于大批工人群众源源不断地参加工会，鉴于这些群众不顾工会官僚的阻挠所进行的经济斗争的客观革命性质，各国共产党人都应当加入工会，以便使工会成为自觉地进行推翻资本主义和实现共产主义的斗争机关。任何自愿脱离工会运动的做法，以及不是在工会官僚的特殊暴力行为（机会主义中央机关勒令解散个别地方的革命工会分会）的逼迫下，而是人为地打算建立单独的工会的做法，对于共产主义运动都具有极大的危害。这样做，会使最先进、最有觉悟的工人脱离那些走上共产主义道路的群众，会使这些群众落入为资产阶级效劳的机会主义领袖之手。工人群众的犹豫动摇，他们思想上的优柔寡断，他们对机会主义领袖提出的论证表示顺从——所有这些现象，只有在尖锐的斗争过程中才能得到克服。这是因为，无产阶级的广大阶层将从自己的经验中、从胜利和失败中体会到，逐渐懂得在资本主义经济制度的基础上，人类生活条件的改善在客观上是不可能的；先进的工人共产党员将在经济斗争中学会不仅充当共产主义思想的宣传者，而且成为经济斗争和工会的最坚强的领导者。只有这样，才能把他们的机会主义领袖从工会中排挤出去；只有这样，共产党人才能领导工会运动，使之成为为共产主义而进行革命斗争的机构；只有这样，共产党人才能防止工会分裂，以产业联合组织代替工会，清除脱离群众的官僚机构，代之以工厂代表机构，给中央领导机关只保留一些最必要的职能。

5. 共产党人要把工会组织的目的和实质看得高于工会组织的形式。如果不分裂工会就等于放弃工会中的革命工作，就等于不打算把工会变成革命斗争的工具。既然如此，在工会运动中，共产党人就应当不怕工会组织的分裂。但是，即使这种分裂必不可免，共产党人事先也应当通过对机会主义领袖及其策略的不断斗争，通过积极参加经济斗争，使广大工人群众相信，分裂之所以发生，并不是因为他们还不了解革命的长远目的，而是为了工人阶级开展经济斗争的当前具体利益的需要。在分裂必然会发生的情况下，共产党人应当不断地、审慎地弄清楚，分裂是否会导致共产党人脱离工人群众。

6. 在机会主义工会运动和革命工会运动业已发生分裂的地方，在具有革命倾向的工会（虽不是共产主义工会）同机会主义工会并存的地方（如在美国），共产党人必须支持这些革命工会，帮助它们摆脱工团主义偏见，站到共产主义立场上来，因为只有共产主义才是解决种种复杂的经济斗争问题的可靠指南。但是，支持革命工会并不等于要共产党人退出那些处于动荡状态和逐渐转向阶级斗争立场上来的机会主义工会。相反，共产党人必须促进那些走上革命斗争道路的群众性工会的这种进步,也要善于在思想上和组织上团结所有参加工会的工人,以便共同进行消灭资本主义的斗争。

7. 在资本主义崩溃时期,无产阶级的经济斗争转变为政治斗争,要比在资本主义和平发展时期迅速得多。任何一次大规模的经济冲突,最后都会发展成为一场公开的革命战斗,使得工人们直接面临革命问题。因此,共产党人的职责是,在经济斗争的各个阶段向工人指明,只有当工人阶级在公开的战斗中战胜资本家阶级,并通过无产阶级专政来解决社会主义建设事业时,这个斗争才能获得胜利。因此,共产党人必须尽可能使工会和共产党之间团结一致,使工会服从作为工人革命先锋队的党的实际领导。要达到这个目的,共产党人必须在各地工会中建立共产党党团,借以在思想上掌握并领导工会运动。

(二)

1. 无产阶级要求提高工资和普遍改善工人群众生活条件的经济斗争,其前途越来越渺茫。各国相继发生规模越来越大的经济崩溃,现在,甚至连落后的工人也能看出,要求提高工资和缩短工作日的斗争,已无济于事,资本家阶级越来越难以恢复经济和保证工人能有哪怕是世界大战前那样的生活条件。随着这种思想认识的不断提高,工人群众乃产生建立组织的要求,以便能通过工厂委员会对生产实行工人监督来着手拯救经济。各国工人越来越希望成立工厂委员会,共产党应当积极予以支持。因此,那种只由主张无产阶级专政的工人来组织工厂委员会的想法是错误的。相反,共产党的任务是借着经济崩溃的机会把全体工人组织起来,通过扩大和加深他们所能理解的争取工人监督生产的斗争,引导他们去为无产阶级专政而奋斗。

2. 共产党要完成这项任务,必须在工厂委员会的斗争过程中使群众深刻认识到，现在不能在资本主义社会的基础上有计划地恢复经济，因为这意味着国家制定一种有利于资本家阶级的新的经济奴役办法。只有当国家掌握在工人阶级手中，工人专政的铁拳开始消灭资本主义和从事新的社会主义建设的时候，才能组织符合工人群众利益的经济。

3. 工厂委员会反对资本主义的斗争，在当前是以实现工人对生产的监督为目的的。任何企业、任何工业部门的工人，不论从事哪种职业，都因资本家暗中破坏生产而遭受苦难。因为资本家为了用饥饿手段迫使工人同意最繁重的劳动条件，或者为了在物价普遍上涨时不在生产中进行新的投资，往往认为停止生产是比较有利的。为了防止资本家暗中破坏生产，具有不同政治信念的工人团结到一起，这样一来，该企业全体工人选出的工厂委员会，就成了无产阶级最广泛的群众性组织。但是，资本主义经济的解体，不只是资本家蓄意造成的，而且在更大的程度上是无法遏止的资本主义崩溃的结果。因此，同这种崩溃的后果作斗争时，工厂委员会必将超出对个别工厂的监督；各个工厂的工厂委员会面前很快就会出现工人对一系列生产部门以及所有生产部门实行监督的问题。可是，由于工人试图监督工厂的原料供应和工厂主的财务，资产阶级和资本主义政府就必然要采取种种最有力的措施来对付工人阶级。这样一来，为了实现工人监督生产而进行的斗争，就会引导工人阶级去夺取政权。无产阶级夺取政权以后，工厂委员会将成为建立全国性经济机构之前的第一个管理工业的机构。到那时，工人阶级将从整个国家的利益出发来管理工厂和领导国家的整个经济生活，并将为此而利用资本主义留下来的科学力量。

4. 为成立工厂委员会而进行的宣传鼓动，必须使最广大的人民群众，甚至不直接属于工厂无产阶级的人民群众都深信，资产阶级是破坏生产的罪魁祸首，而无产阶级提出工人监督工业的口号，是为了组织生产，为了消灭投机倒把、经济混乱和物价上涨等现象。共产党的任务是：

针对最令人关心的问题，即燃料不足、运输破坏等问题来争取监督生产；把分散的各部分无产阶级联合起来，并把由于经济崩溃而遭受空前苦难的、日益无产阶级化的广大小资产阶级群众吸引到无产阶级方面来。

5. 工厂委员会不能代替工会。只有在斗争过程中，工厂委员会才能按产业部门联合起来，成立一个领导整个斗争的总机构。工厂委员会是企业中一切工人都能参加的一种广泛的组织，工会虽然不像工厂委员会那样能包括如此广大的工人群众，但现在已经是一种集中的战斗机关。工厂委员会和工会之间任务的划分，是社会革命的历史发展的结果。工会是在全国范围内要求提高工资和缩短工作日方面，组织工人群众进行斗争的。成立工厂委员会，则是为了工人对生产实行监督，是为了防止经济崩溃。工厂委员会虽然能掌握企业的全体工人，但是，它们的斗争只能逐渐地具有全国范围的斗争性质。只有夺取政权以后，工厂委员会才能变成工厂中的工会基层组织，才能同地方和中央的工人政权机关一起组成专门的经济机构。

6. 共产党人的任务是使工会和工厂委员会都能充满坚决斗争的精神，认识和理解进行斗争的最好方法是具备共产主义精神。共产党人在执行这项任务时，应当使工厂委员会和工会真正接受共产党的领导，从而建立起群众性的无产者机构，为建立无产阶级强大的、集中的政党奠定基础，以便由这个政党掌握一切无产阶级斗争组织，引导它们走向工人阶级争取胜利的道路，即走向建立无产阶级专政的道路。

（三）

由于资本家在罢工期间采取了从别国工人中招买工贼的做法，所以早在和平时代，各国工会就渴望成立一个国际联合组织。但工会国际在战前只起到无关紧要的作用。它曾致力于这一工会给另一工会以金钱上的援助，致力于社会统计工作，而没有组织共同的斗争，因为机会主义者把持的工会竭力避免在国际范围内开展任何革命斗争。工会的机会主义领袖在战时无一例外地充当了本国资产阶级的走狗，而现在，则力求重建工会国际，企图把它当做国际性的、世界资本直接反对无产阶级的工具。他们在列金、茹奥、龚帕斯的领导下成立了隶属于国际联盟这个国际资本主义掠夺组织的"劳工局"。他们企图在各国利用法律，通过逼迫工人服从资本主义政权代表的仲裁，来扼杀罢工运动。他们到处企图与资本家勾结起来对熟练工人实行让步，借以破坏工人阶级日益增强的团结。

由此可见，阿姆斯特丹工会国际就是已经破产了的布鲁塞尔第二国际的替身。针对这种情况，加入各国工会的工人共产党员，必须力求建立战斗性的国际工会阵线。现在的问题，不在于出现罢工时要给予金钱上的援助，而在于一个国家的工人阶级遭受危险时，其他各国最广大的群众组织——工会要起来保卫它，使本国资产阶级不能去援助那个与工人阶级搏斗的国家的资产阶级。各国无产阶级的经济斗争，日益发展成为革命斗争。因此，工会必须有意识地运用自己的全部力量，来支持本国和其他各国的一切革命斗争。为了达到这一目的，工会不仅要在各个国家里尽量把自己的斗争集中起来，而且也要在国际范围内这样做，因而要加入共产国际，联合成为一支大军，这支大军的各个部队将互相支援，共同进行斗争。

土地问题提纲初稿[①]

现在已经成为黄色国际的第二国际为什么不仅不能确定革命无产阶

[①] 这是列宁为共产国际第二次代表大会拟定的初稿，中译文见《列宁全集》中文第 2 版第 39 卷第 167—178 页。——编者注

级在土地问题上的策略,甚至不能恰当地提出这个问题,对于这一点的原因马尔赫列夫斯基同志在他的论文中作了很好的分析。接着马尔赫列夫斯基同志提出了第三国际的共产主义土地纲领的理论原理。

根据这些原理,能够(而且我觉得应当)拟出即将在1920年7月15日召开的共产国际代表大会关于土地问题的一个总的决议。

这个决议的初稿如下:

1. 只有共产党所领导的城市工业无产阶级,才能使农村劳动群众摆脱资本和大地主土地占有制的压迫,摆脱破产,摆脱在资本主义制度存在时必然会一再发生的帝国主义战争。农村劳动群众只有同共产主义无产阶级结成联盟,奋勇地援助无产阶级为推翻地主(大土地占有者)和资产阶级的压迫而进行的革命斗争,此外别无出路。

另一方面,如果产业工人局限于狭隘的行会利益和狭隘的职业利益,只满足于为改善自己有时还过得去的小市民的生活状况而奔走,那他们就不能完成使人类摆脱资本压迫和战争这一具有全世界历史意义的使命。许多先进国家中的"工人贵族"的情况正是如此,这些人是第二国际中那些所谓的社会党的基础,实际上他们是社会主义的死敌,是社会主义的叛徒,是市侩沙文主义者,是工人运动内部的资产阶级代理人。无产阶级要成为真正革命的阶级,成为真正按社会主义精神行动的阶级,就只有作为全体被剥削劳动者的先锋队,作为他们在推翻剥削者的斗争中的领袖来发表意见和采取行动;但是如果不在农村中开展阶级斗争,不把农村劳动群众团结在城市无产阶级的共产党周围,不由城市无产阶级来教育农村劳动群众,这个任务是完成不了的。

2. 城市无产阶级应当引导农村被剥削劳动群众参加斗争,至少也要把他们争取过来。在一切资本主义国家内,农村被剥削劳动群众有以下几个阶级:

第一,农业无产阶级即雇佣工人(年工、季节工、日工),他们靠受雇于资本主义农业企业来获得生活资料。把这个阶级和其他各类农村居民分开来单独进行组织（政治、军事、工会、合作社、文化教育等方面），加紧在他们中间进行宣传鼓动工作，把他们争取到苏维埃政权和无产阶级专政方面来，这是各国共产党的基本任务。

第二，半无产者或小块土地农民，他们一方面依靠在资本主义农业企业或工业企业中出卖劳动力，另一方面依靠在仅能给他们家庭生产一部分食物的小块私有的或租来的土地上耕作，来获得生活资料。在一切资本主义国家中，这类农村劳动居民的人数是非常多的，但是资产阶级代表人物和第二国际的黄色"社会党人"掩盖这类农民的存在及其特殊地位。他们这样做，一方面是有意识地欺骗工人，另一方面是由于盲目接受了陈腐的世俗观念，竟把这类农民同一般"农民"群众混为一谈。资产阶级愚弄工人的这种手法，在德国和法国表现得最明显，其次是在美国和其他国家。如果共产党的工作得当，这类农民就会成为共产党的可靠的拥护者，因为这些半无产者的境遇非常艰难，他们从苏维埃政权和无产阶级专政方面能够立刻得到很大的好处。

第三，小农，他们拥有自己的或租来的一块不大的土地，可以应付他们全家以及经营上的需要，并不另外雇用劳动力。这一阶层从无产阶级的胜利中肯定会得到好处，因为无产阶级的胜利能立刻而充分地给他们以下几种利益：（1）免除向大土地占有者缴纳地租或一半收成（例如法国的 métayers，即分成制农民，意大利和其他国家也是如此）；（2）免除抵押债务；（3）免除大土地占有者的多种形式的压迫以及对大土地占有者的依附（林地及其使用等等）；（4）无产阶级国家政权立刻帮助他们经营农务（允许他们使用无产阶级剥夺来的大资本主义农户的农具和部分建筑物；无产阶级国家政权立刻把资本主义制度下主要替富裕农民和中农服务的组织，如农业合作社和农业协作社，变成首先帮助贫苦农民即无产者、半无产者和小农等的组织）。还能给他们其他许多利益。

同时，共产党应当清楚地认识到，在从资本主义到共产主义的过渡时期，即在无产阶级专政时期，这个阶层中至少有一部分人必然会动摇而去追求无限制的贸易自由和无限制的使用私有权的自由，因为这一阶层是出卖消费品的（虽然数量不大），所以受到投机倒把和私有者习惯的侵蚀。但是只要实行坚定的无产阶级政策，只要胜利了的无产阶级十分坚决地镇压大土地占有者和大农，这一阶层的动摇就不会很大，并且也不会改变这个阶层整个说来将站在无产阶级革命方面这一事实。

3. 上述三类农村居民的总和，构成一切资本主义国家农村人口的多数。因此，无产阶级革命的胜利不仅在城市，而且在农村都是有充分保障的。有一种相反的意见还颇为流行，但是，第一，这是因为资产阶级的科学和统计不断进行欺骗，极力掩盖农村上述各阶级同剥削者即地主、资本家之间，以及半无产者和小农同大农之间的巨大区别；第二，是因为黄色国际即第二国际的英雄们和被帝国主义特权腐化了的"工人贵族"，不善于而且也不愿意在贫苦农民中进行真正无产阶级的革命宣传工作；鼓动工作和组织工作，机会主义者无论过去和现在都只关心怎样去同资产阶级，包括大农和中农（关于他们的情形见下文）作理论上和实践上的妥协，而不关心无产阶级实行革命来推翻资产阶级政府和资产阶级；第三，是因为有根深蒂固的偏见（这种偏见是同一切资产阶级民主偏见和议会制偏见有关的），是因为不了解已经被马克思主义理论充分证明而且又被俄国无产阶级革命经验完全证实了的真理：上述三类空前愚昧、十分分散、备受压抑的、在一切最先进的国家中必然过着半野蛮生活的农村居民，虽然在经济上、社会上和文化上会从社会主义的胜利中得到好处，但是只有在革命的无产阶级夺得政权**以后**，只有**在革命的无产阶级坚决镇压大土地占有者和资本家以后**，只有**在**这些备受压迫的人**在实践中**看到他们有了这种组织起来的十分强大坚定的领导力量和保护力量来帮助和领导他们,给他们指出正确道路以后,才能坚决地支持革命的无产阶级。

4."中农"从经济上来说是小农,他们也拥有一小块自己的或租来的土地,但是第一,在资本主义制度下,这块土地上的收入通常不仅够维持一家的俭朴生活和经营的费用,并且可能有某些剩余,这些剩余至少在好年头可能变为资本;第二,往往(例如两三家农户中就有一家)另外雇用劳动力。拥有5至10公顷土地的德国农户,可以作为先进资本主义国家的中农的具体例子,据1907年的普查,这类农户中约有1/3是雇有农业工人的。[①] 在法国,特种农作物比较发达,像葡萄种植业就需要在土地上花费大量的劳动,大概这类农户使用雇佣劳动力的范围要更广泛些。

革命的无产阶级,至少在最近的将来和在无产阶级专政的初期,不能给自己提出把这个阶层争取过来的任务,而应当只限于中立中农,即在无产阶级同资产阶级的斗争中使他们保持中立。这个阶层必不可免地要动摇于这两种势力之间,而且在新时代的初期,在发达的资本主义国家内,这个阶层的主要趋向将是拥护资产阶级的。这是因为在这个阶层中,私有者的世界观和情绪是占优势的;投机倒把活动、贸易"自由"和私有制对他们眼前有好处;他们与雇佣工人是直接对抗的。胜利了的无产阶级废除地租和抵押债务,会直接改善这个阶层的生活状况。在多数资本主义国家里,无产阶级政权决不应该立即完全废除私有制,并且无论如何都要保证小农和中农不仅保留他们原有的土地,而且使他们的

[①] 确切数字如下:拥有5至10公顷土地的农户有652798户(农户总数为5736082户);他们所雇用的各种雇佣工人为487704人,本户工人(Familienangehörige)为2003633人。在奥地利,据1902年的统计,这类农户有383331户,其中有126136户是使用雇佣劳动的;雇佣工人146044人,本户工人为1265969人。奥地利的农户总数为2856349户。

土地扩大到他们平素租种的全部面积（废除地租）。

把这些办法和反对资产阶级的无情斗争结合起来，就可以充分保证中立政策获得成功。无产阶级国家政权只能十分谨慎地逐步前进，运用榜样的力量，而不能对中农施用任何暴力，才能实现向集体农业的过渡。

5. 大农（Großbauern）是农业中的资本主义企业主，他们通常都雇有几个雇佣工人，他们之所以能归入"农民"之类，只是由于文化水平不高，生活习惯相同，亲自参加自己农场中的体力劳动。这是直接而坚决地反对革命无产阶级的那些资产阶级阶层中人数最多的一个阶层。在全部农村工作中，共产党应该集中主要注意力去同这个阶层进行斗争，把多数农村居民即被剥削劳动者从这些剥削者的思想和政治影响下解放出来，等等。

无产阶级在城市中获得胜利以后，这个阶层必然会进行各种反抗，或暗中破坏，或公开采取反革命性质的武装行动。所以革命的无产阶级应当立刻开始从思想上和组织上准备必要的力量，以便彻底解除这个阶层的武装，在推翻工业资本家的同时，只要这个阶层的反抗一露头，就给予最坚决最无情的歼灭性的打击，为此需要武装农村无产阶级，组织农村苏维埃。在苏维埃里，决不能让剥削者有立足之地，而应当保证无产者和半无产者占据优势。

即使是对待大农，获得胜利的无产阶级也决不能把剥夺列为直接的任务，因为还没有具备物质条件，特别是没有具备技术条件，更没有具备社会条件来实现这类农场的社会化。在个别的、显然是例外的情况下，将没收他们土地中零散出租的部分或附近小农特别需要的部分；同时还要保证小农根据一定的条件可以无偿地使用大农的一部分农业机器，等等。一般说来，无产阶级国家政权应当保留大农的土地，只在他们反抗被剥削劳动者的政权时才加以没收。在俄国无产阶级革命中，反对大农的斗争由于若干特殊情况而复杂起来,并且持续的时间很长,但是这个革命的经验终究表明,这个阶层稍一试图反抗就得到很好的教训之后,能够规规矩矩地执行无产阶级国家交给的任务,甚至开始(尽管非常缓慢)对捍卫一切劳动者而无情对待富人寄生虫的政权表示尊重。

在俄国,使战胜了资产阶级的无产阶级对大农的斗争变得复杂而持久的特殊情况,主要是在1917年10月25日(11月7日)的革命以后,俄国革命经历了全体农民反对地主的"一般民主的"即基本上是资产阶级民主的斗争阶段;其次是城市无产阶级的文化低,数量少;再次是幅员辽阔,交通极不方便。各先进国家既然没有这些造成阻碍的情况,欧美的革命无产阶级就应当更积极地准备并且更迅速、更坚决、更有成效地取得镇压大农反抗的完全胜利,彻底消除他们进行反抗的一切可能性。这是迫切需要的,因为在取得这种完全的最彻底的胜利以前,农村中无产者、半无产者和小农群众不会相信无产阶级国家政权是十分稳固的。

6. 革命无产阶级应当立刻无条件地没收地主即大土地占有者的全部土地,这些人在资本主义国家里直接地或通过租地农场主不断地剥削雇佣劳动力和附近小农(也时常剥削一部分中农),他们不参加任何体力劳动,他们大半是封建主(如俄国、德国和匈牙利的贵族,法国复辟了的领主,英国的勋爵,美国的前奴隶主)的后裔,或者是特别富有的金融巨头,或者是这两类剥削者和寄生虫的混血儿。

在各国共产党队伍中,决不容许宣传剥夺大土地占有者的土地要给予补偿,也决不容许给他们补偿,因为在现代欧美各国的条件下,这样做就是背叛社会主义,就是向遭受战争苦难最深重的被剥削劳动群众征收新贡赋,而这场战争产生了更多的百万富翁,使他们大发横财。

至于胜利了的无产阶级怎样经营从大土地占有者那里没收来的土地的问题,由于俄国的经济落后,主要是把这些土地分给农民使用,只有在少数情况下把土地留作办所谓"国营农场",由无产阶级国家自己经营,并把以前的雇佣工人变成执行国家委托的工作人员和管理国家的苏维埃成员。对先进资本主义国家说来,共产国际认为**在大多数情况下保留大农业企业**,并且按照俄国"国营农场"的方式经营这种企业,是正确的。

但是如果夸大或死板地执行这一条,绝对不容许把从剥夺者那里剥夺来的一**部分**土地无代价地分给附近的小农,有时也分给中农,那就大错特错了。

第一,通常用来反对这一点的理由是说大农业具有技术上的优越性,这种说法往往是以最恶毒的机会主义和背叛革命的行为来偷换无可争辩的理论真理。无产阶级为了这个革命的胜利,决不能因为生产暂时下降而裹足不前,就像奴隶占有制的敌人——北美资产阶级没有因为1863—1865年内战所引起的棉花生产的暂时下降而裹足不前一样。对资产者说来,重要的是为生产而生产,对被剥削劳动群众说来,最重要的是推翻剥削者,保证劳动者有条件为自己而不是为资本家工作。无产阶级的首要的基本的任务,就是保证无产阶级取得胜利和巩固这一胜利。如果不中立中农,如果没有全体小农、至少极大部分小农的支持,无产阶级政权是不能巩固的。

第二,不仅提高农业大生产,就是维持农业大生产,也先要有眼界开阔、富有革命觉悟、在职业上政治上组织上受过很好锻炼的农村无产者。凡是还不具备这个条件或者还没有可能把这一事业适当地交给有觉悟而又内行的产业工人来做的地方,如果企图把大农场急忙转交国家经营,那么只能破坏无产阶级政权的威信,在那些地方建立"国营农场"必须特别谨慎,必须极其认真地做好准备工作。

第三,在一切资本主义国家里,甚至在最先进的资本主义国家里,还保留着大土地占有者对附近小农所施行的中世纪的、半徭役式的剥削制残余，例如德国的租房农民，法国的分成制农民，美国的分成制佃农（在美国南部，不仅黑人多半受这样的剥削，而且白人有时也受这种剥削）。在这种情况下，无产阶级国家必须把小农所承租的土地，无偿地交给原租地者使用，因为没有别的经济的和技术的基础，并且也不能立刻建立起这种基础。

大农场的农具必须加以没收并转归国家所有，这些农具，**在保证大国营农场的使用需要以后**，应当让附近的小农在遵守无产阶级国家所规定的条件下无偿地使用。

如果说在无产阶级革命后的最初一个时期，不仅绝对必须立即没收大土地占有者的田庄，而且绝对必须把他们这些反革命头子和残酷压迫全体农村居民的人一律驱逐出去或加以关押，那么随着无产阶级政权在城市和乡村的巩固，必须不断努力使这个阶级中具有宝贵经验、知识和组织能力的人，都能被用来（在最可靠的工人共产党员的特别监督下）建立社会主义的大农业。

7. 只有在无产阶级的国家政权最终平定剥削者的一切反抗，保证自己完全巩固，完全能够实施领导，根据大规模集体生产和最新技术基础（全部经济电气化）的原则改组全部工业的时候，社会主义对资本主义的胜利以及社会主义的巩固才算有了保证。只有这样，城市才有可能给落后而分散的农村以技术的和社会的根本的帮助，并且在这种帮助下为大大提高耕作和一般农业劳动的生产率打下物质基础，从而用榜样的力量促使小农为了自身的利益过渡到集体的、机械化的大农业上去。这个为全体社会党人口头上一致公认的无可争辩的理论真理，实际上却被在黄色国际即第二国际中以及在德国和英国"独立党人"、法国龙格派等等领袖中占统治地位的机会主义所曲解。这种曲解就在于他们把注意力移向比较遥远的美好的未来，而忽视了过渡到和达到这一美好未来的困难而具体的当前任务。这在实践中就是鼓吹同资产阶级妥协，鼓吹

"社会和平",即完全背叛无产阶级,而无产阶级现时正在战争到处造成的空前破产和贫困的条件下,正在战争使一小撮百万富翁大发横财并变得肆无忌惮的条件下进行着斗争。

要使农村中争取社会主义的斗争真正获得成功,就要求:第一,各国共产党教育工业无产阶级,使他们认识到,为了推翻资产阶级和巩固无产阶级政权必须忍受牺牲和具有承担牺牲的决心,因为无产阶级专政就意味着无产阶级善于组织和引导全体被剥削劳动群众,意味着这个先锋队也善于为达到这一目的而承担最大的牺牲和表现出英勇精神;第二,要取得成功,还要使农村中受剥削最重的劳动群众能从工人的胜利中靠剥夺剥削者来立刻大大改善自己的境况,否则就不能保证工业无产阶级取得农村的支持,特别是工业无产阶级也就无法保证城市的粮食供应。

8. 因为资本主义使农业劳动群众异常闭塞而分散、往往处于半中世纪式的依附状态,所以组织和教育他们参加革命斗争,是非常困难的,这就要求各国共产党特别注意农村中的罢工斗争,加紧援助和全面开展农业无产者和半无产者的群众性罢工。为德国和其他先进国家现时的经验所证实所丰富了的俄国1905年和1917年革命的经验表明,只有日益开展的群众性罢工斗争(在一定条件下,能够而且应当争取农村中的小农参加罢工斗争)才能打破农村的沉睡状态,唤醒农村被剥削群众的阶级觉悟,使他们认识到成立阶级组织的必要性,才能使他们明显而实际地看出他们同城市工人结成联盟的意义。

共产国际代表大会痛斥那些背叛和变节的社会党人,遗憾的是这种社会党人不仅在黄色国际即第二国际里存在,而且在退出了这个国际的欧洲极其重要的三个大党里也存在,他们不仅对农村罢工斗争采取冷淡的态度,而且借口有降低消费品生产的危险来反对这种罢工斗争(例如卡·考茨基)。假如不是在实践中用行动证明共产党人和工人领袖能够把开展无产阶级革命及夺取这一革命的胜利看得高于世上的一切，能够为这一革命作出最大的牺牲（因为要免除饥饿、破产和新的帝国主义战争，是没有别的出路的），那么任何纲领和最庄严的声明都是一钱不值的。

特别需要指出，旧社会主义的领袖和"工人贵族"的代表为了在迅速革命化的工人群众中保持自己的声誉，现在常常在口头上向共产主义让步，甚至在名义上转到共产主义方面来。这些人必须在工作中，在革命意识和革命斗争的发展进行得最猛烈、土地占有者和资产阶级（大农，富农）反抗得最激烈、社会党人妥协分子和共产党人革命家之间的区别表现得最明显的地方受到考验，以便证明他们是不是忠于无产阶级事业和能不能担任领导职务。

9. 各国共产党应当竭力尽快地在农村中建立代表苏维埃，首先建立雇佣工人和半无产者的代表苏维埃。苏维埃只有同群众性罢工斗争和最受压迫的阶级联系在一起，才能执行自己的使命，才能大大巩固起来，使小农接受它的影响（然后把他们吸收到它的组织里）。但是，如果因为土地占有者和大农的沉重压迫，以及没有产业工人及其工会的援助，罢工斗争还没有展开，农业无产阶级的组织能力还很薄弱，那么建立农村的苏维埃就需要进行长期的准备工作，其方法就是建立共产党支部（即使是比较小的也好），加紧进行鼓动工作，用最通俗的方式说明共产主义的要求，用突出的剥削和压迫的实例来阐明这些要求，经常派产业工人去农村工作等等。

尼·列宁

何时以及在何种条件下可以建立工人代表苏维埃？

1. 工人代表苏维埃在 1905 年首先诞生于俄国，当时正是俄国工人革命运动的高潮期间。彼得堡工人代表苏维埃，早在1905年就本能地在夺取政权的道路上迈出了第一步。然而，当时彼得堡苏维埃的力量还很有限，在夺取政权方面还只能相机行事。沙皇反革命势力一稳固，工人运动就衰退了，苏维埃在毫无作为地存在很短时间之后也就完全消逝了。

2. 当1916年开始出现新的汹涌澎湃的革命高潮时，立即建立工人代表苏维埃的想法开始在俄国冒头。当时，布尔什维克党警告工人，不要急于建立苏维埃，并向他们指出，只有在革命已经爆发、夺取政权的直接斗争已提到日程上来的时候，才适于建立工人代表苏维埃。

3. 1917年二月革命开始时，俄国的工人代表苏维埃立即变成工人和士兵代表苏维埃，使广大人民群众处于它们的影响之下，很快就享有极大的威望，因为真正的力量在它们一边，操在它们的手中。但当自由资产阶级经受了这初次突然的革命打击，恢复了元气的时候，当社会主义叛徒、社会革命党人和孟什维克帮助俄国资产阶级夺得政权的时候，苏维埃的作用又开始消逝了。直到七月事变和科尔尼洛夫反革命暴动失败之后，当广大人民群众已经投入运动，反革命的资产阶级妥协政府行将垮台之际，工人代表苏维埃才又重新恢复了生机，并且很快地在国内起了决定性作用。

4. 德国革命和奥地利革命的历史也表明了这种情况。当广大人民群众纷纷举行起义，革命浪潮汹涌澎湃，冲击着霍亨索伦王朝和哈布斯堡王朝根基的时候，工人和士兵代表苏维埃在德奥两国自发地诞生了。初期，实力在苏维埃这方面，而且苏维埃已走上实际掌握政权的道路。但是，由于一系列的历史条件，政权一落入资产阶级和反革命社会民主党人之手，苏维埃很快就衰落下去，以致无影无踪。在德国发生短命的卡普—吕特维茨反革命叛乱时，苏维埃又复活了几天，但是，资产阶级和社会主义叛徒一经重新取得胜利，这些刚刚活跃起来的苏维埃复又消沉下去。

5. 上述事实表明,建立苏维埃需要具备一定的前提。建立工人代表苏维埃,以及将其转变成为工人和士兵代表苏维埃,必须具备以下三个条件:

(1) 广大的男女工人、士兵和一切劳动居民普遍具有革命热情;

(2) 经济和政治危机加剧,以致旧政府开始掌握不住政权;

(3) 广大工人阶层,首先是共产党已下定决心开始进行坚决的、有步骤有计划的夺取政权的斗争。

6. 在不具备上述条件时,共产党人可以而且应当坚持不懈地宣传苏维埃思想,做到人人皆知,并向广大居民阶层阐明,苏维埃是向完善的共产主义过渡的唯一适当的国家组织形式。但在上述条件不具备时,就不能着手直接建立苏维埃。

7. 德国社会主义叛徒企图阉割苏维埃的内容,歪曲它的性质,从而把它纳入一般的资产阶级民主立宪体系,这种做法客观上就是背叛工人的事业和欺骗工人。要知道,真正的苏维埃只能作为国家组织的一种形式去取代资产阶级民主制,摧毁资产阶级民主制,代之以工人专政。

8. 独立社会民主党右派领袖(希法亭、考茨基等人)的宣传,是为了证明"苏维埃制度"与资产阶级立宪会议二者是并行不悖的,这种宣传如果不是对无产阶级革命的发展规律一无所知,就是存心欺骗工人阶级。苏维埃是无产阶级专政,而立宪会议是资产阶级专政。决不能把工人专政与资产阶级专政相提并论,并使之协调一致。

9. 德国独立社会民主党左派的一些代表,脱离国内战争的具体情况,向工人宣传一种凭空捏造的"苏维埃制度"。这是一种教条主义,它诱使工人放弃真正夺权斗争的迫切任务。

10. 法国、意大利、美国和英国的某些共产主义集团,打算建立一些没有广大工人群众参加的苏维埃,这种苏维埃不能进行夺取政权的直接斗争，这种想法只会有害于苏维埃革命的实际准备工作。这种在温室内人工培植出来的"苏维埃"，最多不过是宣传苏维埃政权思想的小社团；不然的话，这种病态的"苏维埃"只能使苏维埃政权思想在广大人民群众的心目中丧失威信。

11. 目前，奥地利出现了独特的情况，那里的工人阶级已使广大工人群众参加的苏维埃站稳了脚跟。那里的情况很像俄国1917年2月到10月这段时期的情况。奥地利的苏维埃是一个相当重要的政治因素，是新政权的萌芽。

当然，在这种情况下，共产党人应当参加苏维埃，帮助苏维埃深入到国家全部社会经济生活和政治生活中去，要在苏维埃内建立共产党党团，并竭力促进苏维埃的发展。

12. 不经过革命，就不可能建立苏维埃。不经过无产阶级革命，苏维埃就难免徒有其名。

真正群众性的苏维埃是无产阶级专政的一种历史形式。一切真诚拥护苏维埃政权的人，都应当以审慎的态度对待苏维埃思想，在群众中经常不断地宣传这种思想，并且只有在具备上述条件时，才能着手直接建立苏维埃。

关于共产主义妇女运动的提纲草案[①]

1. 第三国际第二次代表大会再一次证明，第一次代表大会关于必须唤起广大无产阶级妇女群众的阶级自觉，用共产主义精神教育她们，使她们团结起来，成为坚定的、明确自己目标的、有自我牺牲精神的共

---

① 关于共产主义妇女运动问题，没有在第二次代表大会上讨论，而是提交给了共产国际执行委员会审议。——编者注

产主义革命者的决议，是正确的。无产阶级妇女必须极其坚决地参加推翻资本主义和实现共产主义的革命斗争。必须保证全体妇女享有充分的社会权利，使她们既能在教育和职业活动方面，又能在母性方面发展自由的人类个性，从而使她们与整个社会联系在一起。无产阶级应当团结一致和坚强有力，以便在反对资产阶级制度的革命斗争中，以及在以革命方式进行新制度的建设中，为达到上述目的创造先决的社会条件。

2. 过去的历史和现在的经历使我们认识到，私有制是男人比女人优越，男人统治女人的最重要、最深刻的根源。随着私有制的产生与巩固，无论是奴隶，还是妇女和孩子，才成为男人的私有财产；在人统治人这个基础上，作为妻子和母亲的妇女对男人的依附，对男人的从属关系，她们在家庭和社会生活中的无权地位，才有所发展。然而，这种依附关系至今还在一些所谓文明的民族当中保留下来，成了他们的习俗与偏见，使得妇女在法律面前无权可言，或者至少是权利很少；在家庭、国家和社会上，她们处于很不体面的地位，她们精神上受到约束，智力不高；对于生儿育女在社会上的作用估计不足。随着工场手工业的发展，妇女被排挤在社会商品生产领域之外，她们的活动只限于操持家务和做与自己家庭有关的事，这种情况使欧洲文明民族的上述状况有所发展。

要想使妇女在权利上完全平等（事实上的平等，而不只是纸面上的法律死条文），要想使她们和男人一样能够自由发展自己的人类个性，就必须具备两个主要条件：第一，必须废除生产资料私有制，代之以公有制；第二，在没有奴隶制剥削的社会里，必须把妇女的活动纳入社会生产过程。只有实现这两个条件，才能在家庭生活中把妻子和母亲从对丈夫的经济依赖中解放出来，才能在生产活动中把从事职业劳动的妇女无产者从经济奴役和资本主义剥削中解放出来。只有那时，才不会由于操持家务和生儿育女，或者由于职业活动而使妇女单方面担负过重的义务，才不至于埋没妇女宝贵的力量和才干。那时，这两种活动才可能协调一致。只有实现这两个条件，才能保证妇女全面发挥自己的才能与力量，从而在劳动者享有平等的权利与义务的社会里，成为一个在权利和义务上与男人平等的有创造性的工作者。那时，她们的职业活动将与生儿育女一起纳入统一的、完备的生活活动的范畴。

3. 资产阶级妇女运动，在为全体妇女谋求平等权利和人类尊严方面，是无能为力的。当然，它也取得了有价值的、极其重要的成效。这就是：资产阶级社会及国家正式否定了那种认为妇女价值不大的旧偏见，并且在承认男女权利平等的同时，承认男女的社会价值平等。但是，实行男女权利平等的主张，主要是改良资本主义制度，使之对有产阶级的妇女有利；而绝大多数妇女无产者，即劳动妇女，依旧是奴役和剥削的牺牲品，她们的人类尊严、权利与利益只会受到蔑视。

在资本主义制度下，妇女自由支配自己的人身和财产的权利，乃是妇女自身解放的最高程度，从而也扩大了资本家剥削妇女无产者的可能性。要知道，妇女与男人享有平等的受教育权利和从事职业活动的权利，只不过是允许有产阶级的妇女从事所谓高等职业，这样一来，资本主义的竞争原则才能充分显示出来，因而男女之间在经济上和社会地位上的差别就更为悬殊了。即使是最重要的和含义深刻的男女平等主张——政治权利完全平等，尤其是承认妇女有选举权和被选举权的主张，也完全不可能真正保障无产的或贫穷的妇女享有一切权利和充分的自由。

在资本主义制度下，选举权只能巩固资产阶级形式上的政治民主制，而绝不能产生实际上的、经济上的无产阶级民主制。普遍的、平等的、不记名投票的、直接的选举权与被选举权，对成年人来说，只不过是资产阶级民主制发展中的一个决定性步骤，是有产者与剥削者阶级最完备的政治统治形式的基础和幌子。在目前帝国主义和革命的社会发展时期，这种违背民主选举权的阶级统治日益加强，成为对无产者和被剥削者的最蛮横粗暴的阶级专政。这种选举权没有废除生产资料私有制，因而，也没有消除绝大多数妇女与男人在经济上依附于少数有产者男女的根由，以及后者剥削前者的根由。它不过是用不足信的政治上平等的幌子来掩盖这种依附关系和这种剥削关系罢了。因此，即便是政治上的男女完全平等，也不能成为妇女无产者追求与争取的最终目的。对她们来说，争取选举与被选举的机会，只不过是争取解放的一种措施，借以联合起来，准备从事活动与斗争，以期建立一种不把人当做私有财产的社会制度（这种制度在消灭剥削者与被剥削者的阶级对立之后，即成为自由的男女劳动者在权利与义务上平等的社会制度）。

4. 共产主义是实现这些条件的唯一社会制度，因而它可以保证全体妇女享有充分的自由与一切权利。决定社会经济基础的大生产资料归社会公有，以及分配与交换手段社会化，是共产主义的基础。共产主义通过废除这些方面的私有制，来消除人奴役人和人剥削人的根源，消灭富与贫、剥削者与被剥削者、统治者与被奴役者的社会对立，以及男女在经济上和社会地位上的矛盾。作为生产与分配领域的社会共有者、共同管理者和工作者，作为物质与文明财富的消费者，妇女在其成长与活动中离不开整个社会，共同的利益把她们同整个社会联系在一起。作为一个妇女，她既不依附于某一个人——自己的丈夫，也不依附于在道德上结合在一起的小单位——家庭，更不从属于榨取剩余价值的资本和统治阶级的剥削。

共产主义经济的最高法则，是按照经济不断发展所能提供的充足的生产与文化条件，来满足社会全体成员的物质与文化需求。这个目标只有在一切健康的、正常发育的成年人，不分性别一律履行劳动义务的情况下，才能实现。承认一切社会必要劳动和有益劳动具有同等价值，尊重生儿育女是一种社会职能，而且使社会每个成员一出生便有条件成为有工作能力、自觉参加自由社会劳动的人——只有在这种社会组织的条件下，才能实现上述目标。

5. 共产主义这个妇女解放的伟大目标，绝不会是各阶级妇女按照男女平等运动的捍卫者的主张，为改良资产阶级制度而进行共同斗争的结果，即绝不会是为反对男人享有特权的社会状况而进行斗争的产物。共产主义只有通过被剥削的无产阶级男女共同进行反对特权、反对剥削阶级和有产阶级男女的权势的阶级斗争，才能实现。这个阶级斗争的目的，是推翻资产阶级社会，推翻资本主义。只有通过群众的革命行动，摧毁从事剥削的资产阶级的势力，摧毁它对经济与国家的阶级统治，夺取政权，建立本阶级的专政——苏维埃制度，无产阶级才能取得这个斗争的胜利。在建立自由的男女劳动者享有平等权利与义务的共产主义社会以前，废除资产阶级民主制，然后建立无产阶级的统治，即建立无产阶级国家，乃是必不可少的步骤。剥削阶级与统治阶级必将采取它们的阶级专政所特有的最残酷的暴力手段，来争夺国家政权，反对革命的无产阶级。斗争最终将使被剥削、被压迫群众采取最高形式的革命行动，即发动国内战争。

如果没有那些明确自身目标和道路，决心不惜一切牺牲和坚决斗争到底的劳动妇女参加，无产阶级就不可能取得群众性的革命行动和国内战争的胜利。要知道，她们在人口中占半数，而在大多数文明国家中，甚至占劳动人民半数以上，她们在社会经济与家庭中，对剥削者与被剥削者之间的阶级斗争的结局，以及确定个别无产者对待这个斗争的态度，往往起着决定性的作用。无产阶级夺取政权的斗争，也应当成为有坚定信念的妇女无产者——共产党员的事业。这也关系到无产阶级专政建立以后苏维埃制度的建立和共产主义的实现。没有具有共产主义精神的广大妇女群众的积极与自觉的参加，这个深刻的、伟大的社会变革，即社会经济基础、一切社会设施、社会的整个文化与精神生活的变革，就无法实现。这些妇女群众参加进来，不仅在数量上会增加实现共产主义的力量，而且也将使这种力量在质的方面发生变化，因而也就充实了力量的内容，增大了它的成效。这既是需要增加社会物质财富的条件，也是提高与增进社会文明的条件。

一些国家无产阶级的革命阶级斗争，正汇合成为国际斗争，并将达到世界革命的最高峰；妇女反对资本主义及其最高阶段帝国主义、争取无产阶级专政，即争取建立无产阶级的阶级专政和争取建立苏维埃制度的革命斗争，也应当如此，成为国际斗争。

6.资本主义大国之间罪恶的帝国主义世界大战，以及这次大战所造成的状况，大大加剧了绝大多数妇女的社会矛盾与贫困，这一切都是资本主义不可避免的后果，它们只能随着资本主义的灭亡而消失。这不仅关系到交战国，而且也关系到所谓中立国，因为它们也或多或少地卷入了世界大战的血腥的漩涡，并且受到战争的影响。日用必需品的投机价格同千百万妇女的收入和生活费用之间的极不适应，而且差距越来越大，使得女工、主妇和母亲的操劳、贫困、灾难和负担达到了无法忍受的地步。住房奇缺成了头等灾难。由于长期吃不饱和生产、家务方面过度劳累，妇女的健康状况不断恶化，而且日益加剧。能正常生育健壮孩子的母亲越来越少，婴儿死亡率大幅度上升。疾病与孱弱、营养不良以及生活条件普遍很坏，乃是数十万甚至千百万无产阶级孩子的命运，也是他们的母亲感到绝望的根源。

在资本主义仍然保持统治地位的一切国家，还有一种特殊的情况在加深妇女的灾难。战争期间，妇女职业活动的面很广，尤其是在参战国，发出了号召："妇女们！向前走，到经济战线去，到管理机关和文化活动机关里去！"渴望实现世界霸权和剥削的资本主义的战斗号角一吹响，反对"孱弱的、天赋低的落后女性"的偏见，就无影无踪了。自身的贫困，必须保卫祖国的谎言，资本家对利润的追逐——这一切加在一起，促使妇女群众急忙奔向工业、农业、商业和运输业战线。妇女劳动力以狂风巨浪般的不可阻挡之势，涌进了村社和国家的各个管理部门，即所谓社会服务行业和学术性的业务部门。

现在的情况是：资本主义经济由于世界大战而崩溃，而受到破坏；仍然保持政权的资本主义，发现自己无力恢复经济以适应广大劳动群众对物质和文化的需求；经济崩溃和资本家蓄意破坏生产造成了空前的危机，出现了生产停顿和失业现象。在这种情况下，妇女就成了这种危机首当其冲的、人数众多的牺牲品。个别资本家，以及村社和国家等等的资本主义管理机构，对大多数政治上不成熟的、无组织的失业妇女，并不像对失业的男人那样担心害怕。他们甚至认为，失业妇女至少可以出卖自己的肉体，可以在市场上卖淫。在无产阶级尚未通过革命斗争取得政权的国家，新近又提出这样的口号："妇女离开工业部门，回到家里去！"这个口号甚至得到工会的响应，它对于争取男女同工同酬的斗争起了阻碍和拖延的作用，其后果是，原先的小资产阶级反动思想——"妇女唯一的天赋使命"论，以及妇女有所缺陷的论调又死灰复燃了。随着大量妇女失业和贫困现象的加剧，各种形式的卖淫现象（从买卖婚姻到公开卖淫）也在不断发展。

重新把妇女从社会劳动中排挤出去的趋势，越来越严重，它同广大妇女群众迫切要求独立谋生和安排符合她们志趣的职业之间，存在着尖锐的矛盾。世界大战夺去了千百万男人的生命，使其他许许多多人变成需要别人抚养和照料的残废者或半残废者；资本主义经济的崩溃使千百万男人无法靠自己的职业来维持原来的家庭生活。上述趋势也严重地损害了社会上绝大多数人的利益。只有在人类活动的各个领域里也利用妇女的力量和才干，社会才能弥补遭到战争严重毁坏的物质与文明财富的损失，才能使财富与文明获得必要的增加。不准妇女参加社会生产和文化活动的趋势之所以如此普遍存在，其根源就在于资本家（利润的榨取者）希望他们从事掠夺的政权能永远保存下去。这种现象表明，资本主义经济和资产阶级制度是同绝大多数妇女和整个社会的利益势不两立的。

决定妇女目前的贫困状况的原因只有一个，就是资本主义的掠夺与剥削本性，这种状况是其必然的结果与表现。战争大大加剧和加深了这种灾难，使得广大妇女群众的命运十分悲惨。而这绝不是一时的现象，即使在和平时期，也依然存在，何况由于资本主义继续存在，新的帝国主义掠夺战争（现在已经明显表现出来）必然随时威胁着人类的安全。千百万劳动妇女无产者对目前社会状况的一切消极面，感受最深，因为她们既是被剥削阶级的一员，又是不享受全部权利的人，她们完全是资本主义制度的牺牲品。不过，她们的灾难与痛苦，在那些资本仍占统治地位的一切国家，仅仅是被剥削、被压迫的无产阶级所遭受的苦难的一部分而已。在"克服战争遗留下来的贫困"这个虚伪的目标下，对资产阶级制度进行改革，是无济于事的。只有世界各国被剥削、被压迫的妇女和男人起来进行革命斗争，只有世界无产阶级采取革命行动，才能推翻这个制度，从而彻底消灭这些消极现象。唯有世界革命这个具有全世界历史意义的最后审判，才能消除世界大战给各国遗留下来的贫困、精神与道德的沦落、群众的深重苦难和资本主义所面临的那种彻底崩溃。

7. 鉴于社会生活中的上述现象和情况，共产国际第二次代表大会号召一切渴望自由和全面发展自己人类个性的劳动妇女，加入她们本国的共产党，并进而加入共产国际，以便各国党联合起来采取声势浩大的、坚决的革命行动。共产国际将竭尽全力，在充分认识目标和道路的基础上，以及在世界革命的推动下，为推翻资本主义和建立共产主义制度而奋斗。同时，它也将自觉地、忠实地捍卫妇女的权利。在历史发展的更高阶段，它将继续为维护妇女利益的事业而奋斗。本来，第二国际曾着手这个事业，但它未能进行到底，因为机会主义与改良主义思潮对工人运动的影响越来越大，它未能由一个志同道合者团体变成一个行动组织。共产国际将把第二国际在1914年8月可耻地背叛了的这种事业继续进行下去。第二国际也背叛了妇女的权利和利益。当时，它没有号召各国无产者共同进行反对资本帝国主义、反对资本主义制度的国际革命斗争，反而赞成各国军队中的剥削者与被剥削者实行友好的联合，因而造成工人阶级自相残杀，结果维护了资本家的利润和资本对世界的统治。

  第二国际一诞生，就在自己的旗帜上写明为实现男女平等和妇女社会解放而奋斗。当然，它做了一些宝贵的、有益的事情，这就是：在广大群众中宣传这些主张，并向他们说明，要想实现这些主张，必须消灭资本主义，实行社会主义；在少数从事剥削的妇女和大多数被剥削的妇女之间，存在着不可调和的矛盾；在各个国家以及全世界的资本雇佣奴隶之间，存在着不分性别的兄弟般的同情、协助关系。它责成工会和社会党号召妇女加入自己的组织，成为权利平等的一员，成为无产阶级在经济上与政治上所进行的阶级斗争的参加者。它主张通过法律上限制资本家的剥削权力，通过社会保障和承认妇女在政治上享有完全平等的权利，来加强妇女无产者的自卫能力和维护自身阶级利益的斗争能力。它主张社会主义妇女运动完全脱离资产阶级妇女运动。然而，第二国际却把实行这一切主张和实际执行第二国际的决议的工作，交给一些国家的工会和社会民主党去办。一般说来，第二国际有关妇女的利益和权利方面的决议得以执行，只是由于一些国家中有组织的女社会党人亲自在无产阶级组织中开展了这方面的工作。

  理论与实际之间、决议与行动之间的严重脱节，在争取妇女的选举权方面表现得尤为明显。第二国际容许加入其机构的英国组织，多年来只维护有限的"妇女"选举权，而实行这种选举权只会加强有产者的政治力量，从而也就削弱了所有成年妇女的普选权。第二国际对于比利时以及奥地利社会民主党在大选运动期间没有提出争取妇女普选权的主张，漠不关心。不错，第二国际斯图加特代表大会曾责成各国社会民主党开展争取妇女普选权的斗争，把这作为整个无产阶级争取选举权和夺取政权斗争的极其重要和必不可少的组成部分。并且要求它们，在进行争取妇女选举权的斗争时，要坚决反对有关男女平等运动的资产阶级民主主张，根本不要理会改良主义与机会主义的策略。然而，就连这样一个决议，在大多数国家里，也成了一纸空文。特别值得一提的是，这个决议并没有妨碍法国统一社会党只提出一些关于实行妇女选举权的空洞的议会提案，而比利时社会民主工党至今也还是追随教权派，提议实行妇女普选权。

交战国和中立国的女社会党人最先作出小小的尝试，打算把工人运动引上新的道路，把一切被剥削者的国际团结置于社会爱国主义者代表提出的国家至上的战斗口号之上，在国际革命行动的声援下迫使帝国主义政府缔结和约，以及为工人夺取政权和推翻帝国主义与资本主义的国际革命斗争创造条件。就在这时，第二国际表现出可耻的软弱和做出了有失体面的犯罪事情。第二国际不仅不支持这个尝试，甚至暗示加入第二国际的某些国家的党（为首的是德国社会民主党，它是其他党的"榜样"：最初是在组织性和策略的坚定性方面作出榜样，后来是在瓦解和破坏方面作出榜样）指责这种尝试，用诽谤和告密的手段竭力阻挠进行这种尝试。即使现在，第二国际也仍然在帮助资本家加紧剥削者政权的统治和阻挠妇女的彻底解放，用民主主义、议会制、社会爱国主义与和平主义的虚假表演来愚弄群众。

第二国际没有建立任何一个执行机构，以便能在国际范围内争取实现维护妇女利益的基本主张。女社会党人和女无产者为了采取共同的、团结一致的行动，建立了一些初步的国际联合组织，它们不属于第二国际，而且也不为第二国际所左右。不错，这些妇女组织的代表被允许列席第二国际代表大会，但是，由于她们不是正式代表，因而在国际执行局里既没有职位，也没有表决权。

因此，女共产党人和彻底革命的女社会党人及女无产者，应当和第二国际断绝关系，加入第三国际，因为第三国际是争取妇女的权利与自由的行动组织，而不是决议的制造厂。上面已经指出，使她们联合在一起的最完善、最正确的方法，就是加入将作为共产国际成员的本国的党。那些在加入第三国际问题上尚未作出定论的党与组织中的女党员，显然必须竭尽全力促使这些组织和党承认共产国际在纲领、策略与组织问题上的基本提纲，促使它们全心全意地加入共产国际，并且本着它的主张去做。女共产党人和彻底革命的女社会党人及女无产者，应当同那些在原则上仍然敌视共产国际、继续反对共产国际、用机会主义和改良主义的口号来毒化和削弱无产阶级阶级斗争的组织和党断绝关系。"加入第三国际，加入采取革命行动的国际！"——这便是一切希望摆脱阶级奴役和男性奴役的劳动妇女共同的、非常明确的口号。

8. 共产国际第二次代表大会责成所有已加入国际的党，完全按照上述提纲去做，以便吸收广大妇女群众参加，使她们觉醒起来，团结起来，并使她们受到教育；要尽最大可能提高她们的工作能力和为共产主义斗争的本领；要在口头上和事实上向她们证明，只有无产阶级的革命阶级斗争，只有实现无产阶级的目标，才能保证所有妇女同时享有平等的权利和充分的自由，她们的人类个性才能得到完全协调一致的发展。按照这个提纲的要求，共产党应当：

甲、在无产阶级已经夺取国家政权，并已建立苏维埃制度的统治形式的国家里，例如俄国：

（1）要广泛吸收妇女参加一切战斗行动，以及对付国内外和前后方的反革命分子所必须的各种工作，以便保卫和巩固苏维埃政权。例如，参加妇女民警勤务，参加红色女护士工作，参加红军的教育工作，等等。同样也极其需要妇女广泛地、自觉地参加旨在肃清经济上与社会上的一切资本主义残余及其自私自利的道德观念的工作。

（2）要对女无产者、贫苦农妇以及一切自食其力的劳动妇女进行积极而又细致的教育工作，以便使她们懂得：要缩短从资本主义（它是腐朽的、必然要消灭的）到共产主义（社会生活的高级形式）的过渡时期（那是妇女及其孩子必然遭受最大的贫困、灾难与牺牲的艰苦的过渡时期），靠的是妇女自己，靠的是她们高度的觉悟、不屈不挠的意志和对事业的忠诚。

（3）要对女无产者、贫苦农妇以及一切自食其力的劳动妇女进行最积极、最细致的教育工作，以便使她们懂得：建立新的、自由而又完善的共产主义社会制度（它是在反对腐朽的旧资本主义世界的一切势力的斗争中发展起来的，负有解决与克服新难题的使命），在很大程度上也应当靠她们来完成，靠她们每个人的阶级觉悟、不可摧毁的意志和自我牺牲的工作。

（4）要在苏维埃政权机关、工会、合作社及其他机构的协助下，使女工和女职员广泛参加经济建设工作。

（5）要使妇女广泛参加苏维埃及其各种监察、行政与经济机构的工作，以及包括科学工作在内的其他一切工作。

（6）要给劳动妇女创造适合妇女体质特点和符合做母亲的体力与精神要求的工作条件，以便妇女能将生儿育女和职业活动协调地结合起来。要知道，这种结合能使妇女在进行创造性的工作中发挥其全部体力与智力。

（7）要竭力把传统的家务劳动（这是最落后、最丑陋和最低级的一种工场手工业生活方式）吸收到集体经营中来，使家庭主妇从小个体家务的奴婢变成社会大经济的自由的劳动者。

（8）要设法建立一些模范的社会机构，以便由它们承担原来家庭中一直由妇女承担的家务；这些机构应能减轻做母亲的妇女的职责，并能予以充实和改善。

（9）要关心建立模范的社会保障机构，以保护母亲、婴儿和少年。

（10）要关心建立类似的机构，以援助病、弱、老人和丧失劳动能力的劳动者；要注意采取经济上与教育上的措施，使妓女（这是资产阶级制度的产物）从流氓无产阶级的行列回到劳动者的社会里来。

（11）要设法在劳动教育和技术训练相结合的基础上组织学校教育，这种教育能使个性自由发展，并能促进团结友爱精神，从而也为妇女全面发展她们的人类个性创造条件。

（12）要吸收妇女广泛参加制定和实行某些措施，并参加建立和管理某些机构，以便改善做主妇和母亲的妇女的处境，使她们能得到社会保障，尤其是改变对妇女、儿童和少年的轻视态度。

乙、在无产阶级仍在为夺取政权而斗争的一切国家里：

（1）要吸收妇女参加共产党和无产阶级的阶级组织，成为一名权利平等的成员；要使她们能够参加党的一切机构和各级机关，参加工会和合作社。

（2）要设法对广大女无产者和贫苦农妇群众进行共产主义教育，进行有关无产阶级革命行动和斗争的实质、目标、方法和手段的教育；要吸收广大妇女阶层参加这些行动，从而使她们上好实际的、直观的、具有重大教育意义的革命活动课；要采取一切措施和利用各种组织来提高和增强女无产者的阶级自觉，来增强她们的毅力和革命战斗力。

（3）在私人生活和社会生活的一切方面，要力求男女在法律面前完全平等。

（4）从工人阶级和革命的利益出发，要自觉地把妇女的选举权与被选举权运用到村社和国家的议会机关以及一切社会机构中去；然而，要明确地着重指出：选举权、议会制和资产阶级民主制，对于无产阶级来说，意义不大；无产阶级通过向苏维埃制度和工人阶级专政过渡的办法来战胜议会制和资产阶级民主制，乃是历史的必然。

（5）要使女工、女职员、女官吏以及城乡所有劳动妇女自觉地积极参加经济上和政治上的革命工人苏维埃的选举；要使当选的女工、女职员和劳动妇女在这些工人苏维埃及其机构中进行十分积极的活动；要使苏维埃思想在贫苦农妇以及与她们社会地位相似的农村居民阶层中得到广泛的传播和实现。

（6）争取妇女同男人一样，享有自由的、免费的普及教育与职业教育的权利；争取吸收妇女参加社会劳动生产的各个部门，成为有平等权利的劳动者，并要争取承认生儿育女这个有益的社会职能的价值。

（7）争取男女同工同酬。

（8）通过立法来切实保护女工、女职员和女官吏以及所谓女仆，以争取从根本上限制资本家在国民经济各部门的剥削权力，而且要注意采取必要的措施来保护女青年、孕妇、产妇和哺乳的母亲。

（9）要建立广泛的工人纠察机构及由医生、技师和享有充分权利的工人组成的、各负其责的庞大的指挥部，还应按妇女在生产中所占的比重，在纠察机构中设妇女代表。

（10）要采取社会性措施和建立一些能解除从事职业劳动的妇女在家务与生儿育女方面的重担的机构，将其交与社会解决，并要用充满社会团结友爱的思想的社会教育来补充和改进对孩子的家庭教育。

（11）不仅在城市和工业中心，而且在乡村也要建立有利于农业女工、农妇等等的类似机构。

（12）要向她们说明，从前的家务带有落后性，它大量消耗时间、精力和金钱；资本主义把家务当做一种手段，以便依靠妻子的无酬家务劳动来保持丈夫的低工资水平，而妻子在精神上和政治上则始终处于落后状态，被排除在社会生活之外。

（13）要在居住问题方面进行彻底的改革，不要受关于豪华住房所有权的资产阶级法权的束缚；在进行改革时，妇女也要参加进来。

（14）要广泛地、有计划地组织社会保健事业，此外，还要在城乡建立免费诊疗所。诊疗所里要有女医生，要在护理、扶养和家务（派遣受过专门职业训练的女管理员）等方面，给贫困的病人以帮助。

（15）要采取经济上与社会上的措施消灭卖淫现象；要采取卫生措施防止性病蔓延；要废除对待妓女的粗野制度和警察的监视，社会要承认她们的人权；要根除对男人和妇女不一视同仁的双重道德观点。

（16）妇女要参与实行一切与她们受教育、从事自由职业活动、防止资本主义剥削等方面的权利有密切关系的措施。

丙、在处于前资本主义发展阶段的国家里：

（1）要根除那些把妇女贬低成为服侍丈夫和供丈夫取乐的家奴的日常偏见、习俗及宗教上和法律上的规定；这个斗争不仅要求对妇女进行教育，而且也要求对男人进行教育。

（2）要争取男女在教育、家庭和社会生活各方面具有完全平等的权利。

（3）要真正保护贫苦的、受压迫的妇女，使她们免遭占据统治地位的有产阶级的剥削与奴役（这种情况往往发生在小手工业生产中，不过，借助于合作化运动，小手工业生产的消极方面会有所克服）。

（4）要实行一些可从前资本主义的经济生活与社会生活方式向共产主义过渡的措施，尤其要实行一些能以典型事例明显地向妇女证明，个体的家务劳动在奴役她们，而社会劳动却是把她们解放出来的措施。

在仍然处于前资本主义发展阶段的国家，在对妇女进行宣传与组织工作时，要特别借鉴俄国同志在对东方各族妇女的工作中所积累起来的经验和材料。

9. 为使已加入共产国际的党能够按照上述提纲采取有成效的行动，

共产国际第二次代表大会通过下列有关组织工作的决议：

甲、各个国家的组织：

（1）每个国家的共产党都不应当把妇女联合到各个独立的组织里去，而应当使她们加入地方党组织，成为权利平等的成员，并且吸收她们参加各个党机关和各级组织的共同活动。

但是，共产党要采取特殊的措施和作出特殊的规定，以便通过宣传把妇女吸引到自己的行列中来，留在自己的组织内，对她们进行政治教育，同时要照顾到妇女精神上的特点、她们历史性的落后状态和往往因必须操持家务而造成的特殊地位。

（2）每一个地方党组织都要成立妇女宣传委员会，男同志也可以参加进去。它的任务如下：

a. 有计划地不断对那些对党尚有戒心的妇女进行宣传，为此要举行公开集会、企业中的座谈会和大会、家庭主妇会、非党代表会，要把宣传工作做到家里去，要编写和散发有关内容的传单、报纸、小册子和各种书籍。

b. 通过有效的宣传使妇女参加党、工会、合作社及其他从事斗争和建设的无产阶级组织，成为其中的成员。

c. 不要使妇女党员、工会会员、合作社社员以及工人代表苏维埃及一切进行革命斗争的无产阶级机构的成员，成为死气沉沉的、消极的包袱，而要使她们在共产主义理想的鼓舞下，自觉地、热情地参加各个组织及其机构的生活和活动。

d. 要注意使女党员在党的一般教育机关或专门为妇女组织的朗读会和讨论会上，受到适当的理论与实际教育。

e. 要竭力使具有宣传与组织才能的妇女，能受到切实的教育，能充分发挥自己的才干。

f. 所有党报都要指定妇女担任"妇女版"的编辑，并且要注意从女无产者当中吸收编辑人员。

地方妇女宣传委员会由5—7人组成，人选要从已加入组织的女同志中产生，并要经党的地方委员会批准。宣传委员会在工作中要同党的委员会保持密切的联系，不经党委会的同意，宣传委员会的措施与决议均无效。宣传委员会在党的委员会里有常设代表，她参加党委会的一切会议与活动，在党的生活的一般问题上有发言权，而在有关妇女运动的所有问题上则有表决权。

（3）每个地区党委会之下要设立地区妇女宣传委员会。其任务是：推动地区妇女宣传委员会开展工作，并在其执行自身任务时给予大力帮助。为此，地区党委会应当：

a. 同地区的各个地方妇女委员会，以及中央妇女宣传委员会或国家妇女秘书处保持经常的联系；

b. 搜集各个地方妇女宣传委员会在工作中积累的全部重要的实际资料，供其他委员会参考；

c. 供给全地区宣传与教育用的书刊；

d. 为全地区提出、准备和实现各种重大的宣传倡议，并寻求这方面所必需的宣传与组织力量；

e. 采取和实行各种必要措施，以便动员妇女实现党的各种重大倡议和行动，从而使她们由漠不关心的旁观者变成积极的工作人员。

f. 举行地区妇女代表会议，地方女宣传委员会要有1名或2名代表参加。此外，一些小地方的妇女党员也应当选派代表出席会议。每50名女党员应当产生1名代表。地区妇女代表会议由委员会根据需要召开，但每6个月至少召开一次。此外，地区妇女委员会应召集和举行非党妇女代表会议。

地区妇女委员会由5—7人组成，人选由女党员在地区代表会议上提名，经地区党委会批准。地区妇女委员会要和地区党委会保持密切的联系，它的措施与决议要由地区党委会来确定，党委会中有它的一名或数名代表。这些代表参加党委会的一切会议，在党的所有一般性问题上有发言权，而在有关妇女运动的问题上则有表决权。

（4）全国党委会之下要设全国妇女宣传委员会或妇女秘书处。它的任务如下：

a. 同地区和地方妇女宣传委员会保持经常的与定期的联系，并促使它们同全国党委会进行密切的联系；

b. 搜集各地区妇女委员会在工作中积累的全部实际资料，并供给它们这些资料，向它们交流自己的体会和现有的经验；

c. 供给全国各地区妇女委员会宣传与教育用的书刊；

d. 密切注意妇女职业劳动、教育、法权地位、保护女工等方面的问题，以及在经济、政治和社会等方面有损妇女利益的一般性问题和争执问题；促使地区和地方妇女宣传委员会深入研究上述问题；

e. 出版专门论述对女同志进行理论教育的定期刊物，使她们能加深对共产主义思想的理解，并能对党的观点及党在当前各个时期的革命任务有清楚的认识。全国妇女委员会要给这个刊物指派女编辑，从女工中招收工作人员，并给她们提供文稿；

f. 主动在全国范围内发起各种宣传活动，供给活动所需要的宣传与组织力量；

g. 采取和实行各种措施，以吸收国内广大劳动妇女阶层积极地、忘我地参加实现党的伟大的总任务，并参加党的斗争；

h. 召开全国妇女代表会议，各地区妇女委员会要分别派 1 名或 2 名代表参加，全国的女党员则推选代表参加。每 100 名妇女党员要选派 1 名代表；100 人以下的妇女组织亦可选派 1 名代表；全国妇女代表会议根据需要召开，但每年至少召开一次；全国妇女宣传委员会也要召集全国非党代表会议；

i. 指定特约女记者同国际妇女秘书处保持经常的联系。

全国妇女宣传委员会由7—10人组成，人选由全国妇女代表会议提出，经共产党全国代表大会批准。它在行动上要同党中央委员会取得密切的联系，它的代表可参加党中央委员会的一切会议和工作，在有关妇女的一切问题上有表决权，在所有全党性问题上有发言权。

乙、国际组织：

共产国际执行委员会下设国际妇女秘书处，由3—5名妇女组成，人选由国际共产主义妇女代表会议提出，经共产国际代表大会批准，或者由执行委员会代行批准手续。妇女秘书处在行动上要同共产国际执行委员会取得密切的联系，秘书处的决议和措施须经执行委员会批准。秘书处的代表参加执行委员会的一切会议和工作，在一般问题上有发言权，在有关妇女运动的专门问题上有表决权。秘书处的任务如下：

（1）同各国共产党的妇女委员会建立和保持频繁的联系，并在这些妇女委员会之间建立积极的联系；

（2）搜集一些国家的妇女委员会在工作中积累起来的全部实际宣传资料，并帮助各委员会使用这些资料；

（3）搜集各国女共产党员的报刊文章，例如杂志、"妇女版"、传单等等，并帮助各国之间互相交流；

（4）注意雇佣劳动规章、妇女民法与公法条例、她们的职业教育与普通教育、女工保健问题、妇幼保健机关、居住问题等等的发展，总而言之，要注意各国妇女生活与工作中的一切问题；搜集有关这方面的资料，一些国家的妇女委员会要注意具有国际意义的突出问题和任务，指明可供学习的现有资料；

（5）要求国际女记者立即报道所有重大的事件和情况，而且每三个月至少报道一次；

（6）出版国际情报机关刊物，除扼要的一般工作报告外，刊物上

应登载一些特别重要的报道,应指出必须讨论的共同问题、任务和行动;

(7) 无产阶级在共产国际领导下采取国际性行动时,要立即采取一切措施,以期各国广大劳动妇女阶层参加革命大军,成为自觉的、忘我的、勇敢的战士;

(8) 召开国际共产主义妇女代表会议,其目的应当是:便于交流已取得的经验,互相了解工作方面的新计划,巩固女同志之间的联系,团结劳动妇女群众,以便开展国际性的革命活动和革命斗争。

国际妇女代表会议应向全世界被剥削、被奴役的妇女发出以下号召:

"各国女无产者!在共产国际反对资本主义及其虚伪的民主制、夺取政权和建立无产阶级专政及苏维埃制度的旗帜下,与各国无产者联合起来!在这个斗争中你们失去的只是身上的枷锁,但却能赢得整个世界!——这个真理,对你们、对女无产者说来,比对男性无产者更为适用。"

执笔:克拉拉·蔡特金

关于青年运动的提纲[①]

1. 资本主义在大生产、作坊生产和家庭手工业生产中加紧对青年工人的剥削,从而造成他们在体力上与精神上日益退化;首先对青年一代劳动者发生影响的是军国主义;资产阶级民族主义思想通过学校、报刊、资产阶级青年同盟等等向青年工人渗透。这一切,都要求在全世界范围内建立无产阶级青年组织。

---

① 代表大会没有审议关于青年运动的提纲,而是委托共产国际执行委员会审议的。——编者注

2. 在帝国主义战争期间和战后世界工人运动的发展过程中，各国出现了共产主义青年团，其中一部分是原来社会党的青年组织彻底转到共产国际立场上来的，另一部分则是从这些组织中分裂出来的。

3. 共产主义青年团的任务是：对青年进行共产主义教育，参加推翻资本主义的斗争（无产阶级革命胜利以后，则是保卫胜利成果和进行苏维埃建设），参加改变劳动组织和改造生活环境的斗争，在新的社会主义原则上使青年得到发展。共青团要尽可能用马克思主义世界观提高无产阶级青年的文化修养及其体质水平（目前，体育锻炼应当按照对青年进行军事训练的方针进行）。

4. 实际参加无产阶级日常的政治斗争，同进行理论教育一样，也是对青年进行共产主义教育的重要方法。因此，共产主义青年组织不同于社会爱国主义的和中派的青年同盟，它是一个政治组织。共产主义青年组织的政治斗争对于国际共产主义运动来说，除了教育意义以外，还有巨大的实践意义。

5. 各国青年运动的全部历史证明，只有在独立的青年组织里，才能锻炼出勇敢的革命战士和无产阶级革命与苏维埃国家的有才能的组织者。工人青年的独立自主精神，是对他们进行共产主义革命教育的基础，这与社会爱国主义青年同盟约束青年，使他们接受机会主义小市民教育，是截然不同的。必须采用适合青年特点的特殊工作方法，来对青年进行共产主义教育。

6. 在一般无产阶级运动和青年运动的各个阶段，各国的共产党与共青团之间的相互关系，表现的形式各不相同。在一些国家，那里的共产党刚刚建立，青年团也刚刚摆脱旧的社会爱国主义政党或中派政党的影响，多半都要提出青年运动在政治上和组织上绝对独立的口号，这个口号在那里客观上是革命的。在那些虽已建立共产党，但青年对社会爱国主义政党和对共产党的态度仍然混淆不清的国家里，绝对独立的口号会被中派利用来反对革命青年组织,而共青团是要接受共产党的纲领的。在社会爱国主义政党对青年的约束为时不长,而共产党又早已成立的地方,共青团在保持自己独立性的同时,要服从党在政治上的指导,并且要同党建立组织上的联系。共产党同共青团之间关系的密切,不是靠对青年组织的强制手段,而是靠说服工作,使青年组织认识到必须密切两者的关系,并由青年团自行作出抉择。

7. 共产党与共青团之间的相互关系会经历不同的发展阶段,最终的结果是:共青团接受共产党的纲领,并按它的政治指示进行活动。此外,(1)青年有自己本身的、自上而下的集中的领导机构;(2)青年可自行决定宣传鼓动与组织工作的方法与形式;(3)青年可自行决定参加政治斗争的地点与形式;(4)青年可讨论一般政治问题。

共产党与共青团应当通过互相选派有表决权的代表,来实现中央与地方组织上的密切联系。

8. 共产党既在物质上,也在精神上支持共青团,这种支持不带有对青年事务无谓干涉和对青年加以约束的因素。共青团也支持共产党的全部组织工作(合法的与非法的)和政治活动。

9. 共产国际对成立青年共产国际表示欢迎。青年共产国际的主要任务是集中领导国际青年运动,帮助各国青年团,在没有这种组织的国家建立这种组织,在国际范围内宣传共产主义与青年运动的思想。

10. 青年国际是共产国际的一个组成部分,它遵从共产国际历次代表大会的决议及其执行委员会的政治指示,独立开展领导、组织、扩大与巩固国际青年运动方面的工作。

11. 青年国际与各国的共青团参加共产国际代表大会。共产国际和青年国际的执行委员会互派有表决权的代表。

12. 对党员和广大劳动群众宣传青年运动的思想,也是共产国际执行委员会和各国共产党的一项任务。

共产国际第二次代表大会会议记录

(1920年7月19日至8月7日)

第一次会议

(1920年7月19日于彼得格勒)

季诺维也夫致开幕词

同志们，我受共产国际执行委员会的委托，宣布共产国际第二次世界代表大会开幕。（暴风雨般的、经久不息的掌声。高呼"乌拉"。乐队奏《国际歌》。）同志们，我们首先要说的，即全世界工人要说的，就是缅怀那些为共产国际事业而牺牲的优秀战友和杰出领袖。大家都知道，一年来，没有一个国家的工人共产党员和工人阶级的优秀领袖不在流血牺牲。只要指出我们匈牙利战友的名字，指出莱维奈、萨穆利·蒂博尔、约吉希斯等同志以及其他许多在德国革命和俄国革命初期牺牲了的革命者的名字，就足以说明这一点了。在这一期间，在芬兰、爱沙尼亚和匈牙利就有成千上万工人阶级的优秀儿女牺牲了。让我们在代表大会开幕之际，首先悼念那些为共产国际事业而死难的优秀人物。

为悼念死难的同志，我提议全体起立。（全场起立。乐队奏哀乐。）

同时，我们也怀念那些目前被监禁在各个资产阶级共和国监狱中的同志。我们怀念我们的法国战友洛里欧和莫纳特同志，以及其他许多不久前被捕入狱的同志。我们向拘禁在德、匈、法、英、美等国监狱中的无数工人革命战士表示敬意。我们向美国工人共产党员致以兄弟般的问候，因为他们在最近一年中遭到特别残酷的迫害。美国资产阶级简直要把工人共产党员和一般革命者置于死地。我们的战友在那里找不到工作，被关进牢笼。美国资产阶级对那些参加了共产党、世界产业工人联合会或其他沿着共产国际道路前进的革命组织的工人，实行了空前残酷的迫害。

我们深信，不久前一位法国同志在洛里欧和莫纳特等同志被捕后所说的话，是会实现的。他说：不错，我们正处于执政的资产阶级、"民主党人"和所谓"社会党人"把卓越的共产主义领袖投进监狱的时代；但我们坚信，彼此的地位很快就会改变，今天在资产阶级政府中掌权的人，明天将被工人阶级投入监狱，而今天被资产阶级投进监狱的人，明天将被工人阶级拥上执政的宝座。（鼓掌）

同志们，共产国际的成立只有一年零三个月。十分明显，它首先不得不同第二国际交锋，我们已同第二国际展开了直接的斗争。无论是朋友，或者是敌人，面对今天的代表大会，必定会承认这样一个事实，就是我们同第二国际的斗争已经取得了胜利。今天的代表大会是真正意义上的世界性的大会，整个欧洲和美洲都派来了代表。今天，我们有充分的权利宣告：第二国际已被第三（共产）国际彻底击溃了。（暴风雨般的掌声）

同志们，这个事实意味着什么呢？我们战胜了第二国际，这意味着什么呢？我们同第二国际之间的斗争，并不是某个无产阶级革命运动中的两派之争，这不是派别斗争，不是统一的阶级阵营内部的派别之争，这实际上是阶级斗争。不错，在第二国际的队伍中，有我们许多阶级兄弟。然而，我们同第二国际的斗争，决不是一个阶级内部的派别斗争，而是一种范围更大的斗争。

第二国际的破产反映着资产阶级制度本身的崩溃。形势的关键就在这里。我们之所以能战胜第二国际，就是因为资本主义已开始"日暮途穷"。我们之所以能战胜第二国际，是因为世界各国资产阶级过去和现在都不能消除帝国主义大战的后果。我们之所以能战胜第二国际，是因为国际联盟、各个协约国以及整个资产阶级都无力采取某种重大措施，以恢复欧洲的经济生活。我们之所以能战胜第二国际，是因为资产阶级已无力承担它所面临的、理应由它解决的各项任务。当然，资产阶级是决不甘心退出历史舞台的。

从1914年刚刚打响第一枪起，第二国际就把自己的命运同资产阶级联结在一起了。各国的社会爱国主义者纷纷支持"本国的"资产阶级，支持"自己的"资产阶级"祖国"。

这种状况一直延续到大战结束。大战结束后，第二国际仍然把自己的命运同资产阶级联结在一起，不过这次它主要是同那几个在帝国主义战争中获胜的资产阶级国家联结在一起。

你们都会记得第二国际在帝国主义大屠杀结束时试图复活的最初情景。你们都会记得有些所谓第二国际领导人在伯尔尼代表会议和卢塞恩代表会议上，竭力把国际联盟"当做自家人"的情景。"复活的"第二国际的领袖开始追随威尔逊。同志们，你们都会记得，在伯尔尼代表会议上，主席借第二国际代表会议开幕之际对威尔逊表示敬意，并把他同饶勒斯相提并论，从而使这位已故的法国工人的代言人蒙受了耻辱。大战结束后，第二国际甘愿把自己的命运依附于资产阶级，即依附于操纵国际联盟的那部分资产阶级，因为在第二国际看来，国际联盟乃是兽中之王。它是心甘情愿这样做的。因此，世界工人阶级及其先锋队——第三国际一年来对资产阶级的打击，同样也是对第二国际的打击。这个黄色国际总是把自己的命运同我们认为眼看就要灭亡的阶级联结在一起。所以，我们对第二国际的胜利具有十分重大的意义。我们再说一遍，这不是工人运动中这一派对那一派的胜利，也不是这个党对那个党的胜利，不是，这里所指的是一种有无比重大意义的胜利：一切企图把自己的命运同资产阶级联结在一起的组织，本身必然灭亡。这就是共产国际战胜第二国际的历史意义。工人阶级是个年轻的阶级，是一颗新升起的明星。它在夺取政权，而资产阶级这颗在工人阶级的血泊中淹没了的星辰，将彻底陨落下去。资产阶级日趋腐朽，陷于衰落。犹如死人抓住活人不放那样，资产阶级紧紧抓住奄奄一息的第二国际，并在它们的垂死拥抱中把第二国际掐死。它们俩眼看就要死亡了。资产阶级及其走狗——黄色国际的末日临近了（从历史的角度看，一年只不过是短暂的片刻）。它们俩都在苟延残喘。资产阶级的压迫，以及对工人阶级的一切组织从精神上进行的压制，很快就要从地球上消失了。我们国际工人协会不久就将在共产主义兄弟原则的基础上开始安心地建设新世界了。

同志们，一年来，我们眼看着"民主制"思想日趋衰败，末日即将来临。我认为，第一次代表大会所通过的关于资产阶级民主制的作用的提纲，是共产国际第一次（成立）代表大会的最重要的文件，看来，它也是最近几年来整个共产主义运动的最重要的文件。这个提纲传遍了全世界。全世界的工人以及一部分觉悟的农民和士兵学习了它。最近十五六个月的事变进程，不断证实了共产国际第一次代表大会的提纲中对资产阶级民主所作的正确分析。美国资产阶级在众目睽睽之下废除了自己原来的法律，废除了宪法为工人阶级规定的全部保障，甚至于按议会制的整个规章依法选出的党员代表，也居然不准进入议会，反而被投入监狱。像美国这样典型的资产阶级民主国家，也在不断破坏民主原则，这使我们受到了一次明显的教育，共产国际在提纲中多么正确地阐述了所谓民主制的真正历史作用。

同志们，我们所举行的大会是共产国际世界代表大会。出席大会的是全世界战斗的工人先锋队的代表。我们要在这次大会上提出的一系列问题，是当前国际共产主义运动内部有争论的问题。我们邀请来参加大会的工人组织，有许多还不是纯粹共产主义组织，有许多还是刚刚定型的工人组织。经过一场旷日持久的战争，经过极端深刻的危机，国际上工人阶级的状况是，有些地方的工人组织正徘徊歧路，其处境恰如少年处于变嗓子的阶段。它们还没有最后确定自己的策略，目前，它们还没有最后选定要走的道路。我们把那些我们认为真诚地愿为反对资本主义而奋斗的工人组织的代表邀请来，以便同我们一起工作。我们将同他们进行会谈，我们将把他们当做战友，当做患难弟兄，当做和我们一起准备为工人阶级解放事业而献身的阶级弟兄。我们和第二国际不同，第二国际只会嘲弄和诽谤意见不同的革命工人，它是个雅努斯①，向右边笑容满面，向左边则是一副凶恶的嘴脸。我们深信实际生活能教育人，帝国主义战争给工人很大的教益。那些拥护工团主义、无政府主义、工业化主义和厂工会委员会的真诚的革命分子，必将转到并正在转到共产主义方面来。我们的任务是帮助他们尽快地完成这一转变。

另外，德国独立社会民主党、法国社会党和美国社会党都派出代表来参加我们的大会，它们不久前才脱离第二国际的队伍。我们愿意同这些政党中的真诚的革命工人结成共产主义联盟。

同志们，你们都知道，随着第三国际的壮大，有十来个原先的大党（我不一一把它们列举出来）脱离了第二国际的队伍。现在另一个阶段已经开始，我们看到，原先的政党不仅纷纷脱离第二国际的队伍，而且直截了当地打算加入第三国际的行列。正如我曾说过的，在我们中间就有这些党的许多代表。共产主义代表大会将对德国和法国工人坦率地提出所有重大的问题。共产主义代表大会绝不允许有任何思想上的虚伪，丝毫也不作原则性的让步。我们必须把无产阶级革命的根本问题直截了当地提出来，我们一定要把这些问题弄得一清二楚。我们不允许第三国

---

① 雅努斯（Janus），罗马神话中的门神，它有前后两副面孔，意指两面派。——译者注

际成为一种只是时髦的东西，提上日程的各个问题，都是千百万工人所关注的。我们要向德国工人、法国社会党工人阐述我们对当前所有迫切问题的看法。我们**期待**绝大多数法国和德国工人能对其队伍进行必要的清洗，能转到共产国际的行列中来，以便任何人都不会再认为：这简直是共产国际的包袱，这些人到我们这里来，不是和我们同心同德地进行反对资产阶级的斗争。

我们打算向这次代表大会提议制订共产国际章程。我们认为，为了战胜资产阶级，各个国家的共产党人首先要有一个集中的、强有力的、团结一致的党，而在国际范围内，也到了着手进行这一工作的时候了。我们在进行反对国际资产阶级、反对全世界的武装到牙齿的敌人的斗争，所以我们应该有一个坚强的国际无产阶级组织，以便能到处打击敌人，能随时给予自己的任何队伍以最大的援助，能制定一套最有力、最机动、最灵活的组织形式，借以做好充分准备去反对那些必将与之较量的敌人。我们在共产国际章程草案中，引用了马克思和恩格斯所领导的国际工人协会（第一国际）章程中的一段话。马克思和恩格斯在这一章程中指出：如果说，到目前为止，工人阶级的斗争还毫无成就的话，那么，这首先是因为工人没有国际上的协调一致，没有严正的国际组织，没有**国际范围**内的相互支援。同志们，这一普通的真理，却等待了50多年，经过了4年多的血腥大屠杀，经历了最近一个时期人类所遭受的那种灾难，才被许多人和集团所理解，才成为千百万工人群众的切身要求。我们深信，今天这一思想已真正成为群众的财富。我们知道，要战胜资产阶级，就必须实现第一国际（国际工人协会）所指出的这个基本的普通思想。今天，我们在许多问题上要承袭第一国际的传统和原则，其目的就是要实现这些传统和原则。在这里出席大会的，有1917年10月最先举行起义的彼得格勒工人的代表。我要对他们说：同志们！今天彼得格勒发生了一个伟大的历史事件，那就是共产国际第二次代表大会开幕了，它已载入史册。你们要记住这一天！要知道，这是对你们历尽艰难困苦、进行英勇顽强斗争的嘉奖。你们要对自己的孩子讲述今天这个日子的重大意义！你们要把这一庄严的时刻牢记在心中！

一个伟大而又质朴的事件在你们眼前发生了。其实，这个事件再单纯不过了，那就是各个国家的工人为摆脱富人的压迫而联合起来。然而，又有什么事件比这更加伟大呢？同志们，难道我们大家没有听到胜利的翅膀在簌簌作响吗？我们的地球将获得解放。雇佣奴隶制将被消灭。共产主义必定胜利……

同志们，我的讲话快要结束时，想起再过几个月就是欧洲工人第一次伟大的历史性起义50周年了。这次起义给我们大家指出了前进的道路，我说的是巴黎公社，我说的是巴黎无产者的英勇起义。他们虽然有种种弱点和错误（这是我们要竭力避免的），但是，他们在国际无产阶级运动史上却写下了光辉的一页，他们开辟了今天千百万劳动者所要遵循的一条道路。

我要说出自己的愿望，即希望在巴黎公社50周年的前夕，我们在法国能看到一个法兰西苏维埃共和国。（暴风雨般的、雷鸣般的掌声）

同志们，我在共产国际成立大会之后不久写了一篇文章，题为《国际革命的前景》①。当时，我有点控制不住自己的感情说，不出一年，我们也许就不再提及欧洲争取苏维埃政权的斗争了，因为那时，这个斗争在欧洲已经结束，将转到其他国家中去。德国一位资产阶级教授竟抓住了这句话。最近，我拜读了这位教授的文章，他在其中引用这句话以后，幸灾乐祸地写道：看，怎么样？第二次代表大会很快就要召开了，一年多过去了，而在欧洲，看来，苏维埃政权并没有取得完全的胜利。

对于这位学问高深的资产阶级老爷，我们可以坦然地反驳说：也

---

① 见《共产国际》杂志1919年第1期。——编者注

许，您说得不错；也许，我们真的感情冲动了；也许，在整个欧洲实现苏维埃一年不行，而要两年、三年。如果你们认为推迟一两年对你们是非常幸运的事，那么，对你们这种坦率的态度，我们可以向你们表示祝贺。但是，我们却相信，早一年，晚一年（我们还要忍耐一些），我们定将看到我们共产国际所领导的国际苏维埃共和国的出现。

全世界工人阶级万岁！共产国际万岁！（暴风雨般的、经久不息的掌声）

选举主席团

季诺维也夫（俄国）：

大会开始选举主席团。现在由布哈林同志代表执行委员会讲话。

布哈林（俄国）：

我代表第三国际执行委员会提出主席团候选人名单：莱维——德国，罗斯默——法国，塞拉蒂——意大利，列宁和季诺维也夫——俄国。

季诺维也夫（俄国）：

对于主席团的成员，有没有其他意见？没有。那么主席团由共产国际执行委员会提出的下列成员组成：**莱维**——德国，**罗斯默**——法国，**塞拉蒂**——意大利，**列宁**和**季诺维也夫**——俄国。

同志们，许多组织要向我们代表大会致贺词，但是，我们不得不节省时间。今天，俄罗斯苏维埃联邦社会主义共和国在自己的领土上接待这次大会，感到十分荣幸。我们代表执行委员会提议，只请俄罗斯苏维埃联邦社会主义共和国代表、全俄中央执行委员会主席加里宁同志讲话。（鼓掌）

加里宁致贺词

同志们！我代表苏维埃俄国工农向第三国际第二次代表大会表示祝贺。同志们，共产国际成员们！布尔什维克共产党和俄国工人阶级，过去从来没有迷恋过合法工作、议会制度。最近的十年是工人阶级同俄国沙皇制度直接进行残酷斗争的十年。在那暗无天日的岁月里，布尔什维克共产党始终没有丧失信心，相信工人在它的领导下推翻俄国沙皇制度和俄国资产阶级的时刻不会遥远了。同志们，在最近三年里，俄国工人阶级和俄国农民遭受了无数的牺牲，经历了千辛万苦，为实现人类的理想表现出奋不顾身的斗争精神。同志们，这三年的斗争锻炼了俄国工人阶级和农民，教会了他们为工农的利益而直接战斗。这三年的斗争使我们得以建立光荣的、战无不胜的红军。目前，红军正在给波兰战线的敌人以猛烈无情的打击。

同志们，我们同俄国资产阶级和国际资本所展开的斗争，使俄国工人，甚至使不觉悟的俄国农民受到比阅读和听讲更多的教育，因而他们越来越多地参加到斗争中来。从前，即使俄国农民和工人愿意推翻俄国资产阶级，我们也得向他们阐明和宣传还必须推翻世界资产阶级，而现在，每个俄国工人和农民都已懂得：我们不只是同俄国资产阶级作斗争，不只是在同沙皇地主作斗争（否则，我们早把他们消灭了，我们早安宁了），要知道，他们背后还有坚决支持他们的世界反革命势力。因此，十分明显，俄国工人阶级和俄国农民群众非常关注西方的被压迫阶级和东方的被压迫群众。他们期待着这些被压迫阶级和俄国工农一起为实现无产阶级专政而进行直接的斗争，期待着这一胜利的到来。

我衷心祝愿第三国际第二次代表大会的召开将成为东西方被压迫阶级进行直接斗争的开端和保证，成为为实现无产阶级专政而进行直接斗争的开端和保证。第三（共产）国际第二次代表大会万岁！

季诺维也夫（俄国）：

大会的第一项日程是执行委员会的工作报告，第二项日程是有关各党的工作报告。关于第一项和第二项日程，执行委员会决定只限于分发书面的工作报告。执行委员会的书面工作报告已经分发了。① 各党的工作报告，一部分已发出，另一部分即将发出。② 这样，全体代表都能看到书面的工作报告。我们现在转入第三项日程：《国际形势和共产国际的基本任务》。请列宁同志作报告。

列宁作《关于国际形势和共产国际基本任务的报告》③

（热烈欢呼。全场起立，鼓掌。报告人准备讲话了，听众仍继续鼓掌，用各种语言欢呼。长时间欢呼。）同志们，关于共产国际基本任务问题的提纲④已经用各种文字发表了，这个提纲并没有提出什么重大的新东西（特别是对俄国同志来说），因为这个提纲主要是要把我国革命经验的某些基本点和我国革命运动的教训推广运用于西方国家，运用于西欧。因此，对我报告中的第一部分，即国际形势部分，我要稍许多谈一点，当然也只能是简要地谈一谈。

目前整个国际形势的基础就是帝国主义的经济关系。资本主义的这

---

① 见本卷收录的《执行委员会向第二次代表大会所作的工作报告》。——编者注
② 参见本卷收录的《各个政党和组织提交第二次代表大会的报告目录》。——编者注
③ 中译文见《列宁全集》中文第2版第39卷第205—223页。——编者注
④ 见本卷收录的《关于共产国际第二次代表大会的基本任务的提纲》。——编者注

个新的、最高的和最后的阶段到20世纪已经完全形成了。大家当然都知道，帝国主义最突出最本质的特征就是资本达到了巨大的规模。大规模的垄断代替了自由竞争。极少数资本家有时能把一些工业部门整个集中在自己手里；这些工业部门转到了往往是国际性的卡特尔、辛迪加、托拉斯等联合组织的手里。因此，垄断资本家不仅在个别国家内，而且在世界范围内，在金融方面、产权方面、部分地也在生产方面，控制了整个的工业部门。在这个基础上就形成了极少数大银行、金融大王、金融巨头的空前未有的统治，他们实际上甚至把最自由的共和国都变成了金融君主国。这一点，像法国的利西斯这样一些决非革命的著作家，在战前就已经公开承认了。

一小撮资本家的这种统治达到全盛时期是在世界已经瓜分完毕的时候，不仅各种原料产地和生产资料已被最大的资本家夺走，就是殖民地也已经初步瓜分完毕。大约40年前，6个资本主义强国所属殖民地的人口不过稍稍超出25000万。1914年大战爆发前夕，殖民地人口已近6亿，如果再加上波斯、土耳其、中国这类当时已处于半殖民地地位的国家，匡算一下，约有10亿人口被最富有、最文明和最自由的国家置于殖民地附属地位，受它们的压迫。大家知道，殖民地附属地位，除了在政治上法律上直接处于附属地位之外，还必须有一系列财政和经济上的附属关系，还要进行一系列不能算作战争的战争，因为这些战争常常不过是用最精良的杀人武器装备起来的欧美帝国主义军队残害手无寸铁的殖民地国家居民的大屠杀而已。

由于世界已经瓜分完毕，由于资本主义垄断的这种统治，由于极少数大银行（每个国家最多只有两三家、四五家）的无限权力，就不可避免地爆发了1914—1918年第一次帝国主义大战。这场战争是为了重新瓜分世界。这场战争是为了决定：极少数大国集团（英国集团或德国集团），谁可以、谁有权来掠夺、扼杀和剥削全世界。大家知道，战争对这个问题的解决是有利于英国集团的。这场战争的结果使资本主义的一切矛盾空前尖锐化了。战争一下子就把世界上近25000万的人口置于同殖民地毫无差别的境地，把俄国约13000万亿的人口，奥匈帝国、德国、保加利亚不下12000万的人口置于这样的境地。这是包括像德国那样最先进、最文明、最有文化、具有现代技术水平的国家在内的25000万万人口！战争的结果签订了《凡尔赛条约》，迫使先进的民族屈居殖民地附属地位，陷于贫困、饥饿、破产、无权的境地，今后世世代代都要受条约的束缚，这种遭遇是任何文明的民族所未曾有过的。现在你们可以看到这样一幅世界的图景：战后马上使不下125000万人遭受殖民压迫，遭受野蛮的资本主义的剥削。资本主义自夸爱好和平，50来年前，它还可以勉强这样吹嘘，因为那时候，世界还没有瓜分完毕，垄断还不占统治地位，资本主义还可以比较和平地发展，而没有引起大规模的军事冲突。

如今这个"和平"时期已经过去，压迫更加骇人听闻了，殖民压迫和军事压迫又重新抬头，而且变本加厉了。《凡尔赛条约》使德国以及其他许多战败国经济崩溃，无法生存，丧尽权利，备受屈辱。

有多少国家从中得到好处呢？要回答这个问题，我们一定会想到美国。只有美国一国在战争中完全是获利的，它从负债累累一跃而为各国的债主，它的人口不超过1亿。日本的人口是5000万，它没有卷入欧美冲突，而攫取了亚洲大陆的许多地方，因此也获得了很大利益。获利仅次于上述两国的是英国，它的人口有5000万。如果加上战时发了财的中立国的极少数人口，总计约25000万人。

这就是帝国主义战争后世界状况的轮廓。被压迫的殖民地人口125000万，其中包括波斯、土耳其、中国这类正在被人活活瓜分的国家，以及那些因战败而沦为殖民地地位的国家。保持原来地位的国家的人口，不超过25000万，但是这些国家在经济上都已仰赖美国，战时在军事上也处于依赖地位，因为战争席卷了整个世界，使任何一个国家都不能保持真正的中立。最后，是居民不到25000万的几个国家，在这些国家中自然只有上层分子，只有资本家才能从瓜分世界中得到好处。这些数字加在一起是175000万，构成世界人口的总数。我想提醒大家注意世界的这样的一幅图景，是因为所有导致革命的资本主义基本矛盾、帝国主义基本矛盾，所有引起了对第二国际作极其激烈斗争的工人运动中的基本矛盾（主席同志讲到了这一点），都是同世界人口的这种划分联系着的。

当然，这些数目字只是粗略地勾画出一幅世界经济的图景。同志们，在世界人口这样划分的基础上，金融资本的剥削，资本主义垄断组织的剥削，加重了许多倍，是很自然的。

不但殖民地、战败国陷于附属地位，就是在每个战胜国里，矛盾也尖锐化了，一切资本主义矛盾都尖锐化了。我现在举几个例子来简单说明一下。

就拿国家债务来说吧。我们知道，从1914年到1920年，欧洲最大的几个国家的债务至少增加了六倍。下面我再引证一个特别有价值的经济材料，即凯恩斯《和约的经济后果》一书。凯恩斯是英国外交家，他奉本国政府之命参加凡尔赛和谈，从纯粹资产阶级的观点直接作了观察，一步步地作了详尽的研究，并且以经济学家的身份参加过各种会议。他作出的结论，比任何一个共产党人革命家的结论更有说服力，更引人注目，更发人深思，因为作出这个结论的人是一个人所共知的资产者，布尔什维主义的死敌。在这个英国市侩的想象中，布尔什维主义的样子是畸形的狰狞可怕的。凯恩斯得出结论说，欧洲和整个世界正随着《凡尔赛和约》的签订而走向破产。凯恩斯后来辞职了，写了一本书，指责政府说，你们在干蠢事。我现在把他的数字综合摘引一下。

列强之间的债务关系怎样呢？我按1英镑等于10个金卢布的比价

来折算。那么，美国借出是 190 亿，贷入是零。战前它是英国的债务国。莱维同志 1920 年 4 月 14 日在最近一次德国共产党代表大会上作报告时说得很对，现在世界上只剩下英美两个独立自主的国家了。只是美国在财政上是绝对独立的。美国战前是债务国，现在却完全是债权国了。世界上其他强国都负了债。英国的状况是：借出 170 亿，贷入 80 亿，已经陷于半负债地位。而且在它借出的款项中，有近 60 亿是俄国欠的，其中包括俄国战时赊购军火的欠款。不久前，俄罗斯苏维埃政府代表克拉辛在同劳合-乔治谈到贷款条约问题时，曾经明确地告诉过英国政府的领袖们、学者和政治家们说，要是他们还指望收回债款，那就大错特错了。英国外交家凯恩斯也早已指出了这种错误。

问题当然不仅仅在于，甚至根本不在于俄国革命政府不愿还债。任何一个政府都不会还这种债，因为这些债款是已经还本 20 次的高利贷的利息。连那位丝毫不同情俄国革命运动的资产者凯恩斯都说："显然这些债务是不能算数了。"

至于说到法国，凯恩斯引用了这样的数字：借出 35 亿，贷入却是 105 亿！要知道，法国人曾自称是全世界的高利贷者，因为它有大量的"积蓄"，它对殖民地的掠夺以及在金融上的掠夺积累了巨额的资本，使它能够几十亿几十亿地贷给别国，特别是贷给俄国。这些贷款提供了巨额收入。尽管如此，尽管法国是战胜国，它还是陷于负债地位。

共产党员布劳恩同志在《谁应该偿还战时债款？》（1920 年莱比锡版）一书中，引用了美国资产阶级的一个材料。材料得出了各国债务对国民财产的比例：英、法这两个战胜国的债务相当于全部国民财产的 50% 以上；意大利相当于 60%—70%；俄国相当于 90%。但是，大家知道这些债务并没有使我们担心，因为在凯恩斯的著作出版前不久，我们就已经听从了他的绝妙忠告——废除了一切债务。（热烈鼓掌）

然而凯恩斯在这里不过是大发其庸人常有的怪癖罢了，他提出废除一切债务的忠告时说，法国当然只会占到便宜，英国损失当然不会太大，因为反正从俄国是捞不回什么了；只有美国要受很大的损失，但是凯恩斯指望美国能够"大发慈悲"！在这一点上，我们的看法同凯恩斯以及其他市侩和平主义者是不一致的。我们认为，他们既然要废除债务，就应该把希望寄托在别的方面，朝另外的方向努力，而不应该指望资本家老爷们"大发慈悲"。

从这些最简单的数字可以看出，帝国主义战争同样给战胜国也造成了莫大的困难。工资远远跟不上物价的上涨，也说明了这一点。今年3月8日，最高经济委员会这个维护世界资产阶级秩序、防止革命日益高涨的机关，通过一项决议，决议最后号召人们遵守秩序，克勤克俭，当然，工人仍旧是做资本的奴隶。最高经济委员会这个协约国的机构，全世界资本家的机构提供了以下的数字：

美国物价平均上涨120%，工资却只增加100%；英国物价上涨170%，工资只增加130%；法国物价上涨300%，工资只增加200%；日本物价上涨130%，工资只增加60%（这是我参照布劳恩同志在上述小册子里引用的数字和1920年3月10日《泰晤士报》所载最高经济委员会公布的数字得出的）。

很明显，在这种情况下工人的愤怒必然日益强烈，革命思想和革命情绪必然日益加强，自发的大规模罢工浪潮必然日益高涨，因为工人的处境已经不堪忍受了。工人根据经验确信，资本家靠战争大发横财，而把一切军费和债务转嫁给工人负担。不久前我们得到的一则电讯说，美国为了肃清"有害的鼓动分子"，想再驱逐500个共产党员到我们俄国来。

不要说美国驱逐500个，就是把整整50万个俄国的、美国的、日本的、法国的"鼓动分子"驱逐到我们这里来，也无济于事，因为使他们束手无策的物价失调问题仍然存在。他们之所以对此束手无策，是因为他们牢牢地保持着私有制,他们那里的私有制是"神圣的"。这一点决不应当忘记,因为现在只有俄国摧毁了剥削者的私有制。资本家对物价失调束手无策,而工人靠原来的工资已生活不下去了。任何老办法都解脱不了这种灾难,任何局部的罢工、任何议会斗争、任何投票表决都无济于事,因为"私有制是神圣的",资本家已经放了这么多的债,以致全世界都在受一小撮人的盘剥,而工人的生活条件却变得愈来愈不堪忍受了。只有消灭剥削者的"私有制",别的出路是没有的。

拉品斯基同志在《英国与世界革命》这本小册子(我国《外交人民委员部通报》于1920年2月摘录了其中很有价值的部分)中指出,英国煤的出口价格比工业当局预计的高出一倍。

兰开夏郡的股票甚至增值400%。银行赢利至少是40%—50%,还应该指出,所有的银行家在计算银行利润时,都会巧妙地把大部分的利润用奖金、酬金等名目隐藏起来,也就不算作利润了。这些无可争辩的经济事实又一次证明:一小撮人大发其财,穷奢极欲,而与此同时工人阶级则日益贫困。还有一种情况应该着重指出,那就是莱维同志在上面提到的他的报告中所特别明确强调的币值变动。由于负债、发行纸币等原因,各国的货币都贬值了。根据上面我提到的那个资产阶级的材料,即1920年3月8日最高经济委员会的声明所作的计算,可以看出:同美元比较,英国货币贬值约1/3,法国、意大利货币贬值2/3,德国货币贬值竟高达96%。

这个事实说明,世界资本主义经济的"结构"正在全面瓦解。在资本主义制度下借以取得原料和销售产品的贸易关系,已经无法维持了;正因为许多国家从属于一个国家,币值一变动,这种关系就无法维持了。现在,任何一个最富有的国家也不能生存,不能进行贸易了,因为它无法出售自己的产品,也无法买进原料。

结果,连最富有的、控制所有国家的美国也无法做买卖了。这一点连凯恩斯那样一个在凡尔赛谈判中历尽千辛万苦的人也不得不承认,尽管他有捍卫资本主义的坚强决心,尽管他对布尔什维主义深恶痛绝。顺便说一下,我认为没有一篇共产主义的或任何革命的宣言就其效果来说能比得上凯恩斯书中描写威尔逊和实践中的"威尔逊主义"的那几页。像凯恩斯和第二国际的许多英雄(甚至包括"第二半"国际的许多英雄)这类市侩及和平主义者,曾经把威尔逊当做偶像,对他的"14点"顶礼膜拜,甚至撰写"学术"著作论述他的政策的"基础",指望他能拯救"社会和平",使剥削者同被剥削者和解,实行社会改良。后来凯恩斯却清楚地揭露了威尔逊原来是个愚人,这一切幻想一碰到以克列孟梭和劳合-乔治两位先生为代表的资本所采取的注重实际、专讲实利的商人政策,就烟消云散了。现在工人群众根据自己的生活经验愈来愈清楚地看到,学究们甚至从凯恩斯的书中也可以看到,威尔逊政策的"基础",归结起来不过是神父的蠢见,小资产阶级的空谈和对阶级斗争的极端无知。

由于上述种种事实,完全不可避免地、自然而然地产生了两个条件,产生了两种基本情况。一方面是群众的贫困、破产空前加重,这首先是指包括125000万人口,即占全世界人口70%的地区。这是一些居民在法律上毫无权利的殖民地附属国,是被"委任"给金融强盗们统治的国家。此外,《凡尔赛条约》把战败国受奴役的地位固定下来了,有关俄国的秘密条约也起了这种作用,不过,这种秘密条约的实际效力,有时和那些写着我们负债几十亿几十亿的废纸不相上下。把125000万人遭受掠夺、奴役、贫困、饥饿和屈居附属地位的事实,用法律形式固定下来了,这在世界历史上是第一次。

另一方面,在每一个债权国里,工人的处境也到了不堪忍受的地步。战争使一切资本主义矛盾空前尖锐化了,这就是产生强烈的革命风潮的根源。这种风潮正在增长,因为战时人们受着军事纪律的约束,不是被拉去送死，就是随时都有受到军法制裁的危险。战争环境使人们不能去考察实际的经济情况。作家、诗人、神父和所有的报刊都一味地歌颂战争。现在，战争结束了，揭露也就开始了：德国帝国主义及其布列斯特-里托夫斯克和约被揭穿了；凡尔赛和约被揭穿了，它本来应当是帝国主义的胜利，现在却变成了它的失败。凯恩斯这个例子还表明，欧美千千万万小资产阶级分子、知识分子、多少受过教育有点文化的人不得不走上凯恩斯所走的道路。凯恩斯辞去了职务，写了一本书，揭露本国政府。他的行为说明，一旦千百万人懂得了所谓"为自由而战"等花言巧语不过是十足骗人的鬼话，其结果不过是极少数人发财而其余的人破产、受奴役，那么他们的思想会发生什么样的变化。资产者凯恩斯说，英国人要想救自己的命，挽救英国的经济，就应当设法恢复德俄两国之间的自由贸易关系！用什么方法才能达到这个目的呢？用凯恩斯所提出的方法，就是废除一切债务！这不光是凯恩斯这位博学的经济学家一个人的主张，现在已经有、将来还会有千百万人提出这样的主张。千百万人听到了资产阶级经济学家们的呼声：只有废除债务，别的出路是没有的，因此他们说："布尔什维克〈他们已经把债务废除了〉真该死"，让我们去乞求美国"大发慈悲"吧！！我认为，应该以共产国际代表大会的名义向这些为布尔什维主义进行鼓动的经济学家致谢。

如果一方面，群众的经济状况已经到了不可忍受的地步，另一方面，像凯恩斯所证实的那样，在极少数势力极大的战胜国中间，瓦解已经开始而且正在加深，那么，十分明显，世界革命的两个条件都正在成熟。

现在，我们看到了一幅比较完整的全世界的图景。我们懂得，125000万人依附于一小撮富翁，处于无法生存的境地，这意味着什么。另一方面，人们向各国人民端出了一项国际联盟盟约，宣称国际联盟结束了战争，今后不允许任何人再破坏和平。全世界劳动群众寄予最后希望的这个盟约生效，对我们来说倒是一个重大胜利。在盟约还没有生效的时候，有人说：对德国这样的国家不能不用特殊条件加以控制；你们瞧吧，有了盟约就好了。但是，盟约一正式公布，布尔什维主义的死敌就不得不背弃了它！盟约一开始生效，极少数最富有的国家，克列孟梭、劳合-乔治、奥兰多、威尔逊这"四巨头"，又坐下来磋商建立新关系了！盟约这部机器刚一开动，就完全垮了！

我们从侵犯俄国的战争中就看到了这一点。俄国这个又穷又弱、备受压抑的国家，这样一个最落后的国家，却抗击了所有的国家，抗击了统治全世界的富强国家的联盟，并且取得了胜利。双方力量悬殊，可是我们打赢了。为什么呢？因为它们之间毫不团结，因为大国之间互相作对。法国希望俄国还它的债，并成为威慑德国的力量；英国则希望瓜分俄国，企图夺取巴库的石油，并同俄国边境上的几个国家缔结条约。英国官方的一个文件，非常诚实地列举了大约半年前（1919年12月）答应要攻占莫斯科和彼得格勒的国家（一共14个国家）。英国曾经打算利用这些国家来实行它的政策，给了它们几百万几百万的贷款。现在这一切指望都已落空，全部贷款也付诸东流了。

这就是国际联盟所造成的局势。这个盟约存在一天，就替布尔什维主义很好地作一天宣传，因为资本主义"秩序"的最强有力的维护者表明，在每个问题上他们都是互相拆台的。日本、英国、美国和法国为着瓜分土耳其、波斯、美索不达米亚和中国在进行激烈的争夺。这些国家的资产阶级报刊都在猛烈地抨击和恶毒地咒骂自己的"伙伴"，斥责对方不该把自己快到口的肥肉抢走。我们看到，就上层来说，极少数最富裕的国家之间已经四分五裂。125000万人决不会让"先进的"、文明的资本主义任意奴役下去，要知道，他们占世界人口的70％！英、美、日（日本过去虽然能够掠夺东方各国、亚洲各国，但是，现在没有别国的帮助，它无论在财政上或军事上都没有独立行动的能力）这极少数最富有的国家,这两三个国家已经无法调整好它们的经济关系,它们把破坏国际联盟成员国和伙伴的政策作为自己政策的目标。这就产生了世界危机。这个危机的经济根源就是共产国际之所以取得辉煌成就的主要原因。

同志们!现在我们该谈谈作为我们革命行动的基础的革命危机问题。这里首先必须指出两种常见的错误。一种是资产阶级经济学家用英国人文雅的口吻,把这种危机描绘成单纯的"人心惶惶";另一种是革命者有时力图证明危机是绝对没有出路的。

这是错误的。绝对没有出路的情况是没有的。现在资产阶级活像一个既不讲廉耻又丧失了理智的强盗,接连不断地干着蠢事,使局势尖锐化,加速着自己的灭亡。这都是事实。但是决不能由此"证明",资产阶级绝对不可能用微小的让步来麻醉一小部分被剥削者,绝对不可能把某一部分被压迫被剥削群众的某种运动或起义镇压下去。企图预先"证明""绝对"没有出路,就是无用的学究气,或者是玩弄概念和字眼。在这个问题和类似问题上,只有实践才是真正的"证明"。全世界的资产阶级制度正在经历巨大的革命危机。现在各国的革命政党都应该用实践来"证明",他们有足够的觉悟和组织性,他们与被剥削群众有密切的联系,有足够的决心和本领利用这个危机来进行成功的、胜利的革命。

我们召开这次共产国际代表大会的主要目的,就是为这种"证明"做准备工作。

我现在拿英国"独立工党"的领袖拉姆赛·麦克唐纳作例子,来说明机会主义在愿意加入第三国际的党内还有多么大的势力,有些党的工作离训练好革命阶级去利用革命危机这一要求还多么远。麦克唐纳的《议会和革命》一书中谈到的问题,正是我们现在研究的那些根本问题。他在这本书里对形势的描述和资产阶级和平主义者大致相同。他承认现在有革命危机,革命情绪正在增长,也承认工人群众是同情苏维埃政权和无产阶级专政的(请注意:这里讲的是英国),无产阶级专政比目前的英国资产阶级专政好。

但是,麦克唐纳仍旧是十足的资产阶级和平主义者和妥协主义者,是幻想建立超阶级政府的小资产者。麦克唐纳同一切资产阶级的骗子、诡辩家、学究一样,只认为阶级斗争是一种"记叙的事实"。麦克唐纳绝口不谈俄国克伦斯基、孟什维克和社会革命党人建立似乎是超阶级的"民主"政府的尝试,以及匈牙利、德国等国家的类似的尝试。他却麻醉他的党,麻醉那些不幸把他这个资产者当做社会主义者,把他这个庸人当做领袖的工人,说什么:"我们知道,这〈革命危机,革命风潮〉会过去,会平息的。"他说,战争必然引起危机,危机在战后虽然不会立即平息,但"总归会平息下去的"!

一个愿意参加第三国际的党的领袖竟然能说出这样的话!这样赤裸裸的暴露是罕见的,因而更有价值,它暴露了法国社会党和德国独立社会民主党上层分子中间同样常见的情况,不仅不善于而且不愿意在革命意义上利用革命危机,换句话说,就是既不善于又不愿意使党和阶级为建立无产阶级专政做好真正的革命准备。

这就是许许多多目前退出第二国际的党的主要弊病。正因为如此,所以在我向这次代表大会提出的提纲中,谈得最多的是尽量具体而明确地规定为建立无产阶级专政作准备的任务。

再举一个例子。不久以前,出版了一本反布尔什维主义的新书。现在,这种书在欧洲和美洲出版得特别多,可是,反布尔什维主义的书出得愈多,群众对布尔什维主义的同情就愈强烈、愈加迅速地增长起来。我指的是奥托·鲍威尔的《布尔什维主义还是社会民主主义?》一书。德国人可以从这本书里清楚地看到,究竟什么是孟什维主义(它在俄国革命中所起的可耻作用,各国工人都已有足够的了解)。尽管奥托·鲍威尔把他对孟什维主义的同情掩盖起来,可是他写的却是一部道道地地的孟什维克式的诽谤作品。在欧洲和美洲,现在倒必须使更多的人更确切地了解什么是孟什维主义,因为这是一个概括所有敌视布尔什维主义的所谓社会主义、社会民主主义等派别的类概念。我们俄国人可能没有兴趣为欧洲写一本书来说明什么是孟什维主义。而奥托·鲍威尔写的书实际上做到了这一点。我们预先感谢那些要把这本书译成各种文字出版的资产阶级出版家和机会主义出版家。鲍威尔的书是共产主义教科书有益而独特的补充读物。如果要"测验"是否领会了共产主义,出下面这样的试题是最好不过的:试分析奥托·鲍威尔书中的任何一节或任何一个论点,指出其中的孟什维主义,指出他背叛社会主义以及与克伦斯基、谢德曼等等同流合污的思想根源。要是你解答不了这个问题,那你还不是一个共产主义者,你最好不要加入共产党。(鼓掌)

奥托·鲍威尔用一句话绝妙地表达了世界机会主义观点的全部实质——为此我们应当在他生前就给他建立纪念碑,如果我们能够在维也纳随意做主的话。他煞有介事地说,在现代民主国家的阶级斗争中使用暴力,无异是"对各种社会力量因素横施暴力"。

这句话也许你们听起来很古怪、很费解吧?然而,这是一个典型的例子,它表明人们把马克思主义糟蹋成了什么样子,人们可以把最革命的理论弄得何等庸俗,甚至用它来为剥削者辩护。只有德国那种市侩才能炮制出这样一种"理论",说什么"各种社会力量因素"就是人数、组织能力、在生产和分配过程中所占的地位、积极性和教育程度。如果农村里的雇农和城市里的工人对地主和资本家使用了革命暴力,这决不是无产阶级专政,决不是对剥削和压迫人民的人使用暴力,绝对不是。这是"对各种社会力量因素横施暴力"。

我举的这个例子也许听来有点可笑。但是,现代机会主义的本性本来就是这样,它反对布尔什维主义的斗争总是会闹出笑话来。现在,引导工人阶级、引导工人阶级中一切肯动脑子的人参加国际孟什维主义（麦克唐纳之流、奥·鲍威尔之流）与布尔什维主义之间的斗争，对于欧洲和美洲来说，都是一件最有益、最迫切的事情。

这里我们要提一个问题，为什么这些派别在欧洲那样根深蒂固呢？为什么这种机会主义在西欧比在我国强大呢？这是因为先进的国家过去和现在创造自己的文化都是靠了能剥削10亿被压迫的人民这样的条件。这是因为这些国家的资本家掠夺来的东西，大大超过了他们能够从本国工人身上榨取的利润。

战前有人计算过，英、法、德三个最富有的国家，其他收入不算，仅资本输出一项，每年就可获利80—100亿法郎。

很明显，从这么一大笔钱里，完全可以拿出哪怕是5亿法郎来施舍给工人领袖、工人贵族，来进行各种形式的收买。收买就是整个问题的症结所在。这可以采取千百种不同的方式：提高大中心城市的文化水平，设立教育机关，为合作社领袖、工联领袖、议会领袖提供千百个肥缺。哪里有现代的文明的资本主义关系，哪里就是如此。这几十亿超额利润，就是工人运动中机会主义赖以生存的经济基础。美国、英国和法国的机会主义领袖、工人阶级的上层分子、工人贵族最顽固，他们对共产主义运动的抵抗最顽强。因此，我们应该认识到，欧美工人政党要治好这种病症比我们要困难。我们都知道，自从第三国际成立以来，医治这种病症已经获得了极其巨大的成效，但是我们还没有彻底治愈，因为全世界工人政党，无产阶级革命政党还远没有肃清自己队伍中的资产阶级影响，还远没有肃清自己队伍中的机会主义分子。

我不打算再谈我们应该如何具体地进行这个工作。这一点在我发表的提纲中已经讲过了。我在这里只想指出这种现象的深刻的经济根源。这病拖的时间很久了，要治好它，比乐观主义者所想象的时间要长得多。机会主义是我们的主要敌人。工人运动中上层分子的机会主义，不是无产阶级的社会主义,而是资产阶级的社会主义。实际证明:由工人运动内部机会主义派别的活动家来维护资产阶级,比资产者亲自出马还好。工人要不是由他们来领导,资产阶级就无法支持下去。不但俄国克伦斯基统治的历史证明了这一点,就是社会民主党政府领导的德国民主共和国,以及阿尔伯·托马对本国资产阶级政府的态度,也证明了这一点。英国和美国的类似的经验也证明了这一点。这是我们的主要敌人,我们必须战胜这个敌人。经过这次代表大会,我们应该下定决心,把各国党内的这一斗争进行到底。这是主要的任务。

同这一任务比起来,纠正共产主义运动中"左"派的错误,将是一项容易的任务。我们在许多国家里看到反对议会活动的倾向,这种倾向与其说是由小资产阶级出身的人带来的,还不如说是受无产阶级的某些先进部队支持的,因为这些先进部队痛恨过去的议会活动,痛恨英、法、意等一切国家中议会活动家的所作所为,这种痛恨无疑是合理的、正当的和必要的。共产国际应当指导同志们更深入细致地了解俄国的经验,了解真正无产阶级政党的作用。我们的工作正是要解决这个问题。同无产阶级运动中的这些错误缺点作斗争比较容易,而同那些以改良主义者的姿态加入第二国际旧党,并按资产阶级精神而不是按无产阶级精神来指导党的全部工作的资产阶级作斗争要困难一千倍。

同志们,最后,我还要讲一个问题。主席同志曾在会上说,这次代表大会可以称为一次世界性代表大会。我认为,他说得很对,特别是因为有不少殖民地、落后国家革命运动的代表参加了这次大会。这不过是一个小小的开端,但重要的是已经开始了。这次代表大会,已经把资本主义国家、先进国家的革命无产者,同那些没有或者几乎没有无产阶级的国家的革命群众,同东方殖民地国家的被压迫群众团结起来了。而巩固这种团结,则要靠我们的努力,我相信,我们一定会做到这一点。一旦各国被剥削被压迫工人的革命进攻击败了市侩分子的抵抗,肃清了一小撮工人贵族上层分子的影响，同迄今还站在历史之外、只被看做历史客体的亿万人民的革命进攻联合起来，世界帝国主义就一定会灭亡。

帝国主义战争帮助了革命。资产阶级从殖民地、落后国家以及那些最偏僻的地方征兵来参加这场帝国主义战争。英国资产阶级要印度士兵相信，抗击德国、保卫大不列颠是印度农民的义务；法国资产阶级要法属殖民地的黑人士兵相信，保卫法国是他们的义务。英法资产阶级教给了他们使用武器的本领。这是一种非常有用的本领，为此我们要向资产阶级深深致谢，我们要以全体俄国工人和农民的名义，特别要以全体俄国红军的名义向他们致谢。帝国主义战争把附属国的人民卷进了世界历史。所以我们现在最重要的任务之一，就是要考虑如何在各个非资本主义国家内为组织苏维埃运动奠定头一块基石。在这些国家里组织苏维埃是可能的，但这种苏维埃将不是工人苏维埃，而是农民苏维埃，或劳动者苏维埃。

我们还需要做许多工作，还难免会犯错误，而且在这条道路上会碰到许多困难。第二次代表大会的基本任务就是制定或者指出一些实际工作的原则，使得到目前为止在亿万人当中无组织地进行的工作能够有组织地、协调地、有步骤地去做。

现在离共产国际第一次代表大会不过一年多一点，我们就战胜了第二国际。现在苏维埃思想不仅在各文明国家的工人当中已经传播开来，他们不仅已经知道、已经懂得了这种思想。一切国家的工人都在嘲笑那些自作聪明的人，这些人当中有不少人自命为社会党人，以学者或准学者的态度，像好讲体系的德国人那样谈论什么苏维埃"体系"，或者像英国"基尔特"社会主义者那样谈论什么苏维埃"思想"。这种关于苏维埃"体系"和"思想"的议论，在工人当中往往会混淆视听，引起思想上的混乱。但是，工人现在正在抛弃这种学究式的无稽之谈，拿起苏维埃给他们的武器。苏维埃的作用和意义在东方各国也普遍地为人们所了解了。

在整个东方,在整个亚洲,在一切殖民地人民当中,苏维埃运动都已经打下了基础。

被剥削者必须奋起推翻剥削者,建立自己的苏维埃,这并不是十分复杂的道理。在有了我国的经验之后,在俄国建立苏维埃共和国两年半之后,在第三国际第一次代表大会召开之后,全世界亿万被剥削被压迫的群众都懂得了这个道理。现在我们俄国由于比国际帝国主义弱,常常不得不实行妥协,等待时机,可是我们知道,我们是在维护125000万人的利益。暂时我们的前进道路上还有绊脚石,还有偏见和无知这样的障碍,但是这些正在迅速地被克服,愈往后,我们愈能真正代表和维护占世界人口70%的被剥削劳动者的利益了。我们可以自豪地说:在第一次代表大会上,我们实际上只是在进行宣传,只是向全世界无产阶级提出基本的思想,只是在发出斗争的号召,我们还只是在了解什么地方有人能走这条路;而现在,我们到处都有了先进的无产阶级,到处都有了无产阶级大军,虽然有时组织得不好,还需要改组。既然各国的同志们现在都在帮助我们组织一支统一的大军,那么任何缺点都阻碍不了我们去完成我们的事业。这个事业就是世界无产阶级革命的事业,就是建立世界苏维埃共和国的事业。(长时间鼓掌。乐队奏《国际歌》。)

季诺维也夫(俄国):

列宁同志的报告,会上将不译成其他语言,但他的报告的书面译文,将分发给各位代表。现由罗斯默同志讲话。

罗斯默向彼得格勒无产阶级致贺词

我代表法国工农感谢彼得格勒劳动者的亲切接待,你们的热情接待，使法国全体代表深受感动。你们抱着一种美好的想法，决定在斯莫尔尼宫接待全体代表，以表明俄国无产阶级经历了怎样的艰难困苦，才取得我们今天为之庆贺的胜利。加里宁同志说，现在是国际无产阶级证明自己同俄国人民团结一致的时候了，这句话深深印入全体到会者的脑海。法国工人认识到，他们对俄国人民的帮助不够坚决，这一方面是由于他们对俄国人民的状况缺乏了解，另一方面是由于他们受了恶毒宣传的影响，产生了误解；再者，是因为他们缺乏实现自己意志的足够力量。现在，法国代表们回国之后，就能够向法国工农介绍俄国的情况了。代表们将竭尽全力设法使法国工农了解：在俄国，人们正在为全世界的共同事业而战斗和牺牲。代表们将竭尽全力争取法国工人加入积极行动的无产阶级行列。代表们认为自己应该向红色彼得格勒无产阶级表示最热烈的问候，因为他们以无比的英雄主义、自我牺牲和坚韧不拔的精神，击败了反革命的一切阴谋诡计，他们理应受到全世界无产阶级的特别崇敬。

罗斯默宣读致彼得格勒无产阶级的慰问信，其内容如下：

"兄弟们，共产国际第二次代表大会借在红色彼得格勒开会之际，向你们，彼得格勒的男女工人、红军战士、水兵和全体劳动者，致以热情的问候。我们作为全世界工人组织的代表认为自己理应在你们彼得格勒举行代表大会的第一次会议，借以向红色彼得格勒的无产阶级表示敬意和情谊，因为红色彼得格勒的无产阶级最先起来反对资产阶级，并以顽强的毅力英勇地推翻了资产阶级世界的一个重要堡垒的资本统治。

全世界无产者都知道，你们彼得格勒无产者在最近三年里历尽了艰难困苦，忍饥挨饿。你们许多优秀的儿女为保卫伟大的共产主义事业在前线流血牺牲了。全世界工人之所以特别崇敬你们，是因为你们在彼得格勒和整个苏维埃共和国最危急的时刻从未动摇过，而是以极大的勇气、无畏的气概和坚韧不拔的精神保卫了用鲜血染成的红旗。

共产国际对你们说：彼得格勒公社严正地继承了巴黎公社的事业，它避免了后者的弱点和错误，引导无产阶级队伍走向胜利。共产国际坚信，红色彼得格勒的工人今后仍将是国际劳动大军的优秀队伍。

光荣的彼得格勒无产阶级万岁！共产国际万岁！"

季诺维也夫（俄国）：

大会要向俄罗斯共和国红军致祝词。现在由意大利工人代表塞拉蒂同志讲话。

塞拉蒂向俄国红军致贺词

我代表加入共产国际的意大利社会党，向保卫世界无产阶级伟大理想的、英勇的俄国红军致敬。

世界大战爆发以后，意大利工人阶级的叛徒企图迫使工人阶级倒向资产阶级一边。当时他们宣扬这样的论调，说什么无产阶级有了武器，才能够取得和平和实现自己的要求。但是意大利社会党毅然同这些社会党叛徒一刀两断。它指出，不管有枪没枪，它都永远站在工人阶级一边，同资产阶级搏斗到底。

现在，伟大红军的经验证明了这一点。红军以光辉的业绩谱写了历史：只有当工人阶级知道怎样掌握大炮和步枪的时候，只有当工人阶级懂得这些武器是用以争取实现无产阶级伟大理想和反对全世界资产阶级的时候，大炮和步枪才能成其为武器。伟大英勇的红军正在南线（对弗兰格尔）和西线（对波兰匪帮）奋勇作战，并且节节取得胜利。红军并不是孤立无援的，同它一起战斗的有英国工人、意大利海员，还有基尔的德国海员。凡是有无产者的地方，他们到处都采用罢工和其他手段阻止将杀人武器运往波兰前线。他们到处以流血战斗来证明他们不愿为资产阶级利益服务，到处都有伟大的无产阶级红军的保护者和拥护者。

这样的一天就要来到了：那时，无产阶级红军将不只是由俄国无产者组成，而是由全世界的无产者组成；那时，由社会主义伟大理想的思想联合起来的一切劳动者，将形成一支伟大的、战无不胜的军队，它能彻底摧毁资本主义，并将其残余消灭净尽；那时，全世界无产者和英勇的红军战士将彻底摆脱对战争所承担的义务，他们不只是能用大炮，而且也能通过和平劳动把全世界从一向压迫工人阶级的制度中解放出来。

为了这一伟大的理想（至于红军对世界无产阶级建树的功勋，更不必提了），我建议以共产国际中派有代表的所有政党的名义，向俄罗斯苏维埃联邦社会主义共和国红军和红海军发出如下慰问信：

"兄弟们！共产国际第二次代表大会向全体红军和红海军、向各个红军部队（从最小的连队到最大的军团）、向你们全体和各个红军战士和海军战士，特别是向战斗在前线的同志们，致以热烈的兄弟般的敬礼。

全世界劳动人民怀着崇敬的心情，专心一意地注视着你们对资本家和地主、对沙皇将军和帝国主义分子所进行的斗争。全世界工人和你们一起，为你们的失败而痛苦，为你们的胜利而高兴。全世界劳动人民满怀喜悦的心情，注视着你们是怎样竭尽全力战胜了高尔察克、邓尼金、尤登尼奇和米勒，并粉碎了英法资本家的阴谋。

共产国际第二次代表大会向目前战斗在西部战线和西南战线的红军，致以热烈的敬礼！你们正在那里打击协约国资产阶级为扼杀俄罗斯苏维埃工农共和国而派遣的波兰白匪军。

红军战士兄弟们，你们要知道，你们反击波兰匪帮的战争，是历史上从未有过的最正义的战争。你们不仅为苏维埃俄国的利益而战，而且为全世界劳动人民的利益、为共产国际而战。

劳动群众只有拿起武器，才能消灭财主老爷的压迫和雇佣奴役制度。你们最先把枪口对准压迫者，你们最先建立了正规而又强大的工农红军，你们最先向全世界被压迫、被剥削的人们指明了道路。为此，全国无产者都在称颂你们。

共产国际知道，你们对工农的敌人的胜利，是以无数艰难困苦和牺牲换来的。我们知道，你们不惜牺牲自己的一切。我们知道，有多少优秀的红军战士为我们的事业献出了自己的生命。你们的英雄业绩将永远载入史册。

同志们，你们要知道，红军是当前世界上的主要力量之一。要知道，你们不是孤立无援的。全世界劳动人民都站在你们一边。建立国际红军的时刻已经为期不远了。

伟大的、战无不胜的红军万岁！

共产国际的军队万岁！"

季诺维也夫（俄国）：

大会打算就我们队伍的一个成员——匈牙利无产阶级的问题，专门发表一个告全世界工人书，因为匈牙利无产阶级目前的处境非常困难，他们在蒙受重大的牺牲。现在由奥地利共产党人施泰因哈特同志讲话。

施泰因哈特关于匈牙利白色恐怖的讲话

同志们！去年3月，正当第三国际第一次代表大会闭幕、俄共第八次代表大会召开之际，我们在莫斯科接到库恩·贝拉的电报，说匈牙利工人夺取了政权，匈牙利苏维埃共和国已宣告成立。我们大家都为这一伟大的事件而高兴，但是同时，我们不无忧虑地考虑到事件发生后的局势。要知道，匈牙利的苏维埃政权，并不是通过同资产阶级多年流血的搏斗而取得的；政权并不是通过斗争从资产阶级手中夺得的，而是在国际无产阶级所熟知的那些人物（他们属于各国社会民主党中最反动的阶层）的参与下，即匈牙利社会民主党人的参与下取得的。

我们担心夺取政权之后会出乱子。从最初几天起，一度同共产党联合（这种联合是匈牙利共产党所犯的严重错误）的匈牙利社会民主党，以及各工会组织，就已开始进行暗中破坏；资产阶级和国际资本也为推翻匈牙利苏维埃政权而联合起来。果然,不可避免的事情终于发生了。匈牙利苏维埃政府受到罗马尼亚贵族和暴徒的威胁,遭到英国雇佣军协同万恶的霍尔蒂的逼攻,并且又受到来自北方的捷克斯洛伐克的威胁,它既得不到德意志奥地利的援助(因为奥地利社会民主党已对它宣战),又得不到德国方面的援助,因而从最初几天起,就不得不进行殊死的战斗。

同志们,这次革命毕竟是个重大的事件,因为苏维埃共和国在西欧资本主义国家中出现,而且又正好在敌对阵营的中心出现,这在共产主义历史上还是第一次。而在西方资本家看来,这是一件应当不惜任何代价来赎的罪过。总之,近一年来在匈牙利所发生的种种卑鄙无耻之事,是无法叙述的:霍尔蒂匪帮对工人(不论他们是共产党人,还是社会民主党人,甚至是信奉基督的社会党人)的暴行,是灭绝人性的。无力自卫的国家就处于这样的境地。

在这一严重的历史时刻,共产国际对于这一情景,有责任向霍尔蒂匪帮提出抗议,不仅要提出口头上的抗议,而且要以坚决的实际行动来抗议。要像捷克斯洛伐克工人联合起来那样,不许向波兰运送一件武器,不许向波兰发出一辆军车;要像我们德意志奥地利和德国的工人工厂委员会那样,它们商妥决不发出一辆反对苏俄的军车;我们也应该联合起来,和我们的同志们一道,把今日的霍尔蒂匈牙利重新变成苏维埃匈牙利,变成一个文明的国家。我们要采取一切手段把这伙野蛮的土匪从那里赶出去。

为此,我请你们,请同志们无须经过讨论,一致通过如下的告世界各国无产者书,并请你们在各国经常按它的精神行动起来,因为主要之点就在于实际行动:

"世界各国无产者!

"男女工人们！

在苏维埃俄国胜利击退波兰贵族罪恶集团的进攻的日子里，在全世界掀起工人反对资本主义政府的怒潮的日子里，在革命无产者在共产党人国际代表大会上建立千百万工人大军的伟大同盟的日子里，竟然有这样一个国家。那里遍地都是先进革命战士的尸体，这个国家就是匈牙利。

国际资本这个卑鄙而又凶残的恶魔，扼杀了年轻的匈牙利苏维埃共和国。向这个共和国进军的，是纠集起来的旧世界的一切力量：佩戴将军肩章的职业杀人犯，基督教牧师，伦敦银行家，罗马尼亚无恶不作的贵族，法国高利贷者，各国社会党叛徒，黑人雇佣军和'文明的'文化侵略者。匈牙利苏维埃共和国在四面八方的压力下，受到严重的破坏，终于在反革命的十字架上受尽残酷折磨而死去。只有我们给予援助，它才能够起死回生。

这群由英国走狗霍尔蒂将军手下的亡命徒领导的残暴的反革命分子，现在正踏着工人的尸体狂欢滥舞。按基督将军的'制度'组成的野蛮政权，极尽疯狂残暴、卑鄙无耻之能事。成千上万的人被绞死和枪杀，数以万计的人被投入监狱、被暗中杀害、被扔进阴沟、被毒死、被绑架、被抢劫、被强奸、被拷打成为残废——这就是民主的'国际联盟'在第二国际的支持下恢复的秩序。

一个英国上校嘴里说着：'战败者真可怜！'而他却开枪打死几个工人共产党员。一个凶狠的地主嘴里喊着：'战败者真可怜！'而他却强奸一个女工。一个白卫分子的狱卒嘴里说着'战败者真可怜！'而他却把那些濒临死亡的工人锁进牢房。

无产者们！女工们！

当惨遭杀害的匈牙利无产阶级的痛苦之声传入你们耳际的时候，你们一定要大声疾呼，制止资产阶级刽子手的罪行——他们在剥活人的皮，强迫人吃人粪，强奸妇女，并将女共产党员剖腹挖心！

甚至资本的走狗、社会爱国主义的阿姆斯特丹工会联合会的英雄们，也由于做贼心虚，宣布抵制白色匈牙利。他们的工作组也查明了英国政府和霍尔蒂匪帮成千上万条的强盗行为。但是，就在这一点上，他们也是个叛徒，因为他们连自己发出的号召都背弃了。

在即将展开与资本进行世界性的搏斗之际，共产国际在自己的代表大会上，以千百万工人的名义向全体无产阶级发出号召：

大家起来反对扼杀匈牙利的刽子手！

采取一切手段进行这场斗争！

不让载运军火的列车开行！炸毁一切通往霍尔蒂匈牙利的军事运输线！

解除那些前往屠杀工人的军官的武装！

轮流发动强大的罢工，使一切军火生产陷于停顿！我们自己要武装起来！在言论和行动上竭尽全力地瓦解帝国主义军队！让杀人凶犯的国家内部充满对他们仇视的气氛！

工人们！如果你们漠不关心，你们就将成为刽子手的帮凶！

大家全都行动起来！维护无产阶级的荣誉！拯救多灾多难的匈牙利无产阶级！

匈牙利的工人们，鼓起勇气来！全世界无产阶级都跟你们站在一起！共产国际向你们表示友爱和兄弟情谊！

苏维埃匈牙利死去了，但苏维埃匈牙利永世长存！"

马尔赫列夫斯基关于波兰局势的讲话

请允许我在这里谈谈波兰的局势。俄国工人都知道，波兰革命工人在1905—1906年间曾参加对俄国沙皇制度的革命冲击。尽管波兰国家已成为协约国手中的工具，因而的确难以开展解放斗争，尽管打碎束缚波兰人民的枷锁是革命事业，但是，波兰工人却不能利用整个的有利形势。问题就在于欧洲战争，即帝国主义战争把波兰无产阶级给分散了：几十万波兰工人被遣散到俄国，几十万波兰工人被遣散到德国。当时，只有小资产阶级阶层所追随的那帮恶棍，乘机夺取了政权，随后在协约国的帮助下组成一股强大的力量，去反对苏维埃俄国。从一开始，波兰共产党人就对这种罪恶的勾当展开了斗争,而且许多人在这一斗争中流血牺牲了。你们都知道,进犯俄国是从波兰宪兵卑鄙无耻地屠杀韦谢洛夫斯基同志所领导的红十字会开始的,而韦谢洛夫斯基同志是我们的优秀的革命战士。你们都看过波兰共产党人被迫害的报道,那里的暴行简直和匈牙利一模一样。你们知道,在那里,我们的社会党叛徒达申斯基及其同伙们,勾结资产阶级,为非作歹,也许比俄国的孟什维克和德国的谢德曼分子更为凶恶。

但是,波兰无产阶级开始觉醒的时刻来到了,帝国主义者蒙骗一部分波兰工人阶级的手段被粉碎了。现在,战无不胜的红军不断向前推进,它在协助消灭那股至今还统治着波兰的势力。我们坚信,波兰的革命事业将迅速地向前发展。但是,同志们,要切记,我们的事业是艰巨的。要切记,寇松勋爵提出的、遭到苏联政府拒绝的那份无礼的照会,充满了恫吓之词。也许,英法军队不再来帮助白卫波兰去反对波兰革命和苏维埃俄国,但是,我们的敌人正在极力唆使罗马尼亚军队,或许还有诺斯克先生为他们拼凑的军队来进攻我们。也许他们会把几十万德国志愿军开赴波兰前线,以扼杀革命的波兰和苏维埃俄国。

因此,同志们,第三国际代表大会要记住:我们希望不同于第二国际,不要成为口头上的国际,而要成为行动上的国际。现在,你们的职责就是设法使这场罪恶的战争迅速结束。我深信,只有在他们的军队溃败以后,威胁我们的资产阶级团伙才会彻底完蛋。俄国、德国和奥地利的军队遭到惨败以后,它们变成革命的军队。在波兰也会发生这样的情况,那时,波兰苏维埃共和国将在波兰取得胜利。但是,为了取得这一胜利,为了这一事业,我们还得进行严峻的斗争。我们波兰共产党人向你们宣誓:我们决不屈服。因此,同志们,我们呼吁你们给予支援!

季诺维也夫（俄国）：

大会准备就这个问题发表一个政治宣言。现在，请德国共产党代表莱维同志就这一问题发言。

莱维关于欧洲无产阶级在波苏战争中的任务的讲话

塞拉蒂同志刚才生动地描绘了欧洲无产阶级和全世界无产阶级对红军所抱的感情。你们对他的讲话报以热烈的掌声。但是我要指出，使我感到惊奇的是，每当有人谈到欧洲无产阶级的感情时，你们总是报以掌声。要知道，欧洲无产阶级对俄国革命和红军的感情，早已确立了。但是，尽管欧洲和德国无产者对俄国革命和红军抱有感情，他们毕竟一度把布列斯特-里托夫斯克和约的枷锁加在俄国身上；这样，德国无产阶级也就越过波罗的海沿岸，镇压了乌克兰和俄国南部的革命。现在已经到了德国和欧洲无产阶级表明自己对俄国革命不仅表示同情，而且要采取实际援助行动的时候了。

目前，红军正在继续向前推进，已逼近华沙。在那里，在波兰，红军将第一次同欧洲帝国主义直接交锋，同它较量一番。到目前为止，被红军打败的邓尼金、尤登尼奇和高尔察克，只不过是欧洲帝国主义的微不足道的走狗。波兰的四周聚集着欧洲帝国主义，况且波兰根本不是协约国难以控制的奴仆，而是欧洲帝国主义的先头部队。在那里，敌我双方将进行较量，因而在那里，欧洲无产阶级将表明自己的觉悟水平，将表明它在波兰是否不仅能打败波兰资产阶级，而且也能打败欧洲资本主义，一直打到资本主义彻底崩溃为止。这将是各国无产阶级必须积极参加的共同行动中的第一个环节。你们要关注全世界无产者所注视的地方，所以我们提议通过如下宣言①：

告世界各国无产者书

正值俄国工农红军猛烈打击白卫波兰这个资本主义世界反动堡垒的时候，共产国际召开了第二次代表大会。全世界一切革命工人的殷切愿望实现了。

俄国工人和农民，像镇压俄国反革命势力——尤登尼奇、高尔察克和邓尼金的军队时一样，有力地迎击了猖狂进攻的波兰白卫军。波兰资本家和地主拒绝了苏维埃俄国提出的公正的和平建议，他们指望得到世界资本的援助，并认定苏维埃俄国在同反革命的斗争中已经打得筋疲力尽了。他们调动军队向苏维埃俄国大举进攻，而如今已经濒于一败涂地的境地。他们的军队从乌克兰和白俄罗斯仓惶溃退，而苏维埃俄国的军队正在尾随追击。

这些世界资本的强盗——波兰的地主和资本家，现在发出哀鸣，说"波兰已万分危急"。他们乞求各资本主义国家的政府火速救援，以免欧洲文化毁灭于俄国革命"暴徒"之手。我们知道，当苏维埃俄国建议4月3日开始在伦敦举行谈判时，供给波兰人武器、使他们进犯苏维埃俄国的英国政府，竟同它的同盟者联合起来拒绝制止波兰的侵犯；我们也知道，正是这个资本主义英国大肆恫吓，说什么如果苏维埃俄国不同侵入俄国的波兰人媾和，它就要联合所有同盟者再度大举进犯。任意摆布各国人民命运的世界资本头子们，现在竟以波兰"独立"的维护者自居了。法国政府早在1917年就已表示，如果俄国沙皇政府承认法国帝国主义对莱茵河左岸的要求，它就准备把波兰让给俄国；英国政府在战争期间曾屡次通过自己的代言人向德国政府秘密透露，只要德国帝国主义退出比利时（因为德国在那里已成为英国的心腹之患），英国政府就将波兰让给中欧各大国。所有这些买卖人肉的贩子，现在却叫喊说苏维埃俄国威胁波兰的独立，并竭力以此为借口制造世界舆论，以便对俄国工农发动新的进攻。

---

① 即《告世界各国无产者书》。——译者注

世界各国工人们！

我们用不着向你们解释，苏维埃俄国对波兰人民是毫无侵略野心的。苏维埃俄国在布列斯特-里托夫斯克面对屠杀波兰人民的刽子手，面对霍夫曼和贝泽勒，捍卫了波兰的独立。为了求得和平，苏维埃俄国甚至准备同波兰资本家签订和约，它不仅承认波兰的独立，而且使波兰拥有广阔的国土。在苏维埃俄国的部队里，有成千上万名优秀的波兰战士。在数十年的共同斗争中，苏维埃俄国同波兰工人群众紧密地联系在一起。对苏维埃俄国来说，波兰人民的自决，乃是神圣不可侵犯的权利，即使没有一兵一卒守卫波兰，波兰的土地也仍归波兰人民所有，波兰人民也能自由决定自己的命运。

但是，只要一小撮资本主义冒险分子和地主还统治着波兰，并使国家卷入罪恶的军事冒险中去，只要协约国的资本家还在向波兰供应武器，苏维埃俄国就将处于自卫战争状态。如果苏维埃俄国今天让波兰白卫军得到喘息的机会，如果苏维埃俄国让这些残兵败将重整旗鼓，在协约国的支持下重新武装起来，那么，苏维埃俄国明天就将不得不使数十万优秀儿女重新放下犁锄和离开工作机床，奔赴前线，进行新的自卫战争。

工人们！

全世界的资本主义坏蛋，为了准备再次进攻俄国，大喊大叫说波兰的独立受到威胁，对此，你们只能理解为：你们的奴隶主害怕得发抖，因为他们用来进行统治、剥削、压迫以及维持其世界反动制度的一根支柱就要倒了；他们担心，如果白卫波兰在红军的打击下垮台了，波兰工人取得了政权，那么，德、奥、意、法四国的工人就将易于摆脱自己的剥削者，而英、美的工人也将相继效法。工人们！资本主义坏蛋叫嚣说波兰的独立遭到威胁，是因为他们唯恐你们摆脱奴役和依附状态，从资本主义奴役制度的枷锁下解放出来。因此，世界各国无产者的任务是，要竭尽全力阻止英、法、美、意四国政府给予波兰白卫分子以任何援助。

协约国的无产者！

你们的政府将继续欺骗你们，它们和以往一直采取的办法一样，一口咬定没有援助波兰。你们的职责是守住一切港口和国境，不要让载运生活必需品和军火的列车、船只开往波兰。你们要牢牢地守住!不要被虚假的开赴地点所蒙骗,要知道,这些物资可以绕道运往波兰。如果政府和资本家对你们的抗议不作让步,你们就举行罢工,采取实力行动,决不能帮助波兰地主和资本家去屠杀你们的俄国兄弟。

德国无产阶级!

如果白卫波兰垮台了,协约国的资本家必将与德国将军、德国资本家媾和,帮助他们装备大量雇佣军来镇压德国无产阶级,以便把德国变成反对苏维埃俄国的基地。协约国的资本家必将不惜使德国成为一片废墟,以便使它成为反对苏维埃俄国和苏维埃波兰的前哨。

德国工人们!

你们在历次举行大规模示威游行时都曾发出诺言,要站到你们俄国兄弟一边,同他们一起为争取你们的解放而斗争,现在到了你们能真正实现自己诺言的时候。不让在德国土地上实现援助白卫波兰的任何图谋,不让招募任何新的雇佣军。你们要严密监视一切开往东方的列车,特别要注意但泽的情况,并要根据形势的需要采取行动。不让一节车厢、一艘船只从德国开往波兰!

其他各国无产者!

要记住,今天的白卫波兰是我们的敌人。我们当前的任务是粉碎这个敌人。

世界各国无产者!

要记住,现在,决不能被叛变的或动摇的工人领袖的花言巧语所欺骗,决不能被政府的骗人的诺言所愚弄。现在,必须行动起来。现在,必须集合一切力量封锁波兰。必须集合一切力量,使世界无产阶级同苏维埃俄国的团结见之于实际行动。

工人们!

你们同苏维埃俄国的团结,也就是同波兰无产者的团结。波兰无产阶级在共产党的领导下,坚持不懈地反对同苏维埃俄国作战。波兰监狱里关满了我们的波兰兄弟、波兰共产党人。波兰白卫分子的溃败,使波兰工人的内心感到无比的欣慰。罢工浪潮在波兰不断高涨。波兰工人竭力利用剥削者的失败,给予业已削弱的阶级敌人以最后打击,并同俄国工人联合起来,同心协力地为争取解放而斗争。

封锁波兰就是对波兰工人的解放斗争的直接支援，这个办法能使波兰挣脱那条捆在伦敦和巴黎傲慢资本家的战车上的锁链，能使它成为独立的波兰工农共和国。

共产国际第二次代表大会号召你们：走上街头，向你们的政府表示，不许给白卫波兰以任何援助，不许对苏维埃俄国进行任何干涉。如果你们看到各国资本家集团不顾你们的抗议，准备再次进攻苏维埃俄国，你们就停止一切工作，制止一切运输活动。不让一列火车、一艘船只开往波兰。你们要显示出不仅在口头上，而且在实际行动上的无产阶级的团结。

苏维埃俄国万岁！

俄国工农红军万岁！

打倒白卫波兰！

打倒干涉者！

苏维埃波兰万岁！

这就是我们号召全世界无产者去争取实现的任务。俄国希望大家都履行自己的职责。

表决贺词和呼吁书

大会对四份贺词①进行表决，获得通过。

（第一次会议宣布结束）

---

① 实际上是三份贺词和一份呼吁书。——译者注

第二次会议[①]

(1920年7月23日)

列宁宣布开会。

确定议事规则和议事日程

塞拉蒂宣读如下规定:
1. 全体会议于上午11点至下午3点和晚上6点至9点举行;
2. 报告人作报告只限1小时。此外,辩论完毕后,可用半小时作总结发言;
3. 补充报告人可占用与报告人相同的时间;
4. 每个发言人对议程均有权发表意见,但只限一次,时间2分钟;
5. 任何代表对每个问题均有权发表意见,但只限两次,第一次10分钟,第二次5分钟;
6. 要求发言,只准用书面形式提出申请;
7. 至少要有三名享有表决权的代表提出要求,才能使用记名投票方式;
8. 任何建议(包括对日程的建议),均须以书面形式(两种正式文字中选用一种)提交主席团,建议人履行这一手续之后,才能发言。

[①] 这次会议和以后各次会议,都在莫斯科举行。

接着，**塞拉蒂**宣读主席团提出的议事日程：

1. 共产党在无产阶级夺取政权之前和夺取政权之后的作用及其组织结构；
2. 工会和工厂委员会；
3. 议会制问题；
4. 民族和殖民地问题；
5. 土地问题；
6. 对"中派"各种新思潮的态度和加入共产国际的条件；
7. 共产国际章程；
8. 组织问题（公开和秘密组织、妇女组织等）；
9. 青年共产主义运动；
10. 选举；
11. 其他事项。

里德（美国共产主义工人党）：

我以29名代表的名义，提议改动一下议程，即把议会制问题提到工会和工厂委员会问题的前面。对于我们西方国家的代表来说，认真讨论工会问题是极其重要的。因此，最好能把有关工会问题的全部材料翻译出来，加以研究，并准备对这个问题提出修改和补充意见。另外，我建议在讨论这个问题时，最好能允许把英语作为大会的正式语言之一。在我所掌握的名单中，有40多名代表懂英语。在这里，懂英语的代表大大超过懂法语和不懂英语的代表。

塞拉蒂（意大利）：

我代表主席团提议拒绝这个意见。顺便提一下，在执行委员会中，现在建议把工会问题作为第三项议程来讨论的这些同志，曾坚决主张把该问题作为第一项议程来讨论。执行委员会制定这份议事日程，是充分理解这些或那些问题的重要性的。至于正式语言问题，我们声明，不能允许把英语作为大会的正式语言，因为这样做会使讨论过于复杂化。但是，英国同志可以用英语发言。我们将采取一切措施，设法为他们随时翻译一切讲话。我们决定这样做，是为了加速讨论的进程。

里德的意见被提交大会表决，在绝大多数反对、14票赞成的情况下被否决。

列宁提议由季诺维也夫同志就共产党在无产阶级夺取政权之前和夺取政权之后的作用及其组织结构问题作报告。

季诺维也夫作《论共产党在无产阶级夺取政权之前和之后的作用及其组织结构问题》的报告

同志们！很抱歉，对这样一个相当复杂的问题，我不得不用我掌握得不太熟练的语言作报告。不过，关于这个问题有四种文字的详细提纲①，因此，我在这个报告中只谈谈提纲中某些最重要的条款。

我们生活在重新评价一切事物的价值的时代，生活在有些人否定党的作用及其本身存在的必要性的时代。必须指出，在英、美、法这样先进的国家的工人中间，也有一些相当强大的思潮，它们不懂得自己的政党的作用，甚至直接否定政党存在的必要性。也许，我们今天所处的困难时期的最大特点，就是具备提出此类问题的条件。依我看，这是工人运动和社会主义在战时遭受危机的最大标志。现在，这个问题相当广泛地、往往也十分尖锐地被提出来——这个事实本身，就是这一危机的结果和表现，也就是第二国际破产的表现。

---

① 即《关于共产党在无产阶级革命中的作用》的提纲。——译者注

大家都知道，有许多同志自称为共产党人，自认为与群众运动有着密切的联系，然而，他们却否定党或者错误地理解党的作用。潘涅库克同志的这种观点，或者更确切地说，他的这种情绪，表现得最为明显。他论述这个问题的小册子①，我们已经印好，今天或明天就可以发给大家。你们可以从这个小册子中发现他对群众的盲目崇拜，他企图把群众和党本身对立起来。我认为潘涅库克论述这个问题的小册子，是对那些不懂得共产党的作用和否定党的人们的最好的宣传资料，这是德国共产主义工人党伙同潘涅库克进行这种宣传的一个实例。

共产党究竟是个什么组织呢？

我在我草拟的提纲中指出：共产党是工人阶级的一部分，也就是它的最先进、最觉悟因而也是最革命的部分。有人会反驳我们说，共产党本来应当是这样的，但并不都是这样的，这也是实话。是的，许多加入第二国际的政党所执行的政策，竟使它们堕落到这样的地步：最后它们所联合的竟然不是工人阶级的优秀部分，不是它的最觉悟的部分。但我们仍然坚信，共产党在自己的发展过程中，将把工人阶级最优秀、最觉悟的部分团结起来。在这方面，我们认为把党和群众对立起来，犹如把人的头同整个身躯、把人的右手同人体分离开来一样，是不可能的。党就是工人阶级的头部；组织就是无产者在他们争取解放斗争中的右手。

在俄国革命中，我们看到千千万万的群众和我们并肩战斗，一起经受失败，一起夺取胜利。我们完全可以肯定，工人群众只有在坚强团结的、有组织的、为他们指引道路的党的领导下，才能顺利地行动起来。

有时，那些对党的存在持否定态度的同志，自以为站在左翼反对派的立场上。而我认为，这不是左翼反对派，恰恰相反，这种反对党的情

---

① 这里所指的小册子是指《世界革命和共产党的策略》（维也纳工人书店出版社 1920 年出版，共 49 页）。——编者注

绪，是资产阶级对无产阶级的影响的残余。资产阶级自己喝酒，却规劝无产阶级喝水。每个好心肠的资产者，一到21岁就成为政党的成员，但他对工人却鼓吹无党无派，而且他往往能使无产者上这个圈套。

甚至经过三年革命之后的今天，我们仍然不得不承认，在俄国也还有相当广泛的工人阶级群众在上这个圈套。

资产阶级念念不忘一项十分明确的政策，即向工人阶级鼓吹无党无派。它不能到工人那里去对他们说："请到我们资产阶级政党里来吧"，因为工人是不会听从这种劝告的。正因为如此，它就向工人提出这样一种"论调"，说什么你们不需要政党，你们有工会和其他联合会就完全够了；你们何必在政治纲领上伤脑筋呢？由于资产阶级手中掌握着强大的宣传手段——学校、报刊、艺术、议会，因而它得以使工人阶级中相当多的一部分人完全不理解政党思想，使他们接受工人不需要政党这一虚伪的思想。

那些反对建立政党并以左派自居的人，并不懂得当前发生的情况，而一味重申资产阶级借助其数十年来操纵的宣传机器向他们灌输的东西。另外，有些同志认为，在我们这个时代，没有党的领导也可以进行斗争，这就可以证明他们实际上并不理解革命时代，并且低估了这个时代。如果他们认识到，我们已经真正进入极其顽强而又残酷的阶级斗争时期，那么，他们首先会开始明白：在这样的时期，我们必须有一个总参谋部——集中的党。很显然，在第二国际崩溃之后，在以德国社会民主党和法国党为首的一系列政党垮台之后，许多工人的言谈中必然会流露出政党思想业已破产的想法。的确，常常有人说，在战争时期，政党思想就已经破产了。针对这种情况，我们在提纲第4条中指出：

"共产国际坚定不移地认为，无论如何也不能把第二国际旧'社会民主主义'政党的垮台说成是无产阶级一切政党的破产。为实现无产阶级专政而进行直接斗争的时代，必然要产生一个**新的**无产阶级政党——

共产党。"

在这一原则上，我们也坚持反对革命工团主义者、世界产业工人联合会和车间代表委员会的同志。我们认为他们是我们的朋友和弟兄，但他们在这个问题上采取了错误的立场。社会爱国主义政党的垮台，即第二国际的垮台，并不是政党思想本身的破产。要知道，我们有理由反驳工团主义者，例如，列金、德国的所谓"自由"工会（自由黄色工会）和以茹奥为首的法国工团主义者遭到了破产，但我们不能由此而得出结论说，工会思想本身也遭到了破产。因而我们也不能说，第二国际和一系列政党的破产，就等于政党原则的破产。"左派"糊涂虫吕勒不久前庄严地声称，政党原则必将同资产阶级民主原则一起遭到破产。这简直是胡说八道。苏维埃制度不仅不排斥无产阶级政党的存在，而且恰恰相反，它是以无产阶级政党的存在为前提的。当然，这个党的构成必须不同于第二国际的社会民主党，它应当是真正的共产党，是工人阶级有组织的先锋队，它将引导全体无产阶级走向胜利。

如果我们分析一下这种否定党的论调的根源，那首先而且主要是由于资产阶级意识形态的影响。这里所指的是资产阶级多年来向我们所宣扬的那一套论调，即工人可以是"无党无派的"，根本不需要什么政党，有工会完全够了。这是地地道道的对资产阶级意识形态的屈服。

其次，是由于在帝国主义战争期间，我们亲眼看到许多旧社会民主党变成了叛卖工人阶级事业的党。我们要对来自工团主义者队伍、世界产业工人联合会和车间代表委员会的同志们说，时代的口号绝不是否定政党的存在。不是的，在我们当前的这个时代，斗争日益激烈、日益尖锐，我们应当说，时代的任务是：旧政党破产了，打倒旧的政党，现在应该在新的条件下建立新的政党——共产党，共产党万岁。在议会制方面，也发生了同样的情况。由于社会民主党议员成批背叛，工人阶级的绝大多数便在原则上反对议会制了。现在日益明显地看出，新时代必定会出现新人物，即使在资产阶级议会中，也会如此。这些同志将显示出自己是真正的斗士，他们以自身的活动向工人阶级证明，真正的共产党人是可以待在资产阶级议会中的，并能在那里为无产阶级作出重大的贡献，例如卡尔·李卜克内西就做到了这一点。我们不仅要用言论而且要用实际行动来进行宣传。

许多政党以自己的活动证明，建立新的、真正无产阶级的共产党是可能的。我们在我们的提纲中向工团主义者指出：革命的工团主义者和世界产业工人联合会的拥护者，宣传无须建立独立的工人政党，这种宣传在客观上只能对资产阶级和反革命"社会民主党人"有利。由于工团主义者和工业化主义者鼓吹反对共产党，他们打算以工会或某些不定型的"一般"工人协会来代替共产党，所以他们与公开的机会主义者不谋而合了。例如，俄国孟什维克在1905年革命失败后的若干年里，一直鼓吹所谓工人代表大会思想，认为工人代表大会应该代替工人阶级的革命政党。英国和美国的形形色色的"工党分子"，实际上显然在实行资产阶级政策，向工人鼓吹建立不定型的工人协会，以代替政党。革命的工团主义者和工业化主义者愿意进行反对资产阶级专政的斗争，但不知道该怎么做。他们没有理解到，工人阶级没有独立的政党，就等于无头的躯干。

革命的工团主义和工业化主义，只是同第二国际陈腐的反革命意识形态相比，算是前进了一步，但是，同革命的马克思主义即同共产主义相比，工团主义和工业化主义却是后退了一步。德国"左派"共产主义者声明（他们在4月成立大会的纲领性宣言中所作的声明），他们在建立一个政党，但是建立的"不是这个词的一般含义的政党"。可见，这个声明乃是在思想上向工团主义和工业化主义的反动观点投降。

我曾与一些好心的朋友——革命的工团主义者交谈过，他们说："我们一定执行你们向我们提出的一切任务，我们必将建立苏维埃政府，并引导工人阶级去反对资产阶级；但是，这一切将由工团主义者和我们的工会去做；在这种情况下，党能做些什么呢？"请问这些朋友：如果你们真的主张建立苏维埃政府，你们首先应该有一个政府所要执行的纲领。你们应该有土地问题纲领、对外和对内政策纲领，应该向我们说说你们对中农的态度，你们将怎样建立军队，怎样创办学校，等等。一旦你们对这些问题开始作出决定，并且确切地表明自己的态度，你们就已开始变成政党了。我们对我们俄国的非党工人也是这样说的。

我们那里还有数以万计的非党工人，但是他们支持我们，并且跟我们一道走。我们召开这些非党工人的代表会议，我们同他们一起讨论各种复杂的问题。我们对他们说：我们要解决粮食问题，解决同波兰的战争问题；在土地和教育问题上，我们需要得到你们的回答。你们愿意同我们一起解决这些问题吗？假如愿意的话，就请你们讨论这些问题吧！如果我们就所有这些问题达成了协议，那么，这种协议将成为共产党纲领的重要组成部分。既然我们愿意把优秀分子联合起来，我们就需要有一个固定的组织。这个组织也就是共产党。

我们对昨天接纳进来的、享有表决权的那些同志，也要这样说，因为他们正在而且必将走向共产主义。我们要告诉他们，我们阶级的政党愈强大，通往胜利的道路也就愈短、愈容易。这个党在我们面临斗争、但尚未开始激烈搏斗的时刻，也就是说在今天，就应该制定纲领，把工人阶级最优秀、最觉悟的分子聚集在自己的周围，以便在关键时刻把他们吸收到自己的队伍中来。在每个企业中，优秀人物都应当成为我们党的成员。不错，一开始他们只是少数人，但是，他们一旦掌握了明确的纲领，就能成为最觉悟的分子，取得工人们的信任，到需要时，就会成为群众运动的领袖。我们面临着一场极其伟大的斗争，这场斗争的真正规模，至今谁都无法具体地想象出来。我们现在才开始了解，我们面临的这场斗争是多么伟大。

给工人阶级指明正确道路的，并不是那些只关心日常利益的不定型的工会，而是那个把无产阶级优秀力量联合起来的党，它经过多年才得以形成，并已组成团结一致的领导核心。问题就在于必须建立真正能带领群众进行斗争的工人阶级先锋队。

很显然，在逻辑上那些对党持否定态度的同志，往往会完全不自觉地认为：我们并没有处于残酷斗争的时期，而是处于先前的和平时期，党在这个时期的全部工作几乎就是宣传（而且宣传往往搞得很差）。他们不懂得，虽然宣传现在仍然是我党的一项重要工作，但是，它已不是我们的唯一任务，现在需要的是实际行动，国内战争已经来临，我们每时每刻都需要实际的革命行动。因而，我们对于那些至今还不知道自己在明天最紧迫的无产阶级政策问题上将采取什么立场的组织，也就没有什么可说的了。

我们需要党。但是，需要怎样的党呢？在这里，我们要把应当告诉右派分子的一切，十分明确地说出来。我们不需要第二国际所属政党那样的党，也不需要现在还是中派政党那样的党。这类政党在客观上起反动的作用。例如，德国社会民主党所起的始终不是革命的作用，而是地地道道的反革命作用。这一点无须加以证明。很显然，德国工人阶级的斗争目前之所以那么困难，就是因为那里有一个力量强大、组织严密的资产阶级社会民主党。我们不需要那种愿意遵循日益恶化的第二国际传统的党。我们不需要那样奉行尽量收罗党员这一简易原则的党。我们不需要那种蜕化成为小资产阶级的、只是由工人贵族组成的党，在这样的党里，工人官僚往往会变成单纯追逐自身利益的帮会。我们不需要那种把刚刚入党的人提出来作竞选候选人的党。我们不需要那种不是由工人，而是由46名教授、45名或更多的律师作代表的议会党团。对于这种议会党团，我们只好说：45名律师做代表，无产阶级革命就被断送了！（鼓掌）我们不需要意大利和德国那样的议会党团，我们十分清楚，那里有些人在最紧要的关头，不是站到资产阶级一边，就是脚踏两只船，暗中破坏我们的斗争。

我们应该透过放大镜仔细察看我们党的社会成分。我们应当小心，不要使那些敌视无产阶级的分子混到我们的队伍中来。我们应当竭力使我们的党成为真正无产阶级的党。十分明显，目前有许多工人（其中较好的一部分对待同资产阶级的斗争是抱严肃态度的）被德国那样的党或者意大利那样的议会党团弄糊涂了。在意大利，情况严重到了极点，整个工人阶级拥护共产党，拥护革命政策。然而，在议会中所能代表党发言的却是屠拉梯。十年来，他一直执行资产阶级政策，而且至今仍在继续执行资产阶级政策。显然，在这种情况下，势必会出现否定党本身的种种思潮。在德国，情况也是如此。在那里代表独立社会民主党议会党团发言的是亨克之流，他们常常在一些主要问题上和谢德曼一个鼻孔出气，只是稍稍变换一下腔调罢了。因此，很明显，难怪那里一些并非恶劣的工人说：任何一个政党都比这个党强。当然，如果他们认为任何一个政党都比这个党强，那他们的结论就错了。我们认为，不能这样说：如果某个党不好，我们就应该想一切办法组织一个真正的好党。首先我们应该把少数人组织起来，再逐步地开展工作，争取把工人阶级的优秀分子吸收到我们的队伍中来。

所以，当有人向我们提出我们需要怎样的党这个问题时，我们回答说：表示愿意加入第三国际的党很多，但是对于这些党，我们还是要指出，它们并不是共产党的样板。因此，必须立即敲起警钟，使工人阶级的优秀部分相信无论如何要清党，必要时，即使分裂，也在所不惜。不管怎样，要建立一个真正的共产党。

对于我们需要怎样的党这个问题，我还想补充一点。在这个问题上，即使概括地说，也必然涉及组织问题。

从组织角度来看，我们需要怎样的党呢？我们必须在各种情况下都能适应现有的条件。在工人运动中，存在着各国所共有的现象，但是，有时也会有适应各该国现有条件的现象。关于这种具体情况，我不想多谈，只是补充一点，如今有一种反对党的严格集中原则的思潮，其中有些人是对党根本持否定态度的，还有些人虽然赞同必须建党，但是并不认为党必须实行集中制、必须有铁的纪律。这种说法，我们不只是从知识分子和修正主义分子那里能听到，而且从世界产业工人联合会和车间代表委员会的部分成员那里也能听到。我们认为，整个问题就在于我们是否真正需要一个集中的党。

大家经常议论俄国革命的经验，这一经验的最重要的一点是：我们用20年的时间建立了党，如果没有一个集中的、军事化的、具有铁的纪律的党，我们肯定要遭受20次的失败，这就是俄国革命的经验。所有工人，我们党的所有党员，都能向你们证实这个真理。这就是我们学会了的东西。

不能轻率地对待这个问题，要考虑到国内战争的实际含义。发动国内战争，说起来很容易，但是度过持续一年、两年或三年的国内战争，却是相当艰难的。那时得把数以万计的同志和党员派往前线，他们要在前线遭到大量的牺牲；那时得要求党员作出重大的牺牲；那时得在24小时甚至24分钟之内作出十分重要的决定；那时要取得工人的绝对信任，才能获得全面的胜利。当前的形势是：我们正面临着大规模的斗争，战争的钟声真正敲响了，我们将举起刀枪冲击资产阶级。这种形势迫使我们不仅对各国政党，而且对共产国际宣称：我们需要有一个集中的、具有铁的军事纪律的组织。只有这样，我们才能达到我们真正需要达到的目的。在这方面，我们应该向我们的敌人学习。我们应该懂得，在这种艰难的情况下，我们只有很好地、严密地组织起来，才能取得胜利。关于这一点，到制定共产国际章程和在国际范围内讨论这个问题时，我们再详细地论述。

有时会听到某些同志说:"是的,现在我们生活在资产阶级制度下,我们还没有掌握政权,也许我们的确还需要党;但是,我们一旦取得胜利,我们就完全不再需要党了。"我同德国一些优秀的工人共产党员谈过这个问题。他们也曾发表过这种议论。在这里,我想引证一下俄国党的经验。恰恰是在我们夺取政权之后,在我们建立政府之后,党的作用不仅没有减弱,反而一天天地增强了。我们俄国党的作用,从来还没有像我们胜利之后的今天这样大。在解决所有重大问题时,都需要党的切实监督。

考茨基之流对我们说:在你们俄国,不是工人阶级专政,而是党专政。他们想利用这一点来责难我们,这完全错了。我们实行的是工人阶级专政,正因为如此,也是共产党专政。(鼓掌)共产党专政只是工人阶级专政的职能、象征和表观。我们的党究竟是怎样的呢?我们不应把它同由律师组成的党混为一谈。我们有60万至70万优秀工人加入了党,它是无产阶级的先进部队,工人阶级的事情由它的优秀代表来掌管,这是很自然的。由此可见,无产阶级专政和共产党专政是同时确立起来的。党有权监督各种各样的组织,有权清洗这些组织;在无产阶级革命时期,党也应该有这样的权利。革命胜利之后,党的作用并没有缩小,反而加强了。

现在,苏维埃政权思想几乎赢得了全世界工人的心。工人阶级在某种程度上自觉或不自觉地坚信,人类正在迎接苏维埃制度的建立,这是对的。但有人往往由此而得出结论,说什么在苏维埃制度下,我们不需要党。苏维埃应该代替党,党应该融合在苏维埃里,应当"适应"苏维埃思想。在这里,我们还应该引证第一次胜利的无产阶级革命的经验。1917年,我们俄国人之所以能迅速地控制苏维埃(他们曾反对工人政策八个月之久),就是因为我们有一个团结一致的、决心十足的、能起积极作用的党。现在,共产主义影响在苏维埃中所以如此强大,就是因为我们的党是强大的。苏维埃的存在不仅不排斥党的存在的必要性，而且正相反，党是苏维埃存在的必要前提，因为党是苏维埃的领导力量，是苏维埃的主脑，是苏维埃的最重要的组成部分。我们完全明确地向同志们声明：不只是在谈论苏维埃的今天，而且早在我们已经有了苏维埃的时候，我们就已需要有一个日益发展的、强大的共产党了。有人往往会反驳我们说：几乎整个工人阶级都组织到苏维埃中了，而吸收到党里的，只是工人阶级的少数，今后也将永远是这样。不会永远是这样，现在的情况就已经不是这样了。在第二国际时代，社会民主党始终未能把工人阶级的大多数组织到自己的队伍中来。当时，这是实际情况。当政权属于资产阶级的时候，当资产阶级掌握报刊、学校、议会和艺术的时候，由于资产阶级及其走狗的宣传，工人阶级中相当大的一部分人误入歧途，滑进资产阶级阵营。很清楚，资产阶级报刊使党失去了工人阶级的一部分。但是，在工人阶级有了出版自由之后，在我们掌握学校和报刊之后，工人阶级的大部分将逐渐转向我们这方面的时刻就会来到（这个时刻不会那么遥远）。最后，我们把工人阶级的大部分直接组织到我们党的队伍中来的时刻，也一定会来到。现在前景已经完全两样了。可见，建立苏维埃之后，我们仍然需要党。

把工人组织划分为党、工会和合作社三种形式的这种所谓经典式的旧方法，在当前是错误的。现在，这种旧方法已为另一种划分法所代替，即政党、苏维埃和工会。在这方面，也许会发生变化，产生新的形式，也许某一次革命会提出或创造某种新形式。大概将来会发生这种情况。现在，根据俄国革命的实例，我们可以作出这样的估计，即将划分为共产党、苏维埃和工会三种形式。我们应当到处进行共产主义宣传：在议会中、在工会中、在党组织中。但是，整个运动的领导力量——主脑，却始终是党。

由此可见，无论是苏维埃政府，或者是革命化的工会，都不会否定党的存在的必要性。有人会对我们提出异议，他们认为：当黄色工会存在的时候，党是需要的，但是，如果我们有了很好的革命工会，党就不再需要了。我对他们的回答是：不。即使有了革命的工会，即使工会像我们这里似的已经完全彻底共产主义化了，党仍然是必不可少的。

我们意识到了世界产业工人联合会所想象的那种未来的情景。他们所想象的未来情景是这样的：领导核心是工会中央理事会，外国是一系列单独的产业工会，这很好。但请问，他们将借助于怎样的手段去夺取政权？他们将怎样建立红军？因为很清楚，没有红军就不能实现无产阶级革命。难道他们将按产业原则去组织红军（五金工人军、纺织工人军等等）？难道他们就在这个基础上去组织这些产业工会的红军总理事会吗？这是不可能的。这样建立红军，我们连粮食问题都无法解决。

我们需要国家机构，而领导国家机构的只能是党，因为国家行政机构是由全国工人阶级的优秀分子来掌管的。现在，在我们俄国，工会和我们并肩前进。而过去，并不总是这样。十月革命以前，工会掌握在孟什维克手中，在7月初的日子里，多数工会属于孟什维克。但是，我们在工会中建立了共产党支部，建立了党团。现在强大的多数站在我们一边。可见，党的作用并没有缩小，反而增长了，因为工会已经共产主义化，接受了党的领导。是的，结果只能是这样。马克思就是坚持这个观点的。他指出，有些人认为似乎党只管运动的政治方面，而工会则管运动的经济方面，这种看法是不正确的。并不是这样。按照马克思主义的观点，共产党是一个在所有各个方面指导工人运动的组织。共产党的各项原则应当用来指导苏维埃、工会、学校、合作社以及所有联合工人阶级的组织。这才是真正的马克思主义。

共产党不只是一个政治机构，不只是讨论政治问题。它不是一个在竞选时才需要的机构，也不是机会主义者所希望的那种议会机关。不是的，这是包含工人运动全部精华的组织，它领导着工人阶级的所有的社会组织，领导着工人阶级各个方面和各种形式的斗争。所以，我们要对那些认为不定型的工会可以代替政党的人说：你们错了。在这种情况下，我们需要的是共产主义的、马克思主义的党，是能领导工会并给工会增加新生力量的党，是能给工会指引道路并成为其指路明灯的党。

因此，我们认为，共产主义的代表大会应当简明扼要地声称：现在，我们面临着无产阶级革命，每个工人都应当清醒地认识到，无论在我们夺取政权之前，或者在武装起义期间，以及在夺取政权之后，我们都同样需要有一个由工人组成的、不容小资产阶级分子混进来的共产党。是的，党可能同小资产阶级分子达成临时性的政治协议，但这不是在党内，因为党本身不能把小资产阶级分子吸引进来，或是同他们联合起来。党应当在反革命的议会中，按卡尔·李卜克内西的精神推行革命议会制的思想。党应该把普通的革命工人，而不是把专门捍卫资产阶级事业的狡猾的律师派到议会中去。我们所需要的，是一个能时时刻刻在最严重、最复杂的形势下给苏维埃指出正确革命道路的党。

同志们，请设想一下，假若我们在1871年巴黎公社时期能有共产党，那该多好！当然，我们很清楚，当时所以没有共产党，是因为当时还不具备建党所必需的重要条件和前提。然而，假如当时有一个哪怕是很小的但是真正的共产党，我们的法国先驱者就必然会避免许多错误。不过，即使是这样，也许还是保证不了法国工人阶级取得胜利。当然，我们绝不是想以此来贬低公社社员创建功绩的英勇精神，而是希望无产阶级避免重犯他们的错误。

目前，许多国家已出现这样的形势，即很快就要爆发大规模的起义。然而，若是这些国家中没有一个即使不大的但却团结一致的、有觉悟的共产党，那我们必将遭受无谓的重大牺牲。我们必须纠正以往的过错，把失去的时间追回来。在我们还没有强大共产党的那些国家中，比如在英国和美国，有些同志竟拒绝建立党，他们早晚会痛恨自己的这个过错。一旦斗争开始，他们会真正认识到，不及时地锻造武器，不点亮那座必要时能给工人阶级指明道路的灯塔，是多么轻率。

同志们，我想，我该结束这个报告了。最后，我要再次强调指出，假如我们想运用俄国革命的经验，我们首先就要掌握这个基本思想，即我们必须有一个共产党，有一个集中的、实行铁的纪律的党。我们正处于极其残酷的国内战争时期，我们不能没有党。我们必须有一个坚强的、团结一致的党。你们应该从俄国工人那里吸取真正值得学习的东西。当然，在我们的运动中也有缺点，我们知道自己的这些缺点，我们绝不想充当教员。但是，我要指出一点，就是20多年来，我们逐步锻造了这个武器——后来成为共产党的布尔什维克党。这是很好的范例。无论在狱中或在西伯利亚，无论在流放地或在异国，党始终是我们的指路明灯。我们使俄国工人具有最美好的思想，这就是对党的热爱。对于俄国先进工人来说，党是神圣的、至高无上的，他们把党看得比生命还宝贵，比什么都亲近，党是他们的灯塔和指路明灯。在这方面，各国工人阶级是应当向俄国工人学习的。（暴风雨般的、经久不息的掌声）

讨论季诺维也夫的报告

拉姆赛（英国，车间代表委员会）：

很遗憾，共产国际虽然掌握有全部文件和报告，但是它对于人所共知的车间代表委员会运动的实质，显然了解得很不够。我必须提醒你们，这个运动刚刚产生时，各工人组织还处于分散的状态，车间代表委员会为了给共产主义运动奠定基础，曾作出很大的努力。现在，车间代表委员会还在竭力促进共产主义运动的发展。我们就是按照这个方针开展全部宣传工作的。因此，我们指示我们的全体成员和所有属于共产主义派别的组织本着这种精神从事活动。

麦克莱恩（英国社会党）：

在提纲第6条中，最后一部分指示各国共产党尽可能同工人阶级的一般运动保持最密切的联系。这一条说得不够明确，所以我认为对这一条有必要加以修改，以体现出对英国运动的深切关注。我们希望共产国际能毫无保留地为我们制定一个在我们的特殊条件下必须执行的明确的行动方针。

在英国，有一个非共产主义的大党——工党。然而，一个共产主义政党却归附于它。我来谈谈英国工党。它是英国工人运动中的群众性政党，它不是一个一般所说的政党，这就是说，它的成员不是作为党的绝对拥护者以个人名义加入其队伍的，而是集体地、大批地加入的，即他们的工会集体加入了这个党。在英国的社会主义运动中，关于共产党人是否应该加入这个党的问题，已经争论很久了。在这个问题上，英国社会党是赞成加入的，但其他一些集团则持否定态度。工党不是社会主义政党，但是，在工人阶级政治发展的现阶段，它是有组织的工人阶级的主要部分。实际上这是工会运动的一支政治力量。车间代表委员会运动的同志们认为，在工会运动内部做经济工作是必要的，但在工会运动内部做政治工作则毫无好处。而我们，却恰恰相反，认为可以利用工党的全国性机关和地方机关，利用工党的代表大会和群众集会进行共产主义宣传，从而引导工人走向共产主义。

我们之所以留在工党里，并不是因为我们要增强它，而是因为它那里有群众，在那里可以接近群众。我们可以通过各种活动随时随地揭穿工党领袖的"号召"。如果我们不加入这个党，我们就会丧失进行共产主义活动的有利场所。尽管工党不是一个社会主义政党，但拥有庞大的机构，有报刊，在议会和各级市政机关中有自己的代表。放弃在工会中随时进行宣传的机会，乃是自我毁灭的行动，因而我们应当利用这个庞大的机构。我是主张这样做的代表者，我们不愿自我毁灭，并希望得到共产国际的有关指示。此外，我要强调指出，最近期间，英国社会党及其他政党在工党中的地位日益巩固，因而这个既不是社会主义的又不是革命的工党毕竟在逐渐向左转。我认为，右派领袖和原先的组织，在群众压力之下渐渐销声匿迹了，这也是我们留在这个党内的理由。①

我对拉姆赛同志的声明感到非常满意。他表示拥护英国共产主义运动的团结。听到他这样说，我很高兴。以往，车间代表委员会运动是反对议会制的，甚至它的全部工作和宣传都是反对政治活动的，这曾使共产党人处于困难的境地。因此，我要说，如果他的声明意味着他和他的战友将加入共产党，将成为奋起推翻资本主义的忠诚的共产党人，如果真是这样的话，那我们英国社会党人是最高兴的。

我要提出的修正案是经英国社会党两个代表签署同意的，其内容如下：

"在那些非共产主义的工人阶级政党在工人阶级政治生活中占主导地位的国家中，共产党可以加入该党，以便在其内部组织和形成日益强大的共产主义反对派，并把有组织的工人阶级的政治着眼点引上共产主义轨道。但是，只有在共产党能够自由进行共产主义宣传和组织的情况下，才能这样做。"

佩斯塔尼亚（西班牙）：

工会运动比一般想象的要重要得多，而且运动的两个派别——右派和左派，都是重要的。对工会的评价，不能只依据它们靠近共产主义的程度，在这方面，俄国是个很好的例子。问题首先在于工会中占主导地位的精神，这必须是革命精神。

季诺维也夫同志硬说，某些工人阶层对工人政党持否定态度，完全

---

① 最后四句话，在英文本的大会记录中没有记载，这是从德文本翻译过来的。

是由于受资产阶级的影响。

有人认为,工团主义这样的革命运动,除了受反动宣传的影响外,没有其他任何渊源。这样阐述实在太简单了,我们能够同意这种说法吗?当然不能。说什么工团领导人声称,他们不愿意搞政治,这种说法也是不正确的。他们从来没有放弃任何政治工作。甚至有过这种情况:西班牙的资产阶级竟劝说工人参政,说什么这样做符合工人的利益。我的处境之所以困难,是因为我不属于任何政党,所以有人对我参加政治活动怀有偏见。我从来没有说过,工团所应追求的是狭隘的工会目的。这取决于工团具有的精神。有人认为,俄共所掌握的红军的建立,应归功于俄共。我不同意这种说法,不是这么回事。协助夺取政权的军队和政党,向来就有,我可以引用法国革命的例子来证明。主要的是要有工会这样的革命的战斗组织,它们才能加快斗争和革命的爆发。

坦纳(英国,车间代表委员会):

季诺维也夫同志论述的重点,是要证明极其需要建立纪律森严的、集中的共产党,证明无产阶级专政和共产党专政是一码事。但他对这种论点的正确性,说得不够明确。过去和现在俄国所实行的一切,根本不应作为其他一切国家学习的样板。我们深信,英国的情况完全是另一个样子。英国的形势完全不同于革命前的俄国。

对于我们来说,对于车间代表委员会运动来说,无产阶级专政的含义,完全不同于季诺维也夫同志所理解的。我们认为,无产阶级专政应该由少数人来实行,即由以车间代表委员会运动为代表的英国无产阶级革命少数派来实行。各政党的成员可能不同意这样做,但他们应该明白,如今在英国,有阶级觉悟的无产者要比过去的俄国多得多,他们愿意并且能够实行无产阶级专政。无产阶级专政,对于我们英国革命工人来说,具有非常现实、非常明显的意义。

麦克莱恩指责我们说，车间代表委员会运动有反对政治的倾向，因而认定我们放弃一切政治活动。这不对。我们中间有许多人否定议会制，但这并不意味着我们反对真正的政治活动。麦克莱恩进而对拉姆赛同志的声明感到高兴，认为车间代表委员会运动的代表们又要同他们一起工作了。车间代表委员会运动的许多积极活动家，曾经是各种社会主义政党的成员，但是他们脱离了这些政党，认为它们所走的道路是错误的。我们从未丧失过信心，而是一直在宣传共产主义原则。根本谈不上我们像悔过自新的罪人那样回头。我们从来没有放弃过我们的思想，为了实现这种思想，我们在产业工人中间做了比大多数政党多得多的工作。难道麦克莱恩想说英国社会党是英国唯一的革命政党，或者是致力于英国革命的唯一力量吗？车间代表委员会运动的一些代表，并不认为组织政党是十分必要的，因为他们根据自己在其他政党中的经验确信，参与这些政党，特别是英国社会党的活动，这只能是浪费时间。但是，即使这些人不参加政党，也决不能由此而说他们革命精神不足，恰恰相反，他们甚至是极富于革命精神的。他们给自己提出了一些实际问题，并用革命的观点去解决。他们考虑到他们亟待克服的种种困难，并着手去解决。有人在这里批评工业化主义者。他们是不是想证明他们的策略和方法是正确的？难道各社会主义政党从工业化主义者那里什么都没有学到吗？要知道，就在不久以前，英国的某些政党在犹豫不决之后才认识到采取直接行动、举行总罢工等的必要性。其实，车间代表委员会运动一直在宣传"直接行动"，而且工人们已开始懂得"直接行动"的意义，并开始掌握这种行动的方法。现在，有人还力图使工人拥护议会制，然而工人们却认为必须尽快结束议会制，英国工人对议会活动日益丧失信心，极力设法恢复这种信心，只不过是延缓信心的彻底丧失罢了。你们不会得到任何东西，只会在加入工党问题上遭到有阶级觉悟的工人的反对。工人们会说，共产党人打算把他们引入歧途。请记住，车间代表委员会运动所联合的工人,将成为革命的突击部队。我们是最先主张直接行动的,我们不只是为了达到经济目的,而且是为了达到政治目的,达到共同的目的。

季诺维也夫同志说,只有在政党的帮助下,才能在社会生活和文化生活的各个领域中积极行动起来。这要看对"政党"这个词是怎样理解的。在我们英国,有一种叫社会委员会或社会理事会的组织,专门研究社会性质的问题。俄国同志在其推论中不应只以俄国的经验为根据。他们多年来已与其他各国群众失去任何联系,只有到英国和西欧其他国家去看看,研究一下那里的情况和工人的新观点,并把那里的情况和俄国的情况加以对比,季诺维也夫同志才能对那里的政策及其革命态度作出正确的判断。

请问俄国同志和其他同志,难道你们从其他国家的斗争和革命运动的经验中再没有什么可以学习的吗?难道你们来这里不是学习,而只是教导别人吗?英国革命将由我们来进行,俄国同志是不能进行这场革命的;他们可以帮助我们,而我们必须采取行动。因此,我们在学习并准备这样做。

最后我要强调指出,第二国际主要是由于它没有气节、目标暧昧不明而垮台。必须注意,不要使第三国际陷入另一个极端,不要过于教条。

必须设法使每个组织在其国内有充分的行动自由,使它能根据其特殊条件进行活动,并能适应这种特殊条件。第三国际应采取这样的立场:使各个政党在极其重要的原则问题和方式方法上达成协议,而其余的一切交由各党自行处理。

拉科西(匈牙利):

苏维埃匈牙利和苏维埃俄国相比,在各方面都是一个比较发达的国家。匈牙利工人文化程度较高,国家比较统一,铁路网比较稠密,公路良好,农业发展水平较高。

可见,我们在各个方面都比苏维埃俄国更为接近西方国家。然而,我们的经验可以完全证实俄国对共产党的看法是正确的。我们的共产党一直以俄国为榜样,是个严格集中、严守纪律的党,只有经过一定考验的同志才能成为党员,党内实行严格的制度。匈牙利共产党和俄国共产党一样,是真正的无产阶级先锋队。自从我们和社会民主党人联合以来,由于无产阶级的落后分子和大量小资产阶级分子(小资产阶级分子充斥于社会民主党内)进入我们的队伍,我们的党就不再体现无产阶级优秀分子的意志了。

此外,我们在建立专政时,特别需要有觉悟的、能独立行动的工人。我们不得不从合并了的政党的队伍中挑选一切合适的分子,把他们安排到各个苏维埃岗位上。这样一来,党被削弱了,显得无所作为了。因此,当我们在政治问题上需要向整个无产阶级呼吁时,也只能向工会发出呼吁,因为整个无产阶级几乎都加入了工会的行列。结果,出现了世界产业工人联合会和车间代表委员会的同志所要求的那种情况:工会同样也执行党的任务。很显然,随着专政的建立,工会的职能和任务也将发生巨大的变化。工会必须执行一系列新的任务,例如组织生产、规定劳动纪律等。但是,工会在此之前,却忙于接纳大量新成员,因而连这些任务也都不能很好地完成。

每个国家在建立无产阶级专政之后,必然会遇到种种困难和动乱,这在某种程度上来说,是因为工会无力及时处理革命初期出现的大量亟待解决的问题。这样就会造成相当困难的局面。由于党的软弱无力,除上述任务外,我们在匈牙利还不得不把建立红军、改组教育、分配食品等其他政治任务,也交给了工会。但是,很显然,工会无力解决这些问题。即使它们承担了这些任务,它们在任何一方面也不能取得多少令人满意的结果。这不只是因为那些专政前的革命工会大都反动化了,而且因为它们本来就不是为了解决政治问题而成立的。几个月之后,我们面前出现了必须建立一个新的强大的共产党的任务。因此,除专政为我们提出的那些艰巨的任务之外,我们还不得不增添一项俄国在无产阶级夺取政权之前就已解决了的任务,因为俄国早已有了共产党。

我们必须在很短的时期内建立一个在各方面类似俄国党那样的党。内部的分裂和军事上的失利,使我们这个意图完全落空了。但是,我一定要再次指出,匈牙利苏维埃共和国的整个经验,从各方面都证实了俄国同志的观点是正确的。只要我们一离开党,我们就会犯大的错误,我们就得因而遭到不可估量的损失。后来,我们在着手改组我们的队伍时,得出这样的结论:匈牙利苏维埃政权的最大不幸,就是我们在专政时期没有一个比较强大的、比较有纪律的党。于是,我们着手建立一个严格集中的、有铁的纪律的党。我深信,我们的党再次建立匈牙利的无产阶级专政时,将坚决实行俄国共产党的一切原则,借以证实和巩固俄国同志的经验。

怀恩科普(荷兰):

按照规定,我应当用德语发言。但是,我认为用英语比较好,因为我想谈谈英国同志们提出的那个问题。

我认为大会最好不要采纳麦克莱恩同志的补充意见,在季诺维也夫同志的提纲中,并没有提及这个问题,我认为英国同志应当为季诺维也夫同志的提纲未提及这个问题而感到高兴。因为这样一来,他们就可以在国内自行解决了。但是,麦克莱恩同志却偏偏提出这个问题,并建议共产国际代表大会确认加入工党是必要的。大家都知道,英国社会党想留在这个党内。我建议我们不要作出这个决定。正如列宁同志在他的《共产主义运动中的"左派"幼稚病》一书中论述这个问题时所写的,在这里就这个问题做决定是很困难的。因此，我建议英国同志在力求把英国所有共产主义队伍联合成为统一的共产党的基础上独立地解决这个问题。拉姆赛和坦纳两位同志关于这个问题的发言非常恰当。你们知道，在关于建立统一的共产党这个问题上，工党问题将是一个严重的障碍。

如果国际代表大会预先作出英国社会党可以留在工党内的决定，那就意味着在英国建立不了统一的共产党，或者将建立一个没有英国社会党参加的统一共产党。依我看，这两种情况都不好。英国共产党必须在英国社会党帮助之下建立起来，至于条件，让它们在英国自行磋商好了。如果我们在这里就这个纯属英国问题作出如此重大的决定，那我们首先必须认真地研究这个问题，但是，要在这里研究英国工党的各个方面及其特殊条件下的全部历史，是非常困难的。

我认为有必要再提一下坦纳同志在这里所说的话。我的党并不同意坦纳同志的观点。但我还是应该说，我仔细地听了他的发言，因为从他的发言中可以感受到他要加入共产国际的真正愿望。坦纳同志警告我们不要过于教条主义，在这一点上，他是完全对的。列宁同志在他的《共产主义运动中的"左派"幼稚病》一书中警告我们，不要犯右的教条主义。他写道，真正的教条主义实际上只是说空话，我们应该避免说空话。但是，既然我们要放弃右的教条主义，那我们对待同志也不应采取左的教条主义。因此，坦纳同志完全正确地指出：不要忘记，其他国家中的关系跟俄国截然不同。这一点，俄国同志是很清楚的。要知道，常常有人说，俄国革命不管怎样困难，但终究是比其他国家即将进行的革命容易些。创造是完全不同于革命的。我们不能空谈学习俄国同志的榜样，俄国革命必定会使我们得到教益，但我们不能全盘照搬，不能简单地把俄国的模式应用于西欧或美国。坦纳同志说，不应成为教条主义者，而应成为机敏的、顺应形势的人。只有这样，我们才能建立起那种理应联合并必将联合一切真正革命派别的国际。

莱维（德国共产党）：

我们谈论党的实质时，应该注意到党和阶级是截然不同的，它们如同主体与客体那样彼此关联，或者说如同内核与外壳那样在一起构成果实。如果我们自问，党和阶级的区别在哪里？那我们应该说，本质上的区别是：党具有明确的目标、非凡的智慧和鲜明的纲领。在这方面，我完全同意季诺维也夫同志在其提纲中所说的："如果无产阶级有一个有组织的、经过考验的并在内外政策上具有非常明确的目标和当前具体行动纲领的政党为其领导者，那么只有在这种情况下，夺取政权才不会是一个偶然的插曲，而会是无产阶级进行长期共产主义建设的出发点。"

正如内核没有外壳就会干枯一样，如果党找不到同生气勃勃的革命群众相结合的途径，它就会变得软弱无力，就必然会成为宗派组织。我认为，既然我们这些共产党人聚集在这里，我们大家必定都同意党应该有明确的纲领，应该坚决果断地行动起来。关于这一点，我们是没有什么可以争论的。

对于我们来说，主要的问题是寻求联系群众的途径。我认为，我们应当利用一切可使我们接近群众的途径。我们既应在工会中、在行将建立苏维埃组织的地方、在苏维埃中、在议会中工作，也应在非党组织中工作，因为非党组织是从实际社会生活中产生的，是在社会和经济分化中发展起来的。由于必须有一个限制性的规定，所以我不能同意报告人在提纲第 6 条中所说的这段话："共产主义者除建立共产党外，还要全力支持建立最广泛的**非党**工人组织。共产主义者认为，在这些广泛的工人组织**内部**经常不断地进行组织工作和教育工作，是自己最重要的一项任务。但是，正是为了富有成效地进行这项工作，为了不让革命无产阶级的敌人控制这些广泛的工人组织，先进的工人共产主义者就必须建立自己独立的、团结一致的共产党……"

我认为，这一条没有提出限制性的规定，即必须指出一定的范围，以免建立工人党团和非党工人组织变成一种角逐现象，同时也避免人为地创造出一些并非是社会和经济必然产物的新的组织形式。在建立新组织时，我们要特别慎重，凡是有这种组织的地方，我们要避免随意地和无条件地扩大这种组织。我讲这一点，主要是指德国，因为那里的工会有近900万会员，然而那里却有些同志对新的组织异想天开，竟打算促使我们共产党人离开工会，而工会乃是我们进行工作的广阔的活动场所。

我认为，不仅在建立非党组织时，而且在建立党组织时，也要特别慎重。我们德国的历史，德国共产党的经历，在这方面有过很大的教训。代表大会就英国同志提出的问题作出决定时，应当吸取我们的经验教训。

我完全赞同这个意见：英国社会党应该无条件地留在工党里，以便通过工党同群众保持联系。在这个问题上，我们西欧书记处的代表们同阿姆斯特丹执行局①的看法是相反的。

在建立那种自称为"非党的"组织时，要特别慎重。我认为，在这次代表大会上，有些代表在建立非党组织问题上同我们共产党人的看法相反，他们居然认为建立非党组织是必要的，而建立具有明确政治目标的党组织，则没有必要。我希望最有权威的人士，例如西班牙同志，能对这个问题作出回答。但必须指出，根据某种经验，我并不指望能得到回答。我认为，共产主义观点和西班牙同志的无政府主义观点之间的争论，决不能列为大会的任务，而且也完全不符合当前世界对共产国际的这一要求：制定统一的、明确的路线。我们本应制定这个统一的、明

---

① 这里指的是共产国际阿姆斯特丹辅助执行局，关于辅助执行局，参见本卷收录的《执行委员会向第二次代表大会所作的工作报告》。——编者注

确的路线,但我们并没有着手解决这个任务,而是在这里讨论几十年前早已为西欧大多数工人解决了的问题。

恰恰相反,大会的任务是要告诉英国同志:不要轻视非党组织,不要退出工党。大会应当一劳永逸地为所有类似情况制定一条统一而又明确的行动路线。

麦克莱恩(英国社会党):

由于时间已晚(夜晚10点钟),我建议下次会议再继续辩论。

塞拉蒂(意大利):

我代表主席团建议继续开会,并提议委员会逐条研究季诺维也夫同志的提纲。

塞拉蒂的意见经过表决,被通过。

塞拉蒂(意大利):

意大利代表团完全同意季诺维也夫同志的整个提纲,因为提纲分析了社团主义、工团主义、工业化主义、无政府主义和相对主义,并着重指出了这些思潮的小资产阶级性质,从而捍卫了无产阶级事业,捍卫了集中制和纪律,为共产党建立无产阶级专政奠定了基础。但我们认为,提纲中的某些提法不够明确,例如,有关中农的问题。对于中农这个词要给予确切的定义,否则,我们有陷入可能派的危险。要知道,那些被称做"中农"的人,实际上是最落后的分子。

至于提纲第6条,我们同意莱维同志的看法。共产党人应该集中精力去建立共产主义组织,而不是中立的组织,尽管他们必须在中立的组织中工作。麦克莱恩同志要求允许英国社会党留在工党内。但我本人在这一点上比较同意车间代表委员会代表的看法,因为他们认为工党是一个政治上的党派。战争期间,它的政治倾向是明确的,韩德逊的活动可以作为证明。假如我们允许共产党人留在这类组织中,我们将为可能派再次敞开大门。

提纲另一条指出,共产党人可以加入中立的、甚至反动的联合组织,如基督教工会。但基督教工会绝不是中立的组织,加入基督教工会,就意味着是基督教徒。大会也应该研究共产党人加入共济会的问题,共济会是一个充满小资产阶级激进主义和政治上机会主义的组织。我们要求大会禁止共产党人参加这类组织。

列宁(俄国)[①]:

同志们,我想对坦纳和麦克莱恩两位同志的发言提出几点意见。坦纳说他赞成无产阶级专政,但是,他说的无产阶级专政和我们所说的不完全一样。他说我们所理解的无产阶级专政,实质上是无产阶级中有组织和有觉悟的少数人的专政。

的确,在资本主义时代,在工人群众不断遭受剥削而不能发展人的各种才能的时代,工人政党最大的特点就在于它只能包括本阶级的少数。政党所能吸收的只是本阶级的少数,正如在任何资本主义社会里,真正觉悟的工人也只占全体工人的少数一样。所以我们必须承认,只有这觉悟的少数才能领导广大工人群众,引导他们前进。如果坦纳同志说他反对政党,但同时又主张由少数最有组织最革命的工人给整个无产阶级指点道路,那我以为,我们之间实际上并没有分歧。有组织的少数是什么呢?如果这个少数是真正觉悟的,如果它能引导群众前进,如果它有能力解决提到日程上来的每个问题,那么,它实质上就是政党。如果

---

① 列宁的发言中译文见《列宁全集》中文第 2 版第 39 卷第 224—228 页。——编者注

像坦纳这样的同志（我们对他们是特别看重的，把他们当做群众运动的代表，但是对英国社会党的代表可就很难这么说了）认为，应该有少数人为无产阶级专政坚决奋斗，并且以这种精神教育工人群众，那么这样的少数实质上就是政党。坦纳同志说，这个少数应该组织和引导全体工人群众。如果坦纳同志、车间代表委员会和世界产业工人联合会（I. W. W.）的同志们承认这一点（我们从日常同他们的交谈中可以看出，他们的确是承认这一点的），如果他们承认无产阶级应该由工人阶级中有觉悟的共产主义的少数来领导，那他们也就应该承认我们所有决议的精神正是这样的。那么我们之间唯一不同之处就是，他们避免用"政党"这个词，因为英国同志对政党有某种成见。他们认为政党不外乎是像龚帕斯和韩德逊的那种党①，像议会投机家、工人阶级的叛徒的那种党。如果他们所指的议会活动是像现在英国和美国的那种议会活动，那么我们也是反对这种议会活动和这种政党的。我们需要的是新型的党，另一种性质的党。我们需要的是能够经常同群众保持真正的联系的党，善于领导这些群众的党。

现在我来谈第三个问题，我想就麦克莱恩同志的发言来谈这个问题。麦克莱恩同志赞成英国共产党加入工党。我在关于加入第三国际问题的提纲中已经谈过我对这个问题的意见了。② 我在那本小册子③里没有去解决这个问题。但是，我同许多同志谈了以后，确信决定加入工党是唯一正确的策略。而坦纳同志却说：你们别太武断了。这种说法在这里很不恰当。拉姆赛同志说：让我们英国共产党人自己来决定这个问题

---

① 指美国劳工联合会和英国工党。——编者注
② 见本卷收录的《关于共产国际第二次代表大会的基本任务的提纲》第16条。——编者注
③ 指《共产主义运动中的"左派"幼稚病》。——译者注

吧。如果国际的每一个小的组织都说：我们中间有些人同意，有些人反对，让我们自己来决定吧，那么，这还成什么国际了？那么，还要国际、代表大会以及这一切讨论做什么呢？麦克莱恩同志谈的只是政党的作用，但是这对工会和议会活动的问题是同样适用的。的确，大部分优秀的革命者反对加入工党，因为他们反对利用议会活动作为斗争手段。因此，也许最好把这个问题提交委员会。委员会应当进行讨论研究。这个问题一定要由这次共产国际代表大会加以解决。我们不能同意说这个问题只同英国共产党人有关系。我们应该表示一个原则的意见，指出哪一种策略是正确的。

现在我来谈谈麦克莱恩同志在英国工党问题上的某些论点。应该公开地说，共产党是可以加入工党的，不过有一个条件，就是共产党要保持充分的批评自由，要能够实行自己的政策。这是最重要的一点。塞拉蒂同志说这是阶级合作，我说这不是阶级合作。而意大利的同志们还容许屠拉梯之流的机会主义者即资产阶级分子留在他们党内，这才真正是阶级合作。但是，同英国工党的关系这件事不过是英国工人中的少数先进分子同绝大多数工人合作的问题。工党的党员全都是工会会员。这是一种很独特的组织结构，我们在任何其他国家里都没有看到过。工会会员共有600—700万人，这个组织却拥有其中的400万工人。至于这些人的政治信仰如何，这是无人过问的。请塞拉蒂同志证明一下，究竟有谁阻止我们在工党内运用批评的权利。你只有证明了这一点，才能证明麦克莱恩同志的意见是错误的。英国社会党可以毫无顾忌地说韩德逊是叛徒，但是照样留在工党内部。这就是工人阶级先锋队同落后工人、同后卫队的合作。这种合作对整个运动有着如此重大的意义，因此，我们最坚决地要求英国共产党人成为政党即工人阶级中的少数联系其他工人群众的桥梁。如果这个少数不会领导群众，不会紧密地联系群众，那么他们即使把自己叫做政党或者车间代表委员会全国委员会，它也不是党,也没有任何价值。据我所知,英国的车间代表委员会有一个中央领导机关——全国委员会,这已经是成立党的一个步骤了。因此,如果不能否认英国工党是由无产者组成的,那么加入工党就是工人阶级的先锋队和落后工人的合作。如果不是有系统地进行这种合作,那么共产党就毫无价值,也就谈不上无产阶级专政。如果意大利的同志们提不出比较有说服力的论据,那我们以后就要根据我们所知道的情况对这个问题作出最后的决定,并且还要作一个结论,说明加入工党是正确的策略。

坦纳和拉姆赛两位同志对我们说,大多数英国共产党员是不会同意加入工党的。可是我们是不是一定要同意大多数的意见呢?完全不必。要是大多数人还不懂哪一种策略是正确的,我们可以等待。即使让两个党同时并存一个时期,也比不回答哪个策略是正确的好。你们当然不会根据到会全体代表的经验和会上提出的论据,要我们在这里通过一个决定,让各国立即成为统一的共产党。这是不可能的事。但是,我们可以公开地说出我们的意见,可以发出指示。我们应该把英国代表团提出的问题交专门委员会去研究,研究之后再说:正确的策略是加入工党。如果大多数反对这样做,我们就应该把少数单独组织起来。这样做是会有教育意义的。如果英国工人群众还是相信以前的策略,那我们就在下次代表大会上审查我们的结论。但是我们不能说这个问题只同英国有关系,这样说就是承袭了第二国际那些最坏的习惯做法。我们应该公开说出我们的意见。如果英国共产党人的意见不能取得一致,如果不能建立群众性的党,那么分裂无论如何是不可避免的。①

---

① 在《共产国际第二次代表大会通报》第 5 号中刊载的这一发言的结语是这样的:"我们应该公开地说出我们的意见,不管这是什么样的意见。如果英国共产党人不能就组织群众运动的问题取得一致意见,如果因此发生分裂,那么宁可发生分裂,也要比放弃组织群众运动来得好。获得明确的和足够鲜明的策略和思想,要比继续保持过去的思想混乱好。"

托洛茨基（俄国）：

同志们，《共产党宣言》问世已有3/4个世纪，竟然有人在国际共产主义代表大会上提出是否需要党的问题，岂非咄咄怪事。莱维同志强调的，正是这方面的争论。他指出，西欧和美国大部分工人早已解决了这个问题，因而他认为，讨论这个问题无助于提高共产国际的威望。据我看来，历史事件是与上述那种认为广大工人群众似乎已清楚理解需要党的看法（这是过分乐观的马克思主义看法）相抵触的。显然，如果我们在这里是同谢德曼或者考茨基打交道，或者同他们的英国同志打交道，那我们当然没有必要让这些先生相信工人阶级需要党。他们为工人阶级建立了政党，却让这个党去为资产阶级和资本主义社会服务。而我们指的是无产阶级政党，我们看到各个国家的党正经历自己发展的不同阶段。在德国，在这个典型的旧社会民主主义国家中，我们看到，具有高度文化水平的伟大的工人阶级在斗争中勇往直前，但同时却保留着相当多的旧传统的残余。这方面，我们认为独立社会民主党是个例子。从另一方面看，我们认为，正是那些反对人们代表工人阶级大多数说话的党，即表露部分工人阶级情绪的第二国际的党，使我们不得不提出是否需要党的问题。正因为我知道需要党，我十分了解党的重要性，正因为我既注意到谢德曼，又注意到美国、西班牙和法国的工团主义者（他们不仅愿意同资产阶级作斗争，而且真正愿意彻底消灭资产阶级，这是不同于谢德曼的），所以我说：我乐意同这些西班牙、美国和法国同志商谈，以便向他们证明，为了完成历史赋予他们的使命——消灭资产阶级，党是必不可少的。我要以自身的经验同志般地向他们证明这一点，而不是要用谢德曼的多年经验去反对他们，说什么大多数人已经解决了这个问题。

同志们，我们看到，在英法等早已实行议会制和民主制的国家中，反对议会制倾向的影响是多么大。战争初期，我在法国发现最先勇敢发出反战呼声的是法国工团主义者的一个小集团。这是我的朋友莫纳特、罗斯默等人的呼声,当时正值德军已逼近巴黎。那时,我们不能提出建立共产党的问题,因为这样的人太少了。我觉得,和莫纳特、罗斯默等同志在一起,充满同志般的情谊,尽管他们过去主张无政府主义。可是,我和十分了解党的必要性的列诺得尔以及阿尔伯·托马等先生(为了不失礼,我不想一一点出他们的名字),又有什么共同之处呢?

同志们,法国工团主义者在工团中进行着革命工作。我现在——比如说,能同罗斯默同志交谈,这是因为我们有共同的基础。法国工团主义反对民主制传统,反对民主制的诈骗与幻想。他们说:我们不要任何政党,我们拥护无产阶级的工团,拥护工团中采取直接行动(即群众行动)的革命少数派。法国工团主义者所说的这个少数派是指什么呢?这恐怕连他们自己都不清楚。这是一种能预见到进一步发展的力量,尽管它具有偏见和幻想,但是它并没有妨碍这些工团主义同志在法国发挥革命的作用,并没有影响他们选派几个人到我们这里来参加国际代表大会。

我们的朋友所说的这个少数派是什么呢?是指法国工人阶级的优秀部分,他们具有鲜明的纲领和自己的组织,他们在组织中讨论一切问题(不只是讨论问题,而且还解决问题),他们受一定纪律的约束。法国工团主义,根据工人阶级同资产阶级斗争的经验,根据本国和其他国家的经验,将不得不建立共产党。佩斯塔尼亚同志说:"我不想涉及这个问题,因为我是工团主义者,我不想谈论政治,更不想谈论政党。"这很有意思,他不想谈论共产党,是为了不侮辱革命。这就是说,他认为,对共产党的评论,在俄国革命中强调共产党的必要性,是对革命的侮辱。造成这种看法的原因是,党在革命过程中把自己同革命混为一谈了。这种情况,在匈牙利也有过。

佩斯塔尼亚同志是一位有威望的西班牙工团主义者,他到我们这里来,是因为这里有些人在某种程度上站在工团主义的立场上;有些人可以说是议会主义者；还有些人既不是议会主义者，又不是工团主义者，但是主张采取群众性的行动；等等。我们会向他们提供些什么呢？我们向他们提供的是一个国际共产主义政党，即把各国工人阶级的先进分子联合起来。这些先进分子带来自己的经验，把经验介绍给别人，彼此展开批评，并作出种种决定。当佩斯塔尼亚同志携带这些决定返回西班牙时，他的同志们会问他：你从莫斯科带回了什么？那时，他可以把提纲交给他们，并建议大家对提纲进行表决。他将捍卫这个提纲，西班牙工团主义者将在他所建议的提纲的基础上联合起来，他们将成立的不是别的什么组织，而是西班牙共产党。

今天我们接到了波兰政府的媾和建议。谁来解决这个问题呢？我们有人民委员会，但是人民委员会也要受到某种监督。受谁监督呢？难道是受无组织、无纪律的工人阶级群众监督吗？不是的。要召开党的中央委员会来讨论这个建议和解决这个问题。当需要进行战争时，我们得成立新的师团，得为新师团征集优秀分子，那我们向谁呼吁呢？向党，向党的中央委员会，由中央委员会向各个地方委员会发出派遣共产党员上前线的指示。对于土地问题、粮食问题以及其他一切问题，都是如此。在西班牙将由谁来解决这些问题呢？西班牙共产党，我相信，佩斯塔尼亚同志将是这个党的创始人之一。

塞拉蒂同志本人是一个大党的领袖，对他来说，当然无须论证党的必要性。然而他带着讽刺的口吻问我们，我们所说的中农和半无产者到底是指什么？我们对他们作出种种让步，难道这不是机会主义吗？同志们，什么是机会主义？在我们那里，工人阶级掌权，而工人阶级是受共产党领导并跟随共产党走的，共产党是工人阶级的代表者。我们那里不仅有先进的工人阶级，而且还有种种落后的非党分子，他们在一年中，一部分时间在农村工作，一部分时间在工厂工作。我们那里还有各种各样的农民阶层。所有这一切，不是我们党造成的，这是我们从封建的、资本主义的过去继承下来的。工人阶级执政以后指出:这种现象,不是今天或明天能改变的;在这里,对落后的粗野现象就得作出让步。代表劳动者阶级,而又对统治阶级实行让步,使其易于维护政权,这才是机会主义。考茨基也指责我们,说我们对农民过分让步了。工人阶级掌握政权以后,应当加速大部分农民的革命化过程,帮助他们由封建观念转向共产主义,因而对落后分子不能不作一定的让步。所以我认为,已得到解答的这个问题(塞拉蒂认为这是机会主义的表现),并不是一个有损俄国共产党尊严的问题。假如我们这样做会犯这样或那样的错误,那这只能说明我们的工作环境太复杂,我们应当相机行事。我们执政以后,在布列斯特-里托夫斯克对德国帝国主义作过让步,接着对英国帝国主义也作过让步。在这种情况下,我们对农民各个阶层采取机动灵活的办法:我们把一部分人吸引过来,把另一部分人孤立起来,把第三种人狠狠地镇压下去,这就是革命阶级的机动灵活性。革命阶级上台执政,可能会犯错误,但是这些错误会成为党的财富,因为党将把工人阶级积累的所有经验教训集聚起来。我们想象我们的党就是这样的党,我们的国际就是这样的国际。

苏希(全德工人联合会):

在为国际工人运动制定指导原则时,我们不应以带有偏见的理论前提为依据,而应阐明各国工人运动中真正显示出来的各种趋势,并应以革命精神促进这些趋势的进一步发展。我们的理论不应是别的什么东西,而应是有意识地推动斗争趋势和斗争形式向前发展的一种手段,因为这些斗争形式是在工人阶级反对资产阶级的过程中形成的。英国的车间代表委员会运动、美国的世界产业工人联合会和挪威的工厂委员会,就是这种斗争形式。这些斗争形式乃是劳资斗争条件本身所产生的趋势。

不要单纯从理论设想出发，借口这些运动不是共产主义运动而试图将其纳入完全不同的轨道。如果我们放弃经验主义道路而走上学理主义道路，那我们就不能建立起斗争的国际。因此，我不打算作抽象的议论，我只是想谈谈革命时期出现的那些趋势。我们应当仔细研究并设法发展这些趋势。我们应当努力抓住朝气蓬勃的工人运动的精神，这种精神产生于工人阶级内心的深处，而不是产生于一些理论家的脑海。我作为工团主义者的代表在这里发言，不愿意对俄国同志的种种论据作理论上的探讨，但我仍然打算证明工团主义绝不是有些人在这里描述的那种半资产阶级运动。在这一点上，我也要诉诸于理论，以驳斥这里提出的种种论调。

例如季诺维也夫同志硬说资产阶级劝告工人不要建立政治组织，因而如果工团主义中出现反对把工人组织到政党中去的倾向，那工团主义的这种倾向的基础，就是资产阶级偏见。这种说法不符合实际情况。例如，资产阶级关于工团主义运动、世界产业工人联合会及其他类似的组织，究竟都说了些什么呢？请问季诺维也夫同志，难道资产阶级欢迎工业化主义者运动吗？难道资产阶级不打算像反对政党那样去同工业化主义者运动进行斗争吗？资产阶级不希望无产阶级建立政党，难道资产阶级希望无产阶级开展工业化主义运动吗？决非如此！

我们从各国迫害工团主义者的事实中可以看出，这种运动使资产阶级像害怕任何政治运动一样惶恐不安。根据这一点，我们不能同意那种认为工业化主义对于资产阶级并不那么危险的论调。恰恰相反，这一点也可以用许多例子来证明，在资产阶级看来，工团主义运动和政治革命运动一样是有害的，然而资产阶级并不害怕政党本身。正相反，政党是资产阶级创造的。假如我们研究一下法国革命，我们可以看到，雅各宾党人就支持建立政党的思想，而资产阶级正是沿着雅各宾党人的脚印走的。资产阶级的遗产并不是建立工业组织的思想，而是建立政党的思想。如果我们想从理论上进行巧辩，那向你们证明这一点，是轻而易举的事。

季诺维也夫同志还说，有人想接受的不是旧议会制，而是议会制的新形式。在这个方面，我不想从理论上来阐明问题，只想引证一下当代工人运动中存在的种种倾向。要知道，革命工人对议会制的热情日益消失，从而无产阶级的先进分子当中出现一股强大的反对议会制的思潮。例如，车间代表委员会运动和西班牙工团主义，都是反对议会制的。世界产业工人联合会充满了反对议会制的情绪，而且还不止于此。你们会说：德国的工团主义者是不起任何作用的。可是，我们已拥有 20 多万人。我要指出，反对议会制的思想日益传播于德国，这不只是由于受工团主义理论的影响，而且也是由于革命本身的影响，我们应该考虑到这一点。当前，德国的共产党人大都反对议会制。由此可见，我们不能单纯依据理论观点来看问题，不能在大张旗鼓地把议会制轰出大门之后，又把它从窗户放进来，认为它有利于开展宣传工作。

托洛茨基同志在其发言中谈到提纲中最重要的几条。季诺维也夫同志说，工会不具备在革命胜利之后就能立刻实施的纲领。他还说，工会无力完成经济任务和社会任务。请问，什么样的组织才能担负起组织社会经济生活的使命？难道是那些联合到党内的、与经济生活毫不相干的资产阶级分子，或者是那些对生产和消费一窍不通的分子？谁都得承认，只有与生产密切相关的组织，才能负起组织经济生活的使命，才能掌握整个经济生活。毫无疑问，工会在经济生活中必定起重大的作用，我们在俄国也看到这一点。

拉姆赛（英国，车间代表委员会）：

我尽量说得简短些。在这里，我代表那些反对英国社会党的共产党人发言。他们不同意加入工党，我确认，只有英国社会党坚持这种观点，其他集团都反对参加工党。我认为，从这里强行发布有关这个问题的指示，是一种策略上的错误。因为要想弄清这个问题，并从这里发布指示，必须了解英国本身的整个情况。同时，也应该承认，英国共产党有权在同工党合并的问题上自行作出决定。合并会给英国共产党带来极大的危害，因为工人阶级对工党的策略不感兴趣，它对工党已经厌烦了。

塞拉蒂（意大利）：

有人建议停止辩论，谁同意，请举手。有反对的吗？那么建议通过了。主席团提议今晚由下列同志组成委员会，讨论这个议题：

弗赖纳（美国），**拉姆赛**和**麦克莱恩**（英国），**迈耶尔**（德国），**格拉齐亚德伊**（意大利），**布哈林**（俄国），**卡巴克奇耶夫**（保加利亚），**施泰因哈特**（奥地利），**怀恩科普**（荷兰），**季诺维也夫**（共产国际执行委员会）。

这些同志务必在明天午饭后开会，讨论那些对提纲提出的不同意见，然后在明晚8时向全体会议作报告。（有人提议由莱维替换迈耶尔）谁同意这个委员会？（表决）谁反对？（表决）那么委员会选出了。委员会的同志们请在这里再留几分钟。

（会议休会）

第三次会议

(1920年7月24日)

塞拉蒂（意大利）：

昨晚选出的委员会业已完成它的任务，随时可以提出工作报告。鉴于大会主席团委员尚未来到，我提议会议稍候举行。

会议于晚10时举行。

成立大会各个专题委员会

塞拉蒂（意大利）：

会议比原订时间推迟了两个小时。因此，主席团提议变更一下会议工作方式，以便大大缩短讨论的时间。为审议各项提纲，要选举七个专题委员会，每个委员会由7至11人组成。每个代表团都有权提出委员会委员候选人1人。由主席团从各代表团提出的候选人中选定委员会的成员。每个委员会从自己的委员中推选1名报告人，各项问题则由大会最后审议。

佩斯塔尼亚（西班牙）：

依我看，主席团的这项提案不尽合理。我主张专题委员会委员由各国代表团自己指派。

塞拉蒂（意大利）：

假如主席团对全体与会代表都熟悉的话，那么这项主张是完全可取的。可惜，与会代表有许多是我们初次见到的。

佩斯塔尼亚（西班牙）：

说得好，正因为主席团自己也承认，它对代表团成员不甚熟悉，所以我认为，让各代表团自己指派委员会委员，就更有理由了。

塞拉蒂（意大利）：

主席团仅仅规定专题委员会委员名额，至于委员人选，则由各个代表团确定。

佩斯塔尼亚（西班牙）：

那还要经过讨论吗？

塞拉蒂（意大利）：

当然，在大会上可以自由发表自己的意见。下面，就主席团的提案进行表决。

主席团的提案为绝大多数人所通过。

塞拉蒂（意大利）：

现在，我来宣读所通过的提案：

"大会分成若干专题委员会，以便分头就大会议程中各项重大问题的提纲进行讨论。

每个委员会由委员7至11人组成。

各代表团均有权提出各委员会委员候选人1人。

由大会主席团最后选定各委员会委员。

每个委员会推选1名报告人,负责向大会报告该委员会的决议案。

各委员会负责审议大会议程,并就所审议的议程提出各该委员会的决议案。

大会议程是:

1. 议会制。
2. 工会。
3. 民族和殖民地问题。
4. 土地问题。
5. 加入共产国际的条件。
6. 章程、组织问题、青年组织和妇女组织。
7. 目前国际形势和共产国际的任务。"

美国代表团关于美国共产党与美国共产主义工人党合并的声明

大会主席团收到美国代表团致共产国际第二次代表大会的声明。声明如下:

"遵照共产国际执行委员会的决议,并且出于美国共产主义运动自身的需要,必须把美国现存的两个共产主义政党合并起来。

因此,我们欢迎将共产主义工人党同共产党的大部分合并起来,成立统一共产党。可惜,这次合并并不是完全的合并。

鉴于必须把美国共产主义运动完全统一起来,我们美国共产党和共产主义工人党的代表达成如下协议:

1. 我们在大会上的发言代表一个统一的整体。
2. 吁请共产国际执行委员会,倘若有人阻挠我们两党完全合并,务必再次规劝他们要团结在国际的立场上。

3. 信守共产国际执行委员会关于两党合并问题的决议。

美国共产党：**路易·弗赖纳、**
　　　　　　亚历山大·斯托克利茨基
美国共产主义工人党：**约翰·里德、约翰·尤尔吉斯、**
　　　　　　　　　　亚历山大·比兰。"

（鼓掌）

南非国际社会主义联盟的电报

大会收到南非国际社会主义联盟发来的电报。电文如下：

"莫斯科，第三国际秘书长：

亲爱的同志们！南非国际社会主义联盟1920年1月4日，在约翰内斯堡举行的应届代表大会，一致通过了关于加入第三国际的决定。我已经同美国社会主义工党，并通过该党同阿姆斯特丹执行局鲁特格尔斯同志取得联系。他建议通过执行局向您提出加入国际的申请。

现随电附上本联盟的纲领①和章程，相信您过目之后，定会确信本联盟的政策同欧洲乃至全世界的共产党政策是完全一致的。若有不详之处，我们乐于为您提供更详尽的说明。拥护社会主义革命！

致以兄弟的敬礼！

南非国际社会主义联盟组织秘书
В. Г. **安德留斯"**

（鼓掌）

---

① 即南非国际社会主义联盟宗旨宣言（约翰内斯堡代表大会通过），1920年《共产国际》杂志第11期第1853—1858页。

塞拉蒂（意大利）：

现在，请各国代表团各自提出专题委员会委员候选人。

选举资格审查委员会

主席团提议选出资格审查委员会。现在，主席团提请大会批准资格审查委员会的成员。成员有：**罗斯默、迈耶尔、邦巴奇、布哈林、拉狄克、鲁德尼扬斯基**。①

提案获大会通过。

继续就共产党在无产阶级革命中的作用问题进行讨论。

约翰·里德（美国共产主义工人党）：

我提议，规定英语为这次大会的语言之一。与会代表通晓英语的要多于——譬如说——会讲法语的。大会曾答应为我们指派一位英语译员，但至今未见其人。

塞拉蒂（意大利）：

在译员方面，我们将尽力满足里德同志的要求。至于里德同志提议

---

① 在代表大会秘书的会议记录中，资格审查委员会委员名单中没有迈耶尔的名字。据1920年7月25日《真理报》第163号关于代表大会此次会议的一篇综合报道，当选的资格审查委员会委员的名字略有出入。据该报报道，他们是：罗斯默（法国）、邦巴奇（意大利）、布哈林（俄国）、沙波林（保加利亚）、鲁德尼扬斯基（匈牙利）、马尔赫列夫斯基（波兰）、拉狄克（俄国）。其后，《共产国际第二次代表大会通报》第1号（1920年7月27日《真理报》第164号副刊）对7月25日公布的资格审查委员会名单作了订正，补上了苏尔坦-扎德（波斯）的名字。

规定英语为大会的正式语言,这项建议主席团不能采纳。关于这一点,已经多次向同志们作过解释。

巴拉巴诺娃(俄国):

里德同志,这项建议您已经提过三次了。其实这个问题已经解决了。

季诺维也夫作共产党在无产阶级夺取政权之前和之后的作用及其组织结构问题委员会的工作报告

同志们!我要向诸位报告昨晚由大会选出的委员会的工作情况。委员会由德国、俄国、法国、美国、英国、意大利、荷兰和保加利亚八个国家的代表组成。委员会委员中还有革命的工团主义派和车间代表委员会运动的代表。可以告慰的是,决议案已由委员会一致通过了。(鼓掌)

下面,我就委员会对决议案所作的修改加以说明。预先声明,决议案的文字还有待推敲。委员会已选出三位同志组成文字修改小组委员会。到目前为止,小组委员会的工作尚未来得及完成。不过,所差的仅仅是措辞上的问题。

首先,提纲原有序言是在大会召开之前写成的,委员会决定将序言重新改写。改写后的序言如下:

"世界无产阶级正处于决战的前夜。当今时代是一个内战迭起的时代。决定性的时刻就要来到了。几乎在工人运动蓬勃发展的一切国家中,工人阶级在最近的将来就要手执武器去进行一系列的激烈战斗。

当前,工人阶级比以往任何时候都更需要有一个团结一致的组织。工人阶级必须珍惜每一刻宝贵时间,坚持不懈地为即将到来的决战做好准备。

如果巴黎公社时期（1871年）工人阶级拥有一个团结一致的共产党，即使其人数不多，那么，法国无产阶级的第一次英勇起义就会更加强大有力，很多错误和缺点也会得到避免。

由于历史条件发生了变化，今天无产阶级所面临的斗争与1871年相比，将对工人阶级的历史命运产生深远的影响。因此，共产国际第二次世界代表大会呼吁全世界工人注意下列各点。"

提纲第3条中论述的是把党和阶级这两个概念混淆起来的问题，原来提出的都是俄国的实例，现在我们决定将各国工人运动中类似的实例也列举出来。

第5条涉及我们同革命的工团主义和世界产业工人联合会拥护者之间的分歧。这一条，也一致通过了，并作出两点补充。首先，必须指明，我们在斗争中应采取的最后手段并不是总罢工，而是武装起义。这就又为我们提供了一个论据，说明一定要建立一个有铁的纪律的政党。

我们觉得，在革命的工团主义派、世界产业工人联合会以及一部分车间代表委员会运动中，有些同志低估战斗性的政党的作用，这是因为他们当中有许多人认为，采取甩手不干的策略，即总罢工，是我们在斗争中应当采取的极端手段。其实不然。

对于我们来说，决定性的斗争手段是武装起义。为此，就得组织革命力量，就得建立武装，从而也就得有集中、统一的政党。

我们之所以要在提纲中补充这一点，就是要使每个工人、每个革命的工团主义者都明了这一点。

优秀的工团主义者历来认为，革命少数派（la minorité initiative）在革命中的作用是极其伟大的，这是千真万确的。既然他们这样说了，那我们就要说：这既是一条真理，那你们就应该懂得，所谓具有共产主义理想的革命少数派，也就是共产党。所以，把这个道理也写进提纲中去了。

接着，委员会就第 6 条进行了讨论，讨论的时间很长，直到昨天，仍有很多人对这一条提出异议。第 6 条涉及我们同无党派团体的关系问题，为避免误会起见，委员会决定不用"无党派"的提法，而代之以"非党"二字。

其实，这纯属修辞问题。委员会的这场辩论表明，这的确是一个至关重要的条款，必须详加阐明。

一些同志认为，这是指中立工会而言，其实不然。我们历来坚决反对工会的中立态度，并且指出，这种中立是根本不能成立的。我们所说的非党团体或无党派团体，其含义完全不同。

我们必须有一个严格集中的政党，但是，这个政党必须时刻密切联系群众。我们尤其要提示各国共产党人注意，最重要的是要在斗争的各个阶段密切联系工人群众。为此，要利用一切可能性，其中也包括同无党派的、非党的团体和集团合作，参加它们的各种会议。举几个例子来说明我们的想法。

英国成立了一个名为"不许干涉俄国！"的团体，它的影响相当大。这是一个无党派的运动，但是却有广大的群众参加。依我们之见，共产党人无论如何也要参加这类运动。在运动中，共产党人要发挥领导作用，要因势利导。此外，近来普遍举行"世界大战牺牲者与残废者"纪念大会，这种纪念大会既有全国性的，又有国际性的。要知道，参加者数以百万计，他们以此为宗旨纷纷组织起来，即使是临时组织起来也罢。身为共产党人应不应该置身事外呢？不能，相反地，我们应当千方百计地对这类组织施加影响。

再举奥地利现实生活中的例子——住房问题。在维也纳，住房问题极端尖锐，工人阶级极其关心。维也纳虽有工人代表苏维埃，却操在社会爱国主义者手中，他们不关心工人的痛痒，以致在维也纳等城市，人们群情激昂。说不定，这些城市的工人房客将要成立什么组织，即使是临时性的、松散的组织也罢。对于这样一场运动,共产党人能够置身事外吗?绝对不能。尽管在维也纳有我们的共产党组织,但是我们还是应当支持这种非党组织,设法领导它,以此引导群众奔向共产主义。

下面举俄国革命的一个例子。我们的党是相当强大的,但是,我们仍要举行非党无产者代表会议,以及非党农民代表会议。这种代表会议的作用不可轻视。我国有相当大的一部分工人以无党无派自居。我们就抓住这一点不放,启发他们说:"你们虽然无党无派,但你们是无产者。我们要举行该企业、该区或该市全体非党工人代表会议。你们愿意出席这样的代表会议吗?"他们的回答是:"愿意。"于是,我们就举行这样的代表会议。那么,会议讨论一些什么问题呢?都是最紧迫的问题,如粮食问题、波兰战争问题、教育问题,等等。举行这样的代表会议,我们能够置身事外吗?绝对不能!我们应当参加,并且应当发挥作用。为此,我们应当参加,并且应当发挥作用。我们要组成共产主义核心,使一大批非党工人群众向我们党靠拢。这是联系群众的有效方法之一。这种代表会议是一种自由的组织,也许可叫做不太严整的组织,不过依照我国法律,它们享有很大的权力。譬如,它们可以举荐监察员,在许多重大问题上,它们享有国家监察员的权力。当然,联系群众的方式可以多种多样,但是这个例子是很典型的。因此,我们要提请美、英以及其他国家的年轻政党注意这一提纲,因为它们建党不久,而且,糟糕的是,联系群众还很不够。照上述办法办理,就能够同工人及贫苦农民取得最密切的联系。明白这一点是非常重要的。我们认为,各国,其中也包括德国,在这方面还是大有可为的,不仅要吸收无产阶级的先进分子入党,而且要吸收广大的无产者阶层入党,从而引导他们奔向共产主义。

至于提纲的其他部分,只作了有限的修改。需要提请美、英两国同志注意的是,提纲中凡是提到工党分子的地方,以及指出英、美两国各类工党分子鼓动工人不是去建立政党,而是去拼凑无定型的工人协会的地方,我们在工党分子前面一律加了"黄色"二字;这并非指车间代表委员会而言,而是指韩德逊派。黄色工党分子鼓吹无党无派,因为,正如提纲中所写的那样,他们要建立的纯粹是松散的议会制性质的政治联合体。工党也就是这样一个松散的组织;至少韩德逊派希望他们的政党能成为这种样子。

以上是我们所作的若干重要修改。麦克莱恩同志的补充意见,我们决定另行讨论。他也表示同意。英国人,也许还有美国人,他们提出的条件,将由专门委员会详细讨论,有关这个问题的最后答案,我们将通知英国和美国同志。

以上是委员会的工作报告,我已强调说明,决议案经委员会全体一致通过了。

昨天,有人对我的报告表示异议,并且提出相应的论据,对此,我们尚未予以答辩。因此,我想就这一点再说几句。先说西班牙工团主义者佩斯塔尼亚同志提出的异议。他说:"好吧,即便赞成有一个政党,那么,正如当年法国那样,这个政党只能在一场革命之后产生。不是吗,先有法国革命,尔后才有雅各宾党。"佩斯塔尼亚同志的意思是说,当今,在无产阶级革命的前夜,我们也应该照此办理。在他看来,政党只能是革命的产物。这种见解能够成立吗?不能。即使能够成立——其实不然——难道这也能成为一个有力的论据,说明在今天即1920年,正当我们需要奋起反抗全世界从头武装到脚的资产阶级政党的时候,我们对问题的提法就应该是"先有革命"后有政党吗?我倒要请教:在革命进程当中,我们怎么办呢?革命之初,谁来组织工人的优秀分子呢?谁来进行革命的准备工作,制定革命纲领,宣传革命纲领呢?我认为,我们必须向每个工人,以及每个真正同情无产阶级革命的工团主义者——我知道佩斯塔尼亚同志是一位真诚拥护革命事业的同志——指出，结论只能是：一旦革命爆发，我们就会措手不及。我们不能指望条件成熟了，党就会自然而然地诞生。我们必须不失时机地立即着手创建这样一个政党。

佩斯塔尼亚同志还说："在俄国，起来闹革命的不是共产党人，而是人民。"这完全正确。闹革命的"闹"字如果可以成立的话，那么，说俄国革命是人民闹起来的，我们绝不否认。但要知道，共产党是劳动人民的精华，不折不扣的精华。这还不够，共产党要成为率领人民群众、吸收优秀分子入党并引导工人群众的组织核心。

昨天，有人大谈"自治"问题，我想就此再说几句。昨天，我们听到不少人议论，说这样那样的问题应提交各有关国家的政党处理，说不能违反自治原则。我认为，这种议论无非就是当年第二国际所鼓吹的自治原则的老调重弹。这一点，我们必须公开指明。当然，每个政党都应有一定程度的自治，对此，无人表示异议。但是，自治与自治不同。我们知道，15年前，修正主义者就已提出自治的口号，他们不仅在国际上，而且在该党内部也鼓吹这个口号。说什么："柏林应当自治，莱比锡应当自治。"一句话，各个城市都应当自治。积俄国革命之经验，照此办理，岂止有一个政党，政党要多如牛毛了。如今法国就是如此，有什么"巴黎党"、"里昂党"，等等，不一而足，简直成了技术术语。第二国际的所谓自治，其含义就是如此。我们不要在各个城市实行"自治"的政党。我们需要的是无论在一国范围内，还是在国际范围内，都实行集中制的政党。

我完全了解，即使我们这次大会能够通过一项第三国际章程，把集中制原则作为章程的基础，也并不等于我们就有了统一的革命国际。还要经过奋斗，才能达到这个目标。自不待说，只有服从整体，而不能有其他。在服从整体的过程中，宁肯偶尔犯个别的错误，也不能搞这种"自治"，因为它只能使工人阶级的力量分散。马克思起草的第一国际章程有这样一段话：假如我们仍然做雇佣奴隶，假如无产阶级的斗争迟迟不见效果，那么，这是由于我们的力量太分散，由于工人不懂得必须有一个亲密团结的组织。①自那时以来，50年过去了，这在世界上不能说是一个短暂的时期。帝国主义战争告诉我们，而且，现在每个工人都懂得，每个国家工人阶级的命运都与别国工人阶级的命运密切相关。在大战中，我们对此是有深切体会的。当前，问题就在于我们必须由此得出必要的结论，并且让广大工人相信这些结论，从中悟出道理，即非有一个集中统一的国际组织不可。

这一次，决议案阐明了共产党在无产阶级革命中的历史作用，这项决议案已由委员会一致通过了，我们希望大会也能一致通过，如果是这样，那将具有重大的历史意义。社会主义业已度过它的深重危机。目前，风潮此起彼伏，各国纷纷成立各种各样的团体，工人也在探索切实可行的途径。一些工人虽已加入我们的行列，但还不能跟我们同心同德，对于他们，我们不可步第二国际的后尘，加以嘲弄和迫害。当初，第二国际一经察觉他们有左的倾向，就立刻会这样对待他们。我们应当反其道而行之，吸收这样的同志加入我们的队伍，有问题就同他们讨论、辩论，启发他们的觉悟，消除他们的糊涂观念。唯其如此，才能最有说服力地表明第三国际的坚强生命力。第三国际的实质，恰恰在于我们能够联合工人阶级的全体革命分子，而不问其昨天属于工团主义派，还是属于车间代表委员会运动；重要的是，这些同志一定要对革命斗争有深刻的理解，一定要拥护无产阶级专政，一定要以实际行动表明他们愿意跟我们一起奋斗。这样的同志理所当然地应当成为我们队伍中的一员。这样，他们对于我们所选择的道路的信念就会日甚一日。

一旦这些基本原则得以实施，并且，每一句话都能兑现，那时，就

---

① 参见《马克思恩格斯文集》第3卷第226页。——编者注

可以说，一个真正统一的国际共产主义政党，终于经我们的手开始建立起来。这正是我们为之奋斗的目标。我们应当成为统一的共产主义政党，各国应当有它的支部。（鼓掌）这是共产国际的宗旨所在。我们有俄国共产党人的榜样在先，他们并没有称自己为社会民主党人，而是称共产党人，俄国当时就有人主张不要起俄国共产党的名称，主张干脆就叫共产党。我们必须成为统一的政党，它应当在俄国、德国、法国等国家设立支部，它应当目的明确地、坚持不懈地沿着既定道路迈进，唯有这样，我们才能够把力量集中起来，也唯有具备这样的条件，国际无产阶级的每个部分才能随时最大限度地支援别国工人。这一点，我们必须明确、肯定地告诉同志们。

当前，在加入共产国际的政党中，尚有异己分子。我指的是改良派，我们每次发言都要指出这一点，今后，只要异己分子还存在，我们就要坚持指出这一点。帝国主义大战之初，曾经有个口号："敌人就在国内"，指的是资产阶级。现在，既然在自认为共产党的党内，譬如说意大利共产党内，尚有改良派存在，既然在我们的队伍中明明有彻头彻尾的改良主义者，即资产阶级思想家存在，我们就必须敲起警钟，公开指出：敌人就在我们家中。（鼓掌）

所以，我们要告诉意大利同志：敌人就在你们家中，你们要把他们撵出去。

正因为我们已接近胜利，改良派才千方百计地要钻进我们的队伍里来。这帮老爷嗅觉灵敏，他们预感到末日来临，所以你把他们从前门撵出去，他们却又从窗户钻进来了。（鼓掌）他们有时也在我们的决议上签字，可是，他们依然故我。他们依旧是改良派，依旧是无产阶级阵营中的资产阶级卫道士。如今，资产阶级能够存在，完全倚仗社会爱国主义者，而社会爱国主义者不懂得，资产阶级是我们的敌人。离了社会爱国主义者老爷，离了阿姆斯特丹黄色国际，离了那一帮为破坏我们的斗争而钻进工人政党和工会的分子,资产阶级连半年也维持不下去。

赫尔辛基(芬兰)有一位普通工人,在白色恐怖环境下的芬兰国内从事地下工作达一年半之久,不久前,他向我介绍了他们艰苦斗争的情况,以及芬兰工人如何排除万难终于组织起来的经过。接着他补充说道:"现在,我国每个普通革命工人都知道,一旦时机到来,首先就要同社会民主党白匪一刀两断,并要清算叛徒。(热烈鼓掌)资产阶级的丧钟就要敲响了,但我们的当务之急是清算这帮工人事业的叛徒,因为他们对于数以万计的芬兰同志惨遭杀害和白色恐怖到处猖獗负有罪责。"

这位芬兰工人的朴素感情道出了政治上的真谛,他的话胜过我们的一些好同志的蹩脚外交辞令。25年前,屠拉梯创作过一首优秀的工人赞歌,也许如今他在他家里仍是一个好的家长,但是,我们能够就因此而让这个抵制无产阶级政党的人继续留在党内吗?也许希法亭会再次大言不惭地说,应当把资产阶级一脚踢开,但是,我们能够就因此而让这个叛徒、社会爱国主义者、鼓吹和平主义的社会党人负责编辑我们的刊物吗?

不能,这是通不过的。真理在那位普通芬兰工人一边,这位芬兰工人是在艰苦岁月中历尽磨难,才懂得这一切的。我们必须直言不讳地向我们的同志指出:对于许许多多老同志来说,要他们同自己的故旧世交决裂,也许是一场大悲剧,但是舍此别无出路。历史的新篇章已经揭开了,我们要对老一辈领袖中的优秀分子说:你们必须认清,时代变了;你们应当表明态度,承认自己错了,愿意向我们靠拢,愿意今后同我们一起将无产阶级革命事业继续进行下去。

我们刚才说,希望关于共产党在日益迫近的、日趋高涨的无产阶级革命中的作用的提纲能获大会一致通过,其含义就在于此。(热烈的掌声)

(会议暂停)

表决并通过关于共产党的作用的提纲

季诺维也夫（俄国）：

宣布继续开会，讨论共产党的作用问题。首先要决定，关于这个问题是开展辩论呢，还是直接进行表决。我个人主张直接进行表决，不过，这要由大会决定。

塞拉蒂（意大利）：

有人主张进行辩论吗？看来，没有。那么，就进行表决。对修改过的提纲表示赞成的，请举手。反对的，请举手。有人弃权吗？那么，提纲①一致通过了。我们建议休息半小时，以便各代表团研究并提出大会各专题委员会候选人名单。候选人名单先由主席团审议，然后向大会提出最后名单。

巴拉巴诺娃（俄国）：

现在，就大会主席团的提案进行表决。赞成的，请举手。有人反对吗？那么，提议被一致通过了。

（宣布休会半小时）

宣读各委员会委员名单

塞拉蒂宣读大会各专题委员会委员名单。②

---

① 见本卷收录的《关于共产党在无产阶级革命中的作用》。——编者注
② 据大会秘书的记录，大会曾通过一项提案，决定将委员增加到14—20人。委员会委员名单，见本卷收录的《第二次代表大会主席团和各委员会成员名单》。——编者注

表决并通过在组织委员会中设立妇女问题和青年问题专门小组委员会的提案

沙茨金（青年共产国际）：

我提议，组织委员会成员要变更一下。鉴于青年国际的问题也将由组织委员会审议，我提议组织委员会应有青年国际的代表参加，既然组织委员会负责审议青年提出的提纲①，青年就有权为提纲进行辩护。提纲起草人已经提出申请，但组织委员会并没有把他们吸收进去，这是令人奇怪的。

季诺维也夫（俄国）：

大会主席团原定就妇女问题和青年问题分别成立两个专门小组委员会。这样，两个小组委员会应吸收的妇女运动代表和青年代表就不止一两个，而是好几个了，这是我们的本意。组织机构问题即国际章程问题，非同小可。与此相关联，还有其他问题。正因为如此，大会主席团才决定成立妇女问题专门小组委员会和青年问题专门小组委员会，作为组织委员会的下属机构。我认为，这样处理问题是最恰当不过了，大会也会表示赞成。

问题交付表决。主席团的提案未经修改，一致通过。

---

① 有关青年运动的提纲，虽向第二次代表大会提出，但未经大会审议，后由共产国际执行委员会批准。该提纲见见本卷收录的《关于青年运动的提纲》。——编者注

讨论是否允许德国独立社会民主党和法国社会党的代表参加加入共产国际的条件委员会的问题

季诺维也夫（俄国）：

我们已经选出一个委员会，负责制定加入共产国际的条件。有人提议以大会名义请德国独立社会民主党和法国社会党也派代表参加这个委员会。鉴于问题涉及这两个党，它们派代表参加讨论是最适宜不过的。

怀恩科普（荷兰）：

同志们，这项提案，如果我没有理解错的话，就是要邀请德国独立社会民主党和法国社会党参加我们的委员会。老实说，这项提案我不理解，我代表我们党表示反对。

我们在执行委员会中曾经建议，鉴于这两个党都不是共产党，它们根本就不应该出席大会。我们的党认为，它与独立社会民主党无任何交道可打，这个党在德国议会主席团中占有席位，我们同这个执政党毫无共同之处。至于法国党，情况略有不同，诚然，它也好不了多少，但毕竟是好一些。

关于接收这两个党加入共产国际的问题，我暂且不发表意见，留待以后再谈。一般说来，关于接收这样的政党加入共产国际的问题，是可以提出的，但是，这个问题只有在它们正式提出申请之后才能讨论；同样，这两个党及其代表只有在申请加入共产国际之后，才有资格出席大会。然而，到目前为止，我还不知道，也不曾听说它们提出这种申请。因此，只有在它们正式申请之后，我们才能讨论这个问题。至于现在，我们不知道是否已经接到这两个党加入第三国际的申请。不过，即使独立社会民主党提出这种申请，肯定也是通不过的。同执政党没有谈判的余地。

说到法国党，还是那句老话，它首先应该提出申请。既然没有提出申请，就不能允许那些既非革命的、又非共产主义的异党参加委员会，因为这个委员会要审议各项有关今后加入第三国际的条件的提案。我在执行委员会中曾提出不同的提案，但遭到否决。现在，我提议不准这两个党参加我们的委员会。

拉狄克（俄国）：

同志们，荷兰代表的提案首先违背大会的合理宗旨。独立社会民主党代表是经资格审查委员会认可的，并且拥有发言权。既然有发言权，他们就可以而且应当了解必须合乎哪些条件才能加入国际组织。但这只是问题的形式一面，撇开这一面不谈，这项提案也为情理所不容。人人知道，我们正同独立社会民主党就该党加入第三国际的问题举行会谈。大家知道，千百万拥护这个党的德国工人一再努力争取加入第三国际。广大德国工人既已派出代表同我们一道讨论加入第三国际的条件，在此情况下，如果我们依了怀恩科普同志的主张，那么，不仅有损这些代表的尊严，而且也辜负德国工人派遣代表的一片心意。不言而喻，独立社会民主党代表不仅应该有机会向我们陈述他们的愿望，而且应当及时了解我们的要求。在如何加入第三国际这方面，怀恩科普同志的概念与实际不相符合，按照他的概念，"你是被告，有什么要申诉的"，这好像是几个愿意联合的政党彼此商量好的判决书。因此，我提议否决怀恩科普同志的提案。

范莱文（荷兰）：

同志们！和我一道派来的代表怀恩科普同志说，他代表荷兰党反对德国独立社会民主党和法国社会党参加委员会。想必是他有权，甚至肯定是有权做这样的表态。我是说，"想必他是有权"。然而，我需要说明，这个问题我们党并未讨论。我们无法预料会在这里遇到这种情况。总之，他的意见恐怕是正确的。我本人倒另有一种见解。譬如说，依我看，德国独立社会民主党派代表来，是因为它受党内左派即工人群众压力的缘故。但是，我仍然赞成怀恩科普同志的意见，即这些代表不应该出席大会。我们在执行委员会中已经向德国代表提出一系列问题。就说拉狄克同志吧，他向德国代表提了足有九个问题，别人也提了不少。再说，我也向他们提出好几个问题，都是涉及第 107 页①列宁同志就加入国际的条件所起草的提纲。刚才已经说过，别的同志，其中包括莱维同志，也都向他们提出过问题。但是，不等他们答复，也就是说，不明其真正来意，就立刻同意他们参加会议，这使我感到莫名其妙。再重复一遍，这使我感到非常奇怪。既然拉狄克同志表示，怀恩科普同志的提案违反常理，我就要反问：让一些对于别人的提问不予答复的人参加会议，这难道是合乎逻辑的吗？

拉狄克（俄国）：

我提议，停止辩论，交付表决。

吉尔波（法国）：

我赞成怀恩科普同志的意见。谈到法国社会党，它确实没有递交加入共产国际的正式申请。它派了两位代表到莫斯科来谈判，但并未授权

---

① 这里，范莱文指的是列宁就共产国际第二次代表大会的基本任务起草的提纲中所包含的加入共产国际的五个条件。见本卷第 20 页所载《关于共产国际第二次代表大会的基本任务的提纲》第 15 条中所讲的五个条件。——编者注

他们申请加入国际。因此，让这样一些代表参加共产国际会议是很不妥当的。

塞拉蒂（意大利）：

问题不在于参加会议，而是要他们向委员会通报情况和对提问作出说明。

吉尔波（法国）：

执行委员会已经开过几次会，他们有充分的机会通报情况和对提问作出说明。再者，自从他们来到莫斯科，他们已经向法国发回一系列报告，这些报告只能使国内更加混乱；这有碍法国同志替共产国际进行宣传工作。我坚持我的主张，不能让这些人参加委员会的工作。

拉狄克（俄国）：

同志们！既然一个大党的代表享有发言权，就没有必要就所谓发言权的含义继续争论下去了。不过，刚才荷兰代表团的两位同志以及吉尔波同志都"深入地"阐述了理由，照他们的理解，有了发言权也要三缄其口。因此，关于这个问题我还要说几句。

范莱文同志说，执行委员会曾向德国独立社会民主党提出一系列问题，但对方至今未作答复。我身为执行委员会秘书，有责任予以澄清，也就是说，对于提出的问题，他们一时还无法答复。这一来是因为自从提出问题以后，执行委员会还没有举行过会议，二来是因为我们曾主动劝他们不急于做出答复，以便他们有机会先对代表大会的共同问题有个详细的了解。要知道，光提出问题还不够，还要善于等待对方做出答复。

只有允许德国独立社会民主党参加讨论加入第三国际的条件的委员

会，才是范莱文同志掌握这个党的心灵钥匙的绝好机会。

我们也曾经对德国独立社会民主党提出一系列指责，我认为，在对独立社会民主党人的斗争方面，我们对共产国际的功劳比起范莱文和怀恩科普二位加在一起的功劳，毫不逊色。对于这些指责，独立社会民主党代表不以为然，因此，我们有责任为他们提供机会替自己的观点辩护，提出论据。至于法国党，我们已经说过，这两个党都还没有递交加入国际的申请。既然如此，为什么我们还要给他们以发言权呢？为什么要同他们举行会谈呢？我个人认为，如此辩论下去，丝毫无助于问题的澄清，相反，只能表明这是一种脱离革命行动意志的夸夸其谈的激进主义而已。这是很可悲的。

多伊米希（德国独立社会民主党）：

其实，我并不打算就大会此刻所研究的问题发表议论。是否应该容许我们参加大会，这个问题留给大会去适当解决。怀恩科普同志的言论表明，他对情况全然不了解。不过，我认为对他的言论也没有必要加以分析。但是，我作为一个老政治家不会不知道独立社会民主党绝不是一个执政党，恰恰相反，它是政府的反对党。我坚决抗议称我们的党为非革命党。我们党有成千上万人流血牺牲，有成千上万人伤亡，有成千上万人受到监禁和审讯。我不能容忍在大会上说我们的党是一个非革命党。至于其他，待委员会研究这个问题时，我们再详细陈述我们的意见。

怀恩科普（荷兰）：

同志们，多伊米希这类人竟在这个大会上进行恶意煽动，单就这件事而言，我认为就是一件丑闻。我有必要说明，据我所知，早在卡普叛乱时期，正是这位多伊米希对工人说过，工人不该拿起武器。如今，他却跑到俄国发开言了，而在俄国，谁不知道，只有经过内战才能取得胜利。可是，拉狄克同志竟然说我们犯了夸夸其谈的激进主义错误。

拉狄克（俄国）：

简直是头脑发昏！

怀恩科普（荷兰）：

拉狄克同志说我头脑发昏……妙极了，他话说出来，又要收回了。不过，我要提请同志们注意，拉狄克同志这么一来，这场辩论已经不成体统了。第三国际把多伊米希这类人物和加香这类政治家，同开展工作已久的真正共产党和革命党的代表相提并论，这对于我们这些在西欧开展工作的人来说，究竟意味着什么，同志们显然还没有认清。我要告诫同志们，你们要提防它的后果。时间到了，我的发言就要结束了。希望同志们对这帮老爷"论功行赏"：将德国独立社会民主党拒之门外，对法国社会党人——如果他们申请加入的话，也只能给予适当的信任。

季诺维也夫（俄国）：

同志们，为克服德国独立社会民主党右翼的动摇不定，我们过去作过斗争，今后还要继续作斗争，这些，我不在这里重复说了。然而，怀恩科普同志刚才的发言却是滑稽可笑的；他的言论败坏的并不是大会的名誉，而是怀恩科普自己以及派遣他来的那个政党的名誉。毫无疑问，我们深切同情，并将继续深切同情目前在狱中受尽磨难的10000名或11000名德国独立社会民主党党员。他们不愧是战士，不愧是为社会主义事业奋斗的无产者。我倒要知道，怀恩科普的党有多少党员被关在狱中，怀恩科普本人有多少次在资产阶级法庭上亲自受审，有多少次因为参加无产阶级的斗争而被关进牢房。今后，我们仍少不了要同德国独立社会民主党的同志们论战，仍少不了要同他们激烈对抗；但是，我们永远不会忘记，独立社会民主党有成千上万的工人党员惨遭资产阶级及其帮凶的杀害。我们永远不会忘记，在历次战斗中，德国独立社会民主党党员自始至终是革命军队的基本核心。我要当众声明，尽管德国独立社会民主党领导无能，尽管它的领袖摇摆不定和优柔寡断，但是，把独立社会民主党的80万工人党员所起的革命作用和两三千个荷兰"雄辩家"——附带也把基督教社会党人加上——所起的作用，放在历史的天平上称一称，前者的分量在客观上不知要重多少。

我们过去说过，现在还要重复说，任何群众性的政党，即使它误入歧途，但只要它具有同我们一道为无产阶级事业奋斗的愿望，我们就要与它谈判，与它接近。参加英国车间代表委员会运动的工人，其实并不是共产党人，我们将像对待这些工人一样去对待加入德国独立社会民主党的革命工人。如果我们是在迎合考茨基先生的腐朽意识形态，那么，真理就在你们一边，但是，我们并没有去迎合。如果依了怀恩科普，阻止独立社会民主党代表参加大会，岂不荒唐可笑。怀恩科普宣称他的主张代表他的党，殊不知，这个党活动15年，才有党员1500人；然而，独立社会民主党拥有组织起来的普通工人数以10万计，他们跟共产党人并肩战斗，他们跟所有的无产者一样，是名副其实的、赤胆忠心的革命者。

因此，我要坚持我的建议，即邀请这些同志来，直言不讳地同他们恳谈，把我们的条件向他们讲明。可以断言，不出两个月，德国独立社会民主党内就有数量可观的工人，不仅在精神上，而且也在形式即组织上归到第三国际这边来。

莱维（德国共产党）：

同志们，一直到今天下午，我还认为怀恩科普同志虽然不学无术，但毕竟不是食古不化的人。两天前，我一再向他说明，德意志议会主席团的组成纯粹是机械式的，其成员多寡，依各党派代表人数而定；我向他说明，议会主席团与政府的组成毫不相干，加入主席团不等于入阁，因为议会主席团同政府风马牛不相及。当时，即两天前，我以为怀恩科普同志听罢我的解释，必定有所领悟。岂料他今天若无其事，重谈"执政党"老调。我认为，这足以证明，玩弄辞藻是他的主要动机。一个平生未读过一份德文报纸的人，竟然也要侈谈德国，由此更可见他是在玩弄辞藻。不是吗？怀恩科普同志，哪怕在我们同独立社会民主党人并肩的革命战斗中，十次里您曾参加过一次的话，您也不至于发出这般呆傻的笑声。

当然，我们过去指责过德国独立社会民主党，今天我们随时地也还在指责它，这是在推动它前进，指出它的错误。然而，荷兰老爷们平时为德国革命和世界革命连半点力也不肯出，今天却跑来大肆指责独立社会民主党人，因此，我们有义务为勇士们辩护，亮明我们的观点：在德国，跟随独立社会民主党战斗的工人有几十万；独立社会民主党代表正是受这几十万工人之托前来参加大会的。本来，这个党的组织机构和意识形态机构都曾极力反对广大工人的意愿，但是，在工人的压力下，该党领袖终于不得不前来莫斯科。当年，正值苏维埃俄国处于生死存亡关头，一个不惜放弃反对协约国，借以力求当选荷兰议员的人，今天居然在这里，在莫斯科，表白他要建树伟大的革命功绩。不是吗？怀恩科普同志，迄今为止，对于这种指责，您是无言对答的。至于独立社会民主党的这些同志，我们认为，必须继续指出他们的错误，必须讲清对他们的要求，即使如此，有资格指责他们的也绝不是您，怀恩科普同志。

还有一点我要提醒您。请您回忆一下，去年夏天是我党处于秘密时期的最困难阶段，我们党几乎所有的同志都被关进牢房，在这种情况下，我们曾向贵党呼吁，请求派同志到我们德国来工作。此刻你们怒气冲冲地发言，所代表的正是当初我们所求助的同志，我们曾希望他们派遣潘涅库克和哥尔特来。

怀恩科普和范莱文（荷兰）：

一派胡言！

莱维（德国共产党）：

总之，正当我们人手不足，连报社编辑也痛感缺乏的时候，我们向荷兰求援，希望他们从国内派编辑来，但是一个也不来！

范莱文（荷兰）：

可是，克里斯平和迪特曼并没有死啊！

莱维（德国共产党）：

既然这位同志暴跳如雷，竟说出迪特曼和克里斯平并没有死这种话，我就要回敬一句：我也还没有死，同志，您也还活着。其实，您如果要在德国殉难的话，这种机会不是没有的。德国独立社会民主党有成千上万名工人在战斗中牺牲，您可倒好，躲在荷兰，饱食终日，守着自己的装满咖啡的麻袋，如今却摇身一变，成了革命者。

拉狄克（对范莱文说）：

好一个交易所经纪人！

布哈林（俄国）：

同志们，在我看来，不值得为这样一个政党的代表争论不休。这个政党竟革命到这种程度，竟然派遣一个基督教牧师团体的成员前来，还为他配备一纸洋洋大观的委托书。因此,我建议这场辩论到此结束,转入下一个议题。

大会主席团将布哈林的建议交付表决。这项建议以多数票通过。

表决并通过允许德国独立社会民主党和法国社会党的代表参加加入共产国际的条件委员会的问题

季诺维也夫(俄国):

请大会就批准德国独立社会民主党和法国社会党代表加入委员会的问题进行表决。

这项提案为大多数人所通过。

选举各小组委员会并成立审议英国工党问题的特别委员会

接着,大会选举各小组委员会。① 大会主席团宣读麦克莱恩关于成立审议英国工党问题的特别委员会的提案。提案经表决,获得通过。②

季诺维也夫(俄国):

我提议,要规定各专题委员会的开会时间。大会主席团建议下列四个委员会举行会议:(1)民族和殖民地问题委员会于中午12时举行;(2)工会问题委员会于中午12时举行;(3)议会制问题委员会于中午

---

① 各小组委员会成员名单,速记记录中没有记载。
② 麦克莱恩的提案内容,速记记录中没有记载。

12时举行；(4) 加入第三国际条件问题委员会于下午5时举行。这四个委员会的会议地点：两个在大厅，两个在隔壁房间。

其余三个委员会会议于星期一举行：组织委员会于上午11时举行；土地问题委员会于上午11时举行；大会基本任务问题委员会于下午1时举行。上述四个委员会会议如果明日不能结束，星期一继续举行。星期一下午8时举行全体会议，希望各委员会的会议，至少一两个委员会的会议，届时能结束自己的工作。

塞拉蒂（意大利）：

会议到此休会。

第四次会议

(1920年7月26日)

季诺维也夫(俄国):

现在宣布开会。希望各代表团将有关自己党的情况的书面报告尽快交来。到目前为止,我们才收到三份报告,请同志们务必于今后两三天内将材料交到我们手中。

上次会议开过之后,各委员会分头进行工作,到目前为止,工作尚未结束。民族和殖民地问题委员会的工作进展最快,委员会随时可以提出工作报告。因此,我们提议在今天的会议上讨论民族和殖民地问题。有人反对吗?看来没有。现在,开始讨论。请列宁同志作报告。

列宁作《民族和殖民地问题的报告》[①]

同志们,我只简短地讲几句开场白,然后,由我们委员会过去的秘书马林同志向你们详细地报告我们对提纲所作的修改。在他之后,补充提纲的起草人罗易同志也要发言。我们委员会一致通过了修改后的提纲初稿和补充提纲。这样,我们在一切最重要问题上完全取得了一致的意见。现在,我就来作几点简短的说明。

第一,我们提纲中最重要最基本的思想是什么?就是被压迫民族和

---

① 中译文见《列宁全集》中文第2版第39卷第229—234页。——编者注

压迫民族之间的区别。同第二国际和资产阶级民主派相反，我们强调这种区别。在帝国主义时代，对于无产阶级和共产国际来说，特别重要的是：弄清具体的经济事实；在解决一切殖民地和民族问题时，不从抽象的原理出发，而从具体的现实生活中的各种现象出发。

帝国主义的特点，正如我们所看到的那样，就是现在全世界已经划分为两部分，一部分是为数众多的被压迫民族，另一部分是少数几个拥有巨量财富和强大军事实力的压迫民族。世界人口的大多数属于被压迫民族，他们的总数在10亿人以上，大概是125000万人。我们把世界总人口按175000万计算，他们就占世界人口的70%左右，他们有些处于直接的殖民地附属地位，有些是像波斯、土耳其、中国这一类的半殖民地国家，还有一些则是被帝国主义大国的军队打败，由于签订了和约而深深地陷入依附于该国的地位。把各民族区别、划分为压迫民族和被压迫民族的这个思想贯穿着整个提纲，不仅由我署名的、以前发表过的第一个提纲是这样，罗易同志的提纲也是这样。后一个提纲主要是根据印度和亚洲其他受英国压迫的大民族的情况写成的，因此，对我们有十分重大的意义。

我们提纲的第二个指导思想就是：在目前的世界形势下，在帝国主义战争以后，各民族的相互关系、全世界国家体系，将取决于少数帝国主义国家反对苏维埃运动和以苏维埃俄国为首的各个苏维埃国家的斗争。如果忽略了这一点，我们就不能正确地提出任何民族和殖民地问题，哪怕它涉及的是世界上一个最遥远的角落。无论是文明国家的共产党，还是落后国家的共产党，都只有从这种观点出发，才能正确地提出和解决各种政治问题。

第三，我想特别强调一下落后国家的资产阶级民主运动问题。正是这个问题引起了某些意见分歧。我们争论的问题是：共产国际和各国共产党应该支持落后国家的资产阶级民主运动，这样说在原则上和理论上是否正确。讨论结果我们一致决定：不提"资产阶级民主"运动，而改提民族革命运动。毫无疑问，任何民族运动都只能是资产阶级民主性质的，因为落后国家的主要居民群众是农民，而农民是资产阶级资本主义关系的体现者。认为无产阶级政党（如果它一般地说能够在这类国家里产生的话）不同农民运动发生一定的关系，不在实际上支持农民运动，就能在这些落后国家里实行共产主义的策略和共产主义的政策，那就是空想。但是当时有人反对说，要是我们提资产阶级民主运动，那就抹杀了改良主义运动和革命运动之间的一切区别。实际上，在落后国家和殖民地国家里，这种区别最近已经表现得十分明显，因为帝国主义资产阶级也极力在被压迫民族中培植改良主义运动。剥削国家和殖民地国家的资产阶级已经有相当密切的关系，所以被压迫国家的资产阶级往往是，甚至可以说在多数场合下都是一方面支持民族运动，另一方面又按照帝国主义资产阶级的意志行事，也就是同他们一起来反对一切革命运动和革命阶级。在委员会里已经无可辩驳地证明了这一点，所以我们认为，唯有注意这种区别，把"资产阶级民主"这样的提法一般都改为"民族革命"才是正确的。我们这样修改，意思是说，只有在殖民地国家的资产阶级解放运动真正具有革命性质的时候，在这种运动的代表人物不阻碍我们用革命精神去教育、组织农民和广大被剥削群众的时候，我们共产党人才应当支持并且一定支持这种运动。如果没有这些条件，共产党人在这些国家里就应该反对第二国际的英雄们这样的改良派资产阶级。殖民地国家已经有了改良主义的政党，这些党的代表人物有时也自命为社会民主党人和社会党人。上面指出的那种区别现在已经贯穿在整个提纲里面了，我认为，这就更确切地表达了我们的观点。

　　此外，我还想对农民苏维埃问题发表一点意见。俄国共产党人在以前属于沙皇政府的殖民地里，在像土耳其斯坦这类落后国家里进行的实际工作，向我们提出过在资本主义前的条件下如何运用共产主义的策略和政策的问题,因为这些国家最重要的特点就是资本主义前的关系还占统治地位,因此,还谈不到纯粹的无产阶级运动。在这些国家里几乎没有工业无产阶级。尽管如此,我们在那里还是担负起了领导者的作用,并且也应该担负起领导者的作用。我们的工作表明,在这些国家里一定要克服巨大的困难,而我们工作的实际结果也表明,在这些几乎没有无产阶级的地方,尽管有这些困难,仍旧可以在群众中激发起独立思考政治问题、独立进行政治活动的愿望。这个工作对我们比对西欧国家的同志们更困难些,因为俄国无产阶级正忙于国家事务。显然,处于半封建依附状态的农民能够出色地领会建立苏维埃组织这一思想,并把它付诸实现。同样明显的是,那些不仅受商业资本剥削而且也受封建主和封建国家剥削的被压迫群众。在本国的条件下也能够运用这种武器,这种组织形式。建立苏维埃组织这一思想很简单,不仅可以应用于无产阶级的关系,而且可以应用于农民的封建和半封建的关系。我们在这方面的经验暂时还不很丰富,但是委员会里有几个殖民地国家的代表参加的讨论,无可辩驳地证明了在共产国际的提纲中必须指出:农民苏维埃、被剥削者苏维埃这种手段不仅适用于资本主义国家,也适用于还保留资本主义前的关系的国家;无论在落后国家或者在殖民地,普遍宣传建立农民苏维埃、劳动者苏维埃这一思想是各国共产党和准备建立共产党的人责无旁贷的义务;只要是条件允许的地方,都应该立即进行建立劳动人民苏维埃的尝试。

这样,我们的实际工作中就出现了一个非常有意思而又十分重要的领域。在这方面我们的共同经验暂时还不很丰富,但是我们会逐步地积累起更多的材料。毫无疑问,先进国家的无产阶级能够也应该帮助落后国家的劳动群众,只要各苏维埃共和国胜利了的无产阶级向这些群众伸出手来,并且能够支持他们,落后国家的发展就能够突破它们目前所处的阶段。

关于这个问题,委员会不但对我署名的提纲,而且更多地对罗易同志起草的提纲进行了相当热烈的讨论（罗易同志还要在这里对他那个提纲作些说明），并且一致通过了对后一个提纲的一些修正。

问题是这样提出的：目前正在争取解放而战后已经有了进步运动的落后民族的国民经济必然要经过资本主义发展阶段这种说法究竟对不对。我们对这个问题的回答是否定的。如果胜利了的革命无产阶级对落后民族进行系统的宣传，而各苏维埃政府以其所拥有的一切手段去帮助它们，那么，说落后民族无法避免资本主义发展阶段就不对了。在一切殖民地和落后国家，我们不仅应该组成能够独立进行斗争的基干队伍，即党的组织，不仅应该立即宣传组织农民苏维埃并使这种苏维埃适应资本主义前的条件，而且共产国际还应该指出，还应该从理论上说明，在先进国家无产阶级的帮助下，落后国家可以不经过资本主义发展阶段而过渡到苏维埃制度，然后经过一定的发展阶段过渡到共产主义。

必须采取什么手段才能达到这个目的——这不可能预先指出。实际经验将会给我们启示。但是可以肯定地说：建立苏维埃这一思想对于最遥远的民族中的全体劳动群众是很亲切的，苏维埃这种组织一定能够适应资本主义前的社会制度的条件，共产党应该立刻在全世界开展这方面的工作。

我还想指出，共产党不仅在本国，而且在殖民地国家，特别是在剥削民族用来控制殖民地各民族的军队中进行革命工作具有很大的意义。

英国社会党的奎尔奇同志在我们委员会里谈到了这个问题。他说，一个普通英国工人会认为，援助被奴役的民族举行起义反对英国的统治是背叛行为。的确，有琼果主义①和沙文主义情绪的英、美工人贵族是

---

① 琼果主义即极端沙文主义。19 世纪 70 年代俄土战争期间，在英国流行过一首好战的军国主义歌曲，其歌词中反复出现"by Jingo"（音译"琼果"）一语，意即"以上帝的名义起誓"。"琼果"后来就成了表示极端沙文主义情绪的专用名词。——编者注

社会主义最危险的敌人,是第二国际最有力的支柱。的确,属于这个资产阶级国际的那些领袖和工人实行过最大的背叛。第二国际也讨论过殖民地问题。在巴塞尔宣言中关于这个问题也说得十分清楚。第二国际各党也曾表示要本着革命精神进行工作。但是,我们没有看到第二国际各党做了什么真正的革命工作,也没有看到它们援助过被剥削附属民族所举行的反对压迫民族的起义,我认为,多数已经退出第二国际而希望加入第三国际的党也是如此。我们应当公开地说出这一点,这是无法驳倒的。我们要看看,有没有人想来反驳。

我们草拟决议时就是把这些看法作为基础的。这些决议无疑是太长了些,但是我相信它们毕竟是有用处的,它们将有助于在民族和殖民地问题上开展和组织真正的革命工作,而这正是我们的主要任务。

季诺维也夫(俄国):

现在由委员会秘书马林同志发言。

马林作民族和殖民地问题
委员会的工作报告

同志们,现在我来作民族和殖民地问题委员会的工作报告。委员会认真研究了列宁同志的提纲和罗易同志的补充提纲。对列宁同志的提纲作了以下修改。

提纲第 1 条末尾,应把:Vernichtung der Klassen 读作 Abschaffung der Klassen。①

---

① 意即"消灭阶级",两句话用词不同。提纲原稿是列宁用俄文写成的,意即"消灭阶级"。委员会所作修改纯属德译文修辞问题。——编者注

提纲第 3 条原来的文字为:"1914—1918 年的帝国主义战争,在一切民族和全世界被压迫阶级面前,特别清楚地揭示了资产阶级民主词句的欺骗性,用事实表明,所谓'西方民主国家'的凡尔赛和约是比德国容克和德皇的布列斯特-里托夫斯克条约更加野蛮、更加卑劣地强加于弱国的暴力。……"

修改后的文字为:"1914—1918 年的帝国主义战争,在全世界各民族和被压迫阶级面前,特别清楚地揭示了资产阶级民主词句的欺骗性,交战双方都以人民解放和民族自决权这类花言巧语作掩饰,然而这场战争却表明,战胜国的资产阶级是如何根据自己的经济利益,一方面利用布列斯特-里托夫斯克条约和布加勒斯特条约,另一方面利用凡尔赛和约和圣-日尔曼和约,毫不客气地来划定'国家'边界。就连'国家'边界也成了资产阶级的交易品。所谓国际联盟,只不过是此次战争中的战胜国相互保证其战利品的一种保险合同。对于资产阶级来说,恢复民族统一和'收复被割让的国土'的愿望,只不过是战败国企图为发动新战争而集结力量的一种阴谋。使人为地分裂的民族重新统一起来,这多少也符合无产阶级的利益。但是,无产阶级只有通过革命斗争和打倒资产阶级,才能得到真正的民族自由,才能实现真正的民族统一。"

提纲第 3 条(德文本第 52 页第 3 行)应读作:"使各民族和各国的无产者和劳动群众……"①

提纲第 5 条(德文本第 52 页第 18 行)将"团结在自己的周围"字样删掉,加上"另一方面要团结"字样。第 5 条第 20 行应读作:"只有与革命的无产阶级联合起来,只有苏维埃政权战胜世界帝国主义,他们才能得救。"

提纲第 6 条第 10 行"资产阶级民主解放运动"应读作:"革命解

---

① 该句中"各民族和各国的"字样为提纲草案德译文所漏译。——编者注

放运动。"第11行将"工人和农民"字样删去。

提纲第8条第9行"没有基础"应读作:"在……基础上。"①

提纲第10条第2行加"只在"二字,连起来应读作:"只在口头上"。

第12行在"偏见"二字后面加上"它表现为各种各样的形式,如种族仇恨、民族迫害、反犹太主义",并加括号。

提纲第11条第1款应读作:"各国共产党必须以实际行动援助这些国家的革命解放运动,而援助的方式应与各该国共产党(如果有共产党的话)协商确定。"

第2款应读作:"必须同僧侣、基督教会和其他类似分子的中世纪式的反动的影响作斗争。"

第3款应读作:"必须同……泛伊斯兰主义、泛亚细亚运动和其他类似的思潮作斗争……"

第4款在"革命性"后面加上"在可能的地方,把农民和一切被剥削者联合在苏维埃之中……"

第5款将"资产阶级民主(运动)"改为"革命(运动)"。

第6款第5行应读作:"帝国主义列强(……)借助于(……)特权阶级。"

第12款将从"另一方面"至"民族狭隘性"这句话删去。

委员会认真研究并通过了罗易同志的提纲。罗易同志即将向大会宣读的就是已通过的提纲。我想,可以把委员会所作的修改直接写到提纲里去。

---

① 改正错字。提纲草案用俄文发表时即误刊,别国文本亦跟着错译。——编者注

罗易发言并提出补充提纲

同志们，我作为英属印度的代表，提出几条补充提纲，请大会和委员会讨论。因为提纲没有打印，所以只好在这里宣读。我先读这几条补充提纲。①（宣读）

我同意委员会对我的提纲所作的某些修改。请允许我提请大会注意这些十分重要的问题。我很高兴第一次有机会能够在革命无产阶级的大会上参加殖民地问题的重要讨论。欧洲的党至今不太注意这个问题，它们过分忙于自己国内的事务而忽视了殖民地问题。然而，这个问题在当前对于国际运动具有重大意义。战后，殖民地问题已成为最重要的问题之一。英国现在是帝国主义列强中最强大的国家，这主要是因为它有广大的殖民地。英国举足轻重，实力很强，社会形势稳定，这都是因为有殖民地。德国情况则不同，因为它现在已经丧失了殖民地。但至少殖民地问题不仅仅对于英国有重要意义。德国的同志们也应该注意这个问题，因为它已具有国际意义。欧洲与殖民地之间在经济上的相互关系，现在是整个资本主义体系的基础。过去在英国创造的剩余价值，现在已有一部分投资在殖民地。再者，运往殖民地市场的商品，就是英国本国生产的。英国的经济安排，在食品方面，只能保证本国一年里三个月的需要。英国一贯残酷剥削本国工人，它把国内实行的掠夺、盘剥、压制劳动者的方式，也应用于被压迫国家。仅英属印度的人口即有3.15亿以上。英国除剥削英属印度之外，还剥削其他殖民地数以百万计的有色人口。

既然共产国际承认殖民地问题是它应该过问的问题，那么现在就应

---

① 见本卷收录的《关于民族和殖民地问题的补充提纲》。——编者注

该迈出第二步,即决定该怎样更好地促进殖民地运动的发展。一直到最近,殖民地只有资产阶级的民族革命运动,其唯一目的就是赶走外国剥削者,而由资产阶级自己剥削劳动群众。

如果在大会上不是空泛地论述,而是详尽地讨论这个问题,那就可以坚信印度各族人民的民族革命运动对于共产国际具有巨大的意义。印度在战争时期和战后发生了很大变化。过去,英国资本主义总是阻碍印度工业的发展,但是不久前,它改变了这方面的政策。近几年来,英属印度的工业发展特别快。可是,欧洲对此并不了解。近来,英属印度工业无产阶级的人数增加了15%,而投入印度工业的资本增加了20倍,如果注意到这个情况,就可以明了英属印度资本主义发展之迅速。同样的发展情况,我们在埃及、荷属印度和中国都看得到。同时,在印度的被压迫群众中间出现了一个新的运动,它迅速扩大,并已发展成为巨大的罢工浪潮。这场群众性的运动不受革命民族主义者的领导,它在独立自主地发展着,尽管民族主义者仍企图利用这场运动为自己的目的服务。虽然不能说这场运动的参加者——工人和农民已经有了阶级觉悟,但这一群众性运动无疑是具有革命性的。无论如何,群众是要求革命的,他们的行动说明了这一点,运动所采取的那些形式也表明了这一点。

同志们!现阶段的革命群众运动给共产国际开辟了新的活动天地。需要的是找到正确的方法,使这部分群众中的工作迅速收到效果。自然,这些群众发动的革命在初期不会是共产主义的;自然,在初期,革命的民族主义将会发挥作用。但不管怎样,就连革命的民族主义也会引起欧洲帝国主义的崩溃,这对于欧洲无产阶级必定有重要意义。

最后,我恳请与会者,无论如何不要否定殖民地人民现在提供给国际革命无产阶级的支持。我希望大会十分认真地对待这个问题,希望对我的提纲发表意见的同志能利用这个机会,通过全面讨论,进一步搞清

这个对欧美共产党人如此重要的问题。(鼓掌)

讨论民族和殖民地问题

里德(美国共产主义工人党):

美国有黑人 1000 万,他们原来大都集中在南部各州,但近几年来,有大批的人向北迁移。在北部,工人从事工业劳动,而在南部,工人主要是务农,或者租地经营小型农场。黑人的处境,尤其是南部各州黑人的处境,非常悲惨。他们毫无政治权利可言。虽然联邦宪法第 15 条修正案赋予黑人以充分的公民权,但南部各州的大多数黑人却被剥夺了这种权利。在其他州,黑人虽然在法律上也享有选举权,但是他们却不敢行使这项权利。

黑人不能同白人同坐一个车厢,黑人不能进入白人居住的饭店和供白人用餐的餐厅,黑人不能住进白人居住的市区。黑人单有黑人的学校和教堂,而黑人学校的条件十分恶劣。对黑人实行的这种隔离制度叫做"система Джим Кроу"①。南部教堂的牧师们就鼓吹"система Джим Кроу"式的黑人乐园。在工业部门从事劳动的黑人,不被看做是技术熟练工人。一直到最近,黑人被禁止加入美国劳联(American Federation of Labor)所属的大多数工会。显然,世界产业工人联合会(I. W. W.)对黑人工人进行了组织工作。而旧的社会党并没有采取任何有力的步骤来组织黑人工人。有的州根本不吸收黑人入党,有的州单独成立黑人支部,至于南部各州,党章明文禁止用党的经费在黑人中间开展宣传工作。

在南部,干脆说,黑人就没有任何权利,也不受法律保护。白人残

---

① "система Джим Кроу"(System Jim Crow),意即种族歧视。——译者注

害黑人，不受法律制裁。南部白人的"一大成就"是，白人可以对黑人滥用私刑。一群白人残害一个黑人，通常，白人往黑人身上浇汽油，把他吊在电线杆上活活烧死。男女老幼倾城而出，跑来观看，还把黑人死者的衣服碎片和肉块捧回家里作"纪念"。

我的发言时间有限，不容我在这里陈述美国黑人问题的历史根源。黑人是黑奴的后裔，而黑奴解放只不过是南北战争时期的一项战时措施而已。当时黑奴无论在政治上或经济上尚不开化，至于后来让他们享有充分的政治权利，纯粹是为了在南部挑起激烈的阶级斗争，以便在北部资本家鲸吞全国资源以前，延缓南部资本主义的发展。

一直到最近，黑人并没有表现出任何积极的民族自觉。美西战争后，他们才第一次有了觉悟。在这场战争中，黑人士兵英勇善战，战后返回家乡时，他们意识到自己同白人士兵一样，是平等的一员。在此以前，在黑人之中开展的唯一运动，就是类似半慈善事业的启蒙运动，为首的是一个名叫布凯尔·托·华盛顿的人，并有白人资本家资助。这场运动表现为创办学校，目的在于培养黑人成为俯首贴耳的劳工，心甘情愿地领受被压迫的命运。美西战争后，黑人发起了争取改革的强大运动，提出了在社会地位和政治地位上同白人平等的要求。世界大战爆发后，有50万黑人应征入伍，随美军开赴法国；到了法国，他们同法国士兵混编在一起，于是，骤然间，他们在社会上及其他方面有了平等地位。美军总部遂向法国统帅部提出交涉，要求禁止黑人去白人去的地方，要求将黑人作为下等人看待。有许许多多黑人士兵因为英勇善战而荣获法国政府和比利时政府的勋章，但是因为有前车之鉴，所以，战后黑人士兵一回到美国，便立刻返回南部家乡。岂料，有很多人就因为上街贸然穿了军装，佩戴了勋章，竟惨遭白人私刑杀害。

与此同时，大战期间留在美国的黑人发动了声势浩大的运动。成千上万的黑人往北迁移，进军火工业部门劳动，接触了蓬勃发展的工人运动。工资尽管不断提高，却仍赶不上生活必需品价格的暴涨。再者，在反对强化劳动、反对压榨工人血汗等方面，黑人工人比白人工人表现出更强烈的反抗精神，这是因为白人工人对这种残酷剥削早就习以为常了。

黑人同白人工人一起举行罢工，并且很快就意识到，他们的利益同整个产业无产阶级的利益是一致的。对于革命宣传，他们的反应异常灵敏。当时创办了名为《信使》的杂志，由一位名叫伦道夫的年轻黑人社会主义者主编。该杂志把宣传社会主义同唤起黑人种族自觉，以及号召黑人奋起自卫反抗白人的暴行结合起来了。同时，这家杂志也强调必须同白人工人紧密联合，虽然白人工人有时也参与对黑人的迫害。这家杂志强调指出，资本家出于切身利害关系，支持白人和黑人之间的种族对立。

大战后，军队回国，使劳动市场上的白人工人顿时多了400万。这自然引起失业，复员士兵急不可耐，大有骚乱之势。为了转移这股不满思潮，企业主不得不对复员士兵说，他们的位置被黑人占了，以此挑唆白人工人迫害黑人。首都华盛顿爆发了第一次骚乱，原来的政府机关小官吏解甲归来之后，发现自己的职位被黑人挤占了。这些官吏大都是南部的人。于是，他们夜袭黑人居住区，妄图以恐怖手段将黑人从他们所占的职位上赶走。令人普遍感到惊讶的是，黑人全副武装奋起迎战，打得白人落花流水，白人死亡者比黑人多两倍。过了几个月，芝加哥爆发了一起骚乱，双方均有重大牺牲。后来，奥马哈也发生了一起骚乱。在这三次骚乱中，黑人首次向人们表明，他们不但有武装，而且组织严密，根本不把白人放在眼里。黑人反抗的结果是，首先，政府不敢轻易插手；其次，美国劳联向黑人工人敞开了大门。

至于黑人自己，他们的种族自觉有了极大的提高。黑人中出现了一股潮流，主张对白人实行武力反抗。战后复员的黑人士兵普遍成立了自卫团体，以反抗白人私刑杀人者。我要在这里强调指出，共产党人必须支持黑人自卫运动，但同时也应当反对黑人实行单独武力反抗的主张。现在有许多人认为，黑人暴动就是一种信号，表明美国将普遍发生革命。但是我们知道，没有白人无产阶级的支持，这种暴动只不过是反革命的信号而已。

《信使》杂志的调子愈来愈高，它的发行量不断扩大，目前，月发行量已达15万份。同时，社会主义思想也已萌芽，它在黑人产业工人中迅速传播开来。

黑人既然是被压迫、被奴役的民族，这就向我们提出了双重任务：一方面，一个强大的种族与社会运动正在黑人中间兴起；另一方面，出现了强大的工人运动，这场运动是和阶级意识的迅速提高相伴随的。黑人不存在民族独立的要求。任何追求民族独立生存的运动，例如若干年前"重返非洲"的运动，都不受黑人的欢迎。他们把自己首先看成是美国人，认为美国是他们的祖国。因此，共产党人的任务就简单多了。

美国共产党人的黑人政策，应首先把黑人看成是工人。对南部的农业工人、佃农，我们应当像对白人农业无产者一样看待，虽然黑人落后得多。在北部黑人产业工人中间可以开展共产主义宣传。无论在北部或南部，都应力求将黑人和白人联合在一起，这是克服种族偏见和促进阶级友爱的最有效、最简便的方法。

但是，共产党人对于黑人争取社会平等和政治平等的运动，不可置之不理。目前，种族自觉正处于提高的阶段，这场运动已遍及广大黑人群众。共产党人要利用这场运动，借以表明：资产阶级的平等毫无价值可言，社会革命势在必行，因为社会革命不仅可以使工人摆脱奴隶地位，而且也是使黑人不再充当被压迫民族的唯一手段。

弗赖纳（美国共产党）：

前面发言的人谈到了黑人，指出黑人在美国是一个被压迫的民族。

殊不知,在我们美国还有两个被压迫民族,这就是外国工人和殖民地居民。

美国国内疯狂镇压罢工和革命运动,这并不是战争引起的后果,而是过去在政治上对待没有组织起来的非熟练工人的一种表现,只不过是现在这种表现更加明显罢了。为镇压这些工人的罢工而采取的手段,极为野蛮。何以如此呢?就因为这些没有组织起来的非熟练工人(约占产业无产阶级的60%),大都是外国人。在美国,外国工人实际上处于殖民地奴隶地位。南北战争(1861—1865年)以后,资本主义迅速发展,横越大陆的铁路系统建成后,资本主义的发展已遍及西部未经开发的地域。东部各州和欧洲的资本纷纷涌入;侨民成了"人力资源",就如同落后殖民地国家一经帝国主义"开发",这些国家的人民就成为"人力资源"一样。工业开始集中,垄断组织应运而生,而垄断组织的出现,乃是美国对外进行帝国主义扩张之前在国内推行帝国主义的典型特征。外国工人在北美所遭受的迫害,绝不亚于殖民地奴隶所遭受的迫害。

例如,1912年拉德洛采煤工人举行了罢工,当局调来军队,将采煤工人赶出他们的住房,采煤工人只得住帐蓬。一次,矿工同矿上的警卫发生了冲突,冲突地点离矿工村只有几英里,一队士兵就把帐蓬包围起来,放火焚烧,有几百名妇女和儿童被活活烧死。

在这种情况下,美国国内的阶级斗争就具有局部的种族形式了。正如黑人暴动不能成为无产阶级革命的开端,而只能成为资产阶级反革命的开端一样,外国工人暴动的结果,也不会两样。我们的伟大任务,就在于把外国工人同美国工人一起吸收到统一的革命运动中来。

我们不应当只把菲律宾群岛这样一些名副其实的殖民地视为美国殖民地,而应该把整个拉丁美洲都看做是美国殖民地。美国通过它的占领军完全控制着中美洲。不仅如此,它还把权力扩展到墨西哥和南美洲。它在墨西哥和南美洲扩展权力,途径有二:其一是进行经济和金融渗透,而自从没收德国资本以来,这种渗透有增无减;其二是推行门罗主义,为此,它最先打出的旗号是保护美国免遭君主政体阴谋的陷害,后来,门罗主义就成了美国帝国主义统治拉丁美洲的工具。战前头一年,威尔逊总统对门罗主义作了解释,说它是美国政府阻止英国资本家再次到墨西哥购买石油钻井的一种权利。换句话说,拉丁美洲就是美国帝国主义的殖民基础。本来,在世界其他各地经济关系正日趋削弱,而美国帝国主义却靠剥削拉丁美洲突然发迹。为对付这种帝国主义,必须在拉丁美洲开展革命运动,正如为对付英国帝国主义而必须在英属殖民地开展革命运动一样。

迄今,美国工人运动一直不关注拉丁美洲的运动,其结果是,拉丁美洲的运动在思想上受西班牙的影响,而不是受美国的影响。拉丁美洲的运动应该摆脱目前这种带有工团主义偏见的影响。美国劳工联合会和反动的社会党企图建立泛美团体,但是,显而易见,这绝不是出于革命目的。美国共产主义运动和整个共产国际必须积极干预拉丁美洲的运动。拉丁美洲运动和美国运动应当被看做是一个整体。我们的战略与策略,必须从整个美洲的范围来考虑美国的革命利益。共产国际的基本任务是打垮美国帝国主义,而唯有在全美洲开展波澜壮阔的革命运动,使每个民族都从属于美国革命的共同任务,帝国主义才能被打垮。共产国际的基本任务实现之日,就是世界革命成功之时。

拉狄克(俄国):

以往,在第二国际历次代表大会上,总是有人抗议帝国主义政府在殖民地国家横行霸道;时至今日,第二国际仍在各种会议上大谈殖民地问题,胡斯曼也罢,韩德逊也罢,其他人也罢,他们慷慨之极,主张把"独立"拱手让给各个民族,即使后者根本没有提出这项要求,他们也要这样叫喊。如果在全世界面前为抗议帝国主义政策而怒吼几声,如果公开宣布"承认"殖民地民族独立,便万事大吉了,那么,我们的任务也就十分简单了。其实,我们提出的在殖民地国家开展实际斗争的原则,是完全不同的。共产党政策的原则要点,不能胡诌一通,必须对殖民地的情况作具体分析,并在此基础上认真制定,问题的关键就在于必须对殖民地的斗争给以切实有效的支持。列宁同志援引了奎尔奇同志的话,后者在殖民地问题委员会中说过:如果印度爆发起义,那么英国主战派的报刊就势必对大部分英国工人施加舆论影响,促使他们起来镇压起义。假如奎尔奇同志的中心意思是说,在英国工人中间有一股不小的帝国主义逆流存在,那么,这无疑是正确的。反之,如果他的意思是说,一旦爆发殖民地起义,我们的英国同志就会袖手旁观,而为了消除这种袖手旁观的态度,除了通过一纸抗议书之外,别无他途,那我们就要说,共产国际真的还需要为自己的成员开设共产党政策的常识课了。

如果英国工人不去反对资产阶级的偏见,而去支持英国的帝国主义行径,或者对这种行径采取消极态度,那就无异于纵容对一切革命运动的镇压。英国无产阶级若不支持殖民地革命运动,它就不可能挣脱资本主义的羁绊。有朝一日,当英国工人奋起反抗他们的资本家的时候,他们就会发现,英国本国充其量只能满足全国食品需要量的30%。到那时,美国就会企图对无产阶级的英国实行封锁。纵然美国资本家的商船不能长期阻止食品运入无产阶级的欧洲(因为美国人总得把粮食推销出去),但是,英国资本却极有可能将美国粮食屯积一两年,而不运进英国国内。这样,英国革命的命运如何,主要就要看爱尔兰、印度、埃及等国的农民和工人是将英国工人看成自己的保护者呢,还是一如往常,把英国工人阶级视为英国帝国主义的走狗。在斯卡伯勒举行的工人代表会议通过了一个重要决议,要求印度和埃及实行独立。可惜,竟没有一个共产党员站出来,向大会揭露麦克唐纳之流;他们提出爱尔兰、印度和埃及"独立",纯粹是为了麻痹英国工人,以此为英国资产阶级效劳。他们在议会中辩论阿姆利则屠杀事件时,不肯指明戴尔将军是一个地地道道的刽子手,他们标榜自己是殖民地独立的维护者,可这一切分明是虚伪和欺骗。我们感到非常遗憾的是,工党内的我们的同志没有撕下这伙骗子的假面具。

共产国际衡量英国共产党人的行为,不是看他们在《号召报》和《工人无畏舰》周刊上发表了多少文章,而是看有多少同志因为在殖民地从事宣传而被捕入狱。我们指出,英国同志的职责是:全力支持爱尔兰运动,在英军中进行宣传鼓动,千方百计地阻挠英国运输工人和铁路工人工会推行往爱尔兰运送英军的政策。如今,若在英国国内提出反对武装干涉俄国,这是极为容易的,因为连资产阶级左派也反对这种干涉。可是,英国同志要为爱尔兰的独立而斗争,要从事反军国主义的工作,那就困难得多了。尽管如此,我们还是有权要求英国同志完成这项艰巨的工作。

今后我们仍有机会就这个问题和议会制问题发表议论。不过,重要的是,今天必须告诉英国那些有志于支持共产主义运动的车间代表委员会运动的同志,他们不参加议会活动,就等于放弃一种斗争手段,这实在是一种幼稚行为。我们的车间代表委员会运动的同志反对压迫印度农民,可是印度农民对此无从得知;然而,假如有哪一位车间代表委员会运动的同志能够直截了当地在议会中亮明自己的观点,那么,下院院长肯定无疑地要把他轰出议会会场。路透社决不会放过这个机会,一定要将这个新闻通报全世界,说英国议会出了一名"叛徒",因为他把杀人犯称做杀人犯。英国资本有势力强大的资产阶级作依靠,因而只是在伦敦、设菲尔德、曼彻斯特、格拉斯哥等地难以打垮它,我们必须在殖民地将它打垮。殖民地是英国帝国主义致命的弱点。因此,英国共产党人的职责是,深入殖民地,率领殖民地中奋起反抗的人民大众去进行斗争,给他们以有力的支持。

在旧国际的历史上，我们未曾见过有哪个社会民主党是争取殖民地民族解放的先进战士。当不幸的格列罗人被大批驱赶到沙漠地带的时候，德国社会党人竟然在表决时弃权，声称不了解起义的原因，无从表态。

共产国际的职责是，要造成这样一种气氛：如果不能以实际行动表明自己在支援殖民地起义，那这种人就没有资格到这里来参加我们的大会。这是共产国际的一个极其重大而又迫切的问题。正如我们必须努力为我们的斗争而在每个国家利用所有靠拢无产阶级的小资产阶级分子一样，共产国际也必须成为亚洲和非洲奋起反抗的民族的指路明灯。共产国际同世界资本主义作斗争，不但要有欧洲人民群众的援助，而且也要有殖民地人民群众的支持。帝国主义不仅在经济上而且在军事上都要依靠殖民地人民，因而欧洲社会革命免不了还要与黑人军队打交道。现在，共产国际应该行动起来了。俄罗斯苏维埃共和国已经这么办了，我们正在东方开展艰难的工作，我们正在土耳其斯坦和高加索进行有目的的宣传鼓动以建立苏维埃组织，我们已深入波斯和土耳其进行试探，凡此种种行动若被英国同志看成是苏维埃共和国蓄意找英国人的麻烦，那就表明他们对苏维埃政府的对外政策完全无知，这是共产国际纲领的一部分，是苏维埃俄国作为共产国际的一部分而履行它应该履行的义务。我们认为，在东方开展宣传鼓动工作，并不是同欧洲资本作斗争的辅助手段，而是欧洲无产阶级的长远利益赋予我们的斗争使命。所谓援助，自然不是说要在缺少任何共产主义基础的地方人为地拼凑共产主义政党。绝对不是，既然是援助，就应当对当地民族的解放斗争起到直接的促进作用。

列宁同志说过，没有任何理论根据来说明各国人民非要经过资本主义阶段不可。现在的资本主义国家，并不都是经过工场手工业时期而达到资本主义的。日本就是直接从封建主义过渡到帝国主义的。一旦德国、法国和英国的无产阶级群众争取到社会主义，我们带给殖民地人民的就不只是资本主义遗留下来的种种现代生产手段，而且将带给他们以社会主义创造出来的新型生产方式。我们将协助他们找到一条途径，以便不经工场手工业阶段而直接从封建野蛮状态过渡到采用近代技术的生产。

我们正处于新纪元的开始阶段。欧洲资本主义害怕东方民族的觉醒，散布"黄祸"这种无稽之谈；不过，假如资本主义继续存在下去，"黄祸"倒真有发生的可能。中国或土耳其的农民遭受无情的盘剥，他们一旦无产阶级化，就要侨居国外谋取生路，并且为了自卫，他们的民族就要进行大迁徙。但共产主义无须惧怕"黄祸"，共产主义能够向一切被压迫民族伸出援助之手，因为共产主义带给被压迫民族的并不是剥削，而是兄弟的援助。

关于是否停止申请发言的争论

罗斯默（法国）：

有人提议停止申请发言。

怀恩科普（荷兰）：

我认为，现在还不能停止申请发言。讨论的问题至关重要，尤其是关系到今后的前途。其实，辩论还未开始，说不定，还辩论不起来呢。

塞拉蒂（意大利）：

我要提醒各位，报名发言的还有 12 位。怀恩科普同志说，真正的辩论还未开始，他这样说也许是对的。不过，我认为，目前的辩论已经离题了。什么黑人问题、朝鲜问题、奥兰群岛问题等，谈了不少，涉及一系列局部的民族问题，而本来是应该讨论共同的问题。我想，我们是否明天继续辩论，申请发言明天再截止，并请同志们不要谈论局部问题，而只谈论共同问题。

吉尔波（法国）：

我提议现在就休会，但不要停止申请发言。辩论还没有开始，停止申请发言，就等于把一个十分重要的问题一笔勾销了。不妨限制每个发言人的发言时间，而不能不让哪一位发言。

马林（荷属印度）：

我的意见是，塞拉蒂同志的建议不能采纳。不让殖民地代表谈谈殖民地运动的情况，是很不妥当的。塞拉蒂同志明明知道殖民地问题委员会今天开会没有一个意大利人参加，却提出这项建议，这实在令人惊奇。

拉狄克（俄国）：

我对主席团的建议表示反对。我知道，在座的诸位对这个问题颇有研究，但是，在讨论中不能从这样一种观点出发，即某某同志非是行家不可。我们必须从殖民地问题的政治意义出发。我们在政治上需要的是，工人能看到本届代表大会的记录，工人能知道被压迫民族的代表在大会上发了言，并且参加了大会的历次会议。我们没有包罗万象的共产主义策略规范可供每个人使用，但是，即使一个普通工人，也能为介绍他本国的情况而作出他自己的重要贡献。关键就在于要让每个人知无不言，说得越具体越好。我觉得爱尔兰代表有话要说。如果能让英国帝国主义明确知道，他们本国确有人愿意同我们建立联系，并且愿意同我们一道斗争，那是再好不过了。

塞拉蒂（意大利）：

我不希望把我的建议理解为我主张不要辩论。首先我要声明，我的建议既不代表大会主席团，也不代表意大利代表团。刚才有人关于芝加哥的黑人问题谈了 10 分钟。不能把问题扯得太零碎，要把问题连贯起来，概念也要明确。我也不希望别人产生误解，认为我不主张落后国家——这是列宁同志的提纲中的提法——的代表发言。我之所以提议停止申请发言，正是因为所有落后国家——中国、波斯、日本、土耳其、朝鲜等国的代表都已申请发言了。如果还有落后国家的代表申请发言，那就要变成研究各个民族的历史了。我提议休会，至于是否需要继续申请发言，下次会议上再决定。

怀恩科普（荷兰）：

我提议就塞拉蒂的建议进行表决，而不必等下次会议。

塞拉蒂（意大利）：

既然持反对态度的人如此之多，我撤销自己的建议。

罗斯默（法国）：

后天上午 10 时继续进行辩论。

（会议于凌晨 2 时半休会）

第五次会议

(1920 年 7 月 28 日)

会议于上午 11 时开始,由季诺维也夫主持。

继续讨论民族和殖民地问题

苏尔坦-扎德(波斯):

第二国际的代表大会曾多次讨论殖民地问题,并曾通过一些冠冕堂皇的决议,但从来没有实行过。他们经常在落后国家缺席的情况下讨论这个问题和通过有关决议。我再补充一点,就是在俄国和英国刽子手镇压波斯革命之后,波斯民主党向当时代表欧洲无产阶级的第二国际求援,而有关这个问题的提案,却没有提交大会表决。

现在,在共产国际第二次代表大会上,这个问题破天荒第一次进行了全面而又深入的讨论,东方和美洲几乎所有殖民地或半殖民地国家的代表,都参加了讨论。我们委员会通过的决议,完全符合被压迫民族的劳动群众的夙愿与希望,而且对这些国家的苏维埃运动可以起到一定的推动作用。

乍看起来,可能会感到奇怪,我们居然讨论起这些仍然是封建主义或半封建主义国家的苏维埃运动来,但是,只要认真分析一下这些国家的社会结构,也就会打消这种疑虑了。列宁同志已经谈到俄国共产党在处理土耳其斯坦、巴什基尔和吉尔吉斯问题上的经验。既然苏维埃制度在这些国家里行得通,那么,在波斯和印度这样一些阶级分化进程极其迅速的国家里,苏维埃运动就必然会得到更加广泛的发展。

直至1870年,商业资本始终在这些国家占据统治地位。此后,情况变化不大。列强的殖民政策压制了民族工业的发展,使这些国家沦为自己的市场和欧洲各大中心的原料产地。欧洲商品的输入扼杀了当地的手工业。

欧洲各国工业资本主义的迅速发展,使大批原先的手工业工人几乎转瞬间就沦为无产者,并为这个阶级创造了崭新的思想体系,可是在东方,千百万赤贫的无产者却因此被迫移居欧洲和美洲。在这一切殖民地和半殖民地国家里,还有一个生活条件极其恶劣的阶级,这就是农民阶级。总而言之,整个东方正经历着封建奴隶制时代,那里的苛捐杂税重担全然落在这些贫苦的居民阶层肩上。唯一从事生产的农民阶级,要养活一大群商人、剥削者和企业者;另外,由于它经常遭受压迫,不可能建立起自己强大的、有组织的政党。同时,各个统治阶级的利益也不一致,因而世界观亦各不相同。列强的殖民政策符合商业界的利益,然而,外国的干预却损害资产阶级的利益。虽然传教士们反对纺织品输入,在传教中攻击那些渎神的欧洲国家,但列强的殖民政策却完完全全符合商人的利益,所以,他们一点也不反对与列强建立各种联系。统治阶级没有也不可能有完全一致的利益。

上述一切情况造成一派令人窒息的气氛,而且由于东方各国资产阶级极其软弱,一场民族革命风暴即将来临,并将迅速地转变为社会革命。亚洲大多数殖民地国家的情况,就是这样。难道由此就可以像罗易同志所断言的那样,世界共产主义的前途将取决于东方社会革命的胜利吗?当然,并非如此。可是,土耳其斯坦的许多同志恰恰犯了这个错误,这是一个实例。对殖民地的剥削会引起殖民地的革命风暴,这种看法十分正确。然而,从另一方面看,正是这种剥削,也会促使宗主国的工人贵族滋长反革命情绪。资本家们极力遏止革命，企图把一小撮工人贵族争取过来，为此不惜扔给他们一点资本主义餐桌上的残羹剩饭。譬如，今天在印度爆发了共产主义革命，这个国家的工人，在没有英国和整个欧洲革命运动支援的情况下，能打退资产阶级的进攻吗？当然不能。波斯革命和中国革命失败的惨痛教训，证明了这一点。假如土耳其和波斯的革命者现在就向非常强大的英国提出挑战，那并不是因为他们的力量目前已比较强大，而是因为世界帝国主义匪徒的力量削弱了。西方革命，犹如晴天霹雳，震撼了东方大地，给波斯和土耳其的革命者增添了力量。世界革命的时代到来了！

我认为，提纲中所说的必须支持落后国家的资产阶级民主运动这一节，只适用于资产阶级民主运动尚处在萌芽状态的地方，而在我们已积累了十多年斗争经验的地方，以及在资产阶级民主制已成为政权的基础和支柱的地方（例如波斯），执行这样一种策略，就意味着把群众推到反革命的怀抱里去。在这种情况下，必须创立并支持纯粹共产主义运动，以对抗资产阶级民主主义思潮。对实际情况所持的其他任何见解，即得出的其他任何结论，都会给我们带来令人极端失望的结果。

格拉齐亚德伊（意大利）：

我首先声明，我只以个人名义发言。

在委员会对列宁同志的提纲定稿作出最后改动以后，尤其是对提纲第 11 条（提纲的初稿曾使我非常困惑不安）加以修正和说明以后，我庆幸自己能有机会声明：我基本上同意列宁同志的见解。

如果我的理解正确的话，列宁同志是这样提出问题的：每一个民族内部都存在着被剥削者与剥削者，在国际上同样也存在着剥削所有其他民族的民族。第二国际所采用的小资产阶级抽象的人权思想，力图掩盖阶级斗争；在理论上各民族平等的思想，同样也是力图掩盖帝国主义国家与被压迫民族之间的经济斗争和思想斗争。

首先,他们犯了两种截然对立的错误:第二国际企图按资产阶级观点提出民族问题;而同时,一部分社会党人虽然反对这个带根本性的严重错误,但都打算回避这个十分重要的问题,并全然置之不理。

列宁同志则反其道而行之,他力求使这个问题的提法符合马克思主义和现实主义观点。我所讲的"马克思主义观点",是指列宁同志始终坚持的、绝对不容侵犯的马克思主义方法论。的确,列宁同志所持的批判的、唯物主义的观点,既符合帝国主义战争以前的情况,也完全符合战后的情况。

在列宁同志的提纲和我们对1914年战争所下的定义之间,不存在任何矛盾。我们把战争叫做帝国主义战争,是因为它对一切民族不是一视同仁的,这点必须认识清楚。要知道,弱小民族,尤其是殖民地,被大国卷入战争的漩涡,很快就成了帝国主义的牺牲品。只有那些最强大、最富有的国家,才能从这场漫长而又疲惫的战争中得到好处。弱小民族实际上丧失了经济上的独立,即使这些国家的领土状况较前有所改善,但它们的处境却更为恶化了。

由此可以看出,目前存在着两个具有决定性意义的事实:一是帝国主义列强正在争取一些小国(波兰、罗马尼亚等)参加它们反对苏维埃俄国的斗争;二是苏维埃俄国可能找到与资本帝国主义作斗争的强大同盟者,这就是起来反对剥削它们的帝国主义列强的弱小民族和殖民地。

虽然这一切都不容置疑,但我仍然要提出一点看法。我认为,不能把第三国际与俄国苏维埃政府分开,只有苏维埃政府的胜利,才能给第三国际打下基础,才能使第三国际取得成就,这同巴黎公社的失败导致第一国际灭亡是一样的。然而,不能不指出,我们的俄国同志在同这些强大的敌人进行英勇卓绝的斗争时,有可能出于情况所迫而违反自己的意愿，犯下某种"左"的机会主义错误，而这种错误则是第三国际这样的组织所应当极力避免的。

因此，必须正确地制定我们的原则。必须强调指出，在那些真正的资本主义国家中，以及在那些落后国家和殖民地国家中，我们的行动准则应当有所不同。此外，还必须大力支持各地党组织。这就是我对列宁同志的提纲提出的修改意见。同时，我要强调指出，我所坚持的不是修改意见的文字，而是它的总的精神。

我建议，提纲第11条的开头这样写："在统治阶级有条件实行帝国主义民族政策的那些国家里，以及在具有相当强大的产业无产阶级的那些国家里，各该国共产党应当进行直接的、毫不调和的斗争。但是……"下面紧接原文"对于……"

提纲第11条第1款第1行的"必须帮助"，改为"必须切实关心"（l'intérêt actif）。

第3行和第4行的"给予最积极的帮助"，改为"务必切实关心"。

提纲第11条第5款第5行的"支持"改为"关心"。

第13行的"应当……结成临时联盟"，改为"应当……建立临时的关系"。

委员会所补充的"而援助的方式应与各该国共产党……协商确定"，改为"共产国际对该国民族运动的切实关心，应依据该国共产党商讨的行动方式，应依据实现下列所有条件以及形势与经验所提出的要求来决定"。①

把提纲第12条倒数第二个建议的最后一部分"同样的义务"到"上述偏见"这一段话删去。

---

① 指委员会对《民族和殖民地问题提纲初稿》第11条第1款的补充。——编者注

提纲中使用"支持"这个措词，比起"切实关心"的提法要狭窄得多。这个措词只适用于某种情况，而且是最危险的情况。"必须切实关心"，也包含"支持"的意思，但这只是一种可能出现的情况。假如能在各地迅速开展民族运动，以推动形势的发展，那就再好不过了。关于"联盟"问题，可以说，也是这样。这只是一种可能实现的关系，何况这种关系并不是最理想的。

刘绍周（中国）：

1918年底，中国内战正酣。在南方成立了临时革命政府，其宗旨是同北洋政府进行无情的斗争。南方政府由第一次中国革命的著名领袖孙中山领导。但时隔不久，由于与残留在南方政府内部的旧官僚代表发生冲突，孙中山退出了广州政府。自那时起，他不再正式插手政府事务。

南方政府至今仍继续同北洋政府作斗争，而且，这个斗争是在孙中山派所提出的口号下进行的。其中基本的口号是：把权力交还原国会和原总统，废除北洋政府。斗争时胜时败，但无疑南方政府更可望获胜，尽管北方当局似乎有较为有利的财政条件。近日传闻南方政府军已占领中部的一个省份——湖南，并挥戈指向北京。

1917年反动的北洋政府参加协约国反德意志联盟时，曾向全国许诺，参战就能得到种种好处。各革命党表示抗议，并反对这种做法，但徒劳无益，因为终究宣战了。中国人民毕竟相信了这一许诺，对凡尔赛会议寄予很大希望。凡尔赛会议不仅没有给中国任何好处，而且还巩固了日本在战时靠损害中国利益而获得的一切权利和领土，中国人民大失所望。因此，参加凡尔赛会议的中国代表回国后，国内爆发了反政府和反对日本的声势浩大的运动。领导运动的是大学的学生会。上海成了运动的中心。学生们广泛开展宣传鼓动，组织示威游行和罢工，印刷呼吁书，等等。同时，他们提出了抵制日货的口号。的确，这场运动的成效微乎其微。它遭到武力镇压，许多游行者亦惨遭枪杀。然而，尽管如此，这场运动仍然起了相当大的作用，因为它激发了群众的革命精神。

近来，学生们认识到，孤军作战一事无成，便着手争取工人群众。中国工人也开始懂得自己是一支力量，尽管他们代表刚刚形成的产业无产阶级。例如，去年上海发生了一系列罢工，诚然，这纯属经济性罢工，可是设在上海的社会主义党中央在工人当中享有越来越高的声望。这个党是马克思主义政党。从它所办的名称质朴无华的杂志《周报》，我们可以断定，这场运动确实非同小可。例如，5月1日这期杂志里有这样的口号："不劳动者不得食"、"世界应当属于无产阶级"，等等。这个杂志坚持不懈地宣传与民族主义针锋相对的社会主义思想，坚持同苏维埃俄国结成亲密的兄弟联盟的观点。这个杂志反对去年签订的旨在占领西伯利亚的中日条约。所有文章都贯穿并强调一个思想：无产阶级定能战胜资产阶级，民族主义和资产阶级民主的原则必将为社会主义原则所代替。这个杂志很受欢迎。由此可见，不仅产业无产阶级，而且连手工业者也开始组织起来了。

欧洲的工业危机波及中国，洋货充斥中国市场。中国工业不可能发展，中国无产阶级的状况也很令人失望。总之，中国知识分子、大学生和工人拥有大量可供革命宣传的材料。至于农民，尽管中国没有大土地占有制，但比较富裕的农民仍在逐步收买土地，因而毫无疑问，贫农的数量会不断增加。不用说，这部分人肯定会自愿追随城市无产阶级参加革命运动。

目前，中国有许多省闹独立，各省都督全权独揽。他们和政府成员都属安福系，即旧军阀派系，其中大部分人在帝制时期也是身居要职。所有这些都督几乎都不受北洋政府管辖，即使支持它反对南方政府，那也仅仅是为了自身的利益。都督们掌握整个国家的财政大权，擅自处理中央政府的收入。因此，政府的财源当然就微乎其微了。政府只好借外债，主要是向日本借款。当然，日本方面不会白白提供这种方便，它在华的权益和物质上的特权自然会随之不断增大。例如，在中国许多省份里，日本以被征服国的绝对统治者自居。另外，我们已提到的都督们的独裁统治，以及现有的200万纪律涣散、唯钱是听的军队，使得国家一片混乱。这就是革命风潮和群众反政府情绪经常爆发的原因。

目前，反对中国现存两个政府的各种力量的主要代表人物，汇集在上海。那里有孙中山及其第一次革命的拥护者，还有大学生总联合会、工会和社会主义党。所有这些集团都已联合起来反对日本，反对北洋政府和资产阶级，它们的革命精神格外坚定。

为了进一步概括我上面的发言内容，必须强调一点：目前，中国有从事革命宣传的广阔天地。第三国际的代表大会应当高度重视这一事实。支持中国革命不仅对中国本身，而且对全世界的革命运动都有重要意义，因为日本帝国主义已在亚洲站稳了脚跟，并且将把它的帝国主义魔爪伸向西伯利亚和太平洋的一些岛屿，甚至南美，而目前唯一能对抗贪婪的日本帝国主义的力量，就是中国劳苦大众的强有力的和声势浩大的革命运动。

朴振顺（朝鲜）：

现在，我们能够在这里，在完全不同于30年前建立第二国际时的情况下，讨论殖民地问题。第三国际在殖民地问题上的全部任务是：纠正第二国际的领袖们所犯的错误。遗臭万年的第二国际的全部历史表明，只要殖民地继续是资产阶级强大力量的源泉，西欧无产阶级就不能战胜本国的资产阶级。那些执政的第二国际领袖承认这一点，但是，这些社会主义理论家却对殖民地各国人民的英勇斗争持敌视态度，他们在东方问题和殖民地各国人民问题上所表现出来的恐惧心理，并不亚于一些资产阶级思想家。

然而在这里，在代表大会上，委员会的工作已经证明，无论是东方的各位代表，还是整个西欧无产阶级的代表，都十分清楚：只有当我们唤醒所有这些殖民地国家的人民起来斗争时，只有当西欧无产阶级给本国资产阶级以致命的打击，而殖民地各国也能给西方资产阶级以致命的打击时，欢庆的日子——共产国际胜利的日子、社会革命的日子才会到来。东方各国人民和西欧无产阶级越来越清楚地认识到，他们必须联合起来进行革命斗争，而俄国就是联合无产阶级的西方与革命的东方的环节，它使我们目前能够切实地分析机会主义之所以形成，第二国际之所以动摇这个最迫切的问题。我希望，我们的代表大会现在通过的殖民地问题的决议，能迅速掀起东方革命的风暴和加快革命的进程。

现在，请允许我谈谈我国——朝鲜的革命运动。一部分问题，我们在这里已经得到解决。我只想简单地谈谈代表大会上提出的一些问题的实际情况，因为革命运动已经把其中一些问题向我们提了出来。10年以前，全体朝鲜人民对朝鲜被吞并漠不关心，对于民主、对于朝鲜的独立、对于自由幸福的生活这样一些慷慨激昂的言论，也是漠然置之。而忽然间，依然是这个国家的人民，现在却持续进行了一年半的忘我而英勇的斗争。不能认为，近10年来朝鲜人民的一般文化水平已有很大的提高。10年来，日本人不仅未能唤醒朝鲜民众的阶级觉悟，而且也未能唤醒他们的民族觉悟。如果我们的导师们说，革命是历史的火车头，那我们应当说，促使这个火车头沿着革命道路前进的燃料是经济。

现在，朝鲜由于被日本人占领而成为一个最不幸的国家。拿农民的状况来说，他们的捐税负担，要比朝鲜被吞并以前高出300%—350%。这必然会使农民陷入破产的境地，并且，日本农业银行所实行的强迫移民朝鲜的政策，更激起大多数朝鲜农民，尤其是中农的不满。日本人还不让朝鲜人接受有用的教育，不准青年学生进高等学校，因为他们毕业后会成为工程师和优秀的军事教官。因此,不仅一部分知识分子,就连所有的青年学生都有反对日本占领者的情绪。再拿资产阶级来说,日本为了保持朝鲜这个殖民地而实行的政策,剥夺了朝鲜资产阶级在本国开办工厂的可能性。这也是造成朝鲜资产阶级对日本不满的一个原因。因此,资产阶级和劳动群众一起进行了斗争,所以两三年来,我们在他们之间不能划清界限。当然,只要经济条件不具备,我们就不可能这样做。可是,我们党将力求划清阶级界限,并领导朝鲜纯粹的土地革命运动。现在,所有的封建主、所有的大地主都清楚,朝鲜的民族解放运动是怎么一回事。这个运动的矛头不仅指向日本帝国主义,指向外国帝国主义者的压迫,而且也指向本国资产阶级,而大部分资产阶级也是大地主。总而言之,当朝鲜最终摆脱了民族压迫时,用不了两三年,资产阶级就会明白,独立后的朝鲜是不会给它带来它所渴求的那种幸福的。它知道,朝鲜的独立意味着它将失去一切物质财富,所以,它现在就开始反对朝鲜革命,并把自己的命运同日本帝国主义联系在一起了。

去年的凡尔赛会议集中表现了革命派之间的分歧。联合了一切民族主义者的右翼,组成了民族统一同盟的各大政党以及各小资产阶级团体的联盟,都拥护国际联盟,期望想象中的救星威尔逊会拯救东方被奴役的人民。它们都坚持派代表团出席和平会议。但是,我们知道,美、日、英帝国主义者决不会如此慷慨,决不会心甘情愿地放弃他们在殖民地的既得利益。因此,我们直截了当地提出这样一个问题:拥护巴黎,还是拥护莫斯科?我们对历史的评价是完全正确的。在凡尔赛会议上,朝鲜代表团一无所获,而我们在群众中的影响却在增长,现在还在继续增长。目前,我们党是一个大党,它在群众中享有很高的声望。因此,我希望,这次代表大会即将通过的提纲,将成为我们党的指导方针。我们党将永远在共产国际的旗帜下前进。现在,它已把自己的命运和世界无产阶级革命运动密切联系在一起,并将履行自己应尽的职责。它将和全世界革命无产阶级一起朝着最终目标前进，朝着建设共产主义前进。在争取被奴役的朝鲜变成世界苏维埃联邦共和国的成员的斗争中，它将是一种重要力量。

康诺利（爱尔兰）：

在列宁同志的提纲中拟订了共产国际对待被压迫国家的民族革命运动的策略原则。为了能在实践中真正运用这个提纲，共产国际必须掌握有关国家的经济与历史发展情况的正确资料。此外，它还必须能够正确估计该国目前各种力量所起的革命作用。因此，我们不打算谈论整个提纲，而只提出一份关于爱尔兰情势的详细报告。

关于解决爱尔兰问题，即解决被压迫民族问题，有三种不同的观点：一种是民族革命运动的观点，另一种是小资产阶级社会民主党人和自由党人的观点，再就是第三国际的观点。

第一种观点，把爱尔兰看成是一个独立的民族单位，它700年来在经济上和政治上备受英国的压迫，因此，唯一的解决办法，是爱尔兰脱离大英帝国，完全独立。为实现这一目标，必须以西欧的民主共和国为模式，建立一个资产阶级民主主义的爱尔兰国家。否则，爱尔兰永远不能在经济上和文化上获得充分的发展。

自由党人的观点（和小资产阶级社会民主党人的观点只稍有差别）是：爱尔兰在经济上和政治上已是大英帝国的组成部分。因此，为了满足本民族的要求，爱尔兰唯有作出一点合乎情理的政治上的让步，这就是在帝国的管辖内谋求有限的自治，然而，这种政治上的独立要以不危害帝国的整体利益为准。

共产国际则认为，问题的解决并不那么简单。一切少数民族和殖民地的情况，在资本主义的最后阶段极为混乱。在被压迫人民和被压迫人种中，大都存在着反对帝国主义的革命运动。虽然共产国际的斗争方向与此不同，但它应当利用这些民族渴望摆脱帝国主义压迫而展开的革命运动，以加强世界革命。共产国际应当鼓励和积极援助一切能够阻挠帝国主义列强反对日益发展的世界革命的力量。共产国际不仅应当促进一切民族运动，而且同时应当加强并联合一切参加这一斗争的共产主义小组或派别。这种政策将有助于建立共产党，而这个党在帝国主义者的军事独裁的压制下，必然是集中的、严守纪律的，它在摆脱帝国主义压迫之后要为夺取政权而胜利进行反对本国民族资产阶级的斗争。

从这一切出发，必须制定共产国际支援这些民族革命运动的方法。保证胜利的唯一方法，只能是借助各该国共产主义小组的力量（不管这种小组的力量多么微弱）来积极支援民族运动。这尤其适用于爱尔兰；如果共产国际或它的英国支部不愿在那里借助共产主义小组来支援爱尔兰，那就会削弱这些小组的作用，因为这是推动这些小组在革命斗争初期发挥重大作用的唯一方法。革命民族主义者在采取各种手段与英帝国主义作斗争，假如共产国际或它的英国支部借助共产主义小组（即使他们的力量不大）来进行斗争，那么，就会迫使爱尔兰革命民族主义者对共产党人保持中立，这样一来，共产党人就能积聚力量，发展壮大起来。也许民族主义者甚至会积极支持这些共产主义小组，从而无形中替它们做了宣传工作。

不管爱尔兰是否会继续由目前的军事独裁所控制，或者是否会变成一个资产阶级国家，在爱尔兰出现共产主义运动是不可能的。因为爱尔兰会成为反革命势力反对英国即将爆发的社会革命的基地，尤其要考虑到海军在英国即将展开的斗争中将起巨大作用，而爱尔兰拥有良好的军港和潜艇基地，反革命舰队可利用它们来封锁英国。我们再回过头来谈谈我们报告的第一部分。让我们从爱尔兰对共产主义事业的作用的角度来看它所处的战略地位。在分析国际形势时，我们看到世界革命的中心苏维埃俄国（在它的周围聚集了一些小国），与英帝国主义领导的国际联盟之间在进行激烈的斗争,在这种情况下,我们不得不承认,爱尔兰这个帝国心脏中的固定的革命策源地,牵制着20万英国军队,这对于国际革命运动起着一定的作用。此外,必须尽一切可能阻止爱尔兰沦为刽子手扼杀英国革命的基地,这一点前面已经提到。

至于那些居住在美国和大英帝国领域的爱尔兰人,大家都知道,他们对祖国的政治发展是多么关切,他们响应祖国的号召是多么迅速!

因此,爱尔兰在政治上向共产主义发展,必将对居住在英国领地和美国的爱尔兰群众产生吸引力,从而也将促进这些国家的共产主义运动和整个国际无产阶级运动。

(康诺利继续发言。他的报告① 全文刊登在《共产国际》第12期上。)

麦卡尔平(爱尔兰):

我提请代表大会注意提纲第12条的这一段话:"帝国主义列强历来对殖民地和弱小民族的压迫,在被压迫国家劳动群众的心中不仅播下了仇恨,而且播下了对整个压迫民族包括对这些民族的无产阶级的不信任。"爱尔兰劳动群众对英国无产阶级的态度,就是这一段话的验证。爱尔兰工人经常把英国统治阶级和英国工人混为一谈。他们的这种态度,在一定程度上是由于英国工人运动至今还不理解爱尔兰问题的实质造成的。

我和波兰革命者谈到目前爱尔兰的这种态度时,他们当中很多人感到惊讶,因为这和1905年波兰的情况相似。这种相似之处,引起人们的注意,因为即使我们处于有利的革命时期,我们也不应忽略这一点:爱尔兰的民族主义倾向,在社会革命的紧要关头,会被英国资产阶级所

---

① 全文见本卷收录的《革命的爱尔兰与共产主义》。——编者注

利用。到目前为止，英国革命运动对爱尔兰的态度是：要么宽容忍让，要么奉行社会民主党人的策略，即口头上支持革命民族主义者的要求。人们似乎全然忘记了这样一个事实，即爱尔兰一方面是反对英帝国主义斗争中的重要武器，而另一方面，可能会变成反对社会革命的危险工具。大概是车间代表委员会运动最早认识到爱尔兰问题的全部重要性及其与英国革命运动的相互关系。今年年初，伦敦车间代表委员会运动的代表会议讨论了这个问题，并通过了决议，因而引起了爱尔兰工人对这个运动的关注，促进了两国无产阶级关系的改善。

英国共产党人积极支持了爱尔兰，在驻爱尔兰的英军中进行了宣传，并敦促英国工会起来反对往爱尔兰运送军队和武器装备，这是十分重要的。值得指出的是，由于英国工人运动对这个问题采取了积极的态度，爱尔兰铁路工人就退出了全国铁路工人工会，几个月以前，爱尔兰南部的机械工人也退出了机械工人联合会。

然而，英国共产党人不应当与爱尔兰民族运动直接打交道，而只应通过爱尔兰共产党人去进行工作，或者先与他们一起讨论问题。同时，英国共产党人必须采取独立行动去支持民族斗争；他们应当强调，共产党人对待爱尔兰的态度，不是反对压迫的资产阶级人道主义的一种反应，而是出自两国无产阶级和农民的共同阶级利益。

赫尔曼·哥尔特不久前说过："英国工人对待爱尔兰的态度，是英国社会革命情绪的晴雨表。"还可以补充说，英国共产党人对待爱尔兰的态度，是衡量英国共产主义思维深度的标尺。至于委员会中有人认为，英国工人将把支持殖民地反对英国帝国主义的革命斗争，看成是对英国的背叛，那我们可以说，英国工人越早学会背叛资产阶级国家，对革命运动的好处就会越大。对殖民地的这种支持，即使只起到教育工人群众的作用，也是必要的。

至于我们意大利的格拉齐亚德伊同志建议把提纲第11条第1款里

的"支持"改为"切实关心",我表示坚决反对。这是威尔逊使用的字眼,它像这位绅士的所有词句一样,毫无意义;这种掩饰手法,把这一条给一笔勾销了,它和第二国际对待弱小民族的做法没有什么两样。

我还想谈几个问题,但因时间不多,只能从简了。阿尔斯特的情况,或者至少这个地区的东北部的情况,不同于爱尔兰其余地区。这个地区的问题,对于共产党人来说,在许多方面较之爱尔兰其他地区简单些。

这个地区的大多数居民具有反民族主义情绪,和爱尔兰其他地区的关系十分对立。虽然乍看起来,情况比较复杂,但是,由于工人们认为,不能把政治压迫同经济压迫混为一谈,所以在这个地区开展阶级斗争就更有必要了。由于阿尔斯特是爱尔兰的工业中心,民族问题在那里处于从属地位,而且阿尔斯特自认为是大英帝国的不可分割的一部分,因此,人们就把那里的工人运动问题与英国任何一个大工业中心的问题等量齐观了。

由于时间关系,我不能谈论合作化问题了。在爱尔兰的经济上,合作化开始起着十分重要的作用。乡村合作社的增加,大大地冲击了个体私有制的思想体系,而这个思想体系会给共产党人的工作,尤其是在农民当中的工作,带来极大的困难。由于建立了合作社,集体化大生产思想有了发展。此外,合作化也使得农业工人和半无产者的缺地现象有所好转。

我们完全拥护提纲和罗易同志的补充意见。

伊斯梅尔·哈基-帕沙(土耳其):

我想就列宁同志的提纲,特别是有关伊斯兰教那一节,谈谈自己的看法。恰恰是这个问题需要谈得更详细些。

自从土耳其苏丹占领叙利亚和亚述,通往伊斯兰教"圣地"之路落到他们手中时起，土耳其统治者就竭力把东方、非洲及其他国家一切信奉伊斯兰教的民族联合在一起。自从"圣地"，尤其是铁路落入苏丹手中，伊斯兰教的心脏（可以这么说）掌握在他们的手中时起，土耳其苏丹就千方百计地鼓吹泛伊斯兰主义，想把东方和非洲各民族、各穆斯林国家团结在土耳其周围。

然而，在1908年爆发了青年土耳其党的革命，政权就转到青年土耳其党手中。政权一到手，自由资产阶级就开始寻求联合一切民族的新途径。这时，鞑靼人、土耳其斯坦人、巴什基尔人、高加索的土耳其人以及其他许多民族，正备受俄国沙皇制度的压迫。因此，泛土耳其主义的思想就应运而生了，而泛土耳其主义是与泛伊斯兰主义相对立的。泛伊斯兰主义不能联合操各种语言的民族，而泛土耳其主义（后来为青年土耳其党所承袭），则极力联合从喀山、土耳其斯坦到高加索、整个土耳其和波斯一部分地区的一切土耳其民族，泛土耳其主义者幻想把这块辽阔的土地连成一片。然而，这一切妄想不过是一纸空文罢了。

俄国革命以后，以及欧洲帝国主义者瓜分土耳其以后，土耳其人民认清了英、法资本家的真面目，从而一种新的运动——解放运动开始在土耳其出现。目前由民主党领导的安纳托利亚运动是针对协约国对土耳其肆无忌惮的剥削而产生的。康斯坦丁堡被占领，更是火上加油，因而运动更为迅速地发展起来。目前，安纳托利亚的革命政权，把历来仇视帝国主义的一切反协约国力量团结在自己的周围，准备进行反对欧洲帝国主义的斗争。土耳其的劳动群众，不能再忍受协约国的压迫了。俄国革命对于土耳其劳动群众来说，是一个有力的支持。因此，土耳其人民在不久的将来一定能获得完全的自由，并将和各国劳动群众一起反对全世界的帝国主义者。

塞拉蒂（意大利）：

有人提议停止申请在大会上发言。申请发言的还有 12 位同志。有其他建议吗？

瓦尔歇（德国）：

对所讨论的问题，还可发表许多意见。但我认为，这种讨论方法不会取得任何有益的结果，因此，我提议停止讨论。

马林（荷属印度）：

我坚决反对采纳瓦尔歇同志的建议，因为这个建议毫无意义。刚作出决定，让落后国家的代表在大会上就这个问题发表意见。我想指出，除爪哇以外，所有殖民地的代表都发了言，除英属印度外，这个殖民地最为重要；我们只在爪哇做过马克思主义的尝试，本着马克思主义精神进行过工作。因此，我希望德国代表团能多少注意听取一下我们一无所知的那个地区的情况。

我请求代表大会根据昨天晚上的决定，给殖民地各国人民的代表以发言的机会。

塞拉蒂（意大利）：

弗鲁姆金娜同志提议，凡是提过某种建议的人，才可以发言。

怀恩科普（荷兰）：

我不同意只让提过建议的人发言。在这里，我们听到一些十分重要的修正意见，而这些意见却根本没有加以讨论。应当给时间讨论这些极为重要的修正意见。我认为，要让所有要求发言的人发表意见。

塞拉蒂（意大利）：

我提请大家注意，没有任何人建议剥夺要求发言的人的发言权。

洛佐夫斯基（俄国）：

我提议，只让还没有发过言的国家的代表发言。

塞拉蒂（意大利）：

收到一项建议，要求完全停止讨论，不再提其他任何议案。赞成停止讨论的，请举手。大多数人反对。现在就洛佐夫斯基同志的建议进行表决。大多数人同意这个建议。现在，请马林同志发言。

马林（荷属印度）：

荷属印度问题是最重要的问题之一。在这里我想发表三点意见。第一，我想介绍一下东印度运动的一些经验；第二，对提纲提几点原则性的意见；第三，就殖民地工作问题提几条实际建议。我希望下次大会将有爪哇人和马来人与会，并参加讨论。由于我们的工作同印度①的运动有七年之久的密切联系，所以我希望大会能重视我这个革命的马克思主义者在这些地区中所取得的经验。我认为，为了进一步发展世界革命，在整个议程中，其他问题都不如民族问题和殖民地问题这样至关重要。其余问题仅仅是工人运动中的争议问题，每当革命处于停滞状态时，这些问题就会产生。如果革命不断向前发展，就没有时间来进行这种争论了。

荷属殖民地是仅次于英属印度的最重要的殖民地。这是世界上最富饶的殖民地。它的人口比日本多，几乎与德国人口相等。在5000万人

---

① 马林发言中所说的"印度"，根据发言内容，均指"荷属印度"。——译者注

口中，大多数居住在苏门答腊、爪哇、巴厘和龙目四个大岛上，计4000万人。在这些地区300年来所受的殖民掠夺中，对我们来说，只有最近期间最为重要。自19世纪70年代起，资本主义开始在那里发展。与意大利同志的说法相反，从1905年起，荷兰就开始了帝国主义时期，并且得到了迅速发展。10年来，荷兰在苏门答腊大部分地区，在婆罗洲、西里伯斯和新几内亚，巩固了自己的统治。这一点完全符合罗莎·卢森堡同志在《资本的积累》一书中的论点，也完全符合罗兰-霍尔斯特同志所确认的资本主义掠夺欲望无止境的看法：一听到还有未经开发的金矿床、油田等等，它就会惶惶不安，就会怂恿政府去从事新的勘探，并且坚持认为金钱和人力绝不会因为掠夺世界和镇压落后国家的民族和部族而使用净尽。

自1905年开始，亚洲的这些地区的资本主义发展十分迅速。如果注意到现在已有15亿盾（荷兰全部资本的1/3）投入殖民地，如果了解到，2500多万英镑在1917年由殖民地流入荷兰，而且除荷兰外，还有美国、日本和英国向甘蔗、可可、咖啡以及其他种植园投资，并取得了巨额利润，那就可以想象到，远东的新资本主义对于重新调整整个世界资本主义，是具有重大意义的。我要指出荷兰一家最大的资产阶级报纸谈过的一个情况，它说，假若把欧洲的所有企业都收归国有，假若我们在这里消灭了私有制，那么，对于整个资本家阶级来说，殖民地就展现出新的前景，而且比欧洲更美好、更富足。

我再说几句关于当地居民的状况，作为这个简短介绍的结束语。15万欧洲人是远东的掠夺者。他们每日的所作所为，只是遵循拉迪亚德·吉卜林所说的一个信条：由苏伊士运河向东，圣经十诫不再生效。在那里，同欧洲人一起的，还有上百万中国人和一些日本人，他们现在也在爪哇发展大工业。在爪哇，仅仅大糖厂就有200家，厂里有大量的无产者。听到这个数字，就足以了解这些东方地区对于革命确实具有一定的意义。在居民中占大多数的农民（仅爪哇一地，连同其家属在内，就有2500万人），其状况是每年收入不超过110荷兰盾，其中20%缴纳租税，房费用去6荷兰盾，而每年用于农具的钱只有3荷兰盾。农民有土地，但实际上他们已经无产阶级化了，因为他们被欧洲资本强行租去一部分土地，而且爪哇的特权阶级又对他们大肆掠夺，以致农民无法靠务农生存，只好去糖厂做工。如果我们注意到，目前爪哇上百万的无产者每天的平均工资只有半个盾，生活用品普遍涨价的情况已遍及爪哇，大多数爪哇人终年每天只能吃上一餐饭，那我们就可以想象到，在爪哇已经完全具备了进行革命宣传的基础。如果我们了解到，那里文盲众多，每1000名男子中，只有15个人会读书写字，上学儿童所占的比例不到1/10，我们就可以理解了，一个马克思主义者看到俄国目前在教育领域所进行的巨大工作，会产生怎样的感想？他的内心一定渴望东方各民族也能参与这项文化工作。关于当地居民的状况，我不打算多谈了。我已向秘书处交了书面报告，这个报告将在《共产国际》上发表。① 我所以在这里举出这些事实，只是因为我有一种印象，除少数情况例外，第三国际这次代表大会并不完全理解东方问题的重大意义。

我想谈谈爪哇运动的情况。这个运动是1907年产生的民族运动，它一开始就带有革命性质。印度式的祖巴托夫改变了这个运动的性质，可以说，现在在荷属印度，真正革命的民族运动的作用，已经微不足道了。现在有一个重要得多的群众性运动，它的成员大约有150万人，从1912年起就联合成为一个工农联盟，取得了很大成果。这个组织虽然用的是宗教名称——伊斯兰教同盟，但确有阶级性。如果注意到，这个运动把同罪恶的资本主义作斗争列入纲领，而且它不仅同政府作斗争，

---

① 马林关于荷属印度情况的报告，见《共产国际第二次代表大会报告集》彼得格勒斯莫尔尼共产国际出版社1920年版第353—371页。——编者注

还同爪哇的贵族作斗争，那就明确了，社会主义的革命运动必须同这个群众性组织——伊斯兰教同盟建立密切的联系。1916年，政府曾试图从军国主义的宣传来引诱这个运动，但是，结果却在三宝垄产生了强大的青年反对派。

当欧洲社会党人终于决定履行自己在远东的义务，并决定在那里发展革命运动的时候，他们顺利地同当地的组织——伊斯兰教同盟建立了联系。这个群众性组织的大部分成员，虽然还不是自觉的社会主义者，但可以称得上罗易同志在谈到英属印度时所提到的那种革命者。

昨天，我在委员会上听到一个英国人说①，在印度的群众发动，只能带来不幸和招致屠杀，因为群众还不成熟。而我所坚持的意见是，只有通过群众发动，才能组织真正社会主义的抵抗运动，从而形成对抗资本主义的真实力量。在爪哇时我们就断定，中产阶级企图以民族问题吸引群众，这是徒劳的。但是，每当我们在城市和制糖业地区同无产者谈起低微工资、死亡数字和苛捐杂税等问题，我们就为革命的社会主义运动赢得了几分信任。这种感情孕育在群众之中。他们非常容易接受我们的宣传。在爪哇的每一家马来亚文报纸上，都可以读到关于苏俄思想的世界性成就的文章。这一点，对于我们这样的代表大会，具有重大的意义。

多年以来，社会主义运动对殖民地漠不关心，而资本家却比许多革命的社会党人更为重视殖民地的意义。资本家懂得，东方的发展会给资本主义带来什么后果。1917年，当革命的社会党人开展了强大的运动的时候，改良主义者就公开地站到政府一边，而且谈论起我们的朋友，说什么托洛茨基和列宁已给俄国带来了不幸，而这帮人也同样必将给我

---

① 显然是指奎尔奇在民族与殖民地问题委员会上的发言。在第四次会议上列宁关于民族和殖民地问题的报告和拉狄克的发言中，都援引了奎尔奇的发言。——译者注

们带来那么多的不幸。当你听到,在1918年,城市和制糖业地区的群众集会每次至少都有三四千工人参加时,你就会了解,在这些皮肤浅黑的人们中间业已焕发出新的精神,而这种新的精神,对于我们整个运动是具有重大意义的。正如革命者所应做的那样,我们当然也对殖民地国家的海陆军士兵进行了工作。这年年底,反对势力猖獗起来,水兵和士兵的头目,还有我,一道被政府驱逐出印度了。我们的许多朋友被逮捕、被判处各种刑罚。士兵委员会的13名成员被判处40年徒刑。后来,我们得出了这样的结论:运动是不以反动主谋者的意志为转移的,它继续向前发展了,因为这样的经济条件只能促进群众运动的发展,并且已经具备了进行革命宣传鼓动的基础。

现在谈第二点。我要声明,我看不出列宁同志和罗易同志的提纲之间有任何区别。它们的意思是一样的。困难仅仅在于,如何在落后国家和殖民地的民族革命运动与社会主义运动的相互关系上,确定一条正确的方针。在实践中,并不存在这种困难。在那里,同革命的民族主义分子合作的必要性是不言自明的,因而假若我们轻视这个运动,并采取教条主义的马克思主义者的态度,那我们也只能做一半工作。现在,我们对待殖民地不应采用那种所谓库诺夫的马克思主义,而应了解,殖民地可能越过资本主义的发展阶段。拉狄克谈到日本时指出,那里的发展完全不同于欧洲。同样地,殖民地的发展也完全不同。我特别感到欣慰的是,昨晚拉狄克向大会解释说,我们去印度不是为了剥削,而是要使它的处境有所改善。无产阶级正在争取实现它对新生活、对文化与经济自由所抱的希望。拉狄克提出英国工人阶级应尽的义务,提出英国工人阶级在自己的政治宣传和工会宣传中不应忘记殖民地,并指出,如果它不去支持殖民地的革命斗争,它就只能是资本家的帮凶。因此,我要说,只要英国工人们不理解这一点,即令他们能征集许多选票,也是做不出任何有实际革命意义的工作的。我们不应仅限于作出冗长的决议,我们应该在远东做一点实际工作。

我已指出，那里具备了进行宣传鼓动的基础。最近，我们就要在巴库举行大会了。① 但是，我们不能奢望这次大会也会对远东具有重大意义。这是不可能的。我建议我们这里通过的提纲，由第三国际以几种东方语言来发表，并专门散发给中国和印度革命者。我还建议，在远东也成立共产国际宣传局，因为现在运动具有十分重大的意义，必须把那里已经开展的工作统一到一个局内，集中进行宣传，而在莫斯科是不能圆满地进行这个工作的。

最后，我还有一个要求。昨天，里德同志在这里说，黑人应该到这里来认识一下俄国的现实。我现在建议：共产国际应该使远东的领袖们有可能在这里住上半年，听听某些共产主义课程，以便他们能够正确了解这里所发生的事情，能够贯彻执行提纲的思想，能够在殖民地建立苏维埃组织和进行共产主义工作。我认为这样做是适当的，因为莫斯科和彼得格勒是东方的新麦加，而各资本主义政府则千方百计地阻挠共产主义的朝圣者们去莫斯科和彼得格勒。我们应该让东方的革命者能在这里，在俄国受到理论教育，使远东成为共产国际的一个积极成员。

弗鲁姆金娜（崩得）：

我认为，少数民族，即没有固定地域的少数民族，也必须予以关注。令我非常吃惊的是，代表大会在这个问题上重犯了第二国际的错误。在这里，人们一个劲地谈论地区自治，却未曾为少数民族着想过。我希望，代表大会能注意到各国的少数民族。因此，我提议对第9条进行修改。但在修改以前，我想请在座的同志们回想一下俄国共产党和苏

---

① 指1920年9月1—8日在巴库召开的东方各族人民第一次代表大会。——译者注

维埃政权的经验。在俄国共产党的各级组织中,在苏维埃政权的各级机构中,都设有专门的机关和民族事务人民委员部,负责处理少数民族的事务和审理一切有关问题,例如,犹太人问题。

我提议,在第43页第9条末尾(在第10条开始之前)作如下补充:

"而且,各国共产党无论是在自己的一般政策中,还是在自己的宣传中,都应当坚决反对资产阶级关于某个多数民族对其居住的国土拥有绝对所有权的主张,并应坚决反对国社派所捍卫的原则,即他们认为多数民族是绝对的统治民族,蔑视居住在该国领土上的超地域的少数民族,认为他们是外来人(如在波兰和乌克兰)。

"拥有多民族的被压迫国家恢复独立的革命要求,必须包括坚决要求本国的少数民族真正享有自己的权利(这种权利,只有在无产阶级专政下才绝对有保障),否则,对这些国家恢复独立的革命要求无条件地予以支持,就有可能使原先受压迫的小资产阶级群众变成压迫者。

"苏维埃政权和俄国共产党使各民族的工人群众通过广泛设置的国家机构(少数民族教育部、民族事务人民委员部等)真正能够受到文化教育,从而使各民族像亲兄弟一样生活在一起。它们的经验应当成为各国共产党所必须遵循的民族问题纲领的基础。"

在波兰和乌克兰存在着这样一种倾向,就是认为一切超地域的少数民族,都是外来人、外国人。各国都必须运用苏维埃政权和俄国共产党的经验,因为它们使少数民族的劳动群众能够充分受到文化教育,使劳动群众所需要的一切组织和机构(例如,少数民族教育处和专门保护少数民族利益的人民委员部)能为少数民族的劳动群众服务。

这个实例应当成为各国共产党解决民族问题的模式。

此外,我提议,在第56页提纲第11条第1款中,"在这些国家里"之后加进"以及在那些少数民族争取确定自己的权利的国家里"。

在第6款中，在"落后国家"之后加进"和民族"字样。

在第6款后面，补充下列注释："犹太复国主义者打着建立独立的犹太人国家的旗号，迫使阿拉伯国家的劳动群众接受英国的统治（其实，犹太人在阿拉伯国家只占少数）。他们在巴勒斯坦的所作所为是一个大骗局，被压迫国家的劳动群众成了这个骗局的牺牲品，显然，这笔账既要记在协约国身上，也要记在有关国家的资产阶级身上。"

"要千方百计地、极其坚决地揭露这个骗局，因为犹太复国主义者在对各国落后的犹太劳动群众进行工作，他们竭力培植一些有犹太复国主义情绪的无产阶级组织（巴勒斯坦社会党），而这些组织近来在想方设法地玩弄共产主义词藻。"

在这里，我提供一个犹太复国运动最为惊人的实例。

在巴勒斯坦，犹太居民并不占多数。而这少数人却极力使国内占大多数的劳动群众顺从协约国的压迫。

对于这种意图，我们要坚决展开斗争。犹太复国主义者竭力在各国寻求支持者，他们的宣传鼓动是为资产阶级的利益服务的。因此，共产国际应当坚决地反对这个运动。

墨菲（英国，车间代表委员会）：

由于讨论时我们没有在场，所以，哪些国家的代表应就殖民地问题发表意见，我们不能参与选定。我请求，让代表英国代表团两派不同意见的两位同志，就这个问题发言。

塞拉蒂（意大利）：

大会同意继续讨论吗？可以满足英国代表的要求吗？（大会表示同意）

那么，就请英国同志把要发言的人的名字报上来。

现在请麦克莱恩同志发言。

麦克莱恩（英国社会党）：

我不打算把时间浪费在讨论这么一个问题上，即英国这个或者那个革命运动在参加反对英国帝国主义的斗争方面，以及在援助殖民地被压迫民族方面，究竟做了哪些工作。

英国革命运动开展得并不特别普遍，在上述方面做得很不够。但是，我不同意拉狄克同志的意见，他说，英国工人在阻挠英国进攻俄国上只通过了一些决议，没有采取其他任何行动。下述事实就是对这种意见的回答。戈洛文将军在他给萨宗诺夫的秘密报告中谈到和邱吉尔的谈话。他写道：由于英国工人阶级的阻挠，不能大力帮助高尔察克及其朋友，邱吉尔对此深感遗憾。现在英国给白卫军的援助，必须严加保密。

托马斯·奎尔奇在委员会中的发言被曲解了。他说，印度伟大的革命起义，可能被看做是对英国的背叛，因而英国政府可通过它所控制的报刊，煽动英国人民反对印度工人。他并没有说，我们因此要放弃这方面的革命活动。他不过想说明，我们应当正视现实，应当注意防止阿姆利则事件在更大范围内重演。

第三国际的任务，就是制定世界革命的行动路线和准则。阻止世界革命发展的最大障碍，是资本帝国主义，而英国是一个最强大的资本帝国主义国家。

因此，殖民地问题在很大程度上是怎样才能更好地反对英国资本主义的问题。英国资本主义的强盛，是建立在剥削本国工人和殖民地人民的基础之上的。英国资本主义是靠内部资本积累形成的，而现在，它却向全世界进行搜刮，寄生的英国资本主义在到处剥削被压迫的人民。

目前，英国的进口大大超过出口，这表明英国是一个寄生的国家。将来，英国资本家会设法按工人的劳动价值付给他们工资，但有一个条件，就是英国工人必须同意英国资本家剥削被压迫人民。

因此，我们认为，参加英国的革命斗争和支持一切真正的殖民地革命运动,是我们应尽的职责。每一个争取真正脱离大英帝国的民族革命运动,都有助于世界革命的发展,因为它冲击了帝国主义反对势力的根基——大英帝国。所有这种种运动,都应当予以支持。

怀恩科普(荷兰):

昨天晚上我说过,我们目前讨论的问题十分重要,如今,我们对此仍深信不疑。必须注意到,帝国主义和世界战争绝不可能向农业国提供必要的机器和工业国的产品,而世界战争所引起的政治事件,却又切断了工业国无产阶级群众的农产品来源。如果认真考虑一下这个问题,那就可以相信,它比议程上其他所有问题更能发人深省。

必须弄清楚,在列宁同志和罗易同志的提纲中究竟包含着哪些答案?在讨论过程中,我们看到,这两个提纲的精神完全一致,它们现在确实都提出这么一个思想,就是我们在殖民地的斗争中所要达到的目的,不是资产阶级所鼓吹的建立本民族的统治,而是建立工农苏维埃,并且强调指出,为达到这个目的,我们应当支持革命运动。我们使用"支持"这个词,是因为我们的确必须支持这种运动。我们要支持群众的革命行动,哪怕这种运动不属于社会主义运动,也要通过殖民地的共产党给予支持。我们所以采取这个策略,是因为绝对没有必要让外国帝国主义强行培植资本主义,以此作为非资本主义国家向共产主义过渡的必然发展阶段。恰恰相反,我们要尽可能通过我们的策略和我们对革命运动的支持来及时防止这种情况的发生。因此,我们不仅反对外国帝国主义在政治上的统治,而且也反对扶植民族资本主义。所以,我认为,列宁同志和罗易同志的提纲的主要精神,就是要求我们支持群众性的民族革命运动,反对那种认为向殖民地输入资本主义是过渡到社会主义的必要前提的主张。

如果这样看问题,那就无法同意格拉齐亚德伊同志的修改意见了。

如果我对格拉齐亚德伊同志的意见没有理解错的话，那他的提议是：这些提纲不适用于意大利这样的国家，因为那里的共产党人不应支持正在兴起的民族主义运动。他担心我们不分青红皂白硬把意大利列入这些落后国家，因而认为必须加以修正。但是，我认为，这是多余的，因为依我看，谁也不会认为提纲第11条指的是意大利那样的国家。它指的是落后国家和落后民族，像意大利这样的国家，是决不会归入此列的。我们在委员会中也讨论过要不要对落后国家下个更加确切的定义，但最后认为这不可能再具体化了。如果按照格拉齐亚德伊同志的意见修改这一条，那立即会出现新的难题，就是其他某个国家，例如保加利亚或希腊，是不是也算落后国家？这种问题随时都会产生，但只有在实践中才能得到解决。这种问题，最好由各国共产党本着共产国际的这个提纲和指示精神独自加以解决。因此，我认为，不宜采纳格拉齐亚德伊同志的补充意见，尽管我觉得他的实际意图是很好的。

对他提出的其他专门的修改意见，我的看法也是一样。对格拉齐亚德伊同志的把"积极支持"改为"切实关心"的修改方案，爱尔兰同志提出了异议。可能这位发言的爱尔兰同志不理解格拉齐亚德伊同志的意图，但是，如果修改了的字句能包含原来字句的意思，那修改就毫无意义了。我们应当反对这个修正案。我们希望工人们积极关心共产主义斗争，我们希望他们也支持民族革命运动。格拉齐亚德伊同志也是这样想的，但他认为，这种想法最好用他们提出的词汇来表示。我们在提纲中所说的恰恰就是支持问题。因此，我提议，否决格拉齐亚德伊同志的提案。我同意弗鲁姆金娜的意见。我不知道，她的修正案是否可行。如果这个修正案对某些国家来说没有针对性，那就需要在委员会里加以讨论。

关于爪哇问题，马林同志已经谈了不少了，我没有什么可补充的，完全同意他的看法。马林同志在发言中提到的200家糖厂集中掌握在3

个托拉斯手中，它们的势力已伸展到其他产业和工业部门里，仅凭这一点，就足以证实目前爪哇资本主义的发展程度及其一切特点。这已经是高度发达的资本主义特征，无产者应当同它作斗争，而他们也正在这样做。

我来谈谈拉狄克同志的发言。他说，打败英国帝国主义，不是在伦敦，而只能在殖民地。他这句话使我感到欣慰。我想，许多英国同志不理解这一点。拉狄克同志对这一点领会得很好，可是，应当理解它的整个精神，而不要拘泥于细节。倘若拉狄克同志问，有多少英国同志由于在殖民地进行鼓动工作而坐牢？那我看，英国同志对此类问题大可不必回答。我们要问的，不是同志们是否已经坐牢。我们要问的是他们是否已尽到自己的责任。对这个问题，麦克莱恩已给我们作了简要的答复。依我看，拉狄克同志在这方面对议会制作了过高的估计。他认为，只要我们的同志在议会中说上一句反帝的话，那么，路透社就会把这件事报道出去。事实上，路透社对这类事情是只字不提的。我们在荷兰很晚才从其他渠道得知妇女在议会中提出抗议的事。这类事情，路透社是不会报道的。

瓦尔歇（德国）：

拉狄克没有谈这件事。

怀恩科普（荷兰）：

最后，我还要讲一个问题。有人说，我们应当到殖民地去开展工作。当然，对各国共产党来说，这不是最主要的。我们不能把所有的宣传员都派到殖民地国家去。我们应当创造一切必要的条件，使每个殖民地国家都能在本国开展革命运动。当然，这就要有宣传员。但问题不在于要把我们的宣传员派到殖民地去。如果认为在殖民地工作是衡量一个政党的革命性的标志,那么,荷兰共产党恰恰做到了它力所能及的一切。在殖民地国家,荷兰的斯涅弗利特、巴尔斯、布拉德斯特德等同志正在那里开展工作,他们支持并推动了当地的革命运动。荷共议员们和一般共产党员在这方面表现得十分积极,所以,不能用老眼光来看待荷兰共产党。荷兰共产党正好说明了这个问题与革命斗争有着多么密切的联系。如果荷兰当局害怕并迫害我们,那并非由于我们能在国内发动一场革命(因为事实上我们做不到这一点,假如不与英国或德国取得联系的话),而是由于我们在殖民地事务上给资本家老爷们增添了麻烦。

梅列任(俄共[布]犹太部中央局):

俄国共产党犹太部完全同意弗鲁姆金娜同志在发言中所谈的对待犹太复国主义和犹太共产党——巴勒斯坦社会党的态度,我不想重复了。

我只想谈另一个问题,就是捍卫民族杂居地区的少数民族权利的问题。第二国际的一些党想通过民族个体自治(奥托·鲍威尔和伦纳的理论)的办法来捍卫这种权利,并在乌克兰、白俄罗斯和立陶宛做过试验。在那里,在中央拉达和其他小资产阶级政府机关内设立了民族个体自治机构,所以,应对这种做法作出估计和评价。必须指出,这种做法表明,民族个体自治是完全行不通的。

政权从大资产阶级手里转到小资产阶级共和民主派手里,丝毫也没有减轻民族压迫。忽然间掌握了政权的社会党叛徒,竟肆无忌惮地为所欲为起来。他们口头上说要实行民族个体自治,而实际上却对无产阶级专政毫不留情,其手段之狠毒比起沙皇制度甚至有过之而无不及。他们不正式颁布民族个体自治权,就一个劲地强行推行民族化。可是,那些空谈赞成民族个体自治的小资产阶级政党,竟干起屠杀少数民族的勾当,尤其是所谓"乌克兰人民执政内阁"和皮尔苏茨基、莫拉切夫斯基等人的政府(残杀、袭击等,不一而足),这哪里还谈得上民族化?

然而，需要着重指出的，不仅是这一点。必须进一步指出，民族个体自治本身就降低了少数民族中的无产阶级的地位。这种现象之所以发生，是由于少数民族的小资产阶级大部分是城市小资产阶级。而这个小资产阶级的革命性，远不如多数民族的小资产阶级，因为后者，尤其是在欧洲东部，多半是农民，是农村小资产阶级，他们的革命性，是在与地主争夺土地的斗争中形成的。而少数民族的无产阶级，实际上往往得向"外人"申诉反对这种"赏赐"给他们的民族个体自治权。他们在与本国资产阶级和小资产阶级进行面对面的斗争中十分孤立，其处境较之实行民族个体自治以前更为恶劣。

根据这些理由，我提议在提纲第 3 条以后补充下述论点：

"处理民族杂居地区（乌克兰、波兰、白俄罗斯）多数民族和少数民族之间的相互关系所作的尝试表明，政权从大资产阶级手里转到建立共和民主政体的小资产阶级派别手里，不仅没有减少，反而会更为加剧民族内部的冲突。共和民主派在与无产阶级进行斗争中，不得不用民族斗争来代替阶级斗争，但他们很快就看清了民族的特殊性，随即自然而然地开始吸收、接受并热心仿效他们的老前辈在实行民族压迫方面的经验，挑动一个民族的居民群众去反对另一个民族的居民群众，并通过国家机器组织大规模的屠杀，他们的目的就是反对无产阶级专政。例如，1917 年末到 1918 年初，中央拉达中的乌克兰'民主派'开展了反犹太人运动；1918 年末到 1919 年上半年，'乌克兰人民执政内阁'机关组织了数次残酷的大屠杀，无论是第二国际的党（波兰社会党—莫拉切夫斯基政府）统治时期，还是皮尔苏茨基与斯库尔斯基两种制度的大杂烩时期，在'波兰民主共和国'都发生了大屠杀运动。这种情况表明，在共和民主制度下，任何主张民族杂居地区少数民族权利的'民主'方式，其中包括奥地利社会民主党所主张的民族个体自治，都不能保证少数民族的文化需求，都不能保证他们享有真正的平等和在处理国家事务上发挥同等的作用。

以普遍选举权为基础的民族个体自治，除了按民族来划分无产阶级外，还会使革命斗争产生病态，束缚无产阶级的力量，甚至会使少数民族无产阶级的文化状况更加恶化。这种情况之所以产生,是由于每个少数民族的内部都有一个小市民阶层,他们的力量比无产阶级雄厚,多半是城市居民,他们大都比多数民族的小资产阶级更为反动,因为后者是在反地主的斗争中革命化了的农民。"

我还想专门谈谈大屠杀问题。

俄共犹太部就此问题提出下列提案:

"1. 全世界反革命派在对无产阶级专政发动血腥的进攻时,尤其残酷地镇压了俄国、乌克兰、波兰、匈牙利、巴勒斯坦等国的极其贫困的犹太居民。

2. 全世界反革命派对极其贫困的犹太居民的侮辱,不仅超过了沙皇专制的暴行,就连中世纪的宗教裁判所也是望尘莫及的。他们千方百计地在各民族的工人队伍中制造纠纷与对立,借以转移工人对直接反对资产阶级制度的注意力。

第三国际第二次代表大会向全世界明确指出:

1. 协约国带头对共产主义革命采取种种反革命行动,因此,它要对最近屠杀乌克兰、波兰、罗马尼亚、匈牙利、巴勒斯坦等国犹太人的暴行负全部责任。

2. 协约国向各国反革命匪徒(他们所占领的每一寸土地都铺满了千百万无辜受害者的尸体)提供各种杀人武器,并在道义上支持他们,而对制止刽子手的暴行一事却无动于衷,甚至无视劳动群众对大屠杀的抗议。

更有甚者,在俄国、乌克兰、波兰、匈牙利等国的反革命军队内部,有协约国的代表,他们直接参与暴行,最明显的例证是今年4月耶路撒冷的大屠杀,这是英国政府的代表策划的。

3. 加入黄色第二国际的政党,在道义上和物质上支持大屠杀(几十万妇女和儿童同时遭到杀害),它们一直在'乌克兰人民执政内阁'中,以及在波兰皮尔苏茨基政府中掌握政权。这两个政权在反对无产阶级专政的斗争中,用大量无辜受害者的鲜血淹没了乌克兰和波兰的土地。

因此,体现全世界革命无产阶级意志的第三国际第二次代表大会,要最坚决地抗议全世界反革命势力屠杀犹太人的罪行。代表大会号召各国工人,既要在口头上,也要在行动上积极反对残杀犹太人,借以揭穿'国际联盟'中伪善的外交家们的假面具,揭露他们所扮演的真正的卑鄙角色;同时,要在各国建立无产阶级专政,因为只有无产阶级专政才能制止种种残杀行为,根除一切民族偏见,消除一切民族隔阂,在全世界实现各民族真正兄弟般的团结。

第三国际第二次代表大会尤其要号召被压迫民族的工人更加紧密地团结起来,把自己的队伍聚集在共产国际的旗帜之下,因为共产国际可使全人类彻底摆脱一切非正义的资本主义制度。"

墨菲(英国,车间代表委员会):

本次代表大会的一个奇怪现象是,那些非常关心大会重要议题的代表,由于否认英语是大会的正式语言,而不能留心听取大会的讨论。

我不能按我所希望的那样作全面的发言,因此,只能谈谈最重要的几个问题。

英、美是世界上最大的帝国主义国家,对于这一点,谁也没有异议。大家都同意这样一个观点,即如果革命不能动摇英、美统治下的殖民地的根基和唤醒被压迫人民,那它就不能顺利地向前发展。我不打算谈论美国。至于英国,除了狭义的殖民地以外,印度、爱尔兰、埃及、南非等,都是它的殖民地。这些国家的人民解放之日,就是大英帝国垮台之时。这个解放的任务,既摆在英国无产阶级面前,同样也摆在殖民地无产阶级面前。有一个时期,我们可以不费力气地宣布自己是国际主义者,可是,现在,我们已从虔诚的决议时期进入革命实践阶段;如今,我们如果只是在口头上表示同情被压迫人民,而没有把这种同情付诸实践,那是毫无用处的。在爱尔兰、印度和埃及曾多次发生暴动,然而,谁也不会说,英国无产阶级或英国国内的革命运动实际上支援了这些国家的人民。恰恰相反,不是有人在指责这些暴动为时过早吗?诸如此类,不一而足。这种短浅之见应该休矣!应当说,不仅"为了世界无产阶级的利益"必须"牺牲一国的利益",而且,各统治大国的无产阶级,无论如何也要实际帮助被压迫人民谋求自身的解放。

英国无产阶级要极力避免诸如"阿姆利则事件"的重演。要做到这一点，就必须发动责难类似"事件"的罪魁祸首的运动，就必须与殖民地和被压迫民族的革命运动密切配合，使那里的无产阶级能保证和自己采取一致的行动。

各国革命运动的进展情况不一样。在爱尔兰，运动已经持续了好几年，而英国的运动，则由于缺乏远见，以至于除了虔诚的同情外，几乎不能给爱尔兰运动以任何援助。这是不能令人满意的！这些国家的共产党自己克服并帮助无产阶级克服这个目光短浅的缺点，是极其重要的。而共产国际则必须保证各统治大国的人民群众与被压迫国家和殖民地国家的人民群众之间的有机联系；这有助于我们战胜帝国主义和实现国际主义精神。

柯恩（巴勒斯坦社会党）①：

刚才某些同志的发言所引起的争论方式，是任何一个了解共产主义民族政策要求的人所不能赞同的。在轮到弗鲁姆金娜和梅列任同志发言以前（争论的方式是他们一手造成的），我想提一个意见。

关于民族问题的提纲，首先是针对集中居住在某一地域的民族，即遭受外来势力统治的被压迫民族而言。而对与其他民族杂居在一起的少数民族，却只字不提。只有提纲第9条才说到保障少数民族的权利。对此提纲，我曾向委员会提出如下补充：在第2段"反对资产阶级的斗争"之后加进这样一段话："其次，争取建立一些社会机构，以便有助

---

① 资格审查委员会只同意"锡安工人"组织犹太民族主义党的代表柯恩·埃贝尔作为来宾列席会议。后来又决定让柯恩代表巴勒斯坦社会党发言，同时，取消他的奥地利代表团团员的资格。参见见本卷收录的《资格审查委员会记录》。——译者注

于满足少数民族劳动群众的文化与社会经济需求。"必须十分确切地提出建立这种组织的要求,这些要求是各个国家的共产党应当加以筹划和维护的。可是,委员会最后却认为,提纲第9条虽然只是一般地,然而却是十分清楚地说明了必须维护少数民族的权利,必须建立能实现这些权利的社会机构,所以,我们应当避免把一些详细的要求写进提纲里去。因此,当时我就同意撤销自己的补充意见。但是,现在,由于代表们不太了解实际情况,我担心梅列任同志的提案会获得通过,所以,我再次向代表大会提出上述的补充意见。这个提纲完全符合我所在的巴勒斯坦社会党的要求。如果能为犹太无产阶级建立一些可以充分满足他们的文化与社会经济需求的社会机构,那他们会感到十分满意,当然这样做要符合苏维埃宪法的规定,并要和苏维埃国家的战斗任务相一致才行。

梅列任同志关于民族个体自治的提案,是以错误理解了的事实为依据的,因而必然得出谬误的结论。他说,在乌克兰实行民族个体自治的尝试带来了有害的后果,因为这样一来,大多数民族自治机关,甚至政权,就落到反动的犹太资产阶级手里。可是,他这样说,竟忘记了这种情况发生在民主政府时代,在民族自治机关里存在着普遍选举权,这种结局对任何一个共产党人来说,并不会感到意外。反之,如果在苏维埃政权的监督下,在该国共产主义无产者的领导下,建立有某种严格限制的自治权的机构,来满足少数民族的文化与社会经济需求,那么,所带来的有害后果会比其他任何一个社会机构小得多。其次,我认为,无论是弗鲁姆金娜要求实行民族自治的建议,还是我的提案,都不必加以强调,因为苏维埃政府一定会考虑到无产阶级的需求,并将根据本国宪法的精神给予少数民族实行自治的机会。

我想简要地指出,梅列任同志上了一个大当。他说,伦纳和奥托·鲍威尔在理论上主张民族个体自治,这样说是不对的。这两个奥地利机会主义者的领袖,只创造了多数民族的民族自治理论,而对少数民族,他们仅仅主张给予某种法律上的保障而已。

至于梅列任同志关于排斥犹太人主义的提案,我提请同志们注意,委员会对提纲第10条所提出的补充意见,那里十分突出地强调指出,必须与这种反动现象作斗争。梅列任同志冗长的提案,使人产生一种印象,似乎我们打算利用代表大会在犹太无产者代表当中就此问题组织一场讨论协约国作用的比赛。我认为,代表大会还有更加重要的事要干呢!

至于民族仇恨现象,即对异族代表的仇恨心理,以及反动当局煽起的屠杀暴行,上述提纲对这一切已经作了十分清楚的说明。

或多或少正是由于这个原因,我才极其坚决地反对弗鲁姆金娜同志的提案。我们可以同意提案第一部分的内容。当然,我们在任何情况下都要坚决反对资产阶级犹太复国主义,因为这个资产阶级运动如果从一开始就不想成为乌托邦的话,那它势必要为英国帝国主义效力。正是共产主义的"锡安工人"①的拥护者们,最坚决地进行了这个斗争。代表大会和共产国际对这个问题的基本看法,已列入提纲第11条第6款,那里是这样写的:"必须向一切国家、特别是落后国家的广大的劳动群众不断地说明和揭露帝国主义列强一贯进行的欺骗,即打着建立政治上独立的国家的幌子,来建立在经济、财政和军事方面都完全依赖于它们的国家⋯⋯"可见,弗鲁姆金娜同志的这个提案,完全是多余的,因为这里毫无必要提出反对资产阶级犹太复国主义的问题。否则,代表大会就会流于作出一些反对其他资产阶级民族主义运动的冗长决议了,而这

---

① 犹太小资产阶级民族主义组织,20世纪初在许多国家出现,其各小组曾在20世纪初建立了几个政党,开始在工人运动中传播犹太复国主义思想。——编者注

种所谓的解放运动，却是为协约国的个别大国效劳的。

这个提案的真正意图是什么呢？这一点，我们在提案的第二部分可以察觉出来。你们会看到，你们面前有一个多年来一直在毒化犹太工人政治生活的、挑起万恶争端的活典型。弗鲁姆金娜同志的党——共产主义崩得，显然是想乘机在代表大会上制造各国党之间的无谓的争端，以达到它那不可告人的目的。弗鲁姆金娜同志所代表的党，昨天还在支持俄国的一切反革命政府，这个党的领袖唐恩和李伯尔被认为是孟什维克反革命派的头面人物，而现在她却一口咬定，我们这些"锡安工人"的代表是打着共产主义招牌进行活动的。在俄国，我们是犹太人的政党中最先支持布尔什维克与反革命作斗争的，而在其他国家里，我们也在犹太工人阶级其他一切派别之前开展了争取世界革命的斗争，可是，弗鲁姆金娜同志却对我们作出这样的评价。

她的提案所依据的是一些一般性的论点，这表明她对地方上的情况一无所知。我想谈谈我对这个问题的看法，何况这个问题关系到至今尚未提到的一些国家，虽然它们属于英国帝国主义的势力范围，可是在将来，它们将在各方面发挥巨大的作用，我指的是阿拉伯亚洲国家：美索不达米亚、叙利亚和阿拉伯。弗鲁姆金娜同志想把世界大战期间席卷阿拉伯东方的运动，说成是民族解放运动。其实，我们知道，这是指阿拉伯沙漠地带的游牧部落，主要是哈吉，在它们的宗教领袖、族长的影响下，企图在这些地区的定居居民当中建立古老的奴隶制，即建立一种由部落首领对农业居民实行封建统治的组织。共产国际若是支持这个运动及其领袖——哈吉王埃米尔费萨尔之流的"自由战士"，岂不是天下奇闻！

阿拉伯东方的实际情况如何？大多数居民是阿拉伯佃农，他们在土耳其政府的残酷压迫下，保留了原始的经济结构。但是，他们并没有陷入赤贫的境地，原因是那里存在着某种土地社会所有制，这种所有制似乎是以伊斯兰教义中某种原始共产主义教规为基础的。领导所谓"民族"斗争的阿拉伯沙漠地带游牧部落的族长,打算剥夺属于佃农的土地,对劳动居民实行更为残酷的剥削。在这方面,他们得到英国帝国主义的全力支持。英国资产阶级头一个做到了把农业居民从他们的土地上彻底"解放"出来。关于这一点,我们在《资本论》第 1 卷原始积累这一章中可以看到。而弗鲁姆金娜同志,显然想让共产国际支持英国资产阶级恩赐的、由阿拉伯沙漠地带游牧部落的首领来实现的这种"解放"。

我们共产主义的"锡安工人",在巴勒斯坦问题上持何种态度呢?首先,我们至少不愿在英国帝国主义的支持下建立任何国家。但是,我们确信,随着犹太群众参加生产活动,随着他们参加有益的社会必要劳动,在社会革命的时代,会有相当一部分犹太人从他们现在所聚居的国家(例如乌克兰、立陶宛,尤其是波兰)移居国外。其中一部分人将移居巴勒斯坦,在那里从事农业生产。因此,在巴勒斯坦落入英国或其他国家手中以前,我们只要求给予入境和移民到该国的自由。我们提出这项要求,只是为了调节犹太无产阶级及其他国家的无产阶级侨居国外和移民国外的活动,因为在资本主义制度下,在无产阶级的共产国际的帮助和支持下,以及在与犹太资产阶级和世界资产阶级进行的残酷斗争中,对于无产阶级来说,这种活动一般是可行的。随着社会革命的发展,当巴勒斯坦成为苏维埃国家,并加入其他苏维埃国家联邦的时候,这个国家的犹太移民问题,就会成为吸引犹太群众参加生产劳动、参加建设自由劳动的人类社会这个总问题的一部分了。这个问题,只有通过合理开采人烟稀少的殖民地国家的自然资源,通过在工业中合理使用至今尚未被利用或没有很好加以利用的劳动力的办法,才能得到解决。

我们这些看法,与建立犹太国家(至少是资产阶级执政的犹太国家)的见解,没有任何共同之处。恰恰相反,我们的运动是从犹太无产阶级的需要出发而在各国开展的,它始终站在反帝斗争的前列。在巴勒斯坦和整个阿拉伯亚洲，和我们大家站在一起的巴勒斯坦社会党是唯一的无产阶级共产主义组织，它在最艰苦的条件下开展反对英国帝国主义的斗争，它的使命是率领阿拉伯东方的劳动群众进行这一斗争。（发言被大会主席打断）

提交大会讨论的提案，还忽略了一系列极为重要的社会事实，它想使代表大会陷入迷惑不解的可笑境地。犹太资产阶级首先在这个国家实行现代化的资本主义经营方式与剥削方式（顺便说说，假如按照共产主义崩得的意愿让我们在各种剥削方式中进行挑选的话，那我们肯定要挑选弗鲁姆金娜同志所推荐的封建主义方式），同样，移居外国的犹太工人却是那里唯一现代化的、真正被剥夺了一切财产的无产阶级，他们具有阶级自觉和旺盛的斗争意志，这是千真万确的事实。在犹太大地主和阿拉伯老爷庄园里干活的阿拉伯群众，多半都拥有土地，因而只能算作半无产阶级。带领他们进行革命斗争、唤醒他们的政治觉悟的天然的先锋队，是当地的我们的党，它忠实于共产国际原则，并在这些群众当中积极进行革命宣传。（主席要求发言人结束自己的发言）

弗鲁姆金娜同志的提案，既违背上述事实，也违背提纲的精神实质，因为提纲要求一切无产阶级共产主义组织支持反对资产阶级民族革命倾向的斗争。这个提案会给全世界犹太无产阶级的共产主义运动，尤其是阿拉伯东方的共产主义运动造成严重危害。因此，我提请代表大会注意，不要使自己陷入这个极其糟糕的宗派主义纠纷，并请否决这个提案。我真找不出什么恭维话来评论这个提案。

弗鲁姆金娜（崩得）：

我抗议在这个场合对崩得进行指责，因为它即使在加入共产党的行列以前，也一直在捍卫苏维埃政权。

季诺维也夫(俄国):

我提议对提纲进行表决,赞成还是反对,然后把修改意见提交委员会审议。我希望,委员会在这个问题上不要产生分歧,万一出现分歧,委员会要将情况报告代表大会。

塞拉蒂对民族和殖民地问题提纲的表决投弃权票的声明

塞拉蒂(意大利):

起初,我本想对这个问题发表一通看法,可是现在,我宁愿压缩我的发言,在表决前作一个简短的表态。

在列宁同志和罗易同志提交代表大会讨论的关于民族和殖民地问题的提纲中,我不仅发现了某些矛盾之处,而且还发现了极其有害于先进国家无产阶级的共产主义立场的地方,因为这些国家的无产阶级,特别是在革命爆发之前的时期,必须公开反对任何一种阶级合作。

"落后国家"的定义含糊不清,很不明确,它会给沙文主义者作形形色色的解释提供极好的把柄。

总之,资产阶级民主派的任何民族解放活动,即使是采用暴动的手段,也不是革命行动。这种行动要么对正在形成的民族帝国主义有利,要么对另一个与原先占统治地位的国家进行竞争的资本帝国主义有利。只有在工人阶级处于完全独立自主的地位时,民族解放活动才能产生革命的效果。即使在所谓落后的国家,也只有当无产阶级摆脱了一切剥削者,以至摆脱了以"革命民族主义者"名义出现的资产阶级民主派,获得完全的独立时,才能进行阶级斗争。

只有通过无产阶级革命和苏维埃政权的帮助,而不是通过号称革命民族主义的资产阶级政党里的共产党人的支持(虽然是间接的、通过暂时联盟形式的支持），被压迫人民才能实现真正的革命。

这类联盟只能起到模糊无产阶级意识的作用，尤其是在那些与资本主义斗争的经验还不足的国家里。

提纲的概念不够明确可能引起不良的后果，这会使我们向西欧假革命的沙文主义提供反对国际共产主义事业的武器。

由于上述理由，我声明弃权。

就塞拉蒂的声明展开的争论和声明

怀恩科普（荷兰）：

这里居然发生了前所未闻的事！塞拉蒂同志弃权，当然，这是他的事。但是，他不参加整个问题的讨论，也不申述自己的理由，而这本来是他能够而且应当做的。他不这样做，现在反而说什么这些考虑得很周全的提纲是反革命提纲。这必须讨论清楚！他现在才抛出这个意见，所以，我们来不及加以反驳。大家如此敬重的人竟干出此等事来！于是，资产阶级和站在我们右边或左边的工人们，就会对我们说：你们在殖民地问题上的全部政策都是反革命的。

如果代表大会要维护自己的尊严，那就应当迫使塞拉蒂同志在会上讨论这个问题，所以，我提议把他抗议的内容和他的弃权问题提交大会讨论。

塞拉蒂（意大利）：

我不知道，怀恩科普同志对我是不是也像莱维同志对他那样的尊重，但是，我的行为从来没有成为我党的敌人用来反对我党的武器。我在国际共产主义运动中的活动是如此光明磊落、清清白白，以致敌人无法抓住我的任何一个声明来达到他们自己的目的。我从来没有为争取更多的选票而在对德国或法国有利的宣言上签名。我一向坚持独立自主，所以，我目前的声明对整个国际共产主义运动，具有一定的价值。我意识到自己对这个运动应承担的责任，无论在什么情况下，我都将永远履行自己的职责。我丝毫不会因资产阶级对我的议论而惊慌失措，更何况这种议论来自意大利的资产阶级，因为我随时都想成为他们心目中的一个叛逆者。可是，我不喜欢无谓的争执。怀恩科普同志喋喋不休地进行争辩，而谁也没有加以阻挡。至于说到我自己，我没有什么可以辩驳的。我坚信，代表大会一定会就向它提出来的提纲进行表决。你们有权而且有责任对提纲进行表决。这现在已成定局，无法更改。然而，我个人却要采取完全不同的态度。六年来，我一直在我的报纸上捍卫革命的社会主义，积极地反对这一类提纲。现在，我不想做违心的事。返回意大利以后，我照样敢在意大利无产阶级当中贯彻原来那条政治路线。因此，我请求你们，亲爱的同志们，回到议事日程上来。

怀恩科普（荷兰）：

您必须讲清楚。

塞拉蒂（意大利）：

当然，如果您有这个要求，那我会讲清楚的，但是，和您相比，我的处境十分不利。亲爱的荷兰同志们！应当说，我到此地来，是为了寻求团结，而决不是为了来接受批评。我不达目的誓不罢休。

季诺维也夫（俄国）：

我想代表俄国代表团表明一下态度。我们认为，塞拉蒂同志的声明是非同志式的。塞拉蒂同志有充分的机会参加委员会的会议，可以在那里发表不同意见。这种会议就是让大家发表不同意见的。国际代表大会召开的目的，是对某些国家的经验进行讨论，然后加以总结。我不理解，为什么要给大会提出这样的难题。我们不能强迫任何人参加讨论，但是，既然塞拉蒂同志正式声明反对我们，那我们就要郑重其事地来一个反声明。

有人指责我们，说我们似乎想支持资产阶级革命运动。我们并不打算这么做。我们在会上说过：共产党人要支持一切革命运动。我不清楚，在意大利发生过哪些特殊的战斗。许多国家已经积累了经验，所以，我们认为，我们共产党人必须支持一切革命运动。

我再说一遍，除了发表反声明以外，我们没有别的办法。我们不理解，为什么塞拉蒂同志没有在委员会上说明自己的疑虑。重新讨论是不可能的。让意大利工人去判断谁是谁非吧！我认为，100个意大利工人当中有99个会说，真理在代表大会这一边，而不在塞拉蒂同志那一边。

我坚决反对对提纲作任意的曲解，因为总而言之，这个提纲只不过是恢复马克思和恩格斯的原理罢了。

罗易（英属印度）：

塞拉蒂把列宁的提纲和我的提纲叫做反革命提纲了。

塞拉蒂（意大利）：

不，不是的！

罗易（英属印度）：

我完全相信，任何一个无产者都不会把支持被压迫人民反对外国压迫说成是反动行动。在落后国家里，民族革命是一种进步。过去，我们不能科学地识别各种形式的革命。被剥削国家的人民（这些国家在经济上与政治上的进步受到了阻挠），应当经历欧洲人民早就完成了的革命阶段。谁认为帮助这些国家的人民进行民族斗争是反动行动，谁自己就是反动分子，是帝国主义的卫士。

我对塞拉蒂的声明表示抗议，并提议不要把这个声明写到记录里。

怀恩科普（荷兰）：

任何一个革命运动的代表都无权发表这种论调。塞拉蒂在这里吹嘘自己从来没有发表过对法国或德国有利的宣言。依我看，这种漂亮话包含着不可告人的目的。我断言，他的声明不合乎事实，所以，我请求弄清这个事实。我要求就这个问题提出质问。最后，我要求不要把塞拉蒂的声明写到记录里，因为它没有经过代表大会的讨论。塞拉蒂同志有足够的时间和机会在即将召开的意大利党代表大会上阐明自己的观点。

塞拉蒂（意大利）：

我并不认为，就对荷兰党进行非难一事进行调查，是什么不体面的事。我个人没有指责过荷兰党，我只不过是重复莱维同志的话罢了。这完全是另一回事。既然有人让我讲话，那我就要肯定地说，我所作的关于表决的声明是没有必要讨论的。我没有提出这个问题，因为我不喜欢争辩。但是，同志们连讨论我的关于表决的声明的权利都没有，却反而给我发言权，这真叫我大吃一惊。可是，有人要求，不要把我的声明列入会议记录，这简直令人莫名其妙。在这种情况下，我可以提议，把我在会上讲的全部蠢话统统从记录中抽走。我也可以提议，不要把莱维同志对怀恩科普的指责写进记录里去。当然，他的指责比起我那份清楚、明确的声明来，更加重要。因此，我要求无论如何也要把他的发言记录下来。

罗易同志不理解我的声明。我说他不理解，我认为，是因为我说得太露骨了。我讲过，提交讨论的提纲不够明确，会让沙文主义者和民族主义者钻空子。但是，亲爱的罗易同志，假如我认为，这个提纲是反革命的，那我就会一心一意地投反对票了。老实说，假如在共产主义代表大会上对某个提案投反对票，那也就不会发生什么争吵了。

罗易同志说，每一种革命都具有社会性，但遗憾的是，这正是战争期间资产阶级的走狗和帮凶们所使用的论据。他们对我们说：革命战争同时又是社会战争，因此，必须参加这场战争。而我们的回答是：不，我们不参加这场战争。

季诺维也夫同志代表俄国共产党发表了声明，要求大家清楚、明确地表明自己的态度。我向来就是这样做的。当我说，我感到在讨论这个问题时、我处于不利的地位时，我的态度也是清楚、明确的。然而，这个问题的提出本身，就剥夺了讨论它的可能性。

我本想就此问题提出一个提案，但因担心人们不会抱着必要的客观态度来讨论，所以一直没有提出。

我想提出如下的提案："代表大会向在帝国主义列强压迫下受苦受难的人民致以最热烈的兄弟般的敬礼！代表大会像对待在反对压迫者的斗争中的一切被剥削民族一样，对被压迫民族寄予诚挚的与切实的同情。代表大会声明，工人阶级在反对资本主义压迫的斗争中有权运用各种民族的武装起义，以实现社会革命。"

我的见解十分明确。与其说在一定情况下，在具备某些条件与保障时，工人阶级可以与小资产阶级运动联合，不如说工人阶级可以利用资产阶级性质的革命运动，以便使它最终发展成为社会革命。然而，工人阶级只有在坚持自己的阶级立场和阶级目标的情况下，才能支持资产阶级，在落后国家里更是如此，因为在这些国家里，无产阶级还没有坚定的社会觉悟，他们经常盲目地追随自己的领袖，所以，他们比先进国家的无产阶级更易于背离自己的阶级立场。

季诺维也夫同志宣称，工人本身将对他们的代表在国际代表大会上的行动方针作出评价。毫无疑问，代表们回国以后，会向派出他们参加代表大会的群众汇报，而这些群众将对我们的所作所为作出评价。我本人对小资产阶级向来是不讲情面的。我在佛罗伦萨的意大利党代表大会上，执行的就是这个方针，我的观点得到了代表大会的赞同。

怀恩科普（荷兰）：

塞拉蒂同志企图指责我们党，企图诽谤我，而且，他所依据的居然是我的发言。同时，他自己还想再次发言。我料想不到，塞拉蒂同志自己建议停止讨论，现在却要争取对个人问题两次发言的机会。我提议，至少得让我发一次言。

季诺维也夫（俄国）：

我提议就停止讨论的建议进行表决。这种人身攻击继续下去，是没有好处的。塞拉蒂同志有权要求将他的声明列入记录。（怀恩科普嚷了起来）记录是一面镜子，它反映所发生的一切，因此，声明应当列入记录。我们建议，一切提案和建议都提交委员会审议。

怀恩科普（荷兰）：

不讨论是不妥的。

莱维（德国共产党）：

就停止讨论的建议进行表决。

5 票反对，建议通过。

怀恩科普（荷兰）：

我曾提出反对停止讨论的建议。

莱维（德国共产党）：

谁赞成怀恩科普的建议？讨论刚宣告结束，谁赞成马上就恢复？

怀恩科普的建议以 8 票赞成，大多数票反对，被否决。

莱维（德国共产党）：

绝大多数票反对怀恩科普同志的建议。我们来着手表决提纲吧！现在应该对提纲进行表决了。一切建议将提交委员会审议。如果委员会出现分歧，则由委员会再一次向代表大会作出报告。

就所有其余问题提交委员会审议的建议，进行表决。一致通过。

弗鲁姆金娜（崩得）：

会上有人说，崩得参与了第二国际的反革命宣传。崩得并没有参与反对社会主义革命的宣传，相反，它一向竭尽全力来维护苏维埃政府，甚至在它加入共产党以前。如果说到第二国际，那柯恩同志应当记得，巴勒斯坦社会党向第二国际求援，并因为得到这种援助而洋洋自得。巴勒斯坦社会党提出派代表出席大会的申请，曾遭到执行委员会的拒绝。

塞拉蒂（意大利）：

怀恩科普同志说，他希望着手调查我对荷兰党提出非难一事。我要强调指出，我并未提出任何非难，只不过是重复了莱维同志的话，而莱维同志的话却丝毫也没有遭到怀恩科普同志的反对，而且，执行委员会的一些同志也曾这样说过，也没有引起任何人的反对。

邦巴奇（意大利）：

我声明，我不同意塞拉蒂在声明中所表明的观点。

怀恩科普（荷兰）：

我要求发言，不是针对个人的问题，而是想提个建议。现在，既然有了发言的机会，我就应当声明，塞拉蒂同志在这方面对我党提出的非难，完全不符合事实。他说，他这套谎话是根据莱维同志的发言编造的，那我管不着。这终究是谎言，必须加以澄清。执行委员会的同志们的发言，并不像塞拉蒂同志所说的那样。不能把阿姆斯特丹执行局同荷兰党混为一谈。塞拉蒂同志因为受到我的批评，竟对我们党提出了非难，而这完全是无中生有。我提议，不要把塞拉蒂同志的反对意见列入记录，因为它没有经过大家的讨论。我提出这个建议，是因为塞拉蒂同志可能在意大利党代表大会上提出这个反对意见，据我看，这个反对共产国际代表大会的"宣言"，在那里也将会得到同样的结果。

佩斯塔尼亚（西班牙）：

由于我代表的不是某个政党，而是工团组织，由于我不想承担我没有把握履行的义务，所以我弃权。

格拉齐亚德伊（意大利）：

我已经表过态，我的立场大家都清楚。我赞成我提出修改意见后的提纲。

季诺维也夫（俄国）：

怀恩科普同志提议，塞拉蒂同志的声明不列入记录。我们采纳这个意见，我请求代表大会支持主席团的意见，本来不能这样表决。赞成这个意见的，请举手！谁反对？似乎没有人反对。建议对提纲进行表决，并停止讨论。

建议被通过。

表决并通过民族和殖民地问题提纲及将有争论的问题提交委员会审议的建议

季诺维也夫(俄国):

现在就殖民地与民族问题的提纲进行表决。(宣读提纲①全文)

大会进行表决。以3票弃权一致通过提纲。(鼓掌)

季诺维也夫(俄国):

一切争议问题将提交委员会审议。如果委员会在处理这些问题时意见一致,就把结果向代表大会报告;如果意见不一致,则把问题提交代表大会讨论和表决。现将这个建议付诸表决。

建议被通过。

季诺维也夫(俄国):

明天上午11时召开全体会议,讨论加入第三国际的条件。必须提前讨论这个问题,因为法国代表将于明天离开莫斯科。

(会议在下午5时休会)

---

① 见本卷收录的《关于民族和殖民地问题的决议》及《关于民族和殖民地问题的补充提纲》。——编者注

第六次会议

（1920年7月29日上午）

塞拉蒂宣布开会。讨论加入第三国际的条件。季诺维也夫同志作报告。

季诺维也夫作《加入共产国际的条件》的报告

我们开始讨论议事日程上一个最重要的问题，即必须确定，我们这个共产国际究竟是个怎样的组织？我们要使它成为怎样的组织？首先，我概略地、一般地说明一下委员会的工作。大家都知道，委员会由于吸收了德国独立社会民主党和法国社会党的代表参加而扩大了。这两个代表团出席了会议，积极地参加了讨论。提纲作了一些改动，但总的内容并没有改变。当然，我们要向你们介绍修改的情况，你们会有机会发表意见。既然我们要考虑有关同志的意见，我们当然会接受意见，并加以采纳。

德文版缺第2条，法文版不缺。第2条中写道：

"凡是愿意加入共产国际的组织，都必须有计划、有步骤地撤销改良主义者和'中派'分子在工人运动中（在党组织、编辑部工会、议会党团、合作社、地方自治机关等中）所负担的比较重要的职务，用可靠的共产党人来代替他们，不必顾虑最初有时不得不用普通工人来代替'有经验的'活动家。"

接着，对提纲第7条作了重要的更动，其中原来是这样写的：

"共产国际决不能容许像屠拉梯、莫迪利扬尼之流的著名改良主义者有权成为第三国际的成员。"

现在,委员会认为,我们共产国际不仅要点出意大利机会主义者,而且也要痛斥其他国家的改良主义分子,这样做才是比较正确的。委员会决定,至少也要点出每个国家的一名改良主义分子。这样一来,被点名的人就不只是屠拉梯、莫迪利扬尼,而是"屠拉梯、莫迪利扬尼、考茨基、希法亭、龙格、麦克唐纳、希尔奎特等"了。

(有人喊道:还有格里姆。)

应当承认,这个名单不全,也许代表大会会作出补充。

再就是增补了第18、19两条。这两条是:

"18. 各国党的一切指导性的机关报刊,必须刊登共产国际执行委员会的一切正式的重要文件。

19. 凡是已经加入或正在申请加入共产国际的党,必须在最短期间内,无论如何不迟于共产国际第二次代表大会闭幕后四个月,召开一次党的紧急代表大会,讨论所有这些条件。同时,中央委员会应当设法使各级地方组织都了解共产国际第二次代表大会的各项决定。"

其次,我们收到了列宁同志个人的建议。①

这项建议经过委员会讨论,以5票赞成、3票反对、2票弃权获得通过。但是,我要代表俄国代表团声明,我们希望恢复这项建议的原意,即我们主张只把它当做一种愿望,而不是作为条件或指示。我们坚持的意见是,只要代表大会表示这个愿望就行了。

此外,还有一些修辞上的改动,尤其是我们所谈的合法与非法工作

---

① 指列宁提出的关于愿意加入共产国际的党,其领导机构组成问题的建议;后来根据俄国代表团的提议,委员会采纳了这项建议,列为第20条,作为加入共产国际的一个条件。——编者注

那一条。我们将把最后的文本提交大家讨论。

现在我来谈谈几个论点的依据。首先,第 79 页上写着:"在一定的情况下,共产国际有被那些还没有摆脱第二国际思想体系的、不坚定和不彻底的集团溶蚀的危险。"

委员会对此作了修改,并决定采用更加坚决的措词,即不是说"在一定的情况下",而是直接说"共产国际有被溶蚀的危险"。委员会这种做法是对的。确实如此,那些不久前加入第二国际的党,是在群众的压力下,可以说是出于某种需要才跑到我们这边来的,它们一来,共产国际的革命性目前就受到威胁了。即使它们愿意除掉身上的资产阶级与小资产阶级烙印,也不是那么容易的事。在我们召开第一次代表大会,即成立第三国际期间,我们遇到了许多危险,然而,因吸收各种各样的人而损害共产国际革命性这个危险,在当时并不存在。15 个月以前,我们还不过是一个人数很少的小组,因此,有人讥笑我们说:"你们共产国际的全部人马,有 10 张沙发椅就够了,你们成不了气候!原先的一些大党仍旧留在第二国际里。"现在可不同了。原先的大党现在都积极要求加入第三国际。由于工人群众倾向共产主义,我们理应吸收它们。但是,切勿忘记,这些党带着自己所有旧包袱进来,就是说,把它们的老领袖带了进来,而这些人在战时和战后始终是坚决反共的。

1919 年 3 月第三国际成立时是一个怎样的组织?当时,它不过是一个宣传团体,成立一年来,还是老样子。可是,在欧洲遭遇一场骇人听闻的毁灭性战争以后,工人群众寻求新的道路的时刻,第三国际在国际范围内开展宣传工作,乃是一件大事。不过,我应当坦率地说,当时,它不过是一个要向群众灌输共产主义思想的、有广泛组织的宣传团体。现在,我们想多做一些,做得和过去不同一些。现在,我们的国际不想再充当一个宣传团体,而想成为一个国际无产阶级的战斗组织。第二次代表大会应当在这方面开始一个新的篇章。我们的国际要成为一个战斗组织，它不仅宣传共产主义，而且要真正实现共产主义，我们是为此目的建立国际性组织的。

不久前，我读了保尔·路易的文章，他说，第一国际由于未能及时防止1870—1871年的战争而垮台。第二国际也必定是这个下场。战争爆发了，它未能及时防止，因此，它也垮台了。第一国际当时的处境和今天第二国际的处境完全相同。

看来，这是一种蓄意捏造的、因而颇有分量的社会爱国主义谎言。第一国际曾企图阻止战争的爆发，它为此进行了斗争，并在斗争中献出了自己的生命。而第二国际不想进行反战斗争，并且回避这个斗争。第一国际壮烈地牺牲了，它的优秀战士在巴黎公社反对资产阶级的斗争中遭到杀害。而第二国际可耻地破产了。我们必须向工人讲清楚这一点，因此，我们应当谴责这种相提并论的说法，要知道，这种说法是出于支持社会爱国主义和考茨基主义的需要。

第一国际是一个高度集中的组织。它甚至力图实现中央对每一次经济大罢工的领导，而且取得了一定的成就，这是因为当时的罢工运动还没有经验，力量还比较弱小。可是，我们现在的中央，却不能直接领导每一次经济大罢工。现在，经济罢工每时每刻都在涌现出来，对于具体情况，我们甚至一无所知。由于罢工运动的规模很大，现在根本谈不上中央的直接领导。第二国际缺乏集中，不过是一群乌合之众。第一国际和第二国际，一正一反，不能相提并论。现在，当我们需要确定建立新关系的条件时，我们似乎得从社会学的角度来说明"合成"问题。在我们打算讨论加入第三国际的条件时，我们对此要有清楚的认识。

许多不久前还是第二国际的领导同志认为，加入第三国际，他们并不承担任何重大的义务。我这里有一篇从罗伯特·格里姆的机关报[①]上

---

① 即《伯尔尼日报》。

剪下来的格里姆的文章。他声称，第二国际及其执行机关不过是一个"信箱"罢了。确实如此。但是，文章的作者向第三国际提出什么建议呢？当然，第三国际应当有所不同：它应当在各国组织"大规模的行动"，即它应当注意建立情报机关，注意"在议会内"组织"统一行动"。于是，你们就可以看出，结果完全一样：第三国际也是一个"信箱"，是一个深一点、大一点的"信箱"，但终究是一个"信箱"。

我们需要有情报机关，这一点，我不反对。我们的情报工作十分薄弱，它需要有一个比较完善的组织。例如，我们大骂国际联盟是一群强盗的组织，或者提出反对改良主义分子的建议，这种做法并不会妨碍各国党同时在议会采取行动。但这远远不是一个国际性的战斗组织。目前，经济上的支援也不是最主要的。格里姆及其一伙心目中的第三国际，实质上和第二国际同一类型，即是一个大一点、组织得好一点、外表涂上红色和漆上油漆的"信箱"。第三国际不应当是这么一种玩意儿！

我还读过各种"左"派改良主义分子，例如克洛德·特雷维斯在法国同志主办的《共产主义评论》上发表的几份声明。特雷维斯主张加入第三国际，但条件是，不限制他们的行动自由，不强求某些国家接受第三国际的政治口号。这就是说，他们希望马上加入第三国际，但行动不受约束，继续享有和以前一样的行动的"自治权"。关于这一点，意大利的"也算是社会党人"的莫迪利扬尼，说得比谁都露骨。他现在形式上是第三国际的成员，但是他和我们并不是一条心。不久前，他到过巴黎，极力鼓动龙格参加第三国际。他的理由是：为什么不参加第三国际呢？要知道，它不要我们承担任何义务，只要每两个星期给执行委员会寄上一张明信片就行了，别的什么事都没有。我们何乐而不为呢？

凡是认识莫迪利扬尼和领教过他的厚颜无耻的机会主义的人，从这番话中就能看透他的为人。这些从改良主义分子营垒里钻出来的老爷们以为，加入第三国际可以像进旅馆一样方便。我们共产国际建立以来的短暂、然而意义重大的15个月历史，向一切严肃的政治家表明，第三国际不能容纳那些想在其中随心所欲、为所欲为的人。我们要建设一个讲求实际的国际。我们不同意考茨基的意见，他说第三国际仅仅是"和平的工具"。不！它应当成为和平时期、武装起义时期、起义以前和以后时期的斗争工具，应当成为团结各种力量的核心，应当成为明确自己的目标并愿为实现这一目标而奋斗的那一部分国际无产阶级的战斗组织。

　　有人经常大做文章，说什么"东方"与"西方"之间存在着人所共知的对立现象。他们企图给工人造成一种印象，似乎第三国际是东方工人阶级的组织，而西方工人阶级只好靠边站。法国党的领袖和德国独立社会民主党的文艺工作者，试图提出这样一个问题，即他们（中派分子）不想马上单独加入第三国际，而首先想让西方全体工人群众参加。实际上，"东方"与"西方"之间根本就不存在这种对立现象，而在共产主义与改良主义、共产主义与社会和平主义之间，倒存在着另外一种对立现象。"东方"与"西方"之间存在对立现象的说法，纯属捏造。我们发现，在各国，人们都把运动划分为三类：第一类是明显的机会主义右翼，目前它是资产阶级的主要支柱；第二类是稍为收敛的中派，它也是资产阶级的支柱；第三类是左翼，它或多或少带有共产主义色彩或倾向共产主义。显然，西方工人阶级，比如英国工人阶级，对莫斯科发生的事一清二楚，他们懂得苏维埃政府具有何等意义。每一次游行示威都表明：英国工人阶级在这方面有十分明确的认识。关于"东方"与"西方"之间存在鸿沟的奇谈怪论，早该收场了，用不着劝告英国工人阶级等待"西方"加入共产国际了。

　　首先，我们不要忘记匈牙利苏维埃共和国的教训。有一位匈牙利同志在谈到党的作用问题时,已经提到这一点。这是一个具有重大历史意义的问题。请回顾一下当时的情况。匈牙利共产党给社会民主党人大开方便之门,一下子把他们全都吸收进来了。我们在委员会讨论接受条件时,有些同志说,他们有这样一种感觉,就是第二国际的许多政党今天很轻易地就接受了我们的条件,这和当年匈牙利苏维埃共和国出现的情况很相似。匈牙利党取名为"社会主义共产党"。最初,这只不过是一个名称之争。匈牙利同志作过斗争,我们不想背后指责他们。我们的执行委员会有一个忍让的弱点,于是就同意了各个政党的合并。过去有个说法:政党的名称无关紧要。然而后来才知道,这个问题在历史上起了作用:匈牙利苏维埃共和国发展前途的被断送,一半原因可能是由于共产党人对大部分老社会民主党人采取了保护的态度(令人遗憾!),而这些老爷们在紧要关头却投到了资产阶级的怀抱里。意大利党有几位同志说,在即将召开的代表大会上,他们将建议把党的名称,由目前的社会党改为社会主义共产党。我们切勿忘记匈牙利的教训。这不是斤斤计较一个名词的问题,而是我们能否信赖这些不仅不愿和旧思想观念决裂,反而极力加以掩饰的旧社会党老爷们。为了使我们今天认清这一点——只要我们向改良主义分子伸出一个小指,他就会立即抓住你的整只手,然后抓住你的脑袋,最后把你整个吞掉——匈牙利和全世界工人阶级付出了多么大的代价!

问题就在于,我们应当成立一个有明确而又坚定的路线的共产国际。我们应当为共产主义奋斗,而共产主义不可能在一个月内就实现,只有在尽可能集中的组织和明确、坚定的策略的指导下,经过多次战斗,共产主义才能获胜。对于那些用明信片来敷衍我们的老爷们,我们趁早把门关上,免得他们钻进来。

第二国际可耻地垮台以后,第三国际时兴起来,实际上这是一个危险信号。第二国际成了一个臭水坑,成了一具腐烂的僵尸。当然,一些政党要和第二国际脱离关系，企图继续在第三国际里重操旧业，"只不过稍为改变一下腔调"而已。它们当中的许多政党多半不承认这一点，但是客观上就是这么一回事。

这个危险性是存在的，我们应当坚决采取防范措施。我今天看到7月15日《自由报》上的一篇文章，标题是《国际问题》。《自由报》的意见是，如果我们坚持1920年2月5日我们给独立社会民主党的公开信的观点①（此信经我签署），那就不可能和我们达成任何协议。

我十分明确而又郑重地声明（我希望，这也将是代表大会的意见），我们现在仍然坚持我们在2月5日信中提出的全部条件，而且我断言，我们拒绝同龙格、考茨基和希法亭之流的右派领袖进行任何合作。法国同志对我们说：也许龙格目前打算改变自己的观点。要是他现在同意我们的观点，那就不成问题了；如果他是诚心诚意地、严肃认真地接受我们的观点，那我们表示欢迎。我的这番话也适用于那些或许打算改变自己的看法的德国同志。不过，我们要郑重声明，我们不打算和德国党的右翼及其领袖打交道。我要以俄国代表团代表的身份（不是以委员会报告人的身份）正式声明，我们中央委员会举行了一次会议，会上我们作出决定：假如我们的意大利同志或其他党的同志主张和这些右派分子联合，那我们党宁愿受到孤立，也不愿和那些我们称之为资产阶级的人物讲联合。我代表我们党发表这个声明。

现在，我尽可能具体地谈谈那些想加入并在努力争取加入第三国际的政党，以及已经加入第三国际的政党的情况。我打算逐个国家来谈。首先，我谈谈那些至今尚未加入，但现在想加入第三国际的政党。我收

---

① 指1920年2月5日共产国际执行委员会就独立社会民主党人莱比锡代表大会关于第三国际的决议问题《致德国全体工人、德国共产党中央委员会和独立社会民主党中央委员会的公开信》。此信载于《共产国际》第4期。

集了大量有关法国党的材料。我不可能向你们介绍一切有关情况，只能择其重要者讲一讲。事先要向你们打个招呼，就是我们决不想算旧账。当然，谁都可能犯错误和事后表示反悔。我们只援引带原则性的事例，只讲主要问题。

　　首先讲讲加香。对他的忠诚不能有丝毫怀疑，凡是了解他的过去的人都知道，他犯过错误，但他是一个忠诚的战士。我这里有他写的关于国际联盟的一篇文章（1920年1月7日）①。早在今年1月，他就称威尔逊先生为当代"最后一个资产阶级伟人"了。他接着提出，"美国民主派"已尽了一切努力来防止大战的爆发。作为一个共产党人理应懂得，这显然是社会和平主义的思维方法。而社会和平主义并不等于社会主义。这是已故领袖饶勒斯的思想，遗憾的是，他也只不过是一个社会和平主义者。在全面肯定他的伟大功绩时，我们不能不指出这一点。他的思想在法国以及在其他一些国家里流传下来。这种和平主义和威尔逊主义都具有极其顽固的特征，因而许多共产党人也难以摆脱这种思想。就拿上一次代表大会来说吧。瑞士一位左派同志弗里茨·普拉滕，把一份打印好的自己在议会上发言的速记稿带来了。他在发言中说：威尔逊是一个正直的人，他希望用和平的方法解决战争问题。结果，就连我们当中一些自认为是共产党人的同志，往往也会受到这种社会和平主义的侵袭，因为数十年来，他们的领袖就是向他们灌输这种东西的。过去，我们对社会和平主义斗争不力，现在该彻底消除这种影响了，并且要十分明确地向法国朋友们指出：接受加入第三国际的正式条件，要比肃清社会和平主义影响容易得多。社会和平主义是麻痹我们斗志的一种危险的资产阶级思想。千条万条，只要坚持社会和平主义这一条，就不能成为一个共产党人，就不能加入第三国际。所以，我们要开诚布公地说，

---

　　① 指加香的《一年之后》一文，载于1920年1月7日《人道报》第5775号。

愿不愿意与社会和平主义彻底决裂，这是问题的关键。

其次，有关法国同志的问题，我还应当说上几句。这是弗罗萨尔于1920年2月13日发表的牵涉到对第三国际态度的文章。① 弗罗萨尔在文中说：至于我党的政策，在加入第三国际这一点上，很可能和过去没有什么两样；很快就要进行选举了，而第三国际决不能妨碍我们与其他政党建立同盟。

总之，你们看到，这种观点就是：第三国际是一幢很好的旅馆，各国代表在那里高唱《国际歌》，互相恭维一番，然后各奔东西，继续干自己原来的事。我们决不允许第二国际的这种无耻勾当重演。

我本来可以援引其他许多事例来说明法国同志的实际情况，但限于时间，我只能谈上面这一些了。《人道报》的社论是按某种比例编排的，加香和弗罗萨尔对我说，中派每周提供八篇，左派四篇，而列诺得尔之流两篇或三篇。你们清楚，这实在不能容忍。这好比是这样一种混合剂：八滴蒸馏水，三滴毒药，然后加上四滴牛奶作为解毒剂。（鼓掌）这种状况不能再继续下去了。也许，这就是法国运动史的写照，但正是这个旧传统必须加以根除。离开巴黎之前，弗罗萨尔声称："我不愿和列诺得尔一起去莫斯科，我们与俄国同志的会谈将会遇到阻力；最好他留在家里。"而在有关的信件中，弗罗萨尔却称列诺得尔为"我们的朋友"。这种法国风度应该抛弃了！可是，它不单纯是法国的风度。莫迪利扬尼给塞拉蒂的信和塞拉蒂给普拉姆波利尼的信，均称对方为"我的朋友"。这种法国方式和意大利方式，我们不能接受。我希望，你们委托执行委员会向各国党提出要求：每月汇报一次，以便通过这面镜子了解所发生的一切。

---

① 指弗罗萨尔的文章《在莫斯科那儿又怎么样?》，载于1920年2月13日《人道报》第5775号。

现在讲讲德国独立社会民主党人的情况。

我只限于引用独立社会民主党中央委员会最近的正式复信①中的几段话,这是该党出席代表大会的代表交给我们的。复信首先指责说:"尤其令人吃惊的是,共产国际执行委员会出于自己所处的地位,本应尽可能真诚地对待和自己进行会谈的外国革命工人组织,但是,它的复信却断言:'参加独立社会民主党的工人的看法,完全不同于他们的右派领袖,'——这种论调像一条红线似的贯穿在整个复信中……"

不错,这种论调确实像一条红线似的贯穿在我们整个原则性的声明中。如果在目前比较平静的时候,尚有一万左右的独立社会民主党党员被关在监牢里,那我要对这些同志表示敬佩。我说:这是一些顽强的战士、顽强的工人。我们应当设法接近这些工人。这与我所说的存在着以考茨基、希法亭和施特勒贝尔为首的右翼,并不矛盾。在卢塞恩时,克里斯平和希法亭持同一观点,他不想离开第二国际。右翼是存在的。

有人说,目前究竟谁对考茨基感兴趣?他们的答案是:没有人对他感兴趣。对这个问题,我的回答是:这个答案不对。考茨基主义是一种国际现象,独立社会民主党中央委员会的许多领袖,口头上声称与考茨基脱离关系,而实际上执行的仍旧是考茨基的政策。我们所能做到的,就是提请大家注意:在独立社会民主党内部,有些工人正在进行严肃的斗争,以反对那些暗中破坏革命斗争、一直为资产阶级效劳的右派领袖。有人说:"在德国没有右派领袖";"执行委员会制造的右派与左派领袖一说,不切合实际"。我们必须极其真诚地对待真正与资产阶级进行斗争的其他国家的同志。可是,对考茨基、希法亭和施特勒贝尔也讲

---

① 独立社会民主党中央委员会给共产国际执行委员会的复信载于1920年7月11日《自由报》第272号(副刊1)、7月13日第274号(副刊)、7月14日第276号(副刊)和7月15日第278号(副刊)上。

真诚，那无疑是对工人阶级的背叛，对这种"真诚"，我们要拒之千里。在希法亭（此人善于同英国军官进行同志式的谈判）和我们之间横着一条不可逾越的鸿沟。贯穿我们全信的这条红线恰恰就是：我们要把和我们战斗在一起的工人，与暗中破坏斗争的领袖加以区别。中央委员会在信中说："指责独立社会民主党'右派领袖'奉行'协约国的方针'，其根据何在？我们百思不得其解。至今这种指责多半来自右翼政党。难怪去年我们不得不开展反对民族主义蛊惑宣传和军国主义诡计、争取签订和平条约的斗争时，我们听到了反动资产阶级政党责骂我们是'协约国政府的走狗'。事态的发展证明我们的立场是正确的，这和俄国共产党人当时在和平问题上所采取的立场一样，是出于严酷的现实的需要。可是，大家都知道，这种立场却遭到了谴责，似乎俄国共产党人和凯泽尔德国军国主义者结为同盟。"

在签订布列斯特和约的前夕，俄国的形势是众所周知的。我国工人阶级掌握了政权。它忍饥挨饿，但仍然坚持斗争。德国帝国主义卡住了我们的脖子，而德国工人阶级的力量当时又十分薄弱，不能立即援助我们。我们想：为了求得一点喘息机会（这个词在当时很流行），我们必须暂时与这些强盗缔结和约，以赢得时间。1918—1919年德国的形势又如何呢？资产阶级掌权，或者谢德曼之流掌权，反正一个样。德国的情况不同于俄国。谢德曼这只狡猾的狐狸说：我袖手旁观，我反对签订凡尔赛和约。他非常巧妙地蒙骗了英勇的德国工人阶级。结果谢德曼倒成了反对凡尔赛和约的人。不早不晚，就在这个时候冒出了一个独立社会民主党，它不遗余力地给谢德曼呐喊助威，它千方百计地大声疾呼：必须缔结和约！现在你们竟说，德国当时的处境和俄国在签订布列斯特和约前夕的处境完全一样！你们，在德国，发现了这样一个小小的差异：在俄国，工人阶级掌握政权，资产阶级被打败了；而在德国，却是资产阶级掌握政权，工人阶级被打败了，并且很多次被出卖。这个"小小的"糊涂观念是怎么产生的呢？原来是这么一回事：1919年3月，独立社会民主党的许多右派领袖认为，谢德曼和我，都差不多。（鼓掌）因为我们都是工人阶级的一分子，都是老社会民主党人。独立社会民主党内缺乏政治觉悟，就使右派领袖提出这种令人不能容忍的错误论点，混淆工人阶级掌握政权与资产阶级掌握政权这两种截然不同的情况，从而使兴登堡和谢德曼之流得以践踏和镇压工人阶级。他们屡次三番地向我们表白："我们和你们在观点上没有特殊分歧。考茨基对我们党影响不大。"独立社会民主党代表现在带给我们的这封信，难道不正说明考茨基的阴魂不散吗？

"对恐怖手段与内战问题的看法，也和对专政问题的看法一样。这样一来，俄国所特有的无产阶级专政形式，就日益上升为国际无产阶级的基本原则。于是，形式压倒了内容，从而阻碍了革命的发展，这是因为忽略了在不同的社会条件下必须采取不同的革命形式这一点造成的。在研究暴力问题时必须牢记：暴力和恐怖手段不能相提并论。如果无产阶级专政（其他任何一种专政，哪怕是披上民主外衣的专政，也不例外）离开使用暴力就不能存在，那么，暴力使用到什么程度，还要由反革命的反抗情况来决定。把恐怖主义当做一种政治手段来使用，这就意味着，要建立一个各种灾祸充斥的王国，要使用国家暴力手段来对付无辜的人们，其目的就在于吓唬人们，使他们打消一切反抗的念头。针对这种情况，必须指出，国际社会民主党拒不使用这种恐怖手段，不仅是出于人道主义和伸张正义，而且是出于一定的目的。如果说，暴力是一个孕育着新社会的旧社会的接生婆，而它并不能使旧社会母腹中尚未发育成熟的新社会胎儿提前降临人间，那么，对于恐怖手段，就应当说（历史上多次证实了这一点），使用它并不表示运动强大，恰恰相反，它表明运动内部十分虚弱。因此，我们党从马克思主义学说和历史的经验出发，反对颂扬恐怖手段。我们恪守这项原则，并不像执行委员会在复信中所指责的那样，是'涣散工人的革命意识'，恰恰相反，是为了保障社会主义的长远利益。"

可是，这封信是在柏林一月武装起义以后、在这次起义从我们手中夺去工人最宝贵的东西以后写的，是在我们知道俄国、芬兰、格鲁吉亚、匈牙利等国发生内战这种种情况之后写的！这封信是小资产阶级的杰作，它违背一个革命者的良心！我认为，与其说"为了社会主义的长远利益"，不如说"为了资产阶级的长远利益"。这个声明自始至终贯穿着考茨基主义。如果像迪特曼和克里斯平在这里所声明的，考茨基再也不会有多大影响了，那么，为什么在这封复信中还要一字不漏地照抄他所写的鄙俗蠢话，还要把那些反革命破烂货一揽子搬过来呢？

当我们在这里，在莫斯科质问独立社会民主党左翼代表，是否在这封信上签了名时，他们无可否认。他们回答说，他们没有时间思考，一切都是在"一瞬间"发生的。这全然不能成为政治性的理由。独立社会民主党中央委员会在"一瞬间"解决这样的问题，那真是糟糕透顶了。我们看到，死人考茨基如何拽着活人多伊米希的头发往水里拉，并使他沉入水底，这时，浑身是劲的多伊米希，就应当把死人考茨基连同他的反革命破烂货统统推到一边去。

这是独立社会民主党的情况。

下面我们要用同一个标准来衡量一些政党，不管它们是否已加入我们的国际。即使加入了我们的国际，也免不了受到我们的批评。我们必须采取批评的态度，直言不讳。

那么，我首先讲讲意大利党。过去和现在我们一直在强调：意大利党是从第二国际分离出来的优秀政党之一。意大利工人阶级是英勇的工人阶级。我们大家热爱它，正是由于它以严肃的态度对待革命和共产主义。但是，对于这个党的领袖，我们就另当别论了。塞拉蒂同志会对我们说："你们又要抓住屠拉梯不放，这太无聊了。"不错，塞拉蒂同志，只要屠拉梯这样的人算作我们的人,我们就要反复地提这件事。因为屠拉梯是意大利党党员,现在也就成了第三国际的成员。难道这不令人感到羞愧吗?当我们给第三国际每个成员发放证件时,屠拉梯和莫迪利扬尼也会领到一张。可是,要知道,这些人在意大利搞的是反革命宣传活动!前几天,屠拉梯在议会上发表了长篇演说,这套话,他一生中已经讲了许多次。屠拉梯是这样说的:资产阶级先生们!你们发现你们的处境和工人阶级一样困难吗?让我们互相帮助吧!在土地、住房和食品等问题上,我向你们提出一连串半资产阶级性质的政纲。意大利资产阶级如何采纳这个政纲,《前进报》(*Avanti*)没有报道。此后,意大利党就对屠拉梯提出了控诉。允许这种情况存在的党,还能算作严肃的党吗?该党本应对那些30年来一直干着同类事的人提起控诉(因为他们是彻头彻尾的改良主义分子),但它却忙于其他许多事务了。

我这里有一堆意大利文资料,不下二三百份。我不可能向你们一一列举。我们要出版一本介绍意大利及其他国家情况的红皮书。塞拉蒂同志将收到我寄去的这本书。这本资料集将散发出芳香,它会给塞拉蒂同志带来莫大的乐趣。屠拉梯对于他为什么要留在党内这一问题的回答是:"因为这样一来,我才能对工人阶级施加影响。"屠拉梯无须隐瞒。他公开表示,他参加党是为了他能以改良主义者的身份在议会和集会上发言,以便享有一个社会主义者、一个党员的荣誉。他在党内干他想干的事,方便得多,他何必要离开党呢?我奉劝我们的朋友们注意一下屠拉梯的自我表白。不能让这些老爷们留在我们党内暗中破坏我们的斗争。我们党内还有暗藏的敌人,我们公开的敌人就更多了。

在邦巴奇代表党在全国化工工会代表大会上发言之后,首先起来发言的是屠拉梯,他发表了一通改良主义谬论。意大利共产党员邦巴奇的发言却相当温和。我要问:为什么让屠拉梯在工会大会上发言,让他在工人面前大放改良主义的厥词?为什么邦巴奇后来的反驳是那样软弱无力?只要屠拉梯还是一名党员,邦巴奇当然就不能说:他是我们的阶级敌人。我们决不能让这些老爷们以我们的名义,向普通工会会员们贩卖他们的改良主义观点。

现在谈谈瑞典党的情况。很遗憾,和我们一道参加第三国际创建工作的霍格伦同志没有到会。但我们还是要摆摆这方面的情况。瑞典的左派至今也不叫自己的组织为共产党。现在弄明白了,这并非偶然。他们出版了一种理论性的机关刊物,叫做《齐美尔瓦尔德》。后来,他们没有给我们寄这个刊物。在这个刊物上刊登了德国独立社会民主党右派的文章。这也是预料之中的,因为他们相互同情。而在瑞典左翼政党内,公开的改良主义分子却久居其位,这可是非同小可。虽然林德哈根还是一名党员,但他却已经不值一提了。1920年3月12日,他十分露骨地建议瑞典加入国际联盟,他努力研究国际联盟章程,并五次提出修改意见。

虽然该党在一篇文章中拒不承认林德哈根为党员,然而他还是留在党内,因此在形式上他成了第三国际的成员。

瑞典党的另一位议员艾因贝里,在一篇文章中提出社会爱国主义的裁军主张。他还说,现在只要取得政府同意,就可以完全废除军人内阁。接着,他希望社会民主党右翼(指布兰亭)在这个问题上给他以最广泛的支持。后来,知名的议员或领导人——瑞典的伊瓦尔·万纳斯特罗姆用布兰亭的口气说:社会民主党左翼似乎想和我们联合。霍格伦对此表示反对,至少他个人说什么也不愿意和布兰亭这个老家伙结合。但是在左派党刊上却表示,只要条件许可,类似的结合也可以考虑。

我们应当承认,瑞典社会民主党左翼曾经为第三国际出过力。这是一个年轻的运动,它刚刚发展起来。我们知道许多真正的革命者参加了这个运动。但是,我们应当直截了当地对他们说,我们需要的是共产党,它用不着讨论和布兰亭结合的问题,而是要抛弃裁军问题;我们还要对他们说，我们的使命不是修改国际联盟章程，而是彻底将它埋葬。

在丹麦党左翼的纲领草案中提出：党确信，制止军备扩张可以增加不流血革命的机会。当然，资产阶级的军备扩张一旦被制止，我们就有更多的机会来进行不流血的革命。但问题却在于，怎样才能做到资产阶级和我们都不必付出血的代价，便能制止军备扩张。

谈谈挪威党的情况。中央委员会容忍右派留在党内。舍弗洛在我们的委员会上说："我们一部分党员是反社会主义者。"为什么会出现这种情况呢？因为他们把全部工会会员都吸收入党了。这不妥当。我们可以和工会保持良好的关系，可以在工会里建立党团，但是，把全部工会会员（其中基督教社会党人以及其他反社会主义分子占10%）都吸收进来，是错误的。我们提请挪威党注意这个问题。

我讲讲南斯拉夫党。它现在叫南斯拉夫共产党。但是，过去我们从我们南斯拉夫同志的中央机关报上，只能见到许多改良主义分子写的文章。不错，南斯拉夫党不同意这些文章的观点。然而，这种状况不能容忍，也不应当容忍。我们应当提请南斯拉夫党注意，不要容忍改良主义分子在党内公开活动，不要让我们的报刊等为他们效劳。在其他各方面，南斯拉夫共产党称得上是一个非常好的党。

也许，在其他政党身上发现的问题，在我们俄国人身上也有。当然，加入第三国际的每个政党，在我们犯错误时，都理应给我们指出来。这是它们的国际主义义务。我们应当把共产国际看做是一个统一的国际性政党，它在各国有自己的支部；每个支部有权"过问"共产国际的事务，发表自己的意见。我们这里有名副其实的共产党，它们是共产国际的核心。但遗憾的是，我们这里也有许多这样的党，它们给改良主义分子提供机会，以蒙骗工人阶级和破坏工人阶级对我们的信任。最明显不过的是，特雷维斯以参议员的身份，每天都在骗取我们群众的信任，而屠拉梯和莫迪利扬尼"同志"，则骗取了邦巴奇和塞拉蒂的信任。有许多大党想加入我们的国际,它们的工人群众,一部分拥护我们的国际,赞成建立无产阶级专政,而另一部分还没有拿定主意。我们主张立即接纳法国党和德国独立社会民主党,我们授权执行委员会继续商议和检查它们是否履行规定的条件,注意每天的新闻动向,经过一段时间再作出这样或那样的决定。法国同志在委员会上向我们表示,他们完全同意我们的条件。德国独立社会民主党代表的声明,内容也差不多。我们这方面要尽一切可能帮助它们向我们靠拢。最重要的,就是要仔细、认真地研究它们发表的文章,再就是代表大会要正式授权我们在一定时期内观察它们是否履行规定的条件。一万八千个条件都能接受,但毕竟还是考茨基分子。问题就在于拿出行动来!我们提出这些条件,是为了能有一个准则,以便客观地检验代表大会的要求。无论如何,我希望代表大会能提出一个明确的要求,能给我们以支持,以便每个工人都清楚第三国际的要求。我确信,无论德国独立社会民主党中央委员会对我们抱什么态度,无论法国社会党领袖想干些什么,各国工人群众的心总是向着我们的。工人群众愈来愈拥护我们,因为资产阶级和半资产阶级的第二国际的末日已经来到,争取社会主义的斗争时刻已经来临。

各国工人群众迟早都会明白这个真理。他们将全然不顾他们的犹豫不决的领袖而向我们伸出手来,他们必将建立一个革命工人阶级的真正的战斗组织。(热烈鼓掌,经久不息的掌声。)

巴拉巴诺娃(俄国):

有这样一项提案:凡是加入第三国际的政党,必须把参加小资产阶级组织共济会的那些党员清洗出党;这就是说,加入第三国际的同志,尤其是西方各国的同志,无权参加共济会。这个提案是塞拉蒂同志提出来的。这个问题以后要讨论。我们现在只把这个提案告诉同志们,以便做好讨论的思想准备。

讨论加入共产国际的条件

拉狄克（俄国）：

委员会召开了会议，对加入第三国际的条件进行了讨论，法国和德国同志对这些条件表示同意。我们出席这次会议的人，后来几乎一致想起了库恩·贝拉在匈牙利共产党和匈牙利社会民主党联合以后所说的话。他说，他感到，事情处理得"过于随便"。我们现在也有这种感觉，谁也无法回避这个事实。

谁要是不只是根据报刊上的几篇文章来观察法国党和德国独立社会民主党，谁就会明白，为什么我不坚持"过去的事就让它过去吧"的观点，却要在这次代表大会上不厌其烦地向德国无产阶级说明，我们怎样看待独立社会民主党的发展。要知道，一个政党要想通过在一张小纸片上签字，通过签订契约，在一天之内就能立即改变党的性质，那是梦想。

我们应当注意两个事实。第一个事实就是德国工人阶级日益走上革命道路。它促使并责成我们去和独立社会民主党工人接触，从中发现我们的战友。艾伯特—谢德曼政府成立才几个月，独立社会民主党工人就和它展开了斗争。我到达德国之后的第一个印象是，10个工人中就有9个参加反对政府的斗争。在1月和3月战斗中，他们和共产党工人一致行动，并肩战斗，哪里需要，就扛着枪到哪里去。在各个监狱里，既有我们的同志，也有独立社会民主党工人。

同时，我们看到，独立社会民主党的大多数领袖（对外界来说，他们是党的举足轻重的人物），在这个运动中不仅没有推动运动前进，反而成为运动的阻力；他们不过是被他们的工人推着向前走，而每前进一步，他们都想方设法把工人引入歧途。

季诺维也夫已经援引了独立社会民主党复信中的几句话。我只想简略地说明一下几个情况。复信否认独立社会民主党破坏了和苏维埃俄国的团结，否认它对驱逐俄国使馆人员、断绝两国外交关系负有责任。以马克斯·巴登亲王为首的谢德曼政府，似应对这件事负主要责任。但是，要知道，当俄国使馆人员在博里索夫受到德国机枪"保护"时，独立社会民主党已经参加了政府，可是，使馆人员虽然多次给该党打电报，并与其代表进行会谈，但它仍然袖手旁观。独立社会民主党人说：让越飞回俄国去吧！首先必须弄清楚，他有没有侮辱皇帝陛下，然后才谈得上恢复关系。我只能引用下面一个事例。这是1918年11月19日人民代表委员会的会议记录。上面写着："1. 继续讨论德国对苏维埃共和国的态度问题。哈阿兹主张采取拖延策略……考茨基同意哈阿兹的意见，即延缓解决。苏维埃政府寿命不长，几个星期后就被消灭……"这是政府会议的正式记录，和哈阿兹与迪特曼一起在政府里任职的独立社会民主党人巴尔特，在他的回忆录中证实了这一点。

我们指责独立社会民主党人曾竭力把德国革命纳入协约国的轨道，这有下面的事实为证：当苏维埃政府采取象征性的行动，通知当时的德国人民代表，将运去两列车粮食时（当时，我们并没有考虑过，每天运去两列车粮食是否办得到，而只是一心一意地要把两国人民的命运联结在一起），我们接到了哈阿兹的答复，他说，美国政府已答应给德国运送粮食。他十分感谢俄国的这种馈赠，不过，这份礼品还是用来解除俄国百姓的饥荒之苦吧！当我们在收报机旁读到这个复电时，我们立刻意识到，我们的批评没有起到作用，从齐美尔瓦尔德到斯德哥尔摩之间的联系，截然中断了。他们以此向我们暗示："你们本来就在挨饿，而我们指望的是当今世界上的强国，是资本主义美国。"我们一定要和德国独立社会民主党工人搞好关系，然而，在这个工人政党的历史上，这件事是使人无法忘记的。我们决不和那些伙同哈阿兹对这件事负有责任的领袖打交道。无论别人如何诱骗,革命者绝不会破坏与提供援助的工人阶级的团结。

如果独立社会民主党表示,它反对国际联盟,那我们的回答是:现在反对国际联盟,这种手法并不高明!凡尔赛和约签订以后,当希法亭、迪特曼和龙格在卢塞恩聚会时,他们甚至提议修订条约。这说明什么呢?在同一天里,他们一方面高喊革命,另一方面却指望同威尔逊、劳合-乔治、克列孟梭达成协议。

独立社会民主党的性质,在这个时期暴露得再清楚不过了。我们不要忘记,在我们的战友于柏林斗争中失败以后,依照诺斯克的"美意",大炮还在一个劲地轰击的3月里,独立社会民主党就把专政的胜利这一点写进纲领①里了。而在工人为建立无产阶级专政采取实际行动的地方,独立社会民主党领袖却横加阻拦,使他们不知所措。我们要慎重从事,我们有责任向独立社会民主党工人大声疾呼:你们要时刻做好准备,要随时加以提防,因为你们党的领袖在紧要关头会把列车驶上错误的轨道,他们会因为你们的革命觉悟不高或革命意志不坚强而骗取你们的信任。

有人提出这样的问题:为什么有些同志退出了政府、组成了革命政党以后,不随即加入第三国际?我这里有一份1919年9月11日《自由报》报道的关于1919年9月10日独立社会民主党全国代表会议的讨论情况的资料。希法亭(谁也不会说,他和考茨基一样,和党没有任何关系,因为他是党的精神上的领袖)在会上说:在参加莫斯科国际这个问题上,我们应当估计到这样一个情况,就是我们也许正在把我们的小舢板往快要沉没的轮船上靠,因为俄国布尔什维主义就是第三国际。正当

---

① 德国独立社会民主党代表大会于1919年3月2—6日在柏林召开,大会的纲领性宣言载于1919年3月8日《自由报》第113号下午版。

反革命军队，特别是邓尼金和高尔察克军队向苏维埃俄国发动进攻之际，正当每个工人一心扑向革命事业的时候，显然，此时此刻必须立即采取一切办法援助苏维埃俄国。然而，就在这个时候，独立社会民主党的领导人站出来说：这艘轮船快要被暴风雨打翻了，看在上帝的面上，我们的小舢板可别往它那边靠，否则，我们也会完蛋的！

我们的代表大会不需要开列我们要求开除的那些人的名单。但是，它必须向工人发出号召，要求他们不许自己的领袖利用革命进行投机活动。这个领袖竟敢对工人说：不要和俄国工人联合，他们的处境危险。我们要对德国工人说：如果你们相信这些花言巧语，并把在危急关头有此等表现的人奉为领袖，那你们也就被人出卖了。我们不知道危险时刻何时到来，但我们对这些投机分子到时候会干出什么事来，倒是一清二楚的。反对派嘴上说：我们还要顾及本党的独立性，我们要打扫自己的家。你们就打扫吧！可是，不要用一般扫帚，而要用烧红了的铁扫帚，因为这不仅仅是把希法亭一个人清除出党的问题，而是要彻底铲除党内一切畏缩不振和革命意志消沉的现象。独立社会民主党如果不是这么做，那它参加共产国际就是故作姿态，而我们共产国际也只不过多了几个徒有其名的成员。我坚信，独立社会民主党工人以及该党的左派，将一反过去之道而行之。我们应当公开说，情况并非如此分明：一方是独立社会民主党右翼，另一方是经过战斗考验的群众。左派至今之所以不愿公开谋求自身的权利，那是由于他们认为可以通过某种特殊手段，把独立社会民主党右翼排挤出去。如果你们不和共产党人携起手来共同反对党过去的做法（号召大伙起来革命，而自己却对革命缺乏信心，说什么，革命嘛，谁愿意干就干），那你们加入共产国际只不过是一句空话。问题不在于施特克尔是否在理论上拥护第三国际，多伊米希是否在写有关苏维埃专政的论文，而在于是否对这些领袖妨碍党的发展的行为采取了对策。

独立社会民主党领袖在委员会上表示,绝对愿意加入第三国际。然而,克里斯平在他的小册子的第 2 版上宣称:"第三国际建立得太仓促了。"他接着说:"共产国际问题的解决,似乎有点轻率:走吧,咱们到莫斯科去!这就算成了。如果我们继续忠于我们的革命社会主义原则,如果我们革命的社会党不想自杀,那这条道路就不会帮助我们解决任何问题。"① 共产国际内部有许多行尸走肉。克里斯平是我们的客人,我们很高兴看到他在这里表现得很活跃。但他到这里来,是由于工人对他施加了压力。后来,克里斯平在党代表大会上说:"是莫斯科人用他们自己反对独立社会民主党人的决议和行动阻挡我们进入莫斯科的。根据这些决议,我们只有盲目服从共产党人,并融合到国际共产主义—工团主义组织里面去,才能踏进克里姆林宫的大门。"② 独立社会民主党的代表,是在该党工人的压力下才不得不到莫斯科来的。他们来到我们这里,既不反对我们的纲领,也不反对我们的策略,那是由于他们获悉,法国党已派代表参加这次大会。工人群众应当从这件事中作出自己的判断,并改变他们的现状,要知道,独立社会民主党的代表是那些被革命工人(而不是被我们)击败了的领袖,他们是德国无产阶级的败类。我们认为,独立社会民主党是一个好的革命党,这是从该党的工人群众来说的。德国工人的任务,就是要坚决完成自己的使命,使独立社会民主党成为一个革命党,一个能每天执行和实现自己的原则(而不是一纸空文)的革命党。

---

① 阿尔图尔·克里斯平《国际。从共产主义者同盟到世界革命国际》,出版联合会刊物《自由》增刊第 2 版,柏林 1920 年版第 36 页。
② 阿尔图尔·克里斯平《国际。从共产主义者同盟到世界革命国际》第 39 页。

加香（法国社会党）：

同志们！我只想向你们宣读一下我和弗罗萨尔同志的声明。

声明如下：

"同志们！我和弗罗萨尔同志被派到这儿来，完全是为了和你们沟通情况，因此，你们会理解，我们只能以我们个人的名义发表一个简短的声明。

我们十分认真地看了执行委员会和有关委员会提出的关于加入第三国际的条件的提纲。我们与许多负责同志就此问题认真地交换了意见。我们刚才听取了季诺维也夫同志对提纲的解释。其实，我们党并没有授权我们参加这个问题的讨论。我们从所听到的各方面意见中，知道了什么是指导思想。

你们要求，凡是愿意加入你们国际的政党，都必须首先在原则上和行动上，以及在报刊和宣传方面，同改良主义和机会主义思想决裂。你们希望它们指出这些思想的危害性，在各方面同这些思想表现作斗争，并竭尽全力来阐明必须采取各种形式的革命行动。

我们完全同意这个要求。

根据这个基本要求。实际上得出以下结论：凡是愿意加入第三国际的政党，都必须符合这个要求。

首先，每个党员必须在改良主义和革命之间作出自己最后的抉择。这不是一个事关个人的问题，你们坚持这一点是完全正确的。在目前的历史条件下，当各地展开了有决定性意义的社会斗争时，工人阶级政党内部决不能容纳那些仍旧企图与资产阶级一伙人合作的人。

我们准备向全体党员提出要求，希望他们无论在工会里，还是在党内，都要起一个社会党人的作用。我们准备和那些承认政治斗争必要性的工团组织的革命战士进行兄弟般的合作。

其次，必须比以往任何时候都更加坚决地进行宣传，其中心思想是反对帝国主义意识形态及拥护和促进这种意识形态的人。

自从我们议会中的社会党党团投票反对军事拨款和整个预算以来，已经有两年了。我们党十分明确地谴责了一切与资产阶级内阁合作的勾当。这是我们党在和平时期的立场。

假如再爆发世界大战,那么,主要应归罪于法国资产阶级的罪恶的帝国主义政策。

我们决不以任何形式(投票赞成军事拨款或与内阁合作)参加这场战争。我们将牢记,在民族利益和金融寡头利益融为一体的情况下,对于无产阶级来说,自己的阶级义务是高于一切的。

必须修改我们党的纲领,使它符合第三国际纲领的精神。我们认为,加强集中制,严格监督议会活动和党的报刊,党员要遵守党的纪律,这就是目前严酷的现实对我们提出的要求,也是我们恢复斗争所必须具备的基本条件。

你们要求我们无条件地支持苏维埃共和国同反革命势力作斗争。我们将比过去更加坚决地向劳动群众指出,必须拒绝为反革命装运武器和军用品。我们将采取各种方法向那些要去反对苏维埃革命的军队,进行反对武装干涉的宣传。

同志们!这就是从我们狭隘的使命的角度出发所能作的表态。我们深信,假如我们的朋友龙格在这里的话,他在讨论这个问题之后也会得出这样的结论。

我们返回法国以后,一定会把你们提出的条件,像传达第三国际的全部文献一样,如实地向我们党传达。而且,我们还要积极地、热情地开展关于俄国革命形势的宣传运动。

过几个星期,各支部对实际情况有所了解并认真地加以讨论以后,我们将召开党代表大会。弗罗萨尔和我将表示赞成加入第三国际。到那时,无须在口头上作更多的保证和许下更多诺言。我们要与过去的一切彻底决裂。第三国际日后将会对我们这个坚决的行动作出评价。"

勒弗夫尔(法国):

同志们!在斯特拉斯堡党代表大会上,法国社会党决定与其他几个国家的社会党建立关系,照法国社会党大多数人的说法,其目的是"改造"第三国际。顺便说一句,他们还打算访问莫斯科——第三国际所在地。可是,在这一次访问中,加香和弗罗萨尔两位同志被伟大的俄国革命弄得眼花缭乱,看来,已完全改变了自己的观点。两三天以前我们听说,我们的加香同志在这个讲坛上说:"改造第三国际,这是一个荒唐的口号。"这就是他对过去的一切的明确而尖锐的批判。

同志们!斯特拉斯堡党代表大会闭幕以后,法国社会党(我指该党大多数成员)似乎受到一种特殊机械作用的影响,实际上在不断迅速地向右发展。的确,由于自称是第三国际拥护者的左派(人们通常称他们为洛里欧派)不断迅速地发展,以及由于旧的列诺得尔派(如果你们还乐意这样称呼该派的话)人数大为减少,以致在我们党内实际上已不起什么作用(至少党员的情况是这样,而在议会党团和市政机关里,这一派仍占绝对优势),因而大多数党员现在转过来反对那些因其影响日益扩大而使他们感到不安的人,是不足为奇的。在斯特拉斯堡,我们出席了列诺得尔和保尔·福尔的"婚礼",听到了右派和中派协调一致的掌声。当时,保尔·福尔大声吼叫反对革命的投机,并讽刺第三国际的拥护者们说:"你们一个劲地向群众大念革命经,而自己却连什么是革命都搞不清楚。你们不知道,该怎样做才能在法国群众中掀起一场革命运动,而群众在11月10日就已表明,他们思想保守,对你们有戒心。"(法国社会党大多数党员认为,一切有关选举的事都具有宗教意义。)"群众并不因为你们的煽动而追随你们。你们以为,你们的宣传很得人心,因为你们能照例召开大会,你们那几个人能在会上大放厥词,可是,你们试试看,如果你们要求工人阶级采取声势浩大的有成效的行动,去阻止军队开赴俄国,尤其是去夺取政权,那你们便会看到,工人群众是否会诚心诚意地拥护你们。"

普雷斯曼在专门谈论法国农民问题时,提出了类似的论断。他竭力给法国群众造成这样一种印象,就是在法国被称之为"极端主义分子"的第三国际派,不同于受人们敬重的老党员,他们是一些连什么叫做政治组织都不知道的狂热分子,是一些不分青红皂白的概不妥协的人。普雷斯曼忘记加上一句,他本人和他的朋友们按照他们从事蛊惑宣传的老规矩,只知道把对群众讲革命道理这一点严格控制在骗取掌声的范围之内,他们可从来不做能使革命获得胜利的事。

我请求大会允许我引用法国社会党党内生活的一个简短事例,来说明我在会上提出的指控。实际上,在群众看来,法国社会党的活动取决于该党议会党团的工作。而党内所发生的事,只有党员知道,或者有时在巡回宣传时偶尔暴露出来。但是,不参加群众集会和不阅读革命报刊的人(在英国称这种人为"小市民"),却拥护议会党团及其主张,认为它代表着社会主义。我毫不夸大地说,法国社会党议会党团与所有其他资产阶级议会党团一样,非常保守。我断言,从这个党团代表的言行中,既看不到那种经常与敌对党团作斗争的人应有的仇恨,也看不到应有的热情。假如我的时间充裕,我打算列举社会党议会党团主要负责人保尔·邦库尔、瓦雷纳、阿尔伯·托马(他是社会党议会党团公认的领袖)等人的简历。共产国际是否清楚,这个瓦雷纳作为许多资产阶级报纸的记者和编辑进行过多少活动,而这些报纸虽然相继出现和消失,但它们却得到同一个财政来源的支持。再说阿尔伯·托马,他与茹奥合办的《工人与社会新闻》报,得到法国资产阶级官方报纸《时代》编辑杜洛先生的资助。依靠特殊的选举制度,这些人才得以挤进议会,这与其说是出自社会党工人的共同意愿,不如说是选举时得到反对教权主义运动的几个资产者的支持。由此可见,莱昂·勃鲁姆之流对与梵蒂冈恢复关系这一无关紧要的问题是何等重视。

我本来可以给你们列举许多例子,但时间不够。我举一个和议员奥勃利有关的典型例子吧。他是一个年轻教师,从一个极左的法国社会党党员当选为议员。他当议员才几个星期,就染上了社会党议会党团的通病——背叛变节,以致在当选议员之后不久,就和布瓦苏迪将军及雷恩省大主教一起在号召认购公债书上签了名。这是一件普普通通的事,似乎是社会党议会党团中习以为常的现象,谁也不会感到奇怪。不久前,在参议院发生了一件十分可笑的事情，它把一个社会党议员的"革命"情绪刻画得淋漓尽致。罗阿讷检察机关对议员巴-德-卡莱——巴泰勒米提起诉讼，因为他和我们的梅里克同志一起在索特维尔组织了一次集会。对巴泰勒米起诉的理由是：他好像说过，如果爆发革命，他将站在街垒的最前列，并跟随无产阶级军队进行殊死的战斗。这个"罪行"当即被提交议会讨论。可是，巴泰勒米议员立刻走上讲坛，高声嚷道："一个法国社会党议员怎么敢说这种话？说这种话好让别人先拿你这个革命者开刀吗？我可从来没有说过这种话。"于是，议会马上相信了他的话。社会党党团的保守名声竟如此响亮！

我再说一遍：这类小事屡见不鲜。不久以前在党的管理委员会上，我们的"改造"共产国际的"左"派莫兰同志，在谈到如何在法国开展宣传工作时，竟恬不知耻地说：宣传的目的是要促成改选；因此，在发表演说以前，必须向当地权威人士打听当地一些琐碎的流言蜚语，并据以随便说上一些完全适应当地竞选形势下的直接物质利益的投机的话。

法国社会党党团没有比其议会生活更重要的事了，尽管它在法国群众中已经威信扫地。（目前，人们把所有社会党议员都看成是叛徒，或者不把他们放在眼里，只有两三个例外。法国议会在群众中已完全丧失威信，这大概是法国社会党议会党团变节行为的最好下场。）市政机关起着重要的作用。法国社会党在市政机关的选举中获胜。法国大城市的大部分市政机关掌握在我们手里。我们控制着1500至1800个市政机关，数量很大。为了很好地配合这些市政机关的活动，在我动身来俄国的前夕，在布隆召开了一次代表大会，讨论了许多问题。首先决定让居住在这些城市的工人负担大量额外的捐税，以防止租让公司倒闭。过去，让某些租让公司倒闭的提案，被认为具有革命性，而现在却被立即否决了。但是，当禁止社会党领导的市政机关（我必须举几个例子，以便使第三国际知道,他们想给它赠送何种礼物)参加7月14日沙文主义者召开的庆祝会这一问题提出来的时候,上述提案却又提了出来,而且,目前的多数派代表米斯特拉里不准把这项提案交全国委员会讨论。至于市政机关代表大会的大多数人,是坚决反对这项提案的。五月罢工之后不久,就在政府当局竭尽全力迫害党员时,有这么一个议员,就是大家都知道的老一辈的党的工作者,可尊敬的德洛尔,他亲自设法谋求在里尔(他担任该市市长)接见应授予该市战功勋章的两位部长。法国社会党在它争得的市政机关里所干的,不外乎这样一些事情。

这件事发生以后,一些优秀的革命分子出于对该党的愤懑而退党,这是不足为奇的。在每一次党代表大会上,第三国际的拥护者们都遭到指责,说他们企图破坏党的统一,而我们的回答是:不存在的东西(即不存在统一),就谈不上什么破坏。统一之不存在,是由于不该掌权的人掌了权,而该掌权的人却掌不了权。只有经过认真的清党(现在该党的多数派早就说好要清党,可是,我们等到现在却未见动静),只有革命的工团主义者,即目前倒向无政府工团主义的人,最终加入清洗之后的、严守纪律的共产党,并根据这里提出的提纲将自己的力量和活动献给共产主义事业,只有这一天,才能实现党的统一。

我本想向你们介绍一下我们五月罢工的情况,以及它所造成的影响(影响很大)和经验教训,但是,我发言的时间不够了。不过,你们要知道,那些在斯特拉斯堡大会上硬说群众不会参加罢工的人都造了些什么谣。群众确实成群结队地参加了罢工行列,只是由于领导人缺乏革命决心,才使罢工归于失败。因此,可以说,从这次血的教训中得出的唯一结论是,必须建立一个坚强的共产党。

我们的加香和弗罗萨尔同志改变了信念,这只不过是独一无二的情况。他们返回法国以后,必将在众目睽睽之下宣读他们的宣言。我说,令人担心的是,他们过去长期受到机会主义及其思维特点的影响(我说这句话,并不怀疑我们的同志的绝对忠诚),若是把党引到第三国际里去,他们并不能强迫党接受最低纲领,而我们法国党又有这样严重的缺点,所以参加第三国际根本不切实际。况且,同志们,由于把第二国际的变节思潮带了进来,你们会因此蒙受无比严重的损失。我肯定地说,沉闷的空气使人无法忍受,必须加以改变。两个人的信念的改变,不应对你们的决定产生影响。我们必须坚定不移,我确信,只要你们自身立场坚定,法国群众就会一心一意地跟随你们前进。不允许把从波旁王朝派生出来的模棱两可的法国观点,塞进在莫斯科形成的正确的马克思主义观点中去;不允许拿这里讨论过的提纲开玩笑,这是因为我们所信赖的人六年来不断败坏"社会主义"的声誉,并强行用"共产主义"这个词取代"社会主义"这个词。

格拉齐亚德伊(意大利):

我曾经要求发言,就塞拉蒂同志提出的问题发表意见。但是,由于塞拉蒂同志的提法不妥,讨论无法进行,因此,我利用这个发言机会,就提交代表大会讨论的提纲提出一项补充建议,内容如下:

"凡是愿意加入共产国际的政党,应当禁止其党员参加共济会。许多国家的共济会,实际上是一个政治组织,无论从抽象的、表面的和小资产阶级的社会关系角度来看,还是从其成员来看,都可说明它是为本国和国际资产阶级制度服务的。共济会的影响可能更具危险性,因为它是一个秘密组织。"

听完这一段话,就全然可以理解我的意思了。俄国同志对这个问题不感兴趣,但在拉丁语系的国家,在英国和美国,它却非常重要。共济会在这些国家里影响很大。它是一个以夺取政权和掌握政权为目的的政治组织;它把官吏、学者和市侩聚集在一起。这个组织的世界观,是与社会主义、马克思主义世界观截然对立的。共济会会员企图抹杀阶级与民族之间的差别，他们在理论上主张人们有抽象的与形式主义的权利，借以粉饰自己的所作所为。加之，它是一个秘密组织，而我们在许多国家里还没有秘密组织，所以，我们的处境不如共济会有利。参加共济会的人可以对我们实行监督，而我们却不能同样地在他们的组织内对他们实行监督。在这方面，我们在意大利做过一次值得注意的试验。在1914年8月以前举行的安科纳党代表大会上，我们曾宣布：不许同时参加社会党和共济会这两个组织。几个月之后，大战爆发了。现在，我们完全相信，假如没有这项决议，我们党决不可能对战争采取这样不可调和的立场。至少在最困难的时刻，我们党会发生分裂。

发生这种危机（法国社会党目前正经历这种危机）的一个主要原因，就是党内有大量的共济会会员。因此，我请求大会考虑塞拉蒂的建议和我们的补充意见，而且，我建议大会采纳我的补充意见，以便充实委员会提出的提纲。代表大会应当确切地解决这个与许多国家的利益攸关的问题。

吉尔波（法国）：

第三国际成立后的第一年，是各个党和各个小组成立与建设的一年。我认为，目前，我们已进入共产国际发展的新时期——共产国际内部派别斗争的时期。代表大会召开以来我们所参加的讨论证明，右派与左派之间是有斗争的，而我从中或多或少看到共产主义的巨大生命力。我现已开始在右派当中发现那种可能得到发展的倾向，左派代表应当立即与之展开斗争。

共产国际成立后的第一次代表大会的宣言指出，必须与中派作斗争，因为它的确是社会主义运动中的一种危险倾向。宣言建议与中派决裂，并在各国筹建真正的共产党和共产主义小组。共产国际第二次代表大会讨论对中派采取新的立场问题，我认为，这就是一个征兆。共产国际可以吸收某些中派分子这一事实本身就表明，它已开始与改良主义分子和中派分子达成协议。

一方面在提纲中谴责以屠拉梯为代表的意大利社会党右翼，另一方面又改变对德国独立社会民主党和法国社会党这一类中派政党的态度。我认为这是自相矛盾的。加香和屠拉梯终究不一样。意大利党在战争期间的立场，完全符合社会党的要求，而法国社会党则与之相去甚远，它的过错就在于干下了种种卑鄙的变节勾当。

此外，提纲一再要求每个共产党人不要忘记匈牙利苏维埃共和国的教训，因为改良主义分子与共产党人联合，使苏维埃匈牙利付出了很大的代价。

与中派政党代表一起讨论，这本身就具有很大的危险性。我非常清楚，大会竭力提醒他们，不要忘记他们从战争一开始就犯下的种种错误，但我也知道，在共产国际里面，甚至在俄国共产党内部，也存在着右翼，它对法国社会党和德国独立社会民主党寄予很大希望。右翼的论据是：群众之所以跟随这些党走，就是因为法国和德国共产党在群众中的威信不高。至于我的看法，我认为这是人为地通过群众的老领袖（他们表现出社会爱国主义、社会和平主义、社会大杂烩和社会变色龙行为等倾向）和群众接触，把群众争取过来。

某些中派政党的代表跑到莫斯科来，他们在特殊的革命气氛的感染下，突然宣布自己改变对共产主义的态度，我并不认为，这有什么可值得欢欣鼓舞的。我毫不怀疑他们的诚意，但我扪心自问：一旦他们在巴黎再次受到社会党或参议院传染鼠疫的气氛的影响，那会不会又像过去那样摇摆不定？

请回想一下，第二国际经过多年的准备，才于1889年宣告成立。目前正在和一些社会党代表进行会谈的同志们以为，符合革命最终目标需要的组织和报刊，一朝一夕就能创办起来。他们犯了一种"未来派"

的过错。我们应当把坚强的共产党干部组织起来。我们要吸收群众参加这个队伍，但我们用人为的方法是做不到这一点的。

我坚持勒弗夫尔同志已经证实了的主张：法国社会党一般说来是一个议会党，虽然它的代表发表了声明，但我们不能接纳它加入共产国际。必不可免的分裂可惜尚未发生，而只有党内分裂以后，共产党才能在法国存在下去，洛里欧同志的拥护者以及罗斯默—莫纳特那种工团主义者才会参加共产党，群众也才会跟着共产党走。如果我们人为地把法国社会党变成共产党，那法国群众决不会跟着我们走。

如果经过半年或一年考验，我们就把那些曾经背叛我们，以及多年来一直执迷不悟的政党吸收进来，那我十分担心，它们很快就会成为共产国际中的多数派，并且轻而易举地用类似第二国际的其他旗号取代共产国际的红旗。我们不应当着手与这些政党会谈，因为它们虽然发表了种种宣言，但今后怎么样，它们是不可能给我们以任何保证的。

赫尔佐格（瑞士）：

在这次讨论中，还必须简略地分析一下瑞士党的情况。你们都知道，在最近一次瑞士党代表大会上，作出了退出第二国际和参加第三国际的决定。但同时通过了一项决议，就是上述决定首先要提交社会民主党全体党员表决通过。表决结果是：社会民主党应当退出第二国际，但不参加第三国际；而且，反过来授权党的执行局，并责成它和各革命政党联系，以便建立广泛的革命国际，即第四国际。当时，党的执行局尽一切可能来执行这项决议。与法国社会党人在伯尔尼举行了会谈。党的执行局还派代表到德国去和独立社会民主党会谈。当我们共产党人揭露这种手腕时，《巴塞尔前进报》就拼命地加以掩饰。因此，党的执行局在这件事上把自己开脱得一干二净。

近来，瑞士社会民主党始终执行这种摇摆不定的政策（在党退出第二国际时,我们就发现了)。众所周知,它决定参加昆塔尔和齐美尔瓦尔德代表会议,而我们革命工人却坚持要执行下述决议:仅仅参加昆塔尔和齐美尔瓦尔德代表会议解决不了问题,而必须实现党的纲领,必须着手组织革命行动,必须在军队中开展宣传,使士兵们起来革命——就在这个时候,党千方百计地阻挠我们开展工作。

我们只好在党内组织革命工人特殊小组。我们企图在一切人数较多的地方建立共产主义小组,然后在这个基础上成立奉行另一纲领的中央机构。我们不会就此满足;我们认识到,必须根据齐美尔瓦尔德代表会议提出的基本原则,在军队中开展宣传工作。我们应当对工人们说,如果党的领袖放弃领导,那工人们就应当自行采取群众性行动。这就是党内冲突和把共产党人开除出瑞士社会民主党的缘由。我们履行我们共产党人的革命义务,有计划地进行了这方面的宣传,在军队中散发了数万份传单。他们把我们从党内踢出来的原因,就在于此。在苏黎世举行了一次大规模的总罢工。我说过,这次罢工势在必行,可是,当我们为此进行宣传鼓动时,他们就把我们开除出党了。原先的革命小组全部遭到清洗。为避免政治上的衰亡,我们只好着手创建共产党。经过一番紧张的工作,我们终于在各大地区建立了共产党支部。我们赢得了广大工人群众的同情。

社会民主党的领导担心工人群众会转到我们这一边来。我们应当从这种担心中看到他们所玩弄的手腕,他们在奥尔滕召开了一次社会党左派和中派分子的党代表会议,会上决定派出两名代表到莫斯科去,以便研究解决瑞士党加入第三国际的问题。这样一来,他们就可以公开说:"我们参加了第三国际,我们是革命共产党人。"他们指望通过参加第三国际来控制工人群众。因此,我们代表大会的任务,就是要向瑞士社会民主党这些老爷们指出:"你们应当拿出实际行动来证明,你们的确想进行革命斗争。只有通过实际行动证明你们确实如此,那时,你们才能加入第三国际。"

我们眼前存在着一个严重危险,就是许多机会主义者和中派分子将钻入第三国际,他们在第三国际甚至还会占据优势。我们必须十分坚决地克服这种危险,我们对待瑞士党,也应当像对待德国独立社会民主党和法国党那样,坚持同样的原则。只有对这些人进行严格的审查,我们才能防止蜕化分子混入第三国际组织,才能防止削弱最近几年来群众的革命积极性。

戈尔登贝格(法国):

我来表个态,我不会对季诺维也夫同志的提纲投赞成票,因为我认为,提纲存在着严重的方法论上的错误。我打算对这个错误作简要的说明。

当有人问我们这些第三国际的拥护者,我们在社会党内持何种立场时,我们的回答是:战争把国际无产阶级分为两个敌对的营垒。一个是代表工人贵族利益的反革命营垒,随着资本主义的发展,无产阶级这个阶层越来越接近下层资产阶级;另一个是代表下层无产阶级的革命营垒。战争爆发以前,在某些国家的社会党内部也存在过这样的两派。战争表明,在它们之间无妥协可言。如果说,这种敌对情况以前表现为各国社会党内部的派别争论,那么现在,在战后,它却以武装斗争的形式出现了。用列宁同志的话说,批判的武器被武器的批判所代替。在这两个对立的派别中,一个和资产阶级结成一体,另一个才是革命无产阶级的真正代表者。我们属于后一派。

第三国际是革命无产阶级的国际组织。在社会党内,当社会改良主义分子、反革命分子和革命社会党人、共产党人之间尚未出现分裂的时候,第三国际对社会党应持何种立场?这个问题正是我们目前所必须予以回答的。

在季诺维也夫同志向我们提出的提纲中，罗列了一系列条件，只要社会党（即所谓中派分子）履行这些条件，就可以加入第三国际。我不能赞成这种做法。

第三国际是革命无产阶级的国际组织，它只能由各国革命无产阶级的代表组成。因此，它不能容忍它的队伍里有从事反革命活动的和充当资产阶级走狗的非共产主义者。

向各中派政党提出的条件，对法国社会党、德国独立社会民主党、挪威社会党等来说，只要它们声明决心接受这些条件，或开始奉行共产主义策略，它们就可以加入第三国际。

我说，这种做法只会加深这些政党内部现有的混乱。我想在这里专门谈谈我对法国社会党的看法，因为我对它比对其他党更为了解。法国社会党所代表的，几乎完全是工人贵族这一特殊阶层，这个阶层在战争期间表现得极其反动。战争期间，法国社会党领袖无一例外地站到了资产阶级一边，反对国际无产阶级。直至战争结束，甚至签订停战协定数月以后，他们还投票赞成军事拨款。在座的有一位议会党团的代表，他就曾投票赞成军事预算。到会的还有这样一位法国议员，他去年在法国议会里宣布，他将投票反对政府向议会提出的临时军事预算占整个预算1/4 的提案，然而，他却准备对 1/6 比例的军事预算投赞成票。拨款中的一部分专门用来帮助高尔察克和邓尼金进行反革命围剿。正当俄国无产阶级与这些国际掠夺者进行殊死斗争的时候，法国社会党的代表在议会里却投票赞成援助反革命军队的军事拨款。

法国社会党战后的立场怎样？勒弗夫尔刚才说，斯特拉斯堡代表大会是一个明显的倒退。可是，我认为，谈不上什么倒退，代表大会倒是暴露了法国社会党的本来面目。法国社会党领袖掌握革命词藻的目的，就是要用它来蒙蔽人民群众。他们自称拥护无产阶级对资产阶级的专政。他们自称信奉历史唯物主义，但是，当他们面临保卫祖国的问题时，他们却认为，保尔·福尔和列诺得尔联合没有什么不可思议的，这个联合反映了聚集在这个党内的一切人（不论是右派、中间派、甚至左派都一样）的真诚愿望。法国社会党是一个腐败的小资产阶级改良主义政党。随着它加入第三国际，这种腐败的东西也将渗入第三国际的肌体。①

季诺维也夫同志的提纲包括了加入第三国际的一系列条件。你们看到，就连那些昨天还是他们的最凶恶的敌人的人，也会感到这些条件多么容易接受。出席这次代表大会的法国社会党代表，就曾千方百计地极力破坏第三国际的威信。他们出席这次代表大会，并不是因为他们和我们同心同德，而是因为他们感到，第三国际是世界上唯一的革命力量，任何一个别的组织都无法与它相抗衡。

他们竭尽全力企图建立一个与第三国际针锋相对的组织，这个组织十分荒唐，谁愿意加入都可以，唯一的条件就是要反对第三国际的原则。他们在全欧洲物色了一些政党，这些党能够充当他们进攻第三国际的炮弹。

他们在党内和社会党刊物上的所作所为，我记忆犹新。他们不仅企图损害第三国际的声誉，而且造谣中伤法国社会党的一些深孚众望的党员。我还记得他们发起的诬蔑第三国际在法国的代表的运动。我们之所以有意把这些人请到第三国际里面来，就是因为他们声明承认第三国际的原则，就是因为他们口头上表示拥护这些原则。

我不打算考验加香和弗罗萨尔的诚意。我不介入这件事。我不过是说明，尽管有些人满口革命词藻，但他们本人的表现却是彻头彻尾的反革命，这种人不可能在几星期之内就变成共产主义者。加香和弗罗萨尔刚才向我们宣读声明时所使用的语气给人的印象是，他们对共产主义原

---

① 法文版上没有最后两句话，此处是根据德文版刊印的。——编者注

则领会得多么深。他们返回法国以后,将如何对待在法国长期捍卫第三国际原则的同志?在法国有这样一个委员会,它以向群众和党员宣传第三国际思想为己任。如果这个委员会及其成员至今仍然激烈地反对加香和弗罗萨尔,那他们该怎么办?我提个问题,如果加香和弗罗萨尔回到法国以后说:"我们完全同意第三国际领袖的观点。我们和他们一起商讨过问题。实际上,我们之间没有任何分歧。"那时,我们应当采取什么态度?我刚才看了几份《人道报》,上面报道了加香和弗罗萨尔访问俄国的情况,似乎他们受到我们俄国朋友的热情接待。他们被允许出席莫斯科苏维埃的某次会议,会上仅仅友好地交换了一下意见,没有产生任何实质性的分歧。《人道报》对此作了肯定的报道,加香和弗罗萨尔回到法国以后,也肯定会这样说。他们会和动身到俄国以前一样,又一次断言,假如列宁同志住在法国,他也会赞同他们,而反对我们。

我反对人为地把一些不够条件的人拉进共产国际。为了我们在狱中受难的同志们,为了法国无产阶级的真正利益,我声明,我不能同意这种做法。法国革命无产阶级同第二国际作斗争,只能采取一种手段,这就是:在法国建立一个只包括共产主义者的、组织上巩固的共产党。不幸的是,法国国内形势至今还不允许我们采取这一步骤。我们只能局限在党内的派别斗争上。我们不能采取一些组织措施和教育措施,而只有采取这些措施,才能建立起一个组织完善的共产党。

我在这里所维护的观点是:不能对法国社会党说:"我们打算就凭这些条件接纳你们加入第三国际";而要采取这样的立场,就是迫使党内的革命者和改良主义分子决裂(这一点至今没有做到,但是,不这么办,就不能建立一个由左翼社会党人和工团主义者——共产主义者组成的统一的共产党)。然后,才有可能开展共产主义的组织与教育工作。这项工作,我们现在尚无法进行,但唯有这项工作才能保证共产国际和整个无产阶级革命具有威力和取得胜利。

博尔迪加（意大利）：

我想对委员会提出的提纲的前言发表几点意见，其次，我建议再增加一个具体条件。

这次代表大会具有特殊的意义，即它应当捍卫和确立第三国际的基本原则。大概在1917年4月，当列宁同志回到俄国，并拟定了新的党纲要点时，他对我们谈到重建国际的问题。他说，这项工作应当本着下面两个主要原则进行：一方面应当清除社会爱国主义分子；另一方面应当清除社会民主党人，即那些第二国际的拥护者，因为他们认为，无产阶级可以不经过阶级斗争（直到武装战斗），无须在革命胜利以后或武装起义时期实行无产阶级专政，就能获得解放。

俄国革命却使我们回到马克思主义上来。从第二国际废墟中拯救出来的革命运动，以马克思主义的纲领为指针，做了许多工作，终于正式建立了一个新的世界性机构。我认为，在目前形势下（这种形势并非偶然，它是历史进程本身的产物），我们面临的危险是，曾经被我们清除出去的右派和中派，又钻进我们的队伍里来了。

自从俄国无产阶级和国际无产阶级宣布"苏维埃制度"这个口号以来，革命浪潮在战争结束之后立即涌现出来，全世界无产阶级都投入到运动中去。我们看到，在各国旧社会党内部出现了自然淘汰现象。共产党应运而生，它们与资产阶级进行了革命斗争。

不幸的是，在德国、巴伐利亚和匈牙利的革命被资产阶级镇压下去以后，平静时期随之到来了。

现在，战争早已成为过去。战争问题和保卫祖国问题，目前并没有直接提到日程上来，所以，现在可以毫不费劲地说：下一次战争爆发时，不会重犯过去的错误，即提出神圣团结和保卫祖国的错误。革命还早着呢，那是将来的事；中派分子认为，革命并非当务之急。因此，他们公开表示承认第三国际的提纲，即承认苏维埃政权、无产阶级专政和红色恐怖。

但是,从我们这方面来看,把这些人吸收进来,可能是一个十分危险的错误。

这样,第三国际就不能加速革命的进程。我们也只能使无产阶级做好准备。但是,同志们,我们的运动务必要吸取战争和俄国革命期间积累起来的经验教训。我认为,应当十分重视这一点。

右派分子接受我们的提纲,但不是全部接受,他们有所保留。我们共产党人应当要求他们既在理论上、也在实践上完全无条件地接受我们的提纲。

我们看到,马克思的方法和理论在俄国这个经济发展程度并不高的国家里,首次大规模地应用了。所以,在资本主义尤为发达的西欧,这个方法应当更加确切、更加彻底地加以应用。

有人在会上谈到"改良主义分子"和"革命者"之间的区别。说这个术语已经过时,再也不会有改良主义分子了,因为资产阶级危机阻碍了一切改革工作的进行。社会党右翼心中有数,因此,他们提出制度危机,他们自称是"革命者",然而他们却希望,这个斗争的性质要与俄国有所不同。

同志们!我认为,共产国际应当毫不妥协地、坚定地保持自己政治上的革命性。

必须划清社会民主党人和我们之间的界限,这条界限是不可逾越的。

必须使这些政党十分明确地公开宣布自己的原则。必须为世界上一切共产党制定一个共同的纲领,然而遗憾的是,目前还做不到。第三国际实际上不可能弄清楚,这些人是否会实行共产主义纲领。

尽管如此,我还是提议增加下述条件。提纲第 16 条是这样的:"凡是到目前为止还保留着旧的社会民主主义纲领的党,必须在最短期间内重新审查这些纲领，并根据本国的特殊情况制定出新的合乎共产国际决定精神的共产主义纲领。"我提议将"根据本国的特殊情况"和"合乎共产国际决定精神"去掉，换上"在这些纲领里，必须完全按照国际代表大会的决议来确切阐明共产国际的原则。因而，各国党内反对上述纲领的少数派，就要置身于党组织之外。那些修改了自己的纲领，加入了第三国际，但还没有履行这项条件的政党，应当立即召开一次非常代表大会，以期实行之。"

必须明确提出右翼少数派这个问题。我还没有听到法国社会党代表就此问题发表意见，他们没有表示，他们是否要把列诺得尔等人开除出党。

凡是投票反对新纲领的人，务必将其清洗出党。在接受纲领问题上，不存在同意或者不同意的说法，如果不同意，就请你出党。纲领是各国党共同制定的，而不是某个党的大多数党员决定的。这就是对愿意加入第三国际的政党的要求。今天就是要弄清楚，愿意加入第三国际和实际接受其参加第三国际这二者之间的差距。

我认为，这次代表大会以后，执行委员会需要有一段时间观察第三国际提出的各项条件的实行情况。在这次所谓组织建设时期结束以后，应当把门关上，只留一条通路，这就是个人可以加入本国共产党。

我提议采纳原已撤销的列宁同志的建议，这项建议的内容是：凡是愿意加入第三国际的政党，在其领导机关中，共产党人要占有一定的比例。我认为，领导机关完全由共产党人组成才好呢！

处处都要与机会主义作斗争。但是，在采取措施清理第三国际时，如果还让它外面的人进来，那这项任务就难以完成了。

我代表意大利社会党左派声明，我们保证与国内的机会主义者作斗争，并把他们驱逐出党，然而我们不希望，他们被我们赶走以后，又通过其他途径进入第三国际。我们要向你们表明：我们在这里和你们一道工作以后,回到国内,一定要建立起反对社会党叛徒、反对那些阴谋破坏共产主义革命的人的国际统一战线。

召开国际妇女(共产党员)代表会议的通知书

塞拉蒂(意大利):

有一个通知:国际共产主义妇女代表会议①明天(星期五)早上6时在大剧院召开。请出席开幕式。

会议于今晚8时半继续举行。

(会议休会)

---

① 国际共产主义妇女代表会议于1920年7月30日至8月3日在莫斯科举行。关于共产主义妇女运动的提纲草案,见本卷收录的《关于共产主义妇女运动的提纲草案》。——编者注

第七次会议

(1920 年 7 月 29 日晚)

会议于晚 8 时 30 分开始。

继续讨论加入共产国际的条件

米尔基奇（南斯拉夫）：

我不准备就此问题发言，我只想参加表决。但我认为，我必须在会上表明态度：我反对季诺维也夫同志的发言，并且声明，南斯拉夫党决不是机会主义党。

季诺维也夫（俄国）：

说得对。

米尔基奇（南斯拉夫）：

季诺维也夫同志同意我所说的，为此，我非常高兴。1905 年，南斯拉夫社会党开除了几个赞成阶级合作的领袖。1912 年又开除了几个。

不错，许多人说，这是过去的事，可是现在，党丧失了昔日的革命勇气和决心。同志们！这种说法是不对的。

今天，季诺维也夫同志交给我几份塞尔维亚报纸，我从中看到，南斯拉夫社会党现已改名为共产党。共产党中央委员会所做的第一件事，就是发表了支持匈牙利共产党人的热情洋溢的宣言。

看过有关南斯拉夫共产党活动的全部文献以后，我可以毫不夸张地说，这个党可以作为其他所有共产党的榜样。我坚信，它今后的策略必将取得光辉的成果。

我们的同志在人民群众中间散发了宣言，号召他们推翻压在他们头上的地主。政府当局自然要借此机会来迫害起草宣言的人。

在结束这个简短声明时，我表示：完全相信南斯拉夫共产党是共产国际可以引以为荣的政党。季诺维也夫同志对它的指责是不公道的。他这样说，无非是安慰一下德国独立社会民主党人，因为他们，还有别的党，也像南斯拉夫党一样受到这种批评。

邦巴奇（意大利）：

我认为，对所讨论的问题进行深入的理论上的探讨，没有多大好处。重要的是，要看采纳其中哪一项建议对第三国际有利。事关那些具有30年改良主义传统，因而不能接受革命时代精神的政党，不可不注意这个重要问题。

意大利社会党参加了第三国际。但是，博洛尼亚党代表大会（会上，我曾经表示，不同意博尔迪加同志的意见，反对开除改良主义分子，反对改变党的名称）以后，没有任何起色。这令人遗憾！它说明，这个党内有些人根本不会真正忠于共产国际。只把屠拉梯驱逐出党是不够的，莫迪利扬尼等五六十人会组成改良派。必须来一次彻底的清党，决不能以为开除几个老的改良主义领袖就万事大吉了。

我尤其反对容许法国社会党和德国独立社会民主党参加共产国际，因为它们不会接受共产主义的革命思想。

在这个问题上，我想对大会讨论的提纲作个补充。我所要补充的内容是：要对参加共产国际的政党的成员进行考察，并授权执委会清除那些不应接纳到共产主义组织中来的政党和党员。对于那些我根本不信任的政党,要容许它们参加第三国际,我是有上述重要的附带条件的。我还认为,决不能容许共产党员加入共济会这个地地道道的资产阶级组织。(鼓掌)

波拉诺(意大利):

同志们!我代表意大利社会主义青年团发言,我想向你们介绍一下它的活动情况。这个组织早在 1907 年就存在了。它基本上同意意大利社会党的观点,但是,这个党经常是在我们的推动之下才向左转的。我们一直要求意大利社会党把党内的改良主义分子清洗出去,我们期望共产国际给予帮助。共产国际应当要求意大利社会党增进团结,可是,只有在充分明确本身的历史使命的前提下,这种团结才能实现。意大利社会党的主要任务是进行革命的准备工作。这项工作,由于党内社会民主主义和共产主义两种思想的斗争而陷于停顿。这两种思潮水火不相容。令人感到奇怪的是,社会党的马克思主义分子还没有觉察到这个矛盾,他们对矛盾的严重性缺乏认识,他们没有设法把那些本应领导运动、实则妨碍运动的人开除出党。

意大利社会党决定全党加入第三国际。但是,在它的队伍中还保留莫迪利扬尼这样的人物,而这伙人仍旧在不遗余力地从事反对共产国际和无产阶级专政的宣传。就是这个莫迪利扬尼,不久前还声称:社会党必须密切与小资产阶级分子的关系。人所共知的意大利社会党成员屠拉梯最近竟扬言,共产主义策略既幼稚,又荒谬。

真正的共产党不能由这些乌七八糟的人组成。共产国际应当帮助社会主义青年团肃清机会主义的影响。

我想提请代表大会注意提纲第 7 条,上面写着:凡是愿意加入第三国际的党,都要立即同机会主义分子和中派分子决裂。我还想提请代表大会注意第 18 条，上面写着：凡是愿意加入共产国际的党，必须取名共产党。我坚信，意大利社会党必将注意到这个提纲，并将成为一个名副其实的共产党。

但是，要想完成这项任务，我们是需要支持的。这一点务必牢记。如果共产国际接纳法国社会党和德国独立社会民主党那样的组织，那它就不可能帮助社会主义青年团和意大利社会党开展工作。要知道，既要把机会主义分子清除出意大利社会党，又要把这一类人吸收到共产国际里来，实际上是不可能的。

拉科西（匈牙利）：

第三国际面临的问题，和 16 个月以前我们所遇到的问题有许多相似之处，当时，我们那里各种派别的社会民主党，其中包括和独立社会民主党一模一样的党派，发现自己已彻底破产，乃不得不在群众的压力之下放弃原来的纲领，转而赞成无产阶级专政和倒向第三国际。当时就已看出，这些人在压力面前作出让步，只不过是为了继续掌权，而不是对自己原来的错误观点有所认识。我们在这些社会民主党左派身上有过非常沉痛的教训，因此，我想预先向同志们打个招呼，免得这种事例在更大范围内重演。

我之所以再三提醒同志们，是由于我发现，克里斯平和迪特曼两同志的发言和我们的社会民主党人同出一辙。他们无条件地承认无产阶级专政，然而，和多伊米希一样，他们明明知道白卫军在芬兰、乌克兰等地横施暴虐，却依旧反对使用恐怖手段，主张"实行温和的"专政；既然现在，在革命发生三年以后，连曾经目睹屠杀数万独立社会民主党人或共产党人的迪特曼和克里斯平同志，都泰然自若地来到莫斯科反对恐怖手段，那么，可想而知，人们是不会理解这个制度的。他们即使在自己的苏维埃专政制度下也会反对恐怖手段，直到白色恐怖对他们进行了开导，他们才会对一般恐怖有个正确的认识。

从克里斯平和迪特曼两同志的事例中我发现，他们的思维方法酷似他们的匈牙利伙伴，他们就是从伙伴那里学来的。匈牙利社会民主党人用心研究俄国的经验，不是为了避免犯错误，而是为了从中找到能为自己的行为开脱的依据。我们的社会民主党人也和克里斯平同志一样，认为俄国人最善长搞妥协。他们想方设法证明自己正确。独立社会民主党右派，除了对无产阶级专政一窍不通以外，还有一个十分有害的陋习，就是善于迫使其余左派同志默认独立社会民主党反对第三国际的前所未有的决议，他们的做法似乎得到了全党一致的拥护。

迪特曼（德国独立社会民主党）：
您的这个高见是从哪儿得来的？

拉科西（匈牙利）：
这是从您和多伊米希同志那里得来的。我很清楚，这是怎么一回事。我早就有所防备，因为我从匈牙利无产阶级的事例中看到，人们虽然经历了三年世界革命，仍然对恐怖手段和专政缺乏应有的认识。在以后的几年里，认识也没有提高，而且，他们确实做了一些错事，害得德国无产阶级后来为此付出了血的代价。无产阶级专政失败以后，我们的社会民主党人也没有变得聪明起来，虽然他们本该看清自己的过错。我不清楚，迪特曼同志是否知道，一部分匈牙利社会民主党党员自称"独立社会民主党人"，他们的一位领袖是无产阶级专政最凶恶的敌人，无产阶级曾深受其害。这个人就是《自由报》驻维也纳的记者。他以考茨基的口吻写了关于东欧事务的通栏报道。这些文章对谁都不得罪，完全符合《自由报》的要求。

我应当表明，我拥护列宁同志的建议①，因为它提出接纳独立社会民主党的新条件（没有列入提纲）。其他任何条件，凡是能够防止以草率态度接纳独立社会民主党人及其他中派分子加入共产国际的，我都准备拥护。因为我从切身体验中感到，这些人不过是变换一下说法，装出为实现无产阶级专政而奋斗的模样而已，而实际上，他们的所作所为，和他们目前在德国，以及实现无产阶级专政期间在匈牙利的做法，没有什么两样。

塞拉蒂（意大利）：

我在俄国的晚报上看到意大利代表团团员、议员杜果尼的访俄声明的消息。

我要声明，我不知道杜果尼是否确实发表了这个声明。总之，我声明，意大利代表团的任何一个成员都没有授权他这样做。我们给《前进报》寄去了我们访俄的电讯和消息。我们把我们的看法清清楚楚地写在上面了。妄图加在我们头上的其他一切声明，纯属伪造。今天上午我听说了这方面的事，所以，我委托今天前往意大利的达拉贡纳同志到党的执行局去打听一下，刊登在意大利报刊上的杜果尼的声明，到底是不是他本人发表的。

如果答复是肯定的，那我就要求立即把杜果尼开除出党。

迈耶尔（德国）：

同志们！从会上对接收独立社会民主党加入第三国际问题的讨论

---

① 在1921年的俄文版中，将"列宁"误印成"列维"。列宁提出的建议，后来已被委员会采纳，并将其作为加入共产国际的一个条件，即第20条。见本卷收录的《加入共产国际的条件》。——译者注

中，我们再一次感到，要想搞清楚独立社会民主党的一般性质，是多么不容易。对于各种反对意见，对于对独立社会民主党的一切批评，该党代表总是指出其他党员的其他讲话和其他声明予以反驳。由此可见，独立社会民主党内部根本不一致，或者说缺乏明确的目标，而且从上到下立场含糊不清。

独立社会民主党自成立以来对第三国际的态度，足以说明问题。不错，莱比锡党代表大会通过了加入第三国际的决议①，但是，最近在审查这项决议时才发现，实际上这并不是加入第三国际的决议，而是主张首先和各个所谓社会革命党举行会谈，以便达成协议；如果会谈毫无结果，则与莫斯科建立关系。克里斯平同志在莱比锡就此问题发表的声明中明确表示，决议当中没有讲到直接加入莫斯科国际，而是主张首先举行会谈。这个决议含糊其词，在检查决议执行情况时，我们更是被搞得稀里糊涂。独立社会民主党人在莱比锡代表大会以后是怎样执行决议的？他们为什么派代表到这里来？代表团在这里的表现，叫人捉摸不透他们到底想干什么。代表团没有带来关于独立社会民主党愿意加入共产国际的通知或决议。当我们在委员会上问他们，是否愿意和共产国际就他们加入共产国际问题进行会谈时（在执委会上我们也提出了这个问题），他们没有给予任何肯定的回答，只是说，他们谈判的目的，不是为了提出他们加入第三国际的某些特殊要求，而是要消除莫斯科和第三国际明显表现出来的对他们的种种误解。然而，这些所谓误解并不会妨碍任何人表明，自己同意还是不同意加入第三国际。

---

① 德国独立社会民主党莱比锡代表大会（1919年11月30日至12月6日）关于共产国际问题的讨论和决议，发表于1919年12月6日《自由报》第592号和593号上。俄文译文见《共产国际》第7—8期第1113页。

独立社会民主党中央委员会最近的复信①，也没有表明他们对莫斯科国际的态度。他们的回信是为了批驳执行委员会复信中的某些论点，然而他们只字不提他们的要求，不提他们愿意采取什么方式和遵照什么条件加入第三国际，不提他们为何至今对于加入国际仍然毫无动静。

可是，我们从独立社会民主党内部左派与右派之间的争论中，找到了这个答案。显然，考茨基、希法亭和施特勒贝尔之流，虽然参加了独立社会民主党，但是仍旧对第二国际暗送秋波。他们宁愿去巴塞尔或日内瓦，也不愿去莫斯科。只是由于群众反对他们到卢塞恩去，他们才悄悄地溜到莫斯科来，屈从群众加入第三国际的要求（要知道，独立社会民主党的广大群众要求直接加入莫斯科国际，这是毋庸置疑的）。在莫斯科致独立社会民主党的公开信②由德国共产党发表，并在公开的集会上进行讨论之后，独立社会民主党几乎所有的党员都说，他们的中央委员会做得不对，只顾着去会谈，却不将这封信公开。

大部分独立社会民主党领袖仍旧留恋第二国际，因此，他们才不愿痛痛快快地加入第三国际。这些领袖过去害怕，甚至现在也害怕与俄国、与共产国际讲团结。独立社会民主党中央委员会在致莫斯科执行委员会的复信中，对莫斯科国际的复信以及这里所实行的政策所持的许多观点，进行了批评。他们指责执行委员会不顾实际情况企图生搬硬套莫斯科的方法。这不正好说明他们拒绝与俄国讲团结、反对共产党人的行动路线（虽然并非直截了当地反对）、拒绝把所谓地地道道的俄国方法运用到德国去吗？这不正好说明他们拒不采纳放之四海而皆准的真正共

---

① 见1920年7月11日第272号、7月13日第274号、7月14日第276号和7月15日第278号《自由报》副刊。
② 指1920年2月5日共产国际执委会《致德国全体工人、德国共产党中央委员会和独立社会民主党中央委员会的公开信》。此信用俄文刊载于《共产国际》1920年第9期第1382—1392页上。

产主义策略,而是要走一条根本否定共产主义的机会主义道路吗?

独立社会民主党人不愿意加入莫斯科国际的主要原因,就是整个共产国际已明确表示并要求他们清除改良主义分子。他们不愿党内有这种分裂,然而这种分裂是势在必行的。独立社会民主党通过它的中央委员会答复莫斯科国际,说它不允许把这种分裂强加在它的头上,它认为,上述要求是对德国党内生活的干预。在它看来,党的统一比真正共产主义策略重要得多。这种观点在复信中提得十分明确。

由此可见,独立社会民主党内存在着右派和左派:右派坚持资产阶级专政,只是在口头上表示接受无产阶级专政;左派虽然拥护无产阶级专政,但实际上却对右派,即资产阶级民主派一再让步。

在莱比锡党代表大会上,就连左派代表也毫不隐讳地表示他们不实行无产阶级专政,他们反对一切专政手段,包括恐怖手段在内。在复信中他们再次强调了暴力和恐怖手段之间的差别,而这种差别实际上全然不存在,纯属人为造成的;他们的目的就是以隐蔽的方式同俄国党和共产国际分庭抗礼,就是不愿声明拥护革命、拥护共产国际。

今天,拉狄克同志在他的发言中表示,希望左派最终能下决心实行明确的政策,抛弃资产阶级民主思想。我要说,我不赞成这种希望。实际上,左派已屈从于右派的政策。我们在这里,在大会上已经看到,在会上发言的不是左派的代表,而是右派的代表迪特曼和克里斯平。我们不止一次地听说,右派和左派有明显的区别,然而,他们没有把情况公开,因为左派拒绝当众公开讨论他们之间的分歧。左派代表在这次代表大会上声称,他们不希望党分裂,而在多伊米希和施特克尔署名的复信中,也是这样说的。

既然我们在这里所要坚持的观点,就是我们曾经在德国坚持的观点,即独立社会民主党要想成为共产党,就应当清除机会主义分子,那我们这样做并不是从党派的利益出发的。我们党内的批评表明,我们不讳疾忌医。如果我们对其他党也采取批评态度，那并不是为了消灭这个党本身，而是为了推动革命运动，并使全体工人群众走上正确的道路。

左派一方面认为，没有必要向工人群众公布莫斯科执行委员会的公开信，另一方面又亲自签署了致莫斯科国际的复信，并向广大群众隐瞒了这件事。这封信的口气有点傲慢，不可一世，这是由于选举运动进行得十分顺利，选票数目相当可观；也许在一定程度上担心一旦莫斯科同独立社会民主党群众直接发生关系，会引起党内的急剧变化。

独立社会民主党不是带领群众进行革命，而是跟在群众后面跑，这是很典型的。工兵代表苏维埃1918年主张和谢德曼政府合作。于是，独立社会民主党顺从并跟随了这部分不成熟的群众。随后，当莫斯科国际在复信中谴责了苏维埃和议会合流的思想时，独立社会民主党却为此进行辩护，说什么在当时的情势下，确实存在着取缔苏维埃的危险，因此，这种妥协乃是必要的。

在简短的发言中，不可能详细地论述所有问题，但是，只要列举其中几个问题，就足以说明在接纳这个党时务必采取慎重的态度。接纳的先决条件必须是：独立社会民主党要有名副其实的共产党人的作为，坚决清除改良主义分子和机会主义分子。我们德国共产党代表不相信，通过谈判能达到这个目的；我们认为，独立社会民主党的群众自己会找到进入莫斯科国际的道路，因此，我们应当参照执行委员会第一封信的建议，直接和该党群众建立联系。我们还认为，大会期间的会谈不会有什么异乎寻常的结果，因此，我们希望执行委员会直接和独立社会民主党的群众打交道，说明自己对该党的看法，并且告诉他们，执行委员会对独立社会民主党各级领导不抱希望，而寄希望于这个党的工人，即希望他们和全世界共产党人，和俄国共产党人，和苏维埃俄国一起采取联合行动。

怀恩科普（荷兰）：

许多同志说出了我想说的话。我应当声明，假如我们现在就进行表决，那执行委员会的提案必然会遭到否决。我们听取了人们在会上的发言，他们对执行委员会的提案提出了各种不同的看法。总的来说，他们的论点是反对提案的；他们本人也许没有从中得出应有的结论，当然，是否如此，我不清楚。或许，有人会对我们说：你们几个人反对执行委员会的这项提案，是因为你们仅仅着眼于过去，而不是着眼于群众。但在这点上，我同意拉狄克同志的看法。他说：独立社会民主党的群众要求革命，他们的革命觉悟越来越高，这是事实。迈耶尔同志说得很好：独立社会民主党的左派领袖没有率领群众进行革命，没有使运动朝着有利于革命的方向发展，而是跟着觉悟不高的那一部分群众跑。问题在于如何进一步提高群众的革命觉悟。因此，在目前的情况下，我认为执行委员会所选择的途径是不对的。这种途径不会使拥护德国独立社会民主党的群众和其他国家的群众更加革命化，而只会起阻碍的作用。这就是我本人的见解。有人会说我不重视真正拥护这些政党的群众，那就让他们说好了。我是重视他们的，但是，我认为，假如第三国际执行委员会再度支持德国独立社会民主党和法国社会党的伪善的领导人，那群众就会对大革命和第三国际对他们的启蒙又一次感到失望。这就是我们提出反对的理由。

其他同志已经谈到，所有这些国家的领袖不过是一些绊脚石。如果不断地和这些老爷们进行无情的斗争，那他们就会被赶下台，群众也就能放手从事革命斗争。但是，如果顺从这些老爷们的意志，那无论采取何种形式，都只会使他们本人的错误观点更为加深，他们也就能重新上台，并且比过去变得更加有恃无恐。

邦巴奇同志介绍了他在意大利的亲身体验。他后悔自己以前在这个问题上表现得太软弱了。他认识到自己当时过于温和，现在更加明白那时做错了，因为意大利党并没有因为作出这一让步而变得更加革命，事实恰恰相反；因而他认识到，他现在应当反昔日之道而行之。他说得很对，因此，我们应当在共产国际当中吸取这个教训。瑞士党的同志也谈了他们在这方面的教训。

一张小纸片对一个机会主义者来说有多大价值呢？如果需要，他可以在上面签上自己的名字，可是到头来还是我行我素。这种人从来都是耍两面手法，人前一套，人后一套的。这些瑞士党的老爷们就属于这类人，此外，还有荷兰的特鲁尔斯特拉之流，以及加香、克里斯平等人。为了巩固他们在群众中的威信，他们可以随随便便地签上自己的名字，可事后仍然按照他们自己的需要办事。当然，我知道，人们认为，执行委员会有这样的权力：只要他们签了字，就能迫使他们照章办事。这是一种误解。我完全同意第三国际执行委员会的意见，即必须进一步严肃党纪，执行委员会要有更大的权威，该怎么办就怎么办。但我认为，目前执行委员会还缺乏这种权威，而且，它对这些老爷们的忍让表明，它还不能真正迫使他们按照革命者的准则来做。不得不承认，这种策略是错误的。

今天上午，法国社会党人受到了严厉的批评，而对待独立社会民主党人，虽然他们还要坏一些，但批评的言词却比较温和。当然，他们都差不多，可是，对有些人批评得比较温和，而对加香却十分严厉。

正是由于执行委员会采取了这种立场，我们在大会上才听不到德国共产主义工人党对德国共产党的批评。我们应当在这里听到这种批评，然而，事实不然。对独立社会民主党的问题没有放过，那么，对其他共产党的问题也应进行友好的批评。这是教育群众如何对待机会主义领袖的最好办法，就是说，要把他们驱逐出去。虽然大会的批评重点是独立社会民主党的改良主义，但是，大会却不愿听取德国共产主义工人党对德国共产党的即使不够友好，然而是善意的批评。德国共产党是否确实一贯率领群众前进呢?这个问题应当在会上提出来,而我们也应当把问题搞清楚。可是,现在,当着独立社会民主党人的面,这样做不太方便。我们周围不是自己人,我们此时和执政的社会党老爷们坐在一起,而我们只有在自己人当中才能说真心话。可是,执行委员会不给我们创造条件。

塞拉蒂同志今天上午对为什么屠拉梯留在意大利党内这个问题作了圆满的回答:因为这样一来,他可以施展他的宣传伎俩。有人会问:这些机会主义者为什么现在到这里来,还让我们向他们提问题?迈耶尔同志刚才说:我们休想从他们口中得到明确的回答,他们在这里甚至比在德国时还要厚颜无耻。这些老爷们之所以在这里和共产国际进行会谈,就是因为他们想在那个必将在德国出现的、人数众多的共产党内制造舆论。迈耶尔同志讲得好:要面向群众,把这些领袖甩到一边去,而改良派老爷们却想拉住群众不放,以便从事危害革命的宣传。他们不可能公开承认这一点,但这毕竟是事实。如果他们直言不讳,那我们就会说:行行好吧,去你们的吧!因此,他们只好耍外交手腕了。

季诺维也夫同志今天上午说的一句话,也是恰到好处,他把这些独立社会民主党人的一切鬼把戏叫做庸夫俗子之举。我们也打算在这里领教这套市侩鬼把戏。这决不是正派人干的事!我们应当坚持拉狄克同志在会上提出的那些原则,即我们应当面向群众。因此,在这种情况下不能采取和领袖会谈的办法。我要强调指出,独立社会民主党这些老爷们,还有加香和弗罗萨尔,在这里被置于特殊的地位。这是一个错误,因而会造成恶果。

总之,现在把两个问题搅在一起了。会上大体上讨论了加入第三国际应具备哪些条件的问题。这一点应当写进提纲里,而且,我认为,提纲里已有许多好的东西。当然,也许还会由于某种修改意见而有所变动。另一个问题是:已经加入第三国际的政党,怎样才能符合国际的要求?这个问题的解决,取决于我们共产党人,这些老爷们无权过问。然而,却偏偏让他们参加提纲审订委员会的工作!

另一个应当提交大会讨论的主要问题是,我们是否要和这些老爷们继续谈判下去。可是,这些问题在会上给搅在一起了。我已经说过,执行委员会对这些老爷们另眼看待。我在委员会上提出了反对意见,但毫无用处。这些老爷们就和我们共产党人坐在一起,他们就在这里。我不是轻率地反对某一个人,我只是反对那些两面派的领袖,因为历史向我们表明,这些人不可能痛改前非。只有群众才能迫使他们改变立场,但如果像会上所打算的那样,那就根本办不到。

最后,共产国际的这种做法,不仅对德国和法国,而且对全世界都会产生消极的影响。在英国和美国,这种做法所造成的影响很坏。之所以会产生不良影响,是由于人们看到,共产国际在和独立社会民主党领袖一起向右转。希法亭和克里斯平半斤八两,没有任何区别,不错,大会只反对希法亭,并没有反对克里斯平。如何才能使所有这些国家的群众起来革命?唯一的办法就是不要支持那些虚伪的议员,而大会对独立社会民主党人,以及对加香的态度,却适得其反。群众现在已经认识到,不能对议会制存有幻想,社会党老爷们以前的做法有问题,因此,一旦加香回到法国,群众就会发现,这个新国际又向老领袖们妥协了。这样一来,虚伪的旧议会制又会得到加强,群众因而就会离开我们。不应当追求名义上拥护党的群众的数量,而应当凭着他们对第三国际的认识,使他们真正站到我们这一边。

因此,我希望,不要和这些议会党领袖会谈,希望代表大会否决执行委员会过去的策略,并按照最初考虑的种种措施,直接对法国和德国群众做工作。这样做,必将更快地完成当前使革命群众脱离旧的政党的任务。

明岑贝格（青年共产国际）：

同志们！怀恩科普同志指责执行委员会没有给德国共产主义工人党出席代表大会的代表名额，对此我表示不解。如果会上没有该党的代表，那只能由它的代表负责。原来决定给他们以大会的发言权，甚至还考虑让他们对一切争议事项作补充报告。他们没有行使这个权利，没有派代表出席大会，他们临阵脱逃了。① 我不知道，德国共产主义工人党党员对此有何想法，但是，大多数德国工人必将一致严厉谴责这种做法，而对那两位如此不负责任的同志，我认为，德国革命运动是无法容忍的。

现在谈谈加入第三国际的条件问题。今年发生的政治事件，极其充分地证明了莫斯科共产国际第一次代表大会的纲领和策略路线是正确的。宣言中有关策略的提法是："第一国际预示了未来的发展，并指出了发展的道路；第二国际联合并组织了千百万无产者；第三国际则是一个公开进行群众斗争的国际，一个实现革命的国际，一个行动的国际。"

同志们！这种革命的宣传方法，即这种不顾各级党组织和党机关而直接面向工人群众的策略，这种毫不留情地批评工人运动中的一切错误的策略，大大地促进了西欧无产阶级革命主观力量的觉醒和发展。我认为，共产国际近一年来的成就，不是表现在本次代表大会人数的众多上，而是表现在已经形成了一条多伊米希—诺布斯路线（虽然去年共产党组织的状况不佳，但却严格划清了右的界限），这和今天的屠拉梯—考茨基—龙格—格里姆路线不一样。去年，德国、匈牙利及其他国家的千百万工人，拿起武器进行了斗争，为实现共产国际的纲领和目标而抛

---

① 关于该党代表吕勒和梅尔赫斯的立场问题，参看本卷收录的《资格审查委员会会议记录》和共产国际执行委员会《致德国共产主义工人党中央委员会和全体党员的公开信》（《共产国际》1920年第13期）。——译者注

头颅、洒热血。这就是革命宣传所取得的伟大的实际效果，它对无产阶级革命的影响，比吸收上千名新党员要大得多。德国工人在响应独立社会民主党的号召走上街头时，公开表示拥护共产国际的纲领，而不是本党的思想主张。由此可见，共产国际对德国工人影响之深。他们不断高呼："苏维埃俄国万岁！共产国际万岁！无产阶级革命万岁！"

英国、法国和美国的工人也和德国工人持同一立场。即使目前还不可能引导群众投入最后的革命战斗，以推翻各该国的资产阶级，然而群众在革命宣传的影响下最终会觉醒过来，以致在任何情况下，都会起来反对他们的政府对苏俄进行武装干涉。各种团体最近通过的关于阻止向波兰提供和运送武器装备的决议，也可说明这一点。当然，这远非我们向那里的同志提出的全部要求，但这毕竟是真正国际团结的开端。这个开端意义重大，因为当代无产阶级世界革命就表现为一连串的革命战争。波兰战争只不过是协约国及其帮凶对苏维埃俄国发动武装进攻的链条上的一环罢了。

同志们！只要我们密切注视近一年来共产主义的发展，我们就会发现，我们毫无理由改变我们的策略，不能只图增加几个党小组，而不顾实际革命行动的需要，放弃争取广大群众。

在执行委员会的一次会议上，有人说，成立共产国际的时机还不成熟。我不同意这种看法，但我认为，我们过早地扩大了共产国际组织。季诺维也夫同志在他的报告中已经指出，在意大利党、瑞典党、挪威党、丹麦党和南斯拉夫党内存在着形形色色的机会主义，谈到我们内部有敌人。

在英国、美国和法国没有建立起巩固、坚强和有纪律的共产党来，原因就在于党内存在着机会主义。现在，西班牙社会党表示要加入第三国际，瑞士党也打算钻进来。如果今后法国社会党和德国独立社会民主党加入了第三国际，成了现在国际的成员，那我不得不为第三国际的前途担心,因为在革命宣传和革命行动方面将受到严重的干扰和削弱。

列宁(俄国):

究竟谁愿意接纳独立社会民主党为共产国际成员?

明岑贝格(青年共产国际):

执行委员会内部的会谈已经回答了这个问题。那些几星期前,甚至几天前还千方百计反对第三国际的同志,今天却声称准备无条件地接受向他们提出的一切条件。这个事实显然说明,这些条件不够严格。

在目前的革命斗争中,不仅要宣传共产主义和建立共产党,而且要积极开展直接的群众性的革命行动,借以推动群众去关心政治,提高他们的革命本领,发展一切主观革命力量,加剧垂死的帝国主义的危机,激化矛盾冲突,从而使无产阶级革命早日到来。这就是我们对那些想参加第三国际的政党和组织首先应提出的要求。从执行委员会的工作报告①中也可以清楚地看出,采取群众性革命行动的方法是多么重要。执行委员会在宣言②中指出,由于1919年7月21日计划中的国际群众性行动遭到了破坏,成千上万的彼得格勒工人又付出了血的代价。原来预定在1919年11月7日以及在卡尔·李卜克内西和罗莎·卢森堡牺牲的那一天采取的国际群众性行动,也受到了挫折。因此,在这方面向一切政党提出严格的条件是非常必要的。

对军事准备工作提出的要求也很不够。在资产阶级军队中宣传共

---

① 见本卷收录的《执行委员会向第二次代表大会所作的工作报告》。——编者注
② 指共产国际执行委员会1919年7月24日《告协约国工人书。国际罢工失败了,但国际罢工万岁!》,载于《共产国际》1919年8月1日第4期第533—536页。

产主义和建立宣传网的工作，做得也很差。这样下去是不行的，因为目前的国内战争迫切要求各国无产阶级在军事组织和武器装备方面做好与资产阶级进行最后战斗的准备。现在把有关的两项修正案提交主席团。①

洛佐夫斯基（俄国）：

提交代表大会讨论的一个重大问题，是接纳中派的社会党问题。就拿法国社会党来说（它是目前那些沿着共产主义方向前进的政党的一个典型），我们可以看到，这个党内存在着各种各样的倾向。

当弗罗萨尔和加香在执行委员会露面时，大家向他们提出了一连串问题。谁都知道，大家质问他们，打算如何处理目前在国际联盟劳工局担任局长的阿尔伯·托马的问题，还问他们考虑过没有，此类社会党人是不能进入第三国际的。弗罗萨尔一本正经地回答说，阿尔伯·托马的问题，将在最近召开的法国社会党全国代表大会上解决。

法国社会党内部有中派分子，如加香和弗罗萨尔，同时还有社会主义的公开敌人——国际联盟成员，总之，近几年来，他们一直在反对各种工人运动，其中包括革命的工人运动和工会运动。

法国社会党得了一种病，这种病不仅可以称之为机会主义，而且可以称之为单相思，即渴望和一切人"团结"，"代价在所不惜"。

当有人在执行委员会上向马赛·加香和弗罗萨尔提出保卫祖国的问题时，他们不敢对自己今后的言行打保票。他们只能作模棱两可的回答。可是，这个问题极其重要，这是整个共产主义运动的基础，是第三国际的根本原则。显而易见，即使在清党之后……

---

① 速记记录中没有记载。

戈尔登贝格（法国）：

他们不会搞清党的。

洛佐夫斯基（俄国）：

……即使在下一次代表大会期间进行清党以后，他们也决不会加入第三国际。但是，法国工人必将自行加入第三国际，必将甩开那些不敢采取必要行动的领袖。

我还想请大家注意另一个重要问题。如果你们看过《人道报》，你们就会发现，他们是怎样进行反对凡尔赛和约的斗争的（像加香所说的那样）。这个斗争叫人捉摸不透，活像是儿戏。不错，社会党代表投票反对过凡尔赛和约，但是要知道，他们搞的是什么名堂：他们只反对凡尔赛和约的个别条款，而不反对整个和约。

还有一件事，你们必须有足够的认识，这就是加香今天上午在会上向我们宣读的新的宣言。这个宣言和他几天以前的宣言毫无共同之点。他知道，这个宣言要在法国发表，因此，他的措词比八天以前尚未肯定他们是否返回法国时还要含糊得多。

这个回避了一切尖锐问题的宣言充分证明，法国社会党大多数党员无论在思想上或是在行动上，都不配做第三国际的成员。加香在他的宣言中只字不提党的今后的策略，只字不提阶级斗争和推翻资本主义问题，似乎这些都是废话，不值得一提。

在已加入第三国际的社会党当中，大会多次提到了意大利社会党。我必须强调指出，在这个党内，既存在布尔什维主义，又存在孟什维主义。

可是，如果我们问我们的意大利同志"是否可以把布尔什维克和孟什维克重新联合起来？"那他们肯定会说："不行。"也许，他们会加上一句：意大利的革命时机尚未成熟。然而，在俄国，并不是革命促使我们摆脱孟什维克，我们之间的鸿沟早就形成了。因为我们有此体会，我们才敢奉劝意大利同志："当心！恰恰是在革命时期，在群众要走上街头这一关键时刻，正是这个时候，你们会成为机会主义者的攻击目标。"

在这方面，我想起了一件终生难忘的事例，它发生在十月革命期间，在彼得格勒。为了统一行动，布尔什维克同孟什维克和社会革命党人举行了谈判。你们可曾想到，孟什维克正式向我们提出了什么要求？他们要我们解除彼得格勒工人的武装，让哥萨克开进工人区！我说的这件事千真万确，因为我参加了谈判。当时，我自己就是一个激进的妥协派，对我们布尔什维克中央委员会同志的不妥协态度，曾经大放厥词，针锋相对。他们，即孟什维克，对我们说，如果我们解除了工人的武装，如果哥萨克开进了工人区，那他们会向我们担保工人的人身安全！你们瞧！这就是我们党内的机会主义分子的要求！

同志们！凭着我们在革命中的切身体会，我们担心，有朝一日，贵国的机会主义分子同样也会在你们必将进行的决定性斗争的关键时刻，向你们提出诸如此类的要求来。

克里斯平（德国独立社会民主党）：

同志们！有人问，我们为什么到莫斯科来和我们想干什么，我们的回答很简单。说句老实话，对于这种问题，我确实感到有点莫名其妙。我们来莫斯科，当然不是为了观光，而是为了在此地，在莫斯科，本着我们党代表大会的决议精神，和第三国际一起共同商讨密切双方关系的问题（我们接到执行委员会的邀请信后，正式向它表明了我们的态度）。下面我要说明一下，我们为什么选择谈判这条道路，这只是我个人的看法。

不过，首先我要谈谈我们党的情况。我从我所听到的种种声明发现，兄弟党同志既不了解德国的一般情况，也不了解我们党的特殊情况。大家都知道，战争爆发以后，德国社会民主党人完全充当了战争拥护者的角色。不过,未必有人知道,当时在德国旧社会民主党内,有的同志就表现得很坚定、很果断,他们不仅对旧社会民主党的所作所为、对战争立即提出了抗议,作出了反战决议,而且还在四年战争期间进行了十分艰苦的实际工作。你们设身处地想一想这个大党的处境:在 10 年当中,它把老社会民主党的 100 万党员和 250 万工会会员这些德国无产阶级的先进分子吸收了进来,可是,它周围还有大量对战争持观望态度的工人,而且,当局实行了军事独裁和对反战分子进行了残酷的迫害,你们清楚,这说明什么;你们也会理解,在这种情况下高举社会主义旗帜是多么不容易。只有少数人敢出来散发非法书刊和斯巴达克派的信件……

富克斯(德国):

都是那些人?

克里斯平(德国独立社会民主党):

的确,我们也在内。比如我本人就是其中之一,同志们可以作证。

瓦尔歇(德国):

不过,您那时还不赞成"实事求是的合作"("集体行动")呢!

克里斯平(德国独立社会民主党):

我现在说的是战争初期的情况。请问,您能否认我已尽到一个革命社会党人的义务吗?(瓦尔歇表示同意)战争期间,我们组织了群众性的反战行动。群众不仅作出了牺牲,而且是重大的牺牲,就连那些"可恶的骗子"、那些"卑劣小人"、那些现在坐在你们当中的领袖,也都参加了群众性的反战行动,他们和其余所有无产者一样,为此付出了代价,遭受了人所共知的、资本主义用来威胁每个革命无产者的惩处。越来越多的反战分子聚集在这少数反战的德国社会民主党人周围,当然,他们当中也混进了一些只是由于其他某种原因反对战争,而不是在根本上反对这场战争、反对保卫祖国的人。在这个艰苦斗争的环境中,我们当然既没有时间,也没有条件去召集大会,以便对工人进行说理教育,使他们走上正道。我们连开小会也不可能,因为我们受到迫害,我们必须进行地下活动,不能接近群众。那些最初服从议会党团纪律的同志,战争期间也在报刊上发表了文章,拥护阶级斗争。后来战争失败了。这时才有可能公开活动。

富克斯(德国):

您曾反对李卜克内西。

迪特曼(德国独立社会民主党):

这一点,我将予以反驳。

克里斯平(德国独立社会民主党):

前议员迪特曼同志刚才表示,要对此事作出回答。

当工人和士兵的起义结束了这场战争的时候,德国无产阶级突然感到自己面临着一项重大任务。如果说,无产阶级当时未能完成这项社会主义革命任务,其原因首先就在于它没有条件领导工人和士兵进行这种大规模的自觉的无产阶级革命行动,并推动革命向前发展。这是主要原因之一。不要把事情看得过于简单,不要以为似乎是某些领袖的叛变导致了革命的失败。

(有人喊道:你们当时反对无产阶级专政。)

克里斯平（德国独立社会民主党）：

无产阶级专政不是共产国际的新发明，它在社会党的旧纲领里已经有了，上面写着：工人阶级夺取政权，是实现社会主义的前提。这是一条人所共知的马克思主义原理。旧社会民主党在实践中是否遵循这个原理，那是另一回事。我们社会民主党人也赞成无产阶级专政，但由于缺乏应有的基础，战争结束以后未能立即实现无产阶级专政。士兵苏维埃并不可靠，它们当中的大多数人不是革命社会党人，他们还缺乏这种觉悟。革命爆发以后，我们才可能认真地考虑群众问题。我们党这时候才开始醒悟，开始认准自己的目标。在三月党代会上，我们对总的形势发表了自己的看法，并且在纲领中明确地提出了无产阶级专政。

（有人喊道：要使苏维埃制度合法化①。）

克里斯平（德国独立社会民主党）：

我们当时曾强调指出：议会制不会让我们实现社会主义，它不过是无产阶级必不可少的一种斗争武器罢了。在极其混乱的历史发展过程中，恐怕任何政党都不可能做到洁白无瑕，都免不了犯错误。我敢说，谁站在政治斗争的风头浪尖上，谁就难免受批评。这是很自然的。共产党人批评我们，可是，在德国，他们却受到共产主义工人党的更加严厉的批评。你们把我们当做叛徒，然而，共产主义工人党却认为你们是工人阶级的叛徒。可是后来从3月起到莱比锡党代表大会期间，我们党继

---

① 指独立社会民主党三月党代表大会（1919年3月2—6日在柏林召开）的纲领性宣言中提出的"把苏维埃制度写进宪法里……"的要求（见1919年3月8日《自由报》第113号下午版）。

续发展了，而且在莱比锡党代表大会上通过了更加明确的党纲①，这一点，我们用不着辩解。不过，我想提请大家注意，这可是在"该死的领袖们"的领导下干的。在他们建议之下才把这一点写进纲领里去。这个纲领不是在群众的压力下通过的，不，它在党代表大会召开以前就已准备好，当时党的领导还对它百般加以维护呢。我们党的领导是诚心诚意地和认真地执行代表大会的决议的。在国内，我们经常和德国共产党人采取联合的群众性行动。有人指责我们在政策和策略上摇摆不定，我想指出，我们也可以对共产党人提出同样的批评，因为他们曾几何时也反对过议会制，如今却念起拥护经来了。德国共产党在一系列问题上犹豫不决，如果现在有所悔悟，那它也只好承认，自己并非一贯正确。

有人说，群众比他们的领袖，即比你们眼前这些"骗子"强。好在怀恩科普还没有把我们说成是警察局的密探。你们当着全体代表的面侮辱我们党的领袖，好让群众抛弃我们，你们以为这一手会在德国产生影响，你们的想法大错特错了。德国群众需要的是事实。德国的党员和工人，同我们相处了几十年，对我们非常了解，假如我们是叛徒，他们就不会再次把我们选到党的领导岗位上来。你们认为，独立社会民主党的群众赞成共产主义，而正是这些有共产主义思想的群众把你们想在代表大会上使之名誉扫地的那些人选为领袖。这未免有点不可思议吧！你们想争取群众，从而挑动他们去反对党的领导人，你们这种做法不会有什么结果的。我们丝毫不用担心，我们这样说在国内是否下得了台。

现在，我想就针对我们的复信而使你们大动肝火的问题说上几句。何谓"少女的冲动"？我们接到执行委员会充满恶意的复信后，既不流

---

① 指德国独立社会民主党莱比锡代表大会（1919年11月30日至12月6日）通过的《行动纲领》，刊载于1919年12月8日《自由报》第596号（公报271号下午版）。

泪,也不默然忍受打击,我们给予了明确的回答,并且如实地表明了自己的观点。我们没有说过,复信仅仅责备右派领袖违背群众的意愿,这个话是季诺维也夫同志说的。执行委员会在给我们的信中说:独立社会民主党的所有领袖都不得人心,它的整个策略是由右派领袖决定的。你们看,在这里居然有人把我们也划到右派领袖那边去了。在莫斯科这个地方允许这样做,可是在德国就行不通了。我党的政策是由党代表大会决定的,党的决议得到全体党员的拥护。谁不执行这些决议,谁就不可能当党的领导,大家也就不会选他。

拉狄克说,我在卢塞恩代表大会上发言拥护国际联盟。根本没有这么一回事。在卢塞恩大会上,我表示反对国际联盟。(拉狄克打断他的话)拉狄克同志,我不知道,您那里是否有我的发言稿。我在那次会上发表了反对国际联盟的意见。早在1918年冬,我在斯图加特时就在给我们的报纸写的文章中指出,国际联盟是资本主义政府奴役人民的工具,绝不是各国人民的联盟。这是我当时说过的话,如今我仍然坚持这个观点。我声明反对国际联盟。我们参加卢塞恩代表大会,是因为我们认为,有必要在国际无产阶级面前揭穿德国社会党右派的真面目。别国的人不太了解德国的情况,这就给社会党右派以可乘之机,使他们有资本轻易地取得其他国家人民的信任,但这并非我们的罪过。我们曾经说过,第二国际已经完蛋,它不可能复活了。如果我在我的小册子上曾经指出,成立莫斯科国际的条件不成熟,那么,我要说明,今天我仍然坚持这个看法。拉狄克同志本应继续看下去,到底这句话在什么地方、为什么我认为成立莫斯科国际为时尚早。我在小册子中说明了,在成立新国际之前要向各国工人讲明新国际的宗旨。工人们应当对无产阶级专政和国际阶级斗争有所认识,而只有认清本国的形势,他们才能在国际上发挥自己的作用。季诺维也夫同志的整个发言证明,这还不能说是什么不得了的坏事。到底谁是大家同意接纳和公认的共产国际成员?唯一没有受到批评的是俄国共产党人。而其余成员,没有一个没有挨过批评。可恰恰是那些在这里受过批评的政党的代表,对"存心为恶"的德国独立社会民主党人展开攻击。他们全然忘记了我们已和社会党右派分道扬镳,我们不害怕党的分裂,因为这是历史的必然。

然而,对待分裂,不应采取轻率的态度。我觉得,分裂是必然的。德国独立社会民主党就是一例。但这个分裂是痛苦的。在分裂之前,要极力促使工人群众对原则性的和明确的策略有所认识。但这需要时间和耐心。吸引和团结工人在德国进行革命,要比使他们分裂难得多。然而,最令人痛心的莫过于所有工人左派分散在独立社会民主党、德国共产党、德国共产主义工人党等三四个政党里,而现在又鼓吹建立某种新组织——工人联盟。这种状况对德国运动,对世界无产阶级革命,尤其是对共产国际极其不利。我们需要一个精干的国际,这首先就要求我们建立紧密团结的工人组织,否则我们就根本不能采取任何一种国际行动。团结群众,并使他们投身无产阶级革命(如果他们还没有达到这一步的话),这一点十分重要。

不错,我在莱比锡时曾反对立即加入莫斯科国际。原因何在?同志们,就是因为莫斯科国际第一次代表大会决定取消独立社会民主党,决定把它毁掉,使之不复存在,决定将它彻底消灭。可是,你们要知道,要被消灭的政党的代表,却首先愿意和决定消灭自己的同志进行协商,谋求团结。我们赞成加入共产国际,但我们首先要求取消那些敌视我们的决议。你们打击了我们,还要我们对你们说:我们是你们的朋友,因为你们打击了我们。这是不行的。这个问题需要认识清楚和加以斟酌。(叫喊声)

说到签订和约问题,德国人民完全赞成我们的观点。当时展开了反对德国沙文主义的斗争,值得我们高兴的是,民族主义终于被清除了。可是,德国民族主义者又想在这个问题上大做文章,搞民族沙文主义的鬼把戏。因此,我们认为,我们有必要进行针锋相对的斗争。

瓦尔歇（德国）：

你们曾经帮助他们摆脱困境。

克里斯平（德国独立社会民主党）：

胡说八道！战争使德国衰竭不堪，假如我们再一次被封锁，那德国人民就会饿死。我们认为，必须使群众具有战斗力，而且必须通过长期克服资本主义所造成的贫困化，尽可能提高他们的生活水平。赤贫的流氓无产者阶层永远不可能充当先锋队，他们丝毫没有革命性；只有那些比较善于提高自身的福利的工人阶层，才能进行革命。因此，就签订和约问题对我们提出责难，是完全错误的。

下面谈谈恐怖手段和暴力问题。我们认为，这是两回事。如果我们想巩固无产阶级专政，就不可能不诉诸暴力。在使用暴力的地方，在某种条件下会出现这种情况：不该杀的人给错杀了。只要认真调查一下，就会弄清楚，被杀的人当中哪些人有罪，哪些人无辜。可是现在，在我们尚未掌握政权以前，我们要声明：我们应当把恐怖手段当做一种政治原则来实行，我们应当建立一个叫敌人胆战心惊的国家；至于说我们不能放弃暴力，那是另外一码事。现状迫使我们把暴力作为一种手段来实行。

我可以说，我们从来没有责骂过布尔什维克，不但如此，我还经常感到，我们和俄国同志是团结一致的。当有人在纽伦堡指责共产党人收下俄国人的钱时，我曾公开表示，我为这种国际团结的举动而自豪。我们一向袒护布尔什维克，并指出他们在进行艰苦的斗争，我们无权损坏他们的威信。（有人喊道：那么考茨基呢？）是的，考茨基当然批评过他们，但他不是党的领导人。这是一个严重错误。（有人喊道：那么累德堡呢？）可是，累德堡没有损害过布尔什维克的威信。你们又搞错了。累德堡奋不顾身地公开进行革命活动。不过，他认为，不能把恐怖手段看成是一种政治原则。

而现在，我想在这里指出，就连我们的俄国朋友也会犯机会主义的错误。他们指责我们没有支持他们在土地问题上的主张。关于这个问题，我们在复信中谈到了，具体内容如下：

"说到土地问题，我们必须指出，我们感到惊讶的是，执行委员会向德国革命无产阶级提供的方法，却是唤起那种早已消失了的小资产阶级思想。它建议我们向小农说明，无产阶级在夺取国家政权以后，将立即没收大庄园主的财产以改善他们的状况；将把他们从大庄园主的压迫下解放出来；大庄园将归农民阶级所有；将解除他们的债务及其他负担。这个建议恰恰偏离了我们的马克思主义的观点，照此办理势必要立即实现土地社会化，即土地公有和生产社会化。为此，我们必须对小农说明，他们将获得大片土地，将不必还债，等等。这意味着牺牲无产阶级的利益以满足农民的要求，意味着把俄国的情况（在那里，土地已归农民所有）生搬硬套到德国去，这样一来，德国的社会发展和经济发展将遭到彻底破坏。"

你们想一想，在德国，把土地交给小农，这将会产生什么样的革命后果？

瓦尔歇（德国）：

目的是把小农争取过来。

克里斯平（德国独立社会民主党）：

我们采取这种机会主义手段，不可能把他们争取过来。大片土地应当没收，庄园应当按集体原则耕作，而不要分给雇农和小农。首先要使小农有所觉悟，以便从事有利于社会的集体化生产。

迈耶尔同志问，我们在争取加入共产国际方面有哪些行动？我认为，迈耶尔同志已看过我们这方面的正式报告。我们做了些什么呢？我们屡次三番地力争和莫斯科国际会晤。过了四个月，我们才得到回音。当时，我们正集中力量反击军事叛乱，后来又忙于选举运动，这些事情一结束，我们立即动身到莫斯科来了。我们和其他党协商过，那是因为我们临行前，党代表大会作出了这样的决议，这当然要执行。但是，我们并没有参与同其他党一起召开国际性会议这件事。我们认为，只有莫斯科才有这种特权。

关于克南曾在瑞士讲过"我们将成立新的国际"的说法，是不确切的。我们说过："假如莫斯科拒绝我们，我们就不得不考虑下一步该怎么办。"难道我们愿意让自己被排除在国际政治之外吗？难道你们相信，像德国独立社会民主党这样一个伟大的运动在国际舞台上会消极无为吗？诚然，你们德国共产党人曾经预言，我们作为一个政党诞生之日，就是我们死亡之时。你们希望我们很快即将覆灭，但这并不会使我们感到不安。

我还想提出一点总的看法。我从讨论中看出，谁也没有回顾历史的发展。许多同志认为，随着第三国际的建立，马克思主义一下子就传播到了全世界，我们现在的局面完全不同了。这种想法是不对的。第一国际成立时所抱的信念是，无产阶级革命会在资产阶级革命之后立即发生，其目的是立即实现社会主义。由于季诺维也夫所提到的原因，第一国际不复存在了。马克思说的话得到了证实：当时无产阶级本身不具备夺取和掌握政权的前提，因此，无产阶级首先要组织起来，并提高自身为夺取政权而斗争的能力。为此，要争取缩短劳动时间和增加工资，开展争取政治和经济改革的广泛斗争，等等。这是第二国际存在时期的历史任务。今天，工人阶级身上具备夺取和掌握政权所必需的前提，在资本主义社会中也存在争取社会主义的前提。现在，我们正处在必须夺取政权的时刻。在俄国，已经取得了政权，我们希望在其他国家也能在最短期间夺取到政权。因此，必须对工人运动所经历过的发展作出评价，以便理解第三国际是在它的先驱们当年停止活动的地方继续建立起来的。今天仍持社会党右派观点的政党如果看不清自己的任务，为了这一过失，就必定要付出破产、覆灭的代价。我们看到了这一点，并根据这一认识开展活动，在德国实行革命的政策。我极力强调这一点，我们随时都可以证明这一点。

你们愿意怎么回答就怎么回答。我们有崇高的意愿，就是要同第三国际建立统一战线。你们不能否定我们的革命的信念、感情和活动。尽管你们曾经怀疑我们是机会主义者，但我们仍将是革命者。你们可以爱怎么说就怎么说，但我们决不会在德国停止活动，并将为世界无产阶级革命献出自己的一切力量。如果你们给我们的答复能使我们队伍中的德国无产阶级高兴地接受的话，那对国际无产阶级阵线的事业就更有利。

迪特曼（德国独立社会民主党）：

同志们！情况要求我在我的朋友克里斯平发言后立即讲话。我请求你们不要由此得出结论，正如怀恩科普同志说的，以为我们打算在这里比在德国更加厚颜无耻地行事。（笑声）我们一个接着一个地发言，这的确是实际的情况。

有人责备我们，特别是责备克里斯平和我，说我们在莱比锡代表大会上没有致力于立即加入第三国际。责备我们的那些人在这里发了言，并开了一张罗列我们罪状的长长的清单，认为这些过错应归咎于我们，以此证明我们不配加入第三国际。看来，这里隐藏着尖锐的矛盾。就是说，我们党在莱比锡作出的关于必须同第三国际谈判以确定有无可能为建立统一战线而联合的结论，原来是正确的。因此，我们现在来到这里。我们进行谈判的基础，是我们在党的莱比锡代表大会上通过的行动纲领。这个行动纲领（我想你们是知道的）规定无产阶级夺取政权、无产阶级专政和工人委员会制度,这是十分明确的。我们相信,许多党(它们的代表在这里批评了我们)都是独立的,但它们拿不出像我们党的纲领那样在这些重大问题上如此明确而不含糊的纲领来。

同志们,在我的朋友克里斯平发言之后,我不想再谈一般性的问题。我要求发言,是因为我要批驳讨论中某些发言人对我们的指责。

我特别应该谈谈拉狄克同志的发言。他向派代表参加德国第一届革命政府的独立社会民主党人提了两条主要的意见。他指责德国独立社会民主党,说它的代表当时拒绝了俄国无产阶级给德国无产阶级运送两列火车粮食这一象征性的姿态。其次,他批判独立社会民主党,似乎它当时曾阻挠德国在1918年11月革命第一个星期内和苏维埃俄国恢复外交关系。

我知道,拉狄克同志是最了解德国情况的外国同志中的一个。然而,实际上,就连他也对德国情况了解得并不那么透彻,谈不上作出权威性的判断。我这样说不是想指责他,而仅仅是为了如实地反映情况。我不知道在这个大厅里哪一位是圣人,对各国情况能做到了如指掌,在任何情况下都可以给各该国无产阶级作出符合他们本国国情和有利于他们本国革命事业的政治指示。这超出常人的能力,是无法办到的。因此,这一回我无意于指责别人。谁要想对德国1918年11、12两个月的情况作出估计,谁就不应当满足于他在德国时从某些同志那里打听到的个别事实。不要以为,根据这些事实就可以作出绝对正确的判断。

德国的情况到底怎样呢?战争使德国一蹶不振,国内经济凋敝。人民在身心上蒙受了巨大的创伤,在饥饿的死亡线上挣扎。这就是德国当时的情况。可是,德国军国主义者无视这一切,到1918年10月还不认为自己会战败,要不是从权威人士那里得知,我国的粮食储备只能维持到1918年年底,德国当局还准备继续打下去。到那时一切都完了,到那时人民都要饿死了。

面对这种情况，政府当局当然明白，决不能让人民挨饿等死，首先要动用现有的全部储备粮，其次要想办法从其他地方搞粮食，哪怕是从月球上搞来粮食。因此，对那种迫使全国人民濒临死亡边缘的政策，谁也不会承担责任。

拉狄克就是在这个时候和哈阿兹在休斯式电报机旁谈话的。哈阿兹同志是如何回答的呢？我希望拉狄克同志把哈阿兹的全部讲话内容说出来。哈阿兹说：我们认为，建议体现了俄国无产阶级和德国无产阶级的团结，这是国际团结的象征。但是，我们知道，俄国人民也在挨饿，至于向德国提供粮食，美国早就答应在德国新粮收获以前，供应足够的粮食。这就是哈阿兹同志在电报机旁对拉狄克同志说的话。请问，这怎么能说是"背叛无产阶级的国际团结"？哈阿兹同志举止得体，他解释说：我们知道，你们本身也需要粮食，再则我们也清楚，我们一定能弄到粮食，所以，这点粮食你们还是留着自己吃吧！难道说，提出这项建议的目的，就是为了让列车来回瞎跑吗？可贵的倒是能提出这样的建议来，这足以证明我们之间的团结，既然哈阿兹回答说，我们把这个看成是我们之间团结的象征，我们十分感谢你们的好意。这是符合当时的实际的，我不理解，拉狄克同志凭什么说，我们政府因为接受了美国的粮食，就是什么坠入了"威尔逊主义"的泥潭？如果我们当时不依靠世界上唯一能向我们提供粮食的国家，那我们还能从德国什么地方弄到粮食来解救饥饿待毙的人民？对美国可以随意发表看法，但是，美国确实向我们提供了粮食，不仅粮食，而且还有其他食品。

我现在谈谈驱逐俄国使馆人员的问题。据我所知，1918年11月4日或5日，威廉二世政府最后一位总理——巴登亲王当局决定把俄国使馆人员驱逐出柏林，其理由似乎是，越飞凭借其大使地位搞非法活动，在德国搞革命宣传。因此，德国凯泽尔政府也把他驱逐出境。德国革命爆发时,越飞同志因某些出境手续尚未办妥而滞留在俄德边界上。这时,越飞同志获悉,在德国爆发了革命,独立社会民主党人控制了政府,他便给在柏林的哈阿兹同志拍了一封电报。哈阿兹接到电报后,立即在人民全权代表苏维埃(即当时的政府,我、哈阿兹和巴尔特是政府成员)里宣布:我们三个独立社会民主党人认为,必须立即请越飞回来。这就是我们当场表明的态度,但是,得到外交部部长佐尔夫支持的社会党右派却扬言,这绝对不行。

瓦尔歇(德国):

记录上不是这么一回事。

迪特曼(德国独立社会民主党):

我会谈到记录的。请允许我先谈几件事。我比在座的任何人都更了解这些事,因为我是事件的参加者。佐尔夫、兰德斯堡、谢德曼和艾伯特对我们说过,越飞是想支持德国革命还是进行反动宣传,反正一个样,因为他们说过,使馆人员在任何情况下都不应干涉驻在国的内部事务。我们曾指出,这是形式主义的观点,我们作为革命者决不能同意这种观点,但结果是徒劳。越飞的活动有利于德国革命和世界革命,所以我们同情他,并声称让他作为大使回来。总之,我们在11月和12月曾就这件事争吵过无数次。

沃尔弗施泰因(德国):

表决了吧?!

迪特曼(德国独立社会民主党):

人民代表委员会由三名右翼社会党人和三名独立社会民主党人组

成。如果这件事没有发生的话,我们本来是能够制止社会党右派接受关于把越飞驱逐出柏林的决定的。但要通过把越飞请回来的积极提案,我们当时还得不到多数票。票数是3:3。所以不可能通过把越飞请回德国的提案。你们主席台上的掌声说明不了什么问题。你们不能要求别人去为做不到的事情费力气……我等着,只要你们高兴,就这样打断我的话,反正代表们听不见我说的。你们在这种情况下能要求我们做什么呢?我们毕竟只能做我们做得到的事。我们已经走到了头。但我们说过,我们还要提起这件事,对我们来说,这件事没有完结,我们曾在一切有利的场合下提起这件事。

然而,拉狄克同志的行为使我们处于十分困难的境地。有一天,哈阿兹同志激动万分地对我说:"你了解拉狄克同志,你能想象这位聪明人会干这种蠢事吗?从莫斯科通过休斯式电报机和我通了话。这种电报机能同时作记录,所以谈话内容不仅对话双方知道。这一事实拉狄克无疑是知道的,因此他不得不注意他说了什么。拉狄克通知,一个代表团将赴德国参加工人委员会第一次代表大会,这个代表团应带一些老练的演说家,他们的任务是到战俘营向英国人和法国人进行革命宣传。"(喊声:好!)

拉狄克(俄国):
可怕!

迪特曼(德国独立社会民主党):
我作为革命社会党人欢迎这件事,但这是正式通知一个不支持革命的政府和它的官员,打算派人到战俘营进行革命宣传。换句话说,这意味着让德国的整个资产阶级界了解这一事实,并使它担心协约国,就是德国不得不与之签订四个星期停战书的协约国也知道这件事。假如德国政府允许这种宣传行动，协约国肯定会把这一行动解释为中止停战。哈阿兹没有别的办法，只好通过电话机答复拉狄克说，根本谈不上接受这个建议。此后，拉狄克说，他放弃这种想法。

莱维和**拉狄克**：

喏，你们瞧！

迪特曼（德国独立社会民主党）：

这个"你们瞧"说明不了任何问题，因为建议已经提出，外交部已经知道，佐尔夫和资产阶级官员也都知道。对这些人，我们是不能不考虑的。

拉狄克（俄国）：

为什么你们不驱逐他们呢？

迪特曼（德国独立社会民主党）：

这就离题了。我可是最不反对进行革命宣传的一个人。但我们必须考虑到具体情况，要了解当时的环境。我们不应该就我们想干什么而争吵不休。对我们这些在政府里的独立社会民主党人来说，这一事件造成的局面严重阻碍了我们为恢复同苏维埃俄国关系而作的努力。因为兰德斯堡、谢德曼和艾伯特（不应忘记还有佐尔夫）立即向我们声称："你们想，如果又把使馆人员请回来，那会是什么情况？那将使我们和协约国的关系极为复杂，以致正当我们的部队现在从莱茵河左岸撤退时，使得停战中止。在这之后协约国会进军，德国将被占领。"在当时那样的情况下，任何不愿引起全体德国人民和工人阶级不快的人，都不敢挑起这种事件。对这一点一定要弄明白！当佐尔夫等人再次告诉我们说，谈不上越飞回来的问题时，我们没有别的办法，只好暂时推迟处理此事。对这件事我们不愿表示完全无能为力。我们还希望，有机会的话，无论如何推动一下。正是在这种情况下，出现了《前进报》发表的记录。

然而，报纸错过了发表其他记录的机会，而从这些记录中本来可以清楚地看到我在这里所说的一切。

瓦尔歇和拉狄克：

巴尔特证明了这一点。

迪特曼（德国独立社会民主党）：

我多少还懂得点礼貌，所以不去引证巴尔特的话。亲爱的拉狄克同志，他谈到你们时，语气却很不客气。我认为，你们是随随便便从《前进报》中抽出一段话来的。其实，巴尔特的原文是："社会党右派是带着拉狄克的电报来的。拉狄克在电报中郑重宣布，要在莱茵河上展开反对资本主义协约国的共同斗争。关于发报机旁毫无意义的谈话，简直愚蠢透顶，它给世界革命带来了极大的危害。"① 这就是巴尔特的原话。假如你们不去援引巴尔特的话，你们也许会更明智点。我还可以把事关越飞的那段话念给大家听，说他似乎资助了哈阿兹和巴尔特进行革命。在巴尔特的书中写道："我认为越飞的电报很不高明，假如我也像他那样指名道姓，那大多数同志就难免要掉脑袋，成为反革命派的牺牲品。"② 拉狄克同志，即使我费尽九牛二虎之力，恐怕也不能在巴尔特

---

① 埃米尔·巴尔特《德国三月革命》（柏林1919年德文版）彼得格勒国家出版社1924年俄文版第89页。

② 同上，第112页。

的全书中找到对你们或多或少有利的东西。我只找出这两段话，要不是你们提出反驳，我是不会把它端出来的。

再则我们当时已退出政府，后来发生的事和我们无关。我们一向公开主张和苏维埃俄国恢复外交关系和经济关系。不久前，我们再次向议会提出了这方面的建议。施特克尔和克里斯平同志受党的委托，在议会中申述了这项建议。我们在建议中主张必须恢复苏维埃俄国和德国的关系。不久前，当波兰帝国主义向俄国发动猛烈进攻时，我党组织了一次大规模的示威游行，游行的口号是："不准干涉俄国！我们要求和俄国建立睦邻关系！"我不知道，那些至今仍然相信所谓独立社会民主党人对苏维埃俄国持敌视态度的种种报告和报道的同志，是否了解上面这个情况。我想，他们不了解情况，否则他们是不会在这里对独立社会民主党人抱这种看法的。

最后，我还想说几句。许多人在发言中表示，我们党不是革命党，所以，不能和其他党一起接纳到第三国际里来。我的朋友克里斯平大体上证实了这种指责是何等的不公正，假如有可能向你们介绍我党自德国革命以来的全部历史，那你们当中的许多人就会改变对我们党的看法。你们应当认真地改变自己的看法。老实说，500万人是不会拥护在这里受到共产党报刊大肆责骂的党的，其他许多人假如也对这些指责确信不疑，那他们也会抱同样态度的。在反对大多数社会党人和资产阶级的艰苦斗争中，我们赢得了今天的地位。我们有权说，德国独立社会民主党得到革命无产阶级群众的拥护。我们很清楚，世界革命将向前发展，为此必须使各国无产阶级在统一的、共同的战线上发动进攻，以期推翻资本主义，这就是我们来莫斯科的原因，而不像你们所断言的是出于工人群众的压力。我们本来就是工人和无产者，我们出身工人，受过工人的教育，我们参加工人运动已经有25年的历史。我们把毕生精力献给了工人运动，即使在最困难的战争时期，我们也能站稳立场，我们不怕任何牺牲，我们曾多次落入资产阶级国家警察的走狗的手里。既然你们把我们说成是完全丧失了革命意志的人，那我们就有权让你们见识见识我们在无产阶级革命斗争中留下的伤疤。

如果你们的想法和我们一样，即把俄国和德国的无产阶级团结起来，并进一步团结全世界无产阶级，组成统一的严密的队伍，那你们就要像我们那样，在今后的谈判中严肃认真地寻求使我们之间能尽快地接触、能共同反对资本主义的途径，以期为全世界无产阶级谋幸福。

罗斯默（法国）：

已经半夜 1 点了，休会。

第八次会议

(1920年7月30日)

塞拉蒂宣布会议开始。

就施泰因哈特提出的召开专门会议报道
俄国工会工作的提案所展开的争论

季诺维也夫(俄国):

我想通知你们,明天将举行工会问题讨论会,不仅委员会的成员可以参加,而且对工会问题有兴趣的所有其他同志都可以参加。详细情况可向施泰因哈特同志了解。讨论会将于明天上午10时开始。尽管我们已多次请求尽早向我们提交书面报告,但迄今我们只收到几份。我再次请求所有代表团至迟在星期一以前交来,因为我们要付印。要是星期一以前还不把报告送来,我们就认为他不想把自己的报告付印。

拉狄克(俄国):

施泰因哈特的这一建议使委员会的工作涣散了。我们坐在那里讨论已经三天了。必须结束讨论。如果明天我们全体都能出席,就以全体会议的形式重新开始一般辩论,但工会问题委员会无论如何提不出反映自己观点的报告。如果施泰因哈特和其他同志觉得有必要不在全体会议上,而在更大范围内讨论工会问题,那就必须在工会问题委员会的会议结束后选择一天来谈这个问题。

施泰因哈特（奥地利）：

拉狄克同志表示很不理解。我们希望俄国同志们向我们介绍工会在生产过程中的地位和近三年来在生产过程中出现的变化，以使我们对三年来的发展有正确的认识。

瓦尔歇（德国）：

所以我们召开全体会议。

施泰因哈特（奥地利）：

不，不对。并非所有同志都对这个专门的问题感兴趣。这是与议程无关的问题。我们应该找一天不开全体会议的时候讨论这个问题。可以在星期六，那一天开妇女代表会议。这样就不必担心会因此而影响工会问题委员会的工作了。

瓦尔歇（德国）：

你没有授权！

施泰因哈特（奥地利）：

瓦尔歇同志，这里不是德国，没有必要授权于我，但至少你必须授权于我。授权于我的是责任感而不是普鲁士国政府。我要同洛佐夫斯基同志谈这件事。如果有同志感兴趣的话，我们就确定个日子。如果瓦尔歇同志对此不感兴趣，他可以不参加。也许他只对政治问题感兴趣。

季诺维也夫（俄国）：

我建议停止争论，以便转入议程。施泰因哈特同志可以同几位同志谈谈，确定个日子。（这项建议被接受。）

继续讨论加入共产国际的条件

拉柯夫斯基（俄国）：

请允许我略为谈谈加香同志宣读过的法国声明。首先，我想谈谈昨天迪特曼同志提出的问题，即俄国派出人员进驻柏林的问题。我只想对事实作出评价。

所谓德国革命政府的实际行动，要比已表明的情况更坏。问题不仅在于俄国的使馆人员被驱逐出柏林，而在于哈阿兹和当时领导外交部的考茨基的政府打算同俄国决裂。

他们甚至没有足够的权力和威望把在柏林被捕的俄国使馆人员送到奥地利，让他们前往维也纳。当驻柏林的俄国使团在德国官兵及凯泽尔政府外交人员的监视下在鲍里索夫停留10天期间，某位小伯爵行使了他的职能。当我们的使团被监禁时，他把持了这个职务。发到柏林给我们的电报都没有回音。

昨天我们听了迪特曼同志的解释，他说："当我们拒绝已运到德国边境的俄国粮食时，我们这样做是由于我们不能承担重大的责任，我们十分珍惜这种援助的表示。尽管我们已竭尽全力，还是无法使俄国使馆人员回到柏林。"迪特曼同志本来可以补充说：我们无法使俄国使馆人员前往维也纳，虽然奥地利的维克多·阿德勒政府已经接受了他们。理由很简单：独立社会民主党人在政府里是少数派。多数派是由资产阶级或社会党右派组成的，所以独立社会民主党人的一切要求都得不到实现。但问题不在这里。我从迪特曼同志所说的话中基本上只看到不断地重复众所周知的东西。重要的是，他们是否从在政府的共事中得出合乎逻辑的结论，是否理解资产阶级政府中的社会党人为何无法实现自己的意愿。这是众所周知的，早已是众所周知的了。这也是我们反对在政府中合作、反对阶级合作的理由之一。总之，在迪特曼同志的发言中，我没有听到他表示遗憾，责怪独立社会民主党人参加谢德曼和艾伯特政府，从而背叛了德国工人阶级和俄国革命的利益。迪特曼同志兴致勃勃地向我们宣读了拉狄克同志的一份电报的复制件，我不知道这份复制件的内容是否确切。

拉狄克（俄国）：

没有这个电报。

拉柯夫斯基（俄国）：

就算有这回事吧！因为这份电报实际上无论有或没有，每一个革命者都显然懂得，刚刚挣脱威廉二世枷锁的德国，刚刚经历了无产阶级革命的德国——这个新生的德国一定会同苏维埃俄国一起去反对协约国。可是对于这一点，独立社会民主党人至今仍无法理解，虽然他们也对我们说：由于饥饿和大批死亡的威胁，德国情况非常严重；而且，当时他们是为了拯救德国才加入政府。但他们明明知道，自己也和大多数社会党人一样，将在那里充当德国资产阶级和资本主义协约国的奴仆。他们一再向我们表白说："我们没有粮食。"

倘若这个理由成立，那它必然成为他们反对党内多数派和反对资产阶级的论据。他们当然会对资产阶级说："我们没有掌握政权；如果你们不想承担德国粮荒的责任，那就把政权让给德国工人吧！"

必须在德国建立一个无产阶级政府。可是，惯于唯资产阶级之命是从的独立社会民主党人，一遇到粮荒问题，肯定会搬出内阁合作的陈腐理论来。到目前为止，这种论调，我们在法国、俄国和英国，总之，几乎到处都可以听到。在一定情况下，资产阶级也会交上厄运，到那时，他们就会找上门来对工人阶级说："让我们共同掌权吧！"倘若资产阶级处境困难，我认为，这恰好是革命阶级和革命党置它于死地并彻底粉碎它的大好时机，根本谈不上与它合作。

我所谈的这个问题，并不是针对迪特曼同志的发言，我唯一的目的是想弄清事实，并得出一般性结论。可惜，在这里以迪特曼和克里斯平两同志为代表的德国独立社会民主党人，看来仍旧缅怀过去，他们在过去两三年内没有吸取任何经验教训。

这就是我们争论的焦点。

过去的错误具有两种不同的意义。错误在所难免（无产阶级必然会犯这类错误），但是，必须从中得到相应的教益，而不应作长篇大论的自我辩护（与其说是自我辩护，不如说是表白自己革命）。不应当利用议会的种种方式和手段来为独立社会民主党的行径辩解。

问题在于，两年来共产国际曾多次向独立社会民主党人指出他们对无产阶级、对工人德国犯下的主要过错，这就是在紧要关头（指我们在鲍里索夫时），他们在革命和帝国主义之间左右摇摆，而且最终还是选择了投靠帝国主义的道路。他们没有把德国拯救过来。这是他们的错误。他们毁坏了德国。他们一开始就赞成合作，他们要对合作的一切后果负完全责任。他们也要对这种合作所造成的无产阶级革命运动的失败负完全责任。不错，德国无产阶级对独立社会民主党人和社会党多数派的这种合作丧失了警惕，他们上当受骗了。独立社会民主党人和社会党多数派期待协约国和威尔逊，以及凡尔赛和约来拯救德国，可是现在，大家都看得很清楚，德国盼来的只是贫困，这个责任当然要由独立社会民主党人和社会党右派来承担。

同志们！下面我来谈谈法国社会党人的声明。法国社会党人无论是在他们个人的声明中，或者在党的公开声明中，都或多或少地表明良心有愧（甚至他们的沉默也可以表明这一点），这是和德国独立社会民主党人的不同之处。他们似乎有所悔悟，对所犯的错误有所认识。但在我和其他同志就此交换了一般印象以后，又仔细地看了他们的声明，不免感到有点失望。我这里就有一份他们的声明。加香同志发言时，我对他说的一些事情感到惊讶。我把他向我们宣读的声明又看了一遍，奇怪的是，这份声明的措词不仅谨小慎微，而且十分审慎委婉，有意回避，甚至可以说是有所保留。

首先，这份声明避而不谈往事。尤其使我们不安的是，他们这样做，并不是因为羞于向同志们认错，这是可以想象的，是由于对未来持保留态度。已宣读的声明清楚地说明了这一点。

谈到阶级合作时，声明是这样写的：

"在目前的历史条件下，当各地展开了有决定性意义的社会斗争时，工人阶级政党内部决不能容纳那些仍旧企图与资产阶级一伙人合作的人。"

这就是说，还存在着有可能进行阶级合作的历史不景气时期。如果说过去曾有过合作，那也是历史条件所要求的。鉴于现在的历史条件有利于革命，所以我们放弃这种合作。但是假如资产阶级又聚集力量，假如它顺利地克服了某些困难，那么对于暂时变得革命的法国社会主义来说，历史的条件也可能发生变化，但它就没有任何理由重犯错误。

我继续读下去：

"假如再爆发世界大战，那么，主要应归罪于法国资产阶级现行的罪恶的帝国主义政策。"

"现行"一词使法国社会党代表团在法国议会辩论中和法国报刊上受到欢迎，这使他们有了证据并且有可能说：过去的事情不一样，战争的责任首先不应由我们的资产阶级来承担,而应由德国帝国主义来承担。至于说到过去,我们的保卫祖国的全部政策是完全正确的。

声明还指出:

"我们决不以任何形式(投票赞成军事拨款或与内阁合作参加这场战争)。我们将牢记,在民族利益和金融寡头利益一致的情况下,对于无产阶级来说,自己的阶级义务是高于一切的。"

请注意"在民族利益与金融寡头利益一致的情况下"这句话,似乎在资产阶级社会里有金融寡头和资产阶级的利益与民族利益不一致的时候。这样就再次为过去的策略辩护,并为暗地背离原则敞开大门。

同志们,我们从这一点也可以看到为今后任何背叛行径辩护的方式。然而我应该说,如果我们真的关心某个国家的无产阶级成为革命的阶级,那我们就应该关心法国无产阶级。今天法国是武装反革命的堡垒。因此,我们必须懂得,从这个意义上说,我们还必须克服哪些困难。

法国社会党人这些机会主义者和所有其他机会主义者很相似。鉴于这种机会主义支持阶级合作,所以应该在各国清除所有那些使这种机会主义得以出现的偏见。

至于法国,有一点必须说。战前法国社会党受到的是法国革命民主社会主义的,而不是马克思主义的影响。当时"阿莱曼派"和"可能派"曾反对康斯坦主管的部,但不是为了要跟布兰热将军走,而是为了进行革命。他们当时就认为应该夺取政权。法国社会主义工人党准备利用战争,举行起义。请看当时的情况和现在的情况差别有多大,而法国社会主义,可以说,低落到了何等地步。法国社会主义于1889年在自己不强大的情况下仍然相信,在存在反革命危险的时刻,工人阶级的职责依旧是夺取政权。但这个革命的社会主义于1904年在阿姆斯特丹被葬送了，而吉尔·盖得在同饶勒斯派联合后便毁了"盖得主义"。剩下的只有改良主义，即饶勒斯。饶勒斯入党时接受了革命纲领，去世时成了改良主义者。在法国就饶勒斯方法和费里耶方法进行争论是多余的。

同志们，在法国应该大力坚持这一点。问题不仅在于修改纲领，因为可以任意地增加什么内容，问题首先在于修改的方法和策略。

在我结束讲话之前，我还想对博尔迪加同志的发言说几句。我认为他的方法不会带来好结果，相反会因此而使关于革命的错误思想根深蒂固。

博尔迪加对我们说："我们不准备进行革命，准备让无产阶级干革命。"我担心，撇开党的这种革命公式会使在社会主义运动、工人运动以及共产主义运动中特别在意大利出现的错误更加严重。在这里无疑地必须加以纠正。

同志们，不管加入第三国际的条件是什么，这些条件本身并不保证什么东西，只能看成是最低限度的要求。因此，如果有必要，那就应当提出更严格的要求。我认为，第三国际必定会寻求其他的保证。只有建立起真正的国际运动中心，即拥有指挥全世界运动的一切权力的真正的革命司令部，才能有把握实现加入第三国际所要求的条件。当然，要做到这一点，这个中心无疑需要有广泛的权限。

塞拉蒂（意大利）：

我同意博尔迪加同志的发言，有关加入第三国际的条件的讨论，本应放在共产国际纲领及其他提纲的一般性讨论之后进行。因为只有大体上了解第三国际的性质之后，才谈得上接纳与否的问题。

同志们，更何况我们的情况非同寻常呢！出席第二国际历次代表大会的代表们，相互间早就了解了。人人心里都明白，哪一位代表机智超群，哪一位代表善长辞令，等等等等。这些代表大会往往开成律师代表大会。我们这里的情况可就不同了。我们相互之间不怎么了解,也许这是由于我们对各国目前的历史条件一无所知,所以就不可能对各国的情况相互间有个清楚而确切的认识。亲爱的同志们!回想一下,五六年来,把我们分隔开来的不仅是战争,而且还有资产阶级的报刊,只有它可以随随便便地到处造谣和诽谤。由此可见,这个极其重要和困难的情况必然影响到我们的见解。我不准备举例说明,我们彼此之间是多么缺乏了解。我只举一个微不足道的,然而却十分典型的事例。季诺维也夫同志在评论我的情绪和思想方法时指出,我对普拉姆波利尼称呼"你"。可是,亲爱的朋友季诺维也夫,要知道,我们的祖先罗马人对皇帝就称"你"。我们意大利社会党人相互之间也称"你"。这是社会党的老规矩,因为在党内大家都应当亲如兄弟。所以,我认为,这不仅无懈可击,相反,还应当对我们加以表彰。我们不喜欢崇拜偶像,我们一向极力避免用领袖的名字来称呼自己的派别。断言在意大利存在着塞拉蒂派、邦巴奇派和屠拉梯派的人,本身就错了,因为我们力求在思想上,而不是在某些人的名字上分派。

我们不会重蹈第二国际的覆辙。你们知道,第二国际一开始就把无政府主义者吸收进来,最后几乎闹得不可开交。他们向左走得太远了,后来又矫枉过正,太右了。我们有十分明确的行动路线,我们应当沿着这条路线一直走下去。

亲爱的同志们!这次代表大会绝非寻常。无论在任何一次本国党代表大会上,或者国际代表大会上,我都没有像这次在莫斯科这样感到无能为力。在历次代表大会上,从来没有出现过这样大的差别,不说与会人员在语言和文化上的差别,就连他们的威望也是有所不同的。我和列宁同志相比,又算得了什么?他是俄国革命的灵魂,而我只代表一个非常小的社会主义的共产党。我每一次都说社会主义的党,因为对我来说,除了共产主义的社会主义以外,没有其他社会主义。如果我们意大利社会党是个比较好的政党,那么,对其他党又该如何评价?其实,英国同志们!你们也和列宁同志一样,有表决权。而列宁同志的作用是无法估量的,怀恩科普与他比起来,犹如小巫见大巫,不可等量齐观。显然,如果我们处在你们的情况,我们是不会不考虑到这一点的。

在对我们代表大会的成员发表上述一般性看法以后,我要谈谈各国的情况。

首先,我们要问:我们拥护革命吗?我们渴望国际革命吗?我们在巴塞尔曾声明:社会党人应当利用战争造成的经济、政治和精神上的局势来实现革命。

亲爱的俄国同志们!你们能信守诺言。你们表现得很好。整个国际无产阶级要以你们为榜样,因为各国的经济、政治和精神条件,使得我们有可能向资产阶级宣战和加速革命的进程。

我们应当千方百计地实现这次革命。不过,在这次代表大会上,我们不能只起一个小学教师的作用,给某一个人打勉强说得过去的及格分数。我们集合在一起,为的是对国际无产阶级的革命力量作出估计。

我不想评论,究竟谁,法国人还是德国人更有资格加入第三国际。我认为,共产国际的大门应当向各国党敞开,这样,它们就可以和我们一道进行革命,争议问题可以留待日后解决。

怀恩科普(荷兰):

也向无政府主义者敞开大门?

塞拉蒂(意大利):

我的亲爱的怀恩科普同志,如果你允许的话,我想说,我不仅要谈谈无政府主义者,而且要谈谈荷兰人。

没有任何必要讨论克里斯平或迪特曼的行为,只要问一问法国和德国的形势如何,法国社会党、德国独立社会民主党的情况如何就够了。

我坦率地告诉你们,尽管我本人也是罗曼语族的人,但我丝毫不相信法国社会党的革命性,因为法国的形势不是革命的。

有一天,法国社会党人对我们说:"亲爱的意大利和俄国的同志们,我们是否宣布总罢工以示声援俄国革命。"我相信,他们作出这个许诺时是真诚的。

戈尔登贝格(法国):

不是真诚的。

塞拉蒂(意大利):

但是,亲爱的同志,我们口袋里没有诚实测量仪器。

列宁(俄国):

我们会找到这种诚实测量器的。

塞拉蒂(意大利):

我们但愿如此,因为这样就会使我的论据更有说服力了。

我重复一遍,当他们作出这一许诺时,我认为他们是真诚的。但他们在关键时刻干了什么?没有宣布总罢工。选举的时候,他们出卖了我们。他们利用了沙杜尔同志的名字。他们说,他被判处死刑,所以应把他除名。选举应该有利于苏维埃共和国。但选举结果使法国社会党人失望。他们表示担心,并说为了取得更大成就,就应转向改良主义而不是布尔什维主义。

事情总是这样。形势迫使他们持不明朗和模棱两可的态度,脑袋左右摇摆,却不知该怎么办。我认为不应该接收这种人。不应该接收不愿执行自己任务的党。

我们在法国和德国应该有强大的先锋队,它们应以坚定的步伐前进,竭尽全力带领无产阶级。法国打了胜仗,小农已装满了自己的腰包。这里的经济形势也许比其他任何地方都好。德国的情况完全不同。我不了解用以指责迪特曼和克里斯平的那些事实。然而,我知道,德国的形势是革命的,知道德国独立社会民主党在工人群众中有很大的力量。我再说一遍,德国的历史形势是革命的。所以我们应该接近这个国家的无产阶级。当然,我们应分清精华与糟粕。我认为,同独立社会民主党人比,同法国社会党人可以合作得更好和更坦率。我们的代表大会不应对个别人而应对每个国家的革命形势作出判断。应该记住,是时势造英雄,而不是英雄造时势。

既然我这么说了,请允许我回过头来谈谈本题,即意大利的形势。尽管你们批评我们,尊敬的俄国同志们,但我们的确还是互爱的。你们时常拍我们的肩膀,人们只有相爱时才这么做……(笑声)

问题不在于经常谈论屠拉梯和莫迪利扬尼,而在于在意大利如何进行革命。从革命角度看,意大利的形势比其他所谓战胜国的形势更好。

经济形势很糟糕。国家明显地衰落下去,农民不满。固然他们比战前更有钱,但再也没有人为农业工人办事。农业工人说,"我愿在自己的工厂、在自己的田地上干活。"形势的确是革命的,无论从经济角度还是从心理角度来说,都是如此。

我们在国内大力开展革命鼓动工作。的确,失去方向的人会被屠拉梯派拉过去。他们对我们说,你们还在读《社会批评》杂志呀。我们读这个杂志的时代早已过去了。我准确地知道它的发行量——953份。

博尔迪加(意大利):

就是资产阶级报刊转载其文章的那份杂志。

塞拉蒂（意大利）：

这是科学社会主义的杂志，它在 30 多年里一直用马克思主义社会主义教育青年社会主义者，在意大利它战胜了巴枯宁主义。今天这个杂志再也没有任何影响了。屠拉梯的情况也差不多，他在党里再也不起什么作用。当我们在博洛尼亚讨论我们党的表现并重新审查我们在 1892 年制定的旧纲领时，屠拉梯不得不藏在康斯坦丁·拉查理的背后，并保护一些追随者。他通过了用很不准确的词句表达无产阶级专政和夺取政权等的决议。在佛罗伦萨召开的全国代表大会上，改良主义者不敢提出决议案，因为他们感到，他们的发言在会上不会得到任何人的同情。

只要存在着某种工人运动，我们就应当予以关注。不能因为我们都是意大利人，就一概加以称赞，或者加以谴责，正如你们都是俄国人一样。在意大利，人们称赞和爱戴那些一贯襟怀坦白和从不叛党的人。在意大利，人们非常尊敬那些少说话、多做事的人。

我们党内的拉布里奥拉和阿姆布里沙之流，长期以来一直在鼓动工人群众同所谓出卖他们的领袖决裂。可是实际上，他们本人才是货真价实的叛徒。屠拉梯却是一向履行诺言和遵守党纪的。

一方面要求清除这些人出党，另一方面却又准备吸收下面一类政党加入共产国际：它们当中仍旧保留着那些战时带着大量流通券周游欧洲各国，去收买工人阶级的人。

有人对我们说：你们必须把屠拉梯驱逐出党，因为他不仅站在和平主义者立场上，而且站在社会党，即形形色色资产阶级机会主义敌人的立场上，投票反对战争。这里显然是自相矛盾的。

在 1918 年罗马代表大会上，邦巴奇同志表扬了屠拉梯一番，他反对开除屠拉梯。他十分正确地指出，屠拉梯从来不允许向人群开枪。至于我，我不打算把问题引到个人身上，我认为，这不过是一个如何合理解决的问题罢了。如果屠拉梯留在党内对我们有好处，我们就把他留下，如果对我们有害，我们就把他赶走，我对谁都不偏袒。

列宁（俄国）：

请您不要感情用事！

塞拉蒂（意大利）：

您会清楚地看到，我没有感情用事。我说过，必须甩开这些人，但是，不能因此脱离群众。我们必须使党摆脱这种局面。我曾屡次打算做到这一点。

季诺维也夫提到化工工人代表大会的问题，屠拉梯在会上发了言，鼓吹阶级合作。当时，我表示坚决反对。可是，工人们却起来为他辩护，他们说："是的，他的观点不对，可他是一个有胆量的男子汉。"必须等到人们对他持相反看法的时候才行。但这并不那么简单。季诺维也夫同志提到屠拉梯在议会上的最后一次发言，这个发言不仅没有季诺维也夫所赋予的那种含义，反而显得非常精辟、老练。请看看屠拉梯对资产阶级说的话吧！他说："我提醒你们，你们掌握不了政权，你们没有能力管理社会。你们靠边站吧！现在该轮到我们执政了！我们一定要夺取政权，我们将利用资产阶级专家充当技师，并强迫他们按我们的愿望办事。"这和季诺维也夫同志强加到他头上的，完全不一样。

我再三声明，我赞成清党，而屠拉梯应当退党，但不要采取开除的办法。我对列宁同志说过这一点，并在《前进报》和《共产主义》杂志上发表过有关文章。这件事必须妥善处理，否则，工人群众就会离开我们，就连那些徒有其名的领袖也保不住了。提纲同样也是这个精神。我正是从这个角度接受提纲的。提纲上写着：凡内部仍保留社会民主党人的一切党，必须重新审查自己的成员，并成立符合新条件的共产党。虽然我也是一名坚定的集中制的拥护者（在意大利，人们却认为我是一个极端武断、对同志残酷无情、不能彻底履行共产党人义务的人），但我认为，必须善于适应各国的特殊情况。这个意见在提纲的其他部分也得到了证实，这就是：

"同时共产国际及其执行委员会在一切工作中，当然必须考虑党斗争和活动的种种不同的条件，因此，作出全体必须执行的决定的仅限于此类决定可行的问题。"

同志们！那么，我要问你们：比方说，我们现在回到意大利，遭到反对派的猛烈攻击（这很有可能），或者遭到帝国主义的围攻，那么，执行委员会的同志们，你们能在这种情况下让我们去搞分裂吗？

不，亲爱的同志们！请你们允许意大利社会党自己选择清党的时机吧！我们完全可以向你们保证（我认为，谁也不会责备我们何时会不守信用），清党工作一定要进行，但是，你们要给我们机会，使我们能把这件事办好，使它对工人群众、对党、对我们准备在意大利发动的革命有利。

列宁（俄国）：

同志们！塞拉蒂说，我们还没有发明"sincéromètre"。这是法文的一个新词，意思是诚实测量器。这种器具还没有发明，我们也不需要这种器具，我们已经有了测定方向的工具。塞拉蒂同志的错误就在于他不去使用这种早已为人所知的工具。关于他的错误，我以后再谈。

关于克里斯平同志，我只想说几句话。很遗憾，他今天没有到会。（迪特曼："他病了！"）真可惜。他的发言是一个极为重要的文件。它确切地反映了独立社会民主党右翼的政治路线。我要说的不是个人的和个别的情况，而是克里斯平的发言中明确表述出来的思想。我想，我能够证明这个发言是彻头彻尾的考茨基式的发言，克里斯平同志对无产阶级专政的看法完全和考茨基相同。克里斯平在答复一句插话时说："专政不是什么新东西,爱尔福特纲领中就提到过。"爱尔福特纲领根本没有谈到无产阶级专政,而且历史证明这并不是偶然的。当我们在1902—1903年制定我们党的第一个纲领时,我们一直在借鉴爱尔福特纲领,而且普列汉诺夫,正是普列汉诺夫当时说得很对:"不是伯恩施坦埋葬社会民主党,就是社会民主党埋葬他。"① 说这句话的普列汉诺夫特别强调的正是这样一点:爱尔福特纲领没有谈到无产阶级专政,这在理论上是不正确的,在实践上是胆怯地向机会主义者让步。所以从1903年起,我们就把无产阶级专政写进了我们的纲领。②

克里斯平同志现在说,无产阶级专政不是什么新东西,又说,"我们一直主张夺取政权",这就是回避问题的实质。承认夺取政权,但是不承认专政。所有的社会党文献,不管是德国的还是法国和英国的都证明,各机会主义政党的领袖,如英国的麦克唐纳,都是赞成夺取政权的。他们可真不简单,都是真诚的社会党人,但是都反对无产阶级专政!既然我们有一个很好的、不愧称为共产党的革命政党,那就应该与第二国际的旧观点有所区别,就应该宣传无产阶级专政。克里斯平同志却抹杀了这一点,掩盖了这一点,这就是所有考茨基的信徒所犯的基本错误。

克里斯平同志又说:"我们是群众选出来的领袖。"这是形式主义的不正确的看法,因为在德国"独立党人"的最近一次代表大会上,我们很清楚地看到了派别的斗争。不需要像塞拉蒂同志那样去寻找诚实测量器,去开这个玩笑,就能确定一个简单的事实,即派别的斗争必然存在,而且确实存在。一派是刚转到我们这边来的革命工人,他们反对

---

① 《普列汉诺夫哲学著作选集》第2卷1961年三联书店版第418页。——译者注
② 见《列宁全集》中文第2版第7卷《附录》。——译者注

工人贵族；另一派是工人贵族，即在各文明国家里以老领袖为首的工人贵族。克里斯平究竟属于老领袖和工人贵族一派呢，还是属于反对工人贵族的新的革命工人群众一派呢？正是对这个问题克里斯平同志没有交代清楚。

克里斯平同志在谈到分裂问题时用的是什么腔调呢？他说分裂是一种痛苦的必然，并且为此伤心了好久。这同考茨基的表现完全吻合。究竟是同谁分裂了呢？同谢德曼吗？是的！克里斯平说，"我们分裂了"。第一，你们分裂得太迟了！既然谈到这个问题，就只能这么说。第二，独立党人不应该为这种事情伤心，而应该说：国际工人阶级还在受工人贵族和机会主义分子的压制。法国和英国的情形都是这样。克里斯平同志对分裂问题的想法不是共产党人的想法，而同似乎不再有影响的考茨基的想法完全一致。接着克里斯平谈到高工资问题。他说，同俄国工人以至东欧工人比较起来，德国工人的生活相当好。照他的说法，革命只有在它"不过分"使工人生活状况恶化的情况下才能进行。试问，在共产党内能容许用这种腔调说话吗？这是反革命的腔调。我们俄国的生活水平无疑比德国低，在我们建立了专政以后，工人反而更挨饿了，生活水平更低了。没有牺牲，没有工人生活状况的暂时恶化，工人的胜利是不可能的。我们应当向工人说的，正好同克里斯平说的相反。如果想使工人为建立专政做好准备，又同他们谈什么生活状况"不过分"恶化，那就是忘记了一个主要的情况：帮助"本国的"资产阶级用帝国主义方法争夺和压迫整个世界，以便得到优厚的工资，工人贵族正是这样产生的。如果德国工人现在想开创革命事业，就应该忍受牺牲，不怕牺牲。

在落后的国家里，一个中国式的苦力不能进行无产阶级革命，这种说法从一般的世界历史的观点来看，是正确的；但是，在少数比较富有的国家里，由于帝国主义掠夺而生活比较好，如果对工人说他们应当提防"过分"变穷，那就是反革命。应当反过来说。工人贵族害怕牺牲，担心在革命斗争中会"过分"变穷，他们是不能加入党的。否则，专政就不可能建立，尤其是在西欧各国。

克里斯平关于恐怖手段和暴力说了些什么呢？他说，这是两种不同的东西。在社会学教科书里，也许可以把二者区分开来，可是，在政治实践中，尤其是在德国的情况下，却不能这样做。对杀害李卜克内西和罗莎·卢森堡的德国军官，对施汀尼斯和克虏伯这样收买报刊的人，我们就不得不使用暴力和恐怖手段。当然，没有必要预先宣布我们一定要采取恐怖手段；但是，如果德国军官和卡普分子还是和今天一样，如果克虏伯和施汀尼斯还是和今天一样，那么使用恐怖手段就是不可避免的。不管是考茨基，还是累德堡或克里斯平，都完全以反革命的观点来谈暴力和恐怖手段。抱有这种思想的党不能参加专政，那是很明显的。

还有一个土地问题。在这个问题上，克里斯平特别激动，他想斥责我们是小资产阶级。他的意思是从大土地占有者那里搞点东西来给小农，便是小资产阶级味道。应该剥夺大土地占有者，而把土地交给协作社。这种看法太学究气了。就是在高度发达的国家里，包括德国在内，也有相当数量的大地产，这种地产不是用大资本主义方式而是用半封建方式耕种的，可以在不破坏农场的情况下把这种土地分一部分给小农。可以在保存大生产的同时把对小农来说是极为重要的东西分给他们一些。很遗憾，他们没有想到这一点，可是实际上又不得不这样做，否则就要犯错误。例如，瓦尔加（匈牙利苏维埃共和国前国民经济人民委员）的书就证明了这一点，他写道，无产阶级专政建立以后，匈牙利农村几乎没有起什么变化，日工没有感到什么好处，小农也没有得到什么东西。匈牙利有很多大地产，匈牙利的一些大块土地是用半封建方式经营的。在这些大地产中，总是能找出而且应该找出一部分土地来分给小农（可以不归小农私有，而是租给他们），使拥有小块土地的小农可以得到一份没收来的土地。否则,小农就看不出苏维埃专政同实行专政前有什么区别。如果无产阶级的国家政权不实行这种政策,那它就维持不下去。

虽然克里斯平说,"你们不能否认我们有革命信念",但是我要回答说:我就坚决否认你们有革命信念。我的意思不是说你们不愿意按革命方式行动,而是说你们不善于用革命观点考虑问题。假如选出一些有学识的人组成一个委员会,给他们考茨基的10本书和克里斯平的这篇讲话,那么我敢担保,这个委员会一定会说:这篇讲话完全是考茨基主义的,从头到尾贯穿着考茨基的思想。克里斯平的一切论证方法彻头彻尾是考茨基式的,可是克里斯平却出来说:"考茨基在我们党内再也没有什么影响了。"也许,对后来入党的革命工人没有什么影响。但是应该承认一个确凿的事实:考茨基直到现在,对克里斯平同志,对他的整个思路、对他的一切观念,都还有很大的影响。克里斯平的讲话就证明了这一点。因此,不必发明什么诚实测量器,就可以说:克里斯平的方向是不符合共产国际的方向的。我们说明这一点,也就规定了整个共产国际的方向。

怀恩科普和明岑贝格同志因为我们邀请了独立社会民主党并且同它的代表谈话而表示不满,我认为这是不对的。当考茨基反对我们而且还写书攻击我们的时候,我们就把他当做阶级敌人同他论战。可是独立社会民主党(该党现在已经由于大批革命工人的加入而壮大起来)到这里来谈判,我们就应该同他们的代表谈,因为他们代表着一部分革命工人。关于共产国际问题,我们同德国"独立党人"、法国人、英国人是不能一下子讲通的。怀恩科普同志的每一次发言都证明,他几乎完全同意潘涅库克同志的一切错误意见。怀恩科普说,他不赞成潘涅库克的观点,但是他的发言却证明完全不是这样。这就是这个"左派"集团的基本错误,不过,这是无产阶级运动发展过程中的错误。克里斯平和迪特曼同志的发言全部贯穿了资产阶级观点，抱着这种观点是无法为建立无产阶级专政做好准备的。如果怀恩科普和明岑贝格同志在独立社会民主党的问题上走得还要远的话，那我们就不能同意了。

当然，我们没有像塞拉蒂所说的那种诚实测量器来测验一个人是否诚实。我们完全同意，问题不在于对人的判断，而在于对形势的估计。很可惜，塞拉蒂虽然说了话，可是没有说出什么新东西来。他的发言同我们在第二国际那里听到的一样。

塞拉蒂说，"法国的形势不是革命的形势，德国的形势是革命的，意大利的也是革命的"，他说得不对。

即使是反革命的形势，第二国际不愿意组织革命的宣传和鼓动，那也是犯了错误，有很大的过错，因为，即使没有革命的形势，也可以而且应该进行革命宣传。布尔什维克党的全部历史已经证明了这一点。社会党人不愿意像我们那样在任何形势下都进行工作，就是说不愿意进行革命工作，社会党人和共产党人的差别就在这里。

塞拉蒂只是重复了克里斯平的话。我们不想说，哪天哪天一定要开除屠拉梯。这个问题执行委员会已经谈过了，可是塞拉蒂对我们说："清党可以，但是不要驱逐任何人出党。"我们应当直率地告诉意大利的同志们，同共产国际的方向符合的，是"新秩序"派，而不是社会党和它的议会党团现在的领导者多数。后者硬说，他们想保卫无产阶级不受反动势力的摧残。俄国的切尔诺夫、孟什维克和其他很多人，也在"保卫"无产阶级不受反动势力的摧残，然而这还不能作为让他们加入我们队伍的根据。

因此，我们应当告诉意大利的同志们和一切有右翼的党：这种改良主义倾向与共产主义毫无共同之处。

我们请你们意大利的同志们召集一次代表大会，在会上提出我们的提纲和决议。我相信,意大利的工人是愿意留在共产国际里的。①

塞拉蒂(意大利):

老是把屠拉梯当做我,是不是有意这么做?

列宁(俄国):

谁也没有把塞拉蒂和屠拉梯混为一谈,如果塞拉蒂自己在替屠拉梯辩护时不这么做的话。

莱维(德国共产党):

同志们!首先我应当感谢怀恩科普同志,感谢他如此慎重地对待德国共产党,感谢他在这里说,鉴于我们不是共产党人,所以不能向德国党提出所有意见。由于我不赞成怀恩科普认为我们处境轻松的那些理由,所以我更应感谢他的慎重态度。这些理由向我们表明为什么他曾如此寄希望于四位独立党人留在大厅里。看来怀恩科普担心他第一个被独立党人传染不是没道理的。怀恩科普对他不在这里批评我们所作的解释表明,他的担心是有道理的。这是德国独立社会民主党的典型的解释,以此掩盖自己的一切过失。他接受德国独立社会民主党左翼的论据,而我们是一直不断地反对这种论据的。左翼一再说:我们不会把分歧公诸于众,当其他人在场时,我们决不会说什么。我们认为,这种立场包含着对德国无产阶级内部分歧意义的极大误解。如果有了错误,我们就应该予以揭露,而不管反对者是否在场。怀恩科普同志的思想是如此典型的"独立",以致可以用这一公式来解释独立党人代表团在这次代表大

---

① 列宁的发言中译文见《列宁全集》中文第 2 版第 39 卷第 235—241 页。——编者注

会上的表现和独立党人在德国革命时期的全部政策。昨天晚上我们表明的同迪特曼和克里斯平的分歧的最深刻含义究竟是什么？他们有意地重申一个事实：我们同群众有联系，我们和群众在一起，群众赞同我们的立场。这是对党的群众观点的根本误解。因为如果说没有群众参加，党就不能进行革命斗争这一说法是正确的，那么一个党如果局限于时时刻刻都倾听群众在干什么，说群众爱听的话，那是很糟糕的。然而，独立社会民主党至今仍然在政治上坚持这种做法，它甚至还自吹自擂，说什么它无时无刻不在捍卫群众的要求。因此，它的历史是一部充满荒谬与错误的历史，总之，是一部表明德国群众软弱无力的历史。只要群众犯错误，德国独立社会民主党人也跟着犯错误；群众看不清自身的力量，而独立社会民主党人也没有发挥他们的威力，自己和群众一样无能。

（有人喊道：他们落在群众的后面！他们向来不懂得革命政党的领导作用。）

莱维（德国共产党）：

他们至今还想说明，即使犯了种种错误，他们还是正确的。其实，重要的莫过于指出自己的具体错误，弄清楚到底是怎么一回事，这不是为了装出一副悔过自新的样子来使我们高兴（我们不需要克里斯平和迪特曼的忏悔），而是为了使现在仍留在独立社会民主党内的德国工人群众认识自己过去的软弱无能，认识自己的种种错误。我认为，这应当成为独立社会民主党和第三国际之间为消除误解而进行会谈的重要内容。基于上述原因和对这些工人群众负责，在目前我们相互间的解释性谈话中，主要应当遵守"说老实话"的原则。我的看法是：虽然迪特曼和克里斯平同志主观上想在这里说老实话，可是，实际上他们所说的全是假话，句句是假话。老实说，这未免太过分了。过去表现得不错的克里斯平用以前和斯巴达克联盟的关系，把斯巴达克联盟反对派说成是独立社会民主党的前身。其实，克里斯平非常清楚，独立社会民主党是从另外一个派别演变而来的，它不是由斯巴达克联盟的成员组成，而主要是由思想混乱、观点模糊和半和平主义的 1914 年的八月反对派（伯恩施坦、累德堡和考茨基等人，他们毫不理解团结统一问题，对所有问题的看法彼此也不一致）组成。我想起累德堡 1914 年 10 月时的立场，当时他声明："只要俄国人坚守奥得河畔的法兰克福，我就同意表决拨款案。"按照这种说法，独立社会民主党似乎是由一个人数不多的、自觉的和彻底的反战派发展而来的，这样一来，德国群众就会给弄糊涂了。

其次，克里斯平同志把独立社会民主党的来历说得含混不清，而迪特曼和克里斯平在介绍独立社会民主党战争期间的表现时，同样也不实事求是。他们说什么，独立社会民主党进行了反军国主义的宣传，散发了秘密书刊，这不是事实。迪特曼同志，根本不是这么一回事！战争期间，最令我震惊的事件是：在议会会议上，当米哈埃利斯总理就独立社会民主党人在海军当中进行反军国主义宣传一事向他们提出警告时，独立社会民主党代表居然当场否认和早已长眠的李希皮奇等同志的关系，要知道，这些同志是革命的先驱，是最早为革命捐躯的。

迪特曼（德国独立社会民主党）：

不对！这不是事实！

莱维（德国共产党）：

不，这是千真万确的。独立社会民主党人当时表白说，他们没有从事反军国主义的宣传，只不过散发了独立社会民主党的纲领罢了。你们并没有说："他们是我们的同志。"你们并没有说："成千上万的人应当步先烈的后尘。"

迪特曼（德国独立社会民主党）：

一派谎言！

莱维（德国共产党）：

请您不要再用"谎言"这个词了，让我给您读一份速记记录吧！

记录里谈到独立社会民主党战后的表现，这和这里叙述该党在战时的表现一样，全是假话。迪特曼详尽地说明了促使德国与俄国彻底断交的情况。他推托说：驱逐越飞同志，实际上是马克斯亲王一手造成的。其次，经查明，而且在任何情况下都可以证据确凿地说，当社会党政府执政时，越飞就已成为德国政府的打击目标了。不是别人，正是社会党政府，使得越飞同志最终被驱逐出境。我简单地列举一些事实吧！柏林工兵代表苏维埃在11月10日会议上通过了下述决议："工兵代表苏维埃决定：政府必须立即恢复与俄国政府的关系，并希望俄国政府派代表到柏林来。"但是，人民代表委员会却一致决定不执行这项决议。

11月19日举行了内阁会议。拉狄克同志昨天已将会议记录公诸于众，并加以引证。与会者除人民代表外，尚有大卫博士、考茨基和三等文官纳多里尼。记录上一字不差地写着："继续讨论德国与苏维埃共和国的关系。哈阿兹建议延期……考茨基支持哈阿兹。必须推迟作出决定。苏维埃政府不会维持多久，几星期后就会被消灭……根据《前进报》的说法，政府一致接受了哈阿兹—考茨基—巴尔特的这个意见。"（1918年12月18日《前进报》）

迪特曼同志不幸的是，他的证明是多余的。因为迪特曼指出的事情是属实的，即他们独立社会民主党人在任何情况下都不主张同俄国建立关系，没有必要把未建立关系说成是由于当时德国处境困难的缘故。

其次，众所周知，柏林执行委员会作出决定：委员会邀请苏维埃俄罗斯共和国派代表出席第一次代表大会。莫斯科接受了邀请，由拉狄克率领的代表团出发了。在科夫诺的中央委员会发电要求政府通知它对代表团到来所采取的态度。人民代表委员会反对巴尔特的意见,而赞成哈阿兹和威廉·迪特曼的意见,并作了如下答复:

"请通知俄国代表团,鉴于德国的局势,代表团不要来。就是说,不要准许入境。"

在1919年2月15日举行的议会的会议上,诺斯克说:我想对德国独立社会民主党的同志们说,既然累德堡在莱比锡党代表大会上断言加入第三国际会剥夺德国独立社会民主党同诺斯克辩论的道义权利,那么累德堡和其他同志就应看到,还有其他一些事情使诺斯克有机会反对独立社会民主党人。诺斯克在2月25日会议上说:

"哈阿兹先生埋怨政府对俄国所持的态度。一位同事告诉我,在1918年11月哈阿兹先生出席的内阁会议上,考茨基建议不要同布尔什维克的俄国建立关系,因为那样一来,我们就会受到协约国的更多指责。哈阿兹先生接受了这个建议。当柏林执行委员会邀请拉狄克和越飞出席工人和军人委员会代表大会时,政府(全体成员出席,包括哈阿兹和迪特曼先生)以5票对1票宣布他们的到来是不受欢迎的。"

有文件证明独立社会民主党人根本没有投赞成票,因为他们自己的报纸赞成这一行动。《自由报》1918年12月10日第57期有一处提到:

"人民代表委员会是在受到极大压力下工作的,当时它呼吁俄国同志不要到德国来。面对强大的协约国,它不能也不敢对由于俄国同志的到来而破坏和平前景一事承担责任。"

现在你们还说党内未曾有过威尔逊主义!这里提出一个世界历史性的问题——是威尔逊还是俄国革命,问题就是这么公开地摆着。你们曾支持过威尔逊。你们说：是的，也许当时是这样，但是后来威尔逊主义在党内已被肃清。我本来还可以向你们说许多话。现在就看一看《自由报》（这家报纸在德国独立社会民主党里具有某种威望是不可否认的）1920年6月4日写了什么：

"在德国和平联合会所作的调查中，向所有候选人和党的领袖们提出一个问号，这个问号包括以下一些问题：德国是否要加入人民协会？是否只能通过和平途径修改凡尔赛和约？是否按宪法在所有学校里用人民之间和解的精神教育学生？中派党、民主党和民族民主人民党的首领以及社会党右派和独立社会民主党的中央机关对此都作了积极的回答。上述党的许多候选人也作了同样意思的回答。两个右派政党没有作出回答。"

还有在德国，东西方之间、威尔逊和俄国革命之间的斗争今天尚未结束。德国形势将变得更困难、更严峻。世界革命的命运在几个月后也许几年后将掌握在德国无产阶级手中。这样的时刻又要到来了。如果协约国和俄国之间的对立加剧并发生冲突，那么德国无产阶级的行动将是决定性的。在最近一期《自由报》里我们读到了什么呢。我刚得到1920年7月23日的《柏林日报》，该报援引了布拉伊特沙伊德关于德俄关系的说法：

"在目前力量对比的情况下，德国由于执行这种政策而可能处于十分严重的形势，我们不应忽视这一点。情况可能非常严重，这一点，必须承认。武装反抗的可能性，几乎完全不存在。不能仿效比利时1914年的做法。我们不能同法国和英国重新开战。然而，我们应当竭力维护我们的权利，并尽可能阻挠同盟政府破坏中立。"

独立社会民主党的同志们！你们是否知道其中的含义呢？他们直接建议协约国就德国无产阶级保持中立一事，或者更确切地说，就德国无产阶级愿意与俄国无产阶级团结起来、并肩战斗一事进行交易。要知道,有一次,他们就是这样把德国无产阶级出卖给协约国的。我不打算在这里反复引用希法亭在莱比锡大会上的发言。希法亭在那次大会上以苏维埃俄国行将垮台为理由,证明自己拒绝与俄国采取联合行动的做法是正确的,他在会上还洋洋自得地声称:"在德国,我们可没有处于行将灭亡的境地。"

累德堡的观点是什么呢?他反对恐怖主义,主张高度的政治道德;而为了表明他对恐怖主义的看法,他说了下面一番话:

"我所说的行动,决不能和布尔什维克的敌人所说的等量齐观,我是指布尔什维克自己承认做过的事,即不允许自由评论,取缔一切敌对报刊和各种集会,以及成立拥有无限审讯权力的非常委员会,这样,被告就没有任何法律上的保障以防止滥用这些审讯职权了。这就是我们要谴责施特克尔同志的地方,同时,我们也可以承认那些减轻布尔什维克的过错的情节。"

然而,希法亭在他的发言中说:"我们谴责恐怖行为,我们不认为它有足以使人原谅的情节。"后来,他又接着说:恰恰在这一点上,我们不能达成协议。累德堡支持这个观点。

十分不幸的是,莱比锡行动纲领对所有这些观点均表示同意。它活像一块粘土,可以任人随心所欲地塑造一张美丽的面孔或者一副丑陋的嘴脸。从莱比锡行动纲领中,我只发现这样一个事实,就是形形色色的流派出席了莱比锡大会。

对于我们内部存在各种派别一事,我们直言不讳,用不着让你们提出指责。在行动纲领这件事上,我显然看出,考茨基和希法亭,还有多伊米希和施特克尔都投了赞成票。你们也正是以此为荣啊!(有人喊道:考茨基没有投赞成票。)可是,希法亭不是投了赞成票吗?既然考茨基没有投赞成票,那为什么你们还把那些不赞成行动纲领的人留在党内?

对那些持反对观点的人，你们是怎么处理的？

有人带着这个不三不四的行动纲领光临莫斯科，并且扬言："如果莫斯科纲领和我们的行动纲领一致，那我们就参加共产国际。"你们这个行动纲领如此广泛，谁都可以表示"同意"。所以，我们要求你们对这一点作出确切说明。法国《人道报》刊登了弗罗萨尔同志关于他和克里斯平在瑞士谈判情况的报告。克里斯平在谈判中坚持原来的观点，他说："我们有我们自己的行动纲领，因此，我们不参加第三国际。我们既讲条件，又可作一定的让步。"

那么，现在就请您把你们的行动纲领的具体内容，向我们解释清楚。最后，请您把制定行动纲领的整个经过提到政治高度上来加以说明，还要让克里斯平说明，他的条件和让步指的是什么。我们不要希法亭和施特克尔观点兼收并蓄的行动纲领，我们不要空话连篇的行动纲领，我们最终要的是真正的政治纲领，好让我们了解你们的观点。到那时，你们将得到独立社会民主党人现在所需要的东西。我这里根本没有提及你们喜欢用来吓唬人的分裂问题，我只讲到你们将不得不对群众说明你们的要求以及其他人的要求，即说明那些我认为十分重要而又有决定性意义的基本原则。这是第三国际应当坚持的一点。我本人是个地地道道的律师……

迪特曼（德国独立社会民主党）：

完全正确。

莱维（德国共产党）：

……尽力使律师干的事不致漏洞百出。因此，应当承认，我对第19条的措词深表怀疑。这一条解决不了下述问题：目前在独立社会民主党生活中，最重要的莫过于使群众了解问题的症结所在，使群众明确认识党的政治纲领，而这个政治纲领，独立社会民主党人迄今也没有向群众提出来。

我认为，代表大会的主要任务，就是用清楚、易懂的语言和同情我们的德国工人交谈，并且告诉他们，那些至今仍然用迎合群众口味的革命词藻把自己巧妙地伪装起来的右派，是什么货色，他们在什么地方，是何许人也。到目前为止，我对同德国独立社会民主党人的斗争，就是这样认识的。我们必须明确地提出批评，可是，在独立社会民主党内部，还缺乏开展这种批评的勇气和力量；我们必须如实地反映独立社会民主党内部存在的比较隐晦的不满情绪，以及反对该党现行政策的情绪。因此，我们必须帮助我们党和独立社会民主党群众，并将我们的批评继续进行下去。我们必须把群众至今从自己的领袖，甚至从左派领袖口中听不到的东西告诉他们。我们十分清楚，为了对我们的批评进行报复，他们企图损害我们的威信，说什么我们只关心德国共产党，只考虑我们本党的利益。但尽管如此，我们也一定会得到群众的谅解，并且很快就会迫使右派现原形。从这个角度说，我们继续展开批评不是为了我们自己，而是为了独立社会民主党内的群众的利益。即使我们因提出批评而受到种种打击，我们也要对该党群众说：

"爱情之神在折磨着你，
那是由于他爱你和希望你
纯洁与幸福。"

季诺维也夫（俄国）：

为了结束今天的讨论，我提议，任何人都不得再次要求发言，每个人发言也不得超过10分钟。（提议被否决）

安贝尔-德罗（瑞士）：

我认为，争论的中心议题是德国独立社会民主党和法国社会党加入第三国际的问题。大会还没有讨论加入第三国际的一般性条件。其实，这里有两个迥然不同的问题。一是我们应当给一切愿意加入第三国际的党，其中包括德国独立社会民主党和法国社会党，规定一般性条件；一是德国独立社会民主党和法国社会党加入第三国际的特殊性问题。只有等这些党讨论了我们的一般性条件，并申请加入我们的国际之后，我们才能讨论特殊性问题。目前，时机尚未成熟。因此，我们应当扩大讨论的对象，因为其他党（这些党，例如西班牙党和瑞士党等，当然还比较小）的处境，也跟德国独立社会民主党和法国社会党一样。假如瑞士党左派没有单独派出自己的代表团，那么，该党执行局必定会像法国社会党和德国独立社会民主党那样派出自己的代表团，这样一来，我们也许会发现，从前的无产阶级专政的凶恶敌人奈恩或格拉贝坐在第三国际代表大会的代表席上，而且还有发言权。

瑞士党的特点是中派的摇摆性，时而右倾，时而"左"倾，看风转舵，看哪种势力在党内占优势。在去年8月党代表大会上，瑞士党一致同意和第二国际脱离关系，并且根据绝大多数票作出决定，加入第三国际。可是，书记们指定的两个报告人海勒尔和格拉贝，却在瑞士党代表大会上反对第三国际。在普选情况下举行全民投票时，大概以15000票对8000票否决了加入第三国际的提案。

当时，党执行局倡议"改造"第三国际。最初，这个改造指的是成立中派国际，从右的方面把已加入第三国际的一切"模棱两可的、有无政府主义倾向的人"，即社会爱国主义分子和左派，统统清洗出去。

德国独立社会民主党代表大会以后，他们不再坚持意见，而是奉行该党的主张，即提出有条件地加入第三国际，并想方设法动摇第三国际的理论基础。

德国独立社会民主党、法国社会党和瑞士党的代表，曾在伯尔尼举行了若干次会谈。当独立社会民主党代表对我们说，我们同他们的会谈必须以莱比锡纲领为基础时，我们提出了反对意见，我们指出，他们党和我们党的执行局进行了会谈，而我们党的执行局一直反对莱比锡纲领的主要论点，即无产阶级专政和苏维埃制度的论点。党中央委员会不同意这个"改造"策略。4月间通过了格里姆的提案，这个提案和格拉贝提出的"改造"第三国际的决议案针锋相对。格里姆的这个决议案主张加入第三国际，其理由是，第三国际允许在革命前时期内采用民主制。但是，第二天，党的执行局却让法国的"改造论"拥护者们放心，并电告《人民报》：这个提案是格里姆提出来的，它不过是一种避免和左派分裂的策略手段而已。会谈继续进行。当德国独立社会民主党和法国社会党代表团前往俄国时，保尔·福尔以及德国独立社会民主党和瑞士党的代表继续在伯尔尼就"改造"第三国际的问题进行会谈。党的执行局决定派代表团到俄国来，以便像德国独立社会民主党人那样，在那里开展"改造"工作，可是，当发现左派派出了自己的代表团时，便放弃了原来的打算。

现在，无论什么样的"改造"显然都不能实现。这种企图注定要失败，因为它本身包含第二国际的一切弱点，并体现出第二国际的性质和思潮，即缺乏纲领和理论基础，缺乏国际的集中，缺乏一切原则，以及施行联邦制，凡此种种就使得第二国际松散无力。因此，"改造"第三国际的企图也必然要落空。第二国际成了一具僵尸，改造第三国际已成泡影，面对这种现实，一些旧社会党便纷纷向第三国际靠拢，它们既不了解第三国际的性质，也不承认它的原则，它们非常害怕第三国际纪律的约束，害怕它的监督。但为了免遭孤立，这些中派政党接受了一切条件，指望从内部来改造第三国际。格拉贝在一次党代表大会上说：党将不得不加入第三国际，但它寄希望于在第三国际内部开展工作，以便扩大自己的影响。面对机会主义的中派政党大肆侵入和充斥第三国际这种危险局面，我们的国际感到束手无策。这些党对所提出的一切条件均可签字画押。提纲20条帮不了我们的忙，机会主义者照样钻到我们的队伍中来。

不过，我认为，博尔迪加同志提出的务必将那些拟投票反对第三国际纲领的少数派开除出去的建议，有助于首先把极右派清除出党。"分裂"这个词，使那些把党的统一看得高于一切的机会主义者胆战心惊。当然，初次清党不可能彻底，但这是建立真正共产党的基础。

依我看，第二个重要条件是，第三国际执行委员会要严格、有力地监督那些业已加入共产国际的党。"改造派"和各国机会主义者共同关心的是，各国党不受第三国际执行委员会的约束。他们通过各种途径反复说："我们要求给予行动保障。"他们希望在第三国际里获得原来在第二国际所拥有的那种自由——叛变的自由。必须授权执行委员会（要从具体情况出发）向一些党提出比代表大会通过的一般性条件更高的、符合它们情况的特殊的条件。必须敦促执行委员会监督各个党的活动，并迫使那些仍然受机会主义者控制或继续吸收这类人入党的党，进行必要的清党工作。

多伊米希（德国独立社会民主党）：

大会对议事日程上的这个问题进行讨论，我表示衷心拥护，因为我认为，这些会议的成效，不仅关系到派我到这里来的党，而且关系到整个国际。

从昨天和今天的讨论，尤其是各组代表的发言来看，可以认定：共产国际必将成为各种宗派和集团的国际，即成为愿意接受共同理论和共同路线的各种宣传团体的国际。

我十分清楚，我们的俄国同志不会同意这种观点。我没有料到，这里居然有人要给考茨基戴上预言家的桂冠。考茨基在他新出版的《国际的过去和未来》小册子中，从他那人所共知的民主主义、社会改良主义和反布尔什维克观点出发写道："第三国际不过是一个宗派组织罢了，它的排外性，一开始就妨碍它把一切具有群众基础的社会党联合起来。它的成员仅限于东欧的党和西欧某些脱党分子。"[①] 我没有料到，俄国同志也居然认为第三国际将面临这种前景。但如果不这样，如果第三国际不会沦为一个宣传团体，而应成为全世界无产阶级的强大组织，那么，代表大会就要考虑到，其他大党也会要求加入第三国际。在和那些党员人数众多，并有数十年政治活动经历的党进行辩论时，当然会在它们身上发现许多可击之处，会找到更多的批评口实，而那些没有机会在政治生活的激流中锻炼自己的党，却大不相同了。我不打算再在这里引用某些特殊的可望谅解的情节，来为本党辩护。但有一点我要说明，这就是：不能只根据一般情况，只根据理论主张和报刊的评论，来判断我们党。然而，到目前为止，上述种种因素均成了大会批评独立社会民主党的依据。要知道，不能像这里多数情况那样进行笼统的评论。不能说，也不容许说，这也是独立社会民主党干的，那也是独立社会民主党干的，它这也不好，那也不好。我们德国的情况十分特殊，但是，对德国也可以这么说：从世界大战以来，德国的各个政党均处在动摇不定的状态之中。

对会上的发言可以从多方面加以反驳，但我只想说明一点：1918年十一月革命后，独立社会民主党内部出现了两个截然不同的派别。一派仍然继承社会党右派的旧民主主义和改良主义观点；另一派自革命第一天起，即自联合政府成立的第一天起，便坚持无产阶级专政，坚持苏

---

① 卡尔·考茨基《共产国际的过去与未来》维也纳人民书店出版社 1920 年版第 77 页。

维埃制度。最初，拥护无产阶级专政的人在党内只占少数，然而，从那时起一直到现在，这个少数派始终竭力促使独立社会民主党逐渐把立场转到无产阶级专政方面来。你们都知道，目前尚未有定局，也就是说，为达到目的还要进行残酷的斗争，但毕竟已经走了相当长的一段路。

当拉狄克等演说家在会上同迪特曼和克里斯平进行辩论，并有根据地批评人民代表委员会当时的做法时，我就想强调一下，除人民代表委员会以外，在柏林同时还存在着苏维埃执行委员会，虽然其中社会党右派和士兵占据多数，但它始终坚决反对佐尔夫式的外交手腕，主张和俄国恢复邦交，主张接待俄国代表团。如果说，我们未能坚持己见，如果说，我们的努力未能奏效，那就应当考虑到托洛茨基说过的话（因为这句话正适用于我们德国当时的情况）：我们必须顽强地克服物质上的阻力。要知道，除英国以外，当时任何一个国家都不像德国那样，无产阶级内部有如此严重的分裂。我们必须和追随社会党右派的、目前仍然处于教权主义影响之下并已成为我们的绊脚石的那个非同小可的工人阶层作斗争。其次，我们仍有相当多的工人坚持资产阶级立场。另外，还有一大批群众没有固定的观点，没有参加任何政治组织，对政治漠不关心，靠革命工人帮助才能前进。考虑到上述因素，我们曾作了种种尝试，以便使这些数十年来受议会思想熏陶的工人，对实现无产阶级专政的思想有个明确的认识。对于只有在苏维埃制度的基础上才能建立无产阶级专政这一问题，我们党内存在着严重分歧。应当肯定，在这个斗争中，无产阶级专政的拥护派越来越占优势，并且始终占优势。在反对原来的和现在仍不同程度存在着的民主主义—机会主义观点的斗争中，左派观点显然日益取得胜利。

此外，在德国，还不屈不挠地开展了革命活动。我只想简单地说一下。自1918年起，我们不只是在集会上和其他各种合法的公开场合下，从理论上阐明我们的观点，而且到今天为止，我们一直在各方面尽力履行我们的职责,并将继续履行我们的职责。至于我们在党内没有得到相应的支持,那只要从党的发展史和党的基本观点上看,就十分清楚了。说实在的,我们全党现在对于必须采取秘密手段这一观点和实现无产阶级专政的思想,已有所认识,并且,我们已从认识转到实际行动上来。

在我们党的三月代表大会上,民主主义思想倾向仍然十分活跃,但是,我们加强了对苏维埃制度的宣传工作,当时要想压制它是不可能的,因此,大会决定"把苏维埃制度写进宪法里去"。而随着革命事业的继续向前发展,我们党在行动上确实已走上革命的道路,而且应当说,它已经是一个完全革命化的党了。

虽然这个问题有待理论上的进一步探讨,但还是应当指出,莱比锡党代表大会较之党的柏林三月代表大会,向前迈出了具有重大历史意义的一步。不过,莱比锡代表大会的重要意义也不是永恒的。我确信,在我们参加这次大会的感受的基础上,再过几个月,我们必定会制定出一个比现在的莱比锡行动纲领更加具体的纲领来。从另一方面看,由于整个第三国际不应当是一个宣传团体,而应当是一个行动组织,所以,我深信,我党在组织上和行动上,将根据作为一个行动国际的第三国际提出的要求,进行整顿,我本人也将全力以赴。这项工作并不那么简单,因为我们组织的领导分散,不如旧社会民主党的民主主义—改良主义领导那样集中。在旧社会民主党内部,我们这个反对派目睹了谢德曼和艾伯特之流的党执行局是怎样专制独裁、怎样管理党的金库、怎样暗中控制报纸和横行霸道的。因此,德国先进工人对执行局的领导集中和机构集中极为反感,这种反感情绪造成了党的领导严重分散的后果。俄国党的中央委员会在我们所经历的革命时代拥有而且必然拥有的全部权力,我们却没有。德国革命的发展,必将无情地迫使我们的组织适应革命的需要。现在,莫斯科正推动德国这样做。因此,我们能够而且必将克服我们组织机构上的分散状态。但问题在于,我们每个党和我党本身在理论上存在着种种困难,因而,我们很难以俄国同志为榜样。对他们,我不准备说恭维话,但是,经过心平气和的冷静的观察,我可以对他们作出如下的评价:俄国人民有着一个明确而坚定的决心,而这个决心将沿着共产国际的渠道传到德国,并将在德国引起反响。第二个对比是:红军走过的每一公里路程,都是对德国革命的促进,促使它前进一步。(鼓掌)这个事实迫使我们响应当前形势的要求。

并非事事都能如愿以偿;但是,我深信,既然我们现在听到柏林工人就库恩·贝拉被捕一事举行了大规模示威游行,那么,这说明,独立社会民主党(它曾经号召工人为苏维埃俄国、为德国革命而奋斗)在这里的活动继续对国内产生影响;独立社会民主党今后也将继续这样做,力争具备加入第三国际的条件。

有人说,我们党是一个执政党,这不符合事实。在评价一个党时,也应当参考它的敌人对它的看法(我认为,这种论据无关紧要)。只要翻阅各种报纸(不仅《前进报》而且还有右派所有的地方报),你们就会对独立社会民主党所遭受的猖狂攻击有所了解,你们就会肯定,独立社会民主党和共产党一样,被当做国家的敌人看待。

对德国共产党,我还想说上几句。我和其他许多人都认为,它是在对共产主义营垒不太有利的情况下建立的。

(有人喊道:你们本来也想在那个时候一起创立共产党!)

多伊米希(德国独立社会民主党):

我们想过,可是为什么毫无结果呢?因为共产党后来否定了第一次代表大会所坚持的原则立场,因为有不少后来被共产党在不得已情况下清除出去的人出席了成立大会。当时,正是在这些人的影响之下,确定了加入共产党的条件,创立了共产党。既然出自这样的动机成立的组织,那它就有其自身的利益,所以这几年来,它所干的许多事都缺乏明确的策略，它对独立社会民主党进行了不公正的攻击。在有关苏维埃问题以及其他问题上，可以说，它就是这样做的。在这些问题上是不容许随意歪曲的。以自己深奥的理论来贬低那些担负微不足道的工作的人们，确实非常容易。不过，革命工作也离不开许许多多小事。有一次，我对莱维同志说：在德国，共产党是革命的导师，而独立社会民主党则充当革命中的顽童的角色。

但是，我认为，我们生活在一个重要的历史时期，我们肩负着伟大的使命。我坚信，德国革命胜利前进道路上的一切艰难险阻，能够而且必将被这次代表大会所产生的影响以及我们所起的作用一扫而光。我认为，使独立社会民主党把立足点移到第三国际方面来，是可以办到的；如果我们将理论上的争论进行到底，那么就会发现，独立社会民主党和共产党之间早就不存在任何矛盾了。到那时，只要双方有诚意，第二个问题——组织问题便迎刃而解了。

从我们这方面来说，我们不久将来的行动可以作证。我对今后行动的看法是（我只能作个人表态）：我们一定把第三国际的全部指示和提纲带回德国去，并竭尽全力使每一级组织都能对指示和提纲进行讨论，都能表示同意和接受，并将必须做到的一切付诸实践。

我们将把第三国际的要求向我们党的机关传达（我们整个党机关应当朝这方面努力），同时，我们将召开党代表大会，到那时就会弄清楚，大多数党员是否同意第三国际的立场。如果大多数人表示赞成，那么像考茨基那样的人在我们党内就没有立足之地，他们就应当老老实实地公开离开我们的党；而你们可以通过集中制，并集中力量来经常监督我们的报纸、党执行局及其他方面的工作。我们一定要把那些不同意第三国际立场的人清除出党。

党没有委托我们加入第三国际，而只让我们听取加入国际的条件并表明我们的态度：我们坚决使第三国际大大完善起来，远远超过第二国际，我们坚决使它成为一个巩固的、坚强的、全世界无产阶级真正的国际！

达尔斯特伦（瑞典）：

我请求发言，不是为了反驳季诺维也夫同志对我党提出的一般性意见，而是为了使代表大会对我们党的情况有一定的了解。

在瑞典，成立左派社会党的起因，是社会爱国主义者布兰亭企图把我们的霍格伦、基尔博姆等同志（他们是青年团的激进派）开除出社会党。参加组建新党的其他人当中，有旧社会党的卡尔·林德哈根、伊瓦尔·万纳斯特罗姆和卡尔·艾因贝里。

社会民主主义青年团是新党的核心。为了避免一下子被实力雄厚的旧党所压垮，我们不得不尽可能扩大建党的基础。卡尔·林德哈根向来不服从党的决议，现在也依然故我，他自称"怪人"，连起码的党纪观念也没有。近来，他创立了一个人文同盟，这个同盟经常把矛头指向我们党。林德哈根对国际联盟的立场实在荒谬绝伦，左派社会党是不能和这个资产阶级帝国主义机构发生任何关系的。

卡尔·艾因贝里对裁减军备问题的态度，用他的话来说就是：我们应当在议会里采取有利于裁减军备的行动，我们不应当批准任何军事拨款。同时，他认为，当一个阶级与另一个阶级进行搏斗时，武装工人阶级乃是我们所处的革命时期的必然结果。伊瓦尔·万纳斯特罗姆的态度和他相同。正如季诺维也夫同志所说，万纳斯特罗姆没有和布兰亭及其政党"在精神上结为一体"。我们再也不和布兰亭的这个党打交道了。瑞典左派社会党是在党的核心——社会民主主义青年团的基础上成立的。就是这个青年团促成了旧党的分裂和新党的成立。

多年以来，霍格伦一直是领导成员，他和弗里德里克·斯特勒姆一起，领导全党克服我们前进道路上的种种障碍。

我完全同意季诺维也夫同志的意见，就是像卡尔·林德哈根这样的同志，既不适合留在我们党内，也不适合留在其他任何一个政党中。

我们绝对赞成第三国际的立场，并且无条件地承认卡尔·马克思的《共产党宣言》。我们认为，无产阶级专政和武装工人阶级，是胜利实现社会革命的先决条件。

季诺维也夫同志还说，我们的起指导作用的机关理论刊物取名《齐美尔瓦尔德》，别具一格。在我们瑞典，"齐美尔瓦尔德"这个词具有运动中转折点之意；这个名称已经作为这个转折的象征被保留下来。这个词对我们来说，只有这种含义。

施特克尔（德国独立社会民主党）：

同志们！德国共产党的恩斯特·迈耶尔同志昨天公开主张独立社会民主党分裂。令我大吃一惊的是，这个主张是同自我们党莱比锡代表大会以来的德国共产党的全部策略背道而驰的。迈耶尔同志私下向我承认，他失言了，不过，这么重要的声明应当当众收回才是。

当时，即1918年12月，我就认为，共产党脱离我们党是一个严重错误。他们由于闹独立性而自那时起就自食其果了。

独立社会民主党的分裂，就目前来说也仍然是一个严重错误。我们毫不隐瞒，我们对共产党人脱离我们党表示遗憾。并且，我们在这里声明，一旦我们加入第三国际，我们将首先争取和德国共产党搞好关系，以便取得完全一致的意见。如果说，在过去的一年半中，我们和共产党的关系有时显得十分冷淡，那这多半和他们与我们双方都存在的错误与动摇有关。他们在艰苦的内部斗争中认清了自己的纲领与策略，而我们也经历了漫长的发展过程。

我们党内存在着严重分歧，这已经不是什么秘密了。比如战时对和平主义的观点和思想（当时曾有许多人为这种观点和思想辩护），我们内部就有不同看法；其次，在参加第一个革命政府、与社会党右派合作的性质及方式，以及有关这个政府的许多措施等问题上，看法也不一致。再其次，在"国民议会或苏维埃制度"、"民主制或无产阶级专政"等问题上，也有过斗争。谁也无法否认，我们党是本着有利于进一步发展革命的精神去解决这一切问题的。

目前，我们全党坚持社会革命和无产阶级专政观点，反对资产阶级虚伪的民主制，虽然我们党有时并非十分理解无产阶级专政的实质与方法。

我希望我们许多同志具有坚强的革命意志和更加明确的理论。但是，我们党毕竟是大大地向左转了，而且，显然地，它今后还会继续朝着这个方向发展。

我们在莱比锡制定了共产主义纲领，它对德国无产阶级的革命思想产生了强烈的影响。近一年半以来，我们党带头参加了德国国内的一切群众性革命行动，对此谁也不会提出异议。第三国际执行委员会自己也承认，德国无产阶级的大部分优秀分子集中在我们党内。假如我们党在实际活动中完全缺乏革命性，假如它不是极力向左转，那它当然不可能做到这一点。

如果共产党人明确地站到马克思主义立场上来，那么，现在谁能把我们和他们区别开来？（有人表示抗议）

当然，即使现在，我们在一系列问题上也仍然存在着分歧。比如，莱维同志在会上引用了累德堡就恐怖主义问题发表的声明。累德堡由于持有与众不同的观点，而在我们党内几乎处于完全孤立的地位。如果把一个群众性的大党随时都可能产生的一些分歧排除在外，那我们在使用暴力问题上，看法是完全一致的。至于恐怖手段，我本人在莱比锡大会上驳斥了累德堡的观点，并且声明，我完全可以想象得到，在何种革命形势下必须采取恐怖手段。请你们相信，如果德国革命处在紧要关头，就像你们当时四处受逼（邓尼金在奥勒尔、尤登尼奇在彼得格勒城下、高尔察克在伏尔加河一带向你们进逼）时的情况一样，无疑，德国革命必将采取你们在俄国曾经采用过的革命手段。明确认识采取恐怖手段的必要性，是一回事，但把这种手段当做一种纲领性策略公开加以宣传，则是另外一回事了。我坚信，凡是准备加入第三国际的共产党，在其纲领中都不会承认必须采取恐怖手段作为一种策略措施。

就以德国共产党为例吧！在卢森堡同志起草的纲领中写道："在资产阶级革命中，奋起斗争的阶级必须掌握屠杀、恐怖手段和政治暗杀等武器。而无产阶级革命却不必依靠恐怖手段来达到自己的目的，它仇视和鄙视暗杀行为。"①

拉狄克（俄国）：

请继续念下去！

施特克尔（德国独立社会民主党）：

请等一等，拉狄克同志，我继续往下念。党纲对恐怖手段明确表示否定以后，却肯定了暴力手段，上面写道："无产阶级革命不是少数人不顾一切地企图按照自己的理想，来强行改造世界，它是千百万人民群众的行动……必须用无产阶级的革命暴力对付资产阶级的反革命暴力……争取社会主义的斗争，是世界史上唯一的极其残酷的国内战争，无产阶级革命应当为这个国内战争准备必要的武器，并学会运用这种武器；应当进行斗争，并在斗争中获胜。"这几行字，我们党完全可以接受。在德国，国内战争已经爆发，我们正投入这场战争，并将竭尽全力

---

① 《关于德国共产党（斯巴达克联盟）1918年12月30日至1919年1月1日成立大会的报告》第52页，德国共产党（斯巴达克联盟）出版。

使工人阶级做好参加即将到来的决定性战斗的准备。

我还想就我们复信当中两个受到批评的问题谈几点看法。首先是关于革命时期经济生活不间断的问题。当然，在当前的革命斗争时期，生产过程将遇到种种严重的障碍。第一种障碍就是国内战争及其军事突变所造成的严重后果。第二种障碍来自下述因素：我们要立即着手把资本主义生产改造成为社会主义生产，而企业主则因此要进行反抗和暗中破坏。谁要进行社会革命，谁就应当容忍破坏正常生产秩序的现象。在德国这样的工业国里，我们无论如何要重视维持正常的经济生活，而在俄国那样的农业国里则不然。因此，我在这里提出我们的看法，即不应当机械地把俄国的方法照搬到西欧国家去。俄国有千百万有革命要求的农民，而德国则不然，它有的只是多半会给我们造成很大困难的反革命农民。其次，我们有千百万脑力劳动者：商业部门的职工、银行职员、技师、工程师、小官吏，等等。如果我们不希望无产阶级专政从一开始就注定要失败，那么，我们就要使他们当中相当一部分人和我们一起去自觉地实行无产阶级专政。可见，在德国具备实现无产阶级专政的其他先决条件，也许在个别情况下还具备实际运用无产阶级专政的其他形式。当然，俄国无产阶级革命的经验教训，一般说来也适用于德国。

如果我们党没有像我们所希望的那样迅速加入共产国际，这在很大程度上是由于德国有一个共产党，群众就是根据它的所作所为来评价共产国际的。而我们不能也不应当回避这样一个事实，即这个党（除其中央委员会外）长期以来几乎在一切地方党组织和地区党组织中，实行目前德国共产主义工人党的政策。

即使我提到德国社会革命存在很大的困难，那也决不是由于我们对未来抱悲观的态度。恰恰相反，资本主义在我国越来越接近灭亡。我国资本主义在经济、财政和食品等方面，越来越迅速地濒临崩溃的边缘。用不了多久，也许几个月以后，我们将在德国胜利地开展新的革命战斗，我们将尽一切可能使各种矛盾激化，我们必定会打败资产阶级，建立德意志苏维埃共和国。到那时，我们将和苏维埃俄国、和共产国际团结一致，为世界革命而奋斗。

约恩森（丹麦）：

我本来不打算在这次讨论会上发言，但是，季诺维也夫同志对丹麦左派社会党的纲领提出了一些意见，我只好就这个党的纲领和活动谈几句。

当然，要想在比较短的发言里详尽地介绍丹麦各政党之间的关系，是根本不可能的。不过，我想指出，我们党是在三个不同性质的党联合的基础上建立起来的：

第一是丹麦社会主义工人党。它具有真正的共产主义纲领，1919年初加入第三国际；

第二是丹麦独立社会民主党。它和社会主义工人党于1918年4月同时成立，是小资产阶级性质的党；

第三是社会民主主义青年团。在1919年11月9日各党联合以前，它认为自己有可能留在社会民主党内。

上述这些事实说明，我们党是由各种各样的人组成的。但是，无论是我国经济上的发展，或是政治上的发展，都迫使我们党日益向左转。可以说，我们的党纲就是这种迅速发展的产物。

在今年2月29日至3月1日我们党的成立大会上，不仅一致决定加入第三国际，而且几乎全体一致地通过了党纲。应当说，这个纲领是共产主义的纲领。

季诺维也夫同志在这个纲领中发现了一个缺点。的确，季诺维也夫同志有理由对他所引用的句子加以讽刺。然而，我应当提请大家注意以下事实：第一，他引用的句子的译文极不贴切；第二，该句子的整个上下文可以证明，我们丹麦共产党人并不认为，革命应当是绝对不流血的，我们只是肯定地表示，革命或许可以避免流血。

你们也许会允许我宣读我们党纲中的部分内容，以便说明我们对革命和对无产阶级专政的立场。

"事态的发展充分证明，一切相信资本主义会不知不觉地逐渐长入社会主义的人，应当被看做是空想家。生产资料的公有化，只有通过社会革命不断强化阶级斗争的手段才能实现。阶级斗争流血与否，它结束得早或晚，都将取决于资产阶级是否理解它自己所起到的作用。

资产阶级的行动也间接地影响今后无产阶级专政的寿命。只有无产阶级才能实现生产方式和分配方式的变革。应当通过城乡工人苏维埃同时夺取政权，并取代资产阶级议会来掌握一切生产资料和全部财产，以及耕地。

丹麦左派社会党认为：本党的任务在于以此为基础联合工人阶级，并使它做好参加高级阶段与初级阶段之间的伟大的决定性战斗的准备。

党并不只限于争取实现个别社会阶级的专政，它不过是把这种专政看成是必然的过渡罢了。这种专政不可能在乱糟糟的叛乱或革命尝试的基础上建立起来。党的最终目的是建立和谐的社会关系，只有在这种情况下才能消灭压迫与暴力制度。因此，党要全力以赴反对军国主义。

在革命时机到来以前，即在党可以通过城乡工人苏维埃建立管理制度（它是以普遍的政治与经济平等——劳动民主为基础的管理制度）以前，党在斗争中将主要依靠对群众的社会主义教育和议会外的行动，同时也要利用议会制度（参加议会和市政机关的选举）。"

由此可见，纲领根本没有提到必须进行和平的、不流血的革命。它只谈到，在丹麦，不流血革命的可能性是存在的。在这方面，我们和列宁同志的意见是一致的。列宁同志曾多次提出并写道：在某些经济落后的国家里，不流血的革命是可能的。

革命是流血的还是不流血的，这并不重要，最主要的是使工人阶级夺取政权，至于采取什么手段，这无关紧要。我个人认为，在一切经济发达的国家里，革命将是而且必定是流血的，也许会比俄国革命流的血还多，因为欧洲资产阶级比俄国资产阶级更加强大，装备更加精良。

丹麦是一个经济落后的国家，丹麦人民主要是小农和小资产阶级。在德国革命爆发以前，丹麦革命的前景实难想象。我们完全受各大国运动的发展所制约。

我承认，我们的纲领并不完善。不过，就拿无产阶级专政这一点来说，它比瑞典左派社会党的纲领还是明确得多。

可以找到更多的理由来批评我们的活动，而不是批评我们的纲领。然而，在我们党成立以来的短暂时间内，我们对我们所做的工作问心无愧。我们在11月9日到6月1日的较短时期内，建立了45个支部，并广泛开展了支部工作。我们还做了宣传工作，其中主要是通过我们的日报《工人报》进行的。

我们必须克服很大的困难。凡是稍微了解丹麦情况的人都应当承认，在丹麦有一个相当强大的，然而是被收买了的社会民主党。

正是由于我们懂得无产阶级专政的必要性，我们才不仅和社会民主党人作斗争，而且也和原则上反对一切专政的工团主义者作斗争。

不过，我愿意承认，我们丹麦共产党人应当不断向左转。因此，我们应感谢共产国际，是它推动我们的宣传和行动日益革命化。

挪威代表团的声明

弗利斯（挪威）宣读以下声明：

"挪威代表团提请大会注意：大会在制定加入共产国际的条件时，没有考虑到挪威工人党的特殊组织形式，即所有工会是集体入党的。

代表团援引了它的关于党的活动的报告①,建议恢复执行委员会和那些准许集体入党的有关政党之间的谈判。"

季诺维也夫的结束语

对这个问题,我只能作如下表态:我们将找机会认真分析一下情况,并建议挪威同志取消集体入党的做法。要采取个别吸收的办法,以便改变党的成分。

瑞典党也证明了这种做法是正确的。

南斯拉夫党不是机会主义党(我并没想说它是机会主义党),而是一个革命党,但它不应当容许机会主义分子存在。

因此,我提出以下建议:(宣读建议②)

如果各国党对共产国际有点望而生畏,那么,这对它们倒是很有好处的。我们的党应当经常用镜子照照自己。

昨天有人质问执行委员会,为什么这次大会没有德国共产主义工人党的代表参加?德国共产主义工人党代表吕勒和梅尔赫斯在最后一分钟才声明,他们不愿出席代表大会。本来我们一开始就给了他们发言权,而在最后又决定给他们表决权,因为我们想争取他们参加讨论。可是他们拒绝参加,并且说,看了我们的提纲以后,他们认定,我们的机会主义倾向比他们有过之而无不及。他们逃出了会场,没有勇气在共产国际代表大会这个大庭广众面前坚持自己的观点。这样一来,我们这里就没

---

① 这份报告既未载入《向第二次代表大会所作的报告集》中,又未载入第二次代表大会期间的《共产国际》杂志中,只有弗利斯早期的文章《挪威的革命运动》,载于《共产国际》第10期第1501—1508页。

② 速记稿中没有记载。

有他们的人了,因为他们不想待在这里。

有的同志说,加香和弗罗萨尔的最后一次声明,是某种后退,我同意这种说法。接到他们的声明以后,我给他们写了一封信。(季诺维也夫读信①)

他们给我写了回信。(读信②)

因此,目前我们应当静观事态的发展。

现在,我来讲讲那些持"左"的观点批评执行委员会的工作的发言。怀恩科普等人说,执行委员会至今仍让德国独立社会民主党和法国社会党这类党的代表进来,是错误的。我向代表大会提个问题:我们详细和清楚地向这些代表作了解释,这是否真的有什么损失?如果昨天和今天的会议速记稿见报,工人们看到这个报道,是不是就不好呢?我的看法恰恰相反。现在全世界都知道这些观点,这是件好事。

戈尔登贝格同志发表了长篇大论,说到底就是不许这些人参加第三国际。我们根本也没有提出这种建议!我们只要求授权执行委员会,在代表大会闭幕以后检查一下条件的实行情况。我们以大会主席团名义交给法国代表团一封信③,也许你们从今天的俄国报纸上已经看到。我们对他们说,龙格不是一革命者,而是一个社会和平主义者,对他的过去,连他的朋友也不屑一顾。和列诺得尔与托姆讲统一,无异于和诺斯克这条狗讲统一。我们直截了当地向他们表明了我们的观点。在法国,共产党人将会发表这封信,也许就发表在《人道报》上;法国人看到这封信后,就能作出自己的判断。因此,我们要和那些对中派分子仍存

---

① 速记稿中没有记载。
② 速记稿中没有记载。
③ 即本卷收录的《共产国际第二次代表大会主席团告法国社会党全体党员和法国一切有觉悟的无产者书》。——译者注

有一定信任的工人谈谈。假如我们不同加香与弗罗萨尔进行会谈，那我们对工人说些什么呢？

我们用不着害怕克里斯平的考茨基主义。我们没有让代表大会接纳这些人加入第三国际。因此，你们无须重复人所共知而无人反对的事。德国独立社会民主党和法国社会党如不改弦易辙，我们是不会接收它们的。我们要求把这些党清除出去，要求它们改变自己的全部政策，我们一定要做到这一点。

只要人们在工厂中，在集会上，处处能看到我们的提纲，我们的工作就能前进一步。

让中派分子起草自己的反提纲，并向群众广为散发吧！他们现在已经动手了。因此，我说：这个所谓"左"倾反对派，毫无基础，错误百出。这正是吉尔波所说的"未来主义"。

我再说一遍，我们唯一的建议是：首先要让执行委员会查明，我们所有的条件是否确已实行；其次，执行委员会应当有权按照共产国际章程接收这些党加入共产国际，并且有权随时开除它们。我们做了充分准备，我们无所畏惧。

我想对塞拉蒂同志说几句。共产国际不能容忍意大利的现状。意大利的工会运动全部被改良主义分子控制了。这是党的过错。同志们！我应当告诉你们，意大利工会七年来没有召开过一次代表大会，而身为第三国际成员的意大利党却熟视无睹！达拉贡纳之流心里明白，一旦召开代表大会，工人们肯定会把他们赶出去。这种妥协真可耻！当公开的改良主义分子把持工会时，你们打算怎样进行无产阶级革命呢？所以，同志们！你们看到，事情完全不像塞拉蒂在发言中所说的那样清白美好，那样使人欣慰。第三国际不能容忍这种做法。如果意大利党领导人继续听之任之，我们就要甩开他们，直接和意大利工人打交道了。

同志们！再谈谈德国独立社会民主党左派的情况。我们十分清楚，独立社会民主党是两种倾向的混合物。听了克里斯平的发言，我们不得不认定：他和考茨基一个腔调。独立社会民主党左派代表出来安慰我们。这些同志说："我们终究会前进的，用不着那么性急！事情总会安排妥当的，等一等好啦！"我问您，多伊米希同志，难道这就是您要对我们讲的全部内容吗？同志们！我认为，这远远不够。难道我们所遇到的困难，真的成了我们束手无策的理由吗？独立社会民主党左派与其用"我们终究会前进的"话来安慰我们，不如拿出实际行动来。现在我们引以为荣的是，我们党是构成历史的要素，我们加速了历史的进程。独立社会民主党的安慰毫无用处。多伊米希同志，您所签署的那份独立社会民主党中央委员会的声明，说实在的，绝不是独立社会民主党党史上的光辉插曲。是啊，这怎么可能呢？因为独立社会民主党左派并没有组织起来，连它自己也不知道有什么要求；而且它不可能从右派——半死不活的机会主义者怀抱中挣脱出来。无产阶级业已走在你们的前面了。

我们通过了关于党的作用的决议。为什么您不谈谈对这个决议的看法？我们曾指出，在战争初期，在沙文主义的激流中，布尔什维克在必要时是怎样善于逆流而进的。我们的历史任务是率领工人阶级前进，而不是等别人来推动我们。

我们等了很长时间了，工人阶级等得不耐烦了，现在，决战时刻已经来到。也许在德国，工人阶级在最近几个月内将要进行一场决定性的斗争。你们怎能仍然在恐怖手段问题上左右摇摆、犹豫不决呢？至于我们俄国人，挨打挨够了。你们应当引以为戒。我们有过这样一段经历，就是我们把克拉斯诺夫将军释放了，而他却反过来发动了一场国内战争。你们忘记了德国革命的教训，你们忘记了李卜克内西是怎样遭到杀害的。在德国各大城市的工人区，几乎没有一条街道没有染上工人的鲜血。国内战争的条件已经成熟。我们无权忘记国内战争的教训。我们要吸取这些教训。

我请求代表大会立即通过加入共产国际的条件的提纲，并将这些条件提交委员会最后校订，然后付诸表决。可是承认这些条件，并不等于"成了"共产党员，我们倒是应当用心观察一下，每个党员是否真的按这些条件去做；我希望执行委员会能做好这项工作。

我们用不着对俄国革命和共产国际唱赞歌，我们只要求各国党履行自己的义务和职责。我们感到，我们不仅代表着统治一个伟大国家的党，而且代表着一个和其他党一起创建共产国际的共产党，这就是我们的骄傲。要知道，我们不是无缘无故地谈论世界革命的；共产国际不是俄国的组织，而是世界性的组织。我们引以自豪的是，这次代表大会能在我国召开。当然，当你们当中有许多人说，我们在俄国已经做了一些事时，我们是感到自豪的。但是，我们应当要求大家不要用一些漂亮词藻来应付我们，而要开诚布公、直截了当地对我们说，意大利工会运动和光荣的意大利工人阶级到底什么时候才能获得解放，真正的共产党究竟何时才能在各地建立起来。

因此，同志们，我请求大会通过下述提纲。（宣读提纲）

一般性讨论结束。有些同志请求发言，他们要宣读个人声明。

塞拉蒂（意大利）：

也许大家不理解我在讨论提纲时的简短发言中发表的声明。我说过，我完全同意这个提纲，而且将投赞成票，因为我认为，第三国际执行委员会将会根据第16条和第17条的精神加以灵活运用。

我还想说，季诺维也夫完全正确。他对意大利劳动同盟六七年来一直没有召开过代表大会一事表示遗憾。但是，我要对季诺维也夫同志说，这并非什么政治的与个人的原因，而纯粹是章程方面的原因。不过，意大利劳动同盟代表大会正在筹备之中。至于杜果尼，我可提供一个小小的旁证。当时，只有我反对派出议会党团到俄国去。昨天下午我拍了一份电报，目的在于纠正被杜果尼歪曲了的事实，并且要求立即把杜果尼开除出党，如果他确实发表过那个声明。

怀恩科普（荷兰）：

莱维同志认为，我不打算批评德国共产党，似乎是由于有独立社会民主党人在场。他错了。我只想澄清"由于有独立社会民主党人在场，德国共产党就可免受批评"这样一个事实。我对此表示遗憾，并认为，从这类事实引伸出来的结论是错误的。

迪特曼（德国独立社会民主党）：

今天早上，莱维同志指责我们，说我们背弃了那些在基尔和威廉港被杀害的水兵。可是，他忘记了我在会上说过，这些水兵为了德国革命而壮烈牺牲（反动报刊把这席话着重发表了），不过，这些水兵及其行动所起的作用，仅仅是在他们被杀害以后才知道的。莱维在会上引用的事实不可靠。

莱维（德国共产党）：

我并非指责独立社会民主党，我只是责备三个人，即背弃了我们革命水兵的该党的三位领袖。这种背弃并不是指字面上的那种含义，而是从政治角度着眼，指他们背离了水兵为之奋斗的事业。要不然，他们就会号召无产阶级和军队继承水兵的事业了，可是他们慎重考虑以后，拒绝这样做。（有人表示赞成）

迪特曼（德国独立社会民主党）：

真没想到，在这件事上会引起意见分歧。您明明知道，我口袋里没有装着我在议会各次会议上的发言记录。我在议会说明的情况，的确属实。我们只是顺便和水兵们谈了几句，并把我们党的宣传手册交给了他们。水兵们有什么打算，我们当时并不清楚。

莱维（德国共产党）：

怀恩科普同志误解了我的意思。我指责他沾染了独立社会民主党的思想意识，因为他不愿意当德国共产党代表的面说出自己的意见。

迪特曼同志在这里十分正确地强调指出，独立社会民主党的三位代表还没有糊涂到剥夺水兵个人荣誉的地步。他们向被枪杀的水兵表示了他们个人的敬意。但是，问题却在于，独立社会民主党当时在政治上是否支持水兵的行动，是否表示要和他们团结一致？独立社会民主党背弃了被杀害的水兵。它没有抓紧时机进行有利于结束战争的宣传。它至今在政治上依然没有和这些水兵站在一起。

迪特曼（德国独立社会民主党）：

我认为，把个人的主张和政治派别的主张加以区别，这是律师的一种巧妙手段。

莱维（德国共产党）：

我想提醒同志们，我们经常要把个人的观点和政治派别的主张区别开来。比如，俄国无政府主义者的行动，会引起我们每个人对参与这一行动的人们的敬意，但是在政治上，我们无论如何不能赞同他们的做法。

迪特曼（德国独立社会民主党）：

同志们！我感到遗憾，整个事件被说得面目全非了。打击对象是独立社会民主党代表，目的在于剥夺他们的议会豁免权，这便是整个事件的起因。我们在议会发言时一贯主张结束那种骇人听闻的屠杀行为。而我的确没有发现,我个人在议会上对水兵事业的评价和我们党在政治上对这个事业的评价之间有何区别。

戈尔登贝格(法国):

我将投票反对执行委员会提出的提纲,请允许我宣读有关表决问题的声明,或者把我们的声明转交大会主席团,以便列入记录。

塞拉蒂(意大利):

如果事关个人的声明,那您有权当众宣读。

戈尔登贝格(法国):

这是我个人的声明,具体内容如下:

"1914—1918年的帝国主义战争,使资本主义制度的正常发展过程为之中断。这个发展过程曾把各国无产阶级分为两个对立的营垒:改良派和革命派。共产党是这个革命派的代表。共产国际把各国共产党联合起来,成为革命无产阶级的国际组织。

共产国际的宗旨是用暴力推翻资本主义制度,并用无产阶级专政手段建立共产主义。所以,万万不可接纳那些在关键时刻有可能背叛革命事业的人。也就是说,凡是不完全具备共产主义思想的人,都要清除出共产国际。

因此,根本不能吸收那些所谓的中派党加入共产国际。中派党代表着满脑子资产阶级思想的工人贵族,它们不具备加入共产国际的必要条件,它们是共产国际的死敌。自然,只有在它们搜罗各种与共产国际为敌的党派的企图宣告破产以后,它们才无可奈何地动手敲共产国际的大门。在这种情况下,它们口头上还说什么承认共产主义原则,那只能说明,它们的伪善简直到了骇人听闻的地步。

共产国际对于那些尚未分裂成为改良派与革命派的中派党,应当采取的策略是：促使它们分裂，建立代表无产阶级革命派的真正的共产党。

但是，不能借助外力和采取人为手段来达到分裂的目的。它必须建立在群众内部深入开展运动的基础上。机会主义领袖口头上接受共产主义原则与策略，这不仅丝毫不能激励群众运动，反而只会起破坏作用和增加思想上的混乱。这只会损害共产主义的威信，并阻碍真正的工人阶级政党的诞生。

因此，在各中派党提出加入共产国际的要求时，共产国际应当公开地、铁面无私地批评它们的立场和政策；共产国际应当向跟着中派党走的群众指出，他们必须和他们的机会主义领袖的小资产阶级思想意识划清界限，并且完全彻底地和诚心诚意地拥护共产主义少数派的观点。总之，共产国际应当密切配合这个少数派行动，并且帮助他们推动内部的工作。凡是有可能发生分裂的党，第三国际一定要积极地促进它的分裂，这是在明确的革命行动纲领的指导下团结群众的唯一方法。不这么做，让中派党轻而易举地混进第三国际，那共产国际的健康肌体就会受到损害，敌人就会趁机钻进它的内部，并在关键时刻冷不防地从背后插上一刀。"

塞拉蒂（意大利）：

季诺维也夫同志对我说，他否决戈尔登贝格同志的提纲。

吉尔波（法国）：

主席团接到几点修改意见，我认为，这些意见应当转给委员会。但是，我提议，现在就塞拉蒂和格拉齐亚德伊的禁止共产党员加入共济会的提案进行表决。

塞拉蒂（意大利）：

现在对吉尔波的提案进行表决。（一致通过）①

---

① 在代表大会的记录和决议中，没有注明是否通过了塞拉蒂和格拉齐亚德伊的提案。

表决并通过关于加入共产国际的条件的提纲

塞拉蒂（意大利）：

我提议对整个提纲进行表决，而各项建议则转给委员会审议。（提议被通过）

怀恩科普（荷兰）：

我建议，至少要在代表大会上，而不是在委员会上审议这样一项提案：每个愿意加入共产国际的党，在本次代表大会召开以前赞成加入第三国际的中央委员会委员，至少要占委员会总数的2/3。

拉狄克（俄国）：

我建议把这项提案转给委员会审议。应当认真地讨论一下这个问题：应不应当把挽救目前局面的希望寄托在独立社会民主党中央委员会撤换9/10或2/3委员上？听了多伊米希和施特克尔同志的发言以后，我个人不抱希望了，即使他们的人数在中央委员会占9/10，他们也不会真正改变党的策略。建议将此问题提交委员会讨论。

塞拉蒂（意大利）：

现在将怀恩科普的提案付诸表决。提案被否决。提案将提交委员会修改。

现在就季诺维也夫同志提交大会讨论的提纲（未经改动）进行表决。

（提纲以大多数人赞成、2票反对获得通过）

格鲁贝尔[①]（奥地利）：

我对提纲投反对票，以抗议对怀恩科普的提案的否决。我认为，他的提案具有重大意义。

塞拉蒂（意大利）：

现在需要确定我们的工作程序。主席团原定下午5时结束讨论，现在已经6点了，今天的会到此结束。明天将召开妇女代表会议。本星期日各委员会要举行会议。下星期一上午11时将举行全体会议，讨论议会制问题。土地问题委员会于今晚8时在小礼堂开会。

怀恩科普（荷兰）：

应当表决一下，我们到底要不要授权执行委员会继续和德国独立社会民主党及法国社会党会谈（因为会谈业已开始）？

塞拉蒂（意大利）：

由于怀恩科普同志是在会议即将结束时提出这个提案的，因此请他收回，明天再提。

怀恩科普（荷兰）：

同意。

拉狄克请求发言。

塞拉蒂拒绝了他的要求，因为会议已经结束。

（会议于下午6时休会）

[①] 在俄文和德文速记记录中没有格鲁贝尔（K. 施泰因哈特）这个声明。现根据法文速记记录发表。——编者注

第九次会议

(1920年8月2日上午)

季诺维也夫关于匈牙利苏维埃政权被颠覆一周年的讲话

现在开会。

匈牙利苏维埃共和国被颠覆已整整一年了。大家都知道,一年来,我们在匈牙利丧失了成千上万的优秀同志。今天,也是我们的好朋友萨穆利·蒂博尔同志牺牲一周年。他是头一个被匈牙利反革命杀害的。我建议大会全体起立,为他致哀。(全体起立)我希望,不久的将来,我们能再次看到匈牙利苏维埃共和国的出现。虽然它去年被毁灭了,但匈牙利苏维埃共和国是永存的!

克里斯平(德国独立社会民主党)的声明

迪特曼(德国独立社会民主党):

克里斯平同志今天因病不能出席会议。我代表他宣读以下声明:

"遗憾的是,我因病未能参加1920年7月30日的会议。在这次会议上,报告人在总结发言中,把我称为社会和平主义者,即幻想阶级妥协的人,或是认为通过和平途径可以消灭阶级矛盾的人。

我从事工人运动的活动25年有余，从来没有拥护过社会和平主义思想。我坚决摒弃这种思想。

我坚信，只有通过无产阶级独立进行的无情的阶级斗争，即通过工人阶级夺取政权和实行无产阶级专政，才能战胜资本主义的阶级制度。

克里斯平
1920年7月30日于莫斯科"

怀恩科普（荷兰）：

我在上次会议上已经说过，需要再进行一次表决。会议主席塞拉蒂当时并没有这样做。因此，我提议现在把下面这个问题付诸表决：在目前这种情况下，是否仍授权执行委员会继续同独立社会民主党和法国社会党进行谈判。是否授予这种权力，必须进行表决，所以我提议现在就表决。我还和保加利亚、墨西哥的代表一起提议，不要像以前那样进行表决，而要各个国家单独地进行。

拉狄克（俄国）：

我原以为，怀恩科普同志经过星期六和星期天的仔细考虑不会再把这个问题提出来，因为这个问题已经解决了。要知道，我们已经通过了一项决议。根据这项决议的规定，在有关的党的代表大会接受我们的条件，并实际查明它们是否履行这些条件之后，执行委员会才有权决定是否接收它们加入第三国际。既然我们授权执行委员会决定是否接纳某个党，那我们就不要剥夺它同该党继续进行谈判的权利。这个问题不应再进行讨论，它已经解决了，所以我提议不要再讨论，立即进入下一个议程。

季诺维也夫（俄国）：

有人提议停止讨论。首先，把这个问题付诸表决。（同意停止讨

论）现在，我们来表决实质问题。赞成怀恩科普同志提案的，请举手。（提案被否决）

我提议，现在不用法语发言，改用英语，原因是又来了六七位不懂法语的同志。代表大会有一半时间用了法语。现在，我们需要节约时间，而且将要讨论的主要是工会和议会制问题，所以我们将用英语发言。

按日程规定，由布哈林同志作报告。

布哈林作《关于议会制问题》的报告

同志们，首先，请原谅我的德语说得不好。我讲的根本不像德语，而是某种类似德语的语言。我们作了如下分工：首先，由我作关于问题的原则提法及其相应解决的报告，然后，由沃尔弗施泰因同志作关于我们委员会工作的报告，接着由博尔迪加同志作补充报告，他代表这样一种意见：在世界资本主义制度崩溃的时代，我们根本不应参加任何议会。

现在言归正传。一般地说，每当我们提出任何一个问题时，我们都应当以认清具体的时代为出发点。这就显露出以往的和平发展时代和当前时代之间的原则性差别。现在是资本主义制度崩溃的时代，是开展阶级战争、国内战争和实行无产阶级专政的时代。

可以把"和平"时代（当然，如果把殖民地包括在内，这个时代也并不和平）看做是无产阶级和资产阶级在某种程度上存在着利害一致的时代。对于高度发达的资本主义国家的无产阶级来说，尤其是这样。这种利害一致的基础，就是资本主义大国广泛奉行帝国主义政策。因此，有关国家的资本家阶级能够获取超额利润，并用其中的一部分给本国无产阶级支付较高的工资。考茨基曾断言，帝国主义政策决不会给工人阶级带来任何好处。这是完全不对的。如果从工人阶级暂时利益的角度来看问题，那就可以肯定地说，帝国主义政策带来了某些好处，这就是从资本家的超额利润中给工人支付较高的工资。

既然可以把这个时代看做是无产阶级和资产阶级在某种程度上存在着利害一致的时代，那就由此产生这个时代的第二个特征，即工人组织成为资产阶级国家机构的一个组成部分。工人阶级和工人组织长入资产阶级国家机构这个现象，却被改良主义者视为长入社会主义的标志。这种现象，在实行国家资本主义的情况下，表现得特别明显，在那里，实际上几乎所有的工人组织，包括相当大的群众性的工人组织，都成了国家资本主义机构的组成部分。要是我们研究战争期间那些大的工人阶级政党、黄色的社会民主党和工会，那我们就会发现，当时所有这些群众性组织都已成了资本主义制度和国家机构的组成部分。按资产阶级的观点来说，它们已经全民化了。这方面的发展情况，早在战前就已开始露出苗头，而在长入资本主义的过程中，才逐渐形成。一般说来，当时几乎所有的工人阶级组织都被卷入这个过程。所以，我们也可以肯定地说，工人阶级的议会代表和工人政党的议会党团，日益扎根于资产阶级议会。他们不仅不反对整个制度，不反对资产阶级议会，反而成为议会机构的组成部分。以往的和平资本主义时代就是这样，而且在战争初期，我们还能看到这种现象。

后来，资本主义崩溃和国内战争的新时代来临了。至于工人阶级，作为一个阶级，它在这个过程中抛弃了原来相当严重的帝国主义思想。这一思想（其突出表现是"保卫祖国"的口号）破产了，它的影响也随之一起消失了。工人组织从资本主义制度的组成部分逐渐变成阶级斗争的机构。也就是说，这些组织由支持资本主义制度的机构变成消灭资本主义制度的工具。与此同时，议会党团也变化了。它们从整个议会机构的组成部分变成摧毁议会机构的工具。因此，出现了新的议会制。我们共产党人，可以而且应当拥护这种新的议会制。

同志们，我不准备对我们这个冗长的提纲的各个章节一一加以说明，只选其中主要几点加以商讨。我们只要把这几点讨论清楚，全部争论的问题就会迎刃而解。

面对着两个性质完全不同的时代，我们可以预言，从一个时代过渡到另一个时代，从旧的议会制过渡到新的议会制，这应当被看做是一个过程，这个过程在每一具体时刻都会触及存在于工人阶级中的各种旧观点的残余。这个过程发展得越快，这种残余也就消失得越快。但是，现在我们还能清楚地看到，很多政党，甚至那些已经加入第三国际的政党，都存在着各种旧观念的残余。总之，工人运动中还存在着机会主义和动摇不定的政党，同资产阶级合作的思想还部分地残留着。旧的议会制的存在，就可以说明这一点。

让我们先来研究一下工人阶级议会活动的全貌。看看各国议会党团的成员，就能见到一幅独特的情景。以独立社会民主党为例，该党在议会中现有 82 名代表。它本来就是一个十分温和的、机会主义的政党，如果我们仅就这一点来研究它的议会党团的组成，我们大致就可以取得如下的数据：在议会党团的 82 名成员中，约 20 人肯定属于右派，约 40 人属于妥协主义的泥潭派，约 20 人属于独立社会民主党左翼。因此，我可以强调指出："在独立社会民主党本已机会主义十足的情况下"，右派和妥协主义的泥潭派所占的比例是相当大的。

以意大利党及其议会党团为例。该党是靠近我们的，而且加入了第三国际。这是我们最好的政党之一，然而，我们可以断言，如果我们把该党议会党团的成员分成三部分，即屠拉梯和拉查理的拥护者、塞拉蒂的拥护者和所谓邦巴奇分子，那么我们将得到如下数据：30%属于屠拉梯派，55%属于中派，15%属于左派。塞拉蒂同志提供给我的数据略有出入。他认为有 41 名代表是改良主义者。这是塞拉蒂同志给我的郑重的答复。这个答复表明，在意大利党内，改良主义者所占的比例是很大的。

假如以法国党为例，我们可得到如下的数据：在68名议员当中，40名是这个机会主义政党中的公开的改良主义者；26名属于中派，不过，这不是我们所说的那种中派，这意味着法国党的中派，即带引号的中派。至于共产主义者，他们大概只占两个席位。

我们来看看挪威这个相当好的党。它的议会党团有19人，其中11名是右派，6名是中派，2名是共产党人。至于瑞典，在其议会党团中，有相当多的同志根本不能算作共产党人。

因此，总括起来看，这是一幅相当可悲的情景。议会党团的组成情况，是不合乎最低的要求的。如果我们想找到出现这种现象的原因，那么原因就在于这些党缺乏明确的共产主义政党的性质，否则这些党内就不会有相当多的机会主义分子。因此，它们也就容忍这些人在其议会党团里存在。

现在，我从各党的组成问题进而谈谈政策问题，即谈谈这些党的议会政策问题。在这个问题上，我们也有理由断言，这种政策同革命议会制有天壤之别。我仍以独立社会民主党为例。在战争期间，该党本应呼吁各族人民制止战争，但它却向政府发出了呼吁。我想起同哈阿兹同志的一次谈话。当我们在柏林时，他想向我们证明他实行的是真正的革命议会制。他引用他的一次发言作为最好的例证。在这次发言中，他认定，德国政府把军队派到芬兰去是一种违法行为。要知道，当时可以任意使用这些部队。似乎把军队派到法国前线，不算违法，而派到芬兰就是违法。这表明不是革命议会制，而是机会主义议会制。请看他们在德国议会中就社会化问题所作的一切论述和发言。这简直是笑话。在你阅读这些发言稿时，你会看到其中没有丝毫革命的东西。据我所知，多伊米希同志早在1920年起草社会化计划时，就已为问题的机会主义提法作过辩护。再以独立社会民主党主席奥斯卡尔·柯恩就宪法问题所作的发言为例。这个发言相当长,但其中对问题的提法,毫无革命性可言。在这里,就有人说这个宪法有缺陷。我们自己也感到这种论点不对头,对诺斯克一字不提,这是考茨基的手法。他在讨论资产阶级民主制问题时,却闲扯什么猴子和野人。奥斯卡尔·柯恩同志的发言也是如此。在这种场合下,本来可以满怀革命激情来发挥我们的原则观点。例如,就拿战犯调查委员会的事件来说,这纯粹是一个骗局,而独立社会民主党人竟想根据外交部提供的材料进行议会调查。真是毫无革命行动可言。以奥斯卡尔·柯恩在德国议会中提出取消行政拘留法的提案来说,该法只不过涉及政治拘留罢了。在这里,你们什么都看见了,可是,唯独看不到一个革命共产主义者的革命观点。

再以我们在这个大厅里听到的独立社会民主党同志的发言为例。当他们由于没有及时给我们答复而表示歉意时,如果我没记错的话,迪特曼或另一个代表曾说:我们当时正忙于选举,而这是非常重大的事情,所以我们未能立即作出回答。这真是一个令人惊奇的实例,它会给那些以此为借口的同志以致命的打击。要知道,他们既要进行选举,又要肩负共产国际的工作,那每个革命者都很清楚,必须在共产国际的口号下从事选举斗争。把共产国际同选举对立起来,适合于任何组织,就是不适合于作第三国际的成员。我们可以仔细地观察独立社会民主党同志的全部议会活动,但永远找不到一个明确的、完全自觉的目标,以及符合我们精神的策略。

如果我们分析一下法国社会党或其他政党的情况,那也是一幅相当可悲的景象。我不想把过多的注意力放在这个问题上,只举出一个政党的例子就可以想象出全部情况了。在所有这些现象中,无论是在议会党团的组成上,还是在其策略上,都含有以往议会制的残余。我们就是得根除这种残余。要知道,如果我们将来还保留这个做法、这套方法,保持议会党团的这种组成状况，我们就不能开展革命活动，而且背着这个包袱也决不能再进行革命斗争。

现在，我来谈谈另一个问题，即在原则上反对议会制的问题。反对议会制是上述机会主义和过去罪恶累累的议会活动的理所当然的产物。正是由于这种议会活动，后来才产生了它的对立物，即在原则上反对议会制。这种在原则上反对议会制，较之机会主义议会制，会引起我们更大的好感。我认为，拥护反对议会制的人可分为两类：第一类是真正在原则上否定参加任何议会活动，第二类是由于对议会活动的能力持有特殊看法而反对议会制。在我们这个时代，我们可以看到，世界产业工人联合会是第一类的代表。博尔迪加同志今天将作为第二类的代表在这里发言。

至于在原则上反对议会制，对于第一类拥护者来说，若是从理论上探求它的理论或策略，那么可以说，它是以极端混乱的政治生活的基本概念为依据的。例如，世界产业工人联合会对于究竟什么是政治斗争，并没有一个明确的概念。他们认为，在举行实际上针对资产阶级国家的经济性总罢工时，如果这种罢工不是由政党领导的，而是由工会领导的，那么就不是政治斗争。由此可见，他们根本不懂得究竟什么叫做政治斗争。他们把政治斗争和议会活动混为一谈。他们认为，政治斗争只应理解为议会活动或参加议会的各政党的活动。我不想在这里探讨这个问题，因为在我们的提纲中对这个问题已经阐述清楚了。所以，同志们只要看一看提纲就行了。很显然，对议会制的这种否定态度，是由于对各种原则性事物的错误认识，首先是对政治斗争实质的错误理解而产生的。如果仔细研究一下美国议会制的历史，就可以发现，议会活动中卑鄙行为和卖身投靠的事非常之多，因此许多诚实的人都转到在原则上反对议会制的营垒中去了。工人决不抽象地思考问题，他们是相当坦率的经验主义者。因此，如果你们不通过实践向他们证明革命议会制是可行的,他们就会干脆否定一切。这些人一看到这种卑鄙行为,就成批地转到在原则上反对议会制的营垒中去。

我再谈谈第二类人的观点。在座的博尔迪加就是这类人的代表。他认为,决不应把他的观点同原则上反对议会制混同起来。因而我要指出,博尔迪加的观点是以纯理论为前提,而不是以其他任何前提为依据的。博尔迪加同志坚决认为,正是从当前是无产阶级群众性的战斗时代来考察,从这一时代是国内战争时代来考虑,即只有从这样一种特殊的历史情况来考虑,才能得出不应参加议会这个结论。这是他的想法。而我认为,在博尔迪加同志的策略和原则上反对议会制的人的策略之间,有一种原则上一脉相通之处,这一点是可以得到证明的。博尔迪加同志拟定了一份提纲,我们从中看到以下内容:

"资产阶级要人们相信,敌对政党之间的一切冲突,即夺取政权的任何斗争,都应当在民主机构范围内,通过选举和议会辩论来解决——这种谎言,必须彻底地加以铲除。如果不彻底消除传统的办法(号召工人同资产阶级分子肩并肩地一起参加选举),如果不结束议会讲坛的把戏(在那里,无产阶级的代表同自己的剥削者的代表一起进行工作),要达到这一目的,是不可能的。"

这里,博尔迪加同志认为,如果工人阶级的代表和资产者同坐在一个房间里,那他就是同资产阶级在工作上勾结在一起了。这是世界产业工人联合会的一种典型的天真想法。

我们在博尔迪加的提纲第9条末尾,看到这样一段话:"如果共产党不把其争取无产阶级专政和工人代表苏维埃的直接斗争立足于拒绝同资产阶级民主制进行任何接触之上,那么,它在宣传革命的马克思主义的方法方面,就永远不能取得重大的成就。"

这样说来,仅仅在同一房间内的自然接触,就是一种不道德的行为,那就谈不上整个历史的发展了。

我认为这种错误会变得很严重，因为我们并不是随时都会拥有工人代表苏维埃的。博尔迪加同志同意我们的下述观点，即我们不能立即在一切国家建立工人代表苏维埃。苏维埃，这是无产阶级的战斗组织。如果没有条件进行这种直接的斗争，那么，建立苏维埃也就没有意义了。如果要建立，苏维埃就会变成浸透改良主义精神的其他组织的文雅摆设，从而会产生巨大的危险。比方说，按法国方式来组织工人代表苏维埃，届时几个人聚集在一起，组成没有任何革命意义的人道主义与和平主义的组织。不过，这种组织尚不存在，在现实中还没有，而资产阶级议会却是实际存在的。我们在我们的提纲中说：我们应当在议会中有我们的革命代表，我们无产阶级的侦察兵要在这里同资产阶级并肩工作。

这里所提出的对议会制完全否定的概念，是没有经过逻辑思考的。从革命的逻辑和合理性观点出发提出问题，其关键是，我们革命的共产党人要深信：可以进入资产阶级议会，以便设法从内部摧毁它。过去，议会党团长入议会机关，成了这整个制度的组成部分。我们要通过我们的工作，更多地暴露出议会制与我们党团之间的尖锐矛盾。此外，最主要的是要使我们的议会活动同工人阶级群众建立紧密的联系。关于这一点，就不必多说了。

我们继续探讨博尔迪加同志的提纲。首先，有这么个看法。我认为，有些同志维护在原则上反对议会制，只不过是因为他们害怕成为革命的议会主义者，因为他们觉得这个地位太危险了，所以他们在革命时期极力设法逃避这个艰巨的任务。有人以大党作推脱之词，企图证明根本不能进行这种活动。我所说的不是博尔迪加同志，但在他的议会党团中有这样一些人。有一次，博尔迪加到我们这里来，说到他的提纲第12条中有如下一段话：

"议会和其他民主机构中的辩论性质本身，就根本不容抨击敌对政党的政策，不容宣传反对议会制的原则，不容采取超出议会议事规程的行动。"

博尔迪加同志说，实际上不存在利用议会的可能性，然而，这得用事实来证明！谁都不会说，在沙皇制度下，我们在杜马中的条件要比目前意大利下议院中的条件好一些。应该去做的，谁都没有去尝试一番，那您为什么竟想当然地认为这是不可能的呢？首先，您吵闹一番，不怕遭到逮捕，不怕造成一个重大的政治诉讼案件。您并没有这样做。而且，这种斗争需要不断地、加倍地向前发展。所以我认为，这是可能的。有些法国同志，例如勒弗夫尔说，在法国参议院，不能针对克列孟梭说一句过激的话。但是，要知道，谁都没有去试过，甚至没有人打算去试一试。我认为，只有"害怕"两个字可以解释这一点。人们说：是的，这十分危险，我们可以单纯地通过宣传来进行合法的工作。他们作了自我揭露：由于这个地位太危险，所以他们想干脆躲开这个艰巨的任务。

博尔迪加同志在第10条中引用以下论据来反对议会选举："认为选举运动及其结果具有重大的意义，因而党在相当长的时间内将其全部力量，即全部资金、人力、物力和报刊都用到选举运动上——这一切，再加上群众集会上的演说和理论上的宣传，会使人们增强这样一种概念，即选举是达到共产主义目的的真正的基本手段；而另一方面，却使革命的组织工作和准备工作几乎陷入完全停顿的状态，使党组织成为一种办事机构，这与合法的或非法的革命工作的需要，是背道而驰的。"

也许，在意大利存在着某种类似的情况，但是，您应当向我们证明，为什么这在逻辑上是必要的。如果您坚持迪特曼同志的观点，说选举斗争是同共产国际相对立的，那么，您是对的。但我们却认为，从革命的观点出发，应当开展整个选举运动。那时，就不会出现这种矛盾了。我们说，我们应当在十分鲜明的革命口号下开展整个选举斗争，并且到那些还缺乏政治热情的农村去开展工作，以便把人们团结到群众性的组织中来，使这些各种不同的人发生联系——我们这样说，并没有任何逻辑上的矛盾。您会说，不错，这也就恰恰扼杀了革命工作。博尔迪加同志之所以这样论述，是因为他和世界产业工人联合会的同志没有见过革命议会制一样，很少见到真正的革命选举运动。因此，博尔迪加同志提出的论点，至少是应当有所依据的。我认为，尽管如此，但却有许多实际经验证明，应当赞成革命议会制。我再提一下我们所熟悉的进行这种活动的人的名字。这是李卜克内西的革命活动、霍格伦的革命活动以及保加利亚同志和我们的革命活动。在各种不同的历史情况下，例如，在第二届杜马期间，在克伦斯基的预备国会期间，或是在立宪会议期间，我们都曾有过革命议会制。我们不怕同资产者、社会革命党人或者立宪民主党人并肩工作，因为我们有坚定的革命策略和十分明确的策略方针。

因此，这一问题，即政党问题，也是一个根本性问题。如果你们有真正的共产党特性，你们就无须害怕把你们的党员派到资产阶级议会中去，因为他会像一位革命者应当做的那样去从事活动。如果你们党内混杂有各种各样的人，其中40％的人是明显的机会主义分子，那毫无疑问，恰恰是这些先生们会钻进议会党团，会被安置在最好的位置上。这样，他们就会几乎全都成为议会党团的成员。在这种情况下，你们就不能在议会中完成自己的革命共产主义职责了。这个问题与政党问题有关。如果我们看到共产国际的各政党都是真正的共产党，其内部既无机会主义者，又无改良主义者，如果我们已经进行了这种清洗，那就可以保证我们的议会制不是旧的议会制，而是真正的革命议会制，并且可以使我们能采取这种正确的方法来消灭资产阶级，摧毁整个资产阶级国家机器和资本主义制度。

沃尔弗施泰因作议会制问题委员会的工作报告

同志们！我简略地报告一下议会制问题委员会的工作。不是在第1节中，而是在第60页上，决定对议会制问题作一个详细的历史论述。现在这个提纲的总标题是：《共产党与议会制》。第1节以《新时代与新议会制》为题，代替以往的标题。其中写道：

"社会党对议会制的态度，从一开始，即早在第一国际时代，就是利用资产阶级议会来进行宣传鼓动。参加议会的着眼点是为了启发阶级自觉，即激起无产阶级对统治阶级的阶级仇恨。后来，并非由于理论的影响，而是随着政治发展的进程，这种态度发生了变化。通过生产力的发展和资本主义剥削场所的扩大，资本主义以及与之相关联的议会制国家，得到了长期的稳定。

因此，产生了下列情况：社会党的议会策略适应于资产阶级议会的'有机的'立法工作，争取在资本主义范围内实行改革的论点日益占居上风，社会民主党的所谓最低纲领占了统治地位，而最高纲领竟变成遥远的'最终目的'的议论提纲。这样一来，利用议会追求名利地位、贪污受贿、公开或暗中出卖工人阶级根本利益的种种现象，就层出不穷了。

第三国际对待议会制的态度，并不是取决于新的理论，而是取决于议会制本身作用的变化。在过去一段历史时期，议会是欣欣向荣的资本主义的工具，从某种意义上来讲，它完成了一项在历史上具有进步意义的工作。而在目前帝国主义猖獗一时的情况下，议会在帝国主义的蹂躏、侵占、迫害、掠夺和破坏行动面前变成了讹诈欺骗、横行霸道和无谓空谈的一种工具。没有步骤、不能持久、缺乏计划的议会改革，对于劳动群众来说，已失去任何实际意义。

议会制连同整个资产阶级社会一起，也都失去了自己的稳定性。从有机的时代向危机时代的过渡，为无产阶级在议会制方面的新策略奠定了基础。例如，俄国工人政党（布尔什维克）在过去就已确定了革命议会制的实质，这是因为俄国从1905年起已摆脱政治和社会均势状态，进入了风暴和动荡时期。

某些倾向于共产主义的社会党人认为，在他们的国家里，革命时机尚未到来，因而拒绝同议会机会主义者实行决裂。这实质上是由于他们有意地或多或有意地把即将到来的时代估计为帝国主义社会相对稳定的时代，因而他们认为，在这种情况下争取实行改革，同屠拉梯和龙格进行合作，会取得实际的效果。

共产主义的出发点应当是，从理论上阐明当代的特征（资本主义发展到顶点；帝国主义时代资本主义的自我否定与自我消灭；国内战争日益频繁；等等）。在各个国家里，政治上的相互关系和派别的划分在形式上会有所不同，但其实质却到处一样，这就要我们从政治上和技术上直接准备无产阶级起义，以便消灭资产阶级政权，建立无产阶级新政权。

目前，决不能像过去某个时期那样，共产党人只是把议会当做争取实行改革、争取改善工人阶级状况的斗争场所。政治生活的重心已完全彻底地移到议会范围之外。而另一方面，资产阶级不仅由于它对劳动群众的态度，而且由于资产阶级内部相互间的复杂关系，不得不设法通过议会来实行自己的一部分措施。在议会里，各个集团为权力而讨价还价，自我标榜，同时又自我暴露，弄得名声扫地，如此等等。

因此，工人阶级的直接历史使命是，从统治阶级手中夺取这些机关，摧毁它们，消灭它们，并代之以新的无产阶级政权机关。同时，工人阶级的革命司令部深切希望在资产阶级议会机关里有自己的耳目，以便易于完成这项破坏任务。由此可以十分明显地看出，为了革命目的而进入议会的共产党人的策略，同社会党的议会主义者的策略有着根本的区别，社会党的议会主义者是以现行制度的相对稳定性和无限长期性这一前提为依据的。他们给自己提出的任务是千方百计地实现改革，并希望群众把每次改革的收获都作为社会党议会主义者（屠拉梯、龙格之流）的功绩给予适当评价。

新的议会制是消灭整个议会制的一种工具，它必然要取代旧的随波逐流的议会制。然而，旧的议会策略的恶劣传统，会使一些革命分子投入议会制的根本反对者的营垒（世界产业工人联合会、革命的工团主义者、德国共产主义工人党）。有鉴于此，第三国际即共产国际第二次代表大会特作如下论述。"

后来，对各条作了许多修改。第1条由委员会作了一些改动，它现在的措词是这样的：

"议会制这种国家制度已成了资产阶级统治的一种'民主'形式，这是因为资产阶级在一定发展阶段需要有一个虚设的人民代表机关，这种机关从外表看来，是一个超阶级的'民意'组织，但实际上却是占统治地位的资本用来实行镇压和压迫的工具。"

接着第9条第4行是："这种群众运动，要在团结一致的、有纪律的、集中统一的共产党总的领导之下，由无产阶级的革命群众团体（工会、政党、苏维埃）来进行组织和指导。"

现在第11条第8行是："……为了从议会内部帮助群众采取行动，从内部捣毁资产阶级国家机器和议会本身……"

在第12条第5行作了补充："……那些注视议会讲坛至今还充满民主幻想的……"

往下，原来的第13条全部删去，代之以新的一条，其中说明，假如共产党人在市政机关中占有多数，他们应如何行动。新的一条是这样写的：

"当共产党人在市政机关里取得多数时，他们应当：（1）组成资产阶级中央政权的革命反对派；（2）做各种有益于贫苦居民的工作（采取各种经济上的措施，组织或试建工人民兵等等）；（3）随时指出资产阶级国家政权阻挠实现各种真正重大的变革；（4）在这个基础上坚定地进行革命宣传工作，不怕同国家政权发生冲突；（5）在某些情况下，以地方工人代表苏维埃来代替地方自治。由此可见，共产党人在市政机关里的全部工作，应成为他们瓦解资本主义制度的工作的一部分。"

在第15条的最后1行中，把霍格伦的名字划掉了，因为霍格伦仅仅有一段时间在议会中开展过革命活动。现在他已经不按这种精神进行活动了。

现在第3节的标题是：《革命的议会制》。这部分只作了一些不大的修改，主要是文字上的修改。

委员会通过了提纲，只有2票反对。它的主要工作，整个说来是确定好德文、法文和英文本的译文。这是一项比解决博尔迪加的提纲问题更加困难的任务。他的提纲在委员会表决时，只有2票赞成。其他表决的结果如下：前言通过，有2票反对；第1—6条一致通过；第10—18条有1票反对；第19条一致通过。第3节第1—4条，有1票反对；第5条有2票反对；第6—7条一致通过；其余各条，有1票弃权。对提纲表示根本反对的是瑞士和世界产业工人联合会的代表。世界产业工人联合会的代表，因病没有出席委员会的最后一次会议。

博尔迪加作补充报告并提出反提纲

意大利社会党左派坚持反对议会制，其原因不仅对于意大利，而且对于其他所有国家都是适用的。

这是一个信念问题吗？当然不是。要知道，我们都是在原则上反对议会制的人，因为我们否认议会制是解放无产阶级的手段，否认它是无产阶级国家的政治形式。无政府主义者在原则上反对议会制，因为他们宣告反对在个人之间转让权力。反对党的一切政治活动的工团主义者，对于无产阶级的解放途径和新社会持有完全另外一种看法，他们也是反对议会制的。

至于我们，我们反对议会制，是以马克思主义对资产阶级民主制的批判为依据的。我不想在这里重复有批判力的共产主义的论证，它可以揭露资产阶级关于政治平等的谎言（说什么政治平等似乎比经济不平等和阶级斗争更为重要)。我们的观念是同历史进程的概念联系在一起的。根据这种概念,阶级斗争是通过以无产阶级专政为支柱的暴力斗争,来求得无产阶级的解放。《共产党宣言》中阐述的这一理论概念,在俄国革命中首次获得具有历史意义的实现。从这种理论概念到它的实现,这中间已经经过了很长的时间,在此期间,资本主义世界的发展也是极其复杂的。马克思主义运动在这一时期已退化成为社会民主主义运动,它为某些工人的小行业利益和资产阶级民主制创造了共同的活动场所。这种蜕化变质现象,在工会中以及在社会党内同时暴露出来了。

于是,马克思主义政党的马克思主义任务——代表整个工人阶级讲话,并号召工人阶级完成其革命的历史使命,就几乎完全被遗忘了。这样一来,与马克思主义毫无共同之处的意识形态产生了,它摒弃了暴力和无产阶级专政,代之以社会和平主义和民主主义改革的幻想。

俄国革命显然证实了马克思主义理论的正确性,证明必须采取暴力斗争的方法和建立无产阶级专政。

但是,俄国革命发展的历史条件,与西欧和美洲民主制国家将要开展的无产阶级革命的历史条件,是不一样的。俄国的情况,可以说类似1848年德国的情况。当时,德国也接连发生了两次革命——民主革命和无产阶级革命。俄国革命策略的经验,不能搬到早就存在资产阶级民主制的其他国家去,在这些国家里,革命危机将从现存的政治制度直接过渡到无产阶级专政。

俄国革命的马克思主义意义就在于,其结束阶段(解散立宪会议和苏维埃夺取政权),依据马克思主义是可以理解和辨明的。俄国革命为新的国际运动的发展,为建立共产国际(它坚决同战时遭到可耻破产的社会民主党决裂)创造了条件。

在西欧,革命问题首先要求摆脱资产阶级民主制的束缚。必须证明资产阶级论点的全部虚伪性(说什么整个政治斗争应在议会机构的范围内进行），并要证明，必须把斗争转移到新的基础上，即为夺取政权而直接采取革命行动。

应当有一个新的党的办事机构，这是一种新的历史性的结构。共产党正着手这项工作，根据执行委员会关于政党作用问题的提纲的规定，这个新的办事机构产生于为无产阶级专政进行直接斗争的时代（提纲第4条）。

因此，在过渡到共产主义经济建设之前，甚至在建成无产阶级国家新机构以代替旧管理机构之前，第一个应当破坏的资产阶级机构，就是议会。

资产阶级民主制是一种对群众进行间接防御的手段，国家的执行机构也同时做好了准备，只要以民主制控制无产阶级的最后企图一破灭，它就要使用公开的暴力手段。所以，揭穿资产阶级的这种把戏，并向群众说明资产阶级议会制的全部虚伪性，是极端重要的。

旧社会党的做法，早在世界大战之前就在无产阶级队伍中引起了反对议会制的反应。无政府工团主义的反应是，否定政治工作具有任何意义，极力强调无产阶级在经济组织方面的活动，借以散布一种错误的概念，说什么政治工作就只是选举活动和议会活动。

必须与这种错误的概念作斗争，这个斗争并不次于对社会民主主义空想所进行的斗争；这种概念决不是真正的革命方法，它会把无产阶级从其解放斗争中引到一条错误的路上去。

必须使我们的宣传尽量明白易懂，要向群众提出一些最普通最有作用的口号。

依据马克思主义原则，我们提议，在那些早已实行民主制的国家里，为无产阶级专政而进行的宣传鼓动，要以抵制选举和抵制资产阶级民主机构为基础。

十分重视选举活动，会产生两种危险的结果：其一是会造成这样一种印象，认为这种活动最为重要；其次是会耗费党的全部力量和资金，使党在运动的其他方面的活动和准备工作几乎完全陷于停顿。不只是社会民主党人认为选举具有重大的意义，而且执行委员会提出的提纲也谈到在选举运动中利用一切宣传鼓动方法的重要性（提纲第15条）。

参加选举运动的政党组织，是一个独特的办事机构，它完全不具备那种适应合法和非法革命活动需要的组织的特征。党成了（或始终是）只是从事选民准备工作与动员工作的选举委员会。至于赞同共产主义运动的旧社会民主党，它会造成一种极大的危险，因为它将像过去一样继续进行议会活动。这样的例子是很多的。

至于报告人提出并加以维护的提纲，对于其历史方面的引言的第一部分，我基本上是同意的。那里谈到第一国际为了宣传鼓动和批判，利用了议会制。后来在第二国际时期，议会制显示出分化瓦解的作用，乃出现改良主义和阶级合作。因此，在引言部分得出结论说，第三国际应恢复第一国际所采用的议会策略，以便从内部来破坏议会。

正好相反，假如第三国际采用第一国际的理论，鉴于历史条件有巨大差别，它就应当奉行完全另外一种策略，而不应当参与资产阶级民主制。

在提纲的第一部分，没有任何与我的观点相左的地方。只是在谈到利用选举运动和议会讲坛对群众发表意见时，才开始出现分歧。我们反对议会制，并不是因为它是合法的手段。不能像利用报刊、集会自由那样利用议会制。这里说的是一种斗争手段，而议会是资产阶级机关，应当代之以无产阶级机关，即代之以工人苏维埃。要知道，我们并不想在革命以后拒绝利用报刊、宣传等，但我们打算首先摧毁资产阶级民主机构，代之以无产阶级专政。

这个论证，也和另一个关于运动中"领袖"问题的论证一样，我们不能突出地提出来，不能谈不需要领袖的问题。我们清楚地知道，并从战争一开始就经常向无政府主义者指出，为了不要领袖而反对议会制，那是不行的；宣传员、新闻记者等总是需要的。毫无疑问，革命时期需要有一个集中的政党来领导无产阶级的行动。当然，这样的政党需要领袖，但这些领袖的作用，却完全不同于社会民主党人一贯体现的那样。党领导无产阶级的行动，这意味着它要承担最危险的工作，要有最大的自我牺牲精神。党的领袖并不能稳操革命胜券，如果失败，他们会首先遭到敌人的打击。他们的处境同议会领袖的处境毫无共同之处，后者在资产阶级社会中占据最有利的地位。

有人对我们说，可以利用议会讲坛进行宣传。我对这个有点幼稚的论点的回答是：要知道，议会讲坛上所说的那一套，在报刊上会登载出来。如果是资产阶级报刊登载的，那一定会颠倒是非，如果是我们的报刊登载的，那又何必把可以登载的东西先在议会讲坛上谈论一番呢？真是多此一举！

报告人所援引的例子，丝毫也不能动摇我们提出的提纲。李卜克内西是在我们认为可以进行议会活动的时代在议会开展活动的，况且这是议会制本身所不能容许的，因而遭到资产阶级政权的抨击。

如果把李卜克内西、霍格伦以及议会中其他为数极少的革命活动事例，同社会民主党人一大串的背叛行为加以对比，那么，对于革命议会制来说，就处于极为不利的地位了。

至于杜马、报刊、克伦斯基的预备国会、立宪会议中的布尔什维克问题，那它发生时所处的情况，完全不同于我们提议放弃议会制策略所处的情况。因此，我不想再谈俄国革命的发展同其他资产阶级国家革命前景之间的差别问题。

我也不能同意借助于选举来夺取资产阶级市政机关的想法。我不能避而不谈这个非常重要的问题。我考虑过利用选举运动来进行共产主义革命的宣传鼓动。但是要知道，如果我们号召群众抵制资产阶级选举，那么,这种宣传鼓动会更加有效。

此外,不能确切地规定共产党代表在议会里可以进行哪些破坏工作。就这个问题,报告人向我们提出一份在资产阶级议会中共产主义活动的规程草案。① 但是,如果可以这样说的话,这纯粹是乌托邦。任何时候都不能组织那种违背议会制原则的、超过规程范围的议会活动。

关于列宁同志在其《共产主义运动中的"左派"幼稚病》的小册子中提出的论据,我还要说几句。我认为,不能像对待主张退出工会那样指责我们反对议会制的思潮。工会,即使它被收买了,它也仍然是工人群众组织。退出社会民主党工会,符合某些工团主义者的观点,因为他们希望联合到其他经济类型的革命斗争机关中去。从马克思主义的观点来看,这是一种错误的想法,但它与我们反对议会制的论据,是毫无共同之处的。

可是,报告人的提纲指出,对于共产主义运动来说,议会制问题是个次要的问题,而工会问题,就是另一码事了。我认为,不能从反对议会活动的立场中对某些同志或共产党作出最后的论断。

列宁同志在其引人注目的著作中向我们介绍了共产主义的策略,他维护了灵活的策略,因为这是与仔细分析资产阶级世界的状况相适应的,而同时,他又建议在资本主义各国运用俄国革命的经验。他还强调指出,必须对各个国家的特殊性予以高度重视。

我不想在这里探讨这个问题。我只指出一点,就是西方民主国家的马克思主义运动,需要有一个比俄国革命所必需的策略更加直率的

---

① 博尔迪加在这里指的是《实行共产主义议会制。给资产阶级议会(中央、省议会以及地方自治机关)中的共产党议员和负责领导资产阶级议会共产党党团的共产党中央委员会的指示草案。(议会制问题的补充提纲)》,见本卷收录的《实行共产主义议会制》。提纲作了某些修改以后,由代表大会列入《共产党与议会制》的决议。——编者注

策略。

列宁同志责备我们，说我们想回避议会中的共产主义活动问题，好像我们感到很难解决这个问题，似乎我们采用反对议会制的策略不需要耗费太大的力气。无产阶级革命的任务是极其艰难而又复杂的，这一点，我们完全同意。我们完全相信，正如我们所预料的那样，议会活动问题解决以后，我们将面临其他更为重要的问题，解决这些问题，同样也不是轻而易举的。

正因为如此，我们才认为必须把共产主义运动的重心转到比议会更为重要的工作上去。这并不是因为我们被困难所吓倒。我们只不过是发现在议会问题上的机会主义者也宁愿采取轻而易举的策略，而完全醉心于议会活动。

我们由此可以断定，要想根据报告人的提纲（如果我们同意了这个提纲）解决共产主义议会制问题，就得做十倍的努力和十倍的工作，而在真正的革命活动上却还是缺少办法和能力。

资产阶级世界进化的各阶段（甚至在革命以后也应予以考虑），在经济上从资本主义向共产主义转化的情况下，不会迅速地转到政治领域中去。政权由剥削者手中转到被剥削者手中，必定使代表机构发生变化。资产阶级议会制应由苏维埃制度所代替。

必须撕去阶级斗争中的这种旧的民主假面具，以便能够采取直接的革命行动。

这就是我们对议会制的看法，它完全符合于革命的马克思主义的方法。

在发言结束时，我可以说一点符合布哈林同志意见的想法。议会制问题不能够而且也不应该成为共产主义运动分裂的理由。如果共产国际决定要建立共产主义议会制的话，那我们服从这个决定。虽然我们并不相信这样做会取得成就，但我们声明，我们决不采取任何有碍于这样做的行动。

我希望下一次共产国际代表大会不讨论议会活动的结果问题,而是很好地对许多国家的共产主义革命作出胜利的总结。如果做不到这一点,那我希望布哈林同志向我们介绍的共产主义议会制的情景,不致像他在自己的报告开头部分所谈到的那样悲惨。

接着,**博尔迪加**宣读他代表意大利社会党弃权派共产主义党团提出的关于议会制的提纲:

"(1)议会制是资本主义制度所特有的政治代表机构的一种形式。马克思主义者——共产党人对于议会制和资产阶级民主制的原则性批判足以证明,选举议会机关时赋予社会各阶级居民的投票权,并不能妨碍整个国家的政府机关是维护资本家统治阶级利益的组织,也不能妨碍国家机构是资产阶级反对无产阶级革命的历史性的斗争机关。

(2)共产党人坚决否认工人阶级可以通过在议会中占据多数来夺取国家政权;只有武装的革命斗争,才能使他们达到这个目的。无产阶级夺取政权,是共产主义经济建设的出发点,它会导致立即强行铲除民主机关,代之以无产阶级政权机关——工人代表苏维埃。于是,剥削者阶级将被剥夺一切政治权利,无产阶级将实行专政,即实行这个阶级的管理制度和代表制度。可见,消灭议会制是共产主义运动具有历史意义的目的。况且,民主代表制乃是资产阶级社会的最初形式,它应先于资本主义所有制,甚至先于官僚主义的国家机器被消灭。

(3)资产阶级的市政与公用机关也应当加以消除。把这种机关同政府机构对立起来,在理论上是错误的。实际上,资产阶级的市政机关同资产阶级的政府机构是一回事。它们同样也应当被革命无产阶级所消灭,代之以地方工人代表苏维埃。

(4)资产阶级国家军队和警察的执行机构,对无产阶级革命采取直接的行动,而民主议会却是一种实行间接维护的工具,它在群众中散布那种可以通过和平途径获得解放的幻想。同时,它还散布这样一种幻想,即资产阶级少数派享有代表权的议会制,也可能是无产阶级国家的一种形式。第二国际在社会主义运动的理论和实践方面的腐败表现,也就是这种民主制对无产阶级群众产生影响的结果。

(5)现在,共产党人的任务是,从思想上和物质上做好革命准备,首先要使无产阶级摆脱老社会民主党领袖极力在其队伍中散布的各种幻想和偏见,因为他们想把无产阶级引入歧途。这项任务极端重要,在那些民主制早已盛行,并已深入到广大群众和旧社会党的意识与习惯中去的国家里,应当把它提到革命准备问题的首要地位上来。

(6)当夺取政权对于国际工人运动来说最近还不可能发生的时候,当还谈不到直接准备实现无产阶级专政的时候——在这一时期,参与选举和议会活动,是可以提供宣传鼓动和批评的机会的。而另一方面,在那些还在进行资产阶级革命和建立新机构的国家里,共产党人在议会机构成立时期加入这种机构,可使他们对事件的发展发生影响,以便把革命引向无产阶级的胜利。

(7)在世界大战(它给资产阶级社会组织带来了战争后果)结束之后所出现的当前的历史时期,在俄国革命(它第一次实现了无产阶级夺取政权的思想)和建立新国际(它与叛徒的社会民主主义相对立)所开辟的当前的历史时期,在那些早已建立民主制的国家里,没有任何可能利用议会讲坛来推行共产党人的革命事业;目的明确的宣传,以及为无产阶级专政而进行决战的有效准备,要求共产党人鼓动工人去抵制选举。

(8)在这种历史情况下,当革命无产阶级夺取政权成为运动的中心问题时,无产阶级的政党的整个政治活动,应当专门为这个直接目的服务。资产阶级要人们相信,敌对政党之间的一切冲突,即夺取政权的任何斗争,都应当在民主机构范围内,通过选举和议会辩论来解决——这种谎言,必须彻底地加以铲除。如果不彻底消除传统的办法(号召工人同资产阶级分子肩并肩地一起参加选举),如果不结束议会讲坛的把戏(在那里,无产阶级的代表同自己的剥削者代表一起进行工作),要想达到这一目的,是不可能的。

(9)旧社会党极端崇奉议会主义的做法,极其广泛地传播了这样一种危险的观点,即一切政治工作就是选举活动和议会活动。另一方面,无产阶级厌恶这种叛卖的做法,却给工团主义者和无政府主义者的误解奠定了良好的基础,因为他们否认政治工作和党的活动所具有的一切作用。因此,如果共产党不把其争取无产阶级专政和工人代表苏维埃的直接斗争立足于拒绝同资产阶级民主制进行任何接触之上,那么,它在宣传革命的马克思主义的方法方面,就永远不能取得重大成就。

(10)认为选举运动及其结果具有重大的意义,因而党在相当长的时间内将其全部力量,即全部资金、人力、物力和报刊都用到选举运动上——这一切,再加上群众集会上的演说和理论上的宣传,会使人们产生这样一种概念,即选举是达到共产主义目的的真正的基本手段,而另一方面,却使革命的组织工作和准备工作几乎陷入完全停顿的状态,使党组织成为一种办事机构,这与合法的或非法的革命工作的需要,是背道而驰的。

(11)对于那些根据大多数人的决定而加入第三国际的政党,今后参与选举活动会产生困难,必须把社会民主党人清洗出去,不把他们清洗出去,第三国际就不能完成自己的历史任务,也不会成为一支纪律严明的、坚强团结的世界革命队伍。

(12)议会和其他民主机构中的辩论性质本身,就根本不容抨击敌对政党的政策,不容宣传反对议会制的原则,不容采取超出议会议事规程的行动。同样地,如果拒绝服从为选举运动规定的一切手续,那也不能获得议会中有权发言的席位。

议会搏斗的成败,总是取决于掌握同一武器的人所具有的灵活性,取决于这种制度本身所依据的原则,取决于议会规程的微妙之处。同样地,选举运动的成败,总是以获得的票数和占有的席位来评定。

共产党极力促使议会制具有完全另外一种性质,这只会使精力耗费在无休止的无益劳动上。况且,共产主义革命事业刻不容缓地要求对资本主义剥削制度发起直接的进攻。"

季诺维也夫(俄国):

我代表主席团提出一项建议。还有19人申请发言。我们认为,从今天起,我们应当加快工作进度,使我们的工作能在星期四以前结束。

现有两个提纲草案，我们提议推选出几个主要发言人，比方说，赞同布哈林提纲的三人，赞同博尔迪加提纲的三人。这个问题的讨论仅限于此。

拉狄克（俄国）：

我提议让赞同和反对参加议会的双方，各派一人发言。议会制这件事，我们已经谈得够厌烦的了。一般的道理都说过了。所以我提议让赞同和反对双方各派一人发言，然后由两个报告人发言。

对两项建议进行表决。季诺维也夫的建议被通过。

季诺维也夫（俄国）：

现在，我们需要作一次小调查。我来问，谁赞同布哈林的提纲，谁赞同博尔迪加的提纲？双方各自聚集在一起，以便提出自己的主要发言人。

讨论议会制问题

加拉赫（英国，车间代表委员会）：

很遗憾，我不得不指出，第三国际准备走上机会主义的道路。在这里，不去寻求能够激起群众愤懑情绪的途径和方法，却想着怎样才能使人们同意参加议会选举。认为那些不可靠的分子进入议会以后，会为第三国际，为革命而斗争，这真是天真的想法。在英国，我们见到许多这样的事例。那里发生了什么事呢？主要是在张罗通过合法途径参加选举。经常有人说：进入议会，可以在那里发言，从而也就可以进行宣传鼓动了。结果是，无产阶级渐渐地对民主机构产生了信任心理。不能期望那些进入议会的人会有所作为。现在，世界各国共产党有更为重要的工作要做，何必要把精力浪费在议会选举上？现在，应当研究革命的途径和方法，即研究革命的策略，而你们却想把工人的注意力从这方面引开，并且采用共产国际执行委员会的名义。目前，英国正在建立的共产党，坚持要参加第三国际。这是当前的一种时髦，就像赞成无产阶级专政一样的时髦。但是，嘴上说说又有什么用呢？它准备为无产阶级专政的利益采取行动吗？我的回答是：不，决不可能！

当然，李卜克内西从事了伟大的工作，但也只不过是在议会之外同群众一起进行了活动。如果他只限于在议会中发表演说，那他就会和其他许多人一样，会和麦克唐纳一样，仍然活在人世。至于俄国的例子，它有自己的历史情况，因而不能照搬。俄国革命者的斗争与经验，是用血和泪换来的。布尔什维克在俄国杜马中的行为，是工人群众多年来进行艰苦斗争的结果。现在，第三国际以及各国人民面临着两种策略的抉择：一种是，借助于一切民主词句，在人民中增强俯首听命的心理；而另一种是，支持群众的革命精神。议员马克林的表现就是一个典型的例子。他在选举前的大会上说，他是布尔什维克，他会使议会遭到破坏。可是，他一被选入议会，就变成了小资产阶级的社会党人，并宣称，他不是布尔什维克。我们应当将我们的精力集中到革命斗争中去，把革命斗争的思想带给群众。是通过俯首听命的途径前进，还是通过斗争的途径前进，第三国际现正面临着抉择。

沙波林（保加利亚）：

同志们！保加利亚共产党已具有议会工作的经验，这个经验表明，在已经存在资产阶级议会的地方，共产党可以而且应当把工人群众的革命斗争同议会内的斗争结合起来。

尽管博尔迪加同志在他向我们提出的反对提纲的发言中用了一些马克思主义的词句，但应当承认，这些词句同真正的马克思主义主张毫无共同之处。根据马克思主义的主张,共产党应当利用资产阶级给我们提供的一切机会去接触被压迫的群众,并促使他们很好地领会共产主义思想。这种反对提纲的思想,只不过是尚存于一些国家工人运动中的小资产阶级偏见的残余罢了。我认为,保加利亚的经验是对博尔迪加同志反对提纲的意见的最好回答。这就是我要提请你们注意,并就此问题简略表示意见的原因。尤其是,我的回答不是一些空洞的、所谓马克思主义的词句,它是来自实际生活。

保加利亚共产党为反对1912—1913年的巴尔干战争,进行了坚决的斗争。当这次战争以失败和国内严重经济危机而告终时,党对群众的影响竟增长到这样程度,以致在1914年的选举运动中,它由于严正地进行了原则性的宣传鼓动而获得45000张选票,在议会中得到11个席位。

对于保加利亚政府决定参加世界大战,议会党团不止一次地表示严重抗议,并且总是示威性地投票反对军事拨款。保加利亚共产党通过非法的小册子和传单,以及秘密的宣传鼓动,领导了国内和前线的激烈斗争来反对业已掀起的帝国主义战争。全党和议会党团,由于进行这种革命活动而遭到迫害。三名共产党议员卢卡诺夫、季米特洛夫和齐波拉诺夫,在战时被军事法庭判处三至五年徒刑,被监禁数月后才获赦免。几百名同志被处以各种刑罚,数十名共产党人遭到枪杀。军队总司令部禁止士兵阅读党的机关报《工作者通讯》,而那些违反这项命令的士兵,遭到了逮捕、迫害,乃至枪杀。

正是这种反战的激烈斗争,资产阶级强制政策的彻底破产,以及战争引起的深刻危机,使共产党得以扩大自己的活动领域和对群众的影响,成为我国最强大的政党之一。在1919年的选举中,共产党获得了12万张选票,在议会中占有47个议员席位。尽管内务部掌握在社会党领导人之一保加利亚的诺斯克——臭不可闻的帕斯图霍夫的手中,但是，社会爱国主义者即"社会党宽广派"，只占有34个席位。共产党善于利用议会讲坛来从事革命活动，这一成就使资产阶级惊慌失措，于是，它解散了议会，决定在1920年3月重新选举。虽然政府针对我们采取了恐怖手段（成千上万的同志被捕，数以百计的同志在狱中遭受侮辱与毒打，许多人被打死；军事法庭、书刊检查、宪兵队、军队、白匪军，以及实行收买和压制的整个国家机构——所有这一切，都是针对我们设置的），但重新选举给共产党带来了辉煌的胜利：它不仅保持住原有的席位，并且还大大地增强了。共产党获得了18.7万张选票，50个代表席位，而"社会党宽广派"从39个席位降为9个席位。政府成了少数派。它为了使自己占有多数，破坏了选举法和议会规程，宣布9名共产党人代表的当选证书无效，粗暴地把他们赶出会场。这样一来，政府就把共产党人的议会党团减少到41个席位。

然而，资产阶级却因此而撕下自己遵奉法纪的假面具，破坏了群众心目中的资产阶级民主议会的法制原则，使它在国内劳动群众中的影响受到损害。菲力浦波波里和弗拉察两选区的工人和农民，由于他们的代表被赶出议会，所以举行了声势浩大的抗议集会，宣布他们要坚决为消灭资产阶级议会（那里不许真正的人民代表进去）而斗争，为建立工农苏维埃以代替资产阶级议会而斗争。

共产党在竞选斗争中，发表了1919年5月全国代表大会通过的共产党纲领。它公开宣布不赞成有关议会的任何幻想，认为只有通过工农苏维埃领导下的群众革命活动（直到武装起义），通过消灭资产阶级议会和资产阶级国家，无产阶级才能够夺取到政权。

共产党在议会内同一切右翼和左翼的资产阶级政党进行了毫不妥协的斗争。它激烈地抨击国家法律的各种草案，总是抓住时机提出自己的原则性观点和口号。共产党这样利用议会讲坛，是为了尽可能广泛地在群众中开展宣传鼓动工作。它向群众阐明必须为建立工农苏维埃而斗争,它破坏议会的威信和作用,号召群众要以无产阶级专政代替资产阶级专政。

保加利亚共产党把议会内的斗争同群众中的斗争结合起来了。例如,议会党团非常积极地参加了运输工人大罢工。这次罢工于1919年12月开始,持续到1920年2月,历时53天。由于这次革命行动,政府宣布共产党议员不受法律保护,所以其中一些人遭到逮捕。斯特凡·季米特洛夫、议员杜勃尼齐、捷麦列科·年科夫和佩尔尼卡等同志被判处徒刑:按武装反抗当局的罪名,季米特洛夫被判处12年徒刑,杜勃尼齐被判处5年徒刑。这两位同志已被关在狱中。对第三名共产党议员柯斯塔·齐波拉诺夫,按叛国罪在军事法庭上提出公诉。有三名议员是中央委员会委员,因为他们在议会里和群众中坚决反对保加利亚政府援助俄国反革命分子而遭受迫害。由于索非亚无产阶级在两天内募集并交付了30万列弗的保证金,他们才暂时得到释放。共产党议员在议会中反对资产阶级的一切言论具有这样一种力量,即它可使当权的多数派与共产党议会党团之间发生争吵,甚至有时发生搏斗。

共产党议会党团受中央委员会的直接领导。议员们经常在群众中开展工作,并可利用其豁免权更加积极地参加无产阶级群众的斗争。

1919年初,党内出现了一个反对共产党参加竞选和参加议会的小派别。这个派别的代表提议抵制资产阶级议会。但是,1919年5月在索非亚召开的党的全国代表大会,一致否决了这种反议会制的观点,接受了中央委员会的观点,即认为,无产阶级要想进行反对资产阶级议会制度、争取建立工农苏维埃的革命斗争,必须利用选举和议会讲坛。不久以后,由于共产国际执行委员会发出了通告①,以及议会选举和市

---

① 沙波林在这里指的是共产国际执行委员会的通告《议会制和为苏维埃而斗争》,载于《共产国际》1919年9月第5期第703—708页。

政机关选举结果对我们的政治组织和工会组织产生了影响,这个观点才被证明是正确的。

选举运动也和议会及市政机关内的斗争一样,对于共产党组织的发展与巩固,对于在无产阶级群众中传播共产主义思想,都起了极大的促进作用。现在共产党约有4万党员,工会有3.5万名会员,党每天发行的机关报销售到3万份。

共产党还积极参与了市政机关和地区苏维埃的选举活动。在1919年12月的市政机关选举中,以及在1920年1月地区苏维埃选举中,共产党获得了14万张选票,几乎控制了所有城市及近100个村镇的市政机关。在其他许多城镇的市政机关中,党的代表人数也很多。共产党为市政机关和地区苏维埃拟定了力图在城乡建立工农苏维埃的纲领。这些工农苏维埃的特别分部,在革命时期应取代目前的市政机关和地区苏维埃,并承担起它们的职能。直到现在,共产党还在已占有多数席位的市政机关中为争取自治权而斗争,它号召工人和贫苦农民开展大规模的活动,支持共产党在市政机关中的代表所提出的预算案;对资产阶级实行累进税,直到没收资本,而对劳动者阶级,则解除其一切赋税负担;规定大笔经费用于社会事业、人民教育,用于只有利于多数人(工人与贫农),而有损于少数人(资产阶级与财主)的其他目的。

我们利用在共产主义市政机关内展开的斗争,是为了向群众阐明,他们只有自己组织起来,才能迫使中央当局尊重共产主义市政机关所通过的有关粮食、住房、物价以及工人居民其他一切需求的决定。共产主义市政机关的一切提案,应事先经过党的地方委员会审查,然后提交大会普遍讨论,并要邀请全体工人居民参加讨论,听取他们的意见。有争议的问题,交由全民投票解决。市政机关中的所有共产党代表,由设于索非亚的全国中央常设委员会领导,而该委员会则由党中央委员会来控制。

十分显然，资产阶级中央当局不会容许共产主义市政机关进行这样的活动，它会在一些微不足道的借口下，对共产主义市政机关的代表进行迫害，迫使我党不能在市政机关内开展革命工作。政府逮捕了菲力浦波波里市政机关中的多数共产党代表，解散了市政委员会；它还迫害和枪杀了数十名同志——各共产主义市政机关的代表。但这种种迫害，只会促使工人群众和不满分子更加团结在共产党的周围。

为了捍卫我们的"公社"，我们号召群众采取一切措施支持它；我们向他们证明，必须扩大斗争来夺取国家中央政权，因为国家中央政权使工人通过实施共产主义市政机关的决议来保卫自身利益的一切努力，失去了作用。由于进行了保卫共产主义伟大市政机关的斗争，群众才能够确信，必须同资产阶级政权进行直接的斗争，并且不是通过选票，而是通过群众的直接行动和武装起义来进行。

于是，市政机关内的阶级斗争，变成共产党所掌握的强有力的手段，可借以推动群众、组织群众，提高他们的阶级觉悟，把其全部解放的力量团结起来，用于革命斗争的主要战线，以夺取资产阶级政权的堡垒——资本主义国家。

我党的经验表明，可以而且应当把群众的革命行动同资产阶级议会和市政机关内的革命斗争结合起来。因此，我们代表团同意执行委员会向代表大会提出的提纲。

（会议于5时15分休会）

第十次会议

（1920年8月2日晚）

会议于9点30分开始。

继续讨论议会制问题

赫尔佐格（瑞士共产党）：

敬爱的同志们！这里正试图作出一项决定，使所有各国共产党都能实行革命议会制。布哈林曾指出，在这些国家的议会中，至今仍然没有俄国那样的革命活动。虽然这些国家的经济发展，例如法国、英国和瑞士的经济发展，对于无产阶级革命来说早已成熟了。究竟什么原因使这些国家的无产阶级在革命策略上如此落后呢？原因就在于在这些共和国和民主政治中存在着改善无产阶级生活的可能性。在那里，可以借助议会制为无产阶级争得许多有益的改革。由于有了这种可能性，所以，显然地，在那里不会出现任何革命积极性。这就是这些国家的无产阶级如此缓慢地投向革命，而且难以理解俄国人所具有的那种革命意志的原因。

在俄国，情况完全不同。无产阶级不能合法地进行活动，不能争取到改革，不能改善自己的状况，无产阶级必须走上街头，采取革命行动。因此，在俄国，也不能像在西欧各国那样发展议会制。

可是，我们的俄国同志们会说："现在西欧的情况不同于过去了。

过去，在议会中没有进行革命活动的条件，而现在，情况变了。现在，在西欧和美国也有这种条件了。我们要给所有共产党下达明确的指示，向他们的议会党团说明应如何开展工作，这样一来那里就可以开始革命活动了。"我认为，这是不可能的。首先是因为这样的规定会公然丧失进行革命工作的条件，因而共产党将按机会主义精神从事活动。我们在委员会里长时间讨论了共产党代表在市政机关中应如何行动，并且讨论了，如果他们在那里占据多数，他们应从事哪些活动。对于这个问题，布哈林曾指出："如果他们占据多数，他们就应当设法改善工人状况，加剧共产主义市政机关和国家之间的矛盾。"是的，可是要知道，当机会主义者进入议会时，他们也是这样对我们说的。他们说："我们到这里来，是为了借这个机会加剧无产阶级和国家之间的冲突。我们赞成改善工人状况，但其唯一的目的是加剧劳资之间的冲突。"

这就使得那些业已加入第三国际的机会主义分子有可能以共产党的名义进行机会主义活动，并使整个议会制朝着这个方向急剧发展下去。

第三国际为了吸收一切"革命"政党加入自己的队伍而选择了这条道路，还会出现另一种情况。不久以后，德国独立社会民主党和法国社会党的多数派，也将参加进来。当然，一些小的社会民主党的多数派，也会参加进来。普拉滕已被派往瑞士去办这件事了。由此可见，还会有更多的机会主义分子进入第三国际，然而，他们不会立即变成革命的共产党人。他们在第三国际中将原封不动地执行他们在第二国际中一直执行的那种政策。

这就是我们看到的危险性，它使我们不得不承认：这里出现的那种形式的议会制，实际上不适用于西方各国。这有一个实际例子。今天这里对我们宣称，保加利亚共产党在革命议会制方面是一个典范。它的议会党团似乎工作得非常好。然而，不久以前我读过一篇文章，其中谈到的情况却恰恰相反。再者，我不得不提到一位保加利亚同志，他作为议员从莫斯科到了保加利亚，他在那里看到保加利亚共产党议会党团的活动以后，就成了反对议会制的拥护者，并以这种身份回来了。这就可以证明并非所有国家都能实行俄国共产党人所实行的那种议会制。要知道，德国社会民主党人、老威廉·李卜克内西和倍倍尔也曾说过："我们参加议会，只是为了利用它宣传革命。"但这种革命活动很快就变成了机会主义和改良主义，因为议会为机会主义和改良主义提供了机会，而现在的社会民主党成了公开叛卖社会主义的政党。

当然，你们会作出决定，规定共产党必须实行议会制。我们不至于顽固地反对议会制，不会声称不服从第三国际的决定。我们可以暂时按规定去做，但我们深信，这不会取得成就。一两年以后，在下一次代表大会上，根据实践和经验，必定会有人说：如果我们没有这样做，如果我们把自己的全部力量用到工厂、军队和农民中去，那该多好！这对于革命的发展，对于第三国际，会更为有利。

墨菲（英国，车间代表委员会）：

在议会制问题上，我对于今天上午车间代表委员会的一位同志的发言，需要提出不同的看法。我认为，这里对议会制的全部攻击、对议会制的一切批判，都同改良主义的议会制有关，并不涉及革命的议会制。

的确，有些社会主义运动的代表，加入议会以后成了叛徒，但这种情况不足以用来指责我们在议会机关中的全部活动。我还没有听到谁发表过这种论点，说李卜克内西同志在德国议会中的策略，或者布尔什维克代表在俄国杜马中的策略，除了给革命运动带来好的结果外，还带来了别的什么东西。

我们不应当参加某个组织，因为这个组织中的人们持有资产阶级观点——对于这种论点加以论证，是徒劳无益的。要知道，这样一来，我们就不能参加工联和其他类似的组织了，因为它们的成员虽属于工人阶级，但谁都不能否认，他们的思想意识实质上是小资产阶级的。

我们的任务并不是要与世隔绝，保持自身清白，而是要除了在工人阶级组织中开展革命斗争外，还要在敌对营垒中开展革命斗争。在这里，对于实行革命议会制能够产生的宣传鼓动作用，已提出许多论据，我不想再重复了。我认为，这个问题还有其他一些十分重要的方面，认识到这些方面会使我们懂得：革命的议会制，甚至在产业工人组织已达到高度发展阶段的地方，也都具有和可能具有重大的作用。

工人同企业主阶级在议会外的大规模搏斗，没有一次不在议会内引起巨大的反响。这一点清楚地向我们说明了车间代表委员会运动的经验。当车间代表委员会开始大规模的经济斗争时，它们不止一次地遭到国家机器的压制。甚至那些自称反对议会制的人，也不得不利用议会中的工党代表，参加议会内部的宣传鼓动。工人运动的成员，其中包括反对议会制的人们，不止一次地同工党代表和其他议员进行联系，预先取得他们的支持，以便他们能在议会内部表示抗议和组织宣传鼓动。工人们有时所处的不断变化的形势本身，迫使运动的参加者不得不采取这种策略。并非随时都可以举行罢工，罢工工人的激昂情绪也并非经常保持在一个水平上。有时可以向敌人挑战，拒绝同他们进行任何谈判，可以给他们迎头痛击。可是有时热情逐渐消失，而敌人又比我们强大。在这种情况下，必须想方设法聚集力量，实行退却，组织侧翼进攻，开展各地单独的抗议活动。总之，要竭尽全力保存我们的力量，防止力量分散。在这种情况下，我们尤其要重视议会内部的宣传鼓动力量，正是这种情况使得我们的运动要支持议会制。

不应忘记，危机不仅发生在工业机构，而且也在其他中心发生。我们不止一次地注意到，贯彻执行对议会提出的那些建议和措施，对议会外的运动产生了重大的影响。我们亲眼看到这些建议和措施是怎样变成法律的，而且没有人企图阻止在群众的生产和社会生活中实行这些建议和措施。如果议会中有一些革命者能密切联系议会外有组织的运动，那么提出类似的法律草案的尝试本身，不仅是议会内表示抗议的一种表现，而且也是唤起群众和动员他们开展议会外斗争的一个信号。

这种情况和这种经验使我们不得不承认我们的斗争的多面性。由此可见，抛弃共产党人在议会中的代表这个武器，而求助于自由党人和工党中的改良主义分子，使自己处于卑贱的地位，这是极为愚蠢的做法。我们要像议会内的革命者那样进行斗争，要像善于适应各种斗争阶段、不怕同敌人发生联系（如果形势需要这样做的话）的革命者那样进行斗争。

革命的议会制不是目的，而是手段。在我们把我们的共产党变成真正的革命斗争机关的地方，这是动员群众去夺取政权的最有效的手段。根据这些理由，我赞同共产国际执行委员会关于议会制问题的提纲。

苏希（全德工人联合会）：

同志们！首先我相当高兴地指出，在这次有激进社会民主党人参加的代表大会上，不仅无政府工团主义者，而且共产党人也都支持反对议会制的观点。这是对40年前形成的无政府主义者的观点的让步。

今天，在听取布哈林同志申辩他的观点时得到一个印象，似乎他所维护的东西，实际上连他本人也不相信。我想，决不是我一个人有这样的感觉。布哈林同志把议会制当做一种手段来维护，但这个手段是不能导致社会主义的。大家都认为，议会制不是引向共产主义的手段。可是，却有人向革命工人推荐这个手段。这真是一种奇怪的观点！提出一种被认为是不能达到目的的手段，真是毫无意义。第三国际执行委员会推荐这种观点，正是从事这种荒诞的活动。

我们必须确认，正是议会制使群众更为麻痹，正是议会制妨碍了群众采取真正革命的手段和直接的行动。不错，这是一种陈旧的论断，但是这里极力推荐的新议会制同样也是陈腐的，而这里却试图把它作为某种"新事物"提供出来。难道你们不知道，议会制目前已在芬兰、德国、俄国彻底破坏了吗？现在又向工人提出这种破产了的议会制，岂不是毫无道理？当然，独立社会民主党先生们、职业政客老爷们想把议会制强加给工人，而工人以及相当多的共产党人对议会制却越来越感到厌烦了。这里维护议会制的先生们，正是在德国卡普周力图破坏总罢工的那些人。第三国际对待议会制的态度，是把它作为一种"新的革命议会制"提到你们面前的。但这种新的议会制，原来却是社会民主党的一个老错误。那时，该党还处于幼年时期，在其诞生过程中接受了与此一模一样的观点。这里正在重复过去的错误，正在寻求新的论据来迎合旧的、不适用的议会制。

在座的马克思主义者，关于这个问题已经谈得很多了。然而，这是一些在理论上有偏见的教条主义。马克思主义早在童年时期，就把议会制思想同母乳一起吸取了。议会制思想已浸透到教条主义者的血肉中，我们不仅在思维上，而且在感情和意志上都同议会制思想有机地融合在一起了。这些教条主义者的议会制思想，不是有意识地从逻辑推理方面产生的，而是一种下意识地从心理方面产生的。因此，既然革命者至今还在谈论议会制是否适用，那我们在这里所碰到的就不是在逻辑上有根据的斗争手段问题，而是一种心理现象了。然后，才能在逻辑上设法论证它已预先被确认为是一种好的斗争手段。"新的、革命的"议会制的根源，缺乏逻辑上的论据，而是一种带偏见的教条主义。可见，议会制是一种机会主义的妄想，决不是革命工人为共产主义而斗争的武器。应该把这种所谓的斗争武器看成是机会主义的妄想，而不是墨菲同志刚才所说的"新的、革命的"议会制。

有些人说，通过这条途径不能走向共产主义，但他们却又说什么，可以利用议会作为讲坛来影响那些舍此途径不能接近的人。我认为，这种观点极端缺乏理论根据。如果没有其他办法，看来只好求助于这个途径了。不对，有其他的办法，只要我们放弃种种偏见去寻求，就能找到它们。我们要承认，正是因为我们推荐议会制，所以才同那些否定议会制的工人群众中的革命分子疏远了。如果把被疏远了的人和暂时可以吸引的人加以权衡的话，那么我觉得，对于社会革命来说，前者比后者重要得多。这就是这种观点经不住批判的原因。再者，如果为了宣传鼓动而支持议会制观点，那么不是议会代表，也可以从事宣传鼓动。例如，有一个反军国主义者，他在维也纳从议会讲坛向听众散发了反对议会制的传单。这就向你们提出了一个实例：不参加选举骗术，不把大量人力、精力、钱财耗费到选举上，也能利用议会作为宣传鼓动的讲坛。这种行动，对于工人来说是非常重要的。在自己的报纸上阐述这一点，就会得到你们力求得到的东西，即议会内部的宣传鼓动。

列宁（俄国）[①]：

博尔迪加同志显然想在这里替意大利马克思主义者的观点辩护，可是，对另一些马克思主义者在会上提出的主张进行议会活动的种种论据，他却一个也没有答复。

博尔迪加同志承认，历史经验不是人工制造出来的。他刚才对我们说，应该把斗争转移到别的方面去。难道他不知道每一次革命危机都伴随着议会危机吗？不错，他说应该把斗争转移到别的方面去，转移到苏维埃去。可是博尔迪加同志自己也承认，苏维埃用人工是制造不出来的。俄国的例子证明，苏维埃只能在革命时期或在革命前夕组织起来。在克伦斯基时期，苏维埃（即孟什维克的苏维埃）是组织起来了，但

---

① 列宁的发言中译文见《列宁全集》中文第2版第39卷第242—245页。——编者注

是它怎样也没能变成无产阶级的政权。议会是历史发展的产物,在我们还没有力量解散资产阶级议会的时候,我们就不能把它一笔抹杀。只有去当资产阶级议会的议员,才能从现实的历史条件出发,进行反对资产阶级社会和议会制的斗争。资产阶级在斗争中使用的工具,无产阶级也应该加以利用,当然,利用的目的完全不同。您也不能说不是这样的,如果您想否认这一点,那您就是要把世界上一切革命事件的经验一笔抹杀。

您说,工会也是机会主义的,也是危险的;可是另一方面,您又说,工会应该例外,因为它们是工人的组织。这样说只在一定程度上是正确的。工会里也有很落后的分子。一部分降为无产者的小资产阶级分子,落后工人和小农,都真以为议会是代表他们的利益的。要同这种偏见作斗争,就得在议会中进行工作,用事实向群众说明真相。靠理论说服不了落后群众,他们需要的是亲身体验。

俄国也有过这种情况。我们为了向落后的工人证明,通过立宪会议他们什么也得不到,不得不在无产阶级胜利以后还召集立宪会议。为了把两种经验加以对比,我们就具体地拿苏维埃同立宪会议来比较,让落后的工人看到,苏维埃是唯一的出路。

苏希同志是一位革命的工团主义者,他也为这种理论辩护,可是,他没有逻辑。他说他不是马克思主义者,因此这是可以理解的。但是,博尔迪加同志,您说您是马克思主义者,那就可以要求您逻辑多一些。必须知道用什么方法能够打垮议会。如果各国都能够通过武装起义做到这一点,那当然非常好。您知道,我们在俄国不仅在理论上,而且在实践上都已经证明了我们摧毁资产阶级议会的意志。但是您却忽视了一个事实:没有相当长期的准备,这是办不到的;在多数国家里还不可能一下子就把议会摧毁掉。我们必须通过议会斗争来摧毁议会。您是用自己的革命意志代替了决定现代社会各阶级政治路线的条件,因此您忘记了：我们俄国甚至在胜利以后，为了摧毁资产阶级的议会，也还必须首先召集一次立宪会议。您说："确实，俄国革命的例子不适合西欧的条件。"但是，您没有任何有力的论据来向我们证明这一点。我们经历了资产阶级民主时期。我们当时不得不宣传选举立宪会议，这个时期很快就过去了。后来，在工人阶级已经能够夺取政权的时候，农民还认为必须要有资产阶级议会。

我们考虑到这些落后分子，就不得不宣布举行选举，用实例、用事实向群众说明：在全国处境十分艰难的时期选举出来的这种立宪会议，并不能反映被剥削阶级的希望和要求。这样，不仅我们工人阶级的先锋队，而且大多数农民、小职员、小资产阶级等，都清楚地看到了苏维埃政权和资产阶级政权之间的冲突。各个资本主义国家的工人阶级中都有落后分子，他们确信议会是人民的真正代表，没有看到议会里使用的是卑鄙龌龊的手段。有人说，议会是资产阶级用来欺骗群众的工具。但是，这个论据应当用来批驳你们，而且恰好在批驳你们的提纲。怎样才能对那些确实受资产阶级欺骗的落后群众揭露议会的真正性质呢？如果你们不参加议会，如果你们站在议会外面，你们怎么能揭露议会的手法和各个政党的立场呢？如果你们是马克思主义者，你们就应当承认，在资本主义社会里的各阶级之间的相互关系同各政党之间的相互关系，是紧密地联系着的。我再重复一遍，如果你们不当议员，如果你们拒绝参加议会活动，那你们怎样去证明这一切呢？俄国革命的历史清楚地表明，广大的工人阶级、农民、小职员，如果不是经过亲身的体验，那么任何论据也是说服不了他们的。

这里有人说，我们参加议会斗争要浪费许多时间。请想一想，除议会以外，还有没有那样一个各阶级都能参加的机关呢？这是不能用人工制造出来的。如果说所有阶级都卷入了议会斗争，那是因为各阶级的利益和阶级冲突都在议会中得到了反映。假定到处都能够一下子组织起决定性的总罢工，一举推翻资本主义，那么革命早就在许多国家发生了。但是必须考虑实际的情况，而议会正是阶级斗争的舞台。博尔迪加同志和拥护他的观点的人应当向群众说实话。德国是一个很好的例子，说明共产党党团可以在议会中进行工作。所以你们本来应当公开向群众说："我们太弱，还建立不起一个有坚强组织的党。"这才是本来应该说的实话。可是，你们如果向群众承认了你们的这个弱点，他们就不会拥护你们而要反对你们了，他们就会拥护议会活动了。

如果你们说："工人同志们，我们很弱，我们不能建立一个有严格纪律的党，不能使议员们都服从党"，那么工人就会抛弃你们，他们就会说："靠这种软弱的人我们怎么能建立无产阶级专政呢？"

要是你们认为，无产阶级一旦胜利，知识分子、中产阶级、小资产阶级马上都会变成共产主义者，那就太天真了。

如果你们没有这种幻想，那你们现在就应该使无产阶级为贯彻自己的路线做好准备。无论哪一方面的国家事务都不能例外。在革命胜利的第二天，你们到处都可以看到自称是共产主义者的机会主义辩护士，不承认共产党的纪律、不承认无产阶级国家纪律的小资产者。如果你们没有使工人为建立真正有纪律的、能够强制全体党员服从它的纪律的党做好准备，那你们永远也不能为建立无产阶级专政做好准备。我想，你们是因此才不想承认：正是很多新的共产党的软弱性，才使他们否定议会工作的必要性。我坚信，大多数真正革命的工人是一定会跟我们走的，一定会反对你们的反议会活动的提纲的。

博尔迪加（意大利）：

列宁同志对我们提纲和论点的反驳意见，提出一些非常有意思的问题。我不想在这里谈论这些问题，因为它们涉及马克思主义策略的总问题。

毫无疑问，议会事件和内阁危机是同革命发展和资产阶级组织危机密切相关的。但是，为了确定无产阶级政治行动对事件进程的影响方式，必须（甚至在战前）注意是什么原因使得国际社会主义运动的左派马克思主义者拒绝参加内阁，拒绝给予资产阶级内阁以议会支持，而这显然是对事件进程的干预手段。

为了共产主义的最终目的，必须把工人阶级的革命力量及其组织联合起来，这就要求我们采取以明确的行动总则为依据的策略，哪怕这种策略是非常一般的，不够灵活的。

我认为，我们当前的历史使命要求我们采取一种新的策略，即拒绝参加议会，因为议会已经不是影响事件进程的手段。

有一种论点，说什么现在需要解决党领导的共产主义议会活动的实际问题，因为革命以后需要善于同资产阶级和半资产阶级人物一起建立各种机构。这种论点同样也适用于资产阶级统治下的制度，借以证明需要有社会党部长。

但是，现在不是深入讨论这个问题的时候，我只是提出声明，对于我们所关心的这个问题，我保留自己的看法，而且我坚信，共产国际不会达到真正革命的议会活动的目的。

最后，既然承认我的提纲的依据是真正马克思主义原则，同无政府主义者和工团主义者反对议会制的论据毫无共同之处，所以我希望那些同意以马克思主义原则为提纲基础的、完全和实际赞同反对议会制的同志，会投票赞成我的提纲。

布哈林的结束语

同志们！首先提一点初步意见。我在第一次发言时，认为不需要再重复提纲中已经阐述过的东西。同时，那些反对我的意见的同志也都说，根本不需要辩论了。博尔迪加同志在其第一次发言中谈到资产阶级民主制和苏维埃政权之间的区别，谈到资产阶级民主的各种特征。这都是无须争辩的，我们完全同意他的见解，而且这种见解是我们首先谈到的。可见，博尔迪加同志的第一次发言和其他一些同志的发言，十分之九的内容是没有什么可以争辩的，因为我们大家都同意他们的意见。所以，在我的结束语中就不再重复这些内容了。当然，若是加拉赫同志在会上宣称"我们主张采取直接行动"，那么，这些内容就不是次要的了，而是头等重要的了。但是，我不打算谈这个问题，因为我们大家取得了一致意见，用不着在这个问题上耽搁时间。

列宁同志谈到共产党员的弱点，并且正确指出：恰恰是最弱小的共产党，才在原则上反对议会制。可以说，是通过演绎法得出这个结论的，而我是凭经验向一些同志证明这一点的。我同反对议会制的赫尔佐格同志谈过，他对我说："那当然了，如果我们像你们那样，有一个如此强大的党，那情况就不同了。"玛丽·尼尔森同志也是反对议会制的，她对我说："如果执行委员会和第三国际给我们派人来开展议会活动，那情况就不同了。"这是两个证据，这两名反对议会制的同志（占出席大会的反对议会制的人数的40%）证实了列宁同志的这个论据：他们因为软弱而成为反对议会制的人。也许，这是原则上反对议会制的观点根本站不住脚的最好证明。

我们也可以在更为广泛的范围内来证明这一点。拥有强大共产党的俄国，主张利用议会；德国也主张利用议会；意大利大多数也赞成利用议会。但是，只有共产主义小组的瑞士和丹麦却反对利用议会。

现在来谈谈反对我们的那些论据。我们说：经验证明，革命议会制是可行的，并举出李卜克内西和其他同志的例子。那么，人们对我们提出什么异议呢？博尔迪加同志说，我们有李卜克内西，但是，我们还有黄色的社会民主党，这种议会活动的总对比，结果是非常不好的：同李卜克内西的议会活动相比较,社会民主党的背叛活动所占的比重极大。但是,很显然,这种论据是完全不可信的。我们谈的是共产主义议会制。根本不能把其他事物拉扯进来。这是一种诡计,想借助于它来欺骗我们。加拉赫同志说:李卜克内西的活动,只是由于他和群众一起走上街头,才有其意义。而我们却恰恰持有这种意见,即议会工作应同街头活动相结合!何况加拉赫同志本来就知道,李卜克内西曾在议会讲坛上号召起义。任何人都不敢说,这是有害的活动。

第三位反对者、工团主义者苏希同志说:"议会制在俄国和芬兰已经破产了,而你们却鼓吹议会制。"不过,要知道,议会制在俄国彻底垮台了,这是一方面,而另一方面,却是由于我们在议会内进行了斗争,才在某种程度上加速了这种垮台。这是事实。可是,现在对俄国这样提出问题,是不对的。目前在俄国,根本谈不上议会制问题。您本来应当证明我们过去加入议会时的策略是错误的,而您在这方面却没有提出任何论据来。我们所以取得了胜利,就是因为我们的策略是正确的。

博尔迪加同志企图寻找各种非常巧妙的论点。譬如,他说:"当然,我们可以利用各种手段,但议会制不是手段,而是一种机构。"所以他认为,他引用了这种有力的论据以后,我们的所有论证就站不住脚了。博尔迪加同志!请问,怎样和何时才能确定手段与机构之间的原则区别?就拿帝国主义政府动员参战来说吧。在我们面前会出现一个问题:我们应当排斥军队,还是参加军队。从战争一开始,我们就主张参加军队。早在战争之初,我们就说过:当人民武装起来时,他们将比较容易地战胜一切。为了把武器掌握在自己手里,要利用这样的机会。军队是一种机构吗?当然,它是金融资本手中的资产阶级机构。有谁能说,我们不是把这种军队当做手段来加以利用?显然,就是作为手段加以利用的。在这个例子上,博尔迪加同志可以很容易地相信,手段与机构之间不存在任何矛盾。我举这个例子,是想说明:甚至资本的这一最重要的镇压武器，也可以变成我们所掌握的反对资本的武器。我们用经验证明了这一点。我再一次强调指出，这里说的不是个性或理论公式问题，也不是词句问题，而是千真万确的事实。

博尔迪加同志总是在两种观点之间摇摆不定。有时，他维护我们指出的那种观点，它不同于无政府主义者和工团主义者的观点。而他的提纲却是另外一回事。他在提纲中说，我们要在议会里开会，同资产阶级一起工作，这是一种无政府主义的论点。接着，他又说，由于许多特殊情况，不能利用议会——这又是另外一种论点了。他的各种论点如此混乱地搅在一起，要解开这个结子，是相当困难的。

再谈谈加拉赫同志的论点。他说："我们不止一次地得到这种经验，即一个人一加入议会，在那里就成了叛徒。"另外一位同志（似乎是赫尔佐格同志）说：议会里总有许多贪污受贿的事情。当然，我们注意到，是有这种事情，但我们要问加拉赫同志，难道他不知道工联中也有这种事情吗？有一个工联书记贪污受贿的典型例子……难道我们这里没有发生过编辑在做革命报纸工作之前就已变成坏蛋这种事吗？我们知道，在我们的实际生活中有许多这样的事例。例如，我们曾经是一个秘密的党，在第一次（二月）革命以后才发现，在我们党的一些组织里，几乎有一半成员是奸细。当时，所有的机会主义者都对我们说："瞧，秘密的党要把我们引导到哪儿去？秘密工作总是和奸细的活动有联系。我们应当反对秘密工作，因为秘密的党是各种奸细聚集的地方。"所有各国的机会主义者都谈过这种意见。每个机会主义者都高傲地把站在他左边的人称做无政府主义者和奸细。这似乎应成为反对秘密活动的论据。议会制问题也与此相似。由于意大利和法国的议会党团极其倾向于机会主义，所以它们决不执行共产主义政策。有些同志得出结论说，一切议会制，甚至革命的议会制，都必然是背叛工人阶级的。然而，这一点，在任何情况下都不能得到证实，因为事实并非如此。

二者必居其一：或者是我们认为的，目前是真正的革命时代，或者不是。在原则上反对议会制的同志，认为当今的时代是高级阶段的革命时代。如果他们从这一前提出发，那他们就应当说，正是这种时代的革命特征才能成为反对贪污受贿、反对议会党团机会主义的最好保证，才能成为建立真正集中的共产党的良好基础。这是两个最主要的前提，我们不需要其他任何保证。一方面，工人阶级革命在快速发展；另一方面，正在建立的集中的共产党实行监督，这是反对议会党团内部的机会主义的最好保证。我认为，这也是反对赫尔佐格同志的一个论据。他说，倍倍尔是个机会主义者，但我不明白，他为什么也这样说威廉·李卜克内西。我可以证明，倍倍尔是一个大机会主义分子，这正如饶勒斯带着他的法国革命的全部传统变成社会爱国主义者一样，这一点我毫不怀疑。但倍倍尔是上一个时代的化身，怎么能把他作为当前完全相反的情况下的例子呢？这个例子是不适宜的。

对于德国工团主义者的发言，我还有一点意见。他提到我，说我内心里本来是反对议会制，但又不得不维护这个讨厌的东西。所以他说，在我发言时，他不能摆脱这种感觉。但是，在他发言时，我也有些感觉，即感到他在哭什么人。我认为，他根本没有提出任何一条重要的论据。至少，我在他的发言中没有发现。博尔迪加同志在其最后一次发言中谈到的情况，就是反对德国工团主义者的观点的一个证据。我们认为，这再一次证明我们的策略是正确的，因此，我们号召所有的同志到议会中去，并高呼："打倒议会制！"

墨菲（英国，车间代表委员会）：

在座的车间代表委员会运动的代表使我深信，他们在任何情况下都不会在下议院中帮助工党议员。

我不希望不实事求是地描述某个人。因此，我宣布把我发言中提到的所有的人名删掉。我注意到他们的声明了。

然而，这并不改变我的论点的含义。

沙波林（保加利亚）：

同志们！赫尔佐格同志在其发言中竟敢于否定我在这里引用的关于保加利亚共产党的议会活动的事实。这位同志的大胆精神，使我们感到吃惊。他不向我们代表团了解情况，竟从一些诋毁性的和带偏见的资料中搜集材料，从而对我党进行了污蔑和中伤。我代表保加利亚代表团，对赫尔佐格同志的这种行为和作风表示抗议，这种行为和作风是党内同志所不应该有的。

我们共产党的革命活动是公开进行的，是大家都了解的。为了在大会上介绍一些同志所关心的详细情况，我列举了数十个重大的事实，以及一些最享盛名的受审代表同志的姓名和日期。赫尔佐格的污蔑中伤，并不能损害我党的形象。

戈尔登贝格（法国）：

我对布哈林同志的提纲提出如下的修正案：

"在有利于武装起义和夺取政权的革命危机时期，抵制选举是真正必要的。在议会、资产阶级专政机关和苏维埃政权、无产阶级专政形式之间展开斗争的时刻，邀请工人参加立法机关的选举，这的确是促使工人思想混乱，而且是对无产阶级事业的背叛。这种行动方式只会增强资产阶级阵地，使它有时间集中力量去危害无产阶级，而无产阶级的革命活动却因而遭到瓦解。确实不应忘记，议会活动要从属于议会外的活动，在议会外开展的夺取政权的斗争，是无产阶级反对资产阶级斗争的重心。这可说明，议会制问题，同无产阶级专政问题、群众夺取政权斗争问题相比，重要性就小得多了。"

波拉诺（意大利）：

我同意执行委员会提出的议会制问题的提纲，我赞成这个提纲，但我要声明，我作为意大利社会主义青年联盟出席这次大会的代表投赞成票，并不符合青年联盟在这个问题上所采取的立场。

意大利社会主义青年联盟为避免拥护选举派和反对选举派之间发生分裂，决定在其最近一次代表大会上不谈选举问题，允许它的成员在不退出意大利社会党的情况下，可随意支持共产主义党团中符合他们个人信念的那一派（拥护选举派或反对选举派）。

我宣布，回到意大利以后，我将全力以赴地使意大利社会主义青年联盟改变这种模棱两可的立场，使它站到我现在表示赞同的提纲的立场上来。

我还要宣布，我投赞成票是对意大利社会党议会党团的活动很少具有共产主义性质的一种抗议。因此，我希望意大利社会党执行局能使其议会党团服从严格的纪律，并使它走上共产主义的道路。

塞拉蒂（意大利）：

请允许我首先向布哈林同志表示感谢，因为他使我成了一个政派的首脑，而我只不过是《前进报》的一个负责人、意大利社会党执行局的一名成员罢了。

（博尔迪加笑着请求发言）

塞拉蒂（意大利）：

同志，你没有权利笑！我从来都没有妄想成为一个政派的首领，不存在"塞拉蒂派"，我只不过是一名随时履行共产党人职责的党员。

我同意委员会多数成员提出的提纲，因为它符合1919年在博洛尼亚召开的代表大会的决议①，而且它同我们意大利党执行局考虑当地条件后提出的意愿相一致。我认为，特别需要把党的权力集中起来，取消议会党团的各种自主权，使它服从执行局的严格监督。

此外，我认为需要声明的是，意大利社会党议会党团的分团（这是布哈林同志在这里造出来的），有些自行其事，它只不过大致适应议会党团内的实际情况罢了。

的确，在意大利议会党团内，出现过反对共产主义性质的活动，但是，具有革命性质的活动占极大多数。例如，在意大利议会第一次会议上，我们议会党团就运用了布哈林所指出的那种共产主义的议会活动原则：我们的代表当着国王的面展开了红旗，并高唱《国际歌》走出会场。

博尔迪加（意大利）：
这还不是革命。

塞拉蒂（意大利）：
这是对资产阶级议会制的抵制。我们要经常不断地进行这种抵制。
（博尔迪加想打断他的话）

塞拉蒂（意大利）：
不要打断我的话，博尔迪加同志。在你发言时，我为了不打断你的话，我一直在睡觉。（笑声）

格拉齐亚德伊同志在意大利议会中热心捍卫苏维埃共和国，因而整

---

① 1919 年 9 月在博洛尼亚召开的意大利社会党代表大会的决议，载于《共产国际》杂志 1919 年 10 月第 6 期第 915—916 页。

个议会党团都支持他。这是完完全全的革命议会活动。

我们还主张向资产阶级议会提出革命的法律草案。提出法案的目的,不是要通过它们,而是要向无产阶级证明,哪些事情是资产阶级做不到的,而无产阶级应当做些什么。

因此,我将无保留地赞同执行委员会的提纲。

赫尔佐格(瑞士):

保加利亚代表团认为,我们说的有关共产党议会党团的活动,是造谣中伤。这种指责是经不住反驳的。我认为,我的发言所依据的资料是绝对可靠的,因而没有必要收回我的发言。况且,保加利亚代表团指责我造谣中伤时,并没有试图向我指明这些资料的真假。

表决议会制问题提纲并将修正案交由委员会审议

季诺维也夫(俄国):

博尔迪加同志提出自己的提纲,不同意布哈林同志的提纲。

我建议停止辩论。谁赞成请举手。(通过)

现在表决议会制问题的提纲。然后听取资格审查委员会的报告。

提纲为大多数所通过,反对的 7 票,赞成博尔迪加提纲的 3 票。全部修正案交委员会审议。

拉狄克作资格审查委员会的报告

季诺维也夫(俄国):

现在由资格审查委员会报告人拉狄克同志讲话。

拉狄克（俄国）：

我想，我用不着向大家宣读代表们的姓名。代表名单将分发给大家。各国参加大会的代表名额如下：

资格审查委员会确定英国社会党的6名英国代表有表决权。德国共产党有5名代表有表决权。在法国的5名代表中，有2名是共产党的代表，3名是第三国际委员会的代表。瑞典左派社会民主党有2名代表。奥地利共产党有4名代表。西班牙的代表是西班牙全国劳动联盟的成员佩斯塔尼亚同志。匈牙利有2名共产党代表，保加利亚有3名共产党代表，南斯拉夫有1名代表，意大利有3名社会党代表，墨西哥有2名共产党代表，瑞士有3名共产党代表和2名左派社会民主党代表。共产主义组织执行局的2名代表和君士坦丁堡（伊斯坦布尔）共产主义小组的1名代表作为土耳其的代表出席大会。下列各国共产党人的代表名额如下：波兰1名，东加里西亚2名，立陶宛和白俄罗斯2名，格鲁吉亚5名，拉脱维亚3名，波斯1名，朝鲜1名，芬兰5名，荷兰2名，亚美尼亚2名，比利时1名，阿塞拜疆1名，俄国63名，美国5名（其中共产主义工人党3名，美国共产党2名）。共产党和社会党混合组成代表团的名额如下：荷属印度2名，挪威8名，丹麦2名，爱沙尼亚2名，捷克斯洛伐克左派社会民主党2名。

青年团和青年共产国际有12名代表：德国1名，俄国4名，挪威2名，意大利、法国、瑞士和格鲁吉亚各1名，青年共产国际2名。代表大会上有42名代表有发言权，其中共产国际执行委员会4名（共产党人），爱尔兰2名（共产党人），意大利5名（共产党人），立陶宛2名（共产党人），布哈拉1名（共产党人），捷克斯洛伐克2名（共产党人）。共产党和社会党混合组成代表团的有发言权的代表名额：意大利5名，德国5名，波斯2名，爱沙尼亚1名，奥地利1名，芬兰3名，法国3名，美国和墨西哥各1名，印度和澳大利亚各2名。英国全国青年工人联盟有 1 名代表有发言权,在俄国的中国工人中央局和共产主义崩得各有 2 名代表有发言权。我们无法解决东加里西亚问题。目前,它尚未获得解放,它既不属于波兰,也不属于匈牙利,而且也没有独立。我们把它看做独立的国家,有 2 名代表有发言权。

委员会里对瑞士的布格斯多夫同志的代表资格曾提出异议;有人认为,这个同志不久以前曾任资产阶级报纸的编辑。现已查明,他在很久以前做过这种报纸的编辑,但后来他成了社会党人,并拒绝再做报纸的编辑工作。这个问题已在瑞士调查清楚,所以也就解决了。

至于表决权的分配问题,这里对执行委员会的提案所作的改动极少。我们基本上完全同意执行委员会通过的分配方案。只在一种情况下缩减了表决权的票数,关于这种情况,我还要谈到。现在决定德国、法国、英国、俄国、美国、意大利各有 10 票表决权,奥地利、荷兰各有 7 票,墨西哥、波斯、印度、瑞士、土耳其、保加利亚,必要时,以及爱尔兰、拉脱维亚、朝鲜各有 4 票,立陶宛有 2 票。

委员会决定建议代表大会给荷兰 4 票表决权,而不是 7 票。这个决定为执行委员会大多数所通过。荷兰有较多票数的表决权,这与实际情况不相称。无论就其国家来说,还是就其政党来说,其重大程度都不能使它在共产国际中居第二位。

我们收到了对承认帕莱斯蒂尼代表资格的抗议书。委员会还需要研究一下。代表大会还要解决两个问题,即关于英、美两国的表决权分配问题。英国人分为两部分:英国社会党和车间代表委员会代表。我个人的意见是,表决权应各占一半。代表大会势必要解决这个问题。至于美国的情况是这样的:我们收到了关于美国共产党和美国共产主义工人党合并的通知。但是,两党还没有完全统一。

一部分人不愿意加入这个统一的党。因此,我们面前就出现一个问题:如何分配代表资格。统一的共产党声明,它想得到全部代表权。一部分未加入该党的代表要求给他们一部分代表权。代表大会还得解决这个问题。

季诺维也夫（俄国）：

我们面临一个问题，即我们是否应当批准资格审查委员会的报告，或者我们开始辩论。现在付诸表决：赞成开始辩论的请举手。（未通过）赞成我们以代表大会名义批准资格审查委员会的全部提案的，请举手。关于批准资格审查委员会的报告的提案被通过。

（会议于11时30分休会）

第十一次会议

(1920年8月3日上午)

宣读奥地利革命社会民主党人"劳动友谊社"的贺电以及共产国际代表大会的复电

季诺维也夫(俄国):

现在宣布开会。请允许我宣读奥地利革命社会民主党人"劳动友谊社"的贺电和第三国际的复电。(宣读贺电)

"共产国际代表大会:

奥地利革命社会民主党人'劳动友谊社'是最近一次苏维埃代表大会的多数派,它作为党内革命的左派,为实现苏维埃专政、为争取加入第三国际而斗争。我们在精神上同你们紧密联结在一起,我们希望能派代表参加你们下一次的代表大会。谨向苏维埃俄国战斗中的无产阶级致以热情的祝贺,并且殷切地期望我们共同争取的世界革命的最终胜利早日到来。祝代表大会圆满成功。

致

革命敬礼!

奥地利革命社会民主党人'劳动友谊社'

代表:弗兰茨·罗特、约瑟夫·贝尼茨、

恩斯特·法布里

1920年7月31日"

（宣读复电）

"敬爱的同志们！

第三国际代表大会愉快地收到你们的贺电。加入第三国际的各国政党，在这次代表大会上决定，要以严格的纪律和团结一致的行动在一切国家中实现苏维埃主张。在德意志奥地利，共产党正在领导这场斗争。既然你们真正渴望世界革命取得最终胜利，那你们就要在德意志奥地利执行一项重大而又神圣的任务，即同改良主义者和社会主义叛徒伦纳、鲍威尔、弗里茨·阿德勒、于贝尔、托姆希克、多梅斯（这里只提出一些最出名的人物）领导的那一部分德意志奥地利社会民主党进行殊死的斗争。无条件地同改良主义的社会民主党决裂；同德意志奥地利共产党合并；在工人代表苏维埃中为实现共产主义要求而斗争；不是口头上的革命派，而是采取无情的革命行动，这样才能在最近的将来导致世界革命的胜利。"

（主席团起草的复电经表决通过）

季诺维也夫（俄国）：

现在我们转入下一个议程，即讨论工会问题。现由拉狄克同志作报告。

拉狄克作关于工会和工厂委员会问题的报告

同志们！共产国际对待工会的态度问题，是我们运动的最重要、最严肃的一个问题。工会是无产阶级最广泛的群众性组织。工会在经济斗争中起着决定性的作用，而经济斗争乃是瓦解资本主义的最主要的因素。在革命胜利以后，正是工会这个群众性组织首先要负担社会主义经济建设方面的工作。工会在日益尖锐的经济斗争中以及在社会主义建设中所起的作用，已经有了一个实例。如果我们不想只是在愿望上打圈子，而是实际着眼于今后发展的可能性，那就无须再通过严格查验其他一些事实来说明这个问题了。

在战争初期，我们当中有许多人认为，工会已经完成了自己的使命。许多人以为，工会在战前主要借助于自己的力量同资本家进行了斗争，而战争结束以后，它将因面临种种艰巨的任务而瓦解。甚至像罗莎·卢森堡这样重要的领导人，在德国革命初期也认为，工会的作用已经完了。非常值得注意的是，在德国共产党成立大会上，这个问题竟在辩论中没有引起任何人的重视。

如果我们仔细研究一下最重要的一些国家的工会在战前、战争期间和革命时期的发展情况，我们大致就可得到下列数据：在德国，战前工会拥有225万会员；战争期间会员人数显然地减少了；战后，从1918年12月起（有4/7的会员未计算在内），会员人数已增加到800万。在英国，工会会员从战前的450万，增加到625万。在法国，有组织的工人从45万增加到200万。在意大利，从45万增加到200万。甚至在美国，工会会员的人数，也从战争初期的200万增加到400万。德国共产主义工人党领袖施罗德在其论述工厂委员会问题的小册子中公布了这方面的数字。这些数字是一种病态发展和反常膨胀的指数。如果说，发放可恶的配给证是我们所讨厌的一种历史现象，那么可以令人满意的是，工会乃是资本主义尸体上的一个肿瘤。但是，由于问题不在这里，所以需要认清下列事实：

诚然，工人群众在战争时期看到工会领导者的叛变行为，所以大多数人对工会官僚制度充满痛恨情绪，而另一方面，战争又使得工人群众习惯于有组织地（以军队中的集体行动方式）进行活动。现在，他们面临的是艰巨的经济斗争，即面临物价猛涨、住房奇缺、经济崩溃的情况，因而他们力求在斗争中组织和增强自己的实力。在这种情况下，工人群众除加入工会并使工会成为广泛的群众性组织之外，没有其他道路可走。于是，工人群众就沿着这条道路走下去。一个值得注意的迹象是，我们在任何一个国家里，都没有看到所谓革命工会的迅速发展。美国世界产业工人联合会在组织上很薄弱，这不能说是由于政府的迫害而造成的。不错，德国工团主义者的人数增多了，但非常有限；工人群众都直接参加到大的工会中去。当然，这并不能确定这是一些什么样的工会，它们有哪些职能。在论述我们对工会的态度时，我们应当以分析共产主义斗争的条件和方法为出发点。我们需要回答这个问题：除了采取工会那条途径，单纯强化以往的斗争方法外，是否还有解放工人阶级的其他途径？或者，把提法简化一下，可以这样提出问题：革命工会的任务究竟是什么？

我们常常遇到革命工会同一般工会相对立的问题。我们可以向自己提问：什么是资本的崩溃？工人阶级有哪些斗争手段？如果工会想进行这场斗争，会带来什么结果？首先我们知道，工会官僚们为了摆脱这种困境，按照其反革命意图会执行一条彻底取消经济斗争的政策。德国工会自革命胜利以来，就开始建立"劳动友谊社"这个长期调和劳资矛盾的组织，这样一来，工人阶级也就必然是战败的一方。在英国，惠特利委员会变成了工业联合委员会，该联合委员会同"劳动友谊社"的思想完全一样，也是打算使工人与资本家长期协调，以解决劳资纠纷为宗旨。工会领导人的这种策略是放弃阶级斗争的策略，我们这里用不着谈论它，因为我们不可能同它有任何共同之处，正相反，我们要同它进行最尖锐的斗争。但是，进行这场斗争，不应当是为了实现工会的某种新策略，因为这里所谓的新策略恰恰是工会领导人要提出来的。只要提出工会的新策略，即实现革命工会特殊策略的可能性问题，我们就必须指出这一点：资本主义崩溃的过程，就是经济不断遭到破坏的过程。盎格鲁-撒克逊资本极力想使欧洲大陆的一半地区停止经济发展，使这一半地区专为世界市场提供大部分工业原料,从而使这些国家变成自己的奴隶,这就必然会破坏整个世界的经济分工情况,从而最终也必将导致英国和美国资本主义体系的崩溃。生产不断遭到破坏。失业现象日益严重,这必然会使这两个国家面临可怕的经济危机。

美国的一些学术著作,例如斯帕戈写的书,把俄国描述成为"美国的事务",这就可以表明美国已面临可怕的危机。这种在世界范围内破坏经济的过程,会直接导致物价的猛涨。我们经受过因战败国和战胜国货币比值加大而引起的世界市场价格猛涨之苦。而现在,我们却开始经受价格下跌之苦。价格上涨会导致某种虚假的市场行情,同时也会彻底削弱中等的强国。而现在价格的下跌,则意味着出现新的生产危机。工人阶级的整个状况就是如此,所以关于实行改良主义政策,关于逐步提高工人阶级的实际工资及其生活标准的种种想法,都是十足的机会主义幻想。可以逐步改善工人阶级的生活状况,这是反动的乌托邦。如果看看库钦斯基引用的资料,就会一目了然。库钦斯基得出的结论是,德国一个四口之家,要想保持低于战前的最低生活水平,每年需要1.6万马克,同时他指出,未必有10%的居民能得到这样的工资收入。如果拿美国的统计数字来看(要知道,美国既是一个无可非议的高度发达的资本主义国家,又是战争的胜利者),这种情况也可以完全得到证实。从华盛顿《国家》报1920年6月19日援引的《高昂的劳动价值》一文中,我们看到这样的数字:据1919年统计,一对夫妇和三个孩子之家,每年最低生活费为2500美元,然而这并不是美国的生活标准,而是一种"在肉体上和精神上使家庭遭受折磨"的生活水平。文章援引的其他统计学家指出的数字,是年度开支2180美元。报纸对103种职业的工资进行了统计,结果是,只有10%的五金工人每天可以得到适应这种年度开支的6.5—8.5美元的工资。所以,据《国家》报统计,至少有90%的居民的生活状况,是美国统计学家所认为的那样:他们在肉体上和精神上有不断退化的危险。资产阶级报纸也承认，工人阶级中至少有1/4的人，过着食不饱腹、衣不遮体的痛苦生活。这就是危机开始前的美国情况。在这种情况下，显然，工会的策略和共产主义斗争的任务，不应当是修补资本主义大厦，而应当是有意识地开展推翻资本的活动。我们如何进行这场斗争呢？共产主义左翼往往有这种意见：提高工资也不能改善工人阶级的状况，所以争取提高工资的斗争是徒劳无益的；经济斗争没有用处，要等待充满愤恨情绪的时候，工人阶级就可以一举消灭资本主义了。此外，有人宣传在工业劳动中实行暗中破坏，认为这是促使资本迅速崩溃的一个办法。这些意见都是不正确的。即使工人阶级通过提高工资也不能拯救自己，那它也不应当对争取提高工资的斗争抱漠不关心的态度。例如，柏林五金工人没有随着物价上涨而提高工资，他们3月份的生活状况必定不如1月份，这是没有任何疑义的。可见，虽然提高工资也不能解决问题，但它毕竟是支持工人、使他们能够参加斗争的一个手段。第二，根本不能想象，有那么一天，资本会自行崩溃，就像抽出了房梁，房屋会倒塌一样。如果资本主义的解体过程不能使资本主义的敌对力量解放出来，那资本主义即使在最贫困的情况下，也能存在很多年。只有在贫困产生作用的情况下，工人阶级才会相信资本主义制度下的处境是没有出路的，才会参加斗争，并在斗争中确信在资本主义基础上不能使自己得救。争取提高工资的斗争具有重大的作用，它能动员广大工人群众参加革命斗争。

再者，宣传暗中抵制问题，指的是暗中破坏技术资料，这简直是一个反革命的口号。我们本来能得到的遗产就很少，因为国内战争必不可免地要毁坏一些重要产品和生产资料，工人阶级只有在万不得已时才能毁坏技术资料。消极怠工是一种消极的反抗，不是一个战斗口号。当然，劝说工人为资本家卖命干活，这不是我们的事。但是，消极反抗也不是促使资本主义崩溃的手段。工人阶级要采取积极的斗争手段：吸引千百万工人参加战斗,以扩大斗争战线,使斗争尖锐化,延长斗争时间,团结战斗中的群众。

我们的任务是,要使没有成果的一系列战斗最终导致工人群众对资本主义发动总攻击。假如我们在工会这种巨大的群众性组织中能消除官僚们的反革命倾向,假如我们能摆脱他们的束缚,那么这种无产阶级的群众性组织,就是最适于广泛开展无产阶级斗争的机构。

现在,我们谈谈反动工会发生变化的实际可能性问题。在分发给各位代表的提纲中,我们向共产党提出一项共同的任务:参加工会,并争取掌握大的工会。不过,我们虽然指出这一共同的任务,但是,我们不应忽略我们委员会在长时间拟定这个提纲时所充分理解的那些困难。这是因为我们在拟定提纲时,主要考虑了俄国和德国的经验。拥有800万有组织的工人的德国工会,对于广大的德国无产阶级群众,即至少对于德国无产阶级的半数会产生影响,所以它已不是工人贵族的组织。我们在德国拥有约60万有组织的农业工人,这十分有利于我们未来的前途。但是,如果注意到,美国只有400万加入工会组织的工人,而且他们又分散在狭隘的行会组织中,那么,我们所看到的美国情况是:第一,有组织的工人主要是工人贵族;第二,这些工人贵族远远脱离广大工人群众;第三,这些工人贵族甚至还分成许多旧式的小组织。在美国和英国存在着旧式的工会组织,工会官僚在这里寻求自己的全部生活。注意到这种情况,我们应当同意美国共产党人建立新型工会的总意图。在工人贵族不愿对非熟练工人和粗工那些工种起组织上的领导作用的地方,我们是有建立组织的良好基础的。既然我们在提纲中只指出工会官僚压制非熟练工人这样一种情况,认为组织新工会是唯一的出路,那么,我们就应当对美国共产党人说:你们的职责就是主动地担负起组织非熟练工人的工作,我们指的是世界产业工人联合会,它要承担这项任务。世界产业工人联合会还充满浪漫主义的妄想,但是,资本主义的各种蝎子还是袭击了它，从1914年起，它就成了被迫害的对象。我们公开声明，我们不会反对世界产业工人联合会的革命浪漫主义，我们将全力支持他们组织群众性的运动。我们同产业工人联合会不同的一点，就是我们认为，共产党人渴望把广大工人群众组织起来，并不会使美国劳联在运动中受到孤立。我们不仅应当借助新组织向资本主义发动猛攻，而且还应当参加劳联。对于这一点，美国同志却对我们回答说，十年来，他们一直打算改造这个劳联。但是，这种说法未必会令人信服。至于美国劳联的情况，工人们是带着立即开展斗争这一良好意愿加入工会的，但是要知道，那里并非都是革命分子。此外，不能忽视这一点，就是这一切尝试都是在和平发展时期进行的，那时，英美工人对革命问题甚至连想都没有想。目前，劳联正处在改造过程中。要说明这一点，我可提出伦敦《泰晤士报》这样一些有权威的见证者，该报在去年的纪念专刊上写道："显然，在战争期间，工会运动作为战争的后果也蓬勃发展起来。罢工事件比平时频繁得多，对龚帕斯先生的不满，即使是非正式的、不公开的，但不管怎样，总有些人大声发表了意见……早就发现劳联的内部有一个强有力的社会主义小组了，它不止一次地企图解除龚帕斯的主席职位。一些有经验的观察家认为，根据代表大会上的活动，大会所作出的决议或者选举主席和执行委员会时的投票情况来判断，这个小组比想象的要强大得多。其次，还有很多这种情况：某些产业工会的可靠的、有能力的主席，在选举中遭到失败，而被那些充满社会主义信念的人所代替。"这是去年7月4日发表的文章。我看了1920年1月召开的劳联最近一次代表大会的工作报告。该报告刊登在费边社机关刊物《新政治家》上。报告中指出，代表大会不仅以29000票对8000票的多数通过了美国铁路国有化草案，而且提出了铁路移交要受工人和行政代表组成的混合委员会监督的议案。尽管这个议案本身是改良主义的，但它毕竟标志着美国工会运动中的一个转折点。《新政治家》关于代表大会争论的结果写道:"龚帕斯先生总算再次被选为主席。他在自己的一生经历中第一次表示愿意放弃权杖。他感到,他的宝座不稳,他的黄金时代已经过去。激进分子欢天喜地地离去。正如一名代表所说,他们在美国劳联代表会议上第一次取得了决定性的胜利,表明了他们'是怎样进行捣乱的'。"

我决不能同意这种乐观主义的判断。很可能,将朝另外一个方向发展,但不管怎样,事实证明劳联已经不是完整无缺的了。它的内部出现了裂缝,美国共产党人的职责就是扩大这个裂缝。如果美国共产党人问我,有哪些办法,即使不能推翻劳联的官僚制度,至少也能使他们不致为非作歹,那我就要回答说:如果共产党人事先就怀着破坏劳联的想法加入劳联,那他们就必然会破坏自身的工作。如果他们工作的结果发现必须破坏劳联,那他们才应当这样做。不管怎样,任何策略上的理由,都不能使我们顽固地拒不参加劳联。我们的任务是要在劳联内部开展工作,要作为联合外来力量的一个因素同参加劳联的英美工人的司令部一起在那里活动。日益崩溃的资本主义在美国也会带来一切痛苦,这种痛苦将打掉劳联工人的贵族式傲气。

因此,作为一项总的原则,我们提出要为控制工会而斗争。另一个需要解决的问题是关于各种自发产生的组织的问题。这种组织在战时的斗争过程中以及在现在开始出现,有其各种不同的起因。对于这种新现象,我们必须给予极大的关注。英国车间代表委员会、英国工厂委员会、德国工厂委员会,都是这种组织。最初阶段,它们的组织思想是混乱的,但从这种混乱中出现了新的生活。也许,有些迟钝的德国工会工作者,看不见运动中的新生活。我们看到车间代表委员会是怎样产生的。当时,工会官僚拒绝在战争期间举行罢工,而工人则自行组织了委员会来领导罢工。我们还看到,战后,这种工厂委员会成为英国工人阶级最积极部分的领导核心;它们不顾工会官僚的反对,再次组织罢工;

最后，竟自觉地给自己提出不让工会官僚为非作歹、摆脱工会官僚控制的任务，因而车间代表委员会变成了一个负有革新英国工会生活使命的组织。斗争越不断向前发展，运动越具有自觉的革命性，车间代表委员会就越把自己看成是革命政治活动的领导者。车间代表委员会成了英国群众"直接行动"的领导核心。下面谈谈德国问题。我们看到，工厂委员会的出现，大都是对工会大失所望的结果。一批新的、无组织的群众加入工会以后，工人的领导核心对他们置之不理，于是他们开始明白，而且感到工会并不欢迎他们，这是因为工会是由反革命官僚领导的，是一种行会组织，它把群众给分散和分割开了。我们看到，这些工厂委员会怎样试图在资本主义的压制下，在诺斯克的统治下，建立未来社会主义经济秩序的基础。

现在，我们面临着一项根本性的任务，就是讨论和估计在资本主义国家中，依靠工会工作能取得哪些成果。我们没有什么可强调的，我们必须支持一切新出现的无产阶级的工厂组织，因为它们是以摧毁工会官僚制度为目的的，不仅在英国是如此，而且在德国、法国以及其他一切国家，都是如此。只要我们看清德国工厂委员会和工会的相互关系，只要我们看到，不仅列金之流，而且连右翼独立社会民主党人迪斯曼等人也以必须储备革命力量为理由（似乎需要联合起来进行斗争），极力把这些组织塞进工会机构中去，我们就会十分清楚地了解这些不让人猜中他们意图的把戏。如果列金和迪斯曼之流真的是无产阶级革命斗争的领袖，那我们就会对工厂委员会说：站到他们的行列中去！然而，事情并非如此，列金之流是德国反革命的首领。要是看看右翼独立社会民主党人在工会中的工作，再看看迪斯曼对五金工人工会的政策，那就会发现这个政策同列金的政策毫无不同之处。可见，使工厂委员会加入工会机构的意图，乃是企图破坏这些在斗争时刻能作为革命机关进行战斗的革命组织。至于那种想由工会组成一个能协助向社会主义过渡的经常性组织，这当然是一种幻想。因此，我认为，那些从事这方面工作的同志，必将认清这一点。在资本主义的压制下，在特别戒严的状态下，要建立一个能为未来的社会主义经济服务的机构，是不可能的。正确的观点是：运动由于各种原因而不断向前发展，日益把无产阶级最积极的部分吸引进来，不断为反对工会官僚的沉重压迫而斗争，这样，工会才能逐渐地变成斗争的组织、监督生产的组织。

随着资本主义经济解体的过程不断向前发展，不仅在最有觉悟的工人面前，而且在每个工厂最落后的工人面前，也会出现一个问题，这就是从哪儿弄到煤、原料，等等。由于这种情况，各个企业中就会出现斗争，群众乃是这场斗争的代表者。单单工会是不能领导这场斗争的，工会并没有把从事生产的全体工人群众吸收进来，它仍然是行会组织。这里需要有一个作为革命力量进行活动的革命组织，它在这个情况下给自己提出的主要任务是：引导群众参加运动，率领他们进行战斗。如果我们说，共产党人应当走在工会的前面，不要只限于进行共产主义宣传，而要成为运动的领导者，那么，很明显，在工厂委员会、车间代表委员会等的活动中，共产党人也应当掌握主动权。如果有人向我们提出这样一个问题：是否需要建立同工会并行的新组织，这种新组织同工会是怎样的相互关系？我们的回答是：在官僚还控制工会的情况下，这种新组织将是我们反对他们的靠山。只要共产党人能够领导工会运动，就会使这两个组织合并到一起，并使工厂委员会变成工会机关。

而现在想把工厂委员会交给工会的各种企图，都是反革命企图。

还有一个问题，我们应当决定自己对它的态度，这就是关于工业化和产业工会的问题。当我们听到各方面都在宣扬工业化时，我们想，我们碰到了新的偶像。有人认为：工会和行会一样，不能为革命服务；产业工会是最高级、最完善的组织。这纯粹是形而上学的提法。事实已经证明，反动的工业化，也是可能的。如果为了同资本家达成协议而把工人阶级组织到产业工会中去,那么实际上,这里就没有什么革命性可言;另一方面,如果比行会还要落后的工会组织有了革命精神,那它们在革命斗争中联合起来,也是完全可能的。建立产业工会的想法,实际上是一种非常普通的主张,即认为按产业原则把工人组织起来,要比按工种原则组织起来好一些。组织产业工会的倾向是进步的。我们将支持这种倾向,但是,我们不应使它成为偶像,否则,我们不仅不能防止工人群众分散,而且要在20个工会之外再建立第21个产业工会,因为还有1%的群众要参加这个工会。应当通过我们在工会中的斗争来争取走上产业工会的道路。如果为了建立产业工会而走上分裂工会的道路,那结果决不会是我们所期望的。我们以美国为例可以看到这一点,在美国,为了把工人阶级联合起来而产生各个产业工会以后,工会仍旧像从前一样四分五裂。工业化主义问题是由于工团主义问题而产生的。我们一部分同志总是念念不忘这个问题。我认为,这是一种向往工团主义运动的倾向,而这种倾向是反对无产阶级国家,反对无产阶级专政的。在盎格鲁-撒克逊各国,同这种倾向作斗争是特别困难的,在那里,工人们从来没有见到过真正的革命政党和革命斗争。不应附和工团主义思想,否则,会使这场斗争变得更加困难。

共产国际对工团主义思潮的态度,从代表大会关于准许工团主义组织加入国际的决议中,可以看得很清楚。共产国际在决议中指出,工团主义完全不同于社会民主党的旧精神。我们本来认为,工团主义只不过是革命工人在过渡期间的一种毛病,所以如果可能的话,我们就要设法接近他们,同他们结成联盟,并肩进行战斗。同时,我们又应当向他们指出他们观点中一切不明确的地方,但在工会运动方面要记住,广大工人群众并不站在工团主义方面。我们应当考虑到这一点,我们应当在组织方面力求接近群众。

我们就要结束这个问题的论述了。工会方面的共产主义任务,既十分艰巨，又很有成效。在这里，我们认为，工会中聚集的千百万工人，是历史确定的社会革命的主力军。他们会带着自己的各种偏见、全部守旧心理和变化无常的情绪来到这里。但是，这些群众终究会参加最后的决战。因此，共产党人的任务是，不仅要看到站在前面的列金分子，而且也不要忽视这些群众，并且只要需要，就一直在工会中工作下去。同志们会说：是的，如果我们能有时间干上几年，我们是会争得到这些组织的。但是，谁也不能断定，要多少年，社会革命才能彻底战胜资本主义。必须使群众掌握共产主义思想，但是，为此所需要的时间并不少于为争取工会所需要的时间。只有一个办法，即不怕任何困难，参加到组织中去，并在那里开展斗争。我对一些德国党员同志说过，直到现在，你们连从事经常斗争的工会周刊都没有办起来。在什么地方的工会里有共产党人和独立社会民主党人合作的党团？在什么地方有人打算自下而上地摧毁工会官僚组织？我们只能埋头于我们经常性的斗争，我们没有权利埋怨斗争的效果微不足道。提到盎格鲁-撒克逊各国的条件，我们应当指出：要少持怀疑态度，多抱共产主义乐观态度，这对你们是有好处的。

最后要指出：独立社会民主党报刊在对待工会官僚制的态度方面所持的观点，同我们目前所持的观点是一致的。现在，我们谈谈工会运动的最后一个问题，当然，这也是共产主义问题。在理论和实践上，我们和独立社会民主党在这个问题上存在着极大的分歧，这与其说是形式上的分歧，毋宁说是本质上的分歧。问题不只是我们是否参加工会，而是我们在工会中将从事哪些活动。独立社会民主党人在工会中只不过是撤掉了施利克，换上了迪斯曼而已。问题不只是要参加工会，而且我们也不要担心会出现分裂的危险，若是在斗争中发生了分裂，那我们便同旧的工会官僚展开斗争，反对他们的一切本性。假如独立社会民主党人满足于在五金工人代表大会上所取得的胜利，让旧的工会官僚仍留在管理委员会中，并立即再次肩负起按比例选举的重担，假如他们这些德国总工会的成员，实际上执行的是"劳动友谊社"的政策，假如他们随时随地都向后看，那么，很明显，这不是争取工会，而只是由独立社会民主党占据列金的位置，继续执行列金的政策。我们主张加入议会，独立社会民主党也赞成。但我们加入议会，是为了在那里进行革命宣传和鼓动，为了挑起冲突，甚至在必要时，参加议会的各种委员会，因为在那里易于得到所需要的资料。可是，独立社会民主党人的活动却与此相反。举例来说，战争期间，哈阿兹同志参加了外交事务委员会，但他害怕在议会中揭露该委员会的秘密，甚至当他们被派去反对德国人民的时候，还是如此。他认为，保守国家机密非常重要。而我认为，我们的同志参加委员会以后，将按另外一种方式进行活动。关于工会的问题，也是如此。我们参加工会是为了推翻官僚制度，必要时，就使工会分裂。我们参加工会，是为了使工会成为斗争的武器。而独立社会民主党人在工会中工作第一年的结果是，他们想把工厂委员会这个无产阶级的革命组织置于工会官僚的压制之下。这种差别，表现在本质上，表现在行动和斗争的决心上，也表现在把工会变成革命武器的愿望上。共产党要利用资产阶级社会遗留下来的东西，制定自己的政策。我们一定要设法把工会变成斗争机关。假如工会官僚的反抗比我们想象的还要强烈，那我们就要毫不犹豫地消灭他们，因为我们懂得，重要的不是形式，而是工人的组织能力和他们的革命斗争意志。我们一定要参加工会，竭尽全力地争取它，决不要束缚住自己。我们决不允许工会官僚束缚住我们的手脚，在斗争的过程中，在工会官僚企图缩小我们革命斗争的可能性的地方，我们要率领群众把他们从工会中驱逐出去。我们参加工会不是为了保留工会，而是为了建立工人阶级的团结，在团结的基础上才能出现进行社会革命的大规模小产业工会。最重要的是把这两件事情统一起来；既要同群众在一起，又要走在群众前面，不当群众的尾巴。这就是共产党关于工会的方针政策。我们认为工厂委员会是自发产生的无产阶级组织，既然工会拒绝为革命服务，既然工会官僚拒不与它们接近，那我们就要维护工厂委员会的独立性，帮助它们，以便同它们一起率领群众进行战斗。这就是我要说的。

现在就形式问题说几句。代表大会所选出的委员会不得不克服一些巨大的困难。困难就在于所提出的决议案对问题的观察过于狭隘。我们的提纲对英、美的情况考虑太少，所以我承认，最初我甚至难以了解同志们的愿望。最后，我终于相信，我们和英、美同志的观点没有原则上的区别。大家一致认为，在工会中工作是我们的职责。只有一位美国同志，在其提纲中建议共产党人不要参加劳联。后来出现了这样一个问题：在哪些情况下，共产党人应当在工会之外开展工作。有一种情况，在我们的提纲中已经指出，这就是，当革命宣传鼓动遭受工会官僚压制的时候。我们规定的第二种情况是：我们查明，美国有80%的工人没有参加组织，而劳联又故意不把广大群众组织起来，规定加入组织须缴纳高额的入会费。显然，把这些群众组织起来的任务，落在了共产党人的身上。我们在委员会中未能解决的最后一个难题是美国同志们指出：工会的许多章程，使工会中的工作难以进行；工会官僚更换不了；许多工会多年没有召开代表大会等等。我们在理论上认为会有类似的情况，但我还是要坦率地告诉同志们，我怀疑他们有推脱自己的责任和逃避参加工会的倾向。因此，我对这项修正案是不负责任的。美国同志们应当在这里具体说明这些情况。如果情况像同志们所指出的那样，当然在这种情况下，他们理应建立单独的工会。

另外一个问题是关于工厂委员会的问题。决议案中描述了工厂委员会的近期情况，说它们在斗争过程中已开始监督生产。但给人的印象是，这一条所叙述的只不过是未来的前景。因此，我们决定在决议案中谈谈以往各阶段工厂委员会的发展情况。

最后一点涉及国际工会组织问题。在这个问题上有两种观点。俄国工会委员会根据英国、意大利、俄国、保加利亚工会（它们正在召开代表大会）的宣言，提出一个方案。俄国的决议案指出，工会应成为共产国际的一部分。美国同志们反对意大利、俄国和英国工会的呼吁，因而他们提出了许多责难。同志们必将亲自给你们指出这些分歧的实质。我们让代表大会来解决这个问题。在这里，我就不宣读各个修正案了，因为一般说来，委员会反正要对它们进行最后定稿。我只重复一点，就是这些修正案所涉及的是需要建立独特组织的情况，即涉及革命工会组织遭到压制的情况；其次，这些修正案说明必须支持车间代表委员会和工厂委员会，认为它们是无产阶级的战斗组织，并且指出，只要反革命工会官僚还在统治着工会，这些组织就应当保持自己的独立性；最后，这些修正案还谈到尚未解决的工会国际问题。

宣读花拉子模劳动人民的贺信

花拉子模代表团团长巴巴-阿洪德-萨利莫夫向大会宣读贺信：

"敬爱的同志们！

我们花拉子模全权代表们，代表花拉子模贫民向你们致以诚挚的问候。第三国际第二次代表大会是全世界劳动人民团结的象征。因此，敬爱的同志们，我们祝贺你们能够在这个伟大的聚会中团结起来，同时，我们认为我们也很幸福，因为我们在这美好的时刻出席了代表大会。

同志们！我们花拉子模劳动者在欧洲资本家统治时期，在他们的帝王和议会的政治与经济压迫之下遭到了摧残，他们使我们这样的弱小民族在牢狱里受苦，而只给财主们以自由。

现在，在俄国苏维埃政权帮助之下，我们这些被压迫者站起来了，摆脱了压迫者的统治，宣布了我们国家是独立的苏维埃共和国。

我们真诚地相信，在俄国苏维埃政权基础上不久前开始觉醒的东方，将帮助全世界劳动人民迅速地摆脱暴力者和资本家的统治，只要全世界劳动者还没有团结到统一的大家庭中，东方各族人民是不会放下手中武器的。

全世界劳动人民大团结万岁！

欧洲无产阶级和世界革命先锋队——共产党万岁！

第三国际万岁！

世界苏维埃共和国万岁！

世界革命领袖列宁同志和花拉子模革命支柱布罗伊多同志万岁！

花拉子模共产党和花拉子模苏维埃共和国万岁！"

讨论工会和工厂委员会问题

弗赖纳（美国共产党）：

委员会关于工会问题的辩论表明，我们彼此意见一致的程度，大大超过了预料。剩下有待解决的争论问题，主要是措词上的分歧，或者在实践上有不同看法，根本不存在原则上的分歧。

最初，在召开代表会议以成立革命工会国际的宣言上①，发生了分歧。该宣言的一些基本点，我们是绝对不能接受的。例如：指责离开工会的革命者，说他们排除了建立新工人组织的可能性，致使美国的运动处于瘫痪状态；同时指出，在我国有80%的工人尚未组织起来，而工会中占主要地位的是工人贵族，所以建立新的革命工人组织是真正的革命职责。此外，认为某些产业工会参加代表会议须要征得每个国家工人组织的中央领导机构的同意；尤其是没有规定世界产业工人联合会这样

---

① 即本卷收录的《第三国际告世界各国工会书》。——编者注。

的国际工人组织和英国车间代表委员会运动的代表参加会议的组织委员会,而这两个组织对于群众性的革命斗争的发展,具有特别重大的意义。

我们对拉狄克同志的提纲持有异议(该提纲有所删改,因为他采纳了我们某些修改意见),首先是在他对工会运动的实质的理解上。拉狄克几乎只从争取会员群众这个角度来阐明共产主义任务。当然,这是一项主要任务。但是,把工会看做是革命斗争机关,看做是夺取政权以后社会经济改造的因素,也同样是重要的。拉狄克同志为组织新工会而提出的那些条件,也十分狭隘、不合理。最后,根据拉狄克的提纲精神,似乎我们的任务就是要把工会官僚机构夺到自己手中,而没有把工会之外的组织(如工厂委员会、车间代表委员会运动等)看做是向官僚制度发动进攻和动员群众行动起来的工具。

在美国,我们通过革命工会运动获得了革命思想。我们认为,要想夺取政权、消灭资产阶级国家机器、建立无产阶级国家(按产业原则,而不是按地域原则),必须在议会之外采取行动。这种观点使我们更加易于理解俄国革命策略的原理;同时,我们必须同世界产业工人联合会的这种思想进行顽强的、理论上的斗争,即他们认为:推翻资本主义,只要建立产业工会就行了,不需要苏维埃,不需要无产阶级专政。美国共产主义运动做了一项很重要的工作,就是把工联主义的旧革命概念同布尔什维主义的新概念协调起来。所以,承认工会的革命作用,是我们工作的必要组成部分。

美国世界产业工人联合会是真正的革命力量,这并不是因为他们宣传产业工会的思想,也不是因为他们企图抵制和破坏美国劳联,无论前者还是后者,都没有获得特别的成就;世界产业工人联合会是美国运动中的巨大革命力量,首先是因为它显示出未经组织未经训练的、从美国劳联开除出来的广大工人群众的阶级觉悟和行动决心。一切想通过退出旧工联来破坏美国劳联的尝试，始终遭到了失败。战争期间，当旧工会走上同政府合作的道路时，世界产业工人联合会的成员不得不加入旧工联，他们通过宣传鼓动从内部激化了一股强大的革命思潮。总之，美国的经验表明，必须以革命精神在旧工会中开展工作。这一经验同样也表明，必须根据客观条件建立新工会，以便把旧工会内部的革命工作和旧工会之外的工作结合起来。

关于必须在旧工会中开展工作这一点，我们没有不同意见，在这个问题上，我们大家的意见是一致的。如果美国共产党人拒绝在旧工会中工作，并提出"消灭美国劳联！"的口号，那么消灭的，不是反动的工会，而是共产主义运动。

我们的分歧归结起来，是在旧工会中工作的方法和目的问题。我们认为重要的并不在于夺取工会官僚机构，而在于把群众从官僚的统治下解放出来，要不顾官僚的反对，把群众动员起来。在旧工会中，官僚实际上是更换不了的，是强加给群众的，因而阻碍了群众的行动。在美国，工联官僚不仅利用宪法、长期掌握的职权和议会骗术，而且还雇佣匪徒来镇压工联内部不屈服的反对派。我提出这个论点，并不是反对在反动工会中工作，而是反对夺取官僚机构的想法；我们应当在工会内部同这种官僚作斗争，但是，夺取或者摧毁这个官僚机构，只能在革命期间或革命以后进行。

工会中真正的革命工作，应当致力于两个重要目的：

1. 在一切工人组织中建立共产主义小组；
2. 建立工会之外的组织（工厂委员会、车间代表委员会等）。

这是工会内部的工人组织，它们反映工人日常经济斗争的要求，它们从事反对官僚制度、反对工会狭隘的组织形式的斗争。建立这些工会之外的组织，并不意味着工人应当退出旧工会；相反，他们应当留在工会中，以便组织自己的反对派。况且，这些工会之外的组织，既可在工会内部活动，又可在工会之外活动，如果它们不能迫使工会在关键时刻采取行动，那它们就撇开工会、撇开工会官僚独立采取行动；它们是推动工会采取革命行动、动员群众向资本主义冲击的最好工具。这种工会之外的组织，已经在英国和美国实际建立起来，它们从无产阶级斗争的经验中成长起来；共产党人建立这种组织，就能更正确地直接领导工人阶级的经济斗争。

我们主张不要退出旧工会，而要在工会内部进行顽强而又坚决的斗争，并要反对官僚制度。

在旧工会范围之外，同样也需要进行这种斗争。它应当通过建立新的独立工会来进行。建立新工会（和退出旧工会），必须适应现有的客观条件，必须符合群众斗争本身的需要。同时，也不要对成立新工会显得犹豫不决。当然，反对各种分裂活动、反对成立新工会（假如问题涉及群众关系）是有害的，教条主义地坚持退出旧工会和成立新工会，从而使自己脱离群众，也同样是有害的。不管怎样，退出是一种断然的、进取的行动，同工会中温和而又保守的工作年代相比，它会起巨大的革命宣传作用。况且，我们把独立的产业工会同旧工联之外的组织联合起来，将使我们不断从工会内外取得力量，这股由共产党人鼓舞和调动起来的力量，是动员群众采取行动的强大武器。我们生活在革命时代，我们的主要任务是解放群众，使他们行动起来；我们不能指望风平浪静地逐渐控制工会的官僚机构。

除了工会之外的组织问题，还有一个同工会运动的行会形式相对立的产业工会问题。可以从三个方面来分析这个问题：

1. 产业工会是没有加入组织的非熟练工人（在美国工业无产阶级中占多数）的一种组织形式。成立新工会，一般要采用产业原则，因为产业原则是开展革命工会运动的基础。

2. 支持建立产业工会的宣传鼓动，是我们在旧工会中必须进行的一部分工作。旧工会大都是按照陈腐的行会原则建立起来的,在工业集中化的情况下,它不能真正把工人联合起来去进行冲击性的斗争。旧工会中的工人反对工会的狭隘形式和目的,所以,我们应当使他们相信产业工会的组织形式是适宜的,这是我们争取改造旧工会使其革命化的一个必要阶段。

3. 夺取政权以后,工会将成为无产阶级国家中管理工业的机构。这里,行会行不通了,因为它的组织形式不适应于整体化的工业,也不适合于管理工业。需要产业工会,俄国的经验已经证实这一点。参加产业工会和理解产业工会组织原则的人越多,则在革命夺取政权以后实现经济改造的任务也就越容易。

这就是我们对工会组织的概念,美国的运动增强了这种概念,并且表达了出来,所以我们坚信,它是共产党策略必经的阶段。

坦纳(英国,车间代表委员会):

我代表车间代表委员会运动发言。从拉狄克同志的发言中,我清楚地知道,我们之间没有原则上的分歧。我想再次着重指出这一点。最重要的是要弄清楚共产党人、车间代表委员会运动和新出现的革命组织之间的相互关系。会上有人指出,在共产党人和其他一切革命组织之间,应当有一个明确的相互关系。战争期间,当出现车间代表委员会运动时,很多人认为,车间代表委员会的作用将随着战争的结束而告终。但这并不符合实际情况。车间代表委员会现在还继续起着革命作用。说到这一类组织的宗旨,它们最艰巨的职责之一,就是同工联的官僚制度作斗争。尽管这个任务十分艰巨,但还是必须坚定不移地争取达到这个目的。车间代表委员会运动的拥护者,对于会上提出的这个问题抱什么态度呢?虽说工联不是按民主方式组织起来的,然而我们还是不同意这种说法:在任何情况下都不能参加旧工联。

即使认为应当退出工联，我们也要懂得：应当严肃地区别每一个具体的情况。我们知道，工作的重心是革命的阶级斗争，这个斗争同样也要针对工联的旧工会官僚制度。这里有人提出，我们应当再次表明自己对苏维埃运动的态度和策略。我们运动的目的是，战胜资本主义和消灭雇佣劳动制度。考虑到只有通过工人的群众性行动才能实现革命，我要强调指出这一点：车间代表委员会对业已存在的工联，不能抱单纯的敌对态度，可以说，车间代表委员会运动和工厂委员会正力图在革命的基础上改造工联，改变其目前的组织结构。要想实现这一革命的目的，就必须在旧工联内部坚持不懈地进行宣传，在这些组织中积极地开展工作。我指出这一点，是想告诉大家，车间代表委员会运动决不赞成这种观点：在任何情况下，都不能在工联中工作。但是，工联拒绝参加红色工会国际。在我们所讨论的宣言①中表述的观点，是车间代表委员会运动所不能同意的，因为其中指出不能退出旧工会。在这种情况下，车间代表委员会运动的代表不能接受这个建议。提出这种建议的本身就可以证明，有些国家的情况并没有受到关注。我认为，这个宣言应受到代表大会的批判，退还给委员会。参加委员会工作的同志们也曾指出，他们不同意这个宣言的观点。

（会议休会）

---

① 见本卷收录的《第三国际告世界各国工会书》。——编者注

第十二次会议

(1920年8月3日晚)

会议于10时开始。

继续讨论工会和工厂委员会问题

瓦尔歇(德国):

同志们!今天上午报告人正确指出了这一重要事实:我们当中有许多人在革命之初认为,今后工会不会再有任务了。不过,他以为罗莎·卢森堡同志也持有这种看法,那就错了。我能证明,在党的成立代表大会上,她明确地反对了那些打算通过"离开工会"来解决整个问题的人。

就实质来说,我对拉狄克同志的报告和随后的一些发言,是持怀疑态度的,因为从中得出的结论是,委员会似乎就争论问题基本上取得了一致意见。委员会所谈的许多情况表明,欧洲和美国的同志希望通过建立新工会和退出旧工会来同反动、顽固的工会官僚进行斗争。委员会中许多人的发言,充满了德国共产主义工人党的精神,我觉得这都是些老生常谈。

的确,英国和美国的情况极其复杂。可是,既然英国同志们愿意既留在工会中,又参加车间代表委员会运动,那我就不能理解,他们为什么从一开始就如此强烈而又坚决地反对提纲。

我们也曾谈过这一主要观点：共产党人必须在一切组织中建立共产党支部，并进行宣传工作。因此，尽管英国同志在工会中进行自己的工作，但他们不仅有权利而且也有必要按我们的精神在车间代表委员会中进行工作。然而，他们既然从根本上反对提纲，那我觉得，这就证明英国和美国同志在工会问题上和议会制问题上是感情用事了。我认为，应当避免把感情因素带进这一问题中去，尤其是在革命时期。我们马克思主义者不应忘记，工会变成目前这种情况并不是偶然的，这是十年来改良主义统治的结果，而且由于改良主义的统治，工会同资本主义社会紧密结合在一起了。在客观上，当前的革命形势使我们能够推动旧工会走上革命的道路。如果有些同志怀疑这种可能性，那他们就忽略了客观状况中的根本变化，而这种变化现在责成我们担负起在战前可能是乌托邦的事情。同志们会觉得，事情要拖延很长时间，道路是极其艰难的。但是，要知道，没有千百万工会会员，我们就不能完成自己的任务，所以必须负起在工会中开展这一艰难工作的责任。退出工会的口号是企图使我们回避一些难以克服的障碍，但遗憾的是，这样做并不能从道路上把它们清除掉。

我不理解，有些人认为，群众成熟了，我们才能夺得全世界，而他们却否认从思想上争取工会群众的可能性。我认为，有这个可能性，我们可以而且应当做到这一点。有人会反对我们说："不过，要知道，我们不需要大批的群众；革命向来是少数人的事情。"看来，他们所指的是所谓宫廷革命，就像在葡萄牙或其他地方发生过的那样。而我们当前所要完成的革命，却只能是广大群众的事情。

有人会说："是的，群众成熟了，可是领袖太差劲了。"由此可得出结论：只要撤销了领袖，就万事大吉。德国独立社会民主党人在工会中的整个策略，就是使其拥护者占据某些领导位置。而同时，他们却完全忽略了群众本身的革命活动。形形色色的沃尔弗海姆和吕勒分子说：即使撤销了官僚，也不能改变事情的实质。英国同志们在其提纲中，也引用了这种理由。真是令人吃惊的反对意见！一方面说，领袖太差劲；而另一方面，对于是否保留领袖，却又漠不关心。

在德国，沃尔弗海姆和吕勒之流做出了典型的事例。我们认为，我们有责任防止再次出现这种事例。我们那里，正是在这个问题上进行了激烈的斗争，而且德国共产党分裂的原因，主要是对工会问题的态度。我们不只是能举出一个例证，而是能举出数以百计的例证，来说明共产党人离开工会队伍那一天，工会官僚是兴高采烈的。我本人曾经不遗余力地夺回作为五金工人工会会员的权利。我们决不让工会官僚感到高兴。我们的同志们懂得，这和这种情况一样：把联结机车的挂钩解开，让列车自行向前奔驰，整个列车就听天由命了。

提纲和报告人的发言中十分正确地指出，我们不仅要在工会中进行共产主义宣传，而且也要捍卫无产阶级的一切利益，坚决过问一切问题。根据自身的经验，我深信，恰恰是在工会中，共产党人越忘我地、坚决地为同志们的需要和利益而斗争，他就越能取得群众的信任。

其次，最好把拉狄克同志所谈的暗中抵制和消极反抗问题，列入提纲。我们曾经把暗中抵制当做工会运动中的一个斗争手段，当时我认为这样做是非常合理的。当然，有时是需要采取这种手段的。但是一般说来，暗中抵制是没有用的，所以我要提醒大家不要采取这种手段。

我再说几句关于工厂委员会的情况。向我们提出的提纲十分正确地指出，工厂委员会和工会任务的划分，是历史发展的结果。可是，拉狄克同志却说，把工厂委员会转交给工会的一切想法，都是反革命的意图。从原则上来讲，我认为这样说是对的；但是，在我们德国目前的情况下，这可能会成为争吵的借口。在德国，关于工厂委员会是否应当成为独立组织，或者应当参加工会的问题，已经争论几个月了。这个争论，在工会官僚和工厂委员会的领导核心之间进行着。我们支持独立社会民主党左翼,他们极力设法把工厂委员会联合成为独立的组织。但我们的努力直到现在尚未成功,其原因我不想在这里谈论。我只想指出,在这场斗争中,现在仍和过去一样,一部分独立社会民主党人坚持这种意见,而另一部分人又坚持另外的意见。这两派意见的不同,使自己的努力失去作用,从而导致工会依靠独立社会民主党右翼来推行自己的观点。现在,这场斗争可以说是已告结束,而且我们应当说,列金在目前是这场斗争的胜利者,因为德国旧工会联合会一致通过了他的建议,并宣布很快就要召开全德工厂委员会代表大会。我们的同志准备参加大会,以便在这方面继续同列金进行斗争。列金的拥护者极力使工厂委员会变成妥协主义的"劳动友谊社"组织;但是,我们坚信,他们是不会达到目的的。在这方面,我们要极力设法阻止列金分子的活动!我们要联合各地的同志们,使他们在工厂委员会中建立党团,一旦工厂委员会在资本主义崩溃中能维护无产阶级的需求,那时,我们就可以成功地把工厂委员会和工会变成有意识地冲击资本主义社会、自觉地为共产主义而斗争的组织。

邦巴奇(意大利):

我想简单地谈谈,为什么我不能同意拉狄克同志的提纲。这里提出的观点,既不符合工会的历史发展,也根本不符合当前的局势。我担心,拉狄克同志的提纲没有估计到工团代替党的危险性,而我认为,这是关系到整个西欧的问题。但我要着重指出,我对形势了解得很清楚,知道工会不可能代替党,不过有这种趋势罢了。

我坚决否认工会有某种革命职能。我可以拿美国和西欧作为例子。还有俄国,虽然那里有工会运动,但是它并不执行任何一种真正的革命职能。工会好像是无产阶级与资产阶级之间的中间人,因而要说工会能起某种革命作用,那就错了。

况且，也不允许工会代替党。工会是一个宣传讲坛，它和议会不同之处是：在议会中，只是向固定的某些人宣传，而在工会中，则是向整个工人阶级宣传。

　　战争期间，在意大利出现了建立劳动党的意向。在德国，在卡普周期间，工会也曾声明：假如把政权交给我们，我们将以工会名义来利用它。我从这些现象中看到一种危险的征兆。在意大利，也有建立劳动党的问题，但它并不属于工会的任务。不能让工会执行政治职能。工会只能开展改良主义的活动，所以它没有能力执行革命任务。我想使英国和美国同志注意到这种危险性。这一次我援引了意大利的经验，那里曾试图联合各种形式的运动，不用说，这种尝试是失败了。

　　共产党在工会中的任务是什么呢？意大利的事例表明，一些工会是工团主义的，而另一些是改良主义的。要想在工会中建立共产主义的领导，首先要在工会中以共产主义领袖代替机会主义首领。但是，这种工会是不能起任何政治作用的。

洛佐夫斯基（俄国）：

　　同志们！工会问题以及工会在我们的革命过程中的作用问题，不仅对这次代表大会，而且对各国当前开展的斗争，都具有极其重大的意义。

　　我认为，谈论工会运动的许多同志都陷入了错误的泥潭，因为他们对工会运动持有极不正确的观点。

　　例如，刚才谈论工会运动问题的邦巴奇同志就以意大利为例，说意大利工会绝对不可能参与共产主义运动。

　　其他同志，特别是美国和英国同志，研究本国工会运动以后，得出非常悲观的结论，竟说不能利用工会运动来进行社会革命。

　　这个结论符合真实情况吗？

我们谈论工会和工会运动时,这里是否指的是组织形式,即工会、苏维埃等?如果指的仅仅是一些领袖,那么很显然,这些人不是进行社会革命的材料。我们谈论工会和工会运动时,指的是参加这些组织的群众。既然情绪消沉的同志们说,决不可能争取到工会,而且法国和意大利的工会确实始终站在改良主义方面,那么,这些同志就必然认为,在这些国家进行社会革命是不可能的。要知道,现代工会不是狭小的组织,它是联合千百万工人的群众性组织。如果我们真的不能掌握这个组织,那我们就不要再相信革命的可能性了。

同时,邦巴奇同志告诉我们,意大利革命在不断前进,实现革命是几个星期的问题。那我要问他:你们同谁一起完成你们的革命?由谁来完成这个革命?工会在革命期间将从事哪些活动?工会将起什么作用?这位同志应当回答这些问题。

无论如何我们无权断言,说什么不能指望这些组织。

我们不想把刚刚成立三年的俄国工会作为例子。确实,我们在1917年才诞生。我们还很年轻。

但是,看看各个老的资本主义国家,例如看看美国或者德国,工会在那里已存在多年,或者看看英国,工会在那里已存在整整100年,你们就会看到,最近几年,甚至最近几个月,千百万工人在加入工会,并且在改造工会。

问题不在于领袖,应当把他们赶走;重要的是要争取群众。

导致无产阶级先进分子离开工会的任何策略,都是反动的策略,这就等于承认:"我们是如此软弱无力,以致不能争取群众"。

但是,同志们,任务越是艰巨,我们就越是要付出更多的力气。我们必须加入工会,并掌握工会。

如果你们已经有了一个有组织的工会,如德国五金工人工会,难道除这个工会外,你们就不着手建立新的工会吗?如果在英国你们有那么一个完全定了型的工会，那么，是否还需要建立另外的工会呢？

由此可见，有些在发言中显示自己十分革命的同志向我们提出的，实质上是反动的策略，它应当遭到否决。

共产党人代表大会清楚地看到真实情况，它期望和相信工人群众将同共产党人并肩前进，大会指出："参加到工会中去，并把工会吸引到我们这方面来。"这对于夺取政权和推翻资产阶级国家来说，是一个最重要的条件。

这里还有一个各国以不同形式出现的工厂委员会问题。我问一位德国同志：在你们德国，工厂委员会能控制的工人有多少？他对我说："我们那里有1700万。"

有人谈到英国车间代表委员会。这不是我们在俄国和德国看到的那种工厂委员会。这是一群具有同一信念的工人，他们联合起来，组成委员会，叫做车间代表委员会。这不是工厂委员会，这是工厂中共产党人或者革命分子的组织，它不同于工厂委员会。

既然向我们提出车间代表委员会问题，那我们的回答是，这是一个完全不同的问题，因为它的情况同德国和俄国的工厂委员会情况，毫无共同之处。

需要把话说清楚。如果你们想说，在每个工会中应当建立共产党党团或先锋队，那好，你们干吧。如果你们想在工会之外建立能控制全体工人的工厂委员会，那我们的回答是，你们在工会之外建立这种组织，是不正确的。有些同志说：工会是反动的，所以需要建立与它相对立的其他组织。不，应当在工会的内部建立这种组织。如果你们在工会之外建立工厂委员会，你们就将使全体会员群众成为自己的对立面。如果你们在工厂中建立作为工会辅助机构的工厂委员会，从事工会所进行的同样工作，并以自己的实际活动来改造工会，使工会工作活跃起来，那你们最终必定能以坚毅精神通过千辛万苦的活动和宣传工作，成功地改造工会。这一成果不能靠说空话来取得，而要实际去做；苏维埃、工厂委员会要从事这项工作。只有从这一观点出发，才能理解工厂委员会的工作，才能把工厂委员会建立起来。

十月革命以前，我们改造了工厂委员会。早在社会革命到来之前，我们就不靠口头宣传，而靠实际行动来改造工会，因为工会应当成为这样一种革命的机构。

如果我们不能在决战到来之前掌握工会，如果我们不能在各国利用工会来支持社会革命，那我们将会失败。为了使工会成为无产阶级专政的基石，必须在社会革命到来之前就掌握它。这就是从俄国革命的经验中可以得出的结论。

简单地谈谈国际运动问题。

我们同一些美国同志交谈过国际工会组织的前景问题。他们说，已建立的组织缺乏革命性。在这里，在莫斯科，我们已为新的组织奠定了基础。我们同英国同志们争论了六天六夜。我们的分歧在哪里呢？我要告诉大家：今天指责我们缺乏革命性的那些同志，不同意无产阶级专政这一条。他们对我们说："应当推翻国家。"请问，推翻什么样的国家？我们认为：应当推翻资产阶级国家。我们向他们宣布：我们想革命，但不想模棱两可。

就是这些分歧，妨碍了车间代表委员会和世界产业工人联合会响应我们所签署的宣言①。我希望这一宣言能列入代表大会的记录。

七国代表团所签署的这一宣言，有三项重要内容：

1. 我们现在要成立反对阿姆斯特丹国际的组织。

2. 我们的组织坚持无产阶级专政和以暴力推翻资产阶级制度的观点。

---

① 见本卷收录的《第三国际告世界各国工会书》。——编者注

3. 先进分子不应退出工会，而应掌握工会。

在争取掌握工会的斗争中感到自己软弱无力的那些人，是不会同意这个观点的。我们认为，各国工人运动在大步前进，日益推动工人走向社会革命。共产党人要竭尽全力争取掌握工会（现在是机会主义工会），并要利用工会来开展社会革命。

我并没有畅所欲言，但是，在给我规定的短暂时间内，差不多我也只能说这一些。

关于停止辩论工会和工厂委员会问题的讨论和声明

季诺维也夫（俄国）：

主席团建议停止辩论，进行表决。申请发言的，还有16人。我们听取了一个报告和两个补充报告，其中已充分阐明了各种观点。委员会召开了六次会议，每次都讨论了5个小时，所以问题在文献中已经解释得十分清楚。

里德（美国共产主义工人党）：

我并不反对停止申请发言，但我反对停止辩论。看来是为了避免就这一问题同英国和美国代表发生争论，才故意想停止辩论的。在委员会的会议上，拉狄克同志曾基于存在原则上的分歧而回避讨论工会问题，而今天，他宣布没有任何意见分歧。由此可见，必须进行辩论，即使拖延一整夜也可以，因为这个问题实际上在这里从未进行过讨论。

拉狄克（俄国）：

里德的发言真不怕歪曲真相。他所描述的委员会工作的情景是地地道道的谎言。委员会的工作情况是这样的：在两次会议中，尽管我们做了一切努力，也未能使里德同志说一句话。最后，里德同志及其伙伴们向我们提出了自己的提纲。① 提纲中阐述的原则性观点，就是必须消灭工会组织。他从根本上维护必须摧毁工会这个观点。对此，我曾宣布，在他的提纲和我们的提纲之间存在着根本的矛盾。因而，当时逐项进行辩论是不适宜的。墨菲同志和弗赖纳同志都出席了委员会。从他们的发言中可以了解问题的实质，而这一点，从里德的发言中是怎样也找不到的。昨天我们就这个问题召开了会议。美国和英国代表都认为，我们已经达成协议，不存在任何原则上的分歧。里德的观点就站不住脚了。里德本人也没有提出独特的意见。虽然没有提出其他的观点，但美国和英国同志今天还是提出了两名补充报告人。既然在这种情况下里德有勇气宣布我们是由于胆怯而停止辩论，而且约翰·里德会把这个问题解释清楚，那他就太不正直了。他有时间争论到明晨，而其他同志却没有这个时间。

麦卡尔平（爱尔兰）：

我要求停止申请发言，但不停止辩论。拉狄克讲了整整 2 小时，而 20 分钟就给我们翻译完了。奇怪的是，这里如此节约时间，可是看不出俄国有特别珍惜时间的习惯。我坚决请求再用六七个小时进行辩论，使讲英语的同志们有机会发表意见。

加拉赫（英国，车间代表委员会）：

我认为，拉狄克同志应当更公平一点。您不愿给我们足够的时间来讨论提纲。讲英语的同志有一种印象，似乎这里显然想回避提纲的讨论。我们要求继续进行辩论，使里德同志得以阐述自己的观点。

---

① 代表大会记录中没有里德的提纲。

季诺维也夫（俄国）：

我们召开过六次委员会会议。今天，在全体会议上，我们全天进行了辩论。可是，还有人说我们想堵住人们的嘴，不让他们的代表发言，等等。决不能把辩论进行到失去理智的地步！有七人发表了意见：英美小组的三人，拉狄克提纲的拥护者三人，第七位是邦巴奇，他所持观点相当近似英国的观点。辩论发言安排得十分恰当。讲英语的同志即使没有过半数，差不多也占了一半。所以我认为，如果我们的英国朋友在这里如此急躁，那就不对了。经过这样长时间的辩论，他们现在竟还说我们对他们的态度不诚恳。在对他们作出这种让步以后，他们还认为这是前所未有的情况。我建议停止辩论。

坦纳（英国，车间代表委员会）：

我坚决请求让我们发言，并且不要停止申请发言。在委员会上曾答应我们详细讨论这个问题，因为这是重大的问题之一。提纲、修正案、提出的建议，都未翻译出来，因而委员会的成员们几乎没有可能了解它们。既然能用两天半的时间讨论接纳法国社会党和德国独立社会民主党的问题，那么更为重要的工会问题，就应当用更多的时间来讨论。

拉狄克（俄国）：

我从未听说过，有哪个小组不同意自己报告人的意见。英、美小组提出了两名报告人。他们发言以后，坦纳竟出来声明，说他们没有充分阐述自己的论点。难道里德以为，要阐述他的思想需要两天时间吗？这里的问题不在于进行长时间的辩论。里德不是一个独立的政党或独立的派别的代表！里德追随的那一派，是英、美报告人提出来的。既然他们没有把里德作为补充报告者提出来，这就证明了他们没有把他看做是一个独立派别的代表。他们在这里完全有机会说出自己的观点。弗赖纳和坦纳曾代表小组发言。如果这里有人说，这不是实情，似乎里德主张退出工会，那我可以引证一下他们提出的提纲。

提纲中写道：

"正像我们必须摧毁资产阶级国家一样，工会机构也应当予以摧毁。"

我不明白，在工会机构被摧毁以后，工会还能剩下什么。此外，应当注意到，在这次会议上，我们并没有作出任何最后的决定。我不打算作结束语。问题还要转回给委员会，因为争论拖延了时间，问题尚未得到解决。

季诺维也夫（俄国）：

停止申请发言。现在，我们进行表决。赞成主席团的建议，即停止辩论和对提纲进行表决的，请举手。赞成停止辩论的请举起红票。50票赞成，25票反对。那么，辩论停止了。（里德想作声明）我们对提纲进行表决。如果哪些小组想就表决问题发表声明，我给他们两分钟的发言时间。

里德（美国共产主义工人党）：

我代表美国代表们声明，我们拒绝参加对这个提纲的表决。

坦纳（英国，车间代表委员会）：

我代表英国代表团声明，如果主席团认为这个问题无关紧要，我们就拒绝参加委员会，并且拒绝参加提纲的表决。

塞拉蒂（意大利）：

我声明，我将投票赞成拉狄克同志的提纲。我没有提出任何修正案，但我认为，修正是我们组织的工作进程中所必需的。我们要作哪些修正，在下次代表大会上将会看出来。对于美国代表团来说，可以用同样的方法提出问题来。关于可以改变美国劳联的方针问题，我不完全同意拉狄克同志的意见。劳联是个闭关自守的组织，25年来它一成不变，仍然是个反动的组织。由于这种情况，不能把它争取过来。我将投票赞成提纲，是因为它符合我们党的方针，而且我们一向遵循着它。可是，关于红色工会国际问题，我将弃权。我认为，这个组织不应依附于第三国际，它应当是一个独立的、对共产国际保持友好关系的组织。

拉狄克（俄国）：

我觉得，这里发生了误解，塞拉蒂同志不知道现在在进行最后的表决。他以为，像其他问题和我所声明的那样，谈的是修正案交委员会审理的问题。

怀恩科普（荷兰）：

从拉狄克的发言中我理解到，他想说，进行表决的是修正案，而不是他的提纲。我非常遗憾，在拉狄克同志这样提出问题以后，进一步进行讨论就不可能了，因此辩论也就停止了。我的理解是，拉狄克同志本人建议现在不要把他的提纲付诸表决。既然他说他的提纲只作为基础来进行表决，那这和其他提纲的讨论程序，就没有差别了。但我觉得，他想在这里制造某种差别。我想，其他一些同志在投票赞成停止辩论时，也会有这种看法，即下午6点钟，这里将召开委员会会议，进行我们现在所停止的辩论。但是，由于建议我们不经过辩论就付诸表决，所以我认为，我们不能在这种情况下进行表决。

佩斯塔尼亚（西班牙）：

我对于争论所采用的错误方法，表示抗议。任何材料都没有给我们译成法文。然而，工会运动问题是最重要的问题之一，甚至是这次代表大会的最重要的问题。因此，我放弃表决权。

季诺维也夫（俄国）：

这是对作为基础的提纲进行表决。问题要送交委员会再次进行审议。我还要指出一点，不要以退出会场相威胁才好，因为：第一，谁都不怕这种威胁；第二，这样做，在共产主义代表大会上是不适宜的。

马林（荷属印度）：

同志们，我觉得问题是可以得到解决的。殖民地问题同样也产生过这种情况。它已提交委员会重新审议。如果委员会中不能取得一致意见，那委员会必定把问题再交代表大会讨论。因此，如果委员会现在不能就工会问题取得一致意见（直到现在，我还没有看到这种可能性），那问题将再次提交代表大会讨论。如果是这样，我同意提出的讨论程序。

表决工会和工厂委员会问题提纲并将修正案交由委员会审议

季诺维也夫（俄国）：

我们现在进行表决。同意拉狄克同志的提纲作为基础，修正案提交委员会审议，如果意见仍不一致，则在这里再次进行讨论——同意这个程序的，请举手。（表决）64票赞成，13票弃权。

主席团还提出以下建议：我们所有的决议都应有准确的文本。我们有四个大组，要求每组选一名负责同志审阅所有文本，对四种文字的文本进行定稿。否则，我们会经常发生误解。

明天11时召开全体会议，讨论土地问题，明天午饭以后讨论组织问题。

（会议休会）

第十三次会议

(1920年8月4日上午)

会议于12时30分开始。

季诺维也夫（俄国）：

现在开会。由巴拉巴诺娃同志宣布一个消息。

巴拉巴诺娃宣布奥森遇难的消息

同志们！非常遗憾，我们不得不向你们宣布一个我们大家都要感到悲痛的消息。前天，来自挪威的、从事工人运动已经20年的奥古斯塔·奥森同志，到机场观看红色空军时，发生了不幸事件，因而牺牲了。不必多说，这一重大损失，对于我们是多么可怕、多么痛心。请大家起立为死者默哀。（全场起立）谢谢你们。请大家相信，俄国无产阶级不会忘记这位死去的同志，尽管她是由于不幸事件而去世，但她毕竟是来到这里，为无产阶级斗争，为热爱共产国际而牺牲了。

季诺维也夫（俄国）：

主席团建议以代表大会名义向兄弟的挪威党表示沉痛的哀悼。现在转入议程，讨论土地问题。由报告人恩斯特·迈耶尔同志发言。

迈耶尔作关于土地问题的报告

同志们！这个问题的真正报告人马尔赫列夫斯基同志，由于去参加庆祝红军的令人欣慰的胜利而不能前来作报告，所以我来替他作报告，简单地阐述一下列宁同志的提纲和委员会的工作。

由于东欧和中欧的社会革命，土地问题提上了议事日程，并要求我们不仅在理论上，而且在实践中解决这个问题。直到现在，准备工作做得还很少，而第二国际在这方面几乎什么都没有做。一般说来，他们认为，只要未来农业生产有美好的前景，社会主义也就会实现了。但是，对于怎样才能为无产阶级革命争取农村居民，而且为达到这一美好的目标需要进行怎样的斗争，第二国际在这方面谈得很少，并且也没有做出什么实际的准备工作。第二国际中的优秀分子，满足于对机会主义派别的论战，因为后者根据对统计资料的错误解释，断言根本不存在土地所有制的社会化问题，因而农村社会革命是没有基础的。根据德国统计学家的数据，修正主义者企图证明马克思主义理论不适用于农村。同时，根据这一点，他们否认了社会斗争，背弃了社会革命。反驳改良主义者的人（考茨基之流）这样做，主要的只不过是为了证明马克思主义理论也适用于这个领域，但是并没有由此得出进一步的实践上的结论。

第三国际对这个问题采取另一种态度。对我们来说，问题在于实际上怎样使农村革命化，因为很显然，广大农民群众不积极参加革命，无产阶级专政就没有保障，就不能巩固。对我们，对共产国际来说，保障革命是首要的，一切与土地问题相关的问题，只有从这个观点出发，才能看得清楚，才能得到解决。因此，共产国际在土地问题方面的任务，可简略归结如下：我们应该怎样把阶级斗争、革命斗争转到农村去？农民革命化问题已提上历史日程，只有革命才能满足农民的要求。

俄国已经取得的一点经验，以及中欧"土地改革"方面的经验，可证明这个论点是正确的（它可为整个代表大会的辩论指明方向）。资产阶级民主制不能解决这个问题，只有借助于革命和无产阶级专政，才能很好地解决这个问题。那些似乎维护农民利益的政党，例如俄国社会革命党人和欧洲各种农民资产阶级政党，在掌握了政权并可以实施其纲领时，就背弃了自己原有的纲领。资产阶级民主制是不能解决这个问题的。这一点，不只是俄国边缘各国的社会革命党人的实际行为可资证明，其他国家土地改革的一切尝试，也是为了划分和分配一部分大庄园，从而造成新的无产阶级或半无产阶级成员，作为当前的大土地占有者廉价的剥削对象。在德国，在小规模移民的立法方面所做的一切，不是停留在纸面上，就是为大土地占有者造成了剥削对象。在波希米亚实行的看来比较像样的改革，可能是唯一的例外，但这也只不过是要利用改革来强调捷克人同犹太人、德国人之间的民族矛盾，因为捷克农民通过分割别人的土地而得到部分好处。

但是，共产国际应当比资产阶级民主制有更大的创造力，特别是应当力求消灭城乡之间的对立，极力把城乡无产阶级的居民团结起来，以便进行共同的斗争，进行无产阶级革命。要想做到这一点，我们还要关心使农业工人享有城市工人所拥有的一切好处，同时要使城市无产阶级充分理解在农村工作的必要性。

问题是怎样才能把无产阶级革命转入农村。这个问题，只有对农村居民各个阶层分别进行确切的分析，才能得到解决。提请大家讨论的提纲，拟把农村居民分为各种阶层：首先是农业无产阶级，即雇佣工人；第二是半无产阶级和极小农；第三是小农；第四是中农；第五是大农；第六是大土地占有者。当然，提纲只能提供一个概略的情况。各国农村居民的构成，各不相同，因而需要确切地研究各个国家的实际情况，才能分别确定无产阶级革命在那里可找到哪些据点。在这里，在代表大会上，只能提出一般原则，以便分析农村居民的状况和共产党在农村居民中进行工作的情形。

首先同无产阶级革命休戚相关的是农业工人、林业工人，以及与农业有关的工业企业中的工人，如乳制品工人、酿酒厂工人等。此外，应注意到大型园艺业，因为那里有大量的雇佣工人。这个农村居民阶层的处境十分艰难，十分恶劣，这是谁都知道的，这里就无须说了。除了困苦的经济状况、微薄的报酬、恶劣的居住条件外，他们还遭受地主的政治和社会压迫；这些无产阶级分子必将迅速地投向革命。这个阶层属于无产阶级革命中最积极的部分，它的组织能力现在已经很强，尽管其经验还不足。值得指出的是，德国农业工人联合会现在属于最大的自由工会，它有50万会员。在意大利这样的小国里，农业工人工会有80多万会员。这表明，这个阶层对于社会革命可起多么大的作用，而且我们可以比较容易地把它吸引到我们队伍中来。不只是要在工会方面把这些群众组织起来，而且也要使他们积极参加我们的政治组织，即参加共产党。从这一点出发，为了掌握这些群众（借助于宣传教育工作等），也应在其他方面开展工作。

我想再说两句在农村妇女当中开展工作的问题。我所要说的，是关于奴仆和小农妻子的问题。她们由于战争，由于现代的社会关系，往往不得不独自担负全部家务劳动。我们在这方面的工作定能取得很大成就，因而决不应忽视这项工作。

代表大会已经解决了在工会和议会中工作的问题，看来，这是具有特殊意义的。如果反对在工会中进行工作的人说，不这样，也完全可以把无产阶级组织起来，也可以进行宣传鼓动，那这种反对意见也许对工业无产阶级来说是对的。然而，共产党人在农业工人工会中进行工作和参加选举斗争，可能更易于掌握农业无产阶级。通过这两种途径，可以比较容易地使广大农民群众参加革命宣传工作。经常性的宣传鼓动工作，成效很大。我以俄国和德国的经验为例。在抗击卡普暴乱的三月战斗中，德国农业无产阶级表现得很好、很英勇。庄园主被赶走了，或者被关进监狱，农业生产完全坚持下来。农业工人立即把剩余粮食送到城里，并且团结一心，使革命战斗人员听从城市无产阶级的指挥。不仅在夺取政权之前的斗争期间，而且在取得政权以后，农业无产阶级也将是苏维埃政权的强大支柱之一。问题是要使农业无产阶级这一多少带有自发性质的运动具有一个组织形式。在各个庄园成立苏维埃，这是联合这些暴风骤雨般的自发力量的最好形式。

同样地，也可以为无产阶级革命争取农村居民的第二个阶层——半无产阶级和极小农，尽管这不像争取农业工人那样容易。这个阶层依附于大土地占有者。它承受着与农业工人相同的苦难，也许它的状况更加艰难，因为这些小农还要忙于耕种自己的小块土地。在大多数国家里，从字面的含义来看，应当使这些半无产阶级分子加入农业工人组织。

对小农和佃农施加影响，是有些困难的，因为他们通过耕种自己的土地可以过活，用不着雇佣别人的劳动。这里也涉及果园和菜园的小私有者。他们没有革命情绪，然而，我们的战斗队伍在某种程度上应当对他们加以关注。这里所说的，是要向他们阐明社会革命的必要性，指出他们本身的利益所在。实际上，这些小农对于自己目前的处境，极感痛苦。他们也依附于大土地占有者和资本家，虽然大部分是间接的；他们也要以抵押利息的方式来偿还未偿付的劳动，即支付高昂的农业机具使用金，等等。这个阶层的生活方式，往往也是无产阶级的。苛捐杂税、收购价格以及物价普遍上涨等，使这些群众陷入苦难之中。我们应当通过有计划的宣传鼓动，使他们理解所有这些问题。在这些群众中不一定不可能成立相应的组织。例如，去年在德国成立了农业工人和小农联合会，但后来认识到，在工会之外不宜于成立另外的联合会，所以它就关闭了。尽管如此，德国南方的小农仍然要求我们支持联合会，并且要求我们继续为他们出版我们的刊物，因为他们对我们的思想特别感兴趣。因此，我们在德国得以着手为农民建立组织，虽然这个组织比较散漫，然而，它还是具有重要意义。我们还促使小农成立小农苏维埃，使小农不仅可以捍卫自身的经济利益，而且可以进行政治斗争和社会斗争。我要补充一点，就是这种工作直到现在尚未取得成就。在我们的许多农村中，成立了庄园苏维埃，但小农尚未参加进去，虽然如此，但是我们没有放弃这方面的宣传鼓动。我们在某种程度上使小农相信了：分田不会给他们带来任何特殊的利益，最好是参加小农苏维埃和合作社，因为它们将共同管理没收来的大地产。

应当着重指出，在许多国家，尤其是在西方弱小的民主国家。小农是反动的，因而一般来说，要考虑到，在为无产阶级专政而斗争的期间，他们会显露出自己的动摇性，忽而倒向私有制方面，忽而倒向无产阶级方面。正是这些小私有者，被私人资本主义观点弄得精神不振。为了消除这种动摇现象，并使他们对我们产生好感，我们应当帮助他们，使他们认识到当前的制度也使他们遭受痛苦，并要向他们说明，无产阶级专政和巩固无产阶级政权会给他们带来哪些好处。我们应当向他们保证，他们可以保留其小块土地，因为剥夺他们的土地是毫无意义的。要知道，在革命斗争时期，在政治上和技术上都没有条件按公有化原则来管理小私有者的全部小块土地。我们不仅应当保证他们保留其私有财产，而且还应当采取一切措施，以消除使他们遭受痛苦的高利贷剥削。铲除苛捐杂税，免除地租，摆脱抵押借贷的重负，这就是无产阶级应当立即提供给小农的好处。此外，要使他们在森林和牧场的使用权上，摆脱对大土地占有者的依附。应当答应他们把从大土地占有者那里没收的房屋、机器、用具和种子转交给他们。最后，应当告诉他们，目前各国几乎全由富裕农民操纵的合作社，将变成单纯为小农利益服务的组织。在那些对贸易自由有所限制和强制征购的国家里，还应当向小农说明，即使这种强制征购粮食的做法应当保留,那么执行时所必需的组织机构,应当从官僚手中夺过来,转交给小农掌握。应当使小农注意到,他们一般都能从大企业社会化和农业机器降价中得到好处。同时,需要在小农中进行有计划的教育工作。应当向他们阐明他们本身的社会地位。如果这样安排宣传鼓动工作,那么可指望一部分农民会同无产阶级一起前进,至少他们不会成为无产阶级专政的敌人。

农业工人、半无产者和极小农的力量加在一起,可为共产党的工作造成极好的条件。而且,无产阶级夺取政权以后,这三个阶层必将认清,参加无产阶级国家政权是满足自身利益的最好方法。

同中农打交道,要比同小农打交道更为困难。中农往往使用别人的劳动,而且拥有的土地较多,能生产剩余的粮食。这个阶层的人数并不少。提纲中指出,在德国,该阶层(拥有5—10公顷土地)有50多万人。显然,不能把这个阶层从其土地上赶走,因为这将意味着缩减粮食生产。因此,需要对这个阶层采取另外一种态度,即设法使它中立。考茨基指出,必须使农民不去积极支持资产阶级。因而,对待中农也根本谈不上立即废除私有制的问题,甚至还需要给他们增加土地。因为这与他们过去承租的土地有关,这样,中农就会得到废除租金的好处。当然,只有在中农承认苏维埃政权、提供粮食、不作反抗的情况下,才能向他们提供这一切好处。

俄国的经验还证明,采用这种策略,可以使中农忠顺于苏维埃政权。

在保留私有制的情况下,必须对中农采取这种态度,因为这个农民阶层的态度,似乎可以用一个俄国农民的恶意的俏皮话来表明:"我们拥护苏维埃政权,但是反对共产主义。"俄国的实例表明,如果对这些农民实行合理的方针,他们是能够接受节制,同无产阶级国家政权和谐相处的。在红军中有相当多的中农分子,他们在反对外部敌人的斗争中履行了自己的职责。

相反，大农一般都使用别人的劳动，他们属于人数众多的、极其坚决反对苏维埃政权的敌人，可以预料，不仅现在（为苏维埃政权而斗争的时代），而且今后（苏维埃政权建立以后），他们必然采取各种形式的怠工和武装反抗。要看到这种危险性，全面准备回击他们的反抗，在发现他们反抗的地方把他们镇压下去。必须解除大农的武装。但是，对这些农民的剥夺，还不是当前的革命任务。应当夺回他们出租的土地，这是小农和中农所需要的。如果大农坚持进行反抗，那就应当立即没收他们的全部土地。如果他们不反抗，那我们就让他们保留土地。重要的就在于消除这个阶层的政治反抗和武装反抗。俄国的经验也表明，可以设法使这一阶层比较安分守法。若是无产阶级革命的胜利有了保障，那大农是会考虑现实情况的。

对于大土地占有者（他们有些人在战争期间曾大量收买土地），必须立即毫无例外地、无补偿地没收他们的土地。考茨基和其他独立社会民主党人提出的补偿问题，是根本谈不到的。如何处理没收来的土地呢？最正常、最合理的办法是：按公有化原则，把这些土地转交给那些一直在这块土地上劳动的农业工人。应当建立苏维埃农场，它们受无产阶级国家政权的委托，作为政权机关管理这些土地，自行维持生活，并把剩余部分上交苏维埃政权。根据情况，可以建立集体农庄，它们将根据合作化原则耕种土地。这两种解决问题的办法，无论对农业工人和半无产者来说，或者对城市居民来说，都是最好的办法。这样一来，城市居民在供应问题上，就可以在某种程度上不依赖农民了。这样解决问题的先决条件是，农业无产阶级要有相当的技术经验。然而，并非到处都存在这种先决条件，所以必须考虑到，在特殊情况下会有例外情况。俄国就出现过这种例外情况，因而一部分大地产被分配了。正如考茨基所要证明的那样，这种例外情况不是对共产主义原则的破坏，因为无产阶级政权的主要任务在于首先保障无产阶级革命，为共产主义奠定基础。其余一切问题都要让位于这一主要任务。为了不让这个问题退居次要地位，即使压缩生产（这可能产生明显的影响），也无关紧要。

在什么情况下才应当分配大地产呢？只有在这些土地原本是出租给小农，从而它不是作为单一经济体来经营时，才应予以分配。在这种情况下，分配大地产并不意味着放弃大规模生产。再者，只有当大地产是由一些零星小块的土地组成，而且挤入小农居民区时，才能予以分配。要从当地的条件着想，若是这里土地十分缺乏，为了保障革命利益，应当满足农民对土地的要求。在德国南部可以分配那里为数不多的大地产。最后，在农业无产阶级十分落后的地区，可提出在有经验的农民中分配大地产的问题。在任何情况下，重要的是不要使大地产所有者留在他的庄园里，而要把他们赶走；如果没有他们就不能保持大规模的经营，那就应当吸收农民来耕种这些土地。在无产阶级政权巩固以后，可以吸收资产阶级专家参加在苏维埃政权监督下的共同劳动。

城市无产阶级不怕任何牺牲，为社会革命进行坚决的斗争，这是争取农业无产阶级的先决条件；在这里，共产党应当起先锋队的作用。

为了吸引那些尚在动摇不定的阶层，或者可以接受共产主义思想的阶层，应当在无产阶级革命胜利之后，立即给予他们各种经济上的好处。半无产者、小农和中农应当了解他们本人会从新制度中得到好处，而且这种好处是靠剥夺剥削者得来的。

为了加快农村中的这一运动，共产党人必须参加农村的经济斗争，首先是参加罢工运动。几乎在所有国家，罢工运动在农村已深深扎了根，所以共产党应当利用罢工运动使农业无产阶级相信，只要无产阶级革命取得胜利，没有较高工资，也能真正改善他们的状况。为了参加这个经济斗争，共产党应当深入农村，在那里建立起自己的组织。必须使农业无产阶级相信，为了进行解放斗争，他们应当按苏维埃形式组织起来。农村中的工业工人要肩负起加强农村这一斗争的特殊使命。他们大部分来自城市居民，所以共产党应当设法使他们协助开展和加强农村的这一运动。必须对小农进行特殊的宣传鼓动，要用各式各样的方法进行宣传鼓动。提纲中进一步指出，可以通过宣传鼓动、议会、工会的协作，在议会中讨论土地问题等，使农村革命化。

这就是向代表大会提交的提纲中规定的任务的梗概。委员会多次开会，详细地研究了提纲，并对它作了较大的修改；对德文本的初稿还作了许多文字上的修改。这个提纲只是共产党在农村活动的大纲。如果各国共产党能制定自己的土地纲领，有独特的建议，那就更好了。我要指出，例如，德国共产党就有这样的土地纲领。

至于实质性的修改，是第33页上的第2条，在"资本主义农业企业"之后加上"和与之有关的工业企业"；往下在"把这个阶级"之后加上"（包括林业工人、庄园中的手工业者等）"。

在第34页上加上："在某些国家里，上述两类劳动者之间没有严格的界限。因此，在特殊情况下，可以建立他们的联合组织。"

第38页第4条删去了几行，其中有中农利益同雇佣工人利益相对立的说法，即从"因为私有者的世界观和情绪在这里占优势"删到"胜利了的无产阶级"。第39页加上："在多数资本主义国家中，还谈不上由无产阶级政权立即完全废除私有制。"

委员会对第6条修改得多。初稿中过分地强调了例外情况，说不应分配土地。委员会删去了该条的一句话：其中说：不分配土地是一个错误。因而加上一句话，原则上应保留大庄园。修改之处太多，因而我不想在全体会议上宣读了。修改之处几乎逐字逐句符合于马尔赫列夫斯基同志的提案。德文本第43页，从"但是，这是一个极大的错误……"这段起，到第45页"大庄园的财产……"这段止，全部删改了。由此往下，对旧文本没有作重大的修改。接着，第46页上删去了对第二国际、德国和英国独立党人以及法国龙格分子的论战，因为另一处已表明这一思想了。

实质性的修改就是这些。最后，我还想指出，共产党在农村开展革命是多么重要。尤其是在中欧和西欧，只有农业无产阶级加入城市无产阶级先锋队的队伍时，胜利才有保障。在俄国，由于提出"和平与土地"这一口号，农民才热衷于无产阶级政权。俄国这种独特的情况，多多少少也会出现在中欧和西欧。因此，共产党在农村依靠农业无产阶级尤为必要，因为他们的困苦生活情况同城市无产阶级一样，有些人的状况甚至更为恶劣。

委员会希望，这里阐述的思想，能在各国共产党的实践中取得成果。

讨论土地问题

格拉齐亚德伊（意大利）：

同志们！我只代表我本人发言。首先我要声明，我基本上同意列宁同志提出的提纲，尤其是在委员会对第6条进行详细修改以后。

虽然内容不同，但在列宁同志的民族和殖民地问题提纲与土地问题提纲之间却存在着令人惊奇的相似之处。对各种不同的问题，采用同一的方法，即根据时机对敌人作出让步，并看他们的实际表现，以便分化敌人。这个办法，对于轻易而又迅速夺取政权来说，以及对于夺取政权之后为维护政权创造条件来说，可以叫做最省力气的办法。

我只不过想指出，这种倾向本身隐藏着一种可以叫做"左"倾机会主义的危险性。不过，把这个提纲及其运用托付给列宁同志和其他俄国同志，我们相信，这种危险性还只是理论上的。真的，我可以向你们肯定地说，若是对其他国家，在其他情况下，我就不那么相信了。

为了使无产阶级易于夺取政权，列宁同志的提纲对农民群众进行了十分正确的分析，把他们分为几部分，并且指出：我们可以把其中相当的一部分吸引到自己这方面来，而使另一部分保持中立。但还有一部分将始终敌视我们，因而，我们要向他们进行不倦的斗争。

列宁同志的提纲的第二部分，涉及夺取政权以后该怎么办。修改后的这一提纲，是可以采纳的。但是，我还是要提出一些具体意见。在提纲中，列宁同志关于中、小私有者的提法是非常新颖的。他竭力避免社会党人一直在犯的两种截然不同的错误。许多社会党人想回避小私有者这个重大的问题，他们说：实际上，小私有者在资产阶级社会中必定要消亡，所以我们对他们一点也不感兴趣。这个观点是非常错误的，首先是因为他们以为资本积累法则的产生，到处都像马克思所描述的那样，这是完全不正确的。总之，企图按此方式把资本积累法则应用到小私有者身上，显然是荒谬的。况且，你们非常清楚，认为小农必定要消亡，我们将经受加倍的危险，我们就会完全忽视他们，并把他们交给我们的敌人。要知道，如果我们向小私有者证明他们必将消亡，我们想人为地消灭他们，显然这种政策会招致千百万人反对我们。社会党人所犯的另一种相反的错误是，他们认为小农不会消亡，应当把他们组织起来，只有把他们组织起来以后，才能开展革命活动。这意味着把革命拖延下去，这是不可能的。

列宁同志提出了对这两种截然不同的错误所应采取的立场，我认为这种立场是相当正确的，是可以采纳的。他说，我们应当向小农证明，他们跟我们走，只会得到好处。但是，在谈论取得政权以前时期的组织形式和斗争方式的问题时，我要提出一些不同的意见。在倒数第2条，即第8条中，谈到雇佣农业工人的罢工问题，指出在某种情况下可以吸收小私有者参加罢工。我并不是想否定农业罢工所具有的一切革命意义，意大利就发生过具有深远影响的大罢工，但我还是要提出以下两个不同的意见。我不明白，为什么说，在某种情况下，小私有者也会参加罢工。我不认为这是可能的。另一方面，竟错误地断言，对于所有各国来说，罢工似乎是斗争的唯一重要武器。要知道，有些国家的雇佣农业工人组织已经十分强大，目前，它们甚至在资本主义社会中也能推行维护自身利益的政策。在我们意大利就有直接抓社会工作的工人组织。还有这样的合作社，它们为集体耕种而购买和承租土地。这就是具有重大意义的斗争和改革手段，不能予以忽视。所以我提议在第8条末尾加上一段："只有在农业工人组织已发展到很高的阶段，在特殊的情况下和在某些国家里（例如意大利），才能在合作化（它们抓社会工作，为全部或部分集体耕种购买或承租土地等）的基础上，把最受剥削的农村群众组织起来。共产党人应当关注这些组织，尽力领导它们，主要是为了不让它们在政治上进行妥协。"

关于小私有者问题，我还要说几句话。在许多国家里，小私有者已经组织到供销合作社和加工合作社中。往往有这样的情况：我们的敌人把他们组织起来了。社会党人的主要目的不是组织小私有者，但是，如果他们渴望组织起来，我们就应当加入到他们的组织中去，因为应当参加到有劳动群众的所有组织中去。所以我建议在第8条末尾增加下面这一段：

"关于小农问题，共产党人应当加入他们的组织，加入供销合作社，以便对他们产生更大的影响，使他们对敌对的倾向保持中立，并使这些组织尽量减少狭隘性。"

我还要指出一点。我同意委员会修改以后作出的决定，即一旦无产阶级政府着手抓土地问题，应当怎么办。关于农业改造问题，我想对第6条第2段的结尾作一点补充。我们对大土地占有者不应当采取赎买的办法，这是十分正确的。我认为，应当提示社会党人和共产党人，这种赎买是反社会主义、反共产主义的。使我感到惊奇的是，意大利、奥地利和德国同志却支持对资本家实行赎买的主张。这意味着增加农村群众的沉重负担。但由于需要尽可能有利于农业改造，所以要设法在斗争的第一阶段之后利用一些原业主的才能。应当考虑到这种情况。

因此，我提议在第6条第2段末尾作如下补充：

"既然资本形式的报酬要绝对予以摒弃，而以往的大土地占有者又因年迈不能继续工作，而且不能很快地适应新的生活条件，那么，在一定的条件下还是可以同意给他们个人以薪金。"

当然，一切取决于他们的实际政治表现，因为给反革命分子提供任何东西，都是可笑的。如果他们当中的一些人接受新条件，那就应当使他们的命运有所好转。

最后，我发现，第3条第2行不应是"在所有资本主义各国"，而应是"几乎在所有资本主义各国"，因为不是在所有资本主义各国农村群众都占居民的多数，例如在英国，农村群众就占少数。

沙波林（保加利亚）：

同志们！在保加利亚各城市，已有相当发达的工业，而在农村，小土地占有制是私有制的主要形式。工人集中在城市里，所以共产党从这里吸取自己的主要力量。但是，因为小私有者迅速无产阶级化，而且小农（他们善于保存自己的小块土地）的状况由于战争而变得极端困苦，共产党的影响也开始扩展到农村。

小土地占有制是保加利亚农村中私有制的主要形式。保加利亚有495000余名土地占有者，平均每人占有土地约9公顷。占有土地的分配情况如下：

225000人共占有50公顷

175000人共占有100公顷

95000人共占有1000公顷

936人共占有1000公顷以上

第一类人数最多,由半无产者组成,他们缺少个人需要的土地;他们至少有半年时间被迫到富裕农民家里做工,或者到矿山、工厂和城里做工。这一类人可为我们提供大量农村干部。

小土地占有者属于第二类,他们的土地勉强能满足其家庭的日常生活需要;他们自己耕种土地,不使用别人劳动。共产党对他们进行了工作,并取得了相当大的成果。的确,由于农业产量下降,战时农具又遭到破坏,这一类人的经济状况极不稳定。

这两类人(半无产阶级和小农)占保加利亚农业居民总数的4/5。他们从资产阶级和资产阶级国家那里能得到的,只不过是因增加捐税以弥补国家军费不足而使他们自己更加贫困而已。共产党对他们进行了十分细致的宣传鼓动。我们党对半无产者和小农不隐瞒自己要求土地社会化的最高纲领。小土地私有制提供给我们的是那么微不足道,半无产者和小土地私有者又是那么贫困,因此必须通过宣传土地社会化提高农业生产的思想,日益取得更多人的拥护。同时,我们向他们宣布,无产阶级取得政权以后,没收的将是大土地占有者的土地,而不是小农和半无产者的土地,甚至允许中农自由支配自己的土地。当无产阶级国家用事实向半无产者和小农证明新的社会主义制度的优越性时,当使用完善的农具、农业电气化和农艺科学的发展得以实行集体所有制和集体耕作时,半无产者和小农自己就会考虑实行集体所有制和集体耕作的问题了。

这就是我们宣传鼓动的基本方针,它考虑到半无产者和小土地私有者的实际状况。此外,我们设法使农村劳动群众摆脱城乡资产阶级的影响,摆脱资产阶级政党和小资产阶级政党的影响,使他们站到无产阶级革命方面来。这里应着重指出,我们在这方面已取得相当大的成就。共产党为农民创办了共产主义报纸;共产党在农村建立了上千个组织和共产主义小组，已把2.5万名农业工人、半无产者和小土地私有者组织起来，培养他们，使他们参加革命。这些群众丢掉了过去对资产阶级、资产阶级国家和资产阶级议会的信任，他们兴高采烈地接受了工农苏维埃的口号。因此，我们极力设法使这些群众在革命时期大都跟随我们走，以便在他们的支持下，摧毁资产阶级利用农民镇压城市革命无产阶级的图谋。顺便谈谈，城市的革命无产阶级业已充满共产主义思想。

中农就是那些在市场上出售自己的农产品，在战争期间积攒不少钱的人，他们当中有不少人发了财。他们是农村中的反动阶级，但在我们那里，他们人数不多，起不了多大作用。

我们那里还有为数不多的大土地占有者，他们和中农一起是农村中的反动势力。目前，保加利亚的资产阶级政权正依靠着他们。我们这里同其他资本主义国家一样，农业资产阶级（中等土地占有者和大土地占有者）具有很大的影响，由于他们可以左右农产品市场（农产品价格猛涨了），他们在政治上起着比较重要的作用。这些农村资产者属于反动势力和反革命营垒，现在他们是城市资产阶级的同盟者，无论是在利用银行和股份公司从事投机倒把和剥削群众的活动中，还是在资产阶级专政采用最残酷手段推行镇压无产阶级革命的血腥政策中，他们都是城市资产阶级的同盟者。但我要再次指出：在我们那里，农业资产阶级只是农村居民中很薄弱的一个阶层，如果我们能把大部分半无产者和小私有者拉到我们这方面来，我们在革命时期就能摧毁农业资产阶级的反抗。这就是我们在农村要集中全力组织农业工人（把他们组织到工会中）的原因，但主要的是，我们要极力吸引农村半无产者和小私有者参加共产主义运动，因为他们是农村中占压倒多数的居民。

我们也清楚地知道，必须极力设法使中农在革命时期采取中立态度。我们没有以没收他们的土地来吓唬他们，因为事实上，在以集体耕作来代替中农的私人经营以后，我们并不能立即以我们的技术手段来改造农业。我们的目的是没收大土地占有者的土地。如果我们能使中农中立，那我们就能把反动集团的力量分成两部分，那时我们就易于把他们消灭了。

至于建立农民苏维埃问题，我们认为，它同在城市中建立工人苏维埃有密切的联系。当革命斗争达到高潮时，当工人阶级和城市贫民扩大了斗争，决定要建立苏维埃和武装起义时（因为要使工农苏维埃成为夺取和实现无产阶级政权的革命机关，就必须使工农武装起来保卫它们）——只有这时，才应着手建立农民苏维埃，贫农、农村中的无产者和半无产者是它的成员。综上所述，保加利亚代表团同意并拥护委员会报告人迈耶尔同志向代表大会提出的执行委员会的提纲及其修改意见。

塞拉蒂（意大利）：

为了避免怀恩科普同志指责我在投票表决时所作的声明，我要求发言。

我认为，代表大会没有非常重视这个问题。这次参加代表大会的同志都是从各工业国来的，他们不知道这个问题有多么重要。

至于我，只打算作一个声明：我想，下一次代表大会将会有更多的经验，那时再更详细地讨论这个问题。我将弃权，我本人反对这个提纲，我觉得它并不完全适应西方革命的需要。我们意大利党对这一非常重要的问题尚未最后表态，我认为自己无权把我的想法强加给派我前来参加代表大会的同志们。

总之，我觉得，这里把革命以后时期的要求和革命期间的要求混为一谈了。在革命以后时期，无产阶级国家不得不去适应一定的条件，而在革命期间，共产党人则必须明确划定一条同一切资产阶级政党及小资产阶级政党相区别的界限。

同殖民地与民族问题提纲一样，土地问题提纲是向某些社会阶层所作的让步，以便把他们吸引到自己方面或者至少使他们在革命斗争时保持中立态度，但没有考虑到，这种让步对无产阶级各阶层来说，会产生很大的危险，会促使它们不断作出更大的机会主义让步。一般说来，西欧小农非常渴望发财，他们清楚地知道，他们应当采取怎样的立场，才能维护自己的利益。对他们表示同情是不够的，他们需要某种实惠。他们赞成保护主义，反对农业工业化，主张管理自治。这是过去他们所参加的政党对他们许诺过的。我们也能对他们作这种许诺吗？他们相信我们吗？此外，应当记住，在比较先进的国家里，农民（中、小私有者）已有自己的政党，而这些政党是反动的。我们在瑞士和法国就能看到这种情况。

在这些国家里，中、小私有者和佃农在同农业工人作斗争，因为农业工人现已准备没收他们的土地。在意大利，这场斗争已持续 20 年，有时竟发展到流血的地步。我们能对他们说，我们错了吗？

小私有制是一种经济形式，它在某些地方，尤其是在山区，是必不可少的。共产党人不应刺激小农。他们应当赞同革命时期和革命以后某些必要的决定。他们应当懂得并使别人也懂得，资产阶级制度垮台以后，甚至还可以同中农达成协议。但在革命以前，为了不给无产阶级群众的利益带来损害，共产党人必须（这也是维护自身的利益）对农村小资产阶级不作任何让步。

根据这些理由，而且由于我不十分了解我党执行局对这个问题的意见，所以我弃权。

索柯里尼柯夫（俄国）：

格拉齐亚德伊同志说，他认为，把马克思学说运用到土地问题上去，是一种幼稚行为。

格拉齐亚德伊（意大利）：

我没有这么说。我说，资本积累理论并非到处都能证实《资本论》中所阐明的那种情况。我说，有些同志幼稚地从资本积累法则中得出如下结论：似乎在资产阶级世界中所有小私有者都必定消亡。

索柯里尼柯夫（俄国）：

用不着对词句进行争辩了。格拉齐亚德伊同志说，马克思学说在农业资本积累方面是错误的。如果我没有记错的话，格拉齐亚德伊同志是一位卓越的政治经济学教授，但是，在涉及马克思主义理论时，真的，我认为他错了，因为他追随了某些政治经济学教授的见解，而这些教授不止一次地宣布，在某些问题上，马克思主义理论是完全不适用的。如果马克思学说真的不适用于农业方面，那就应当由此得出必然的结论：由于马克思学说在农业方面毫无价值，一切社会主义和共产主义概念也就必然瓦解了。显然，既然不能在资本主义发展的基础上组织社会主义农业生产，那这也就意味着社会主义工业制度的垮台。

然而，我想，格拉齐亚德伊同志不能不认为农业生产中心已经转移了。中欧已不是欧洲的粮仓。大农业生产现已转到大洋彼岸。北美，最近几年还有南美，在供应欧洲工业，在供给欧洲工人阶级需用的粮食。这种情况使我们不得不谈论欧洲和美洲在战争期间和最近一年来发生的变化。我还想就塞拉蒂同志的发言提点意见。塞拉蒂同志认为，战争不仅没有使农民无产阶级化，反而使他们发了财。他举了现在满口袋黄金的意大利农民作为例子。我觉得，这里有一些不确切之处。毫无疑问，有一部分农民能够出卖自己的粮食，即出卖其小私有者的产品，因而富裕起来，但这种情况是非常少见的。我还要谈谈这个问题，而且要指出，绝对不是这样，很多农民由于战争而破产。战争使几十万农民死亡。农民群众现在完全赤贫了。许多农民迁居国外或者到工厂做工。毫无疑问，战争给小私有者和农民带来了可怕的打击，使他们陷于经济破产的境地。

现在我们再看看那些能够出售自己产品的小农中的大多数人的情况。不错，他们口袋里装满了钱。但我非常怀疑装的是黄金！他们装的是银行的钞票，是纸。而这乃是帝国主义战争剥夺农民财富的一种方式。实际上，他们失去了财产，被剥夺了一切。他们得到的一些小纸片代替了他们的实际财富，而这些小纸片几乎是一钱不值，而且越来越无价值。您援引了瑞士为例，但它没有参战，同时这又是一个小国。毫无疑问，在法国、德国、俄国，战争是剥夺小农的方式之一。

若是塞拉蒂同志说，他不相信我们真能有成效地改变对待小农的策略，那我就要肯定地指出，我们的策略确实是改变了。这不是共产党策略的改变，而是小农状况的改变。不能把1851年的拿破仑政变时期的欧洲小农状况同目前状况相比。随着资本主义的发展，发生了巨大的变化。小农必然要无产阶级化，陷入依附资本主义的境地。大银行、出口业辛迪加和资本主义组织千方百计地为小农、小土地私有者造成一种与无产者状况相差无几的状况。小农生活条件的这种变化，使他们成了资本主义的奴隶和敌人。这就是共产党现在着手对小私有者、小农进行工作能获得巨大成就的原因。

近几年来，由于资本主义的发展，小农的状况发生了变化；战争也同样造成了深刻的变化。由此也就出现了那种我们现在所指出的农民无产阶级化。战争是剥夺小农的一个原因。因此，共产党现在可以期望小农和半无产者参加它的队伍，他们将同城市工人一起齐心协力地为反对资本主义、争取实现社会革命而斗争。

勒弗夫尔（法国）：

同志们，我要求发言是为了讨论塞拉蒂的某些论点。他根据纯粹机会主义的想法确定了自己的不可调和的论点,说什么共产党人的策略只应当立足于同农业工人联合,反对小农。此外,他认为,小农似乎不会相信这种空话——夺取政权之后第二天,共产党人会对小农说:"你们的财产仍归你们,你们甚至还会得到新的财产。"

我认为,请原谅我这样说,昧着良心作蛊惑性的发言,或者支持某种意见,只不过是期望从中立即取得现场宣传的效果和好处。其实,我们聚会在这里,不只是为了制定以夺取政权为目的的当前宣传计划,而且还为了研究在哪些条件下我们才可以在各自的国家里建立共产主义社会。另外,塞拉蒂是代表西欧发言的。看来,他说西欧的情况就是这样,提纲中提出的策略不能满足宣传的要求。

我不同意这种看法。相反,我认为(我在这里说的只是法国的情况,因为我非常了解它),这种策略完全适合法国情况。首先我认为,若是法国大批小私有者反对我们,那就几乎不能做任何事情了。另一方面,我不像索柯里尼柯夫那样绕大圈子,也不同意他的乐观主义,我认为,法国的情况也不会很快变成那样。我要指出,即使战争没有使法国小私有者无产阶级化,但战争毕竟产生了很大的影响。当然,法国小农私有者因为战争显然发了财,但是,在这不断两极分化的社会中,财富的出现和消失同样迅速,因而也就可以预见到小农私有制受到战后情况伤害的原因和过程。在法国,为了选举运动,大资产阶级表面上似乎支持了小农的利益,但现在,在讨论法律将近一个半月以后,大资产阶级竟公开拒不维护小农在粮食问题上的利益了。因此,小私有者的状况很快将在我国变得相当严重了。

索柯里尼柯夫说,农民的财富就是一些纸片,这句话是对的。应当补充一点,从用证券赎回抵押这个意义上说,小私有者确实一直得到战争带给他们的好处。现在,我国取消了抵押借款,所以证券还留在农民的钱柜里。现在,法国农民特别感兴趣的问题是,他们保存在身边的证券能有多大价值。我认为，我们那里，也和别处一样，农民对借债者抱鄙视态度，这就会使他们对资本主义国家抱鄙视态度，而在法国，除了不断的借债政策以外，没有其他任何政策。

因此，共产主义宣传在我国引起十分密切的注意。在共产主义宣传过去未曾得到反应的地方，现在那里也有人表示赞同了。他们购买宣传小册子，建立小组，可见，使得这个阶级中出现不可调和的敌人的那种政策，是非常有害的。况且，在夺取政权以后，不同小农紧密合作，要立即组织农业生产是不可能的。但我反对格拉齐亚德伊同志的观点，他希望提纲中增加有利于大土地占有者的一段。显然，那些站到苏维埃政府一边的人，我们将把他们看做共事者，他们会成为机关中的职员。用不着在提纲中增加专门一段，因为这样一来，会给予他们某种权利。

迈耶尔（德国）：

同志们，我只说几句话。我非常高兴，意大利同志们参加了讨论，并且告诉了我们一些有关意大利土地问题的情况。遗憾的是，由于派别原因，他们未能派代表参加土地问题委员会。我希望他们不会拒绝在土地问题委员会中作进一步发言。建议把格拉齐亚德伊同志的提案交委员会参考。我同意勒弗夫尔同志的意见，不应对过去的大土地占有者提及报酬问题。土地问题委员会乐意以这种或那种形式对合作化问题另作补充，因为它对这个问题已经进行了讨论。

至于小农作用问题，我同意索柯里尼柯夫同志的意见。战争期间，无论是在参战国或中立国，有相当一部分小农不仅满足了自己的粮食需要，而且还把余粮变成了资本，这完全是真的。过去是这样，就是现在，在一些地方也还是这样。然而与此同时，一切生活必需品的价格，特别是衣服和农具的价格猛涨；而另一方面，居民中的贫苦阶层承担的赋税过重，以致小农得到的那份好处化为乌有了。如果这种情况还没有出现在所有国家里，那在最近的将来必将充分显示出来。我完全同意索柯里尼柯夫同志的意见，现在应当向小农指出，他们的生活条件必将不可避免地恶化起来。

提纲丝毫没有违背社会主义纲领。塞拉蒂同志反对这个提纲，因为他认为共产国际放弃了大企业国有化的思想。这完全不对。提纲只是指出，现在实际上不能对小土地所有制实行社会化。问题在于，整个说来，农业无产阶级对于集体经济还缺乏思想准备，而且技术手段也不足。这就是作出让步的原因，暂时让小农、中农以及一部分大农保留私有制。为了完成这一过渡阶段，已经制定了种种措施，并要对小农和中农讲清集体耕种的道理，向他们说明集体耕种的各种优越性。这就是所提出的途径之一。其次，随着无产阶级政权的巩固，甚至不惜对某些农村居民阶层作出让步，将为发展大生产创造技术条件。只要掌握大工业，并能生产更多的农业机器，无产阶级的国家政权就必定会大为巩固。只要建立了这些先决的技术条件，就可以把中、小型经济联合起来。这样，就同我们原先的纲领没有任何脱节之处了。提纲只是详细地指出引导我们走向农业社会化的道路。提纲的意义就在于此。

我认为我已经回答了这里所讨论的问题，我提议在原则上通过提纲，而格拉齐亚德伊同志提出的提案，交由委员会讨论。提纲将不再作实质性的修改。

表决并通过土地问题提纲

季诺维也夫（俄国）：

我建议将提纲进行表决。

提纲一致通过，1票弃权。

（会议于下午4时休会）

第十四次会议

(1920年8月4日晚)

季诺维也夫（俄国）：

我代表主席团提议，表决我们提出的最后校阅全部提纲的同志的名单。①（表决）现在讨论章程问题。由卡巴克奇耶夫同志作报告。

卡巴克奇耶夫作关于共产国际章程的报告

同志们！首先，我要谈谈执行委员会提出的作为共产国际章程基础的总纲；然后再谈谈委员会内出现的主要不同意见。

正当资产阶级确实破坏了无产阶级国际团结的时候，第二国际破产了。因此，第三国际的首要任务之一，就是恢复无产阶级的团结。只有为推翻资本主义制度而进行的革命斗争，才能为各国无产阶级的团结一致建立必要的先决条件。从国际反革命势力团结一致这一事实中就可以明显地看出，各国无产阶级的革命斗争也必须团结一致。现在，反革命势力是由协约国、资本主义列强政府的上议院及其代理机构和产儿——"国际联盟"操纵和领导的。无产阶级力量的团结和集中，是无产阶级

---

① 在代表大会的速记记录中，没有这份名单。根据代表大会秘书的笔记，选出的委员会成员是：迈耶尔（德文）、罗斯默（法文）、里德（英文）、索柯里尼柯夫（俄文）。——编者注

反对资产阶级反革命统一战线的革命斗争取得胜利的根本条件。只有共产国际才是唯一能成为实现全世界无产阶级力量大团结的组织。

第二国际破产的另一个原因是，它根据各党的口头或书面声明接受它们参加自己的队伍，根本不去了解这些加入第二国际的政党的真实策略。第二国际队伍中所收纳的政党，其一切言行和策略，都与革命无产阶级的策略相抵触。此外，它还收纳了一些与社会主义毫无共同之处的小资产阶级政党。第二国际的经验告诉我们，要想解决自己的任务和达到自己的目的，第三国际必须成为一个强大的、有纪律的、严格集中的组织，以便监督、指导和协调各国无产阶级的实际工作和革命行动。

俄国革命无产阶级的胜利显然向我们表明，每个共产党以及共产国际本身，都必须有坚强的集中领导。俄国共产党，不只是由于它有政治远见和一贯运用马克思主义理论，而且也由于它有铁的纪律和严格的集中制，才可作为我们学习的榜样，使我们受到感召。俄国共产党的集中制和党的纪律原则，在俄国无产阶级全部革命活动的过程中体现出来，而在夺取政权之后，更为加强了。这个原则也适用于苏维埃共和国的组织，它有助于巩固革命的成果。没有集中的、恪守纪律的组织，俄国无产阶级就不能获得胜利；没有这样集中的、恪守纪律的组织，国际无产阶级也不能摧毁资本的统治。没有集中制，无产阶级要想战胜资产阶级的统治，摧毁资产阶级国家，即摧毁这个阶级集中领导的、拥有全部凶恶强制手段的机构，是不可想象的。

我们一致认为，只有采取无产阶级专政的形式，无产阶级革命才能取得胜利。因此，谈论"无产阶级专政"，也就意味着实现这个专政的阶级以及领导这个阶级的政党已具有集中的、恪守纪律的组织。没有铁的纪律和集中制的组织，共产国际就不能指望实现无产阶级专政。共产国际的任务是，把全世界的无产阶级政党和其他无产阶级革命组织联合起来，组成一个战斗的联盟。

帝国主义战争结束后的经济危机，在大多数资本主义国家中造成了革命形势，这种形势可使共产国际得到迅速的发展。共产国际应当把一些无产阶级群众组织吸引到自己这方面来。但是，要想使共产国际的迅速发展不致危害它的革命策略的完整性，除了在坚决执行集中制的基础上进行组织工作以外，没有其他更为实际有效的方法可使自己防止这种危险。即使采纳了向代表大会提出的提纲，也还不能充分保证那些加入共产国际的政党坚持共产国际的正确原则和策略。相反，只有在组织上实行集中制，并且真诚、自愿地遵从共产国际章程，才是那些已赞同和将来可能赞同共产主义的政党的可靠基础。

提出来的章程规定了共产国际的组织原则。定下来的章程，尤其是在将来，必将随着国际无产阶级革命运动的加强和推进而有所发展。对章程草案提出的一个主要的原则性意见，就是总纲部分的这句话："共产国际所追求的目的是以武装斗争推翻国际资产阶级"。就这一问题提出意见的同志们说：一、不宜公开承认和宣布，共产国际要使用武力达到自己的目的；二、而且，如果在章程中只提"武装斗争"，那么会使人认为，无须采用所有其他斗争手段，共产国际只承认步枪和机枪是斗争手段。前一个论点经受不住任何认真的批评。早在70年以前，革命社会主义的创始者马克思和恩格斯，就在其著名的《共产党宣言》的结尾中指出："共产党人不屑于隐瞒自己的观点和意图。他们公开宣布：他们的目的只有用暴力推翻全部现存的社会制度才能达到。"

今天，当俄国无产阶级革命（靠武装力量取得胜利的革命）的榜样摆在我们面前的时候，当伟大的所向无敌的红军给协约国帝国主义以致命打击、为无产阶级世界革命扫清道路的时候，当我们宣称我们正经历一个革命时代的时候，当资产阶级公开组织白卫军反对我们、许多国家内部爆发了国内战争的时候——在这种情况下，人们还要我们保持沉默，还要共产国际不要提出必须采用那种决定无产阶级革命最终胜利的强大斗争手段，难道可以这样吗？不可以。同志们，共产国际在自己的章程中要完全公开地宣布，必须采用武装斗争的手段。避而不谈采用这种手段，是没有什么好处的，这并不能使我们防止实行统治的资产阶级的压迫，所以必须公开说出这一点。要知道，资产阶级非常清楚地知道我们革命的真正目的和我们的斗争手段。正因为资产阶级清楚地了解这一点，它才组织白卫军去援助它所控制的其他反革命组织。共产国际应向全世界公开宣布：要进行殊死的斗争，即手执武器进行反对资本主义、争取共产主义的斗争，这才是即将来临的革命的口号。

这就是我们对委员会中某些同志的答复。因为他们认为，除合法组织外，宣布要建立秘密组织（见章程第12条），这是冒风险的做法。假如该国资产阶级为其自身利益需要使共产党不受法律保护，那它早就这样做了；当它认为需要这样做时，它就会这样做，在许多国家里，资产阶级已经这样做了。

难道这能作为共产党隐瞒自己的目的、放弃宣传必须进行武装斗争的主张的理由吗？绝对不能。在这种情况下，避而不谈必须建立秘密组织的问题，也是一种会引起混乱的多余的顾虑。何况，同志们，这种乖巧的谨慎是有害的，因为现在秘密组织与合法组织同样重要，不仅重要，而且完全必要，绝不可少。因此，你们都知道，代表大会已经通过了针对这个问题的提纲，其中要求成立秘密组织。那些投票赞成这个提纲的同志，以及通过了这个提纲的代表大会，如果拒绝接受章程的这一条，那就自相矛盾了。我们从章程中删去关于秘密组织一节，也不能防止资产阶级的打击；我们保留这一节，并且建立秘密组织，就能打破资产阶级的诡计，逃避它的监视。为此，我们需要革命者的经验和技巧。

关于执行委员会的组成问题，在委员会里引起热烈的争论。有下列极为重要的不同意见：有些同志认为，本国共产党软弱无力，不能派出同志，哪怕是一位同志，到执行委员会去做经常性的工作。另一方面，却有人指出，某些国家的共产党不能与执行委员会中自己的代表保持经常的联系，因而这些代表不能很好地了解本国的情况和革命运动的进程。我认为，这些论据，和共产国际及其执行委员会所起的和应起的作用相比，是没有什么重大价值的。既然我们确实生活在革命的时代，共产国际每天都面临着一些重要的、具有世界意义的迫切任务，既然共产国际确实应成为一个强大的、集中的战斗组织，那么，共产国际就应当是这样一个领导核心，即其中有各个强大共产党的常驻代表。共产国际的任务如此艰巨，因而每个共产党都必须由该党选出一名称职的同志作代表，以加强该党与共产国际的联系。如果执行委员会的成员中没有各国强大共产党的代表，执行委员会就不能依据对真实的国际情况的分析作出自己的决议。此外，令人担心会出现这种情况：那些在执行委员会里没有代表的共产党，也许会借口执行委员会似乎不考虑各该国的实际情况，或者决议通过时没有听取他们的意见，而认为它们无须执行执委会的决议。

有些同志主张，执行委员会应由所有加入共产国际的政党代表组成，并且每个代表都有表决权。提出这项建议的同志担心，如果不这样做的话，一些小党和小国在执行委员会里就没有代表权了。我是一个来自小国的代表，但是那里的工人和农民已组成强大的共产党，因而我相信，代表大会拟定执行委员会候选人时，所注意的不是该国领土的大小，而是共产党的实际力量。如果所有加入共产国际的政党在执行委员会里都有代表权和表决权，那执行委员会的机构就过于臃肿了，而且会陷入由一些弱小政党来领导，而且永远没有固定编制的危险状态。代表大会不应考虑所有参加共产国际的政党，而应考虑那些应在执行委员会中有表决权的政党，来最后确定执行委员会的组成。章程允许所有政党在执行委员会里都有代表和发言权就足够了。

委员会里讨论了执行委员会有权开除个别人、小组乃至个别政党的问题，因其"违反代表大会的决议"（章程第 9 条）。这项权力就实际证明了根据章程规定执行委员会所拥有的其他一切权力。如果执行委员会不拥有这个开除的权力，难道执行委员会的决议能有必要的权威和约束力吗？执行委员会没有这项权力，无异于回到第二国际的老路上去。

最后，章程规定执行委员会有权邀请同情共产主义的组织和政党的代表，并使他们有发言权。

关于执行委员会是否有权接纳同一国家的两个政党，并使其代表都有表决权的问题，也提出来了。委员会没能解决这个问题，它成了章程中的悬案。我认为，每个国家在共产国际里只应有一个共产党，这是保持各个国家内部共产主义运动统一的必要条件。如果共产国际开始遵循第二国际的做法，即把同一国家的两个或数个政党吸收到自己队伍中来（它们互相竞争，彼此争吵，这往往是由一些不大自觉的分子引起的，有时是受资产阶级煽动和支持而造成的），共产主义运动的发展就将受到阻碍。

执行委员会在阿姆斯特丹和柏林设置辅助执行局的经验向我们表明，执行委员会附设的一切机构，必须直接从属于执行委员会，它们只能根据执行委员会的指示办事。只有这样，我们才能建立起集中的、恪守纪律的国际共产主义组织。

巴马捷尔作拟定共产国际章程委员会的工作报告

巴马捷尔（瑞士）：

章程审查委员会委托编辑委员会对章程草案作文字上的加工。这对我们来说，是一项相当困难的工作，因为我们所依据的从俄文翻译过来的三份草案①，没有一份译文是准确的。因此，我们还不能向你们提出定稿的章程，我只能给你们宣读一下改正的地方以及编委会通过的那些原则上和词句上修改之处。章程还要由委员会再次加工。

  在德译文中，第2条第1行里缺少一个必须增补的句子。在章程的法文本里有这个句子。此外，有少许文字上的加工，我不一一指出了。对第2页上条文的修改，委员会里有过长时间的争论。问题出在这一行里："共产国际所追求的目的……"这一点，是这样修改的："共产国际所追求的目的，就是利用一切手段（包括武装斗争）……"对第3页第1段也作了修改；这一段最后一句话改为："共产国际保证全力支持任何地方成立的每个苏维埃共和国。"章程第1、2、3条没有修改就一致通过了。第4条第2句中作了如下的修改：把"代表大会规定要经常召开"，改为"代表大会规定每年召开一次"。第4条第3句和末了一句被删去。第5、6、7条没有重大的修改，被通过了。在第8条中，作了一些文字上的修改：例如，原先是："主要之处和重点"，而现在改为："执行委员会工作中的主要部分"，等等。继而在第8条倒数第2句中，把"10个最大的政党"改为"10—13个最重要的共产党"。在第9条末尾加了一句："执行委员会的代表执行自己的政治任务时，要与本国共产党中央委员会取得密切的联系。"第10条最后一句现在改为："同情和靠拢共产国际的"。第11条没有修改就通过了。在第12条，"整个欧洲和美洲总的形势要求全世界共产党人，除了合法组织外，还要建立共产党的秘密组织"这一句之后，加了一句："执行委员会必须注意使各地都实现这一点。"第13条第1句：把"通常，一切最重要的政治联络……"改为："通常，加入共产国际的各党之间在政治上的一切重要联系，都要通过共产国际执行委员会。"在第14条第1句中，

---

① 记录里没有章程草案，也无从查找。

把"在监督下"改为"在执行委员会领导下"。在第2句中,把"共产主义工会要派遣……"改为"这种工会要派遣……"对第15条作了如下的修改:"青年共产国际是享有充分权利的共产国际成员,它隶属于共产国际执行委员会。"第15条最后一句被删去。第16条和第17条没有修改就通过了。

全部修改的情况就是如此。修改后的章程以后将分发给大家。

讨论共产国际章程

比兰(美国共产主义工人党):

我们的组织章程是我们应当解决的最重要问题之一。报告人指出,俄国共产党的章程对党的组织工作起了巨大的作用。因此,我们应当严肃地看待章程,通过章程以后,要十分认真地对待它,决心全面地执行它,而不要把它看做是一纸空文。我必须指出,在章程的各种译文中,出现了异义,因而委员会的成员们在一些问题上没有达成协议。

在武装斗争这个问题上,必须修改措词。我觉得,这部分原文的表达,容易使人把手段的概念和目的的概念混同起来。其实,我们不应当把武装斗争表达为革命运动的目的,而应当表达为我们不得不采取的一种手段。我们也应当明确规定,在怎样的情况下,才需要采取这种武装斗争的手段。不然的话,如果我们"笼统地"号召进行武装斗争,那么,就可能再次出现这种情况,即一小撮暴徒的无政府主义行动,会被看做是共产国际所提出的武装斗争。如果我们把必须进行武装斗争作为普遍原则来宣布,而不考虑各个国家的条件,即不考虑那里的先决条件是否已经成熟,这种武装斗争是否真正需要进行和实际可能进行,那就会发生这种情况,即某些国家中还不具备进行这种斗争的先决条件,因而这个号召就会起挑衅的作用。就拿德国共产主义工人党来说,它没有十分认真地对待武装斗争的主张，因而导致了有害的后果。我在委员会里对章程的某些条款作了一些修改，但是这些修改被委员会否决了。因此，我要把修改意见提交全体会议讨论。我提出如下的补充："共产国际所追求的目的，是推翻国际资产阶级，以使人类摆脱奴役和剥削制度的桎梏。为了达到这个目的，它准备对国际资产阶级采用武装斗争这一最有效的手段。"①

其次，第 12 条中写道："整个欧洲和美洲总的形势……"但有些国家，那里还能进行合法的宣传鼓动，还能为维护共产主义进行合法工作，如果我们在这条里这样写法，就会使有关国家的政府指出：该政党属于第三国际，而第三国际在号召建立秘密组织。这就使他们有了借口来迫害我们的同志，而这些同志本来也许可以在那里进行合法的斗争。因此，我提议稍微修改一下这一条，从中删去"凡是属于第三国际的政党务必建立秘密组织"这一类的话。对这一条，我的措词是："整个欧洲和美洲总的形势，要求全世界共产主义者建立共产党组织。"

怀恩科普（荷兰）：

在委员会里，我没有投票赞成这个章程，我认为不能这样做，因为首先应当将它交给一些国家的政党来审议。我认为，制定章程是一件非常重要的事情，各国党都应当确切了解我们在这方面是怎样做的。只有经过各国党内的讨论，才能办妥这件事。今天晚上在这里的讨论，以及委员会里的讨论，仅仅这样做是不够的。正因为如此，我在委员会里没有投票，而且在这个全体会议上，我也将拒绝投票。我说制定章程是一件非常重要的事情，因为我认为，它只有经过各国党相应的讨论，表达

---

① 比兰修改的最后部分（从"以使人类摆脱……"起），在英文和俄文记录里没有，这里引自德文本。

了自己的意愿，并将其包括进去，才能付诸实施，才能实际体现出来。

我认为，最重要的是第8条，其中写道："共产国际执行委员会工作中的主要部分，由代表大会决定作为执行委员会所在地的那个国家的共产党承担"，等等。本来，这里要成立的是国际执行委员会，但实际上并不是这样，而是成立扩大的俄国执行委员会。但愿大家能理解我的意思，如果需要俄国执行委员会，或许现在就需要，我是没有什么可以反对的。如果我们确实不能成立国际执行委员会，那就应当成立俄国执行委员会，因为俄国党是最革命、最强大的。我并不反对这样做，但是应该说，无须做出我们这里要成立国际执行委员会的样子。应该说：目前，我们只能成立俄国执行委员会，本次代表大会将把执行权力交给俄国执行委员会。这样说，我赞成。

但是，为什么我单单要提出扩大的俄国执行委员会这个问题呢？为什么目前就不能在其他国家设立执行委员会呢？因为我不像某些同志那样对封锁持乐观态度。对俄国来说，还存在着封锁，情况也许不会很快就缓和下来，尽管有人认为已经缓和了。如果真的缓和了，那我的主张当然就不切实际了。但是，目前的情况并非如此。我只举一个例子：如果我们将机构设在这里的话，也就是说，如果我们将往这里派出大党的代表的话，那这些代表不可能洞悉世界形势，因为他们得不到有关世界政治的任何情报。他们不能充分了解各国组织中发生的事情，他们只能知道这里的情况。若是十来位国际运动的优秀人物被派到这里来，他们会失去与本国的联系，只能从俄国得到一些情报，不管他们的个性和理智是否坚强，他们都得遵从俄国情报，追随俄国执行委员会。另外一种情况是不会有的，也是不可能有的，因为他们已与本国失去了联系。当执行委员会里要通过决议的时候，也许那些在这里派有代表的国家里会有人说：那里有我们的领袖，要知道，他也出席了会议。然而，也许他们通过的决议是不中用的，因为它不适应于欧洲和美洲各国的实际情况。这些国家里的工人会说些什么呢？他们的领袖到这里来，本来是为了保持莫斯科和外界的联系，而实际上，他们看到他失去了对世界形势的正确了解，因而工人们更加与自己的领袖脱离了。因此，我希望事态不要这样发展，所以我提议执行委员会不要设在俄国。我的意见是，这个问题应当在这里讨论。我提议，执行委员会设在意大利或挪威，因为我认为，那里的工人运动目前十分强大，可以保证在那里召开国际执行委员会。莱维同志曾建议把执行委员会迁移到德国去。对德国也像对挪威和意大利一样，我不反对，这是因为那里有相当强大的工人运动，而且那里还能提供有关世界形势的情报。俄国代表团可以来到挪威和意大利。莱维同志认为，俄国代表团也可以来到德国。我提议讨论这个问题。如果代表大会认为执行委员会驻在地不能变动的话，那目前就不能建立真正的国际执行委员会，势必只能成立俄国执行委员会。而这个问题非常重要，因为我们给执行委员会很大的权力，它甚至竟能开除整个的党、小组和个别人。不过，只要它能确切了解各国的情况，它是可以这样做的。这就是为什么我认为，现在这个章程若是不经过各地的讨论就不能通过的道理。

季诺维也夫（俄国）：

有人提议停止申请发言。有反对的吗？（提议被通过。）

莱维（德国共产党）：

这里所要弄清楚的问题相当重要，但很遗憾，现在讨论时，代表们由于疲倦已经不注意听了。

首先，我提议删去第 8 条中"至少"一词。于是，这个句子就成为："该国共产党指派享有表决权的代表五人参加执行委员会。"若是有"至少"一词，会发生误解。我觉得，也许有人会认为，有意不让那些提出草案的人参加执行委员会,似乎执行委员会所在地的那个国家有权随意派出多少代表到执行委员会去。这个国家只应派出五名代表,不能多,也不能少。

其次,我认为,怀恩科普同志的发言中有些见解是正确的,即从外国派到这里的每个代表,经过一段时间就会丧失与本国党的密切联系。怀恩科普同志说,代表一来到俄国土地上,似乎很快就得利用俄国情报;而我的说法和他不一样,我说,从他来到俄国那天起,他就只能使用俄国同志所拥有的那些情报来源。

拉狄克同志反驳说,在其他任何一个国家里,也会出现这种情况。这在原则上是对的,但实际上还是有所不同。比方说,在那里不会出现这种情况:即使是从德国发出的信件和报纸,也不会在路上走10天。因此我认为,这必将造成巨大的困难,要知道,执行委员会需要解决问题时,而情报资料不足,这必将影响执行委员会的决定。这是符合实际情形的,昨天我在委员会里已用一个实例说明了。俄国同志给了荷兰同志一项使命①,当我们在德国得知这件事时,立即指出这是错误的。当我们在荷兰弄清楚这种代表权问题时,也曾立即指出这是错误的。

根据上述一切,我不是要得出一个结论,说执行委员会不应设在这里(其他一些人的主张,对于这一点已经说得够多了),但是我要说:我们应当创造条件,使那些专程前来作出决议的代表,确实能作出一些刻不容缓的重要决议。因此,我提议第8条中加上这句话:"执行委员会的全体会议,每三个月召开一次。"我认为,可以说,这样做能保证各党的代表作出特别重要的决议,因为这些代表恰好了解这些问题,而且与自己的党有密切的联系。

---

① 显然,这里指的是共产国际阿姆斯特丹辅助执行局的组织问题,见共产国际执行委员会的工作报告中关于辅助执行局的问题。

其次，我提议这样修改第 12 条："执行委员会"之前的一段话删去，只留"执行委员会必须……"我认为，在这里，无须在章程中以较多的篇幅规定建立秘密组织问题。我们所要说的秘密组织问题，即使章程中没有规定，在我们的提纲里已有所规定了。可见，总的原则已经足够了，执行委员会所应关心的就是实现代表大会的决议。我所要说的就是这一些。我认为，不提及秘密组织问题，会对许多加入共产国际的政党有利。

加拉赫（英国，车间代表委员会）：

这里宣读的章程，要求建立统一的共产党，但是，英国共产党人目前在英国共产党的旗帜下的所作所为，实际上是一只手抓住第三国际，另一只手抓住第二国际。他们并没有彻底站在第三国际的立场上。英国社会党也被认为是共产主义政党，然而，它正要加入工党。工党是一些观点各不相同的党派的大杂烩。我在其中看到的矛盾，使我有足够的根据提出这一问题：英国社会党能算作真正共产主义政党吗？拉狄克同志曾质问我，说我本人不也做过工党中的工会专职人员吗？我回答说，我不是专职人员，我是会员。被迫加入工人组织的人和志愿加入非共产主义组织的人，是有区别的。要想真正取得政权，我们首先要关心的就是发动工人去同资本家和企业主作坚决的斗争。这是最重要的第一步。然后，我们应当建立组织，因为它是武装斗争所必需的物质力量。这里被认为是共产主义政党的英国社会党，就其本性来说，实际上是反对武装斗争，即反对暴力斗争的。它具有和平主义情绪。尽管奎尔奇同志曾反驳过这种说法。不过，他自己也说过，他反对在这一斗争中采用任何暴力的手段。

英国工会运动决不会为共产主义而斗争。相反地，我们应当把这个组织看做是保护资本主义摆脱社会革命的一个工具。某些代表，即那些来到这里、受到热烈欢迎的工会代表,返回英国以后会在群众大会上说,他们在这里受到多么热情的接待。可是,一碰到真正需要为工人事业而斗争时,他们就要参加仲裁法庭,借以破坏革命斗争。

里德(美国共产主义工人党):

我不同意有些同志想从提纲中删去关于武装起义这一条的意见。我这样说,是以美国的经验为依据的。工人们一定不会谅解,怎么能够对如此重要的问题置之不理。他们了解了这种情况,会说我们不表态是党害怕对后果负责。经验表明,无论我们表现得多么合法,当政府需要对共产党人或革命者颁布非常法令时,它每一次都能把最合法的条文解释为非法的。根据这个理由,我反对删去关于武装起义这一条。此外,我希望,有关红色工会国际的第14条,不要列入章程,或者至少是,整个工会运动问题,未经委员会审议和代表大会讨论,不要列入章程。昨天已经明确地宣布,一切有关工会的问题,首先要经过委员会审议,然后再提交代表大会讨论。此外,这里曾指出,工会国际与共产国际的联系,不应当太密切。可是,按照第14条的规定,工会国际似乎应当成为整个共产国际的一个支部。请大家注意,根据新章程的规定,就连青年国际也比工会国际享有大得多的独立性。因此,我请大家现在不要就这个问题付诸表决。

弗赖纳(美国):

首先,我想着重指出里德谈过的工会国际问题。这是一个重要的问题。像我们粉碎第二国际一样,现在我们也应当粉碎阿姆斯特丹工会国际。这是我们对世界帝国主义进行斗争的必要条件。我赞成共产国际提出的国际工会组织的方案。但我们认为,这个问题应当个别对待,不应把它看做是章程的一部分,由于它需要认真研究,因而我们想提出一些建议来。

　　至于章程问题，我坚决反对怀恩科普和莱维同志的意见，他们想把共产国际执行委员会设在其他某个国家，而不设在俄国。代表大会召开之前，许多同志担心封锁会使我们得不到有关世界运动的详尽情报，担心"实际政治生活"的需要，会不得不把执行委员会迁移到其他某个国家。但现在已经明确了，所有这些担心都是没有必要的。俄国同志们清楚地了解世界各地所发生的事情，在这次代表大会上谁也没有表现出俄国同志们这样高超的国际主义精神。执行委员会应当设在那个当前是世界革命中心的国家里，这个论点是正确的。我们已经经历了单纯宣传鼓动的阶段；现在正处于积极行动的阶段，世界革命已经成为现实，共产国际的战略和策略应当适应于目前的情势。

　　世界上一切帝国主义力量和革命力量，都盯着那个作为世界革命中心的国家（在当前的情况下，是俄国）；这些力量迫使这个国家中的共产主义运动必须遵循国际主义原则，否则，这个国家就会灭亡。世界上所发生的一切都会使俄国同志有所感受，因为这对他们来说，不是一种理论和事态发展趋势的问题，而是一个生死攸关的问题。目前在英国出现的情况，对俄国的影响比对美国大得多；在美国出现的情况，对俄国的影响比对英国大得多。每个国家的情况，都是这样。世界政治形势的发展，是与苏维埃俄国对立的；俄国同志往往比我们更加了解我们的帝国主义政府的隐蔽的政治伎俩。此外，客观条件也使俄国同志必须坚持国际主义观点。由他们来主持执行委员会的工作，可以保证我们的全部问题都能按照共产国际的精神来解决。提议把执行委员会迁移到柏林是荒谬的。我们在柏林设有西欧书记处，它是一个有局限性的、狭隘的、可以说是民族主义的机构，而不是国际主义的机构。

　　令人惊奇的是，竟有些大会的代表反对把秘密工作一条列入章程。把合法工作和秘密工作结合起来，不仅是完全必要的，而且应当公开宣布并责成执行。在党处于合法地位的地方，反对秘密工作的倾向在党内有所发展；而在党处于非法地位的地方，反对利用合法机会的倾向在党内也有所发展。我们应当坚持把两种工作结合起来的主张。我们不要自我欺骗，因为今天我们党是合法的，而明天，它就可能成为非法的了。在美国，由于这一点，我们受到许多损失。我们认识到，我们终于要处于非法地位，但是，不能由此推论说我们理应如此。最后，我们一定要遭到垂死挣扎的反动派的突然袭击。不过，即使在党处于完全合法地位的情况下，也需要有秘密工作方式，例如对陆海军士兵进行宣传鼓动，就需要有秘密组织。

我坚决相信，集中制问题是我们的根本问题。第二国际和第三国际的巨大差别，恰恰就在这个问题上。也许有人会对我说，集中制仅仅是组织问题，决不是原则性问题。这纯粹是孟什维克的论点。集中制产生于革命的需要。正因为如此，第三国际才是一个严格集中的组织，所以它是革命组织，而第二国际，由于是分散的、各行其是的，所以它是一个改良主义的、非革命组织的软弱联盟。世界帝国主义在聚集自己的力量（只是局部的，因为它们大都有利害冲突），它们所以要聚集力量，是因为它们要和世界革命作斗争。

世界各国无产阶级和共产党，具有完全一致的利益，能够建立起帝国主义所不能做到的集中制，这就显示出我们具有巨大的优越性。世界革命需要有灵活性，需要适应世界各国的发展特点，而且需要有统一的战略与策略。在共产国际没有依据事态的发展成为一个团结的、集中的统一行动整体之前，我们是不会取得胜利的。必须聚集力量和统一领导，国际和隶属于国际的组织才能统一行动，才能在世界革命的每个新的阶段聚集起自己的力量。国际应有权对各国地方组织下达指示，它应拥有充分的权威针对某些事件指示应该做什么和不该做什么。这样，我们才能取得胜利。

季诺维也夫的总结讲话①

同志们,针对我们草案的发言,有三种原则性的不同意见。第一,是美国同志提出的,他们建议删去第14条,完全不触及工会运动问题。他们硬说我们答应他们稍等一下,工会运动问题委员会能完成自己的任务。同志们,我认为这是不正确的。在第14条中写道:

"凡是拥护共产主义并在共产国际执行委员会领导下组成的国际性工会,应成为共产国际的工会支部。这种工会应通过各该国共产党派遣代表出席共产国际代表大会。共产国际工会支部应派享有表决权的代表一人参加共产国际执行委员会。共产国际执行委员会有权派遣享有表决权的代表一人参加共产国际工会支部。"

我们完全没有必要等到委员会工作结束,才宣布每个共产党人想必已经了解的事情。我们希望,共产国际不仅能把一些政党组织起来,而且也能把所有拥护共产主义观点的无产阶级群众团体组织起来,共产国际的基本原则就在于此。弗赖纳和里德同志能对这种论点提出异议吗?我们曾不止一次地提出,我们要遵循第一国际的原则,即我们要继承第一国际的传统。第一国际最重要的传统之一,就是不仅力求联合一些政党,而且也力求联合所有拥护共产主义观点的无产阶级群众组织。在这里,我们也正是要这么讲。对此若是有所怀疑,我们就不能建立起共产国际。我们不仅应当包括政党,而且也应当包括无产阶级的革命工会。十分明显,工会组织加入我们的行列时,就得把它们组织起来,成为共

---

① 根据代表大会秘书的笔记,季诺维也夫的这个发言,是关于共产国际章程问题的结束语。

产国际支部,成为共产国际的一部分。这是无可争辩的真理。

这里所提出的是否应该留在美国工会里,是否现在就应该分裂英国工会——这些问题,对此毫无关系。这些有争论的问题,或许在委员会里再次加以讨论。而在这里,我们只限于宣布:我们希望在共产国际里,不仅有一些政党,而且也有一切无产阶级组织,首先是工会。这是对共产国际的起码的认识。

我们的第一个原则是:工会应在世界代表大会上有自己的代表,应组织成为共产国际支部,并应与有关的执行机构互派代表。每个严正的共产党人对此都不能有所怀疑,否则我们就要重蹈第二国际的覆辙。

我们希望在新的历史条件下恢复第一国际的做法,即继承马克思的这个传统:共产党不仅是政治领导者,而且也是各式各样工人运动的领导者。这也就迫使我们在共产国际中着手组织全世界各式各样的工人运动。

我们来谈谈第二个问题——第8条中有关执行委员会的问题。怀恩科普同志提议迁移执行委员会的所在地,例如,迁移到挪威。可以提出各种不同的方案,也可以在其中找到各种外国样式的共和国。但是,我本人认为,应该指出,在第8条中,和在整个章程中一样,没有一个字是提到俄国的。这是一个需要另外讨论和解决的特殊问题。章程中写道:代表大会应确定执行委员会的所在地。如果无产阶级革命在法国或英国取得了胜利,那我们当然同意执行委员会的所在地设在法国或英国。这里就无须提及俄国了。这是目前没有预先决定的一个主要问题。这里只是规定出一个原则:代表大会应解决执行委员会所在地问题。

再者,就是执行委员会的组成问题。章程中写道:执行委员会由执委会所在地的那个国家的5名同志,以及10个最大的政党各派1名同志组成。我支持莱维同志的修改意见,删去"至少5名同志"的提法,确定为"5名同志"。怀恩科普提出了不同意见,说什么在这种情况下,执行委员会将成为扩大的俄国委员会。我的答复是：它也许将成为扩大的荷兰委员会呢！问题就在于执行委员会是由15人组成的，其中5人来自一个国家，而10人来自加入第三国际的其他各国政党。这将是一个国际委员会。在这种情况下，怎么能硬说这势必是一个扩大的俄国委员会呢？如果这10个政党都派遣自己的代表，那么就人员组成来看，这是一个国际委员会；这10个政党派遣代表，是它们应尽的职责。至于有人说，不能让所有政党都把自己的代表派到这里来，我不同意这种说法。看来，有人认为这里不宜有过多的精干的同志，因为在德国或者在其他某个地方，也需要精干的同志。既然我们认为执行委员会是工人运动的最重要的工具，那么，每个重要的党都有责任派一名杰出的同志参加执行委员会的工作。这是国际运动最重要的组织，它对每个国家的共产主义运动都具有巨大的意义。我们只要求有关国家各派出一名同志，如果各国党有时要调换自己的代表，那我认为，章程里应规定出每次可调换的人数。我们应该而且必须为共产国际作出这种牺牲。

认为留在这里的同志，特别是那些有战斗经验的老同志，似乎会与自己的组织失去联系——这种看法，我是不同意的。两三个月里是不会失去联系的。我们多年侨居国外，也没有失去自己与俄国的联系。目前，运动已更加广泛地开展起来。我们应当这样考虑问题，即驻在执行委员会的代表应同时是该国党的总书记，德国驻在执行委员会的同志应该是德国党的总书记，等等。很显然，最好尽可能不要经常调换代表，或者使他在调换时仍旧是总书记。他可以有一个业务上的助手，但领导权应属于党的有关代表；只有这样做，我们才能有真正的执行委员。在某些情况下，执行委员会甚至比代表大会更为重要。在这里，我们讨论了一系列问题，但是我们不能预见到一切问题。一些最重要的问题，也许过两个星期，在完全改变了的情况下出现。我们本来已着重指出，我们是在革命战斗的时代进行工作。执行委员会应该指导我们，对于一些该解决的问题要给予明确的指示。因此,执行委员会的成员应享有在形式上和道义上代表第三国际说话的权利。所以我们坚决主张由15人组成执行委员会,并由10个最重要的政党派出正式代表参加执行委员会。若是违反这个条件,我们的工作意义将减少一半。我们代表大会的作用,就在于要建立一个坚强的组织——国际无产阶级斗争的总参谋部。不能建立工作效率很高的执行委员会,我们至少将减弱我们一半的工作。在第一年里,我们只是一个宣传机构,作为中央领导机关的执行委员会,尚未着手工作。它曾是一个俄国组织,我们公开指出这种情况,并希望改变这种情况。现在,我们必须建立一个能随时下达指示的、实行集中制的国际组织。我们赋予执行委员会以巨大权力,直到开除整个党的权力。因此,各党应关心让执行委员会里有自己的代表。否则,我们的工作将成为泡影,从而我们也不能向世界无产阶级宣称:"现在我们已拥有实行集中领导的国际。"

因此,我反对莱维同志的这一提议:执行委员会全体会议每三个月召开一次。昨天在委员会里,我有点动摇,打算对德国同志作出让步。但是,细想一下莱维同志的提议,即只有在特殊的情况下,党才派遣自己的代表,或者说,每三个月派遣一次。若是所有的党都这样做,那我们这里将是每三个月召开一次装潢门面的会议,而在会议休会期间,执行委员会实际上就停止工作了。

因此,我们应当向同志们阐明,虽然那些常驻在这里的同志会有一些困难,但是,他们必须作出这种牺牲。要知道,这种牺牲会给他们自己的党带来好处。共产党员的工作并不是单一的,他们在这个问题上担负着双重角色,一方面他们要进行选举斗争,而另一方面却要为第三国际工作;要告诉他们,这两方面彼此是不能分割的。我们是一个统一的国际党,在各个国家里有自己的支部。在国际中,为德国进行的工作,并不次于为俄国进行的工作。因此,我们必定要坚决维护这个说法,即执行委员会应由一个国家的 5 名代表和其他各国的 10 名代表组成，而且这些国家的代表应是各该国党的总书记，他们应协同一致地工作。

最后，我们来谈谈最后一个有争议的问题，即第 12 条关于秘密组织的问题。这一条中写道："整个欧洲和美洲的总的形势要求全世界共产党人，除了合法组织外，还要建立共产党的秘密组织。执行委员会必须注意使各地都实现这一点。"在委员会里，我们也考虑过，或许对此应稍微谨慎从事。然而，我听取了全部意见以后，认为必须保留原议，也许原议中有一些弊病，但是，积极的方面还是主要的。

在一些所谓典型的资产阶级自由国家里，如英国和美国，一直还没有考虑建立秘密组织的问题，或许在理论上承认了，而在实际上却从不予以实行。只有现在，在美国逮捕了 5000 名共产党员之后，在那里才开始理解建立秘密组织的必要性。德国的经验也可证明这一点。在那里，党时而处于合法地位，时而处于非法地位，时而又有几个星期处于合法地位。国际无产阶级应从这里吸取经验，我们一定要有秘密组织。这对所有国家来说，都是重要的，这也是由共产国际存在一年零三个月的体验所决定的。阐明并实行这一点是重要的。我们应该采取一切必要的方式，使我们了解和实行这一点。现在，让我们谈谈那些反对这一点的人所提出的具体理由：瞧瞧看，我们只限于建立合法组织，行不行。不，绝对不行！莱维同志以德国为例来证明，说什么资产阶级已习惯于共产党人的合法工作到这种程度，以致它不敢采取什么办法来和他们作斗争，因而德国同志们说，他们在章程里提不提秘密组织问题都无所谓，反正资产阶级不能剥夺他们的合法存在。在意大利，党强大到这种程度，以致资产阶级也不能剥夺它的合法存在。然而保加利亚的经验却证明我们的论点是正确的。在那里，我们同旧的合法的政党打交道，而它竟有 40 多名代表遭到各种迫害。我们主张公开地、明确地讲清这一点。不错，巴尔干、德国、奥地利和意大利的经验，对于我们来说，是一些重要的事实。也许我们讲清这一点，会给某个党招致一些烦恼，但是，对于我们来说，积极的方面更为重要，经验告诉我们，我们应该在章程里讲清这一点。要知道，我们合法地或非法地绞死资产阶级，对于它来说是无关紧要的。我们是否真的要绞死它，是否真的要为共产主义而斗争，这对于资产阶级来说，才是重要的。我们的组织形式，对于资产阶级来说，不是最主要的；在这方面，我们已决定要拿起武器来。因此，同志们！检察官反正要引证我们的提纲，结果将是一样的。我们若是不明确指出每个工人所应了解的事情，我们必将遭受损失。因此，我们坚持保留这一条，不作任何修改。我们应该提示国际无产阶级，目前已进入决战的时代，无产阶级应该到处有步骤地建立起自己的秘密组织，以便在紧要关头，当资产阶级摧毁我们的合法组织的时候，无产阶级不致赤手空拳和陷于混乱。因此，我们应该明确地阐明这一点。

我认为，代表大会会完全同意委员会大多数的决定，整个说来，委员会除一人弃权外，全体一致赞同这个章程。我希望能一致通过这个章程。我们国际党的这个大法若能得到一致通过，就可以向全世界宣告，我们现在已经不只是一个宣传机构了。这是极为重要的。我们已经发展成为一个统一的国际党，它拥有自己的章程，它了解自己追求的目的和应负的国际主义义务。这个党的成员都知道，他们受共同纪律的约束，现在真正团结一致地为共产主义而斗争。

表决并通过共产国际章程

我首先把各种修正案提出来表决，主要是对第8条的修改。

一致通过原定稿。

现在表决整个章程。(宣读全文①)

全体一致通过。

季诺维也夫（俄国）：

同志们！共产国际有自己的章程了。我们终于组成了国际的党。为此，我向代表大会表示祝贺。我认为这是世界无产阶级最重要的成果之一。我们到底正式组织起来了。第三国际万岁！

（会议休会）

---

① 见本卷收录的《共产国际章程》。——编者注

第十五次会议

(1920年8月5日)

塞拉蒂（意大利）：

现在开会。由拉狄克同志代表资格审查委员会发言。

资格审查委员会就承认美国共产党代表资格问题提出的通报

资格审查委员会本应解决美国同志的代表权问题。但是在这里，美国的两个党——共产党和共产主义工人党，都有代表。当时，美国的代表弗林同志带来两党合并的消息，但在合并时，一部分共产党人声明，他们不同意两党合并，因而留在党外。因此，共产党的代表坚持保留自己的代表权，而弗林同志则提议取消弗赖纳和斯托克利茨基两同志的代表资格。在委员会里，我们认定今后也得承认这两位同志的代表资格，这是下列情况造成的：美国形势变化无常；目前，我们只知道成立统一共产党这件事；我们在这里难以判断少数人留在党外的理由是否充分。不承认他们的代表权，意味着我们业已同统一共产党站在一起。也许将来掌握比较详细的资料之后，我们会和统一共产党站在一起，而现在，根据不完备的材料，我们不能完全否认共产党的组织。因此，我们决定保留两个党的代表资格。由于弗赖纳同志并不否认，即使根据他的材料，大多数有组织的共产党人也已经加入了统一共产党。所以我们决定这样分配代表权，即统一共产党派6名代表参加，共产党派4名代表参加。弗赖纳同志向我们声明，虽然他和斯托克利茨基同志并不主张分裂，但是他们反对无条件地加入统一共产党。我代表资格审查委员会，请求代表大会同意我们的这个决定。

由于乌克兰同志们的坚决要求，我应当声明，资格审查委员会没有确定乌克兰共产党的代表资格。大概同志们都知道，除了庞大的乌克兰共产党以外，还有一个只有100人到500人的集团；很明显，这是一个与真正共产主义工作毫无共同之处的小团体。

讨论资格审查委员会的通报

弗林（美国统一共产党）：

我对拉狄克同志提出的承认美国共产党有代表资格的提案，表示抗议。我们费了很大的劲，终于在美国成立了统一共产党，其中包括约3万名原共产党的党员和2万名原共产主义工人党的党员。统一共产党不久以前开始了秘密工作，从而在党内发生了分裂，因为并非全党都赞成从事秘密工作。结果，一部分共产党人分离出去了。假如实行联合是根据美国同志的倡导，共产党的代表资格也许还可以予以承认。可是实际上，并非如此。为了实现这个合并，共产国际特地派了自己的代表去美国。现在合并实现了，而第三国际却承认共产党有代表权，从而站到反对联合者的立场上去，我们对此实在不解。

弗赖纳（美国共产党）：

我感到十分遗憾，这个争论竟提到代表大会的全体会议上，何况这个问题已经由资格审查委员会解决了。

根据我们党的委托，一个月以前，我和另一位代表斯托克利茨基同志一起来到俄国。

到达莫斯科以后，我和斯托克利茨基同志讨论了情势，并在弗林同志还未到达之前，就向共产主义工人党的代表们提出如下建议：我们这些美国共产主义运动的代表认为必须完全、彻底地联合起来；我们在代表大会上要作为统一的组织来发言和工作；我们要向共产国际执行委员会提议，请它设法实现美国运动的完全统一；我们保证执行执委会的决议。

弗林的发言具有派别活动的性质，根本没有反映出美国共产主义运动的利益。共产党认为不应扩大意见分歧，这有助于实现完全的统一；不但如此，这还有助于清楚地、非折中地理解革命原则和策略，因为共产党比共产主义工人党更具有坚决彻底的精神。只有恶劣的派别活动者才会提出剥夺共产党参加代表大会的权利。

斯托克利茨基同志和我，作为我们党的代表，具有无可争辩的权利参加这次代表大会。

至于共产党的人数多少问题，这完全无关紧要；只有孟什维克才会有这样的推论。

我认为，可能是共产党的多数人和共产主义工人党实行了联合，不过对于这一点，我是一无所知，而弗林的具有派别活动性质的发言，却使我不得不怀疑这种说法的正确性。

只有我们的共产党把我们这两个代表召回去，或者共产国际执行委员会决定把美国共产党从共产国际队伍里清洗出去，我们才能离开代表大会。

无论是过去或现在，共产党都始终代表着美国运动中最坚决彻底的共产主义分子，可是原共产主义工人党却代表着一些不太坚决彻底的、觉悟不高的分子。就这个意义来讲，美国运动也是迫切需要共产党的；共产党应该在即将联合的情况下，捍卫自己的彻底革命的观点。

（有人提议停止讨论）

里德（美国共产主义工人党）：

我反对停止讨论，因为我对拉狄克同志的提案还有意见。

表决资格审查委员会的提案

关于停止讨论的建议被通过；然后，资格审查委员会的提案付诸表决，以 19 票对 9 票通过。

季诺维也夫作关于成立工兵代表苏维埃的时机问题的报告

同志们！我认为，大家都已知道建立工人和士兵代表苏维埃的条件（在我们的提纲德文本第 73—77 页上）。因此我希望，作为一种例外情况，我们不经讨论就通过这个提纲，因为就此与各个代表的交谈中，大家全都把问题弄清楚了。

所有同志从这个提纲中想必已经明确地知道，只有具备一定的历史条件才能建立苏维埃。为了不损害苏维埃思想，不得勉强凑成这个组织。我们大家都知道，苏维埃思想不仅为欧洲工人阶级所掌握，而且也为全世界工人阶级所掌握。工人阶级已经懂得，当前政治生活的历史阶段，将以苏维埃形式充分体现出来。对于第三国际来说，这个思想已经掌握了群众，这真是太好了。这个思想具有无比的威力，因为它已成为工人阶级的思想。但是，我们看到在一些根本不具备相应历史条件的国家里，有些软弱无力的小组织，正在建立苏维埃。在法国及其他一些国家里，就是如此。我们以代表大会的名义，希望全世界工人阶级把注意力放到经常宣传苏维埃思想上。进行这种宣传的时刻已经来到。而建立苏维埃，可惜不是在所有国家里都已具备应有的历史条件。

在我的提纲中,简要地叙述了这个新思想的历史。想必大家都知道,工人代表苏维埃思想最先产生于 1905 年,可见这个思想从产生之日算起,只有 15 年的历史。1905 年俄国第一次革命期间,破天荒第一次成立了彼得格勒苏维埃;它的沿革表明,苏维埃的产生需要有特殊的历史条件。沙皇制度一战胜革命,1905 年的苏维埃就立即被消灭了。很显然,革命运动的浪潮低落之后,苏维埃是不能支持太久的。当时就有人发表了孟什维克和右翼独立社会民主党人现时所宣扬的那种"聪明"见解,即苏维埃只是无产阶级的阶级组织,不能成为国家政权机关。这乃是考茨基及其追随者在德国革命时期所宣扬的论点。

最近 15 年的历史表明,只有当苏维埃不是像工会那样,成为平常的、普通的阶级组织,而是成为国家组织、成为无产阶级专政形式的时候,苏维埃才会具有重要意义。俄国的第一次革命,我们第二次革命的第一个回合,即克伦斯基统治的八个月,以及德国和奥地利的革命,尤其是德国革命,都证实了这个论点。德国工人阶级胜利之后,1918 年 11 月,工人和士兵代表苏维埃自然而然地产生了。但是,当社会民主党背叛了工人阶级事业的时候,当资产阶级与反革命的社会民主党一起战胜了工人阶级的时候,苏维埃就立即开始衰亡了。我们在"卡普叛乱"的日子里,看见了苏维埃生命的最后火花。苏维埃的全部命运,在这个短短的历史情节中,像一滴水一样地消失了。当工人阶级走上通往胜利之路的时候,苏维埃曾试图重新活跃起来,但是反动势力一占有优势,苏维埃就立即开始衰亡了。最后的情况清楚地表明,只有当苏维埃确实是由于波澜壮阔的群众运动想把它变成国家政权而产生时,它才能具有重要的意义。

1917 年初,当我们还流亡国外的时候,当革命运动在俄国已经相当高涨的时候,我们有些同志就已着手建立工人代表苏维埃。当时,我们向他们指出,这个思想还没有可靠的基础,我们提议只为苏维埃进行宣传工作。而建立苏维埃的口号，只有当我们确信已具备建立苏维埃的先决条件，群众拥护苏维埃并准备为苏维埃而战的时候，才可以宣布。因此，我们现在反对我们的法国同志的尝试：他们是一个不大的团体，而要把它作为苏维埃，代表数百名成员在自己出版的机关报上发表意见，认为这就是"苏维埃"运动。我读了瑞士同志在瑞士竞选运动期间所印发的许多传单；正当大家都忙于搞选举时，我们的同志却提出了"我们要求建立苏维埃"的口号。在这里，要求建立苏维埃，是针对资产阶级、针对政府的。但这时，不能提出建立苏维埃的要求，只有在工人阶级准备好革命的地方，才能建立苏维埃。这时提出类似的要求，难道符合共产主义活动原则吗？首先需要组织工人阶级，使他们行动起来，做好准备，而时机一成熟，也就用不着"要求"建立苏维埃了。

我认为，目前为政权和革命而斗争的问题，已突出地摆在议事日程上，苏维埃思想已为各国工人阶级所掌握，摆在第三国际面前的已不是传播苏维埃思想的问题。这已经做过了，思想已经传播开了。更为重要的是，必须使全世界的工人阶级了解建立苏维埃所必需的一些条件。这是我们应该做的第二步。我们所提出的提纲，也正是这样要求的。我们应该清楚地告诉工人阶级，在怎样的条件下，我们才可能和应该建立苏维埃。要知道，我们若是勉强凑成苏维埃，那我们就使这个思想有利于敌人了。我们必将遭到人们的嘲笑，而这在一些国家里已经发生了，因而这个伟大的思想将受到损害。不能把这个伟大的思想当做儿戏，必须向工人明确地说明，在怎样的条件下才能建立苏维埃。

在我们提出的提纲里，我们曾试图分析各党的经验。在奥地利出现了特殊的情况，类似于克伦斯基执政初期的情况。那里有一个相当强大的工人代表苏维埃，其中大都是社会爱国主义分子和中派。共产党人在那里处于少数，但是他们的力量却日益增长。苏维埃在奥地利拥有某种权力，和伦纳之流的合法政府相抗衡，成为一种平行的政府。在我们革命最初八个月的另一历史情况下,也曾出现过类似的情况。这样的运动具有重大的意义,我们的同志应参加进去,在苏维埃中加强自己的影响,并在其内部进行夺权的斗争。

德国苏维埃是另外一种情况。这里写了许多有关苏维埃制度的好书和坏书。我们德国同志总是要谈论"制度"。然而,他们有了"制度",却没有苏维埃。反过来倒好一些,宁肯不要那么好的"制度",也要好的苏维埃。把苏维埃制度纳入资产阶级反革命社会民主主义共和国的任何方案,都是不正确的。这种方案往往在客观上起反革命的作用,因为它并没有向工人阶级说明,在怎样的条件下才能建立苏维埃。

我们打算在提纲里利用德国的经验,当然,首先是利用苏维埃思想发源地俄国的经验。根据1905年和1917年上半年俄国革命的经验,以及1918年德国和奥地利两次革命的经验,我们要向工人们指出,在怎样的条件下才可以建立苏维埃。

我相信,共产国际第二次代表大会是各苏维埃共和国国际代表大会的前奏。我们当中还不很老的人会活到那个时候。但是,为了促使那个时候早日到来,我们应该看清前进的道路,保持清醒的头脑,并向工人阶级具体阐明,我们怎样才能真正实现国际苏维埃共和国。

表决并通过关于何时以及在何种条件下可以建立工兵代表苏维埃的提纲

提纲表决后被通过。①

---

① 见本卷收录的《何时以及在何种条件下可以建立工人代表苏维埃?》。——编者注

拉狄克作关于工会和工厂委员会问题委员会的工作报告

同志们！根据全体会议的决定，工会问题委员会以执行委员会的提纲为基础，对它只作了一些修正。在说明这个提纲之前，我想指出，委员会对于一个主要之点没有作出一致的决定，因此，少数派代表也将在这里发表意见。

问题在于，美国同志们以提出修正案为借口，实际上想把提纲的基本原则一笔勾销。根据表决的结果可以看出，代表大会的态度是责成所有同志和所有共产党都承担工会中的工作。委员会中的少数派，首先是一些美国同志，表面上同意这个原则，在口头上没有提出任何异议，而实际上，他们想以修改措词的办法来取消代表大会的决议。我在自己的报告中已经指出，我们所提出的提纲，就某种意义来说，确实是狭隘的，因为没有注意到这样一个情况，即美国工人中有80%未加入组织，美国劳工联合会不仅没有把普通工人组织起来，反而以其高额的入会费阻止普通工人参加工会。除了由于抑制在工会中进行革命宣传而不得不退出旧工会和成立新工会外，还有一种情况，就是由于工人阶级的贵族上层分子在旧工会中专横跋扈，因而没有把普通工人组织起来。有鉴于此，我们提议必须成立新工会。然而，这并没有使美国同志感到满意。他们提出来的说法，会使美国共产党人抵制代表大会的决议。在这里，我不想把修改我们决议中的三条的措词全都援引出来，而只援引其中一条。该条这样写道：（从"新工会"读起，到"代表……"止①）。利用这三个小标题来规定何时可退出旧工会和成立新工会，这会招致各种意外的事件。有些共产党人不愿在工会中工作，认为论述工会官僚制腐

---

① 速记记录中没有。

败无能的文章充满报纸版面更具共产主义精神，因而一直不肯参加工会。他们总是说，无论是工会组织结构本身不准备有所改变，或是无产阶级的革命情绪如此高涨，都没有必要使他们继续留在这种工会里。美国统一共产党的决议表明，我们所碰到的不是什么不可捉摸的事情，而是在原则上抵制美国各大工会的某些提案。在刚收到的一期共产党的刊物中，我们看到了关于工会的决议。其中写道：（宣读①）。这样一来，这个决议就完全否定了我们所通过的责成共产党人从内部争取工会的决定。这个决议不仅提出了为了破坏旧工会是否应该参加进去的问题，而且根本否定了在旧工会内部进行破坏和斗争的必要性。这个论点是和我们的提纲相矛盾的，可见，统一共产党的同志在这里所维护的不是什么别的东西，而是公然否定我们的观点。为了挽救自己的地位，他们企图从防御转入进攻。他们说，几个月以前，执行委员会本身就曾同意统一共产党现在所持的观点。同时，他们援引了执行委员会给美国同志的一封信，信中说：（宣读②）我不想说这封信当时发出是错误的，尽管它未经执行委员会全体人员批准，我也不想说同志们没有正式权利援引这封信，尽管信中的观点与他们的观点并不完全一致，但是，要知道，这封信是专门向美国劳工联合会发出的。现在的问题并不在于执行委员会是否犯了错误，重要的是要弄清楚，统一共产党的代表是否公开地表达了自己党的观点。在这里，他们有机会表达自己党的观点，但是他们没有这么做。由于他们宣布了自己在原则上反对分裂，所以他们打算用贩私货的办法来修改我们的决议。我认为，代表大会不仅应该否决这类修正案，而且应该在专门决议中指出美国同志的观点违反共产国际的观点。在这个问题上，代表大会应该明确地表态，由于问题所涉及的不单

---

① 速记记录中没有。
② 速记记录中没有。

单是美国组织，问题也不在于我们是否授权美国同志来破坏这个反革命组织（即使他们可以这样做），而是因为这是该党本身的生存问题。

鉴于这一条遭到邦巴奇同志的批评，我认为在这个问题上还需要说几句话。邦巴奇同志的观点不同于那些美国人的观点，他很幼稚，没有从革命的观点出发来对待这个问题。当美国同志们说"打倒美国劳工联合会"的时候，接着他们就会补充一句："世界产业工人联合会万岁，我们要成立新工会。"邦巴奇同志却不是这样，他会毫不客气地说：不用管工会的事，因为它必定要走向反革命。如果邦巴奇同志是以意大利工会掌握在工团主义者或庄重体面的改良主义者手里为依据，那我们就要坦率地告诉他，这是儿戏，是斗气，决不是共产党的策略。如果邦巴奇同志捍卫马克思主义原则，那他就应该在意大利党内为维护原则而进行斗争，而不应该在这里断言工会没有任何作用，并且说工会必定要走向反革命。我们反对这样对待工人运动中的重大问题，我们认为代表大会在这个问题上采取明确的态度，具有特别重大的意义。

不久以前，我还表示同意采纳某些修正案，可是现在，在统一共产党作出这项决议之后，一切妥协和让步，在我看来，都是不可能的。只有真正开始共产主义工作、宗派主义作风已告结束的地方，才能谈论共产主义问题。

下一个应当讨论的问题，是我们对待工厂委员会的态度问题。我们提出一个修正案，其中写道："只有当工会不断克服本身官僚制的反革命倾向，自觉地成为革命机构的时候，共产党人才应当支持变工厂委员会为工会工厂支部的要求。"这就是说，在工会的官僚制还牢牢抓住领导权的一些国家里，共产党人必须支持工厂委员会及与其类似的组织为自己的独立存在而斗争。只有当共产党人从这种工厂组织中培育出新工会及其共产主义工厂组织的萌芽支部的时候，共产党人才能掌握工会运动中的领导权。我应当对这个修正案加以补充和说明。首先，其中写道：“在企业中，在工会范围内或在工会之外建立的车间代表委员会、工厂委员会这类组织，其目的就是要与工会官僚制的反革命倾向作斗争，支持无产阶级直接、公开的行动——共产党人自然应全力支持这种组织。”有人反驳我们说：既然你们反对成立小的革命工会（认为没有必要）来对抗大的工会，那你们怎么又要求支持所有这些工厂组织呢？请大家注意，我们曾指出，在工会范围内或在工会之外建立起来的组织，并不反对工会。德国的工厂委员会决不是工会的掘墓人。它们多少都有一些自己的单独职能，而同时它们多少也会触动工会的官僚制。既然问题涉及组织，它们就不会是工会的敌对者。反对工会的那些组织，不能利用我们的支持，因为我们在提纲中已明确指出，在怎样的情况下，我们才认为适于建立单独的工会。

现在，我来谈谈第二个问题。我们说，只有工会实现了革命化，我们才能支持工会并使工厂委员会从属于它的领导。这里有人援引了德国的情况，说那里的工厂委员会大都合法存在，共产党人在工厂委员会里首先争得了超出法律规定的职权，还说工厂委员会已经从属于工会的领导了。根据我所掌握的资料，我肯定地说，并非如此。工会官僚只是刚刚开始争取工厂委员会从属于自己的领导。因此，我们认为，每个共产党人都必须进行斗争，以反对列金之流企图把工厂委员会控制在他们的手里。即使我们的力量不足，我们也必须进行这场斗争。我认为，事先放弃斗争是错误的，因为这里不是形式上的问题，而是共产党人在工厂委员会中的未来地位问题。即使大多数工厂委员会决定自愿从属于工会的领导，它们彼此已不适于独自存在，我们为提示群众防范列金之流的图谋而进行的斗争，也不是徒劳无益的，因为这个斗争在将来必定会加强我们在从属于工会的工厂委员会中的地位。另外一个问题是，在斗争取得胜利无望的情况下，是否应该脱离出去，另外建立小团体。如果斗争还没有取得胜利，我们就要在从属于工会的工厂委员会中继续斗争。

但是，目前的问题并非如此。在一些大工业区，在德国的中部和柏林，斗争正热火朝天地进行着。如果德国共产党人说：不应该把反对列金分子的斗争变成纯粹外部形式的斗争，那我们就要对他们说：你们要注意维护你们斗争的原则性，不要把斗争变成工厂委员会隶属问题的斗争。这是一个原则性的问题，是对工会的官僚制加强反抗精神的问题。

最后，我们提出一项修正案，要把以往在决议中有关工会未来作用的一切零散意见合并到一条里。这一条是：

"共产党人要把工会和工厂委员会锻炼成为强有力的革命工具，使这种群众性组织能胜任它们在无产阶级专政建立之后所应承担的伟大任务，成为在社会主义基础上重新组织经济生活的主要支柱。到那时，作为生产委员会建立起来的工会，将依靠工厂委员会，把它当做自己在工厂中的基层组织，使工人群众了解他们的生产任务，选拔最有经验的工人担任企业领导人，对技术专家实行监督，并会同无产阶级政权的代表制定和实行社会主义经济政策的计划。"

我还想简单地谈谈，在我们和工团主义者之间，对于工会在无产阶级夺取政权之后的作用问题，存在着不同的认识。工团主义者是这样想象社会主义发展的：无产阶级通过总罢工推翻资产阶级的统治之后，组成各产业工会彼此自由协商的产联，不需要组织无产阶级国家，由产联协同共产党人领导经济生活。我们认为，这种观点是不正确的。第一，没有无产阶级专政，即没有建立起用以镇压资产阶级反抗的无产阶级国家机器，无产阶级就不能掌握政权；第二，领导国家经济生活，不能是各个工会的事情，即不能是通过工会自由协商来进行的事情。要知道，在这种情况下，在生产过程中起主要作用的某些部门，会为自己的成员建立贵族、特权的地位，借以欺压那些不太重要的落后部门的工人。在无产阶级国家里，经济必须这样来安排：它不仅在各个生产部门方面，而且也在共同生产任务方面把工人团结起来。除了那些通过某个工业部门来审查任务的组织以外，工人阶级应通过无产阶级国家代表整个无产阶级的利益。整个经济计划及其实现，必须从属于整个无产阶级的利益。因此，我们在这里除了看到工会卓越的重大作用外，还要看到有一种实行监督的国家组织形式——苏维埃，从而工会可通过这个全国性的机关参加领导经济工作。

对提纲的一些重要修正案，就是如此。修正案比第一个草案更加着重指出，许多国家中的工会在实行贵族政策，因而我们在相应的情况下要责成共产党人单独在工会里着手组织工人群众。然后，我们责成共产党人支持工厂委员会，支持这种自发产生的无产阶级的新经济组织。共产党人应当捍卫工厂委员会的独立性，反对工会官僚制对它的侵犯。同时，他们应当把它看做是革命工会的一个组成部分。

第三个修正案指出获得政权之后工会的任务。

第四个问题是关于国际工会联合会的。

在这个问题上，委员会只是通过了已印发的提纲中的那三条。委员会没有提及现在的具体情况，即在莫斯科由意大利、俄国、保加利亚和部分英国工会代表创立国际红色工会理事会的问题。这一方面显露出英、美的观点，他们认为建立现在这样形式的组织是不适宜的，是为时尚早的；而另一方面也显露出俄国同志的观点，他们提出了这个议案。由于执行委员会的某些委员不同意后者的观点，以及由于时间太晚，我在委员会里没有对这个问题作出什么结论。今天，季诺维也夫同志将就这个问题提出自己的建议。在工会问题上存在着深刻的意见分歧。诚然，在代表大会上，工会没有受到极大的重视。但是，我们不应当闭眼不看，在所有国家里，工人阶级的不满会使他们产生建立新工会的想法，而且有许多共产党人都支持这个观点。我们不应当闭眼不看这方面的情况。代表大会应当关注这种情况，并给各国共产党指出明确的行动方针。

代表大会必须关注的第二个问题，将来必定会引起国际的巨大兴趣，这就是关于工厂委员会的问题，即关于车间代表委员会之类的一切新组织的问题。这个问题阐明得还不够，因为它还处于发展阶段。因此，我们应当考虑到，革命在这个领域里可以创造出完全新的情况，而共产党人则不应以旧的静止的看法对待这种新的情况。这样看来，可以说，我们应该尽力在我们的提纲里对此加以说明，但是，我们每个人都觉得，现在还不能作出结论来，这种组织还要向前发展，最近的将来，就会向我们提出一些我们必须解决的崭新的问题。共产国际建立于革命动乱的时代，经过多次混乱状态才具有了明确、合理的形式。我特意强调上述情况还没有完全固定下来，为的是第三国际能有充分的准备，不致陷入敌视一切新事物的顽固工会所陷入的那种迷途。我们还不知道，英国车间代表委员会运动的情况如何，因为它刚刚发展起来；我们也不知道德国工厂委员会今后的命运如何，它暂时还是向后涌退的革命浪潮的产物。工厂委员会产生于这样的时代：工人掌握了苏维埃思想，但是，没有建立起政治苏维埃。我们还不知道，必将到来的新的革命浪潮，将使工厂委员会出现什么样的新局面。我们甚至还不知道，这种组织是否会成为工会当中的革命因素。但是，我们应当说，在目前的情势下，共产党人的职责是，要对工人阐明，不准许破坏工会这个最大的无产阶级群众组织。其次，我想在这里补充说，我们试探着确定工厂委员会的作用，把它的职能和工会的职能加以区别，并打算阐明这两个组织的相互关系。但是，这决不是我们所作的结论。如果西欧的革命旷日持久下去，如果资本主义的瓦解需要很长时期，如果工人阶级不能通过迅速而又坚决的冲击取得政权，那么，在这方面，就会出现我们所培育的群众的新的活动领域，这就要求我们对待这种情况不能采取死板的公式，而要开动脑筋、下定决心来寻求和开辟新的途径。

我不想多谈共产党人在工会中的任务。十分明显，在无产阶级群众运动中,以及在群众性的组织中,我们可以指望共产主义宣传取得成就。我们给共产党人下达了指示,根据一般的推论,我们认为,拥有千百万工人的组织是不会被消灭的。工会与资产阶级国家根本不能相提并论。不管工会官僚们多么卑鄙无耻,不管他们在资产阶级面前如何摇尾乞怜,在事件没有猛烈爆发之前,他们还是能在工会中占居领导地位的。可是,事件一爆发,工人阶级本身就会立即认清工会的性质。当前的共产主义"左派"理论家哥尔特,在他的小册子中写道:"工会官僚制的力量,就在于群众缺乏独立自主精神。"因而他断言,不能争取工会。显而易见,这位极端激进的同志,认为即将到来的世界革命经过一昼夜就会发生,而且确信,尽管群众唯命是从和缺乏独立自主精神,也可以唤起世界革命。然而,既然他指望消灭这种缺乏独立自主的精神,那他也就没有理由断定工会注定要成为资本主义社会的一个单细胞了。我们则以一种正当的革命乐观主义精神来展望工会的发展,因为革命运动必定要建立在工会的基础之上。我们确信,群众必将参加到运动中来,必将消除自己的盲目服从现象。根据这个信念,我们号召工人群众去反对工会的官僚制。我们所以要这样做,是因为我们懂得,历史是不会离开我们的意志向前发展的,但是我们自己必须成为历史发展的推动力量。我们坚信,对于共产党人来说,工会是一个广阔活动的领域,他们在这个领域里,不是通过宣传或议论,而是以直接参与斗争的方式,为共产主义事业争取基本工人群众。就这个意义来讲,我们提请代表大会不仅通过我们的提纲,而且要把它看做是工会工作的指导方针。

里德代表委员会少数派作补充报告

我对那种说什么有人想阴谋破坏委员会的决议的指责,提出抗议。问题不是阴谋破坏,而是原则上的分歧和矛盾。英国和美国的同志并没有认为必须退出工会，而只是认为需要尽可能地改变工会的性质和结构。拉狄克同志并没有深入地研究我们分歧的实质，因而他实际上一如既往地提出要维持工会中的旧的反动性质。当时，我们提出的修正案的目的，是要改造旧工会的性质，而拉狄克同志对于消灭这种旧的性质，却没有提出任何见解。拉狄克同志只限于机械地"夺取"工会，而我们的修正案则规定要在原则上改变工会的性质、形式和目的。在这两种概念之间的分歧上，也就集中了我们争论的焦点。根据许多文件，我可以证实，拉狄克同志的论断是自相矛盾的，这特别明显地表现在提纲和共产国际致世界产业工人联合会及美国全体工人信件①之间的矛盾上。

我认为，在拉狄克同志的提纲中，在工会问题上缺乏共产主义观点。提纲中也没有暗示出必须改变工会的性质。在这里，我虽然只提及修正案的第2条，但我认为，提纲的第4、5、6、7条都应删去，因为其中有的不够明确，有的不够清晰，不能概括整个问题，会根本破坏提纲的严整性。在这里，就这一问题唯一能真正表达西欧工人运动观点的，就是邦巴奇同志。他采取了明确的态度，而其余的人，不是以沉默回避问题，就是错误地理解问题。在红色工会国际问题上，让其他同志来阐述少数派所坚持的观点吧！

要知道，拉狄克同志和少数派之间存在着原则上的分歧。我来宣读我们的修正草案②，其中规定出共产党人在什么条件下可以退出旧工会，而拉狄克同志却认为，这种条件就其性质来说，适用于任何情况，可使任何一个共产党人找到借口退出工会。我反对他这种论断。

我再说一遍，这是一个具有原则性的问题，应该在代表大会上讨

---

① 共产国际执行委员会致世界产业工人联合会的信件，载于《共产国际》1920年3月20日第9期。

② 在速记记录中没有。

论。我要指出，在拉狄克同志的提纲里，以及在他对工会与共产国际的相互关系的看法上，存在着许多矛盾。共产国际应当就这个问题作出十分明确的阐述。

英国和美国代表团力求给旧工会注入新精神。但是，如果提纲以目前的形式被通过，那么，这一点也就说不上了。共产党人应该改造工会，否则，他们将陷于孤立，成为孑然独存的小党，变成光杆司令部，从而这支军队的士兵将失去领导者的控制。

讨论工会和工厂委员会问题

加拉赫（英国，车间代表委员会）：

我一来到俄国，在彼得格勒就看到了列宁的小册子《共产主义运动中的"左派"幼稚病》，小册子里联系我的所作所为，点了我的名字；我像小孩子接受父亲的申斥一样，接受了谴责。现在，拉狄克同志企图再次提出这一点，那是枉费心机。假如他要顽固坚持自己的观点，他就必将面临一项艰巨的任务。想要控制旧工会及其顽固的官僚机构，真是荒谬而又可笑。不仅在工会内部，也可以在工会之外进行宣传鼓动，以便把工人群众引导到左翼工会组织所领导的运动中来。英国同志们已经在工会中工作了25个年头，但是，还没能使工会走上革命的道路。我们确信，即使我们的同志得以进入工会机关，在这种情况下，也不能导致工会策略的改变，而只会导致我们同志的腐化。我们往往能使我们的同志在工会中占据重要的职位，但是，这并没有使共产主义和革命事业有所前进。实际上，群众在工会里起不到作用。例如，在有500名会员的工会里，通常出席会议的最多不过30人，而且他们还都处于官僚制度的专横控制之下。只有在工厂里，才能直接联系群众。

我本人长期在工会和工会机关中工作，我是从个人经验中得出这个结论的。我举一个事实来作例子：劳合-乔治来到格拉斯哥，工会官员们决定为他举办盛大的欢迎会。我反对这样做。可是，在官方委员会里我达到自己目的的同时，他们却成立一个非官方委员会来组织这次欢迎会。于是，我和我的同志们在工厂里进行了宣传鼓动，结果，劳合-乔治没有敢在格拉斯哥这个城市里露面；因为格拉斯哥的工人们，由于工厂里进行了宣传鼓动，已走上革命的道路。如果拉狄克同志号召群众对旧工会及其领袖表示忠顺的提纲得到通过，那我们就要遭到嘲笑了。说什么从内部夺取工会，这和幻想从内部夺取资本主义国家一样，都是荒谬之谈。必须使英国和美国同志有可能在工会之外为共产主义而斗争。

季诺维也夫（俄国）：

有人提议让赞成提纲的人和反对提纲的人轮流发言。

提议被通过。

季诺维也夫（俄国）：

同志们！我们一定要完全弄清楚这个问题。我认为，我们不能对英国同志作任何让步，因为他们所希望的东西，实际上会导致第三国际的毁灭。如果我们接受他们的观点，那结果，我们所要消灭的不是工会，而是共产主义。

英国和美国同志的看法过于乐观。他们认为，社会革命即将来到，对于战胜资产阶级，他们已经胸有成竹，等等。但是，一谈到工会问题，他们对工人阶级就突然显示出极度悲观的情绪。他们说，他们可以轻而易举地赶走洛克菲勒、摩根之流，推翻资本主义，但是，他们永远清除不了工会的官僚制。工会里总会有一些反动的规章。但这并不能帮助工会，也不能帮助资产阶级逃避工人的铁掌。英国和美国同志以为，工会的官僚制是世界上最坏的东西。当然，并非如此，还有比龚帕斯更加可怕的野兽，而龚帕斯的獠牙已经迟钝，我们不必动用外科器械就能打掉他的最后几颗牙齿。不错，工会规章是反动的，会费也很高。但是，工人阶级不是一天天地，而是时时刻刻地走向革命的道路，它准备推翻整个资本主义制度，并且必定要把工会规章扔到窗外去。

谁也不能否认，工会使千百万工人联合起来了。我们的口号是："到群众中去！"这个口号尤其适用于我们的英国党和美国党。它们应当到群众中去，因为它们还没有与群众建立联系。同志们，如果你们注意听取英国和美国同志的发言，你们恰好就会得出相反的概念：党内有组织的工人越少，党就越激进。有人说，我们不需要旧的工会组织，我们一定要建立新的工会组织。然而，在英国和美国，存在着数以百万计的强大的工人阶级和高度发达的压迫工人的资本主义。我们看到那里的工人阶级日益走上革命的道路。但是，我们目前所组织的群众，几乎屈指可数，的确，美国统一共产党也不过约有12000名党员。这实在是荒谬可笑。他们还没有着手去工作。他们应当留在工会里，在那里把千百万工人组织起来。可是，英国的情况如何呢？这里有好几个共产主义政党，每个党只有几百名党员。在这里，我们也看到了广大的工人群众，他们日益具有革命精神。我们的任务是与群众打成一片，走在他们的前面，并在群情振奋、开展革命行动的地方，给他们指明前进的道路。我们能够拒绝参加那些联合千百万工人的工会吗？我看到美国统一共产党代表大会的决议，决议中谈到必须破坏美国工会的那一部分，简直是混乱不堪，难以想象。

加拉赫同志说，我们应当像反对资产阶级国家那样来反对工会。这太荒谬了。工会是由工人组成的，而国家代表着资产阶级利益，但他却对我们说，这是同一个东西。究竟要往何处去？这简直是对共产国际的嘲弄。

把千百万工人联合起来的工会，不应遭到破坏，而应该使之革命化，沿着我们的道路前进。如果组织在工会里的千百万工人反对我们，我们就不能取得无产阶级革命的胜利。加拉赫同志说，如果他们将来要在工会里工作，那么他们将遭到嘲笑。对于这一点，我要回答他：让工会革命化吧！你们做得好，没有想把劳合-乔治吸收进来。现在，你们要在工会内部组织秘密小组，以便不仅进行口头上的斗争，而且也进行武装斗争。在德国，已经手持武器进行斗争了。我们共产党中有些同志经常拿起武器与黄色工会进行斗争。如果我们退出工会，那将是给列金之流赠送最好的礼物。他们大概会说：共产党人是如此愚蠢，他们竟把工人交给我们了。其实，列金和龚帕斯之流才需要这样做，而我们是决不会这样干的。我们不是在搞宗派活动。我们要成为取得成就的真正的共产国际，为此，我们需要千百万工人。

当然，困难很多。这样说很容易：我们要退出工会，我们不想同这些人有任何关系，我们要创立"纯洁的"工会。也许在这个新创立的工会里，我们只有2万工人，而列金那里却有800万工人。德国共产党就是这样做的。它建立了一个不大的工会来反对列金的800万工人。这太幼稚了。我们将和哪些群众一起实现德国无产阶级革命呢？是和这个无组织、无集中的小工会吗？可见我们应当加入旧工会。

你们常常崇拜俄国革命的经验，因而我们请你们也学习一下俄国革命的经验。我们也曾有过妥协主义的工会，但在布尔什维克革命之后，过了几个月，我们就在那里成了多数派。我们为此进行了10年的斗争，才夺得了工会。假如我们那时退出了工会，孟什维克就要搞他们那一套了。英国和美国的同志说，他们是纯洁的、优秀的共产党人，决不参加工会，因为工人群众在受叛徒的控制。同志们，这岂不是把武器交由机会主义者来掌握吗？里德同志所提出的见解，只是对龚帕斯之流有利。假如我们这样做了，胡斯曼和王德威尔得之流就会得意洋洋地说：你们在助长我们的声势。

我们的口号是：永远和群众在一起！但这决不意味着，我们迁就他们。我们说，你们做得不对，可是我们还是要和你们在一起，以便时时刻刻领导你们前进。第三国际不会在这方面犯严重的错误，不会脱离群众，否则，它就会灭亡。在这种情况下，社会主义迟早是会取得胜利的，不过，也许要经过 10 年的时间，而我们的任务是要促进社会主义迅速取得胜利。

因此，英国和美国同志应当记住，如果他们愿意加入第三国际，那他们就不应该遗弃工会，相反应该加入工会，在那里进行斗争，使群众走上革命的道路，给他们指明前进的方向，即建立起可促进工会革命化和引导无产阶级群众走向革命的强大的共产党。

弗赖纳（美国）：

使我惊奇的是，季诺维也夫和拉狄克同志为什么这样激动。他们坚决主张，必须在工会中工作。这只不过是反对美国统一共产党的代表的一个论据，因为后者坚决反对在旧工会里工作。

但是，美国统一共产党的态度，是与批评拉狄克同志提纲的其他同志的态度，决然不同的。

我在第一次发言中就已着重指出，我们同意在旧工会中工作，这不仅是由于在这里阐述的一些理由，而且也是由于美国运动的整个情况的需要。难道车间代表委员会反对在旧工会里工作吗？若是肯定这一点，简直是荒谬的。车间代表委员会及其类似的组织是旧工会的组成部分，它们极其彻底地表现出拉狄克和季诺维也夫关于必须在工会里工作的观点。至于美国，那里 80% 的工人还没有组织起来；然而，无组织的工人大都是外国人，而有组织的工人大都是美国人，即使根据这种情况，退出旧的反动工会也是不能容许的。我们应当与美国工人建立联系，因为后者不是在理论上，而是在革命行动上必将掌握革命的领导权。

但是，怎样在旧工会里工作呢？这是一个带决定性的问题——方式和方法的问题。你们说要在旧工会里工作，但口头上怎么说，都没用。在旧工会里，需要成立共产党小组；但是，它们应当做什么呢？它们就单纯鼓吹抽象的共产主义吗？拉狄克说：不，它们应当领导工人的经济斗争。说得很对，可是，采取什么方式来达到这一点呢？我们认为，这种方式不是和平渗入工会，也不是选举新官员取代旧官员，更不是盲目依附旧组织和工联主义形式；这种方式就是在工会内部采取攻势，即动员群众反对工会的官僚制，使群众摆脱工会官僚制的束缚，宣传建立工会之外的组织和产业工会，并实际建立这些组织。

这一切，都是拉狄克同志承认和同意的，但是，他没有把它们变成自己提纲的有机部分。拉狄克竟向往德国事务到这种程度，那里提出"要保留旧工会"的口号，而他却更加走向极端了。

可是，由于集中注意力于德国事务，拉狄克同志就非常谨慎地对待组织新工会问题，以及因旧工会分裂而建立新工会的问题。

在某些情况下，分裂是必要的。不应当促进分裂，同样的，也不容许强使我们接受分裂。我们不应当成为百依百顺的人，我们在新工会问题上所需要的政策，是使主动权掌握在我们手里，而不是掌握在我们的敌人手里。

总而言之，在某种程度上来说，分裂是一种革命行动。有时，借助于分裂，可以给群众以推动力，这是成年累月的一般宣传所达不到的；有时，甚至必须促进分裂。我们坚决主张行动起来。分裂就是应该通过行动，而不是通过理论分歧产生的。

此外，我们坚决主张承认那些在工会运动中发展起来的新形式。在美国和英国，这种发展具有特别巨大的意义。必须客观地研究这种发展的情况，学习其经验，必须使我们的理论适合于生活本身多种多样的、繁杂的特点。这就是革命的实践，这就是在工会运动问题上所特别需要的东西。

我们应当使工会会员群众摆脱一切束缚,以便行动起来。借助于他们的经济斗争,通过对群众创造的各种组织形式和行动方式的了解与应用,我们可以动员这些群众去进行革命。我们不应当进行抽象的或理论上的推断;我们应当时时刻刻记住,革命决战的方式和方法,恰恰是来自群众的行动。

我再重复一遍:我们和拉狄克同志的意见分歧,并不具有原则上的性质。问题是重点放在哪里。我们的俄国同志应当考虑到那些目前日益发展的工会运动的各种新形式;他们应当了解,在我们这些国家里,工会运动是比在他们那里大得多的重大革命因素。①

---

① 弗赖纳的发言是根据记录的英文版发表的。而在俄文版中,他的发言完全不同于英文版,所以我们在这里将其全文援引于下:"使我们惊奇的是,季诺维也夫和拉狄克同志为什么这样激动。问题就在于要弄清两个不同派别的主要分歧。我认为,两位发言人认定少数派反对共产党人留在工会里是不正确的。意见分歧决不在于此。我们大家都赞成留在工会里;问题只是我们在那里应当做些什么。只有一位同志主张退出工会,但无论是我还是我的伙伴,都不同意这个见解。在美国,80%的工人完全不能参加工会,但是,我们大家都反对退出工会。我认为,必须在工会内部建立车间代表委员会或类似的独立组织,但不要以此代替工会。我要着重指出,只是由于坦纳等同志是工会委员,所以他们才进入了作为工会组成部分的车间代表委员会。少数派的发言人对情况了解得很差。他们借口说,正是在美国,最先提供了共产党人加入工会后战斗热情高涨的榜样,尤其是在罢工方面,他们不顾领袖的意愿举行了罢工,并引导群众进行了斗争。少数派和季诺维也夫、拉狄克两同志的意见分歧,就在于方式和方法问题。少数派认为,只是在各个工会里建立共产党支部和安置自己的同志在某个岗位上,是达不到目的的。必须号召群众行动起来,可是要做到这一点,在工会内部必须有相应的组织。但是,也会有这种情况,即分裂是必要的,甚至必须按产业特征来组织群众。即使要分裂,也不能以工会是否拥护无产阶级专政为依据;分裂要有实际的理由。我再说一遍,意见分歧并不在于是否留在工会里,而在于采取什么形式才能号召工人去进行斗争:采取罢工手段,还是采取改造工会的办法?"

有人提议停止辩论,这项提议被采纳了。

里德提议表决少数派的提案,首先表决修正案。

表决并通过工会和工厂委员会问题的提纲

拉狄克的提纲被通过。接着,就个人问题发表声明。

邦巴奇(意大利):

我感到惊奇,人们竟谈论起我来,说我似乎轻视工会问题。据我看来,恰恰是承认自己没有听过我的发言和没有看过我的发言稿的拉狄克同志本人,在工会运动问题上表现出非常轻率的态度。我参加工会运动已经15年,做了10年工会书记,在这个问题上的态度是十分明确的。我绝对不会说,共产党人不应关心工会运动问题。我要提醒您,从1914年起,意大利共产党人就已力求从改良主义者手中夺取工会的领导权。我曾一再指出,工会是个矿井,革命要从其中采取贵重的矿石,而议会和工会比较起来,只不过是一个小小的讲坛罢了。不过,工会不是革命组织,它永远也不会成为革命组织。

拉狄克(俄国):

邦巴奇同志最后的一句话,证明我曾谈论过他。他说,工会过去不是、现在不是、将来也永远不是革命的组织。他以此来证实我的话。他说,我们对待工会的态度,也得像对待议会的态度那样。必须利用工会,以便在其中进行共产主义宣传,但是,对于争取无产阶级专政来说,工会永远不会成为革命的组织。在《消息报》上刊载的详细报道中，邦巴奇同志也是这样说的。① 他的答辩使我特别难以理解，因为不仅他的反对者，而且就此问题我曾询问过的整个意大利代表团，都是这样评论他的发言。邦巴奇同志本人说，他在工会里工作了15年。我想问一问他：有什么根据？既然他认为工会是反革命机构，而又不和党一起去摧毁它，那他所站的立场就不是革命者所应有的立场了。

里德提议表决提纲的修正案。

进行了表决。

季诺维也夫关于红色工会国际问题的补充发言

拉狄克同志在自己的报告中已经指出，目前，委员会还得制定出红色工会国际的章程。我对这一点提出补充意见。（宣读②）我想作一个简要的说明。大家都知道，7月15日在莫斯科成立了拥护共产国际立场的国际工会联合会。许多工会得以参加这个组织，其中有以罗斯默同志为代表的法国工会少数派、整个俄国工会、意大利工会，等等，发表了宣言③。这份宣言，作为行动纲领显然是不够的，但是，作为尽快召开红色工会国际代表大会的初步措施，则是值得注意和支持的。我提议把它作为单独的提案加以通过；我们将继续办这件事，以便尽快把各国红色工会联合起来。再者，我提议委托执行委员会写一份告全世界工会书，其中要阐明阿姆斯特丹黄色工会国际的作用，并建议它们参加红色工会国际。④

---

① 关于代表大会8月3日会议的报道和邦巴奇的发言摘要，载于1920年8月5日《消息报》第171（1018）号。
② 在速记记录中没有。
③ 参见本卷收录的《第三国际告世界各国工会书》。——编者注
④ 见本卷收录的《第三国际告世界各国工会书》。——编者注

坦纳①说明黄色工会国际和红色工会国际的相互关系。

季诺维也夫（俄国）：

同志们！组织起来的红色工会国际，计有500万俄国工会会员，200万革命的意大利人（不过，其中有达拉贡纳和改良主义者），以罗斯默为代表的、拥有几百万会员的法国工会革命少数派，保加利亚的几十万会员以及其他等，总计约有800万参加了工会的工人。

现在，我们要把这800万有组织的工人联合到工会国际里。请问，这样做不好吗？

改良主义者达拉贡纳赞成这样做，这是因为意大利工人拥护我们，拥护苏维埃，拥护无产阶级专政。我们希望，经过七年休会以后，终于再召集意大利工会代表大会时，主持大会的已经不是改良主义者，而是革命的马克思主义者。有约1000万工人拥护第三国际，若不把他们组织起来，简直是犯罪。坦纳说：我们和群众已经有了接触。在车间代表委员会的组织中共有多少人？25万。我们也邀请了车间代表委员会的代表前来，因为我们说，这是一个群众性的组织，我们应该支持它。但是，你们确实太谦虚了，说什么你们和英国群众已有充分的接触。我们不应该满足于此，应该显示出国际组织的能力。我们的主要敌人在阿姆斯特丹，而不是在布鲁塞尔。人们都在谈论工会的官僚制。达拉贡纳就是个有官僚习气的人。但这是不是说，我们不应该成立国际呢？

阿姆斯特丹之所以有力量，是因为社会党叛徒所领导的几百万工人追随着它，因而，这些工人走上反动的道路。我们应当使他们分裂，并

---

① 在速记记录中没有坦纳的发言。在代表大会秘书的笔记中，他的发言内容概述如下："坦纳从创立工会理事会的那些人和工会理事会所具有的一般特性着眼，断定这个理事会必将是个死胎，因而他持反对的态度。"

把他们拉到我们这方面来。我们的主要任务就在于此。目前，在这方面，我们要迈出的第一步，是非常重要的：现在，我们可以建议任何一个工会退出阿姆斯特丹国际，加入红色工会国际。或许，这只是齐美尔瓦尔德，但接着是昆塔尔，而后是莫斯科。总之，这是向前迈进的一步。

我们邀请厂工会委员会的代表到我们这里来，但是，他们不愿在宣言上签字，因为宣言中提出了无产阶级专政问题。现在，他们倾听了理智的呼声。人们可能会问我们，为什么我们不在更广泛的基础上建立红色工会国际？对此，我们回答说：我们比较喜欢现在的形式，因为我们已拥有1000万会员，迟早所有工会都会来参加我们的国际。

坦纳同志认为，这里存在着矛盾：在国内，我们要留在旧工会里；而在国际上，我们却要建立一个独立的机构。要知道，我们留在本国工会里，是为了把群众吸引到自己这方面来，是为了使工会不再留在阿姆斯特丹国际里，把它们联合起来，使它们接受共产国际的领导。我们无论如何必须争取工会。现在，一方面存在着阿姆斯特丹国际，另一方面存在着莫斯科的理事会，要想袖手旁观，就得成为彻头彻尾的空论家。难道我们不应当和罗伯特·威廉斯建立同盟反对韩德逊吗？当然应当。韩德逊是三国同盟①的首领。可是为什么车间代表委员会的同志们不领导这个百万人的组织呢？他们只能以此表明，他们是宗派主义者，而不是革命者。作为革命者，他们就应该赶走威廉斯，站在运动的前列。但是，他们只是建立一些人数不多的小组，在千百万人开展运动的地方袖手旁观。他们本应和群众打成一片，站在运动的前列，但他们竟回避了斗争。

---

① 指德国、奥匈帝国和意大利三国同盟，1879—1882年形成，一直存在到1915年。——译者注

我认为，建立工会国际的核心，是前进一大步。这是对资产阶级的一个沉重的打击。达拉贡纳是个机会主义者，他退出无关紧要，意大利工人是会留下来的。我们要丢开工会官僚，千百万人将跟随我们去反对资本主义，反对黄色工会国际。

鲁德尼扬斯基提议停止辩论。

表决并通过季诺维也夫的提案

提案被通过。表决坦纳和里德关于把该问题交由委员会审议的提案。13票赞成该提案，大多数赞成季诺维也夫的提案，1票弃权。

（会议休会）

第十六次会议

(1920年8月6日)

季诺维也夫宣布开会。

季诺维也夫(俄国):
主席团提议在这次会议上结束代表大会的工作。

关于代表大会不可能认真讨论青年运动问题的争论和决定

明岑贝格(青年共产国际):
我以出席会议的各青年组织代表的名义建议,在没有讨论青年运动问题之前,代表大会不要闭幕。一方面,青年代表们关心青年共产主义运动及其与共产国际相互关系的问题,希望能在全体会议上加以讨论;另一方面,这个运动对于共产党具有十分重要的意义,代表大会完全应当讨论这个问题。今天如果有可能解决这个问题的话,我们决不反对主席团的提议。反之,我们表示反对,因为青年运动问题无论如何是应当讨论的。

潘克赫斯特(英国工人社会主义联盟):
代表大会既然已经开得很久了,在我看来,可以再延续一些时间。

我们需要讨论的这个问题，还没有完全弄清楚。我不同意结束代表大会的工作。

戈尔登贝格（法国）：

我同意明岑贝格的意见，即青年问题应当在代表大会闭幕之前加以讨论。

季诺维也夫（俄国）：

我要维护主席团的提议。遗憾的是，有些同志，例如西尔维娅·潘克赫斯特，来得很晚。他们知道我们已经讨论问题两个星期了，而且在此之前，在执行委员会里也讨论了两三个月。因此，我们提议今天结束代表大会；在这种情况下，我们今天显然不可能认真地讨论青年问题。要想全面地讨论这个问题，就得让青年运动的代表们也参加辩论。我还要指出，许多代表到这里已经两个多星期了。我认为，让他们早日回去，无论对青年运动来说，还是对整个国际来说，都是有益的。因此，我提议今天结束工作，而且简单地、无争论地解决这个问题。

提议被通过。①

季诺维也夫（俄国）：

同志们，我们已决定今天结束代表大会的工作，所以必须节省时

---

① 根据大会秘书的笔记，下一个议程是听取罗斯默代表国际形势和共产国际的任务委员会作报告。在速记记录里没有这份报告，在秘书的笔记里也没有记述报告的内容。在《共产国际第二次代表大会公报》第 7 号（1920 年 8 月 8 日《真理报》第 174 号）的副刊上刊载了 8 月 6 日会议情况的报道，其中写道："代表大会将听取共产国际的任务委员会的报告人罗斯默同志的报告，他将就这一问题详细阐述对提纲的修改情况。"

间。在每个问题上,都已有 12 位同志申请发言。因此,我提出如下的建议:凡是未经委员会讨论过的新修正案,只是加以宣读,而不展开辩论。关于这一点,由委员会以后再作出决定。其次,在加入工党的问题上,只准许赞成和反对的双方各有两位代表发言。

怀恩科普(荷兰):

同志们,我反对这种讨论方式,因为工党和英国社会党问题非常重要。它不仅对英国来说非常重要,而且对全世界来说,也是非常重要的。所以我认为,必须完全自由地讨论这个问题。若是只准许持赞成和反对观点的双方各有两名代表发言,那实际上就只有英国代表团才能享有这个权利。也许,有两人表示反对,一人表示赞成,那么,除英国党之外,还只能有某一个党会有机会发表自己的意见。但是,这是不能令人满意的。全世界工人有权知道,为什么我们要持这个或那个观点。这是非常重要的,因而我主张就这个问题进行自由辩论。即使我们要限制辩论,我也认为赞成和反对的双方各有两个发言人是不够的,应该让其他的党也能够发表意见。我不同意主席团的提案,我建议就这个问题进行自由辩论。

季诺维也夫的建议被表决通过。

关于英国各党加入英国工党问题的争论

潘克赫斯特(英国工人社会主义联盟):

英国有一个很明显的情况是,加入工党的各个政党的政策,没有明显的差别,因而使大家特别是使工人难以识别各个政党。因此,工人很难弄清哪些人拥护共产党,哪些人拥护其他政党。要想证实这一点,我能举出的不只是威廉斯同志的例子。关于这个例子,人们原以为,他是站在苏维埃的立场上,而现在已经看清楚,他主张英国工人为波兰装运武器。我谈这件事,是为了指出多么容易弄错啊!由此可见,有些人虽然声称自己忠于共产主义,但是,由于归属于工党,由于党纪的约束,他们还得执行工党的政策。

还有一个例子,这是选举运动某一阶段上产生的情况。比方说,需要弄清楚代表某个政纲的两名候选人的不同之处。然而,由于工党组织机构中旧传统占优势,而且得与专职官员打交道,所以这就办不到了。加入工党的各政党的党员,都受严格纪律的约束。甚至在议会中的发言,也要服从党纪的要求。不应忘记,尽管工党地方委员会有权向地方选举机关提出自己的候选人,但是,也得根据工党总理事会的指示确定议员候选人。对于发言和表决,也是如此。独立工党的党员已经清楚地了解,由于有纪律的约束,既是其他革命组织的成员,又是工党党员的人,处境是很困难的。有激进情绪的独立工党党员纽博尔德同志,可以作为这方面的一个例子。他被推选为议员候选人之后,我才有可能了解工党批准他的选举行动纲领的前后情况,从而我才确知工党总理事会是多么彻底地改变了他的行动纲领。我再说一遍,党的纪律束缚着手脚。此外,既不能忘记工党极其僵化的组织机构,也不能忘记归附于它的工会的性质。总之,我们所看到的情景,根本不同于我们所希望的。既然留在工党里,要想在哪一方面改变它的组织,那是不可能的。

在议会制方面,我们在英国的处境,比其他各国更为艰难。英国是一个有旧议会传统,即有真正民主传统的国家,这种传统已深深扎根于工人阶级之中。因而若是向英国工人提议参加选举,以反对工党,那他们是不会理解这一点的。他们所以不能理解这一点,是因为他们受了资产阶级报刊的强大影响。英国与俄国的情况不同。在英国,每个工人下班回家以后,都阅读某种资产阶级报纸。我本人是一个经常谈论俄国革命问题的人,但我个人却深感难以向工人说明俄国人对议会制的态度。

有人问我们，既然今后要解散立宪会议，那何必现在又要召开立宪会议。民主主义偏见已深深扎根于英国工人阶级之中，所以必须注意到这一点。我还有一个理由不同意共产国际所采取的观点。我想，如果我们向一些政党建议，要它们加入工党，因而使它们遭受共同的纪律和行动的约束，那我们就把英国无产阶级革命的命运交到旧工联的手里了。这里所援引的一切理由，都是反对这一点的，因而我们每天都确信难以给旧工联灌输新的精神。建议英国共产党加入工党，意味着把工会和工人代表苏维埃的命运转交给僵化的旧工联手里。因此，我请求考虑英国现存特殊情况。我想提一下列宁同志的一句话，他曾说过，不要陷入"左"倾。在我看来，现在应该比过去更要走向极端。勇敢的人很少，特别是在英国。我是个女社会党人，长期为开展妇女参政运动而斗争，因而确信，采取极端的态度和英勇地保卫自己的思想是何等重要。在政策中，必须维护最极端的思想。我的这个意见的正确性，在英国给予苏维埃政权帮助的问题上，以及在需要勇气的一切地方，都得到了证实。所以，我坚持自己的观点，并请代表大会不要接受已提出的提案。

麦克莱恩（英国社会党）：

这里所讲的一切，都不是新的东西，因为大家都知道潘克赫斯特同志对议会制的看法。随着其他问题已经作出了决议，代表大会的委员会就必然会提出这个决议来。我认为那些坚持主张共产党加入工党的同志，恰恰是已经实行无产阶级专政的那个国家的代表，这并不是偶然的。我指的是俄国同志。

实际上，工党是什么样的政党呢？它只不过是工会里有组织的工人的政治体现罢了，工人们在工党里维护着无产阶级在某个问题上的经济观点。十分之九的工党党员，同时也是工会的会员。潘克赫斯特同志举出的例子是幼稚的，因为她只是引用了最反动的同盟。总之，谁也不会否认工会里有组织的工人日益左倾。我们看到，在事变的影响下，工会运动也在改变自己的性质。我们不能把工会和它的会员看做是永远一成不变的。我想起1917年曼彻斯特机械工人的大罢工，这里在座的有些同志参加过这次大罢工。共产党人也参加了这次大罢工，他们从共产主义运动着眼表达出罢工者的观点。我们也可以援引工党中最近的一些事件。首先，有人提议工党应加入第三国际，不过这个提案当时没有付诸表决；但是提出这个问题，就已具有很大的政治吸引力。这个问题在英国各地，在工党所有的地方组织中，都议论开来，而工党的地方组织，在过去从来没有听说过什么第三国际。这就起了巨大的宣传鼓动作用。和这里所表达出来的意见相反，英国社会党虽然加入了工党，但是仍然保留着充分的批评自由。我本人和我党的同志们，不止一次地在报刊上、在代表大会上对工党领导人提出批评，这并没有给我们带来任何不愉快的后果。我坚持下列论点：第一，工党是工会里有组织的工人的政治体现，我们就应当这样理解它；第二，加入工党的其他政党的党员，保留着充分的行动和批评自由。

加拉赫（英国，车间代表委员会）：

我感到遗憾的是，代表大会不得不听取那些老生常谈，而这是英国社会党在英国工人运动中已经连续重复20年的老调了，现在又在这里用以维护自己的观点。英国社会党的代表说，他们赞成加入工党，是因为这样做似乎可以更好地联系群众。但是，我们已经和群众建立了联系。必须把确实与群众建立了联系的人和完全不想与群众建立联系的人加以区别。我可以举出苏格兰最近斗争期间的许多事例来作证明。独立工党和英国社会党的支持者，在苏格兰小心翼翼地和改良主义者一起勾结资产阶级，他们竟不想给资产阶级以回击。而我们却在苏格兰组织了强大的示威运动。英国一些优秀的演说家来到苏格兰，打算在那里发表社会爱国主义的言论。他们带来一群社会败类,以保证支持他们的活动。但是,我们不顾工党代表要我们保持沉默的劝说,我们没有让这些演说家控制人群,并且冲破一切阻碍,组织了群众性的对抗活动。这就是我所说的和群众的密切联系。请允许我向你们指出我们在战争时期的经验,当时,虽然沙文主义猖獗一时,但是,苏格兰工人却极力以人道主义精神对待被拘禁的德国人的妻室和儿女,而其他工人政党,由于受到资产阶级的阻力,在这方面却毫无作为。我还要指出托马斯和韩德逊这类著名的社会爱国主义者,他们曾多次出卖过工人。请问,韩德逊是党的代表,我们能以党的名义来发言吗?我的反对沙文主义的文章的遭遇,倒是一个很好的例子。当时不愿发表这篇文章的报纸,就是《号召报》。我想向你们说明在"毫不留情的"英国社会党和工党之间实际存在的相互关系。列宁同志和其他人竟赞同麦克莱恩同志的观点,岂不可笑!毫无疑义,麦克莱恩同志要承担重大的责任,因为他使其他共产党人相信他的观点是正确的,而他的观点却是违反运动的真正利益的。我认为,最重要的是通过宣传鼓动和实际行动使群众了解现实的情况。必须在工人阶级中掀起怒潮,必须设法使群众直接行动起来,而不要采用那些只会使群众离开革命斗争道路的手段。在我发言要结束时,我请求否决这个提案,因为它会使共产党的性质遭到歪曲。我请求出席这次代表大会的各党同志不要支持这个提案。让我们能够在坚固的基础上建立起一个真正的共产党,让我们寻求一条与群众联系的途径。那时,我们才真正能使群众自己解决这个问题。不能要求我们支持多年来我们所坚决反对的事情。这就是革命者和共产主义者的意见,所以我恳求你们不要使苏格兰同志陷于难堪的境地,否则,他们将为自己所不能接受的决议所束缚,因为这种决议是与他们迄今一直维护的一切,即他们在工人中间所享有的那种尊敬和声望相抵触的。

列宁（俄国）：

同志们，加拉赫同志的发言一开始就表示遗憾，说我们在这里听到的是麦克莱恩同志和其他英国同志在演说中，在报纸和杂志上已经重复过千百次的东西。我认为，不必为这一点而遗憾。旧国际的做法是把这类问题交给各有关国家的党去解决。这样做是根本错误的。很可能我们对某个党的情况了解得不完全确切，但是这里我们说的是在原则上确定共产党的策略。这非常重要，我们应当代表第三国际在这里清楚地说明共产党人的观点。

首先，我想指出麦克莱恩同志有一个说法不大确切，对此我们不能同意。他把工党叫做工会运动的政治组织。后来，他又一次说：工党"是工会运动的政治体现"。我在英国社会党的报纸上好几次看到过这种见解。这是不对的，多少引起了英国革命工人在某种程度上说是完全公正的反对。事实上，"工会运动的政治组织"或这一运动的"政治体现"这两个概念都是错误的。当然，工党大部分是由工人组成的。但是，确定一个党是不是真正工人的政党，不仅要看它是不是由工人组成的，而且要看它是由什么人领导以及它的行动和政治策略的内容如何。只有根据后者，才能确定这个党是不是真正无产阶级的政党。从这个唯一正确的观点来看，工党完全是一个资产阶级的政党。虽然它是由工人组成的，但是领导它的是反动分子，是完全按照资产阶级的意图行事的最糟糕的反动分子。这是一个资产阶级的组织，它成立起来就是为了靠英国的诺斯克和谢德曼之流来有系统地对工人进行欺骗。

但是，西尔维娅·潘克赫斯特同志和加拉赫同志向我们提出了他们对这个问题所持的另一种观点。加拉赫和他的许多朋友发言的内容是什么呢？他们告诉我们说，他们联系群众不够，但是，看看英国社会党，它迄今为止同群众的联系更差，很软弱。于是加拉赫同志告诉我们，他和他的同志们真正成功地在格拉斯哥、在苏格兰，组织了革命运动，以及他们在战争时期采用了非常灵活的策略,在小资产阶级和平主义者拉姆赛·麦克唐纳和斯诺登到达格拉斯哥的时候巧妙地支持他俩,通过这件事情组织起大规模的群众性反战运动。

我们的目的是要引导加拉赫同志和他的朋友们所代表的出色的新的革命运动加入运用真正的共产主义策略即马克思主义策略的共产党。这就是我们现在的任务。一方面,英国社会党太弱,不善于很好地在群众中进行鼓动工作;另一方面,现在有以加拉赫同志为优秀代表的青年革命分子,他们虽然同群众保持着联系,但还不是一个政党,在这种意义上说,他们比英国社会党还要弱,还完全不会组织自己的政治工作。在这种情形下,我们应该非常坦率地说出我们关于正确的策略的意见。加拉赫同志谈到英国社会党的时候说,它是"不可救药的改良主义的"(hopelessly reformist)党,当然说得过分了。但是,我们在这里通过的全部决议的总的精神和内容,都十分明确地说明,我们要求英国社会党本着决议的精神改变它的策略;而加拉赫的朋友们应当采取的唯一正确的策略,就是立刻加入共产党,本着这里通过的决议的精神改变共产党的策略。既然你们有这样多的拥护者,可以在格拉斯哥召集群众大会,那么你们就不难带动上万的人加入党。三四天以前,在伦敦举行的英国社会党代表大会决定把社会党改名为共产党,并且把参加议会选举和加入工党这一条列入了党纲。代表大会代表着 1 万个有组织的党员。因此,苏格兰的同志本来完全可以带动不止 1 万个出色掌握群众工作艺术的革命工人加入这个"英国共产党",从而改变英国社会党的旧策略,更好地进行鼓动工作,更积极地进行革命活动。西尔维娅·潘克赫斯特同志几次在委员会上指出,英国需要"左派"。当然,我回答说这是完全对的,但是不要过"左"。其次,她又说,"我们是优秀的先锋队员,但是目前还是喊叫(noisy)得多。"我理解这句话完全不是坏的意思,而是好的意思,是说他们很会做革命鼓动工作。我们重视这一点,而且应该重视这一点。我们在所有的决议中都谈到了这一点，因为我们一直强调，一个党只有真正联系群众，反对腐朽透顶的老领袖，既反对站在右翼立场上的沙文主义者，也反对像德国右翼独立党人那样站在中间立场上的人，那我们才能承认它是工人的党。这一点在我们所有的决议中已经说过、重复过十次以上了，意思就是说，我们要求改造旧的党，使它们能够更紧密地联系群众。

西尔维娅·潘克赫斯特还问道："共产党可不可以加入参加了第二国际的其他政党？"她回答说，不可以。必须指出，英国工党的情况非常特殊，它是一个非常独特的党，确切一点说，完全不是通常所说的那种党。它是由所有工会组织的会员组成的，现在将近有400万党员，所有加入它的政党都享有相当的自由。这样，处在坏透了的资产阶级分子、一些比谢德曼、诺斯克之流先生们还坏的社会主义叛徒支配下的广大英国工人，都加入了这个党。同时，工党允许英国社会党加入它的队伍，允许社会党有自己的机关报，而工党的党员还可以在这些报纸上自由地公开地指责工党领袖是社会主义叛徒。麦克莱恩同志确切地引证过英国社会党的这种指责。我也能够证明，英国社会党的《号召报》上就说过工党的领袖是社会爱国主义者和社会主义叛徒。这就是说，加入工党的党不仅可以提出尖锐的批评，而且可以公开地指名道姓地骂这些老领袖是社会主义叛徒。这是非常独特的情况：一个党吸收了广大的工人群众，很像一个政党的样子了，可是又不得不给它的党员以充分的自由。麦克莱恩同志在这里指出，在工党的代表大会上，英国的谢德曼之流不得不公开提出加入第三国际的问题，这个党的所有地方组织和支部也不得不讨论这个问题。在这种情况下，不加入这个党就是错误的了。

潘克赫斯特同志在个别谈话的时候对我说："如果我们是真正的革命者，那我们加入工党后，这些先生一定会把我们开除的。"要知道，这并没有什么坏处。我们的决议说，我们主张加入是因为工党允许有充分的批评自由。在这一点上,我们始终如一。麦克莱恩同志还着重指出,现在英国的情形非常独特:一个政党,虽然处在一个拥有400万成员的独特的工人组织中,这个组织一半是行业性质的,一半又是政治性质的,并且受资产阶级领袖的领导,尽管这样,只要这个党愿意,它还可以是革命的工人政党。在这种情况下,优秀的革命分子如果不尽可能地留在这个党里,就是犯极大的错误。让托马斯之流的先生们和你们称之为社会主义叛徒的人把你们开除吧。这样倒会在英国工人群众中产生极好的影响。

同志们强调说,英国的工人贵族比其他国家的工人贵族势力大。这是事实。要知道,英国工人贵族不是只有几十年的历史,而是有几百年的历史了。英国的资产阶级有丰富得多的经验,有实行民主制的经验,他们善于收买工人,使这些人在工人中形成一个很大的阶层。在英国,这个阶层比其他国家要大,但是比起广大的工人群众来毕竟还是不大的。这一阶层的人满脑子都是资产阶级偏见,实行着明确的资产阶级改良主义政策。例如,在爱尔兰,20万英国兵正在用骇人听闻的恐怖手段镇压爱尔兰人。英国社会党人没有在这些士兵中进行革命宣传。我们在决议中明确地指出,只有在英国工人和士兵中进行真正的革命宣传的党,我们才能承认它是共产国际的成员。我要特别指出,无论在这里,或者在各委员会里,都没有人反对这一点。

加拉赫同志和西尔维娅·潘克赫斯特同志不能否认这一点。他们不能否认,英国社会党在工党的队伍里有充分的自由,可以写文章说工党的某某领袖是叛徒,说这些老领袖代表资产阶级利益,是工人运动中的资产阶级代理人。这一切都完全正确。既然共产党员有这种自由,那么只要他们重视各国革命者的经验,而不仅是俄国革命的经验(因为我们开的不是俄国的代表大会,而是国际的代表大会),就应该加入工党。加拉赫同志嘲笑我们在这个问题上受了英国社会党的影响。不,我们是根据各国历次革命的经验来确认这一点的。我们认为，应该向群众说明这一点。英国共产党应该保留必要的自由，以便揭露和批评比其他国家势力大得多的英国工人叛徒。这是不难理解的。加拉赫同志断言，如果主张加入工党，就会使英国工人中的优秀分子离开我们。这是不对的。我们应该在实践中检验一下。我们相信，我们这次代表大会通过的全部决议和决定，将在英国所有革命的社会主义的报纸上发表，所有地方组织和支部都将对此进行讨论。我们决议的全部内容十分清楚地说明，我们代表的是各国工人阶级的革命策略，我们的目的是同旧的改良主义和机会主义作斗争。事实表明，我们的策略确实在战胜旧的改良主义。这样，所有对英国缓慢的发展不满的工人阶级的优秀革命分子，一定会向我们靠拢。英国的发展可能比其他国家慢些，因为英国资产阶级有可能给工人贵族创造优越的条件，从而阻挠英国的革命运动。所以英国的同志不仅应该努力使群众革命化（加拉赫同志证明他们在这方面做得很好），而且还要努力建立起一个真正的工人阶级政党。在这里发了言的加拉赫同志或西尔维娅·潘克赫斯特同志，两个人都还没有加入革命的共产党。像车间代表委员会这样出色的无产阶级组织，直到现在也还没有参加政党。如果你们能在政治上组织起来，你们就会看到，我们的策略是以正确地理解近数十年来的政治发展为基础的；你们就会看到，只有把革命阶级的一切优秀分子吸收进来，并利用每一个机会同反动领袖的一切反动行径进行斗争，才能建立起一个真正革命的党。

如果英国共产党一开始就能在工党内部进行革命活动，如果韩德逊之流的先生们不得不开除这个党，那么，这将是英国共产主义运动和革命工人运动的巨大胜利。①

---

① 中译文见《列宁全集》中文第 2 版第 39 卷第 246—251 页。——编者注

表决并通过英国各党加入英国工党问题的提案

季诺维也夫（俄国）：

我现在把英国各政党加入工党的问题付诸表决。赞成委员会提案的人,即赞成加入工党的人,请举手。

提案①以 58 票对 24 票通过,2 票弃权。

表决并通过共产国际的基本任务的提纲

在对整个决议②进行表决之前,有几位同志要求提出声明。

塞拉蒂（意大利）：

我将根据两条理由投票反对这个提纲：第一,由于在英国和美国问题上有分歧；第二,由于提纲中有对意大利党执行委员会的批评。我不想占用代表大会更多的时间来作详细的说明,但是,我想把一份比较详细的声明转交给主席团,以便列入记录。③

格拉齐亚德伊（意大利）：

我们建议这样确定第 17 条条文：

---

① 在代表大会的速记记录中,没有关于加入工党的决议。这里指的是列宁拟定的《关于共产国际第二次代表大会的基本任务的提纲》第 16 条。——编者注
② 指《关于共产国际的基本任务的提纲》。——编者注
③ 在速记记录中没有。

"至于①意大利社会党,第三国际第二次代表大会认为,修改去年博洛尼亚党的代表大会所通过的纲领,是该党在共产主义道路上发展的一个非常重要的阶段,同时认为,该党都灵支部向党的全国委员会提出的建议,即载于1920年5月8日《新秩序》②杂志上的建议,是符合第三国际的一切基本原则的。因此,提请意大利社会党根据党章和加入第三国际的条件总则,在下次召开的党的代表大会上讨论这些建议,以及共产国际两次代表大会的所有决议,特别是关于议会党团、工会和党内非共产主义分子的问题。

格拉齐亚德伊、邦巴奇、波拉诺"

季诺维也夫(俄国):

我代表俄国代表团三个成员,即列宁、布哈林和我本人声明,我们采纳格拉齐亚德伊提出的修正意见。希望委员会的大多数也能同意这个修正意见。

怀恩科普(荷兰):

我声明,虽然我对英国问题表示不同意,但我对提纲要投赞成票,因为提纲里对机会主义者表达了明确的态度,而且在委员会里,对提纲中的意大利问题阐述得更加明确。

塞拉蒂(意大利):

虽然格拉齐亚德伊和委员会其他成员现在发表了声明,但我依然坚持我的原意,因为提纲的措词和现在的说法实际上没有任何差别。也许某些辩护人会在这里找到某种差别,但是我们出席代表大会的不是辩护

---

① 意大利社会党博洛尼亚代表大会的决议,载于《共产国际》杂志1919年10月第6期第915—916页。
② 俄文的标题是《为了社会党的复兴》,载于《共产国际》杂志1920年第12期第2109—2116页。

人,而是共产党人。提纲意味着否认意大利党执行委员会和《前进报》。必须公开指出这一点。

季诺维也夫(俄国):

我应当说,塞拉蒂同志说得完全正确。实际上,是没有什么差别,但这是意大利同志们提出来的,我们对他们作了让步。对于那些想和辩护人作斗争的同志,我们随时准备在形式上作出让步。在这方面,委员会和代表大会的大多数会同意塞拉蒂同志的意见。

博尔迪加(意大利):

我以意大利社会党的共产党人弃权派的名义声明,我们认为,有关意大利社会党的提纲的表达形式,没有任何意义。

在这里听取了有关该党的发言,尤其是列宁同志和季诺维也夫同志的发言以后,我确认,意大利社会党的立场,从博洛尼亚代表大会开始,就是不同意加入共产国际的,因为在它的队伍里有机会主义分子和社会民主主义分子。

至于反对议会制问题,我们服从代表大会的纪律,但我们要求,意大利党内的非共产党人、该党议会党团以及改良主义者所领导的工会,都要确切地执行代表大会所通过的其他一切决议。我们确信,共产国际执行委员会将注意这些决议的执行情况。

季诺维也夫(俄国):

现在,我们表决整个提纲。

关于共产国际的基本任务的提纲,大多数同意,2票反对,1票弃权。

季诺维也夫（俄国）：

问题算是解决了。现在开始讨论第二个委员会的工作报告——关于加入第三国际的条件问题。由迈耶尔同志作报告。

迈耶尔作关于加入共产国际的条件委员会的工作报告

在从事审查第二次代表大会的任务的委员会里，也讨论过加入第三国际的条件，这些条件在列宁同志的提纲里已经表达出来。① 在第 107 页上，列举了加入共产国际的五个条件。在讨论这些条件时，代表大会已经通过了加入共产国际的条件的提纲。然后，由制定加入条件委员会和共产国际任务问题委员会各出七人组成混合委员会，讨论了这个问题。

这个混合委员会对于加入共产国际的条件的提纲，提出了一些修改意见。在第 7 条里（德文版第 82 页）提出著名的改良主义者的名字：考茨基、屠拉梯、希尔奎特、麦克唐纳等人。新委员会决定也把希法亭补加进去。

然后，委员会研究了全体会议上作出的、提交委员会审议的各项提案，混合委员会采纳了俄国代表团某些成员的提案，该提案是，愿意加入第三国际的党的一切中央机构内，至少有三分之二的同志是在共产国际第二次代表大会以前就主张加入共产国际的。

接着，通过一项提案，责成已加入和愿意加入第三国际的政党尽快地，至迟不得超过共产国际第二次代表大会闭幕后四个月，召开一次党的紧急代表大会，以便在会上讨论已通过的全部条件。然后，还通过了一项提案，责成那些愿意加入共产国际的政党，把不同意共产国际原则

---

① 指列宁拟定的《关于共产国际第二次代表大会的基本任务的提纲》，其中提出了加入共产国际的条件。——译者注

的党员开除出去。对于那些参加党的紧急代表大会的代表,若是表示反对加入共产国际,也同样处理。

制定加入共产国际条件的分组委员会,仔细研究混合委员会的决议以后,对决议作了不大的修改,即在共产国际拥护者建立党的机构问题上,以及在开除某些改良主义者问题上,执行委员会有权批准例外情况。现将有关条款列述于下:

"19. 凡是已经加入或正在申请加入共产国际的党,必须在最短期间内,无论如何不迟于共产国际第二次代表大会闭幕后四个月,召开一次党的紧急代表大会,讨论所有这些条件。同时,中央委员会应当设法使各级地方组织都了解共产国际第二次代表大会的各项决定。

20. 凡是现在愿意加入第三国际但至今还没有根本改变自己以往策略的党,在没有加入以前必须做到:在党的中央委员会和其他一切最重要的中央机构内,至少有三分之二的同志是在共产国际第二次代表大会召开以前就公开而明确地主张加入第三国际的。只有经第三国际执行委员会批准,才允许有例外。共产国际执行委员会也有权对第7条中提到的'中派'代表采取例外的办法。

21. 党员如果在原则上反对共产国际提出的条件和提纲,必须开除出党。

这也适用于党的紧急代表大会的代表。"

委员会以多数票通过的这些修正案,现提请大会予以批准。在关于共产国际第二次代表大会的任务的提纲中,也应提到这第21条。

表决并通过加入共产国际的二十一条规定

季诺维也夫(俄国):

还有两位同志申请发言,但是,我提议不再继续辩论,开始表决。

提议以压倒多数被通过。

季诺维也夫（俄国）：

现在，我们对这里刚刚确定的二十一个条件进行表决。

大多数同意，两票反对。

表决并通过共产国际章程的修正案

季诺维也夫（俄国）：

现在我们讨论章程问题。只有一项修正案。提议章程中这样规定执行委员会的组成：作为执行委员会所在地的国家派出5名代表，其他国家派出10名代表。我以俄国共产党的名义提议，其他国家的代表不是10名，而是10—13名。在编制名单时发现，如果只有10名代表，则许多重要的党在执行委员会里将没有席位。如果我们规定10—13名代表，那我们就会有一个不超过18人的执行委员会。若是没有人反对的话，我提议表决这个修正案。

一致通过。

季诺维也夫（俄国）：

现在该表决修正过的章程了。

（有人喊：章程昨天①已经通过了。）

---

① 应为前天，即8月4日第14次会议。——译者注

表决并通过共产国际执行委员会驻在地

季诺维也夫（俄国）：

那么，就不需要表决了。现在，我们应该解决当前执行委员会的驻在地问题，这个驻在地一直要维持到新的世界代表大会重新解决这个问题时为止。有人提议在俄国。

一致通过决议：执行委员会设在俄国。

表决并通过将妇女运动提纲和青年运动提纲交由执行委员会审议

季诺维也夫（俄国）：

现在只剩下妇女运动和青年组织这两个问题。我们提议把这两个问题交由新的执行委员会会同妇女和青年代表来解决，这并不是说，我们不重视这两个问题（它们是非常重要的），这是因为半小时解决不了这两个问题。

多数票通过把妇女运动问题和青年问题交由执行委员会解决。①

表决并通过议会制问题提纲

季诺维也夫（俄国）：

下一个问题是讨论议会制问题委员会的报告。

---

① 关于妇女共产主义运动以及青年运动的提纲，见本卷收录的《关于共产主义妇女运动的提纲草案》和《关于青年运动的提纲》。——编者注

沃尔弗施泰因（德国）：

委员会只是期待对列宁和布哈林同志提出的修正案进行表决。委员会的全体成员表示赞成这些修正案。我们向你们提出的提纲以及有关的修正案，在全体会议上已经讨论过了。我们就剩下对提纲进行表决了。

通过。

土地问题委员会的通报

迈耶尔（德国）：

现在还有格拉齐亚德伊同志提出的关于合作化问题的提案。委员会①同意了这个提案。如果代表大会也同意的话，那我提议不再讨论这个问题，认为它已经解决了。

季诺维也夫（俄国）：

我提议，由委员会来定稿。

提议被通过。

佩斯塔尼亚提出使用世界语的建议

季诺维也夫（俄国）：

还有佩斯塔尼亚同志关于世界语的提案。

佩斯塔尼亚（西班牙）：

鉴于类似本次代表大会的各种国际代表大会的全部发言要翻译成几

---

① 指的是土地问题委员会，迈耶尔代表土地问题委员会发言。——编者注

种语言,从而使代表大会的工作繁杂起来,我提议将来应使每个发言人都使用自己最方便的语言,使每个发言只译成一种辅助的语言——"世界语"。这种语言易于学习,十分有益于我们的事业。它适用于翻译,可节省许多时间和劳动。

季诺维也夫(俄国):

既然佩斯塔尼亚同志赞同这样做,我提议把这个问题交由新的执行委员会审议。(通过)

这样一来,议事日程就全部结束了。

我们打算明天会同莫斯科工人代表苏维埃和全俄中央执行委员会举行隆重的代表大会会议。我们将在那里作代表大会的工作总结。会议明天下午4点在大剧院举行。①

关于召开青年代表会议的通知

明岑贝格(青年共产国际):

遗憾的是,代表大会没能讨论有关青年运动的问题。因此,我们决定明天中午12点召开青年运动代表会议,我们也邀请各党关心这个问题的所有同志出席这个会议。会议于12点准时在克里姆林宫全俄中央执行委员会大厦里举行。

---

① 关于共产国际第二次代表大会、全俄中央执行委员会、莫斯科市苏维埃、俄共(布)莫斯科市委会和区委会、全俄工会中央理事会、工厂委员会、各地区苏维埃和莫斯科市工会理事会的代表于1920年8月7日在大剧院举行的联席会议的简报,载于1920年8月8日《真理报》第174号。——编者注

拉狄克（俄国）：

也许，有许多同志希望得到自己的护照。我要告诉同志们，请放心，执行委员会明天就可以确定"疏散"的程序。为此目的，已经委派了一名同志，所以，代表同志们可以完全放心。

季诺维也夫关于各党在共产国际执行委员会中的代表资格问题的讲话

关于执行委员会的问题，还没有解决。我们规定出党的数量，但没有指出是哪些党。我们有一份初步名单，我给大家读一遍。（宣读①）

这就是有权向执行委员会派出一名有表决权的代表的政党名单。

讨论各党在共产国际执行委员会中的代表资格问题

怀恩科普（荷兰）：

我不同意提出来的这份名单，因为没有把荷兰党列入。我早已提出过荷兰代表应参加执行委员会的一切理由。荷兰共产党是执行委员会中没有代表的唯一的真正具有战斗精神的革命党。我不能同意这种情况，我认为执行委员会应该重新考虑自己的决定。如果执行委员会坚持自己的主张，没有荷兰代表的席位，那我不得不提出抗议。

拉狄克（俄国）：

在这次代表大会上，我们在被迫与荷兰同志们交换意见时，怀恩科

---

① 这份初步的名单，在代表大会的俄文、法文和英文记录里没有。德文本中所引用的名单有明显的错误。——编者注

普已经不止一次地表现出不客气的态度；因此，我只好再次不愉快地出来反对怀恩科普同志的抗议。荷兰代表之所以没有被列入派遣代表参加执行委员会的那些国家的名单，并不是政治性的原因，纯粹是工作上的原因，因为我们是根据政党的大小来定的。整个来说，荷兰党提出的那个主张，美国代表团和部分英国代表团也曾提出过。怎样的国家才是名单中的对象呢？也许是开展广泛革命运动的国家，如俄国、德国、意大利；也许是早已成为苏维埃共和国的国家，如匈牙利、芬兰；也许是已开展了20年群众革命运动的波兰；最后，也许是共产主义运动的确还很薄弱的国家，如英国、法国、美国，但是这些国家在国际政治中具有决定性的作用，因此，在每次比较重要的场合下，我们都要和它们的代表进行商讨。

荷兰共产党具有任何人都不能否定的功绩，它是最早敢于同社会民主党人决裂的政党之一，荷兰同志们在紧要关头始终是一面正确的共产主义旗帜。任何人对此都不能提出异议，所以我们对他们要作出应有的评价。但是，这是一个小党，它在国际政治中不能起到重大的作用。假如它拥有强大的理论队伍，也许对它会加以考虑。但是，潘涅库克和哥尔特同志一派，是站在荷兰运动之外的，怀恩科普同志也承认这一点。他们没有力量派出某个人到执行委员会去工作。过去，德国同志曾提请他们给予帮助，但是他们那里没能派出任何人。我们的提案纯粹是从工作方面来考虑，对于荷兰同志没有任何恶意，尽管我们和荷兰同志存在着意见分歧，但我们还是希望同志般地共同进行斗争。我们希望，荷兰共产党能迅速显示出强大的力量，那时，它就能对共产国际作出更大的贡献了。①

---

① 根据代表大会秘书的笔记，在拉狄克发言之后、怀恩科普发言之前，是克罗格（挪威）发言。这个发言的内容没有记录。——编者注

怀恩科普（荷兰）：

我感谢拉狄克同志对我们采取友好的反对立场。但我要说，我们并不想做执行委员会的名誉委员。我们不需要这样。我们是一个真诚的共产党，始终做共产党人应该做的一切。我们对自己有所要求，因为我们是共产主义的力量，执行委员会也曾承认这一点，所以才在阿姆斯特丹成立了辅助执行局。这个问题，在执行委员会里已经讨论过了。谁都会犯错误，在这一点上，我不想多说了。我们完成了对共产党人所期望的一切，在这方面，对我们是没有什么可以指责的。由于我们能起到作用，才把辅助执行局委托给我们，而现在，却忘掉了这一点。拉狄克同志谈到了潘涅库克和哥尔特同志。前者在德国工作过，但没有搞过荷兰共产主义运动。无论如何不能根据哥尔特和潘涅库克两个人来断定共产党的力量。凡是熟悉《论坛报》的人都会知道，领导这个报纸的，既不是哥尔特，也不是潘涅库克，而是拉维斯泰因、谢顿和我。荷兰共产主义运动的力量，就是如此，而且现在仍然如此。有人说我们这里没有开展大规模的运动。我认为，这是过于看重数字了。尽管我们人数不多，但我们是一个有纪律的革命政党，在国内享有很高的威望。下述情况就足以证明这一点：我们早就拥有从事日常工作的党的机关，而在其他许多国家里却没有。下述情况也可以证明这一点：在市政委员会里，有许多我们的党员，而在工会运动中，我们享有很高的威望。

我认为，执行委员会应当修改自己的决定，并且由于我们在代表大会上的立场，应当使我们在执行委员会中占有一个席位。我们并不总是赞同执行委员会的意见，但是要知道，并非必须赞同。在执行委员会里，往往也发生争论，在争论中才能倾听各方面的意见。我认为，执行委员会有一切理由使荷兰占有一个席位。我希望执行委员会能这样做；否则，我就要对此提出抗议。

马林（荷属印度）：

我们完全赞成东方各族人民应在执行委员会里占据享有表决权的代表席位，尽管他们还没有建立有组织的政党。这样，就可以肯定东方对于共产国际具有重大的意义。但是，我要指出，对于整个东方来说，一个代表是不够的，因为近东和远东的情况不同，难以找到一个能表达亚洲这两个部分利益的代表。恐怕俄国同志，也许还有其他国家的同志，在人员上熟悉近东的代表胜过熟悉远东的代表。因而我提议，让那些对于我们的运动和帝国主义都极端重要的亚洲地区的代表参加执行委员会。同时，我们提议，近东和远东各派一名有表决权的代表参加执行委员会。我希望能够做到这一点，因为代表大会必将决定在最近的将来贯彻列宁和罗易两位同志的提纲，而这对于共产国际是具有头等重要意义的。

罗易（英属印度）：

根据这些理由，我同意马林同志的提案。

瓦涅克（捷克斯洛伐克）：

根据以上同志们提出的意见，我建议代表大会通过如下的决议："执行委员会有权自行选定执委会成员，以便使那些在力量上和人数上对于社会革命具有世界意义的政党能派遣代表参加执行委员会。"我想，没有必要再阐明我提出这个建议的理由。我认为，使执行委员会在必要的情况下可随意增补执行委员会成员这一点，是完全符合已赋予执行委员会的巨大权力的。

季诺维也夫（俄国）：

对于荷兰代表的问题，我想对拉狄克同志的发言作个补充。从怀恩科普同志的谈话中会得出一个错误的结论，似乎荷兰共产党和荷兰同志所起的作用，由于在执行委员会里没有给他们席位，而被贬低了。当然，我们不是出自这种情由，而是因为我们不能使所有党的代表都参加执行委员会。我们所以没有给予东方的代表以很多席位，并不是因为我们想在权利方面限制哪些国家，而是因为我们需要的不是代表大会，而是执行委员会。如果一个大党要接近我们，并履行我们所提出的全部条件，那么，就必须授权执行委员会作为例外情况接收这个政党。

布林格利弗（瑞士）：

关于瑞士，我想说几句话。我们党还处于这样一种情况，即虽然我们希望能派遣代表参加执行委员会，但我们没有权利要求这一点。安贝尔-德罗同志已经指出，在增补人员时，应当考虑到瑞士，瑞士党日益具有重要的作用，因而瑞士极其需要和俄国建立直接的联系。在我们向执行委员会所作的工作报告中①列举了这些理由，希望执行委员会能加以考虑。

表决向执行委员会派遣享有表决权的代表的政党名单和瓦涅克的提案

表决名单；附有两个修正案的名单被通过②；瓦涅克的提案也被通过。

---

① 茹尔·安贝尔-德罗和瓦尔特·布林格利弗关于瑞士的报告，载于《共产国际第二次代表大会的报告汇编》，彼得格勒共产国际出版社1920年版第81—99页。

② 在代表大会秘书的笔记里写着："决定包括荷兰、近东和远东"。接着，列出向执行委员会派遣有表决权的代表的国家名单：俄国（5名）、英国、德国、法国、美国、意大利、奥地利、匈牙利、保加利亚、南斯拉夫、斯堪的纳维亚、荷兰、波兰、芬兰、远东、近东（各1名）。

通过关于告德国共产主义工人党书和
关于共产国际宣言的提案

季诺维也夫（俄国）：

这个问题宣告结束。现在审议各种宣言草案，而首先要审议对德国共产主义工人党的呼吁书草案。我们应当在他们的代表离开代表大会之后答复他们。

把呼吁书草案交由执行委员会审议的提案被通过。①

季诺维也夫（俄国）：

我们打算公布差不多已写好的长篇政治宣言。写出宣言初稿的托洛茨基同志正在加紧做最后定稿工作。如果可能的话，宣言将于明天宣读；否则，我们也将把这个问题提交执行委员会处理，以便公布由所有代表团签署的这个宣言（每个国家可由两名代表签署）。②

提案被通过。

季诺维也夫（俄国）：

我宣布，明天上午 11 点召开新的执行委员会第一次会议。因此，

---

① 共产国际执行委员会于 1920 年 8 月 26 日发出了《给德国共产主义工人党执行委员会和全体党员的一封信》，载于《共产国际》1920 年第 13 期。
② 即本卷收录的《共产国际第二次代表大会宣言》。——编者注

我请所有代表团指定自己的代表。① 派出代表参加执行委员会的各党中央委员会，保留更换自己代表的权利。会议闭幕。

（会议结束时，高唱《国际歌》，并热烈欢呼苏维埃共和国和世界革命万岁。）

---

① 根据1920年8月10日《真理报》第175号上公布的关于执行委员会第一次会议的报道，新的执行委员会由下列成员组成：德国——列维（候补人——迈耶尔），法国——罗斯默，英国——奎尔奇（代表英国所有政党和小组〔潘克赫斯特小组除外〕以及车间代表委员会），美国——约翰·里德，意大利——塞拉蒂，奥地利——施泰因哈德，斯堪的纳维亚——弗利斯（代表挪威、瑞典、丹麦；后来决定给瑞典一个单独席位），保加利亚——沙波林，南斯拉夫——米尔基奇，匈牙利——鲁德尼扬斯基（候补人——瓦尔加），近东——苏尔坦-扎德，远东——朴振顺，芬兰——曼纳，荷兰——怀恩科普。根据代表大会的决议，俄共（布）派遣了五名代表：季诺维也夫、布哈林、拉狄克、托姆斯基、科别茨基；候补人：列宁、斯大林、托洛茨基、别尔津、巴甫洛维奇、契切林。

闭幕式

（1920年8月7日）

季诺维也夫致闭幕词[①]

同志们！全世界工人组织的代表在莫斯科开了三周的会议，它们的兄弟联盟正日益巩固。

不久以前，当我们首次提出在莫斯科公开举行代表大会的可能性问题时，许多人表示怀疑：这能做到吗？这个想法确实是很大胆的。全世界资产阶级，正在追剿自己的凶恶敌人——共产国际，看来，它们会怀着极大的仇恨十分恶毒地阻挠大会的召开。

但是，同志们，全世界工人对我们的期望是如此之大，号召"到莫斯科去"的呼声是如此普遍，虽然世界资产阶级百般阻碍，虽然对我们进行种种刁难，你们看，我们终于召开了代表大会。我们现在完全有可

[①] 闭幕词是季诺维也夫1920年8月7日在大剧院举行的共产国际第二次代表大会、全俄中央执行委员会、莫斯科市苏维埃、俄共（布）莫斯科市委会和区委会、全俄工会中央理事会、工厂委员会和莫斯科市工会理事会的盛大联席会议上的发言。闭幕词在代表大会的速记报道中，是用德文发表的，而在《共产国际第二次代表大会的报告汇编》中，作为前言是用俄文发表的，彼得格勒1920年版。——编者注

能对全世界说：这次代表大会开得十分成功，这真正是一次全世界的无产阶级代表大会。（鼓掌）

同志们！全世界的工人从结束罪恶的战争之日起，就像久旱盼望甘露一样渴望着国际团结。这种渴望，即工人们对团结的期望，是推动世界历史的最大因素，是共产国际的主要动力。特别重要的是，全世界工人已认识到，只有紧密地联合起来，他们才能达到历史所预定的目标。工人的这种觉悟是共产国际和世界历史所具有的最重要的生命力。因此，尽管还没有打破封锁，尽管许多国家里的兄弟党还不得不处于地下状态，但是，我们成功地召开了代表大会。

摆在我面前的是一份普通的代表团名单，它有好几页，我只把派有代表的国家列举出来：英国、德国、法国、瑞典、奥地利、西班牙、匈牙利、保加利亚、南斯拉夫、意大利、墨西哥、瑞士、土耳其、波兰、东加里西亚、立陶宛、白俄罗斯、格鲁吉亚、拉脱维亚、伊朗、朝鲜、美国、荷属印度、挪威、丹麦、芬兰、爱沙尼亚、捷克斯洛伐克、荷兰、亚美尼亚、比利时、阿塞拜疆、俄国。共计37个国家。① 其中一些国家的代表团，人数很少。但不管怎样，代表团表现出全世界都具有生气勃勃的、战斗的革命情绪。

在我们中间，不仅有许多欧洲和美洲的无产阶级代表，而且还有不少东方工人和贫农的代表，如土耳其、伊朗、印度、英国殖民地等的代表。这一情况具有重大的意义。这是运动开始在东方出现的保证。这也使得资产阶级用世界上的任何力量都不能阻挡东方被压迫民族的解放运动。决不能！东方的民族运动将与欧美的运动汇合起来，必将给资本主义以沉重打击。

在我们的代表大会上，显示出形形色色的革命工人运动的情况。目

---

① 上面列举的只有33个国家，原文如此。——译者注

前，工人运动正经历酝酿、定型的过程。这是可以理解的。在世界工人阶级经受可怕的危机之后，在第二国际彻底崩溃之后，以及在全世界工人遭到残酷的血腥镇压之后，现在，在工人中间不可能有十分明确的政治概念，这是完全可以理解的。假如工人阶级是团结一致的，假如它能完全认清自己的主要任务，那我们早就战胜资产阶级了。

我们的阶级应该诅咒的是，数十年来，我们有一部分兄弟受到敌人的欺骗，还有一部分兄弟被组织在客观上帮助资产阶级的那些政党和工会里。在有些国家里，工人阶级目前正处于十字路口。在帝国主义战争期间整个人类经受了那种可怕的情景之后，工人阶级正在寻求正确的道路。于是，我们给自己提出一项任务，要把工人阶级中一切有生气的、正直的和革命的人统统联合在共产国际的旗帜之下，以便进行反对资产阶级的斗争。我们有意识地邀请了那些尚未完全定型的组织参加共产国际的队伍。出席我们代表大会的，有工团主义者和无政府主义者当中的优秀成员的代表，还有英国和澳大利亚的车间代表委员会的代表和世界产业工人联合会的代表，等等。

世界工人运动的主流正沿着共产主义轨道前进。我们看到了自己面前的共产主义巨流。但是，它的旁边有许许多多小河流，它们应当汇合到我们共同的共产国际中来。我们也看到了这样一些无产阶级运动，它们仍在徘徊，没有完全向我们靠拢，它们多半感染了无政府主义和工团主义偏见，它们没有全部赞成我们的纲领；但是，它们却和我们一起共同反对资产阶级，因此，我们要把它们当做兄弟看待。

我们要同第二国际万恶的传统决裂，因为第二国际傲慢地鄙视那些敢于提出批评的、有革命情绪的工人。在第二国际中少数几个可敬的"社会主义"前辈，主宰着一切，他们对于那些打算批评他们的政策的工人组织，总是紧闭门户。而我们对所有真诚的无产阶级革命组织，是敞开大门的；今天它们虽然还不完全是共产主义组织，但是明天它们将

成为共产主义组织,因为它们今天已经准备和我们一起手执武器去反对全世界的资本家了。(鼓掌)

所谓"左翼反对派"的组织出席了我们的代表大会,但事实上,它决不是这种反对派,因为对于共产主义来说,不可能有任何左翼反对派;它的"左"倾,事实上只不过意味着它的某种落后性。我们在代表大会上看到,和这个"左派"组织并列的,是对罪恶有所悔悟的右派组织。我所指的是法国社会党、德国独立社会民主党和美国社会党的代表。所有这些党都是庞大的工人组织,它们一只脚站在旧的阵营里,而另一只脚正试图踏上新的道路。我们觉得,这些组织的代表出席大会,使我们的大会更加具有重大的意义。这些旧政党的代表,在代表大会的审判面前表了态,结果,他们当中有些人申请赦免罪过,希望共产国际说:"是有罪,但有可宽容之处。"(鼓掌)由于问题涉及它们的领袖要对帝国主义战争承担责任,所以我们说出绝对不可调和的话。我们对法国社会党代表的答复,就是现在已经公布了的那封信。① 我们在信中指出,在它的领袖和党中央身上,以及在他们的黄色议会制的活动家身上,看出法国社会党的一些细小的特征。我们把指明这些特征的信(即德国人所谓 Steckbrief)交给了他们。每个正直的工人在信中都会立即看出那些目前干扰世界无产阶级的恶棍。于是,这个工人就会说:工人们请看,不该让这种人当工人阶级的领袖。

同志们,在法国党的队伍中,有相当数量的工人,该党中央机关中在册人数是 25 万人。德国独立社会民主党约有 100 万党员,将近 1.1 万名党员被关在德国监狱里。他们大多数是工人。显然,对于这些在德意志"共和国"坐牢的工人,我们是万分尊敬的,我们要向他们脱帽

---

① 即本卷收录的《共产国际第二次代表大会主席团告法国社会党全体党员和法国一切有觉悟的无产者书》。——编者注

致敬。当然，对于他们来说，我们要采用友好的语言，尽力向他们说明他们所犯的错误，并力求和他们团结起来。

因此，我们的代表大会制定了一系列条件——加入共产国际的二十一个条件。我认为，每个了解这些条件的工人共产党员，都将拥护我们说：我希望，那些依旧拥护"中央"的人，要想溜过共产国际所提出的二十一条，比登天还难。（鼓掌）

我们提出这些条件，是为了使法国党和德国独立社会民主党内的工人了解国际无产阶级革命司令部的要求，以便能够当面质问自己的领袖，紧逼他们表态，要求他们对所有这些条件作出直截了当的回答。同志们，我们希望这些条件能达到目的。如果一年半以前，人们对我们说，人少，对于共产国际来说，是一种威胁；那么现在，威胁我们的是另外一种情况，即共产国际对于某些先生来说，成了时髦的东西。据说，目前在日内瓦开会的布鲁塞尔国际，作出了举行总罢工的决议。看来，第二国际想极力追随莫斯科。我们还没有确切地了解，在那里聚集了多少活着的幽灵，但是谁都清楚，第二国际现在是一堆衰老不堪的家伙。在这些老领袖即所谓正统的社会主义者中间，有许多人总想依靠某种力量，成为多数派。现在，在国际范围内，这种力量就是共产国际。他们想依靠我们，并想对我们作出口头上的让步，以便给自己保留"自治权"，继续搞原来那一套。我们希望，我们的共产国际第二次代表大会，在这些先生面前把门紧紧关上。我们所通过的各项决议，必将使旧的政党发生分裂。凡是真诚地愿意为共产主义而奋斗的人，他就可以加入我们的队伍。而所有腐朽的家伙，必将像废物一样被丢开，再也不能阻碍工人阶级前进。

代表大会讨论了一系列问题，其中最主要的是关于共产党的作用问题。我可以大胆地说，在这个大厅里聚会的，共产党员为数极多，而在这里却要证明共产党的必要性，实属可笑。但是，在这个有着不同历史和不同传统的各国代表参加的国际代表大会上,彻底弄清共产党的作用和意义,也是必要的。

一些旧的政党垮台了,因而很显然,许多工人会认为,这不仅是第二国际崩溃了,而且也是整个社会主义党的原则、党的思想破灭了。弄清楚党在无产阶级革命中的作用和意义,是必要的。因此,我希望你们要认清,当革命工团主义的优秀代表投票赞成我们的决议的时候,当其他非纯粹共产主义工人组织的优秀代表投票赞成我们的决议的时候,这对我们来说,就是一个巨大的胜利。

现在,我们应当对工人工团主义者、无政府主义者和其他不相信党的作用的人说:除了谢德曼式的党之外,难道你们就不相信会有另外的党?你们就不相信会有引导工人阶级冲击资本主义的真正工人政党?你们看一看就会相信了,看看俄国共产党,看看它所干的事业!看看匈牙利共产党,看看德国党斯巴达克派——它在德国工人阶级教育方面做了多少工作!看看许多国家的工人共产党!要向它们学习!这就是我们所需要的榜样,你们应当建立这样的党!

接着,讨论了民族和殖民地问题。我认为,一致通过这个决议,也是我们在道义上的一个重大胜利。你们都知道,在第二国际里不止一次地处理过所谓殖民政策问题。第二国际对于资产阶级的殖民政策,采取了"宽容"态度。1907年在斯图加特,大多数人拥护的、社会党人所能支持的所谓文明殖民政策,实际上是帝国主义的掠夺政策。第二国际使黄种人和黑种人产生了对它毫不信任的心理。第三国际必须在这方面恢复第一国际的传统,它必须宣称,它不仅要成为白种人的劳动者国际,而且也要成为黑种人和黄种人的劳动者国际,即全世界的劳动者国际。(鼓掌)

我认为,我们在代表大会上与印度、朝鲜、土耳其和其他许多被压迫国家的代表所缔结的兄弟联盟,乃是对国际资本的一个有力的致命打击。这对工人阶级来说，是一个辉煌的成果。

其次，我们讨论了工会问题。你们都知道，我们在莫斯科建立了第一个红色工会的国际支部。我可以肯定地说，这也具有全世界历史性的意义。资本主义的最后支柱是阿姆斯特丹黄色的国际工会组织。要把工人中的优秀部分从那里拉到自己这方面来，这就是说，要使黄色的第二国际完全失掉群众，这也就是说，要把工人阶级中所有生气勃勃的力量都团结在我们的周围。在代表大会上，我们与许多同志、与英国同志和美国同志进行了激烈的辩论，而这些同志有自己独特的经历，他们应当反对自己领袖的重大背叛行为，他们还没有强大的共产党，他们根本不愿意利用议会制。第三国际第二次代表大会向所有这些政党指出：我们所最关切的，也是俄国革命经验首先告诉我们的，在英国、美国以及一切地方，共产党人都必须永远和工人群众在一起。有时，你们不得不同他们一起犯错误，但你们不要离开工人阶级的群众组织，不要担心他们此刻会走上反动的道路。

我们应当摧毁资产阶级国家，我们应当争取、改造工人工会，并把它掌握在自己手中。不这样做，共产主义就不可能取得胜利。在这个问题上，我们不止一次地和某些同志发生过争执，但是，共产国际所说的话，对于我们大家，其中也包括持有另一种观点的少数人来说，必将成为一种法则。

在美国、英国和其他一些国家里，目前存在着两个共产党。共产国际向自己提出一项任务，要设法使每个国家只有一个共产党。一切真正健全的无产阶级革命运动的支流都应汇集到一条巨流中去。共产国际在全世界工人阶级的心目中，享有崇高的威望，这将保证我们易于实现这个任务，因而我们必将争取团结与统一。

同志们，把我们代表大会的情景和资产阶级组织中发生的情景对比一下，是特别具有重要意义的。在莫斯科短短的几周期间，我们就在一系列重大问题上同来自美国、澳大利亚和欧洲各国的工人基本上达成了协议；虽然在文化、历史和传统上有所不同，但我们感到每时每刻都在增强我们的兄弟关系。难道这不是非常美好的情景吗？而在资产阶级的统治集团里，却可以看到各派之间互相掣肘，难道这不有所教益吗？英国资产阶级反对我们，并希望在计谋上胜过自己的法国对手。它们彼此争吵着，资产阶级是形成不了一个整体的。1919年，第二国际企图东山再起，于是，把自己的命运与国联联系起来，它认为再没有比国联更强大的了，必须依靠国联，因为国联在几十年内都将是世界的统治者。仅仅过了一年多，现在我们亲眼看到国联日益瓦解，变成一个空架子。所有"联盟者"彼此暗中陷害、互相欺诈。第二国际把自己的命运与国联联系起来，从而会和它一起在政治上遭到毁灭和破产。

与此同时，全世界工人的真正国际团结日益增强。我深信，第二次世界代表大会是另外一个世界代表大会——全世界苏维埃共和国代表大会的前奏。（鼓掌）

最令人满意的是，在代表大会上全体代表唯一没有经过任何争论就一致通过了这项决议——关于苏维埃的决议。苏维埃国家这个无产阶级专政形式，其思想已深入到广大工人群众中，直到工人的底层，已为千百万工人所掌握；因而在共产国际世界代表大会上，对这个问题不仅没有进行争议，而且也没有进行讨论，大家都认为这是一个主要的成果。这是一个真诚的信念，而共产国际就是建立在这个巩固而又坚实的基础之上的。

我们就要结束工作了，我们已和许多国家的代表交流了经验，我们探讨了一系列有争论的问题，我们拟定了相当长时期的斗争路线。我们不知道，某个兄弟党会遇到什么样的意外事件，某个兄弟党会遭到怎样的打击。但是，我们清楚地知道这一点：我们已经建立起组织，它随时都会给全世界的工人以最大的援助。

我们通过了共产国际章程。这不是一般地走走形式。这是肯定了这一事实：我们建立起了一个唯一的共产党人的国际政党，而这个政党在各个国家里都有自己的支部。（鼓掌）我们在这个章程中回顾了马克思所创立的第一国际的章程中的一段话：如果说，工人阶级至今还被奴役，还没有获得解放，那是因为工人阶级没有联合起来，各国工人之间没有紧密地团结起来。这是普遍的真理，真诚的信念。但是，费了几十年的时间，才使全世界的工人阶级掌握了这个信念。所以，我们在共产国际章程中增添了前言，共产国际在其中向全世界工人指出：要牢记帝国主义战争，牢记这个使我们付出千百万人生命的战争；如果你要让资本主义保留完整、不受侵犯，那你就会再次蒙受这样的战争！我们国际上的兄弟般的团结，是在火与铁的严重考验之后产生的。每当你要作出重要的决定时，都要考虑到曾发生的帝国主义大屠杀，因为它破坏了我们工人组织，使工人阶级付出了千百万人的生命。所以要牢记，如果我们不从地球上彻底消灭资本主义，那么，这样的战争随时都会再次爆发。

通过章程意味着我们的队伍已经彻底联合起来，我们现在已拥有国际工人同志关系的组织，即在国际范围内集中领导的、血肉相关的组织。

我们对同志们说过，在俄国国内战争的过程中，我们曾建立起坚如磐石的集中组织和军事纪律，它往往要求我们每个人、每个党员都非常严厉，要求我们拼命苦干和付出牺牲。而现在同样地，我们也应当在国际范围内建立起坚如磐石的国际主义的组织，它应具有铁的纪律和集中的领导、各党之间绝对信任和为胜利进行无产阶级革命这一共同事业而英勇献身的精神。（鼓掌）

同志们即将离开我们回到各国去，在那里等待他们的是戒严、监狱、蝎子以及西欧社会民主党人和其他资本主义仆从的背叛。我们祝愿同志们精力充沛地进行这场斗争。我们请他们在严重关头记住，苏维埃共和国将竭尽全力地准备与他们分担一切。俄国共产党认为，以它所能做到的一切来帮助兄弟党，是它最大的光荣职责。我们祝愿兄弟们精力充沛地、精神饱满地和信心十足地去完成目前摆在战斗的无产阶级面前的崇高历史使命和艰巨的任务。

第三国际万岁！

前往资产阶级国家为世界共产主义事业进行宣传的同志们万岁！（暴风雨般的掌声，高呼："乌拉！"）

同志们，我宣布第三国际第二次代表大会闭幕。

共产国际第二次代表大会文件

代表大会议事日程[①]

1. 国际形势和共产国际的基本任务；
2. 共产党在无产阶级夺取政权之前和夺取政权之后的作用及其组织结构；
3. 工会和工厂委员会；
4. 议会制问题；
5. 民族和殖民地问题；
6. 土地问题；
7. 对待"中派"新思潮的态度和加入共产国际的条件；

[①] 这是经代表大会批准的议程（代表大会在第二次会议上讨论过议事日程）。同时大会决定，《共产国际执行委员会关于召开第二次代表大会的通知》中所公布的预定议程的第一项和第二项，即执行委员会的工作报告和各政党的工作报告（参看本卷第3—4页），将不在代表大会上讨论。根据执行委员会的建议，大会决定这两项议程只发书面材料（参看本卷收录的《执行委员会向第二次代表大会所做的工作报告》、《各个政党和组织提交第二次代表大会的报告目录》以及《革命的爱尔兰与共产主义》）。在代表大会的工作过程中，代表大会所批准的议程曾略有变动。代表大会讨论问题的实际程序如下：1. 关于国际形势和共产国际的基本任务；2. 关于共产党在无产阶级夺取政权之前和夺取政权之后的作用及其组织结构；3. 民族和殖民地问题；4. 加入第三国际的条件；5. 议会制问题；6. 工会和工厂委员会；7. 土地问题；8. 共产国际章程；9. 关于成立工人、士兵代表苏维埃的条件；10. 组织问题和其他事项。代表大会所通过的议程中关于妇女共产主义运动和关于青年这两个预定的问题，后来转由执行委员会审议。——编者注

8. 共产国际章程；

9. 组织问题（公开和秘密组织、妇女组织等）；

10. 青年共产主义运动；

11. 选举；

12. 其他事项。

关于共产国际的基本任务

1. 目前国际共产主义运动发展的特点，是在一切资本主义国家里，革命无产阶级的优秀代表充分懂得了共产国际的基本原则，即无产阶级专政和苏维埃政权，并且满腔热情地站到共产国际方面来了。一个更重大的进步，就是在各地，不仅城市无产阶级的最广大群众，而且先进的农业工人，都十分明确地表示他们无条件地赞同这些基本原则。

另一方面，发展得异常迅速的国际共产主义运动出现了两种错误或弱点。一种很严重的并且对无产阶级解放事业的胜利有着极大直接危险的错误，那就是第二国际的一部分老领袖和旧政党，一方面有意无意地对群众的愿望和压力让步；另一方面为了继续在工人运动内部充当资产阶级的代理人和帮手而有意欺骗群众，声称他们愿意有条件地甚至无条件地加入第三国际，但是实际上他们在党的工作和政治工作的全部实践中，依旧停留在第二国际的水平上。这种情形是完全不能允许的，因为这样会直接腐蚀群众，阻碍强大的共产党的形成和发展，破坏第三国际的威信，像匆忙改名为共产党人的匈牙利社会民主党人那样的叛变，有再度重演的危险。另一种小得多的错误，更正确地说是运动发展过程中的病症，就是"左"的倾向，就是不能正确地估计党在对待阶级和群众方面的作用和任务，不能正确地估计革命的共产党人在资产阶级议会和反动工会中进行工作的必要性。

共产党人的责任不是隐讳自己运动中的弱点，而是公开地批评这些弱点，以便迅速而彻底地克服它们。为此必须做到：第一，更具体地，特别是要根据已有的实际经验来确定"无产阶级专政"和"苏维埃政权"这两个概念的内容;第二,指出在一切国家内为了实现这两个口号,可以而且应该立即有步骤地进行哪些准备工作;第三,指出纠正我们运动中的缺点的途径和方法。

一、无产阶级专政和苏维埃政权的实质

2. 要使社会主义(共产主义的第一阶段)战胜资本主义,必须由无产阶级这一唯一真正革命的阶级完成下面三个任务。第一个任务是:推翻剥削者,首先是推翻他们在经济上和政治上的主要代表——资产阶级;彻底粉碎他们;镇压他们的反抗;使他们恢复资本压迫和雇佣奴隶制的任何企图都不能得逞。第二个任务是:不仅要争取和引导整个无产阶级或无产阶级的绝大多数,而且要争取和引导受资本剥削的全体劳动群众跟着无产阶级的革命先锋队共产党走;要在反对剥削者的英勇忘我、坚决无情的斗争进程中,启发他们,组织他们,教育他们,培养他们的纪律性;使一切资本主义国家的这绝大多数人摆脱对资产阶级的依赖,使他们根据实际经验相信无产阶级和它的革命先锋队的领导作用。第三个任务是:要使几乎在一切先进国家里人数还相当多的(虽然在总人口中只占少数)必然动摇于资产阶级和无产阶级之间、资产阶级民主和苏维埃政权之间的农业、工业和商业中的小业主阶级以及聚集在这个阶级周围的知识分子、职员等阶层保持中立,或者使他们不起有害的作用。

第一个和第二个任务都是独立的任务,它们要求对待剥削者和被剥削者采取不同的行动方法。第三个任务则是由前两个任务产生的,它只要求根据每一次表现动摇的具体情况,把前两种方法都能巧妙地、及时地、灵活地结合起来。

3. 在全世界首先是在最先进、最强大、最文明、最自由的资本主义国家目前这种由军国主义、帝国主义、对殖民地和弱小国家的压迫、全世界的帝国主义大厮杀、凡尔赛"和约"所造成的具体形势下，凡是以为可以用和平方式使资本家服从被剥削的大多数人的意志，可以通过和平的、改良主义的道路过渡到社会主义，都不仅是市侩的极端愚蠢的想法，而且是对工人的公然欺骗，对资本主义雇佣奴隶制的粉饰，对真实情况的隐瞒。现在的真实情况是：最文明、最民主的资产阶级，也已经不惜采取任何欺骗和犯罪的手段，不惜屠杀千百万工人和农民来挽救生产资料私有制。只有用暴力推翻资产阶级，没收他们的财产，彻底破坏全部资产阶级国家机器即议会、司法、军事、官僚、行政、地方自治等机构，直到驱逐或关押全部最危险最顽固的剥削者，严格地监视他们，以便同他们必然进行反抗和恢复资本主义奴隶制的尝试作斗争，只有这种措施才能使整个剥削者阶级真正服从我们。

另一方面，第二国际的旧政党和老领袖总是认为，在资本主义的奴役下，在资产阶级层出不穷多种多样形式的压迫下（一个资本主义国家越文明，这些压迫形式就越巧妙，同时也就越残酷、越厉害），多数被剥削劳动者自己能够培养出十分明确的社会主义意识、坚定的社会主义信念和品格，这种看法同样是对资本主义和资产阶级民主的粉饰，同样是对工人的欺骗。事实上，只有无产阶级的先锋队，在无产阶级这个唯一革命阶级的全体或多数人的支持下，推翻剥削者，镇压剥削者，使被剥削者摆脱奴隶地位，立即靠剥夺资本家来改善他们的生活条件，只有在这以后，只有在尖锐的阶级斗争的进程中，才能启发和教育最广大的被剥削劳动群众，把他们组织在无产阶级周围，受无产阶级的影响和领导，使他们克服私有制所造成的自私、散漫、劣根性和软弱性，使他们结成自由工作者的自由联盟。

4. 为了战胜资本主义，在起领导作用担任领导的政党共产党、革命的阶级无产阶级同群众即全体被剥削劳动者之间，必须建立正确的相互关系。只有共产党真正成为革命阶级的先锋队，吸收了这个阶级的所有优秀代表，集中了经过顽强的革命斗争的教育和锻炼的、完全觉悟的和十分忠诚的共产主义者，把自己同本阶级的全部生活密切联系起来，再通过本阶级同全体被剥削群众密切联系起来，取得这个阶级和这些群众的充分信任——只有这样的党才能领导无产阶级同一切资本主义势力进行最无情最坚决的最后斗争。另一方面，只有在这样的党的领导下，无产阶级才能发挥自己进行革命冲击的全部威力，才能使为数不多的被资本主义腐蚀的工人贵族、老工联领袖和合作社领袖等必然采取的冷淡态度和有时的反抗不起一点作用，才能发挥自己的全部力量。由于资本主义社会的经济结构的原因，这种力量要比无产阶级在人口中所占的比重大得不可估量。最后，只有真正摆脱了资产阶级和资产阶级国家机器的压迫，只有取得了真正自由地（不受剥削者的束缚）组成自己的苏维埃的可能性，群众即全体被剥削劳动者，才能在历史上第一次充分发挥受资本主义压制的千百万人的全部主动性和活力。只有在苏维埃成为唯一的国家机构时，全体被剥削者才能真正参加国家管理，而在最文明最自由的资产阶级民主制度下，事实上在百分之九十九的情况下仍然一直被排斥在国家管理之外。只有在苏维埃里，被剥削群众才开始不是从书本上，而是从自己的实际经验中真正地学习建设社会主义，学习建立自由工作者的自由联盟的新的社会纪律。

二、应该如何立即在各地为建立无产阶级专政做准备？

5. 当前国际共产主义运动发展的特点是：在大多数资本主义国家内，无产阶级还没有为建立本阶级的专政做好准备，甚至往往还没有有步骤地着手这种工作。这并不等于说，在最近的将来，无产阶级革命是不可能发生的；这种革命是完全可能发生的，因为整个经济政治情况包含着非常多的可能突然起火的易燃物和导火线；革命的另一个条件就是一切占统治地位的政党和一切资产阶级的政党都处于普遍危机状态，现在这个条件也已经具备了。从上面所说的情况中应当得出这样的结论：各国共产党的当前任务是要加速革命的到来，但并不提倡不经过充分准备就人为地发动革命；无产阶级应该以实际行动来加强革命的准备。另一方面，上面已经指出的许多社会党的历史经验告诉我们：承认无产阶级专政不能仅仅停留在口头上。

因此，从国际无产阶级运动来看，目前各国共产党的主要任务是，团结分散的共产主义力量，在每一个国家中成立统一的共产党（或加强和革新已有的党），以便百倍地加强工作，为无产阶级夺取国家政权，即建立无产阶级专政形式的政权做好准备。承认无产阶级专政的集团和政党通常进行的社会主义工作，还远没有充分地经过根本的改造和革新，要使这种工作成为共产主义的工作并且能与无产阶级专政前夕的任务相适应，那就必须经过根本的改造和革新。

6. 无产阶级取得了政权，并没有结束无产阶级同资产阶级的阶级斗争，相反会使这种斗争变得特别广泛、尖锐和残酷。凡是完全或部分持有改良主义、"中派"等观点的集团、政党和工人运动活动家，由于斗争极端尖锐化，都不可避免地或者站到资产阶级一边，或者置身于动摇者之列，或者成为胜利的无产阶级的不可靠的朋友（这是最危险的）。因此，要为建立无产阶级专政做准备，就不仅要加强反对改良主义和"中派"倾向的斗争，而且要改变这种斗争的性质。这种斗争不能只限于弄清说明这些倾向的错误，而且应当不断地和无情地揭露在工人运动内部表现出这种倾向的活动家，否则无产阶级就无从知道，它将要同谁一道去对资产阶级进行最坚决的斗争。这种斗争随时都可能（而且经验已经表明确实存在）用武器的批判代替批判的武器。在揭发那些改良主义者或"中派分子"时，任何不彻底或软弱的表现都会直接增加资产阶级推翻无产阶级政权的危险，因为有些分歧今天在近视的人看来只是"理论上的分歧"，明天就会被资产阶级用来进行反革命活动。

7. 尤其不能只限于像通常那样从原则上否认无产阶级和资产阶级的任何合作，否认任何"同敌人合作"。在无产阶级专政的条件下，当还保存生产资料私有制（无产阶级永远不能一下子彻底消灭私有制）的时候，单纯地维护"自由"和"平等"，就会变成同资产阶级的"合作"，直接破坏工人阶级的政权。要知道，无产阶级专政就是国家通过整个国家政权机构来巩固和维护剥削者的"不自由"，使他们不能继续从事压迫和剥削，就是巩固和维护私有者（即把社会劳动所创造的一定的生产资料据为己有的人）同无产者的"不平等"。在无产阶级胜利以前，在"民主"问题上存在的看来似乎是理论上的分歧，在明天，在胜利后，必将成为要用武力解决的问题。因此，不根本改变对"中派分子"和"民主制维护者"的斗争的全部性质，甚至使群众为建立无产阶级专政做好初步的准备都是不可能的。

8. 无产阶级专政是无产阶级同资产阶级进行阶级斗争的最坚决最革命的形式。只有在无产阶级的最革命的先锋队率领本阶级绝大多数前进时，这种斗争才能取得胜利。因此，要为建立无产阶级专政做准备，就不仅要说明在保存生产资料私有制的情况下，任何改良主义、任何维护民主制的行为都是资产阶级性质的，不仅要揭露实际上等于在工人运动内部维护资产阶级的那些倾向的各种表现，而且要在一切无产阶级的组织中（不仅在政治组织中，而且在工会、合作社、教育等组织中）用共产党人去代替老领袖。在一个国家内，资产阶级民主的统治越长久、越彻底、越巩固，资产阶级就越能把他们培养的、满脑子都是他们的观点和偏见的、往往是他们直接或间接收买的人物安置在领袖的位置上。必须比过去大胆百倍地把这些工人贵族或资产阶级化了的工人的代表人物从他们所占据的岗位上赶走，宁愿用最没有经验的工人去代替他们，只要这些工人同被剥削群众有着联系，在同剥削者的斗争中赢得了这些群众的信任就行。无产阶级专政需要指派这些没有经验的工人去担任国家最重要的职务，不然，工人政府这种政权就会没有力量，而这个政府就会得不到群众的支持。

9. 无产阶级专政就是由资本主义的全部历史准备好的去担负领导作用的唯一阶级，对所有受资本家阶级压迫、折磨、压制、恐吓、分裂和欺骗的被剥削劳动者实行最充分的领导。因此，要立即在各地用下列办法为建立无产阶级专政做准备。

在首先是无产阶级的、其次是非无产阶级被剥削劳动群众的一切组织、协会、团体（政治的、工会的、军事的、合作社的、教育的、体育的等等）中，无一例外都应该建立共产党的小组或支部。这些小组或支部大多数是公开的，但是也有秘密的（在凡是需要防备资产阶级可能取缔这些组织、逮捕或驱逐其成员的情况下，都必须成立秘密小组或支部）。这些彼此之间有密切联系，同党中央也有密切联系的支部，应该互相交流经验，针对社会生活各个方面的情况，针对各类劳动群众的情况，进行鼓动、宣传和组织工作，通过这种多方面的工作不断地教育自己，教育党，教育阶级，教育群众。

同时，在实践中创造出各种不同的工作方法是非常重要的，即一方面是对于那些受小资产阶级的和帝国主义的偏见毒害很深的"领袖"或"负责人"的工作方法（对于这些"领袖"必须进行无情的揭露，把他们从工人运动中赶出去）；另一方面是对于特别是在帝国主义大厮杀以后多半愿意倾听和接受关于必须由无产阶级来领导才能摆脱资本主义奴役的学说的群众的工作方法。对于群众，必须学会采取特别耐心和谨慎的态度，以便能够了解每个阶层、每个行业等的群众的特性和心理特点。

10. 作为共产党员的小组或党支部之一的议会党团，即在资产阶级代表机构（首先是全国的、其次是地方的、地方自治的等代表机构）中当议员的党员的小组，是特别值得党加以注意和关心的。一方面，在最广大的落后的或满脑子都是小资产阶级偏见的劳动群众的心目中，议会讲坛具有特别重要的意义。因此，共产党员正应该从这个讲坛上进行宣传、鼓动和组织工作，向群众说明为什么在俄国由全国苏维埃代表大会解散资产阶级议会是合理的（任何国家在适当的时候这样做也都是合理的）。另一方面，资产阶级民主的全部历史已经把议会讲坛，特别是在先进国家的议会讲坛变成进行闻所未闻的营私舞弊、在财政上和政治上欺骗人民、升官发财、弄虚作假、压迫劳动者的主要场所或主要的场所之一。因此，革命无产阶级的优秀代表对议会深恶痛绝是完全正当的。因此，各国共产党和一切加入第三国际的政党，特别是那些不是通过与旧党分裂，不是通过与旧党进行长期顽强斗争，而是通过由旧党采取（往往只是在名义上采取）新的立场而成立的政党，就尤其需要严格对待自己的议会党团：使议会党团完全服从党中央委员会的监督和指示；议会党团的成员必须主要是革命工人；在党的报刊和党的会议上，极其认真地分析这些议员的发言是否坚持了共产主义的原则；派遣这些议员到群众中去进行鼓动工作，把那些表现出第二国际倾向的人从议会党团中开除出去，等等。

11. 在发达的资本主义国家中，革命工人运动受到阻碍的一个主要原因是：资本家拥有殖民地、获得金融资本的超额利润等，因此能够在国内培植一个比较广泛、比较稳定而人数不多的工人贵族阶层。工人贵族享有优厚的工资待遇，具有最浓厚的行会狭隘性以及市侩的和帝国主义的偏见。他们是第二国际、改良主义者和"中派分子"的真正的社会"支柱"，而在目前，他们几乎是资产阶级的主要的社会支柱。如果不立即有步骤地、广泛地、公开地同这个阶层作斗争，那就谈不上无产阶级为推翻资产阶级做任何初步准备工作，如经验已经充分证明的，在无产阶级胜利之后，这个阶层无疑还会给资产阶级的白卫军提供不少的人力。一切加入第三国际的政党必须竭力实现"更深入群众"和"更密切地联系群众"的口号。这里讲的群众，是指全体受资本剥削的劳动者，特别是那些最无组织、最少受教育、最受压迫、最难组织的劳动者。

无产阶级只有不局限在狭隘的行会范围内，只有在社会生活的各个方面和各个领域都表现出是全体被剥削劳动群众的领袖，只有这样才能成为革命阶级。假如无产阶级没有决心，又不能为战胜资产阶级作出最大的牺牲，那它就不能实现无产阶级专政。俄国的经验在这方面既有原则意义又有实际意义。在世界资产阶级举行进攻、发动战争、实行封锁的最艰苦时期，如果俄国无产阶级没有作出最大的牺牲，不是比其他各阶层的劳动群众挨饿得更厉害，那么，它就不能实现无产阶级专政，就不能赢得全体劳动群众一致的尊敬和信任。

具体地说，共产党和整个先进的无产阶级尤其需要从各方面全力支持广泛的和自发的群众罢工运动，因为在资本的压迫下，只有这种运动才能真正唤醒、推动、启发和组织群众，才能教育群众充分信任革命无产阶级的领导作用。没有这样的准备，无产阶级专政根本不可能实现。所以，在加入第三国际的政党的队伍里，绝不能容许有像德国的考茨基、意大利的屠拉梯这类公开反对罢工的人。当然，对于那些经常出卖工人的工联领袖和议会领袖更是如此，因为他们利用罢工的经验教工人实行改良主义，而不是教他们进行革命（例如法国的茹奥、美国的龚帕斯、英国的托马斯）。

12. 目前在所有国家里，甚至在最自由、最"合法"、最"和平"即阶级斗争最不尖锐的国家里，共产党绝对必须经常把合法工作和不合法工作、合法组织和不合法组织结合起来的时期已经完全到来了。这是因为在最文明、最自由、资产阶级民主制"最稳固"的国家里，政府都已经不顾其种种骗人的虚伪声明，经常开列共产党人的黑名单，不断违反它们自己的宪法，半秘密地或秘密地支持自卫分子，杀害各国共产党人，暗中准备逮捕共产党员，派遣奸细打入共产党内部，如此等等。只有最反动的市侩（不管他们用什么"民主主义的"与和平主义的花言巧语来掩饰自己），才会否认这一事实，或者否认由此必然得出的结论：一切合法的共产党必须立即建立不合法组织，以便经常进行不合法工作，做好充分准备，来对付资产阶级的任何迫害。特别需要在陆军、海军和警察中进行不合法工作，因为在这次帝国主义大厮杀以后，世界各国政府都对工农可以参加的全民军队不放心了，开始秘密地采取各种办法，专门从资产阶级中挑选人员，来建立专门用特别精良的技术装备起来的军队。

另一方面，在任何场合都不应该只是从事不合法工作，而应该同时也从事合法工作，为此就应当克服各种困难，建立具有各种名称（必要时名称可以经常改变）的合法刊物和合法组织。芬兰、匈牙利的不合法的共产党正在这样做，德国、波兰、拉脱维亚等国的共产党也部分地在这样做。美国的"世界产业工人联合会"（I. W. W.）也应当这样做，只要检察官想以共产国际代表大会的决议为借口提出起诉，现在所有合法的共产党都应当这样做。

在原则上绝对必须把合法工作和不合法工作结合起来，这不仅是因为当前这个时期即无产阶级专政前夕有着种种特点，也是因为必须向资产阶级证明，没有也不可能有共产党人不能夺取的工作部门和场所，尤其是因为到处都有广大的无产阶级阶层和更广大的非无产阶级的被剥削劳动群众，他们还相信资产阶级民主下的合法性，而破除他们的这种信念，对我们来说是一件最重要的事情。

13. 尤其是在最先进的资本主义国家中，工人报刊的状况特别明显地说明资产阶级民主下的自由和平等完全是假的,说明必须经常把合法工作和不合法工作结合起来。无论在战败国德国或在战胜国美国,为了取缔工人报刊,资产阶级的国家机构都使尽了全部力量,资产阶级的金融大王施展了各种伎俩,如司法追究,逮捕编辑(或雇用凶手来杀害他们),禁止邮寄,没收纸张,如此等等。此外,日报所需要的新闻资料都掌握在资产阶级通讯社手里,广告又由资本家"自由"支配,而大型报纸没有广告是弥补不了亏空的。总之,资产阶级正在用欺骗、用资本和资产阶级国家的压力,来取缔革命无产阶级的报刊。

针对这种情况,各国共产党应当创办一种在工人中间大量发行的新型定期刊物:第一,发行合法的出版物,不要把它称为共产主义的,不要说它是属于党的,要学会像1905年以后布尔什维克在沙皇统治下那样来利用甚至最小的合法机会;第二,散发不合法的小报,虽然这种小报篇幅极小,出版不定期,但它可以由工人在许多印刷所翻印(秘密地翻印或在运动壮大时用革命手段夺取印刷所来翻印),可以自由地向无产阶级报道革命的消息和革命提出的口号。

不进行群众参加的争取共产主义报刊出版自由的革命斗争,就不可能为建立无产阶级专政做好准备。

三、纠正已经加入或愿意加入共产国际的各政党的路线以及部分地改变其成分

14. 第二国际最有影响的政党,如法国社会党、德国独立社会民主党、英国独立工党、美国社会党,都已经退出这个黄色国际,决定有条件地加入第三国际。这个事实极其客观地确切说明了,在那些从世界经济和政治来看都是最重要的国家中,无产阶级对于实现本阶级专政的准备程度如何。这一事实证明,不仅革命无产阶级的先锋队,而且革命无

产阶级的多数在整个事态发展的启迪下，都开始转到我们这方面来了。现在最重要的是要完成这种转变，切实地从组织上巩固既有的成就，以便毫不动摇地全线前进。

15. 上面提到的这些政党（如瑞士社会党决定加入第三国际的消息属实，还应加上瑞士社会党）的全部活动证明，并且它们的每一种定期出版物也明显地证实，它们的活动还不是共产主义的，而且往往直接违背共产国际的这些基本原则：承认无产阶级专政和苏维埃政权，否认资产阶级民主。

因此，共产国际第二次代表大会宣布：大会认为还不能立刻吸收这些政党；批准第三国际执行委员会给德国"独立"党人的复信；重申准备同任何一个退出第二国际并愿意靠拢第三国际的政党进行谈判；允许这些政党派代表列席共产国际的一切代表大会和代表会议；为这些政党（以及类似的政党）正式加入共产国际规定条件如下：

（1）在党的各种定期出版物上公布共产国际各次代表大会及共产国际执行委员会的一切决议。

（2）党的各个支部或地方组织必须召开特别会议讨论这些决议。

（3）讨论以后，必须召集党的特别代表大会，以便作出结论；特别代表大会必须尽快地召开，最迟在共产国际第二次代表大会闭幕后四个月内召开。

（4）清除党内一切仍按第二国际精神从事活动的分子。

（5）把党的一切定期机关刊物移交给完全由共产主义者组成的编辑部。

（6）凡是现在愿意加入第三国际但至今还没有根本改变自己以往策略的党，在没有加入以前必须做到：在党的中央委员会和其他一切最重要的中央机构内，至少有三分之二的同志是在共产国际第二次代表大会召开以前就公开而明确地主张加入第三国际的。只有经第三国际执行委员会批准，才允许有例外。共产国际执行委员会也有权对第 7 条中提到的"中派"代表采取例外的办法。

（7）党员如果在原则上反对共产国际提出的条件和提纲，必须开除出党。

这也适用于党的紧急代表大会的代表。

第三国际第二次代表大会授权第三国际执行委员会先行审查上述及其他类似的政党，如查明它们确实已执行上述条件，确实已从事共产主义性质的活动，那就可以正式接受它们加入第三国际。

16. 关于在上述和其他类似的政党的负责岗位上至今仍居少数的共产主义者应该采取何种行动的问题，共产国际第二次代表大会决定：鉴于当前群众的革命情绪在迅速高涨，只要这些共产主义者在这些党内能够本着承认无产阶级专政和苏维埃政权的精神进行工作，能够对留在党内的机会主义者和中派分子进行批评，那么他们退出各该政党是不适当的。但是，只要中派分子的政党的左翼拥有足够的力量，而且认为退出该政党对共产主义事业的发展有利，那么他们可以全部退出该党，并成立共产党。

同时，第三国际第二次代表大会也赞成英国共产主义的或者同情共产主义的小组和组织加入"工党"，尽管"工党"是参加第二国际的。这是因为这个政党还能让加入进去的组织像现在这样自由地进行批评，为无产阶级专政和苏维埃政权自由地进行宣传、鼓动和组织工作，这个政党还具有工人阶级一切工会组织的联合会的性质。只要这样，共产主义者就必须采取各种步骤，作出一定的妥协，以便能影响最广大的工人群众，从群众容易看到的更高的讲台上揭露他们的机会主义领袖，使政权更快地从资产阶级的直接代表的手里转到"资本家阶级的工人帮办"的手里，以使群众尽快地抛弃这方面的最后幻想。

17. 至于意大利社会党，第三国际第二次代表大会认为，修改去年博洛尼亚党的代表大会所通过的纲领,是该党在共产主义道路上发展的一个非常重要的阶段,同时认为,该党都灵支部向党的全国委员会提出的建议,即载于1920年5月8日《新秩序》杂志上的建议,是符合第三国际的各项基本原则的。因此,提请意大利社会党根据党章和加入第三国际的条件总则,在下次召开的党的代表大会上讨论这些建议,以及共产国际两次代表大会的所有决议,特别是关于议会党团、工会和党内非共产主义分子的问题。

18. 第三国际第二次代表大会认为,在这次代表大会的专门决议中遭到详尽驳斥的关于党和阶级以及群众的关系的观点、关于共产党不必参加资产阶级议会和极反动的工会的观点是错误的;竭力维护这些观点的有"德国共产主义工人党",多少持有这些观点的有"瑞士共产党"、共产国际东欧书记处在维也纳出版的机关刊物《共产主义》和某些荷兰同志以及英国的一些共产主义组织,如"工人社会主义联盟"等,此外,还有美国的"世界产业工人联合会"和英国的"车间代表委员会"等。

但是,第三国际第二次代表大会认为,这些组织中还没有正式加入共产国际的组织可以而且最好立刻加入共产国际,因为在这方面,特别是拿美国和澳大利亚的"世界产业工人联合会"以及英国的"车间代表委员会"来说,涉及一个深刻的无产阶级的群众的运动,而这个运动事实上主要是以共产国际的根本原则为基础的。这些组织对于参加资产阶级议会所以采取错误观点,主要不是因为那些资产阶级出身的人带来了自己的、实质上往往是无政府主义者所持的小资产阶级的观点,而是因为完全革命的同群众保持联系的无产者在政治上缺乏经验。

因此,第三国际第二次代表大会要求盎格鲁-撒克逊国家的一切共产主义组织和小组,即使在"世界产业工人联合会"和"车间代表委员会"没有立即加入第三国际的情况下,也要对这些组织采取如下的政策：极其友好地对待它们，接近它们，接近同情它们的群众，根据历次革命的经验，特别是根据20世纪俄国三次革命的经验，善意地向它们说明它们的上述观点的错误；不要放弃反复争取同这些组织合并为一个统一的共产党的尝试。

19. 因此，代表大会提请全体同志，特别是罗马语国家和盎格鲁-撒克逊国家的同志们注意：战后在全世界，无政府主义者在对待无产阶级专政和苏维埃政权的态度方面已经发生了深刻的思想分化。对第二国际各党的机会主义和改良主义的义愤，过去往往使无产阶级分子转向无政府主义，现在很明显，他们现在对这些原则已经有了正确的认识，而且他们越熟悉俄国、芬兰、匈牙利、拉脱维亚、波兰、德国的经验，这种认识就传播得越广泛。

因此，代表大会认为全体同志都有责任全力支持广大的无产阶级分子从无政府主义转到第三国际方面来。代表大会指出，衡量各个真正的共产主义政党的工作成就的标志之一应该是：它们在多大程度上把一切真正的无产阶级分子从无政府主义方面争取了过来。

关于共产党在无产阶级革命中的作用

世界无产阶级正处于决战的前夜。当今时代是一个内战迭起的时代。决定性的时刻就要来到了。几乎在工人运动蓬勃发展的一切国家中,工人阶级在最近的将来就要手持武器去进行一系列的激烈战斗。

当前,工人阶级比以往任何时候都更需要有一个团结一致的组织。工人阶级必须珍惜每一刻宝贵时间,坚持不懈地为即将到来的决战做好准备。

如果巴黎公社时期(1871年)工人阶级拥有一个团结一致的共产主义政党,即使其人数不多,那么法国无产阶级的第一次英勇起义就会更加强大有力,很多错误和弱点也会得到避免。

由于历史条件发生了变化,今天无产阶级所面临的斗争与1871年相比,将对工人阶级的历史命运产生更深远的影响。

因此,共产国际第二次世界代表大会呼吁全世界革命工人注意下列各点:

1. 共产党是工人阶级的**一部分**,也就是它的最先进、最有觉悟因而也是最革命的一部分。共产党是通过选拔最优秀的、最有觉悟的、最富有自我牺牲精神的、最有远见的工人建立起来的。共产党的利益与整个工人阶级的利益完全一致。共产党不同于全体工人群众之处,在于它能洞察整个工人阶级的全部历史进程,并能在这一进程的各个转折关头努力捍卫整个工人阶级的利益,而不是某些集团、某些行业的利益。共产党是一种组织上和政治上的推动力,借助于它,工人阶级最先进的部分能够引导全体无产阶级和半无产阶级群众走上正确的道路。

2. 在无产阶级还没有取得国家政权之前，在无产阶级还没有彻底巩固自己的统治、确保资产阶级不致复辟之前，共产党在其有组织的队伍中通常不会有很多的工人。在夺取政权之前和在过渡时期，如果情势有利，共产党可以从**思想上和政治上**给予一切无产阶级和半无产阶级群众以巨大的**影响**，但不能从组织上把他们联合在自己的队伍里。只有在无产阶级专政剥夺了资产阶级诸如报刊、学校、议会、教会、管理机关等这样一些强大的施加影响的工具之后，只有在资产阶级制度的最终失败已为人们所认清之后，**全体**或**几乎全体**工人才会开始加入共产党的队伍。

3. 应当把党和**阶级**这两个概念严格地区别开来。德国、英国及其他国家的"基督教"工会和自由工会的会员，无疑都是工人阶级的一部分。而至今还在拥护谢德曼和龚帕斯之流的那批为数相当多的工人，无疑也都是工人阶级的一部分。在一定的历史条件下，工人阶级中可能会有一些人数众多的反动阶层。共产主义的任务并不是迁就工人阶级中的这些落后的部分，而是要把整个工人阶级提高到共产主义先锋队的水平。把党和阶级这两个概念混淆起来，就可能导致大的错误和造成混乱。例如，很明显，对于某一部分工人群众在帝国主义战争时期曾抱有的情绪或偏见，工人政党就是应该坚决予以反对，以捍卫无产阶级的历史性利益。这种利益要求无产阶级政党以战争反对战争。

又如，1914年帝国主义战争爆发时，各国背叛社会主义的政党为了援助"本国"资产阶级，总是说这是工人阶级的意志。但是它们忘记了，如果当时情况确实如此，无产阶级政党在这种情况下的任务，也应该是反对大多数工人的情绪，捍卫无产阶级的历史性利益。再如，在20世纪初，当时的俄国孟什维克（所谓"经济派"）反对同沙皇制度进行公开的政治斗争，其理由是，似乎整个工人阶级还没有成长到能理解政治斗争的程度。

德国的右翼独立党人也是这样,每当他们摇摆不定时,总是说这是群众的愿望,殊不知,政党之所以存在,就是因为它要走在群众的前面,给群众指明道路。

4. 共产国际坚定不移地认为,无论如何也不能把第二国际旧"社会民主主义"政党的垮台说成是无产阶级一切政党的破产。为实现无产阶级专政而进行直接斗争的时代,必然要产生一个**新的**无产阶级政党——共产党。

5. 共产国际极其坚决地反对那种认为无产阶级没有自己的独立政党也可以完成自己的革命的观点。任何阶级斗争都是政治斗争。这种斗争必然要变为国内战争,其目的是夺取政权。但是并非任何一个政党都能夺取、组织和掌握政权。如果无产阶级有一个有组织的、经过考验的并在内外政策上具有非常明确的目标和当前具体行动纲领的政党作为其领导者,那么在这种情况下,夺取政权才不会是一个偶然的插曲,而会是无产阶级进行长期共产主义建设的出发点。

这种阶级斗争要求把各种各样的无产阶级运动形式(工会、合作社、工厂委员会、文化教育工作、选举等)联合在一个核心的周围,并对其实行总的领导。这种共同的起联合和领导作用的核心,只能是政党。反对建立和巩固政党,拒不服从政党的领导,这就等于反对对活动于不同斗争场所的各个无产阶级战斗队实行统一的领导。最后,无产阶级的阶级斗争要求有集中的宣传鼓动,以及用同一观点来阐明各个斗争阶段的情况,把无产阶级的注意力集中到各该时期整个阶级的某些共同任务上。如果没有一个集中统一的政治机构,也就是说,如果没有一个政党,这是无法做到的。因此,革命的工团主义者和世界产业工人联合会(I.W.W.)的拥护者,宣传无须建立独立的工人政党,这在过去和现在都只能在客观上帮助资产阶级和反革命的"社会民主党人"。工团主义者和产业主义者打算只以工会或某些不定型的"一般"工人协会来代替共产党,他们的这种反对建立共产党的宣传是与那些臭名昭著的机会主义者不谋而合的。例如俄国孟什维克,在1905年革命失败以后若干年来,一直鼓吹以所谓工人代表大会来代替工人阶级的革命政党;英、美形形色色的黄色"工党分子",一面在实践中公开实行资产阶级政策,一面向工人鼓吹建立不定型的工人协会或含糊不清的议会联合组织,反对建立真正的政党。革命的工团主义者和产业主义者想反对资产阶级专政,但不知道怎样干。他们没有理解到,工人阶级没有独立的政党,就等于是无头的躯干。

革命的工团主义和产业主义,只是同第二国际那种陈腐的反革命意识形态相比,才算是前进了一步。但是,同革命的马克思主义即同共产主义相比,却是后退了一步。德国"左派"共产党人声明(他们在4月成立大会的纲领性宣言中所作的声明),他们要建立一个政党,"但不是一般传统意义上的政党"(keine Partei im überlieferten Sinne)。这个声明乃是在思想上向工团主义和产业主义的反动观点投降。

工人阶级只靠总罢工和采取"观望"策略是不能彻底战胜资产阶级的。无产阶级必须举行武装起义。谁懂得这一点,谁也就应当懂得,为达到这个目的,光有不定型的工人协会是不够的,一个有组织的政党必须建立。

革命的工团主义者常常说,坚决革命的少数能够起巨大的作用。但实际上,工人阶级中坚决革命的少数,即立志采取行动,具有纲领,决心把群众组织起来的共产主义的少数,只能是**共产党**。

6. 一个真正的共产党,其首要任务是要经常同最广大的无产阶级**群众保持密切的联系**。

要做到这一点,共产主义者也应该在那些虽然不是政党的组织,然而拥有广大工人群众的团体(如各国的残废军人组织、英国的"不准干涉俄国"委员会、无产阶级房客协会等）中工作。俄国的所谓非党工农代表会议这个实例，就具有非常重要的意义。这种会议几乎在每个城镇、每个工厂区和每个农村都召开。即便是最落后的工人群众，也都广泛参加出席代表会议的代表的选举活动。在代表会议上讨论诸如粮食问题、住房问题、教育问题、军事形势，当前的政治任务等最迫切的问题。共产主义者在这些"非党"代表会议上全力发挥自己的作用，非常成功地为党做了工作。

共产主义者认为，在这些广泛的工人组织**内部**经常不断地进行组织工作和教育工作，是自己最重要的一项任务。但是，正是为了卓有成效地进行这项工作，为了不让革命无产阶级的敌人控制这些广泛的工人组织，有觉悟的工人共产主义者就必须建立自己独立的、纪律严明的共产党。这样的党能够始终进行有组织的活动，并在发生任何情况、采取任何运动形式时，都能捍卫共产主义的共同利益。

7. 共产主义者对群众性的非党工人组织决不能采取回避态度。即使这种组织带有明显的反动黑帮性质（例如黄色工会、基督教工会等），共产党人在某些情况下也不能止步不前，而要参加这些组织，利用这些组织。所不同的是，共产党应当在这些组织的内部经常进行自己的工作，并坚持不懈地向工人说明资产阶级及其走狗把不参加党派的思想作为一项原则在工人中间有意散播，是为了诱使无产者脱离为实现社会主义而进行的有组织的斗争。

8. 把工人运动划分为政党、工会和合作社三种形式的这种旧的"经典"划分法，显然已经过时。俄国无产阶级革命提出了工人专政的基本形式，即**苏维埃**。最近的将来，到处都将实行新的划分法：（1）政党，（2）苏维埃，（3）产业工会。但是，对于苏维埃的工作，也和对于革命化的产业工会的工作一样，无产阶级政党即共产党，必须始终不渝地、经常不断地加以领导。有组织的工人阶级先锋队即共产党，对于整个工人阶级的经济斗争、政治斗争和文化教育方面的斗争，必须同样地加以领导。共产党应当是产业工会、工人代表苏维埃和其他一切形式的无产阶级组织的灵魂。

苏维埃是历史提供的无产阶级专政的一个主要形式，它的产生丝毫没有降低共产党在无产阶级革命中的领导作用。德国"左派"共产党人（参看1920年4月14日"德国共产主义工人党"签署的《告德国无产阶级书》）宣称，"党也应日益顺应苏维埃思想，并具有无产阶级性质"（《共产主义工人杂志》第54期），这含糊其词地表达了这样一种思想：似乎共产党应当**融合**在苏维埃里，似乎苏维埃可以**代替**共产党。

这种思想是极端错误和反动的。

在俄国革命史上我们看到有一个时期，苏维埃曾敌视无产阶级政党，支持资产阶级代理人的政策。在德国也发生过同样的情况。在其他国家也可能发生这种情况。

为使苏维埃能够完成它的历史使命，相反，倒需要有一个如此强大的共产党，这个党不单能"顺应"苏维埃，而且能对苏维埃政策起**决定性**的影响，使苏维埃本身不再"迁就"资产阶级和反动的社会民主党，并能通过苏维埃中的共产党党团引导苏维埃**跟着**共产党走。

谁主张共产党去"顺应"苏维埃，谁认为这种顺应会加强党的"无产阶级性质"，谁就是对党和苏维埃帮了倒忙，谁就是既不理解党的作用，也不理解苏维埃的作用。我们在每个国家建立的共产党越强大，"苏维埃思想"就能越快地取得胜利。现在，有许多"独立"社会党人，甚至右翼社会党人，口头上也承认"苏维埃思想"。但是，只有当我们有了强大的共产党，**能够确定**苏维埃政策并引导苏维埃前进的时候，才能使这些社会党人不再歪曲苏维埃思想。

9. 工人阶级**不仅**在夺取政权**之前**，不仅在夺取政权**时期**需要共产党，而且在掌握政权**之后**，也需要共产党。在一个大国执政三年的俄国共产党的历史表明，共产党在工人阶级取得政权之后所起的作用，不仅没有缩小，反而大大增强了。

10. 在无产阶级掌握政权之后的第二天，它的党仍然只不过是工人阶级的一部分。但这正是工人阶级中奠定胜利的那一部分。正如我们所看到的，俄国共产党20年来，以及德国共产党若干年来，不仅在同资产阶级进行的斗争中，而且在同那些向无产阶级传播资产阶级影响的"社会党人"进行的斗争中，不断地把工人阶级中最坚强、最有远见、最先进的战士吸收到自己的队伍中来。只有有了这样一个由工人阶级优秀分子组成的团结一致的组织，才能克服工人专政在取得胜利之后所面临的一切困难。在建立新型的无产阶级红军方面，在实际摧毁资产阶级国家机器、代之以无产阶级新的国家机器方面，在反对某些工人集团的行会倾向方面，在反对地方性和区域性的"爱国主义"方面，在着手创建新的劳动纪律方面——在所有这些方面，起着决定性作用的是**共产党**，因为共产党员能通过自己生动的榜样来带领工人阶级的大多数。

11. 只有在阶级完全消灭的时候，无产阶级政党才会失去存在的必要性。在走向共产主义最后胜利的道路上，现代无产阶级的三种基本组织形式（政党、苏维埃和产业工会）的比重，可能会发生变化，可能逐渐形成单一类型的工人组织。但是，共产党完全融合于工人阶级之中，只能是在共产主义不再成为奋斗目标，而整个工人阶级已成为共产主义的工人阶级的时候。

12. 共产国际第二次代表大会不仅应当切实地阐明共产党的一般历史使命，而且应当为国际无产阶级指出（哪怕是概括地指出）我们所需要的**究竟是怎样的**共产党。

13. 共产国际认为，特别是在无产阶级专政时期，共产党必须建立在铁一般的无产阶级集中制的基础上。为了在即将到来的旷日持久的国内战争中成功地领导工人阶级，共产党本身就应当在自己的队伍内部建立铁的军事纪律。俄国共产党成功地领导工人阶级进行三年国内战争的经验证明，没有最严格的纪律，没有完备的集中制和一切党组织对党中央领导的同志般的绝对信任，工人要获得胜利是不可能的。

14. 共产党必须建立在民主集中制的基础上。民主集中制的主要原则是，上级组织由下级组织选举产生，下级组织必须绝对执行上级组织的一切指示，在代表大会闭会期间设有党内一切领导同志所公认的权威的党中央。

15. 由于资产阶级对共产党人采取戒备措施，欧美各国许多共产党被迫转入地下。必须记住，在这种情况下，有时只得放弃严格执行选举的原则，党的领导机关可以自行遴选，就像俄国当时曾经做过的那样。在实际戒备状态下，共产党不仅不能就每一重大问题在全体党员中间采取民主表决方式（这是部分美国共产党人的建议），相反，应当让自己的中央领导机关在必要时能迅速地向全体党员作出重要的决定。

16. 目前提倡某些地方党组织实行广泛的"自治"，只会削弱共产党的队伍，损害它的活动能力，纵容小资产阶级无政府主义的离心倾向。

17. 在资产阶级或反革命的社会民主党还执政的国家里，共产党应当学会有计划地把合法工作与非法工作结合起来，同时，合法工作应当始终受地下党的**实际**监督。中央和地方国家机关中的共产党议会党团，不论当时整个党处于合法地位，还是非法地位，都必须完全、绝对地服从整个共产党。凡是以这种或那种方式拒不服从党的领导的共产党议员，都必须开除出党。

合法的出版事业（报纸、出版社）必须无条件地完全服从整个党及其中央委员会的领导。在这方面不得作丝毫让步。

18. 共产党全部组织工作中的一个基本原则是，在各处，即使在无产者和半无产者人数不多的地方，都要建立**共产党组织**。在每个工人代表苏维埃里，在每个工会里，在每个合作社里，在任何一个作坊里，在每个居民委员会里，在每个国家机关里，只要有三个同情共产主义的人，共产党人都应当立即设立自己的组织。只有共产党人组织起来，工人阶级**先锋队**才能领导**整个工人阶级**。在非党组织里从事活动的一切共产党组织，不论当时党处于合法地位还是非法地位，都要绝对服从整个党组织。各种共产党组织，都应当按照严格的等级和尽可能明确的组织系统来确定相互间的从属关系。

19. 各地的共产党，开始时几乎都是**城市**的党，即多半是居住在城市的产业工人的党。为使工人阶级更易于迅速地取得胜利，共产党不仅要成为城市的党，而且也要成为农村的党。共产党应当在雇农、小农和中农中间进行宣传和组织工作。共产党应当千方百计地设法在农村中建立共产党组织。

* * *

只有在那些有共产党人生活和战斗的国家里都确立起上述关于共产党的作用的观点，无产阶级的国际组织才能得到巩固。凡承认第三国际原则并决心同黄色国际断绝关系的工会，共产国际都将邀请它们参加自己的代表大会。共产国际将为那些持共产主义立场的红色工会设立一个国际支部。共产国际不拒绝同每个非党工人组织合作，只要它愿意同资产阶级进行严肃的革命斗争。虽然如此，但是共产国际还是要向全世界无产者指出以下几点：

（1）共产党是工人阶级解放的主要的和基本的工具。现在，在每个国家里，我们所要建立的已经不是小组和派别，而是共产党。

（2）每个国家只应有一个统一的共产党。

（3）共产党必须按照最严格的集中制原则建立起来，在国内战争时期，应当在自己的队伍内部制定一种军事纪律。

（4）在各地，即使那里只有 10 个无产者或半无产者，共产党也应设立自己的组织。

（5）在每个非党机关里都应当设有严格服从于全党的共产党组织。

（6）共产党要坚决地、不遗余力地维护共产主义的纲领和革命策略，同时要始终同广大工人组织保持最密切的联系，并把宗派主义当做一种无原则的现象加以克服。

关于民族和殖民地问题的决议

1. 资产阶级民主由它的本性所决定的一个特点就是抽象地或从形式上提出平等问题,包括民族平等问题。资产阶级民主在个人平等的名义下,宣布有产者和无产者、剥削者和被剥削者的形式上或法律上的平等,用这种弥天大谎来欺骗被压迫阶级。平等思想本身就是商品生产关系的反映,资产阶级借口个人绝对平等,把这种思想变为反对消灭阶级的斗争工具。要求平等的实际含义只能是要求消灭阶级。

2. 共产党是无产阶级争取推翻资产阶级压迫的斗争的自觉代表,它的基本任务是反对资产阶级民主,揭露资产阶级民主的欺骗和虚伪,因而在民族问题上也不应当把提出抽象的和形式上的原则当做主要之点,主要之点应当是:第一,准确地估计具体的历史情况,首先是经济情况;第二,把被压迫阶级、被剥削劳动者的利益,同笼统说的民族利益这样一种意味着统治阶级利益的一般概念,明确地区分开来;第三,把被压迫的、附属的、没有平等权利的民族,同压迫的、剥削的、享有充分权利的民族也明确地加以区分。这同资产阶级民主的谎言是截然相反的,这种谎言掩盖金融资本和帝国主义时代所特有的现象,即为数无几的最富裕的先进资本主义国家对世界大多数人实行殖民奴役和金融奴役。

3. 1914—1918年的帝国主义战争,在全世界各民族和被压迫阶级面前,特别清楚地揭示了资产阶级民主词句的欺骗性,交战双方都以人民解放和民族自决权这类花言巧语作掩饰,然而这场战争却表明,战胜国的资产阶级是如何根据自己的经济利益，一方面利用布列斯特-里托夫斯克条约和布加勒斯特条约，另一方面利用凡尔赛和约和圣日尔曼和约，毫不客气地来划定"国家"边界。就连"国家"边界也成了资产阶级的交易品。所谓国际联盟，只不过是此次战争中的战胜国相互保证其战利品的一种保险合同。对于资产阶级来说，恢复民族统一和"收复被割让的国土"的愿望，只不过是战败国企图为发动新战争而集结力量的一种阴谋。使人为地分裂的民族重新统一起来，这多少也符合无产阶级的利益。但是，无产阶级只有通过革命斗争和打倒资产阶级，才能得到真正的民族自由，才能实现真正的民族统一。国际联盟和帝国主义协约国战后的全部政策更清楚更突出地揭示了这一真理，它们到处加剧了先进国无产阶级和殖民地、附属国的一切劳动群众的革命斗争，使所谓在资本主义制度下各民族能够和平共处和一律平等的市侩的民族主义幻想更快地破灭。

4. 从上述基本原理中可得出结论：共产国际在民族和殖民地问题上的全部政策，主要应该是使各民族和各国的无产者和劳动群众彼此接近，以便为打倒地主和资产阶级而共同进行革命斗争。因为只有这样，才能保证战胜资本主义。而不战胜资本主义，就不能消灭民族压迫和不平等的现象。

5. 目前的世界政治形势已把无产阶级专政提上了日程，世界政治中的一切事变都必然围绕着一个中心点，就是围绕世界资产阶级反对俄罗斯苏维埃共和国的斗争。而俄罗斯苏维埃共和国，必然一方面要团结各国先进工人的苏维埃运动，另一方面要团结殖民地和被压迫民族的一切民族解放运动。这些民族根据自己的痛苦经验深信，只有与革命的无产阶级联合起来，只有苏维埃政权战胜世界帝国主义，他们才能得救。

6. 因此，目前不能局限于空口承认或空口提倡各民族劳动者互相接近，必须实行使一切民族解放运动和一切殖民地解放运动同苏维埃俄国结成最密切的联盟的政策,并且根据各国无产阶级中共产主义运动发展的程度,或根据落后国家或落后民族中革命解放运动发展的程度,来确定这个联盟的形式。

7. 联邦制是各民族劳动者走向完全统一的过渡形式。无论在俄罗斯苏维埃联邦社会主义共和国同其他苏维埃共和国(过去的匈牙利苏维埃共和国、芬兰苏维埃共和国、拉脱维亚苏维埃共和国,现在的阿塞拜疆苏维埃共和国、乌克兰苏维埃共和国)的关系中,还是在俄罗斯苏维埃联邦社会主义共和国内部同从前既没有成立国家又没有实行自治的各民族(例如,在俄罗斯苏维埃联邦社会主义共和国内,1919 年建立的巴什基尔自治共和国,1920 年建立的鞑靼自治共和国)的关系中,联邦制都已经在实践上表明它是适当的。

8. 共产国际在这方面的任务是,进一步地发展、研究以及通过实际来检验在苏维埃制度和苏维埃运动基础上所产生的这些新的联邦国家。既然承认联邦制是走向完全统一的过渡形式,那就必须力求建立愈来愈密切的联邦制同盟,第一,因为没有各苏维埃共和国最密切的联盟,就不能捍卫被军事上无比强大的世界帝国主义列强所包围的各苏维埃共和国的生存;第二,因为各苏维埃共和国之间必须有一个密切的经济联盟,否则就不能恢复和发展被帝国主义所破坏了的生产力,就不能保证劳动者的福利;第三,因为估计到建立统一的、由各国无产阶级按总计划调整的完整的世界经济的趋势,这种趋势在资本主义制度下已经十分明显地表现出来,在社会主义制度下必然会进一步发展而臻于完善。

9. 在国家内部关系方面,共产国际的民族政策决不能只限于空洞地、形式地、纯粹宣言式地、实际上却不负任何责任地承认民族平等,就像资产阶级民主派所做的那样。这些人不管是坦率地承认自己是资产阶级民主派,或者是像第二国际的社会党人那样,借社会党人的称号来掩饰自己，都是一样的。

不仅在各国共产党的全部宣传鼓动工作（议会讲坛上和议会讲坛外的宣传鼓动）中，应当不断地揭露各资本主义国家违背本国的"民主"宪法，经常破坏民族平等，破坏保障少数民族权利的种种事实，而且还必须做到：第一，经常解释，只有在反资产阶级的斗争中首先把无产者然后把全体劳动者联合起来的苏维埃制度，才能实际上给各民族以平等；第二，各国共产党必须直接帮助附属的或没有平等权利的民族（例如爱尔兰、美国黑人等）和殖民地的革命运动。

没有后面这个特别重要的条件，反对压迫附属民族和殖民地的斗争以及承认他们有国家分离权就仍然是一块假招牌，正像我们在第二国际各党那里看到的一样。

10. 只在口头上承认国际主义，而事实上在全部宣传、鼓动和实际工作中却用市侩民族主义与和平主义偷换国际主义，这不仅是第二国际各政党中最常见的现象，而且也是那些已经退出这个国际的各政党中，甚至是现在往往自称为共产党的那些政党中最常见的现象。把无产阶级专政由一国的（即存在于一个国家的、不能决定全世界政治的）专政转变为国际的专政（即至少是几个先进国家的、对全世界政治能够起决定影响的无产阶级专政）的任务越迫切，同最顽固的小资产阶级民族主义偏见（它表现为各种各样的形式，如种族仇恨、民族迫害、反犹太主义）这种祸害的斗争就越会提到首要地位。小资产阶级民族主义宣称，只要承认民族平等就是国际主义，同时却把民族利己主义当做不可侵犯的东西保留下来（更不用说这种承认纯粹是口头上的），而无产阶级的国际主义，第一，要求一个国家的无产阶级斗争的利益服从全世界范围的无产阶级斗争的利益；第二，要求正在战胜资产阶级的民族，有能力有决心为推翻国际资本而承担最大的民族牺牲。

因此，在已经完全是资本主义的、拥有真正是无产阶级先锋队的工人政党的国家中,首要的任务就是同歪曲国际主义的概念和政策的机会主义和市侩和平主义作斗争。

11. 对待封建关系或宗法关系、宗法农民关系占优势的比较落后的国家和民族,应特别注意以下几点:

(1) 各国共产党必须以实际行动援助这些国家的革命解放运动,而援助的方式应与各该国共产党(如果有共产党的话)协商确定。把落后国家沦为殖民地或在财政上加以控制的那个国家的工人,首先有义务给予最积极的援助。

(2) 必须同僧侣、基督教会和其他类似分子的中世纪式的反动的影响作斗争。

(3) 必须同那些企图利用反欧美帝国主义的解放运动来加强土耳其帝国主义、日本帝国主义、贵族、大地主、僧侣等的势力的泛伊斯兰主义、泛亚细亚运动和其他类似的思潮作斗争。

(4) 必须特别援助落后国家中反对地主、反对大土地占有制、反对各种封建主义现象或封建主义残余的农民运动,竭力使农民运动具有最大的革命性。在可能的地方,把农民和一切被剥削者联合在苏维埃之中,从而使西欧共产主义无产阶级与东方各殖民地以至一切落后国家的农民革命运动结成尽可能密切的联盟。

(5) 必须坚决反对把落后国家内的并非真正共产主义的革命解放思潮涂上共产主义的色彩;共产国际援助殖民地和落后国家的革命运动,只能是有条件的,这个条件是各落后国家中未来的无产阶级政党(不仅名义上是共产党)的成员已在集结起来,并且认识到同本国资产阶级民主运动作斗争是自己的特殊任务;共产国际应当同殖民地和落后国家的资产阶级民主派达成临时协议,甚至结成临时联盟,但是不要同它们融合,要绝对保持无产阶级运动的独立性,即使这一运动还处在最初的萌芽状态也应如此。

（6）必须坚持不懈地向一切国家特别是落后国家和落后民族的最广大的劳动群众说明并揭露帝国主义列强一贯进行的欺骗，即借助于被压迫国家的特权阶级，打着建立政治上独立的国家的幌子，来建立在经济、财政和军事上完全依附于它们的国家。协约国帝国主义勾结被压迫民族的资产阶级对被压迫民族劳动群众实行欺骗的明显例子，便是犹太复国主义分子在巴勒斯坦所干的勾当。犹太复国主义运动打着在巴勒斯坦建立犹太国的幌子，把巴勒斯坦的阿拉伯劳动人民（其中犹太劳动者只占极少数）变成被英国剥削的牺牲品。在目前国际形势下，除了建立苏维埃共和国联盟，附属民族和弱小民族别无生路。

12. 帝国主义列强历来对殖民地和弱小民族的压迫，在被压迫国家劳动群众的心中不仅播下了仇恨，而且播下了对整个压迫民族包括对这些民族的无产阶级的不信任。这些民族的无产阶级的多数正式领袖，在1914—1919年背叛社会主义的卑鄙行径（社会爱国主义者借口"保卫祖国"来保卫"本国"资产阶级压榨殖民地和掠夺财政上不独立的国家的"权利"），不能不加深这种完全合乎情理的不信任心理。既然不信任心理和民族偏见，只有在各先进国家内的帝国主义和资本主义消灭以后，只有在落后国家的经济生活全部基础急剧改变以后才能消逝，那么这些偏见的消逝，就不能不是极其缓慢的。因此，各国有觉悟的共产主义无产阶级对于受压迫最久的国家和民族的民族感情残余必须坚持特别小心谨慎的态度。同样，为了更快地消除上述不信任心理和偏见，必须作出一定的让步。没有世界各国和各民族的无产阶级以至全体劳动群众自愿要求结盟和统一的愿望，战胜资本主义这一事业是不能顺利完成的。

关于民族和殖民地问题的补充提纲

1. 第三国际第二次代表大会所面临的最重要问题之一,就是更具体地确定共产国际与资本帝国主义统治的国家(例如中国与印度)中的革命运动之间的关系。在当前世界革命历史的发展阶段,必须正确理解这种关系。欧洲大战及其结果清楚地表明:由于世界资本主义的集中,欧洲以外被压迫各国的人民群众与欧洲无产阶级运动就不可分割地联系在一起了,殖民地军队和大批工人队伍在大战期间被派往前线,就是例证。

2. 欧洲资本主义汲取主要力量的主要来源之一就是殖民地和附属国。欧洲资本主义大国不控制广大的殖民地市场和广阔的殖民地剥削场所,就无法继续生存。英国这个帝国主义堡垒,100多年来就一直遭受生产过剩的痛苦。没有为销售商品和供给本国不断发展的工业所需原料而必不可少的广大殖民地,英国的资本主义制度早就自行垮台了。只是因为英国帝国主义仍在奴役亚洲和非洲千百万居民,才迫使英国无产阶级不得不暂时服从资产阶级的统治。

3. 从殖民地取得的超额利润是现代资本主义的主要资金来源。不截断这种资金来源,欧洲工人阶级是难以推翻资本主义制度的。目前,欧洲各资本主义国家正是通过扩大和加紧对殖民地劳动力与天然资源的剥削和掠夺,才得以避免破产。欧洲帝国主义靠剥削殖民地居民,贿赂宗主国的工人贵族。欧洲帝国主义一方面凭借附属国廉价劳动力所提供的产品,力图降低宗主国无产阶级的生活水平;另一方面,只要能继续从殖民地取得超额利润，就甘愿牺牲它在宗主国的超额利润。

4. 消灭殖民主义统治并在宗主国实现无产阶级革命，就能推翻欧洲资本主义制度。因此，共产国际应当扩大自己的活动范围。共产国际应当与政治上经济上受压迫国家中的决心推翻帝国主义的革命力量建立联系。为保证世界革命的彻底胜利，这两种力量必须采取共同的行动。

5. 共产国际是世界革命无产阶级的意志的集中表现。它的使命是把全世界工人阶级组织起来，推翻资本主义制度，建立共产主义制度。第三国际是以联合全世界革命力量为己任的战斗组织。一小撮政客所领导的、中资产阶级文化毒素很深的第二国际，估计不到殖民地问题的全部重要性，看不到欧洲以外的世界。它不了解欧洲革命运动与非欧洲国家的革命运动相配合的必要性。第二国际的成员非但不给殖民地革命运动以道义上和物质上的援助，反而自己却成了帝国主义者。

6. 东方各国人民由于遭受外国帝国主义的统治，而未能在社会发展与经济发展方面使他们不可能达到欧美各国人民已经达到的水平。帝国主义政策是殖民地工业发展的绊脚石，因此，直到最近，殖民地才有了真正的无产阶级。当地的手工业被破坏了，代之以帝国主义国家的集中化工业；多数居民不得不重新务农，生产农产品和原料，以供出口。另一方面，土地迅速地集中于地主、资本家和官家手中，造成大批无地农民。殖民地的大多数居民处于愚昧无知的境地。这种政策在各殖民地被压迫人民群众中引起的愤懑，只是通过人数不多的中层知识分子表现出来。

外国的统治阻碍社会力量的自由发展，因此殖民地开展革命首先就要推翻外国的统治。帮助殖民地推翻外国的统治，并不意味着支持当地资产阶级的民族主义倾向，而只是给被压迫的殖民地无产阶级开辟解放的道路。

7. 在附属国目前存在着两种相距甚远的运动。一种是资产阶级民主派的民族主义运动，其纲领是在资本主义制度下实现政治上的独立；另一种是贫穷无知的农民和工人争取摆脱一切剥削的群众性斗争。第一种运动企图控制第二种运动，并且往往得到一定的成功。共产国际及其有关的政党应当反对这种控制，帮助殖民地工人群众提高阶级觉悟。为推翻外国资本主义，实现殖民地革命的第一步，不妨同资产阶级民族革命分子进行合作。但首要的任务是建立共产党，因为只有共产党能组织农民和工人，带领他们进行革命和创立苏维埃共和国。可见，落后国家的人民群众不是经过资本主义的发展，而是在先进资本主义国家的有阶级觉悟的无产阶级领导下，才能实现共产主义。

8. 殖民地解放运动的实际力量，已不局限于资产阶级民主派的民族主义者的狭小范围。多数殖民地已经建立起有组织的革命政党，它们努力同工人群众保持密切的联系。共产国际应当通过这些政党或小组与殖民地的革命运动保持联系，因为它们是本国工人阶级的先锋队。目前，它们的人数不多，但它们反映了群众的愿望，因此群众将跟着它们干革命。帝国主义各国共产党应当与殖民地无产阶级政党密切协作，并通过它们，在道义上和物质上全力援助整个革命运动。

9. 殖民地革命在初期并不是共产主义革命，然而，如果它从一开始就由共产主义先锋队来领导，革命群众就将逐渐获得革命经验，走上达到最终目的的正确道路。不言而喻，在许多东方国家，倘若力图按纯粹共产主义原则来解决土地问题，那就大错特错了。殖民地革命在其初期阶段，应当实行含有许多小资产阶级改良主义要求的纲领，如分配土地等。但是不能由此得出结论说：殖民地革命的领导权应由资产阶级民主派来掌握。相反地，无产阶级政党应当经常大力宣传苏维埃思想，并且一有机会就建立工农苏维埃。这些苏维埃将同先进资本主义国家中的苏维埃政权一起，为彻底推翻全世界的资本主义制度而共同努力。

加入共产国际的条件

共产国际第一次代表大会（成立大会）没有制定各个党加入第三国际的确切条件。召开第一次代表大会时，大多数国家只有一些共产主义的**派别和小组**。

共产国际第二次世界代表大会召开时的情况就不同了。现在多数国家不仅已经有了共产主义的流派和派别，而且有了共产主义的**政党和组织**。

现在申请加入共产国际的政党和小组越来越多，它们不久以前还属于第二国际，现在都希望加入第三国际了，不过它们还没有真正成为共产主义的政党和小组。第二国际已被彻底粉碎。中间政党和"中派"集团看到第二国际已经毫无希望，就想倒向日益壮大的共产国际，但是，它们还希望保留一种"自主权"，以便执行它们原来的机会主义的或"中派主义"的政策。共产国际在某种程度上已经成了时髦的东西。

"中派"的某些领导集团希望加入第三国际，这就间接证明，共产国际得到了全世界大多数觉悟工人的拥护，并且成为一天比一天强大的力量。

共产国际有被那些还没有摆脱第二国际的思想体系的不坚定和不彻底的集团溶蚀的危险。

此外，在多数人抱有共产主义观点的某些大党（意大利、瑞典、挪威、南斯拉夫等）里，至今还存在势力相当大的改良主义的和社会和平主义的派别，它们一直在等待时机，以便东山再起，积极展开暗中破坏无产阶级革命的活动，来帮助资产阶级和第二国际。

任何一个共产主义者都不应该忘记匈牙利苏维埃共和国的教训。匈牙利共产党人同所谓"左"派社会民主党人的联合，使匈牙利无产阶级付出了昂贵的代价。

因此，共产国际第二次代表大会认为，必须制定十分确切的接纳新党的条件，并向那些已经加入共产国际的政党指出它们应当承担的义务。

共产国际第二次代表大会决定，加入共产国际的条件如下：

1. 日常的宣传和鼓动必须具有真正的共产主义性质，必须符合第三国际的纲领和各项决议。党掌握的各种机关报刊，都必须由已经证明是忠于无产阶级事业的可靠的共产党人来主持编辑工作。无产阶级专政不应只当做背得烂熟的流行公式来谈论，而应很好地加以宣传，使每一个普通的工人、士兵、农民都能通过我们报刊上每天不断报道的活生生的事实，认识到无产阶级专政的必要性。

定期和不定期的报刊，以及党的一切出版机构，都必须完全服从党中央的领导，而不论当时整个党是合法的还是非法的。出版机构不得滥用自主权，执行不完全符合党的方针的政策。

在报纸上，在群众集会上，在工会、合作社中，总之，在第三国际拥护者所能利用的一切场合，不仅要不断地无情地斥责资产阶级，而且还要斥责资产阶级的帮手即形形色色的改良主义者。

2. 凡是愿意加入共产国际的组织，都必须有计划有步骤地**撤销**改良主义者和"中派"分子在工人运动中（在党组织、编辑部、工会、议会党团、合作社、地方自治机关等中）所担负的比较重要的职务，用可靠的共产党人来代替他们，不必顾虑最初有时不得不用普通工人来接替"有经验的"活动家。

3. 几乎在欧美的所有国家里，阶级斗争都正在进入国内战争阶段。

在这种情况下，共产党人不能信赖资产阶级法制。他们必须在各个地方建立平行的不合法机构，以便在决定关头能够帮助党执行自己的革命职责。在所有由于实行戒严或者非常法而使共产党人不能合法进行工作的国家里，绝对必须把合法工作和不合法工作结合起来。

4. 特别需要坚持不懈地在军队中进行宣传工作，这也是传播共产主义思想的职责。在这种宣传鼓动为非常法所禁止的地方，这项工作应当不合法地进行。放弃这项工作，就等于背叛革命职责，这同第三国际成员的称号是不相称的。

5. 必须有步骤有计划地在农村中进行鼓动工作。如果工人阶级不能得到哪怕是一部分雇农和贫苦农民的拥护，不能用自己的政策使一部分其他农村居民保持中立，那就不能巩固自己的胜利。在目前这个时期，共产党在农村中的工作具有头等重要的意义。这项工作主要应当通过同农村有联系的革命的城乡工人共产党员去进行。放弃这项工作，或者把它交给不可靠的半改良主义者，就等于放弃无产阶级革命。

6. 凡是愿意加入第三国际的党，不仅要揭露赤裸裸的社会爱国主义，而且要揭露社会和平主义的虚伪实质，要不断地向工人证明，除用革命推翻资本主义之外，任何国际仲裁法庭、任何裁减军备的条约、任何对国际联盟的"民主"改组，都不能使人类摆脱新的帝国主义战争。

7. 凡是愿意加入共产国际的党，都要承认必须同改良主义和"中派"政策完全彻底地决裂，并在最广大的党员群众中宣传这一点。否则，就不可能执行彻底的共产主义政策。

共产国际无条件地、断然地要求在最短期间内实行这种决裂。共产国际决不能容许像屠拉梯、考茨基、希法亭、希尔奎特、龙格、麦克唐纳、莫迪利扬尼之流的著名的机会主义者有权成为第三国际的成员。这样会使第三国际在很大程度上和已经死亡的第二国际相类似了。

8. 在资产阶级占有殖民地并压迫其他民族的国家里，党在殖民地和被压迫民族的问题上必须采取特别明确的路线。凡是愿意加入第三国际的党，都必须无情地揭露"本国的"帝国主义者在殖民地所干的勾当，不是在口头上而是在行动上支持殖民地的一切解放运动，要求把本国的帝国主义者赶出这些殖民地，教育本国工人真心实意地以兄弟般的态度来对待殖民地和被压迫民族的劳动人民，不断地鼓动本国军队反对对殖民地人民的任何压迫。

9. 凡是愿意加入共产国际的党，都必须在工会、工人代表苏维埃、工厂委员会、合作社以及其他群众性的工人组织中坚持不懈地进行共产主义的工作。必须在这些组织内部建立共产党支部，这些支部应该通过长期的顽强的工作，争取工会等组织为共产主义事业服务。这些支部必须在日常工作中随时随地揭露社会爱国主义者的背叛行为和"中派"的动摇表现。这些共产党支部必须完全服从整个党的领导。

10. 凡是加入共产国际的党，必须同阿姆斯特丹黄色工会"国际"进行坚决的斗争。它应当在参加工会组织的工人中间坚持不懈地宣传同阿姆斯特丹黄色国际决裂的必要性。它应该竭力支持正在形成的属于共产国际的红色工会国际联合组织。

11. 愿意加入第三国际的党，必须重新审查其议会党团的成员，清除不可靠的分子，使议会党团不是在口头上而是在行动上服从党中央委员会，并要求每个共产党议员都使自己的全部活动服从于真正革命的宣传鼓动工作的利益。

12. 加入共产国际的党，必须是按照民主**集中制**的原则建立起来的。在目前激烈的国内战争时代，共产党只有按照高度集中的方式组织起来，在党内实行近似军事纪律那样的铁的纪律，党的中央机关成为拥有广泛的权力、得到党员普遍信任的权威性机构，只有这样，党才能履行自己的职责。

13. 在共产党员可以合法进行工作的国家里，共产党应该定期清洗

（重新登记）党组织的成员，以便不断清除那些难免混入党内的小资产阶级分子。

14. 凡是愿意加入共产国际的党，都必须全力支持每一个苏维埃共和国同反革命势力进行的斗争。各国共产党应该坚持不懈地进行宣传，使工人拒绝把军事装备运送给苏维埃共和国的敌人。应该在派去扼杀工人共和国的军队中大力进行合法的或不合法的宣传工作，等等。

15. 凡是至今仍然保留着旧社会民主主义纲领的政党，必须在尽可能短的时间内重新审查自己的纲领，并根据本国的特殊情况制定出新的符合共产国际决议精神的共产主义纲领。按照规定，每个加入共产国际的党的纲领，都应该由例行的共产国际代表大会或共产国际执行委员会批准。如果某个党的纲领没有得到共产国际执行委员会的批准，该党有权向共产国际代表大会提出申诉。

16. 共产国际代表大会以及共产国际执行委员会的一切决定，所有加入共产国际的党都必须执行。共产国际是在非常激烈的国内战争的情况下进行活动的，它应当比第二国际组织得更加集中。同时，共产国际及其执行委员会在一切工作中，当然要考虑各党斗争和活动的种种不同的条件，因此，作出全体必须执行的决定的仅限于此类决定可行的问题。

17. 鉴于上述种种，一切愿意加入共产国际的党，都应当更改自己的名称。凡是愿意加入共产国际的党都应称为：某国共产党（第三国际即共产国际支部）。名称问题不只是一个形式问题，而且是具有重大意义的政治问题。共产国际已经宣布要同整个资产阶级世界和一切黄色社会民主党进行坚决的斗争。必须使每一个普通的劳动者都十分清楚共产党同那些背叛了工人阶级旗帜的旧的正式的"社会民主"党或"社会"党之间的区别。

18. 各国党的一切指导性的机关报刊，必须刊登共产国际执行委员会的一切正式的重要文件。

19. 凡是已经加入或正在申请加入共产国际的党，必须在最短期间内，无论如何不迟于共产国际第二次代表大会闭幕后四个月，召开一次党的紧急代表大会，讨论所有这些条件。同时。中央委员会应当设法使各级地方组织都了解共产国际第二次代表大会的各项决定。

20. 凡是现在愿意加入第三国际但至今还没有根本改变自己以往策略的党，在没有加入以前必须做到：在党的中央委员会和其他一切最重要的中央机构内，至少有三分之二的同志是在共产国际第二次代表大会召开以前就公开而明确地主张加入第三国际的。只有经第三国际执行委员会批准，才允许有例外。共产国际执行委员会也有权对第7条中提到的"中派"代表采取例外的办法。

21. 党员如果在原则上反对共产国际提出的条件和提纲，必须开除出党。

这也适用于党的紧急代表大会的代表。

共产党与议会制

一、新时代与新议会制

　　社会党对议会制的态度,从一开始,即早在第一国际时代,就是利用资产阶级议会来进行宣传鼓动。参加议会的着眼点是为了启发阶级自觉,即激起无产阶级对统治阶级的阶级仇恨。后来,并非由于理论的影响,而是随着政治发展的进程,这种态度发生了变化。通过生产力的发展和资本主义剥削场所的扩大,资本主义以及与之相关联的议会制国家,得到了长期的稳定。

　　因此,产生了下列情况:社会党的议会策略适应于资产阶级议会"有机的"立法工作,争取在资本主义范围内实行改革的论点日益占居上风,社会民主党的所谓最低纲领占了统治地位,而最高纲领竟变成遥远的"最终目的"的议论提纲。这样一来,利用议会追求名利地位、贪污受贿、公开或暗中出卖工人阶级根本利益的种种现象,就层出不穷了。

　　第三国际对待议会制的态度,并不是取决于新的理论,而是取决于议会制本身作用的变化。在过去一段历史时期,议会是欣欣向荣的资本主义的工具,从某种意义来讲,它完成了一项在历史上具有进步意义的工作。而在目前帝国主义猖獗一时的情况下,议会在帝国主义的蹂躏、侵占、迫害、掠夺和破坏行动面前变成了讹诈欺骗、横行霸道和无谓空谈的一种工具。没有步骤、不能持久、缺乏计划的议会改革，对于劳动群众来说，已失去任何实际意义。

议会制连同整个资产阶级社会一起，也都失去了自己的稳定性。从有机的时代向危机时代的过渡，为无产阶级在议会制方面的新策略奠定了基础。例如，俄国工人政党（布尔什维克）在过去就已确定了革命议会制的实质，这是因为俄国从1905年起已摆脱政治和社会均势状态，进入了风暴和动荡时期。

某些倾向于共产主义的社会党人认为，在他们的国家里，革命时机尚未到来，因而拒绝同议会机会主义者实行决裂。这实质上是由于他们有意地或多少有意地把即将到来的时代估计为帝国主义社会相对稳定的时代，因而他们认为，在这种情况下争取实行改革，同屠拉梯和龙格进行合作，会取得实际的效果。

共产主义的出发点应当是，从理论上阐明当代的特征（资本主义发展到顶点；帝国主义时代资本主义的自我否定与自我消灭；国内战争日益频繁，等等）。在各个国家里，政治上的相互关系和派别的划分在形式上会有所不同，但其实质却到处一样，这就要我们从政治上和技术上直接准备无产阶级起义，以便消灭资产阶级政权，建立无产阶级新政权。

目前，决不能像过去某个时期那样，共产党人只是把议会当做争取实行改革、争取改善工人阶级状况的斗争场所。政治生活的重心已完全、彻底地移到议会之外。而另一方面，资产阶级不仅由于它对劳动群众的态度，而且由于资产阶级内部相互的复杂关系，不得不设法通过议会来实行自己的一部分措施。在议会里，各个集团为权力讨价还价，自我标榜，同时又自我暴露，弄得名声扫地，如此等等。

因此，工人阶级的直接历史使命是，从统治阶级手中夺取这些机关，摧毁它们，消灭它们，并代之以新的无产阶级政权机关。同时，工人阶级的革命司令部深切希望在资产阶级议会机关里有自己的耳目,以便易于完成这项破坏任务。由此可以十分明显地看出,为了革命目的而进入议会的共产党人的策略,同社会党的议会主义者的策略有着根本的区别。社会党的议会主义者是以现行制度的相对稳定性和无限长期性这一前提为依据的。他们给自己提出的任务是千方百计地实现改革,并希望群众把每次改革的收获都作为社会党议会主义者(屠拉梯、龙格之流)的功绩给予适当评价。

新的议会制是消灭整个议会制的一种工具,它必然要取代旧的随波逐流的议会制。然而,旧的议会策略的恶劣传统,会使一些革命分子投入议会制的根本反对者的营垒(世界产业工人联合会、革命的工团主义者、德国共产主义工人党)。有鉴于此,第三国际即共产国际第二次代表大会特作如下论述。

二、共产主义,为实现无产阶级专政和利用资产阶级议会而斗争

I

1. 议会制这种国家政治制度已成了资产阶级统治的一种"民主"形式,这是因为资产阶级在一定的发展阶段需要有一个虚设的人民代表机关,这种机关从外表看来,是一个超阶级的"民意"组织,但实际上却是占统治地位的资本用来实行镇压和压迫的工具。

2. 议会制是国家政治制度的一种特定形式。因此,它决不会成为那种既不存在阶级也没有阶级斗争和任何国家政权的共产主义社会形式。

3. 议会制也不会成为从资产阶级专政到无产阶级专政的过渡时期

的无产阶级国家管理形式。在尖锐的阶级斗争转变为国内战争的时刻，无产阶级必然要建立自己的国家机构作为战斗组织，其中不容许有以前的统治阶级的代表参加；在这个阶段，对"全民意志"的任何虚构，都直接危害无产阶级；议会分权制度，对无产阶级来说，既不需要，而且有害；无产阶级专政的形式是苏维埃共和国。

4. 资产阶级议会是资产阶级国家机器的重要机构之一，无产阶级不可能控制它，正如不可能控制整个资产阶级国家一样。无产阶级的任务就是要破坏资产阶级的国家机器，摧毁它，同时也要摧毁议会机关，不论是共和国的议会机关，还是君主立宪的议会机关。

5. 对待资产阶级市政机关，也要采取这样的态度。在理论上把这种机关同国家机关对立起来，是不正确的。实际上，它们同样是资产阶级国家机器的一种机构，革命的无产阶级必须消灭这种机构，代之以地方工人代表苏维埃。

6. 可见，共产主义否认议会制是未来社会的一种形式，否认议会制是无产阶级的阶级专政形式，否认长期控制议会的可能性，其目的是要摧毁议会制。因此，问题只能是为摧毁资产阶级国家机关而利用资产阶级国家机关。问题的提法就是这样，而且也只能是这样。

II

7. 任何阶级斗争都是政治斗争，因为归根到底都是为政权而斗争。任何席卷全国的罢工都开始威胁资产阶级国家，从而具有政治性。努力推翻资产阶级和摧毁它的国家，这就是进行政治斗争。建立无产阶级自己的阶级机构（无论是怎样的机构）来管制和镇压反抗的资产阶级，这就是夺取政权。

8. 可见，政治斗争问题决不能归结为对议会制的态度问题。这是无产阶级阶级斗争的一般问题，因为这个斗争会从小规模的、局部的斗争转变为推翻整个资本主义制度的斗争。

9. 无产阶级同资产阶级，即同资产阶级国家政权作斗争的主要方法，首先是群众运动的方法。这种群众运动，要在团结一致的、有纪律的、集中统一的共产党总的领导之下，由无产阶级的革命群众团体（工会、政党、苏维埃）来进行组织和指导。国内战争是一场战争。在这场战争中，无产阶级本身要有一批出色的政治军官骨干，要有一个在各个斗争领域领导一切活动的出色的总政治司令部。

10. 群众斗争是一系列不断发展着的行动，这种行动在形式上日益激化，而在逻辑上必然会导致反对资本主义国家的起义。在日益发展成为国内战争的群众斗争中，负领导责任的无产阶级政党，通常必须牢牢地控制一切合法阵地，使其成为进行革命工作的辅助据点，并使其服从于主要运动——群众斗争运动的计划。

11. 资产阶级议会讲坛就是这种辅助据点之一。决不能借口这是资产阶级国家机关而反对参加议会斗争。共产党进入这个机关，不是为了在那里进行组织工作，而是为了从议会内部帮助群众采取行动，从内部捣毁资产阶级国家机器和议会本身（例如，李卜克内西在德国的活动，布尔什维克在沙皇杜马、"民主会议"、克伦斯基"预备国会"、"立宪会议"、市杜马等处所进行的活动，以及保加利亚共产党人的活动）。

12. 议会里的这种工作，主要是利用议会讲坛进行革命宣传鼓动，揭露敌人，从思想上团结群众，特别是落后地区的那些注视议会讲坛、至今还充满民主幻想的群众。这种工作必须完全服从于议会之外的群众斗争的目的和任务。

为了从政治上争取那些一直置身于革命运动和政治生活之外的劳动阶层（如农村劳动群众），参与选举运动和在议会讲坛上进行革命宣传鼓动，具有特殊的意义。

13. 当共产党人在市政机关里取得多数时,他们应当:(1)组成资产阶级中央政权的革命反对派;(2)做各种有益于贫苦居民的工作(采取各种经济上的措施,组织或试建工人民兵等);(3)随时指出资产阶级国家政权阻挠实现各种真正重大的变革;(4)在这个基础上坚定地进行革命宣传工作,不怕同国家政权发生冲突;(5)在某些情况下,以地方工人代表苏维埃来代替地方自治。由此可见,共产党人在市政机关里的全部工作,应成为他们瓦解资本主义制度的工作的一部分。

14. 选举运动本身所应贯彻的精神,不是尽量追求议会席位,而是围绕无产阶级革命口号对群众进行革命动员。选举斗争,应当由全体党员群众进行,而不应单单由党的领导人进行。同时必须利用当时发生的一切群众运动(罢工、游行示威、陆海军士兵运动等),并同它们保持密切的联系。必须吸引无产阶级的一切群众性组织来积极参加工作。

15. 如果议会工作根据这些原则和特别指示中提到的各点来进行,那它就完全不同于各国社会民主党所玩弄的卑劣的政治手腕,因为社会民主党进入议会、是为了支持这个"民主"机关,或者至多不过是"控制"它。共产党只能本着卡尔·李卜克内西和布尔什维克的精神,利用议会来**为革命服务**。

Ⅲ

16. 由此可见,根本"反对议会制",即绝对地、断然地拒绝参加选举和放弃在议会中进行革命工作,乃是一种经不起批评的、天真幼稚的论点,这往往是出于对那些玩弄政治手腕的议会主义者抱有正当的厌恶心理,然而却没有看到在议会中进行革命工作的可能性。此外,这种论点之所以产生,往往是由于对党的作用持有十分错误的观点,即认为共产党并不是集中的、战斗的工人先锋队,而是一些涣散的、联系很差的集团的组合。

17. 另一方面，决不能由于在原则上赞同议会工作，就要求在任何条件下都必须绝对赞成每一次选举和实际参加议会会议。这要根据一系列的特殊条件来决定。在某些条件下，还必须退出议会。布尔什维克就曾这样做过，当时他们退出预备国会是想搞垮它，使它立即陷于瘫痪，并以准备领导起义的彼得堡苏维埃同它尖锐地对立起来；在解散立宪会议那一天，他们在立宪会议上也这样做了，并把政治事件的重心转移到苏维埃第三次代表大会上。在其他情况下，也许需要抵制选举，直接用暴力摧毁整个资产阶级国家机器和资产阶级议会集团，或者一方面抵制议会本身，一方面又参加选举，等等。

18. 由此可见，通常在确定是否有必要参加中央议会或地方自治机关的选举，以及是否在这些机关中进行工作时，共产党应当根据对时局种种特点的估计来具体解决问题。主要是，在直接过渡到武装夺取政权的条件具备时，才可以抵制选举，抵制议会，乃至退出议会。

19. 此外，必须绝对认清这是一个比较次要的问题。既然**在议会外**夺取国家政权的斗争是工作的重心，那就显然不能把无产阶级专政和争取无产阶级专政的**群众**斗争问题，与利用议会制这一局部问题等量齐观。

20. 因此，共产国际毅然地着重指出，共产党内部在这方面由于这个原因而发生任何分裂或企图制造分裂，都是极大的错误。党代表大会要号召一切为无产阶级专政而进行群众斗争的共产党人，在集中的革命无产阶级政党的领导下，在党对工人阶级一切群众组织施加影响的情况下，力求达到完全团结一致，尽管他们在利用资产阶级议会的问题上难免还存在着意见分歧。

三、革命的议会制

为了切实执行革命的议会策略,必须做到以下几点:

1. **在准备阶段**,即在议会选举以前,整个共产党及其中央委员会就应当经常关心为议会党团配备品德优秀的成员。共产党中央委员会应对共产党议会党团的全部工作负责。共产党中央委员会应有绝对权力来撤销任何组织的任何候选人,只要党中央委员会不相信这个候选人进入议会后能实行真正的共产主义政策。

共产党必须抛弃旧社会民主党惯于采取的那种做法,即只把所谓"有经验的"议会主义者(主要是律师等)选作议员。通常必须提名工人为候选人,不必担心普通党员往往没有丰富的议会工作经验。共产党对于那些为要进入议会而混入党内的沽名钓誉分子,应给予无情的打击。对于那些在多年工作中表明自己绝对忠于工人阶级的人,共产党中央委员会应同意推荐他们为候选人。

2. 选举结束之后,不论这时整个党处于合法地位或是非法地位,议会党团的组织工作必须完全掌握在共产党中央委员会手中。共产党议会党团的主席和主席团,必须经党中央委员会批准。党中央委员会在议会党团中应当有一名有否决权的常设代表。对于一切重大的政治问题,议会党团必须事先请示党中央委员会。每当共产党人在议会中要发表重要讲话时,中央委员会有权而且有责任指定或更换党团发言人,并要求发言人事先把发言提纲或发言稿送交中央委员会审批,等等。共产党候选人名单中的每个候选人,都必须正式提出保证:一经党中央委员会提出要求,就立即交出自己的当选证书,以便必要时党能有组织地执行关于退出议会的决议。

3. 在改良主义分子、半改良主义分子和纯粹沽名钓誉分子已混进共产党议会党团的国家（某些国家已发生这种情况），共产党中央委员会必须彻底清理议会党团的成员，其原则是：对于工人阶级事业来说，一个人数不多的真正坚持共产主义路线的党团，要比一个人数虽多但不坚持共产主义路线的党团有益得多。

4. 共产党议员必须按照中央委员会的决定把合法工作与非法工作结合起来。在共产党议员还享有某种不受资产阶级法律约束的议员不可侵犯权的国家里，必须利用这种不可侵犯权来帮助党的秘密组织和进行宣传活动。

5. 共产党议员在议会中的一切行动，都应当从属于党的议会外的工作，应当遵照党及其中央委员会的指示，按期提出一些示威性的法案，其目的不是为了求得资产阶级多数的通过，而是为了宣传鼓动和组织工作。

6. 每当工人举行街头示威和采取其他革命行动时，共产党议员必须站在最前列，率领无产阶级群众前进。

7. 共产党议员应当在党的监督下千方百计地设法同革命工人、农民及其他劳动者建立书面的及其他各种形式的联系，决不能像社会民主党议员那样，只是追求与选民建立一些事务性的联系。**他们必须随时按照共产党组织的指示在国内进行各种宣传活动。**

8. 每个共产党议员都必须记住：他不是与其他立法者谋求达成协议的"立法者"，而是由党派到敌人营垒中去执行党的决议的宣传鼓动员。共产党议员不是对大量分散的选民负责，而是对自己的共产党（合法的或非法的）负责。

9. 共产党议员在议会里发言时，应采用每个普通工人、农民、洗衣女工、牧人所能理解的语言，以便党能把他的发言印成传单，在国内边远农村的各个角落里散发。

10. 普通工人共产党员要敢于在资产阶级议会中发言，即使他们在议会活动方面是新手，也不必在所谓老练的议员面前退缩。必要时，工人议员可以直接照读讲稿，以便事后能把演说词刊登在报纸上或印成传单。

11. 共产党议员利用议会讲坛，不仅是为了揭露资产阶级及其公开的走狗，而且是为了揭露社会爱国主义者、改良主义者、摇摆不定的"中派"政客及其他反共分子，同时要利用它来广泛宣传第三国际的思想。

12. 即使在整个议会里只有一两名共产党议员，共产党议员也应当以自己的全部活动向资本主义挑战，永远不要忘记：只有在行动上，而不是在口头上誓死反对资产阶级制度及其社会爱国主义仆从的人，才无愧于共产党员的称号。

工会运动、工厂委员会与第三国际

一

1. 工人阶级在资本主义和平发展时期建立起来的工会，是工人为提高劳动力在劳动市场上的价格和改善使用劳动力的条件而进行斗争的组织。革命的马克思主义者曾竭力通过自己的思想影响，使工会同无产阶级政党，即同社会民主党联合起来，以便共同为社会主义而奋斗。但由于种种原因，国际社会民主党（少数例外）并没有成为无产阶级推翻资本主义的革命斗争的工具，反而成为阻挠无产阶级进行革命，以维护资产阶级利益的组织；由于同样的原因，工会在战时多半成了资产阶级战争机器的一个组成部分，帮助资产阶级尽可能多地榨取工人阶级的汗水，从而使无产阶级为资本家的利润流出更多的鲜血。当时参加工会的，主要是一些熟练工人，他们领取企业主的优厚报酬，只考虑自己的狭隘的职业利益，受着脱离群众的官僚机构的束缚，被机会主义领袖引入歧途。因此，工会不仅背叛了社会革命事业，甚至也背叛了由它们所组织起来的工人为改善生活条件而进行斗争的事业。它们背离了工会要对企业主作斗争的观点，而换上了无论如何也要同资本家和平妥协的纲领。实行这种政策的，不仅有英国和美国的自由派工会、德国和奥地利的所谓"社会主义"自由工会，而且还有法国的工团主义工会。

2. 战争造成的经济后果，世界经济的彻底瓦解，物价暴涨，女工和童工劳动的广泛使用，居住条件的恶化——这一切，促使无产阶级广大群众走上反对资本主义的斗争道路。这个斗争，就其广度和具有日益明显的性质来说，是客观上破坏资本主义制度基础的革命斗争。今天，由于某一部分工人进行了经济斗争而工资有所提高，明天，就由于物价的必然上涨而使工资提高失去任何意义。要知道，战胜国的资本家阶级，既然要以剥削政策来破坏中欧和东欧，他们就不仅不能组织世界经济，而且还会不断地使它遭到瓦解。为了取得经济斗争的胜利，就要使至今还没有加入工会的广大工人群众踊跃参加工会的队伍。在一切资本主义国家，工会在蓬勃地向前发展，它们现在已经不仅是无产阶级先进部分的组织，而且也是无产阶级广大群众的组织。这些群众加入工会，是想把工会变成自己的斗争工具。日益尖锐的阶级矛盾迫使工会举行罢工，罢工的浪潮已席卷整个资本主义世界，使资本主义生产过程和交换过程经常中断。工人群众随着物价的不断上涨和自身的日益贫困而提高自己的要求，从而会破坏一切资本主义成本核算的基础，而这种成本核算乃是搞好任何经济工作的基本前提。工会在战时曾是劝导工人群众去为资产阶级利益服务的机构，而现在，则成为摧毁资本主义的机关。

3. 旧工会官僚和旧工会组织形式，千方百计地阻挠工会的性质发生这样的变化。旧工会官僚企图用一切手段使工会仍旧是工人贵族的组织，保留那种不让收入菲薄的几类工人加入工会的章程。旧工会官僚现在也还企图以同资本家勾结的政策，签订长期合同的政策（这个政策，由于物价不断上涨已完全失去其意义），来代替工人的罢工斗争，而罢工斗争越来越具有无产阶级对资产阶级进行革命搏斗的性质。旧工会官僚企图使工人遵循"劳动友谊社"、"产业委员会"的政策，并企图借助于资本主义国家，通过资本主义的法律来阻止罢工。在斗争的紧要关头，旧工会官僚在战斗着的工人群众当中制造纠纷，阻挠各类工人的斗争汇合成为总的阶级斗争。旧的行业工会组织，帮助他们进行这种活动，它们把一个产业部门的工人划分成几个孤立的专业集团，尽管资本主义经营过程是把它们联结在一起的。虽然个别无产阶级集团的特权由于资本主义总崩溃而日益消失，旧工人贵族的势力逐渐削弱，工人阶级中的地位差异在消失，工人阶级的整个状况是贫困和忧虑，但是，旧工会官僚却仍然依靠着旧工人贵族的传统思想势力。由此可见，工会官僚在把强大的工人运动巨流分成一些微弱的支流，以改良主义的局部要求来代替运动的总的革命目的。总之，他们在阻止无产阶级斗争形成为推翻资本主义的革命斗争。

4. 鉴于大批工人群众源源不断地参加工会，鉴于这些群众不顾工会官僚的阻挠所进行的经济斗争的客观革命性质，各国共产党人都应当加入工会，以便使工会成为自觉地进行推翻资本主义和实现共产主义的斗争机关。共产党人应当主动地倡议在没有工会的地方成立工会。任何自愿脱离工会运动的做法，以及不是在工会官僚的特殊暴力行为（机会主义的中央机关勒令解散个别地方的革命工会分会）的逼使下，或者不是在工会官僚所制定的不准广大非熟练工人群众加入组织的狭隘贵族政策的逼迫下，而是人为地打算建立单独的工会的做法，对于共产主义运动，都具有极大的危害。这样做，会使最先进、最有觉悟的工人脱离那些走上共产主义道路的群众，会使这些群众落入为资产阶级效劳的机会主义领袖之手。工人群众的犹豫动摇，他们思想上的优柔寡断，他们对机会主义领袖提出的论证表示顺从——所有这些现象，只有在尖锐的斗争过程中才能得到克服。这是因为，无产阶级的广大阶层将从自己的经验中、从胜利和失败中体会到，在资本主义经济制度的基础上，人类生活条件的改善在客观上是不可能的；先进的工人共产党员将在经济斗争中学会不仅充当共产主义思想的宣传者，而且成为经济斗争和工会的最坚强的领导者。只有这样，才能把他们的机会主义领袖从工厂中排挤出去，只有这样，共产党人才能领导工会运动，使之成为为共产主义而进行革命斗争的机构。只有这样，共产党人才能防止工会分裂，以产业联合组织代替旧工会，清除脱离群众的官僚机构，代之以工厂代表机构，给中央领导机关只保留一些最必要的职能。

5. 共产党人要把工会组织的目的和实质看得高于工会组织的形式。如果不分裂工会就等于放弃工会中的革命工作，就等于不打算把工会变成革命斗争的工具，就等于不去组织最受剥削的一部分无产阶级，既然如此，共产党人就应当在工会运动中，不怕工会组织的分裂。但是，即使这种分裂必不可免，共产党人事先也应当通过对机会主义领袖及其策略的不断斗争，通过积极参加经济斗争，使广大工人群众相信，分裂之所以发生，并不是因为他们还不了解革命的长远目的，而是为了工人阶级开展经济斗争的当前具体利益的需要。在分裂必然要发生的情况下，共产党人应当不断地、审慎地弄清楚，分裂是否会导致共产党人脱离工人群众。

6. 在机会主义工会运动和革命工会运动业已发生分裂的地方，在具有革命倾向的工会（虽不是共产主义工会）同机会主义工会并存的地方（如在美国），共产党人必须支持这些革命工会，帮助它们摆脱工团主义偏见，站到共产主义立场上来，因为只有共产主义才是解决种种复杂的经济斗争问题的可靠指南。在工会内或工会外，企业中已设有车间代表委员会、工厂委员会（其目的是同工会官僚的反革命倾向作斗争，支持无产阶级的直接行动）这种组织的地方，不言而喻，共产党人必须全力支持这种组织。但是，支持革命工会并不等于要共产党人退出那些处于动荡状态和逐渐转向阶级斗争立场上来的机会主义工会。相反，共产党人必须促进那些走上革命斗争道路的工会的这种进步，从而在思想上和组织上团结所有参加工会的工人，以便共同进行消灭资本主义的斗争。

7. 在资本主义崩溃时期，无产阶级的经济斗争转变为政治斗争，要比在资本主义和平发展时期迅速得多。任何一次大规模的经济冲突，最后都会发展成为一场公开的革命战斗，使得工人们直接面临革命问题。因此，共产党人的职责是，在经济斗争的各个阶段向工人指明，只有当工人阶级在公开的战斗中战胜资本家阶级，并通过无产阶级专政来解决社会主义建设事业时，这个斗争才能获得胜利。因此，共产党人必须尽可能使工会和共产党之间团结一致，使工会服从作为工人革命先锋队的党的实际领导。要达到这个目的，共产党人必须在各地工会和工厂委员会中建立共产党党团，借以从思想上掌握并领导工会运动。

二

1. 无产阶级要求提高工资和普遍改善工人群众生活条件的经济斗争，其前途越来越渺茫。各国相继发生规模越来越大的经济崩溃，现在，甚至连落后的工人也能看出，要求提高工资和缩短工作日的斗争，已无济于事，资本家阶级越来越难以恢复经济和保证工人能有哪怕是世界大战前那样的生活条件。随着这种思想认识的不断提高，工人群众乃产生建立组织的要求，以便能通过工厂委员会对生产实行工人监督来着手挽救经济。各国工人越来越希望成立工厂委员会，其原因也许很多（反对反革命官僚制，工会活动失败之后感到失望，打算成立一个包括全体工人的组织），但归根结底，是力求实现对工业的监督，而这种监督乃是工厂委员会的一项专门的历史性任务。因此，那种只由主张无产阶级专政的工人来组织工厂委员会的想法是错误的。相反，共产党的任务是借着经济崩溃的机会把全体工人组织起来，通过扩大和加深他们所能理解的争取工人监督生产的斗争，引导他们去为无产阶级专政而奋斗。

2. 共产党要完成这项任务，必须在工厂委员会的斗争进程中使群众深刻认识到，现在不能在资本主义社会的基础上有计划地恢复经济，因为这意味着国家制定一种有利于资本家阶级的新的经济奴役办法。只有当国家掌握在工人阶级手中，工人专政的铁拳开始消灭资本主义和从事新的社会主义建设的时候，才能组织符合工人群众利益的经济。

3. 工厂委员会反对资本主义的斗争，在当前是以实现工人对生产的监督为目的的。任何企业、任何工业部门的工人，不论从事哪种职业，都因资本家暗中破坏生产而遭受苦难。因为资本家为了用饥饿手段迫使工人同意最繁重的劳动条件，或者为了在物价普遍上涨时不在生产中进行新的投资，往往认为停止生产是比较有利的。为了防止资本家暗中破坏生产，具有不同政治信念的工人团结到一起，这样一来，该企业全体工人选出的工厂委员会，就成了无产阶级最广泛的群众性组织。但是，资本主义经济的解体，不只是资本家蓄意造成的，而且在更大的程度上是无法遏止的资本主义崩溃的结果。因此，同这种崩溃的后果作斗争时，工厂委员会必将超出对个别工厂的监督；各个工厂的工厂委员会很快就会遇到工人对一系列生产部门以及所有生产部门实行监督的问题。于是，由于工人企图监督工厂的原料供应和工厂主的财务，资产阶级和资本主义政府就必然要采取种种最有力的措施来对付工人阶级。这样一来，为了实现工人监督生产而进行的斗争，就会引导工人阶级去夺取政权。

4. 为成立工厂委员会而进行的宣传鼓动，必须使最广大的人民群众，甚至不直接属于工厂无产阶级的人民群众都深信，资产阶级是破坏生产的罪魁祸首，而无产阶级提出工人监督工业的口号，是为了组织生产，为了消灭投机倒把、经济混乱和物价上涨等现象。共产党的任务是：针对最令人关心的问题，即燃料不足、运输破坏等问题来争取监督生产；把分散的各部分无产阶级联合起来，并把由于经济崩溃而遭受空前苦难的、日益无产阶级化的广大小资产阶级群众吸引到无产阶级方面来。

5. 工厂委员会不能代替工会。只有在斗争过程中，工厂委员会才能越出个别企业和作坊的范围，按产业部门联合起来，成立一个领导整个斗争的总机构。工厂委员会是企业中一切工人都能参加的一种广泛的组织，工会虽然不像工厂委员会那样能包括如此广大的工人群众，但现在已经是一种集中的战斗机关。工厂委员会和工会之间任务的划分，是社会革命的历史发展的结果。工会是在全国范围内要求提高工资和缩短工作日方面，组织工人群众进行斗争的。成立工厂委员会，则是为了工人对生产实行监督，是为了防止经济崩溃。工厂委员会虽然能掌握各个企业的所有工人，但是，它们的斗争只能逐渐地具有全国范围的斗争性质。只有当工会克服了工会官僚的反革命倾向，并自觉地成为革命组织的时候，共产党人才应当支持变工厂委员会为工厂中的工会基层组织的主张。

6. 共产党人的任务是使工会和工厂委员会都能充满坚决斗争的精神，认识和理解进行斗争的最好方法是具备共产主义精神。共产党人在执行这项任务时，应当使工厂委员会和工会真正接受共产党的领导，从而建立起群众性的无产者机构，为建立无产阶级强大的、集中的政党奠定基础，以便由这个政党掌握一切无产阶级斗争组织，引导它们走向工人阶级获得胜利的道路，即走向通过无产阶级专政达到共产主义的道路。

7. 共产党人要把工会和工厂委员会锻炼成为强有力的革命工具，使这种群众性组织能胜任它们在无产阶级专政建立之后所应承担的伟大任务，成为在社会主义基础上重新组织经济生活的主要支柱。到那时，作为生产委员会建立起来的工会，将依靠工厂委员会，把它当做自己在工厂中的基层组织，使工人群众了解他们的生产任务，选拔最有经验的工人担任企业领导人，对技术专家实行监督，并会同无产阶级政权的代表制定和实行社会主义经济政策的计划。

三

由于资本家在罢工期间采取了从别国工人中招买工贼的做法,所以早在和平时代,各国工会就渴望成立一个国际联合组织。但工会国际在战前只起到无关紧要的作用。它曾致力于使这一工会给另一工会以金钱上的援助,致力于社会统计工作,而没有组织共同的斗争,因为机会主义者把持的工会竭力避免在国际范围内开展任何革命斗争。工会的机会主义领袖在战时无一例外地充当了本国资产阶级的走狗,而现在,则力求重建工会国际,企图把它当做国际性的世界资本直接反对无产阶级的工具。他们在列金、茹奥、龚帕斯的领导下成立了隶属于国际联盟这个国际资本主义掠夺组织的"劳工局"。他们企图在各国利用法律,通过逼迫工人服从资本主义政权代表的仲裁,来扼杀罢工运动。他们到处企图与资本家勾结起来对熟练工人进行让步,借以破坏工人阶级日益增强的团结。

由此可见,阿姆斯特丹工会国际就是已经破产了的布鲁塞尔第二国际的替身。针对这种情况,加入各国工会的工人共产党员,必须力求建立战斗性的国际工会阵线。现在的问题,不在于遇到罢工时要给予金钱上的援助,而在于一个国家的工人阶级遭受危险时,其他各国最广大的群众组织——工会要起来保卫它,使本国资产阶级不能去援助那个与工人阶级搏斗的国家的资产阶级。各国无产阶级的经济斗争,日益发展成为革命斗争。因此,工会必须有意识地运用自己的全部力量,来支持本国和其他各国的一切革命斗争。为了达到这一目的,工会不仅要在各个国家里尽量把自己的斗争集中起来,而且也要在国际范围内这样做,因而要加入共产国际,联合成为一支大军,这支大军的各个部队将互相支援,共同进行斗争。

关于土地问题的决议

1. 只有共产党领导的城市工业无产阶级,才能使农村劳动群众摆脱资本和大地主土地占有制的压迫,摆脱破产,摆脱在资本主义制度存在时必然会一再发生的帝国主义战争。农村劳动群众只有同共产主义无产阶级结成联盟,奋勇地援助无产阶级为推翻地主(大土地占有者)和资产阶级的压迫而进行的革命斗争,此外别无出路。

另一方面,如果产业工人局限于狭隘的行会利益和狭隘的职业利益,只满足于为改善自己有时还过得去的小市民的生活状况而奔走,那他们就不能完成使人类摆脱资本压迫和战争这一具有全世界历史意义的使命。许多先进国家中的"工人贵族"的情况正是如此。"工人贵族"是第二国际中那些所谓社会党的基础,而实际上他们是社会主义的死敌,是社会主义的叛徒,是市侩沙文主义者,是工人运动内部的资产阶级代理人。无产阶级要成为真正革命的阶级,成为真正按社会主义精神行动的阶级,就必须在言论和行动上成为全体被剥削劳动者的先锋队,成为率领他们推翻剥削者的领袖;但是如果不在农村中开展阶级斗争,不把农村劳动群众团结在城市无产阶级的共产党周围,不由城市无产阶级来教育农村劳动群众,这个任务是不能完成的。

2. 城市无产阶级应当引导农村被剥削劳动群众参加斗争,至少也要把他们争取过来。在一切资本主义国家里,农村被剥削劳动群众有以下几类:

第一,农业无产阶级,即雇佣工人(长工、季节工、短工),他们受雇于资本主义农业企业和与之有关的工业企业,以此来获得生活资料。把这个阶级(包括林业工人、庄园中的手工业者等)和其他各类农村居民分开来单独进行组织(政治、军事、工会、合作社、文化教育等方面),加紧在他们中间进行宣传鼓动工作,把他们争取到苏维埃政权和无产阶级专政方面来,这是各国共产党的**基本任务**。

第二,半无产者或小块土地农民,他们一方面依靠在资本主义农业企业和工业企业中出卖劳动力,另一方面依靠在仅能给他们家庭提供一部分食物的小块私有的或租来的土地上耕作,来获得生活资料。在一切资本主义国家里,这类农村劳动居民的人数极多,但是资产阶级代表人物和第二国际的"社会党人"掩盖这类农民的存在及其特殊地位。他们这样做,一方面是有意识地欺骗工人,另一方面是由于盲目接受了陈腐的世俗观念,竟把这类农民同一般"农民"群众混为一谈。资产阶级愚弄工人的这种手法,在德国和法国表现得最为明显,其次是在美国和其他国家。如果共产党的工作得当,这类农民就会成为共产党的可靠的拥护者,因为这些半无产者的境遇非常艰难,他们从苏维埃政权和无产阶级专政方面能够立刻得到很大的好处。

在某些国家里,上述两类劳动者之间没有严格的界限。因此,在特殊情况下,可以建立他们的联合组织。

第三,小农,他们拥有自己的或租来的小块土地,可以应付他们全家以及经营上的需要,并不另外雇佣劳动力。这一阶层从无产阶级的胜利中肯定会得到好处,因为无产阶级的胜利能立刻而充分地给予他们以下几种利益:(1)免除向大土地占有者缴纳地租或一半收成(例如法国的 métayers,即分成制农民,意大利和其他国家也是如此);(2)免除抵押债务;(3)免除大土地占有者的多种形式的压迫以及对大土地占有者的依附(林场、牧场及其使用等);(4)无产阶级国家政权立即帮助他们经营农务(允许他们使用无产阶级剥夺来的资本主义大农户的农具和部分建筑物；无产阶级国家政权立即把在资本主义制度下主要替富裕农民和中农服务的组织，如农业合作社和农业协作社，变成首先帮助贫苦农民即无产者、半无产者和小农等的组织）。

同时，共产党应当清楚地认识到，在从资本主义到共产主义的过渡时期，即在无产阶级专政时期，这个阶层中至少有一部分人必然会动摇而去追求无限制的贸易自由和无限制的使用私有权的自由，因为这一阶层是出卖消费品的（虽然数量不多），所以受到投机倒把和私有者习惯的侵蚀。但是只要实行坚定的无产阶级政策，只要胜利了的无产阶级十分坚决地镇压大土地占有者和大农，这一阶层的动摇不会很大，并且也不会改变这个阶层整个的说来将站在无产阶级革命方面这一事实。

3. 上述三类人的总和，构成一切国家农村人口的多数。因此，无产阶级革命的最终胜利，不仅在城市内，而且在农村都是有保障的。有一种相反的意见还颇为流行，但是，第一，这是因为资产阶级的科学和统计不断进行欺骗，极力掩盖农村上述各阶级同剥削者即地主、资本家之间，以及半无产者和小农同大农之间的巨大区别；第二，是因为第二国际的英雄们和被帝国主义特权腐化了的"工人贵族"不善于而且也不愿意在农村劳动居民中进行真正无产阶级的革命宣传工作、鼓动工作和组织工作；机会主义者无论过去和现在都只关心怎样去同资产阶级，包括大农和中农作理论上和实践上的妥协，而不关心无产阶级实行革命来推翻资产阶级政府和资产阶级；第三，是因为有根深蒂固的偏见（这种偏见同一切资产阶级民主偏见和议会制偏见有关），是因为不了解已经被马克思主义理论充分证明而且又被俄国无产阶级革命经验完全证实了的真理：除了现已站到革命方面来的农业工人之外，上述三类分散、愚昧、备受压抑的、在一切国家（甚至在最先进国家）中必然过着半野蛮生活的农村居民，虽然在经济上、社会上和文化上会从社会主义的胜利中得到好处，但是只有**在无产阶级夺得政权以后**，只有**在无产阶级**

坚决镇压大土地占有者和资本家**以后**，只有**在**这些备受压迫的人**从实践中**看到他们有了这种组织起来的十分强大坚定的领导力量和保护力量来帮助和领导他们，给他们指出正确道路**以后**，才能坚决地支持革命的无产阶级。

4. "中农"从经济上来说是小农，他们也拥有一小块自己的或租来的土地，不过，在资本主义制度下，这块土地上的收入通常不仅够维持一家的俭朴生活和经营的费用，并且可能有某些剩余，这些剩余至少在好年头可能变为资本。他们还往往另外雇佣劳动力。拥有 5—10 **公顷**土地的德国农户，可以作为先进资本主义国家的中农的例子，据 1907 年的普查，这类农户雇佣农业工人的，约占其总数的 1/3。在法国，特种农作物比较发达，像葡萄种植业就需要在土地上花费特别多的劳动，大概这类农户使用雇佣劳动力的范围要更广泛些。

革命无产阶级，至少在最近的将来和在无产阶级专政的初期，不能给自己提出把这个阶层争取过来的任务，而应当只限于使它保持中立，即迫使它在资产阶级反对无产阶级的斗争中不去积极支持资产阶级。这个阶层必然要动摇于这两种势力之间，而且在新时代的初期，在发达的资本主义国家里，这个阶层的主要趋向将是拥护资产阶级的。这是因为在这个阶层中，私有者的世界观和情绪占据优势。胜利了的无产阶级废除地租和抵押债务，为这个阶层提供机器，使他们在农业生产中运用电力等等，会直接改善这个阶层的生活状况。在多数资本主义国家中，还谈不上由无产阶级政权立即完全废除私有制。

但是，无产阶级国家政权将废除这个阶层所担负的因私有权而产生的一切债务。无产阶级国家政权无论如何都要保证小农和中农不仅保留他们原有的土地，而且使他们的土地扩大到他们平时租种的全部面积（废除地租）。

把这些办法和反对资产阶级的无情斗争结合起来，就可以充分保证中立政策获得成功。无产阶级国家政权只能十分谨慎地逐步前进，运用榜样的力量，提供机器，改进技术，实行电气化，而不能对中农施加任何暴力，才能实现向集体农业的过渡。

5. 大农是农业中的资本主义企业主，他们通常都有几个雇佣工人，他们之所以能归入"农民"之类，只是因为文化水平不高，生活习惯相同，亲自参加自己农场中的体力劳动。这是直接而坚决地反对革命无产阶级的那些资产阶级阶层中人数最多的一个阶层。共产党在农村工作中，应当集中主要注意力去同这个阶层进行斗争，把多数农村居民即被剥削劳动者从这些剥削者的思想和政治影响下解放出来。

无产阶级在城市中获得胜利以后，这个阶层必然要进行各种反抗，或暗中破坏，或公开采取反革命性质的武装行动。因此，革命的无产阶级应立即开始从思想上和组织上准备必要的力量，以便彻底解除这个阶层的武装，在推翻工业资本家的同时，只要这个阶层的反抗一露头，就给予最坚决最无情的歼灭性的打击。为此，就得武装农村无产阶级，组织农村苏维埃，在苏维埃里决不能让剥削者有立足之地，而要保证无产者和半无产者占据优势。

但是，即使是对待大农，获得胜利的无产阶级也决不能把剥夺列为直接的任务，因为还没有具备物质条件，特别是没有具备技术条件，更没有具备社会条件来实现这类农场的社会化。在个别的、显然是例外的情况下，将没收他们土地中零散出租的部分或附近小农特别需要的部分；同时还要保证小农根据一定的条件可以无偿使用大农的一部分农业机器，等等。一般说来，无产阶级国家政权应当保留大农的土地，只在他们反抗被剥削劳动者的政权时才加以没收。在俄国无产阶级革命中，反对大农的斗争由于若干特殊情况而复杂起来，并且持续的时间很长，但是这个革命的经验终究表明，这个阶层一试图反抗就得到很好的教训之后，能规规矩矩地执行无产阶级国家分派的任务，甚至开始（虽然非常缓慢）对捍卫一切劳动者而无情对待富人、打击财主寄生虫的政权表示尊重。

在俄国，使战胜了资产阶级的无产阶级对大农的斗争变得复杂而持久的特殊情况，主要是在1917年10月25日（11月7日）的革命以后，俄国革命经历了全体农民反对地主的"一般民主的"，即基本上是资产阶级民主的斗争阶段；其次是城市无产阶级的文化低，数量少；再次是幅员辽阔，交通极不方便。各先进国家既然没有这些起阻碍作用的条件，欧美的革命无产阶级就应当更积极地准备并且更迅速、更坚决、更有成效地取得镇压大农反抗的完全胜利，使他们完全失去反抗的可能性。这是迫切需要的，因为在取得这种完全的彻底的胜利以前，农村中无产者、半无产者和小农群众不会相信无产阶级国家政权是十分稳固的。

6. 革命无产阶级应当立刻无条件地、无例外地没收地主即大土地占有者的全部土地，这些人在资本主义国家里直接地或通过租地农场主不断地剥削雇佣劳动力和附近小农（也时常剥削一部分中农），他们不参加任何体力劳动，他们大半是封建主（如俄国、德国和匈牙利的贵族，法国复辟了的领主，英国的勋爵，美国的前奴隶主）的后裔，或者是特别富有的金融巨头，或者是这两类剥削者和寄生虫的混血儿。

在各国共产党队伍中，决不容许宣传剥夺大土地占有者的土地要给予补偿，也决不容许给他们补偿。因为在现代欧美各国的条件下，这样做就是背叛社会主义，就是向遭受战争苦难最深重的被剥削劳动群众征收新贡赋，而这场战争产生了更多的百万富翁，使他们大发横财。

对先进资本主义国家说来，共产国际认为，**尽量**保留大农业企业，并按俄国国营农场的方式经营这种企业，是正确的。同样，支持农民建立集体生产组织（农业协作社、公社），也是合适的。

由于俄国的经济落后，在大多数情况下，把土地分给农民使用，只有在少数情况下把庄园变成所谓"国营农场",由无产阶级国家自己经营,并把以前的雇佣工人变成国家委托的工作人员和管理国家的苏维埃成员。

保留大农业生产,最能保障农村居民中的革命阶层,即主要靠在大农场中从事雇佣劳动来谋生的无地农业工人和半无产者贫苦农民的利益。此外,对大农场实行国有化,也将使城市居民在粮食供应问题上,至少部分地不依赖于农民。

然而,在中世纪徭役制的残余形成特殊剥削形式的地方,在还存在着地役权或对分制等等的地方,在一定的条件下,则必须把一部分大地产分给农民。

如果在某些国家和地区,大农业生产所起的作用比较小,而小农数量很大,而且他们希望获得土地,那么,分配大土地占有者的土地就是吸引农民到革命方面来的最正确的手段,何况保留大农业经济,对于城市粮食供应的意义并不大。

保证无产阶级取得胜利和巩固这一胜利,在任何情况下,都是无产阶级的首要的基本任务。无产阶级为了革命的胜利,决不能因为生产暂时下降而裹足不前。如果不中立中农,如果没有全体小农至少极大部分小农的支持,无产阶级政权是不能巩固的。凡是对大地产进行分配的地方,无论如何必须首先考虑到农村无产阶级的利益。

大农场的农具必须加以没收并转归国家所有,这些农具,**在**保证大国营农场的使用需要**以后**,应当让附近的小农在遵守无产阶级国家所规定的条件下无偿地使用。

如果说在无产阶级革命后的最初一个时期,不仅绝对必须立即没收大土地占有者的田庄,而且绝对必须把他们这些反革命头子和残酷压迫全体农村居民的人一律驱逐出去或加以关押,那么随着无产阶级政权在城市和乡村的巩固,必须不断努力使这个阶级中具有宝贵经验、知识和组织能力的人,都能被用来(在最可靠的工人共产党员的特别监督和农村苏维埃的管理下)建立社会主义的大农业。

7. 只有在无产阶级的国家政权最终平定剥削者的一切反抗,保证自己完全巩固,完全能够实施领导,根据大规模集体生产和最新技术基础(全部经济电气化)的原则改组全部工业的时候,社会主义对资本主义的胜利以及社会主义的巩固才算有了保证。只有这样,城市才有可能给落后而分散的农村以技术的和社会的根本的帮助,并且在这种帮助下为大大提高耕作和一般农业劳动的生产率打下物质基础,从而用榜样的力量促使小农为了自身的利益过渡到集体的、机械化的大农业上去。

要使农村中争取社会主义的斗争真正获得成功,就要求:第一,各国共产党教育工业无产阶级,使他们认识到,为了推翻资产阶级和巩固无产阶级政权,必须忍受牺牲,因为无产阶级专政就意味着无产阶级善于组织和引导全体被剥削劳动群众,意味着这个先锋队为达到这一目的,也善于承担最大的牺牲和表现出英勇精神;第二,要取得成功,还要使农村中受剥削最重的劳动群众能从工人的胜利中靠剥夺剥削者来立即大大改善自己的境况,否则就不能保证工业无产阶级取得农村的支持,特别是工业无产阶级也就无法保证城市的粮食供应。

8. 因为资本主义使农业劳动群众异常闭塞而分散、往往处于半中世纪式的依附状态,所以组织和教育他们参加革命斗争,是非常困难的,这就要求各国共产党特别注意农村中的罢工斗争,加紧援助和全面开展农业无产者和半无产者的群众性罢工。为德国、波兰、意大利、英国和其他先进国家现时的经验所证实、所丰富了的俄国1905年和1917年革命的经验表明,只有日益开展的群众性罢工斗争(在一定条件下,应当争取小农参加罢工斗争)才能打破农村的沉睡状态,唤醒农村被剥削群众的阶级觉悟,使他们认识到成立阶级组织的必要性,并使他们切实理解同城市工人结成联盟的意义。因此,支持农业工人的工会组织,共产党人参加农业工人工会和林业工人工会，是特别必要的。

各国共产党也必须支持在农村被剥削居民中组织与革命工人运动有密切联系的合作社（生产协作社）。另外，必须在小农中进行特殊的鼓动工作。

共产国际代表大会痛斥那些背叛和变节的社会党人（遗憾的是这种社会党人不仅在黄色国际即第二国际里存在，而且在退出了这个国际的欧洲极其重要的党里也存在），他们不仅对农村罢工斗争采取冷淡的态度，而且借口有降低消费品生产的危险来反对这种罢工斗争（例如工会官僚、谢德曼分子及考茨基之流）。假如不是在实践中用行动证明共产党人和工人领袖能够把开展无产阶级革命及夺取这一革命的胜利看得高于世上的一切，能够为这一革命作出最大的牺牲（因为要免除饥饿、破产和新的帝国主义战争，是没有别的出路的），那么任何纲领和最庄严的声明都是一钱不值的。

9. 各国共产党应当竭力尽快地在农村中建立代表苏维埃，首先建立雇佣工人和半无产者的代表苏维埃。同时，必须提倡建立小农苏维埃。苏维埃只有同群众性罢工斗争和最受压迫的阶级联系在一起，才能执行自己的使命，才能大大巩固起来，使小农接受它的影响，然后通过小农苏维埃同农业工人苏维埃的合并，把小农吸收到它的组织里。但是，如果因为土地占有者和大农的沉重压迫，以及没有产业工人及其工会的支持，罢工斗争还没有展开，农业无产阶级的组织还很薄弱，那么，建立农村的苏维埃就需要进行长期的准备工作，其方法就是建立共产党支部（即使是比较小的也好），加紧进行鼓动工作，用通俗的方式说明共产主义的要求，用各种剥削和压迫的实例来阐明这些要求，同时，经常派产业工人去农村进行鼓动工作，等等。

共产国际章程

1864年,国际工人协会(第一国际)在伦敦成立,它的章程如下:

"工人阶级的解放,只能由工人阶级自己去争取;

工人争取解放的斗争,并不是为了建立新的特权和垄断,而是为了建立人人平等的权利和义务,消灭一切阶级统治;

劳动者在经济上从属于生产手段(即生活的一切来源)的垄断者,乃是一切奴役形式、所有社会罪恶、种种道德败坏和工人阶级政治上的依附的主要根源;

工人阶级的经济解放是一个伟大的目标,每个政治运动必须是为这一目标而采取的手段;

由于各个国家各种行业的工人之间缺乏团结,由于各国工人之间缺乏兄弟般的联盟关系,以致到目前为止,为实现这个目标而做出的全部努力,都毫无成效;

劳动的解放既不是一个地方问题,也不是一个民族范围内的问题,而是一个社会问题,它涉及现代社会制度中的一切国家的利益,只有各先进国家在理论上和实践上相互配合,这个问题才能得到解决;

目前,欧洲各工业国中的工人运动同时兴起,虽然唤起了新的希望,但也提出了严重的警告,提醒我们不要重犯过去的错误,要求我们立即把至今彼此仍然互不联系的运动联合起来。"

1889年在巴黎成立的第二国际,负有继承第一国际事业的职责。但在1914年世界大屠杀开始时,它已陷入全面瓦解的状态。由于机会主义的阴谋破坏和倒向资产阶级的领袖们的背叛，它终于崩溃了。

1919年3月在俄罗斯苏维埃社会主义联邦共和国首都莫斯科成立的共产国际，向全世界庄严地宣布，它要继承和完成国际工人协会（第一国际）所开创的伟大事业。

共产国际是在1914—1918年帝国主义大战结束之后建立的。在这次战争中，各国帝国主义资产阶级招致了2000万人的牺牲。

要牢记帝国主义战争！这是共产国际向每个劳工——不管他住在哪里和操哪种语言——发出的第一个号召。要记住，由于资本主义制度的存在，一小撮资本家才得以迫使各国工人自相残杀达四年之久！要记住，资产阶级的战争给欧洲和全世界带来了最可怕的饥荒和苦难。要记住，不推翻资本主义，这种强盗式的战争不仅还会重演，而且是不可避免的。

共产国际所追求的，就是利用一切手段（包括武装斗争）为推翻国际资产阶级、为建立国际苏维埃共和国（它是完全消灭国家的过渡阶段）而斗争。共产国际认为，无产阶级专政是唯一能使人类摆脱资本主义恐怖的手段。同时，共产国际认为，苏维埃政权是无产阶级专政的一种历史形式。

帝国主义战争使一国工人的命运同一切国家无产者的命运紧密联系在一起。帝国主义战争再次证明第一国际章程中这一论断是正确的：劳动的解放既不是一个地方问题，也不是一个民族范围内的问题，而是一个**国际性**的问题。

共产国际已断然同第二国际的传统决裂。对于第二国际来说，事实上它只看到白种人，而共产国际的任务是解放全世界的劳动者。在共产国际的队伍里，要把白种人、黄种人和黑种人，即全世界的劳动者，都兄弟般地团结起来。

伟大的俄国无产阶级革命是世界历史上第一次获得胜利的社会主义

革命，共产国际全心全意地维护它所取得的成就，并号召全世界无产者走同样的道路。共产国际保证全力支持任何地方成立的每个苏维埃共和国。

共产国际认为，为了迅速地取得胜利，为消灭资本主义和建立共产主义而斗争的国际工人协会应当有一个高度集中的组织。共产国际实质上应成为一个真正统一的世界性的共产党，在各国进行活动的党是它的各个支部。共产国际的组织机构，应保证每个国家的劳动者随时都能得到其他国家有组织的无产者的大力援助。

为此目的，共产国际确定如下章程：

1. 新的国际工人协会的建立，是为了把追求下列同一目标的各国无产者的共同行动组织起来，推翻资本主义，建立无产阶级专政和国际苏维埃共和国，以便完全消灭阶级，实现共产主义社会的第一阶段——社会主义。

2. 新的国际工人协会定名为共产国际。

3. 加入共产国际的一切政党，称为：某某国共产党（共产国际支部）。

4. 共产国际的最高权力机关，是加入共产国际的一切政党和组织的世界代表大会。代表大会规定每年召开一次。只有代表大会有权修改共产国际纲领。代表大会讨论和决定有关共产国际活动的最重要的纲领性问题和策略性问题。每个政党和组织的表决权票数、由代表大会作出专门决议来确定。

5. 世界代表大会选出共产国际执行委员会，作为代表大会休会期间共产国际的领导机构，它只对代表大会负责。

6. 共产国际执行委员会的所在地，由每届世界代表大会决定。

7. 共产国际的特别代表大会，得根据执行委员会的决定，或根据加入共产国际的半数政党在上届代表大会上提出的要求召开之。

8. 共产国际执行委员会工作中的主要部分，由代表大会决定作为执行委员会所在地的那个国家的共产党承担。

该国共产党指派享有表决权的代表五人参加执行委员会。此外，10—13个最重要的共产党，各派享有表决权的代表一人参加共产国际执行委员会，其名单由应届共产国际代表大会批准。参加共产国际的其余政党和组织，有权各派享有发言权的代表一人参加执行委员会。

9. 在代表大会休会期间，执行委员会领导共产国际的全部工作；至少要用四种文字出版共产国际中央机关刊物（《共产国际》期刊），用共产国际的名义发表必要的宣言，并向所有参加共产国际的政党和组织下达具有约束力的指示。共产国际执行委员会有权要求属于共产国际的政党开除那些违反国际纪律的集团或个人，它也有权将违反代表大会决议的政党从共产国际中开除出去。被开除的政党有权向代表大会提出申诉。在必要的情况下，执行委员会可在各国设立完全隶属于执行委员会的办事机构或其他辅助性机构。执行委员会的代表执行自己的政治任务时，要与本国共产党中央委员会取得密切的联系。

10. 共产国际执行委员会有权遴选那些没有加入共产国际但却同情和靠拢共产国际的组织和政党的代表参加该委员会，他们享有发言权。

11. 加入共产国际的一切政党和组织，以及被认为同情共产国际的各政党和组织，其机关报刊必须刊登共产国际及其执行委员会的一切正式决议。

12. 整个欧洲和美洲的总的形势要求全世界共产党人，除了合法组织外，还要建立共产党的秘密组织。执行委员会必须注意使各地都实现这一点。

13. 通常，加入共产国际的各党之间在政治上的一切重要联系，都要通过共产国际执行委员会。在紧急情况下，可以直接联系，但要同时通知共产国际执行委员会。

14. 凡是拥护共产主义并在共产国际执行委员会领导下组成的国际性工会，应成为共产国际的工会支部。这种工会应通过各该国共产党派遣代表出席共产国际代表大会。共产国际工会支部应派享有表决权的代表一人参加共产国际执行委员会。共产国际执行委员会有权派遣享有表决权的代表一人参加共产国际工会支部。

15. 青年共产国际是享有充分权利的共产国际成员，它隶属于共产国际执行委员会。青年共产国际执行委员会应派享有表决权的代表一人参加共产国际执行委员会。共产国际执行委员会有权派遣享有表决权的代表一人，参加青年共产国际的执行机关。

16. 共产国际执行委员会应批准共产主义妇女运动的国际书记的任命，并组织共产国际妇女支部。

17. 共产国际的每一成员，从一国迁移到另一国时，应受到共产国际当地成员的兄弟般的帮助。

共产国际第二次代表大会宣言

一、凡尔赛和约后的国际关系

全世界的资产阶级沉痛地缅怀着过去。国际关系和国内关系的全部基础都崩溃了或动摇了。明天,剥削者世界的上空将是乌云满天。帝国主义战争彻底粉碎了通过国际均势和武装对峙结成的同盟和相互制约的旧体系。凡尔赛和约没有建立起任何新的均势来代替旧的均势。

首先是**俄国**,其次是**奥匈帝国**和**德国**,已被赶出世界角逐的场所。在世界侵略体系中曾占显要地位的强国,竟变成被掠夺和被瓜分的对象。在战胜了的协约国帝国主义面前,展现出进行殖民剥削的广阔的新天地,这就是从莱茵河西岸开始,囊括整个中欧和东欧,进而伸展到太平洋这一辽阔的地区。刚果或叙利亚、埃及或墨西哥,怎能同俄国的草原、森林和山脉以及德国的熟练劳动力相媲美?战胜国的新的殖民计划必定是:推翻俄国的工人共和国,掠夺俄国的原料,强迫德国工人用德国煤炭对这些原料进行加工,让武装起来的德国企业主充当监工,而把制成品及其利润据为己有。德国帝国主义在其军事上节节胜利时提出的"组织欧洲"的计划,已由战胜的协约国继承下来。协约国的当权者把战败的德意志帝国强盗置于被告席上,进行一场名副其实的、强盗对强盗的审判。

但是,在战胜国阵营的内部,也有自己的战败国。

资产阶级法国在替他人赢得胜利以后,沙文主义气焰万丈,得意忘形,俨然以欧洲的主宰自居。但实际上,就其存在的基础来说,法国从来没有像现在这样奴隶般地依赖于英美这两个比它强大的国家。法国强迫比利时接受既定的经济和军事计划,使一个比较弱小的盟国变成了被奴役的领地,但是在和英国的关系上,法国本身却充当了比利时的角色,只不过是国土比它大些罢了。

英国帝国主义者之所以暂时允许法国高利贷者在为其规定的大陆范围内横行霸道,是为了借以把欧洲和英国劳动人民的强烈怒火巧妙地转嫁到法国身上。虚弱无力、元气大伤的法国嚣张一时,乃是一种幻影,而且几乎是一种假象。迟早有一天,连法国的社会爱国主义者也会看清这一点。

意大利在世界关系中的地位,更是一落千丈。资产阶级的意大利没有煤炭、没有粮食、没有原料,战争完全打破了国内的平衡。它虽然还是野心勃勃,但是,就连在英国分配给它的一些偏僻的殖民地里,也不能充分行使其掠夺和压迫的权利。

日本已被披着封建外衣的资本主义矛盾弄得疮痍满目,正处在极其深刻的革命危机的前夜。目前,尽管国际环境很有利,但这种危机日益削弱它的帝国主义气焰。

现在只剩下两个真正的世界强国——**英国和美国**。

英国帝国主义无须再同帝俄在亚洲进行角逐,也无须再同德国从事残酷的竞争。英国的海上实力已达到登峰造极的程度。它所统治的民族遍于各个大陆。它插手干涉芬兰、爱沙尼亚和拉脱维亚以后,又剥夺了瑞典和挪威仅有的一点独立权,把波罗的海变成了大不列颠的一个海湾。它由于占有南非联邦开普省、埃及、印度、波斯和阿富汗,而使印度洋变成一个大不列颠海。英国是以霸占海洋来控制大陆的。英国的世界主宰地位,只有美利坚金元共和国和俄罗斯苏维埃共和国能予以制约。

世界大战使美国彻底放弃了大陆保守主义。民族资本主义的行动纲领——"美洲是美洲人的"（门罗主义），换成了帝国主义纲领——"全世界都是美国人的"。美国最初在工商业和交易所方面大发战争财，接着，利用欧洲流血大发中立财，最后，参加了战争，对粉碎德国起了决定性的作用，从而开始干预欧洲和世界的一切政治问题。

美国企图在国际联盟的旗帜下，把自己那种以联邦形式联合大量不同种族的人民群众的经验，推广到大洋彼岸，使欧洲和世界其他地区的民族依附于它这个金元王国，以保证华盛顿对它们的控制。实际上是要使国联成为"美国佬"的世界垄断公司。

美国总统这位老生常谈的伟大预言家，手持14条计划走下西奈山来征服欧洲。交易所经纪人、政府部长和资产阶级实业家，对于新的启示的意义，从来没有发生过错觉。可是，欧洲的"社会主义者"，却由于考茨基主义的影响，陷入宗教式的狂欢之中，他们像大卫王一样，手舞足蹈地护送威尔逊的神圣方舟。

一接触到实际问题，这位美国圣徒就清楚地看到，尽管美元的行情很好，但是在联结和分隔各个国家的所有海洋航线上，英国仍然占居首位，因为它有比较强大的舰队、比较长的海底电缆和进行世界掠夺的老经验。此外，威尔逊在自己的征途上，又碰到了苏维埃共和国和共产主义。于是，这个受到凌辱的美国救世主退出了已变成英国外交处的国联，撇开了欧洲。

但是，如果以为刚一出马就被英国击退的美国帝国主义，从此就会闭关自守于门罗主义，那就太幼稚了。不是这样，以其两个当权的政党——民主党和共和党为代表的美国，一面在继续加紧对美洲大陆的控制，把中美和南美的国家都变成它的殖民地，一面在准备建立自己的国联，即以北美作为世界体系中心的国联，来同英国的国联分庭抗礼。为了从关键之处着手，美国打算在最近三五年内建立一支比英国更为强大的海军。这样一来，就向帝国主义英国提出一个问题：如何是好？两个大国在造船方面的疯狂竞赛，又引起了同样疯狂的石油之争。

法国把国联看做是一个沉重的包袱，想从英美对抗形势中寻求出路，它打算充当英美之间的调停人，但实际上，它已作为一个二等伙伴加入了英国的行列。

由此可见，实力雄厚的国家都在准备新的世界决斗。

在战争中提出的解放弱小民族的纲领，使战胜的和战败的巴尔干诸民族都遭到彻底破产而沦为奴隶，并使欧洲很大一部分地区巴尔干化了。为了帝国主义的利益，战胜国使一些弱小的民族国家脱离了战败的大国。所谓民族原则，在这里已不复存在，因为帝国主义就是要取消民族的界限，甚至大国的界限。新成立的资产阶级小国，只不过是帝国主义的附属品。帝国主义建立了奥地利、匈牙利、波兰、南斯拉夫、波希米亚、芬兰、爱沙尼亚、拉脱维亚、立陶宛、亚美尼亚、格鲁吉亚等一系列小国，作为自己的临时支柱，这些小国无论是公开地受压迫或者形式上受保护，实质上都是仆从国家。帝国主义通过银行、铁路和煤炭垄断组织来统治它们，使它们在经济方面和民族关系方面遭受无法忍受的痛苦，陷于无穷无尽的纠纷和流血冲突之中。

波兰的复兴，本已列入国际无产阶级实行革命民主制和初期行动的计划，而帝国主义为了抵制革命，竟自行予以实现了。"民主"波兰的先驱者曾在整个欧洲的巷战中捐躯牺牲，而这个"民主"波兰如今却充当了英法强盗手中的极其肮脏的血腥工具，反对世界上第一个无产阶级共和国。这个事实对历史是一个多么巨大的讽刺！

除了波兰之外，还有卖身投靠法国资本的"民主"捷克斯洛伐克，也派遣白卫军来反对苏维埃俄国和苏维埃匈牙利。

匈牙利无产阶级为摆脱中欧政治上和经济上的混乱状态而走上苏维

埃联邦这条唯一的生路，它的这种大胆的尝试，竟被联合起来的资本主义反动势力给扼杀了；而当时欧洲各大国的无产阶级，由于被自己的政党所蒙蔽，还不能履行对社会主义匈牙利和对其本身应尽的职责。

布达佩斯的苏维埃政府，是在卖身求荣的社会党人的帮助下被推翻的，但是这些社会党人仅仅执政三天半，就被血腥罪行大过高尔察克、邓尼金、弗兰格尔及协约国其他走狗的那帮猖獗的反革命匪徒一脚踢开了。然而，苏维埃匈牙利尽管暂时受到挫折，但却像灯塔一样照耀着中欧的劳动人民。

土耳其人民不甘心屈服于伦敦霸主一手制造的可耻的和约。英国为了实现它所规定的条款，便武装希腊，唆使它反对土耳其。这样一来，巴尔干半岛和小亚细亚，土耳其人和希腊人，都陷于彻底毁灭和自相残杀的境地。

亚美尼亚在协约国同土耳其的斗争中，起了关键性的作用，就像比利时在协约国同德国的斗争中、塞尔维亚在协约国同奥匈帝国的斗争中所起的作用一样。亚美尼亚成立以后（它没有国界，也没有生存条件），威尔逊曾拒绝接受"国际联盟"向他提出的托管亚美尼亚的建议，因为亚美尼亚的地下既没有石油，也没有白金。今天，"解放了的"亚美尼亚，比任何时候都缺乏保障。

几乎每个新成立的"民族"国家，都各自存在着民族解放问题，即国内的民族痈疽。

同时，战胜国领地的民族斗争，也达到空前紧张的地步。英国资产阶级想要监督世界四大洲的民族，但实际上，它连眼前的爱尔兰问题都解决不了。

殖民地的民族问题更为严重。频繁的起义使得埃及、印度、波斯动荡不定。殖民地的劳动人民，从欧洲和美洲的先进无产者那里学到苏维埃联邦的口号。

在战后和凡尔赛和约签订以后，资产阶级欧洲，就其政府、国家、民族、文明等方面来看，真像是一个疯人院。人为地割裂开的各个小国，国内的经济受到极大的压抑，它们常为一些码头、地区、小城镇而相互争吵和厮杀。它们寻求大国的庇护，使得大国之间的敌对情绪也日益增长。意大利敌视法国，它宁愿支持德国反对法国，因而使德国几乎又能抬起头来。法国非常嫉妒英国，准备再次从四面八方点起欧洲战火，以便从中取利。英国则利用法国使欧洲继续处于软弱无力的混乱状态，以便腾出手来对付美国的世界活动。美国使日本陷入东西伯利亚的困境，以便利用这个时机使自己的舰队能在 1925 年以前超过英国，只要在此期限内英国不下决心和它较量实力的话。

根据世界关系的这种情势，法国资产阶级军事预言家福煦元帅指出，未来的战争将以上次战争的终点作为起点，即一开始就将使用飞机和坦克，就将用自动步枪和连射榴弹炮代替步枪，用手榴弹代替刺刀。

欧洲、美洲、亚洲、非洲和澳洲的工人、农民们！你们已付出 1000 万人死亡、2000 万人伤残的牺牲。现在，你们至少也会知道，你们用这个代价换来了什么！

二、经济状况

在这一期间，人类还是在继续不断地遭到摧残。

战争必然破坏世界的一切经济联系，而这种联系的发展曾是资本主义的重大成就之一。英国、法国和意大利，从 1914 年起同中欧和近东断绝了联系，从 1917 年起又同俄国断绝了联系。

几年的战争毁灭了人们世世代代所创造的财富。在这几年当中，微乎其微的人类劳动多半是用来把现有的原料制成商品，主要是制成毁灭性的武器和工具。

在那些人们直接同冷酷无情的自然界作斗争、力求从它的内部提取燃料和原料的主要经济部门中，工作逐渐地停顿下来。协约国的胜利和凡尔赛和约没有制止住经济崩溃和衰退，而只不过是改变了崩溃和衰退的途径和形式。封锁苏维埃俄国和有意识地在其富饶的边区掀起内战，已给全人类的美好生活带来并将继续带来不可估量的损失。共产国际可向全世界担保：只要能够得到最低限度的技术援助，俄国就可以利用苏维埃经济形式向欧洲提供比沙俄时代多一两倍的食品和原料。然而，英、法帝国主义不但不这样做，反而迫使这个劳动共和国把全部力量用在国防上。为了不供给德国工人燃料，英国凶暴地控制了巴库，因而能从那里运来使用的煤炭是微不足道的。煤的蕴藏量极其丰富的顿巴斯，经常遭受协约国白卫军匪帮的破坏。法国教官和工兵十分起劲地破坏俄国的桥梁和铁路。日本至今还在东西伯利亚进行掠夺和破坏。

德国的技术和高劳动生产率是促进世界经济复兴的重大因素，但它们在凡尔赛和约以后，比在战争期间更加一蹶不振了。协约国面对着一个无法解决的矛盾：要迫使德国赔款，就必须使它能够生产，要使它能够生产，就必须使它能够生存下去。而使支离破碎、民穷财尽的德国能够生存下去，就意味着使它能有反抗的能力。由于害怕德国复仇，便产生了福煦的不断加强军事压制，以阻止德国复兴的政策。

大家都感到不足，大家都有所需要。不仅德国，就连法国和英国，也都有很大的贸易逆差，法国的国债增加到 3000 亿法郎，而据法国反动参议员戈丹·德维莱纳说，这个数字的 2/3 是由贪污盗窃和杂乱无章造成的。

法国为恢复战争破坏的领域而进行的工作，简直是微不足道。燃料、原料和劳动力的不足，造成了难以克服的障碍。

法国需要黄金，也需要煤炭。法国资产者指着无数的阵亡将士墓，要求得到自己的那一份赔款。德国必须拿出钱来！要知道，福煦将军还有一批用来占领德国城市的黑人队伍。俄国也必须拿出钱来！为了使俄国人民懂得这一点，法国政府竟拿出准备复兴法国用的几十亿法郎去蹂躏俄国。

国际财政协定本可通过比较全面地废除战时债务，而使法国捐税负担得到减轻，但这种协定始终没有达成，因为美国根本不打算把100亿英镑赠送给欧洲。

纸币的发行额不断增长。在苏维埃俄国，随着公有化经济的发展、产品的计划分配和实物工资的增加，纸币的增加和贬值只不过是商品货币经济衰退的结果，而在资本主义国家里，纸币发行额的增长，则标志着经济混乱的加深和不可避免的崩溃。

协约国会议不断更换会址，在欧洲的所有疗养地寻求灵感。大家都伸出手来，要求按照战争中死亡的人数付给相适应的赔款。这个漂泊不定的死人交易所，每两周重新解决一次法国究竟应从那笔德国无力偿付的赔款中取得50%还是55%的问题，这就是郑重宣扬的那个欧洲"组织"的杰作。

在战争过程中，资本主义改变了老样子。资产者老爷们已习惯于通过国际掠夺，采用投机倒把的方法，在几天之内使自己的资本翻一番，甚至翻几番，因而觉得在生产过程中有计划地榨取剩余价值（利润经济原理），过于平淡乏味。

资产者消除了从前束缚他们的某些成见，但又养成了一些他们以往所没有的习性。战争使他们习惯于对许多国家实行粮食封锁，轰炸和焚烧城市与乡村，有目的地散布霍乱病菌，用外交信使的公文包运送甘油炸药，伪造对方的信用证券，贿赂收买，间谍活动以及空前的大规模走私。缔结和约之后，战争的方法竟成了贸易的方法。现在，最主要的商业活动已经和国家的活动，即用一切暴力手段武装起来的世界性匪帮的活动，结合在一起了。世界的生产基础愈狭窄，占有的方法就愈残暴、愈无所顾忌。

掠夺！这就是用以代替自由贸易和关税保护的资本政策的新内容。罗马尼亚强盗掠夺了匈牙利，从那里抢走了火车头和宝石戒指，这是劳合-乔治和米勒兰的经济哲学的象征。

在国内经济政策方面，资产阶级摇摆不定。它一方面打算进一步实行国有化，实行调整和监督；另一方面又反对战时发展起来的国家干预办法。法国议会在研究一个根本无法解决的问题，即在不损害私人资本主义铁路公司的利益的情况下，建立一个全国铁路网的"统一管理机构"。而法国资本主义报刊却掀起一个疯狂的运动，反对限制私人积极性的"国家主义"。战时被国家弄得混乱不堪的美国铁路，在取消国家监督之后，情况更加严重。当时，共和党在自己的纲领中，保证经济生活不受国家的任意干预。美国工会领袖塞米尔·龚帕斯这条资本豢养的老狗，竭力反对那些招摇撞骗的改良主义者在美国、法国以及其他国家当做法宝提出的铁路国有化。实际上，国家实行零星的强制性干预，和投机活动一样，只会使没落时期的资本主义经济更加混乱。把一些最重要的生产和运输部门，从个别托拉斯手里转到"国家"，即资产阶级国家手里，也就是转到最强大、最贪婪的资本主义托拉斯的手里，这不是消除祸害，而是把祸害集中了。

物价的降低和通货的稳定，这只不过是在继续破产的基础上出现的一种表面的、暂时的现象。物价的波动不会消除原料不足和劳动生产率低下这些基本情况。

经历过可怕的战争紧张局面的工人群众，已不能再在原有的条件下以原有的速度进行工作。几小时之内毁灭了多年创造出来的财富。在白骨和废墟上飞黄腾达的财政集团无耻地挥金如土——这些实际的历史教训，使工人阶级很难保持雇佣劳动的自发纪律。资产阶级经济学家和政论家们都说有一股"怠惰的浪潮"席卷欧洲，冲击着欧洲的经济前途。

经理们企图借助于给工人阶级上层分子小恩小惠的办法来改变这种情况。这是枉然的！要想恢复和进一步提高劳动生产率，必须使工人阶级具有这样的信心，即他们每打一锤，都将使他们的生活与文化福利有所提高，而不致遭受新的相互残杀的危险。这种信心，只有社会革命才能给予他们。

生活必需品价格的上涨是使各国革命情绪高涨的强大因素。法国、意大利、德国和其他国家的资产阶级，企图用小恩小惠的办法来减轻物价上涨所带来的苦难，以阻止罢工事件的增加。为了给大地主弥补一部分劳动力生产费用，负债累累的国家自欺欺人地搞了一些卑鄙的勾当，想以此拖延被清算的时刻。如果说，某几类工人今天的生活比战前还好，那这种事实是与资本主义国家的真实经济状况根本不相适应的。这种昙花一现的结果，是以寅吃卯粮的欺骗手段达到的，这必将带来极其悲惨的贫困和灾难。

那么，美国的情况如何呢？"美国是人类的希望！"——法国资产阶级通过米勒兰的嘴来重复杜尔哥说过的这句话，希望借此求得债主宽恕，赖掉所负的债务，而它自己，对任何人欠它的债，却是不予豁免的。但是，英国并不能使欧洲经济起死回生。在最近六年里，美国已经把它的原料储备消耗净尽了。美国资本主义为适应世界战争的需要，缩小了它的工业基础。从欧洲向美国移民的现象停止了。成千上万的德国人、意大利人、波兰人、塞尔维亚人、捷克人，络绎不绝地离开美国工业部门，返回欧洲，他们或者是由于军事动员而应召回国，或者是由于祖国光复而被吸引回去。原料和劳动力不足使大洋彼岸的共和国受到威胁，因而产生深刻的经济危机。在经济危机的基础上，美国无产阶级将进入革命斗争的新阶段。美国在迅速欧洲化。

中立国也逃避不了战争和封锁的后果，因为资本主义国家，包括大国和小国，参战国和中立国，战胜国和战败国，在经济上像连接的脉络一样相互联系着，趋向于同等程度的贫困、饥饿和死亡。

瑞士始终如一地生活着，但是，每一个意外情况都有使它失去平衡的危险。斯堪的纳维亚流入了大量黄金，但解决不了粮食问题。它还得低声下气地向英国零零星星地要些煤炭。尽管欧洲发生饥荒，挪威的渔业目前却出现了空前的危机。

从前供法国榨取人力、畜力和食物的西班牙，现在也无法渡过粮食难关，因而激起饥饿群众的罢工和游行示威的浪潮。

资产阶级总是在农村打主意。资产阶级经济学家硬说农民的生活福利有了很大的提高。这是一种错觉。诚然，在一切国家里，向市场供应产品的农民，在战争时期或多或少占了点便宜。他们曾按较高的价格出售自己的产品，而用贬值的货币偿还以前的债务。这就是他们占到的便宜。但是，在战争时期，农民的经济遭到破坏，一蹶不振。他们需要工业品，但工业品的价格，却按照货币贬值的比例上涨了。国库的需求量大得惊人，农民及其产品和土地，大有被它一口吞噬之虞。因此，在生活福利暂时有所提高之后，小农又陷入了日益深重的困境。农民对战后状况的不满情绪不断增长，因而作为常备军的农民，在给资产阶级准备不少伤脑筋的意外事件。

欧洲的部长们所说的欧洲经济复兴，乃是一种谎言。欧洲正在破产，而且整个世界也在随之破产。

在资本主义的基础上，这是无法挽救的。帝国主义政策不会消除贫困，而是掠夺现有的储备，使贫困更为加深。

燃料和原料问题是一个国际性问题。这个问题只有在有计划的、公有化的社会主义生产的基础上，才能得到解决。

必须废除国债。必须使劳动和劳动果实摆脱世界金融寡头的残酷盘剥。必须推翻金融寡头政治。必须铲除使世界经济陷于四分五裂的国家壁垒。必须用世界无产阶级的最高经济会议来代替协约国帝国主义者的最高经济会议,以便集中使用人类的一切经济资源。

必须消灭帝国主义,使人类得以继续生活下去。

三、战后的资产阶级制度

有产者的全部力量都集中在这两个问题上:在国际斗争中要站得住脚,在国内不让无产阶级当家做主。因此,资产阶级内部以往的政治派别分化失去了作用。不仅在俄国(在这里,当斗争到了紧要关头时,立宪民主党的旗帜就成了一切有产者反对工农革命的旗帜),而且在一切政治文化比较悠久的国家里,从前据以划分资产阶级各个阶层的准则,远在无产阶级革命公开发动以前,差不多就已经完全消失了。

劳合-乔治成了保守党人、联合主义者和自由党人联合起来共同反对行将到来的工人阶级统治的代言人。这位煽动老手所着重鼓吹的是虔诚的教会,认为它是向有产阶级的一切政党平均输送电流的总电站。

在法国,不久以前还存在的而且轰动一时的反教权主义时代,看来已成为死后的幽灵,因为激进党人、保皇党人和天主教徒现在又结成一个全国范围的联盟,来反对逐渐抬头的无产阶级。法国政府在拉拢一切反动势力,支持黑帮分子弗兰格尔,恢复同梵蒂冈的外交关系。

中立主义者和亲德主义者卓利蒂,作为干涉主义者、中立主义者、教权主义者、马志尼主义者的共同领袖,掌握了意大利的政权,他准备在一些次要的对外对内政策问题上采取委屈求全的态度,以便更加无情地回击城乡革命无产者的进攻。卓利蒂政府的确把自己看做是意大利资产阶级的最后一张王牌了。

自霍亨索伦王朝复灭以后,德国历届政府和执政党的政策,都力求建立一个与协约国统治阶级共同反对布尔什维主义,即反对无产阶级革命的基地。

当英、法的夏洛克把德国人民的脖子勒得愈来愈紧时,德国各党各派的资产阶级一致恳求自己的敌人把绞索放松一些,好让他们能亲自动手扼杀德国无产阶级的先锋队。为此,才定期举行会议,商讨解除武装和供应武器的问题。

在美国,共和党人和民主党人之间的界限已完全消失。这两个适应于美国闭关自守状态的强大的剥削者政治组织,当美国资产阶级登上世界掠夺舞台的时候,便都显得黯然失色了。

各个领袖和集团(无论是在野的或是执政的)的互相倾轧,从来还没有像现在这样可耻和露骨。但与此同时,各国资产阶级的所有领袖、集团和政党,却形成了一条反对革命无产阶级的共同阵线。

尽管社会民主党的蠢才还在继续以民主路线来反对暴力专政路线,可是,就连最后的一点民主,也在世界各国遭受践踏和破坏。

战争期间,议会所起的作用是给当权的帝国主义集团充当爱国主义的招牌,虽然它无权无势,但总是吵吵嚷嚷。而在战后,议会却完全陷入衰竭状态。一切重大问题的解决,都不通过议会。意大利和其他国家的帝国主义傀儡所大肆宣传的议会权力的表面扩大,丝毫也没有改变这种情况。国家命运的真正的主宰和支配者——罗特希尔德家族和魏尔家族、摩根和洛克菲勒、施奈德和吕舍尔、胡戈·斯汀尼斯和费利克斯·多伊奇、里泽洛和阿涅利(即黄金大王、煤炭大王、石油大王和五金大王),都在幕后进行活动,而把他们的第二流的奴仆派进议会去操纵议会的工作。

法国议会由于尽说动听骗人的空话,专搞厚颜无耻的行贿受贿勾当而弄得威信扫地,现在它还在热衷于对一些无关紧要的法律草案搞三读通过的程序。但总有一天会知道,它预定用于恢复法国被破坏的地区的40亿法郎,已被克列孟梭花费在完全不同的用途上,主要是花费在继续蹂躏俄国的国土上。

貌似神通广大的英国议会的绝大多数议员，对于劳合-乔治和寇松究竟打算如何对待苏俄以及法国，比孟加拉农村中印度老太婆了解的多不了多少。

在美国，议会是总统下面的一个俯首听命的（或者发发牢骚的）合唱队，而总统则是托拉斯的政治工具——选举机器的傀儡，这一点，在战后的今天，比过去更加明显。

迟迟实现的德国议会制是资产阶级革命的产物，而资产阶级革命本身却是历史的产物。这个议会制在婴儿时期就害了困苦的老年人的一切病症。艾伯特共和国的"世界上最民主的"议会，不仅无力对付福煦的元帅杖，而且也无力对付本国斯汀尼斯之流的投机伎俩和本国军官集团的军事阴谋。德国的议会民主制是两个专政之间徒有其名的东西。

资产阶级内部在战争期间发生了深刻的变化。在全世界普遍贫困的形势下，资本的集中立即出现了一个巨大的跃进。从前默默无闻的一些公司，现已赫赫有名。在经营方面以及在享有经营成果方面，那种同心协力、稳重可靠、乐于"合理"妥协、顾全某种体面的作风，已被帝国主义狂流一扫而光。

新的富豪登上了舞台，他们是军火商、卑鄙的投机者、暴发户、国际冒险家、走私分子、戴着钻石戒指的刑事犯，以及那些贪图豪华生活、坚决以残暴的手段反对无产阶级革命的无恶不作的坏蛋，因为无产阶级革命给他们带来的只能是一根绞索。

富有者进行统治的现存制度，赤裸裸地暴露在群众面前。战后，美国、法国和英国的豪华生活，已达到疯狂的程度。巴黎充满了国际"爱国主义"的寄生虫，法国《时报》认为，它很像毁灭前夕的巴比伦。

政治、法庭、报刊、艺术和教会，都唯资产阶级马首是瞻。一切起约束作用的原则，都被一脚踢开了。威尔逊、克列孟梭、米勒兰、劳合-乔治、邱吉尔，不仅厚颜无耻地进行欺骗和漫天撒谎，而且在假面具被撕破之后，仍然心安理得地在干一些新的罪恶勾当。古人马基雅弗利所描述的那些古典的政治手腕，同现代资产阶级当权人物所遵循的那些原则比较起来，简直成了乡下佬嘴中天真的格言。从前，法庭还以民主的伪装掩盖其资产阶级本质，而现在，却公然成为阶级凌辱和反革命挑衅的工具。第三共和国的法官，死心塌地地为杀害饶勒斯的凶手进行辩护。标榜自己是社会主义共和国德国的法庭，竟然大加表扬杀害李卜克内西、罗莎·卢森堡和其他许多无产阶级烈士的凶手。资产阶级民主的法庭，成了一切白色恐怖罪行公然合法化的机关。

资产阶级报刊像工厂商标一样公然打着被收买的戳记。世界上资产阶级的一切主要报刊，都成了造谣污蔑和贩卖精神毒品的庞大工厂。

资产阶级的心情，也和资产阶级市场上的价格一样，惶惶不安地波动着。在战后的头几个月，国际资产阶级，特别是法国资产阶级，得了害怕共产主义日益抬头的冷热病。资产阶级是以它所犯的血腥罪行的大小，来衡量直接危险的程度的。但是，资产阶级经受住了第一次冲击。第二国际的社会党和工会，由于负有共同责任而和资产阶级勾结在一起，它们为资产阶级作了最后的效劳，替它承受了劳动人民第一次愤怒的打击。资产阶级以第二国际的彻底崩溃作为代价，度过了这一关。克列孟梭所进行的议会反革命选举，几个月的不稳定的平衡，以及5月罢工的失败，使法国资产阶级对它的制度的不可动摇性，又充满了信心。资产阶级的阶级优越感，已提高到它过去的恐惧心情所达到的高度。

威胁成了资产阶级的唯一法宝。它不相信高谈阔论，只求采取行动：逮捕、解散、没收、枪毙。资产阶级的部长和议员极力想博得资产阶级的夸奖，因而把自己装扮成钢铁般的硬汉子。劳合-乔治冷酷地建议德国部长，按照1871年法国的榜样，杀害他们的公社社员。任何一个三等角色的官吏，只要他以对工人的威胁来结束自己的空洞无物的发言，都可以指望得到议会的热烈赞扬。

正式的国家机关日益公开变成对劳动人民进行血腥镇压的组织。此外，还有许多在国家机关指使之下建立起来并进行活动的各种私人反革命组织，它们的任务是用暴力破坏罢工，进行挑衅活动，制造虚构的诉讼案件，摧毁革命组织，侵占共产党机关，纵火行凶，杀害革命领袖，以及其他保护财产和维护民主制的措施。

地主阶级和大资产阶级的子弟，生活无着落的小资产阶级，以及一切堕落分子（其中主要是来自苏维埃俄国的资产阶级和贵族的亡命之徒），乃是构成非正规的反革命队伍的不断来源。领导这些人的是经过帝国主义大屠杀锻炼的军官。

霍亨索伦王朝军队的2万名职业军官，特别是在卡普—吕特维茨叛乱之后，组成了一个顽强的反革命核心。这个反革命核心是德国民主制度所无法击破的，只有无产阶级专政的铁锤才能把它粉碎。除了这个旧制度的恐怖分子的集中组织之外，还有在容克地主领地上进行活动的白色游击队。

在美国，国家安全同盟（National Security League）或自由骑士（Knights of Liberty）之类的组织，是保卫资本的突击队，这支队伍的极端分子乃是地地道道的匪帮，例如私人侦察事务所（«Detective agencies»）。

在法国，"公民联盟"（Ligue Civique）是一个社会地位很高的工贼组织，就连改良主义的劳工联盟，也被宣布为非法组织。

白色匈牙利的军官黑手党，是和英国所支持的反革命刽子手政府并存的一个组织，它向全世界的无产阶级表明，威尔逊和劳合-乔治用以反对苏维埃政权和革命暴力的文明与人道究竟是一种什么货色。

芬兰、格鲁吉亚、拉脱维亚和爱沙尼亚的"民主"政府，正极力地向匈牙利的崇高榜样看齐。

在巴塞罗纳有受警察局指使的暗杀团。诸如此类的组织到处都有。

甚至在饱经摧残、陷于破产的保加利亚,那些已退役的军官也结成一些秘密团体,准备一有机会就拿保加利亚工人的头颅来表现自己的爱国精神。

从资产阶级制度在战后的表现来看,关于缓和矛盾、阶级合作、议会改良、逐渐社会主义化、民族团结的纲领,简直是一种愚蠢的无稽之谈。

资产阶级根本放弃了通过改良来和无产阶级调和的思想。它用一些小恩小惠来腐蚀一小撮上层分子,而以铁和血来压制苦难的群众。

现在,没有任何一个重大的问题是根据票数的多少来解决的。从民主制度中保留下来的只是改良主义者头脑中的回忆。国家组织越来越简化到它的原始形态——武装队伍。当政权和所有制问题突出提出来的时候,资产阶级就不管票数多少,而只考虑它所掌握的步枪、机枪和大炮有多少了。

因此,根本谈不上合作或者调和。要想活命,就得推翻资产阶级。只有无产阶级起义才能做到这一点。

四、苏维埃俄国

在沙文主义、贪婪和破坏之风盛行中,只有共产主义原则表现出高度的生命力和创造力。尽管在历史发展的进程中,苏维埃政权是在欧洲一个最落后、最破产而且受一群强大敌人包围的国家里首先建立起来的,但是,这个政权不仅在克服空前强大的阻力中站稳了脚跟,而且也切实表现出共产主义所蕴藏的伟大的潜力。苏维埃政权在俄国的发展和巩固,是共产国际建立以来具有重大历史意义的事实。

阶级社会习惯于把军队建设看做是衡量经济建设和国家建设的最高尺度。它按照军队的强弱来判断经济实力和国家的强弱。

苏维埃政权在炮火下建立了强大的武装力量。无论是在反对旧的资产阶级帝俄（帝国主义企图利用高尔察克、邓尼金、尤登尼奇、弗兰格尔等白军复辟帝俄）的斗争中，还是在反对世界帝国主义为自身需要而培植的各国"民主派"军队（法国、爱沙尼亚、拉脱维亚、波兰）的斗争中，红军都表现出无可争辩的优势。

在经济方面，苏维埃共和国度过了头三年的艰难阶段，创造了极其伟大的奇迹。苏维埃共和国所以能站住脚并发展起来，是由于它夺取了资产阶级手中的经营工具，并把它变成了计划经济的手段。在漫长的战线上炮火连天的情况下，苏维埃俄国没有放过任何一个经济与文化建设的机会。在邓尼金被粉碎以后和波兰匪帮进攻以前这段时间里，苏维埃政权已着手广泛组织义务劳动，合理地计算和使用生产能力与生产资料，并且吸收了军队参加劳动，而首先抓的是恢复运输业。

由于无情地打击了投机倒把，实行了社会主义国家对主要食品的垄断，俄国城市居民才免于饿死，红军才能够得到给养。由于国家把分散经营的各种工厂和私人所有的铁路、船舶统一管理起来，才得以顺利进行生产和再生产。

工业和运输业由国家集中掌握，使得技术本身可通过标准化而达到社会化。规定生产和修理某些类型机车、车厢和轮船的最低数量，以及按期制定大量生产定型机器部件的细则，只有在社会主义的基础上才能实现，这可以给生产带来无限的好处。在进一步发展经济、科学地组织工业、采用泰罗制（不带有资本主义榨取血汗特征的泰罗制）的道路上，苏维埃俄国已没有任何阻碍，除非帝国主义从外面强加给它一些阻碍。

民族利益和帝国主义野心纠缠在一起，乃是造成全世界不断发生冲突、起义和战争的根源，而社会主义俄国表明，工人国家可以毫无痛苦地把民族要求和经济要求结合起来，而且使民族要求毫无沙文主义色彩，使经济要求毫无帝国主义性质。社会主义力求通过统一的经济计划把各个领域、各个地区和各个民族联系起来。这种经济集中制，没有阶级对阶级、民族对民族的剥削，因而对所有的人都同样有利，它可以和民族发展的真正自由很好地结合起来。

根据苏维埃俄国的经验，中欧、巴尔干东南地区和大不列颠领地的各族人民，一切被压迫的民族和种族，埃及人和土耳其人，印度人和波斯人，爱尔兰人和保加利亚人，都会深信：只有建立起苏维埃共和国联盟，人类一切民族的友好合作才能实现。

革命已在俄国建立起第一个无产阶级大国。这个国家在它存在的三年期间，不断地改变了自己的疆界。当世界帝国主义大军压境时，它的疆界缩小了，一俟压力减轻，疆界又扩大了。保卫苏维埃俄国的斗争，是和反对世界帝国主义的斗争交织在一起的。苏维埃俄国的问题，对于工人阶级的一切组织来说，乃是一个试金石。1914年8月4日以来，德国社会民主党第二次卑鄙的变节行为，就是它一上台就寻求西方帝国主义的庇护，而不是设法和东方革命结成联盟。当时，苏维埃德国如果和苏维埃俄国联合起来，就可以一下子超过所有资本主义国家的力量。

共产国际宣布：苏维埃俄国的事业就是共产国际的事业。只要苏维埃俄国没有成为全世界苏维埃共和国联盟的一个成员，国际无产阶级的斗争就决不罢休。

五、无产阶级革命和共产国际

在世界各国，国内战争已提上议事日程。其旗帜就是苏维埃政权。

资本主义把人类的绝大部分群众变成了无产者。帝国主义破坏了他们的正常生活，使他们投入了革命运动。群众这个概念本身，在最近几年也发生了变化。在议会主义和工联主义时代算作群众的人，现在变成了上层分子。从前不关心政治生活的千千万万群众，现在变成了革命群众。战争唤起了所有的人，使最落后的阶层也关心政治了，战争激起了他们的幻想和希望，同时也欺骗了他们。

从前，无产阶级上层分子在劳动上安于行会的闭关自守状态，在生活上安于相对稳定状态，而无产阶级的下层分子则充满消极冷漠的绝望心情——这就是旧式工人运动的社会基础，现在这种情况已经一去不复返了。千百万群众一批又一批地投入了斗争。

失去丈夫和父亲因而不得不接替他们去劳动的妇女，成了运动中的一支洪流。在世界大战的狂风暴雨中成长起来的青年工人，把革命看做是切身的事业。

在不同的国家里，斗争经历着不同的阶段。但是，这是最后的斗争。运动的浪潮往往采用一些过时的组织形式，但有时也使它们具有新的生命力。在这股巨流的水面上，到处漂浮着陈旧的标签、模糊不清的口号。在人们的头脑中，有很多混乱和愚昧、成见和幻想的东西，但整个运动却具有深刻的革命性。它是包罗万象的和不可阻挡的。它在不断扩大和巩固，不断清除自己身上陈腐的废物。只要世界无产阶级没有取得统治权，它就不会罢休。

这个运动的主要形式是罢工。产生罢工最直接、最主要的原因，是日用品价格的上涨。罢工往往是由个别地方性的冲突引起的。罢工的产生，是群众对社会党人玩弄议会把戏感到不耐烦的一种反应。

罢工是由于对本国和别国被压迫者的同情而产生的。它把经济口号和政治口号结合到一起了。在罢工运动中，改良主义的残余思想往往掺杂在社会革命纲领的口号里。罢工在起伏地发展，因而使生产不能正常进行，使国家机关长期陷于紧张状态，尤其使资产阶级感到恼火的是，罢工利用一切机会向苏维埃俄国致敬。剥削者也预感到，这种混乱的罢工，实际上是在号召和发动国际无产阶级开展社会革命。

战争时期体现得最为突出的国与国之间的深刻依附关系，使那些沟通国与国之间联系的劳动部门具有特别重要的意义，因而铁路工人和一切运输工人占有十分重要的地位。运输部门的无产阶级在抵制白色匈牙利和白色波兰方面，已有机会显示出自己的一部分力量。罢工和抵制是工人阶级在进行工会斗争的初期，即在它利用议会制以前所采用的两种斗争方法，这两种方法现已得到空前广泛的运用，并已具有新的重大意义，这就像决战前的炮兵轰击一样。

面对层出不穷的历史事件，个人日益感到无能为力，因而不仅工人的新阶层，而且职员、公务员、小资产阶级知识分子，也都纷纷参加工会组织。在无产阶级的革命进程要求建立凌驾于一切旧的工人组织之上的苏维埃以前，劳动人民加入了传统的工会。对这些工会的旧形式，官方的纲领和上层当权分子暂时采取容忍态度，但是，这也给组织内部带来声势空前浩大的千百万群众日益增长的革命压力。

社会最下层的群众——农村无产者、雇农，开始抬起头来。在意大利、德国和其他一些国家，农业工人的革命运动及其与城市无产阶级的兄弟般联系，有了巨大的发展。

极端贫困的农民阶层日益改变对社会主义的态度。如果说，议会改良主义分子对农民的固有偏见进行奉承是枉费心机的话，那么，无产阶级的真正革命运动，即无产阶级为反对压迫者而进行的不调和的斗争，却会在最落后的、被土地束缚住的、破了产的农村私有者的心灵中产生一线希望。

人类贫困与黑暗的深渊是无底的。一个阶层站立起来之后，另一个阶层随即也开始准备站立起来。但是，先锋队不应等到它们都站立起来之后，才投入战斗。工人阶级只有在掌握政权之后，才能完成它所担任的唤醒、提高和教育自己的最落后阶层的工作。

殖民地和半殖民地国家的劳动者已经觉醒。在受英国帝国主义这个敲骨吸髓的庞然怪物压榨蹂躏的印度、埃及和波斯的辽阔土地上，在这片无限广大的人海中，不断发生内部骚动，不断掀起巨大的浪潮，致使伦敦金融中心区股票涨落不定，人心惶恐不安。

在殖民地人民的运动中，社会因素通过各种不同的形式和民族因素结合起来，但两者都是反对帝国主义的。在新兴帝国主义的压力下，一切殖民地和落后国家在革命无产阶级的领导下，迅速地从最初的幼稚做法转而采用成熟的斗争方式。

被英国和一切外国统治者共同束缚的穆斯林民族和非穆斯林民族日益和好；运动进行了内部清洗，僧侣和沙文主义反动势力的影响已被消除；在对外国强盗进行斗争的同时，对本国地主、封建主、教士和高利贷者也展开了斗争——在这种情况下，日益壮大的殖民地起义军队，就会成为最伟大的历史力量，成为一支强大的世界无产阶级预备队。

被压迫的人们开始站立起来。他们觉醒的内心强烈地向往着苏维埃俄国，向往着德国城市中的巷战，向往着英国火热的罢工斗争，向往着共产国际。

有这样一种社会主义者——他们直接或间接地支持一些民族对另一些民族的特权地位；他们听从对殖民地实行奴役；他们从法律上把种族不同和肤色不同的人区别开来；他们协助宗主国的资产阶级维护殖民统治，而不帮助殖民地举行武装起义；身为英国社会主义者，而不去全力支持爱尔兰、埃及和印度反对伦敦金融寡头的斗争——这样的"社会主义者"，即使不把他们处决，也应给他们烙上可耻的印记，决不能使他们得到无产阶级的委托和信任。

但是，无产阶级在努力开展国际革命运动中所遇到的阻碍，与其说是从战争期间起就在各国之间保留下来的那些残缺不全的铁丝网防线，不如说是前一时期依靠无产阶级发展起来的旧的政党组织和工会组织的利己主义、保守主义、愚蠢思想和背叛行为。

老工会领袖千方百计地抵制和麻痹工人群众的革命斗争，而当无计可施时，就和罢工拉关系，以便用种种阴谋诡计更有把握地消灭罢工。

国际社会民主党在历史紧要关头的背叛，是压迫和斗争史上前所未有的一种现象。这在德国表现得最为惊人。德国帝国主义的崩溃，也就是资本主义经济体系的崩溃。当时，除无产阶级外，没有任何一个阶级能有希望取得国家政权。技术的发展，以及工人阶级的人数和文化水平，都能充分保证社会主义变革的胜利。但是，在实现这一任务的过程中，却出现了德国社会民主党。它采用既狡猾又愚蠢的复杂手法，诱使无产阶级放松夺取政权这一自然的和必要的任务。

几十年来，社会民主党一直在争取工人群众的信任，以便在紧要时刻，即当资产阶级社会的命运处于决定关头的时候，就将自己的全部威信交由剥削者去支配。

对自由主义的背叛，以及资产阶级民主制度的崩溃，比起社会党对劳动阶级的大叛卖来，乃是微不足道的事情。甚至劳合-乔治称之为保守主义总电站的教会的作用，在第二国际反社会主义的作用面前，也要相形见绌。

在战争时期，社会民主党曾以民族自卫的口号来为自己叛变革命的行为作辩护。在和约缔结以后，它又用民主的口号来给自己的反革命政策打掩护。民族自卫和民主，这是使无产阶级向资产阶级意志投降的一种冠冕堂皇的词句。

但是，堕落并没有到此为止。社会民主党在推行自己的维护资本主义制度的政策时，不得不追随资产阶级公然破坏"民族自卫"和"民主"。谢德曼和艾伯特向法国帝国主义摇尾乞怜，想在它的支持下反对苏维埃革命。诺斯克竟成为资产阶级反革命势力实行白色恐怖的化身。

阿尔伯·托马变成了国联这个卑鄙龌龊的帝国主义代办机关的雇佣走狗。王德威尔得这个第二国际的首领、第二国际上层分子中能言善辩的代表人物,居然成了国王的大臣、教权主义者德拉克鲁瓦的助手、比利时天主教神甫的卫士和对刚果黑人施加资本主义暴行的辩护士。

韩德逊盲目地仿效资产阶级大人物,时而充当国王的大臣,时而充当国王陛下的工人反对派;托马斯·肖竟要求苏维埃政府拿出实际证据来证明伦敦政府中窃据高位的是一些强盗、匪徒和骗子手。但是请问,这些老爷们如果不算是工人阶级的死敌,那么该算是什么呢?

伦纳和塞兹、涅梅茨和图扎尔、特鲁尔斯特拉和布兰亭、达申斯基和齐赫泽——他们每个人都以自己的欺骗行径表明了第二国际的可耻破产。

最后,卡尔·考茨基这个从前的第二国际理论家和马克思主义者,现在却变成了各国黄色刊物的蹩脚顾问。

在群众的压力下,那些比较善于随机应变的老社会党人,在万变不离其宗的条件下更换了自己的外壳和色泽,与第二国际断绝了关系或准备断绝关系,并在一切真正群众性的革命行动的面前,甚至在认真准备采取行动的面前,频频后退。

只要指出下述事实,就足以描绘和刻画出这种伪善的嘴脸了:以达申斯基为领袖、以皮尔苏茨基为后台老板的波兰社会党,即市侩的犬儒主义和残暴的沙文主义的党,竟然发表声明退出第二国际。

法国社会党内起领导作用的议会上层分子,虽然现在投票反对国家预算和反对凡尔赛和约,但实质上,仍然是资产阶级共和国的台柱之一。他们故作反对派的姿态,只不过是想逐渐恢复他们在无产阶级最保守阶层中享有的一点信任罢了。

在阶级斗争的基本问题上,法国议会社会主义依然在瓦解工人阶级的意志,它向工人阶级散布什么目前不宜夺取政权,因为法国遭受的破坏太大,正如昨天不宜夺取政权是因为发生战争,战争前夕是因为工业高涨,再往前是因为工业危机等一样。除了议会社会主义之外,还有一个靠说废话和谎话过日子的茹奥之流的工团主义,这两个主义可以说是半斤八两,不分轩轾。

建立一个巩固、统一而且有纪律的法国共产党,对于法国无产阶级来说,是一个生死存亡的问题。

在罢工和起义中,德国工人的新一代受到了教育和锻炼。社会民主党的保守分子和守旧分子总是向后看,回顾倍倍尔时代的社会民主党,而不懂得当前革命时代的性质,回避内战和革命恐怖,落后于形势的发展,指望有一种神奇力量能帮助他们摆脱无可奈何的处境。这种人在独立社会民主党内保持的影响越深,这新一代的工人为自己的经验付出的牺牲就越大。罗莎·卢森堡和卡尔·李卜克内西的党,教导德国工人在斗争的烈火中寻求正确的道路。

英国工人运动的上层分子因循守旧,因而还没有感到需要重新武装起来。英国工党的领袖们还顽固地争取留在第二国际的范围内。

近几年来形势的发展,破坏了保守的英国国内经济生活的稳定性,因而英国劳动群众最易于接受革命的纲领。然而,这个资产阶级国家的官方机器(皇室、上院、下院、教会、工会、工党、乔治五世、坎特伯雷主教和韩德逊),却仍然是神圣不可侵犯的,好像是一架阻止发展的强有力的自动制动器。只有摆脱因循保守和宗派主义,并与群众组织有密切联系的共产党,才能使无产阶级下层群众起来反抗这些官方的上层分子。

在意大利,资产阶级本身就公开承认国家未来命运的关键掌握在社会党手中,但领导社会党的右翼分子屠拉梯的政策,却千方百计地想把蓬勃发展的无产阶级革命纳入议会改良的轨道。这种来自内部的破坏行动,是当前最大的危险。

意大利的无产者要牢牢记住,匈牙利的历史经验是一个严峻的教训。要知道,无产阶级在夺取政权的斗争中,以及在掌握政权以后,都必须站稳立场，认清一切动摇分子，要无情地镇压一切叛变的图谋。

战争的动乱遗留下深刻的经济危机，从而在美国以及美洲大陆其余国家的工人运动史上揭开了新的一页。揭穿威尔逊主义的叫嚣和谎言，同时，也就是揭穿美国式的社会主义，这种社会主义是和平主义幻想和集市上的生意经的混合物，它和和气气地给龚帕斯之流的工联主义作了一些左的补充。现在，把美洲大陆（由阿拉斯加半岛到合恩角）无产阶级的一切革命政党和组织紧密联结成为共产国际的一个统一的美洲支部，以抵制强大的敌人美国帝国主义，这是在和那些由美元动员起来保卫自己利益的势力作斗争中应该完成和必将完成的一项任务。

各国官方和半官方的社会党人，制造种种借口谴责共产党人，说他们的不调和策略激起了反革命的蠢动，有助于反革命势力的团结。这种政治罪名，只不过是自由派怨言的老调重弹。正是自由派才认为，无产阶级的独立斗争把有产者推向反动阵营。这是无可争议的。如果工人阶级不去触动资产阶级统治的基础，资产阶级不是就不需要进行镇压了吗？如果历史上没有革命，那么，反革命概念本身就不存在了。如果说，无产阶级起义必然要促使资产阶级团结起来进行自卫和反扑，那么，这个事实只不过表明，革命是两个不可调和的阶级进行的斗争，这个斗争只能以其中一个阶级的彻底胜利而告终。

共产主义鄙视那种想用反革命大棒把群众吓唬得一动也不敢动的政策。

竭尽全力想消灭全部人类文明的资本主义世界，现正处于分崩离析、一团混乱的状态。针对这种情况，共产国际将以国际无产阶级的联合斗争来消灭生产资料私有制，并根据团结一致的生产者社会所规定和执行的统一经济计划，来改造各国经济和世界经济。共产国际将把全世界各个地区的亿万劳动者聚集在无产阶级专政和苏维埃国家制度的旗帜之下，并在斗争的烈火中清理、建立和整顿自己的队伍。

共产国际是领导国际无产阶级进行革命起义的政党。它要把那些以公开或隐蔽的形式麻痹、涣散和削弱无产阶级的组织和集团清除出去，并且提醒无产阶级不要盲目崇拜合法活动、民主制、民族自卫等所掩饰的资产阶级专政的东西。

共产国际也不能容许那些虽然在自己的纲领中写上无产阶级专政，但仍继续执行显然是指望和平解决历史危机的政策的组织加入自己的队伍。承认苏维埃制度，这并不能解决问题。苏维埃组织本身并没有任何神奇的力量。革命力量来自无产阶级本身。必须发动无产阶级起义和夺取政权，只有这样，苏维埃组织才能显示出它的特性，成为无产阶级手中不可缺少的工具。

共产国际要求把一切直接或间接同资产阶级进行政治合作的领袖，从工人运动的队伍中驱逐出去。我们需要那些极其仇视资产阶级社会的领袖，因为他们能组织无产阶级进行毫不调和的斗争，他们决心引导起义队伍去进行战斗，他们在任何情况下都不半途而废，并且敢于采取措施无情地镇压一切企图用暴力阻挡他们的人。

共产国际是实行无产阶级起义和无产阶级专政的国际性政党。除了工人阶级本身的目的和任务之外，它没有其他任何目的和任务。每个小宗派都想按照自己的做法来拯救工人阶级，它们的意图是和共产国际的精神格格不入的和敌对的。共产国际不会制造万应灵丹和咒语，它所依靠的是全世界工人阶级过去和现在的经验，它要消除经验中的错误和偏差，概括经验中的成就，它所承认和继承的只是那些成为群众行动准则的革命纲领。

工会组织、经济和政治罢工、抵制、议会和市政机关选举、议会讲坛、合法和非法的宣传鼓动、军队中的秘密据点、合作化工作、巷战——所有这些随着工人运动的发展而创造出来的组织形式或斗争形式，没有一个被共产国际所否定，同时其中任何一种形式也没有被共产国际奉为万应灵丹。

苏维埃制度不是共产党人用以反对议会制的一种抽象原则。苏维埃制度是在斗争中并通过斗争取消和代替议会制的一种阶级性机关。共产国际坚决反对工会中的改良主义、议会迷和个人名利思想，同时也谴责那些主张退出拥有数百万会员的工会组织或退出议会机关和市政机关的宗派主义倾向。共产党人不应脱离那些被改良主义者和护国主义者欺骗和出卖的群众，而应通过资产阶级社会所建立的群众性组织和机构同群众一道进行毫不调和的斗争，以便更有效、更迅速地推翻资产阶级社会。

从前，在第二国际的欺骗下，阶级组织和阶级斗争几乎完全是采取合法的形式，其方法归根到底还是通过资产阶级的改良主义代理机关（这是给革命阶级戴上的镣铐）来服从资产阶级的监督和领导，而共产国际恰恰相反，它要挣脱资产阶级的这种镣铐，掌握工人运动的一切方法和组织，使这些组织在革命的领导之下联合起来，并通过它们向无产阶级提出一个统一的任务：夺取政权，以便粉碎资产阶级国家和建立共产主义社会。

一个共产党人，不管他是革命罢工的领袖、地下小组的组织者、工会的书记、群众集会上的鼓动者、议会中的议员、合作社的创办人，或者是巷战的战士，在自己的一切工作中，始终应该是一个恪守纪律的共产党员，是一个奋不顾身的战士，是资本主义社会及其经济基础、国家形式、民主谎言、宗教和道德的死敌，是无产阶级革命的英勇战士和新社会的孜孜不倦的宣传者。

男女工人们！

世界上只有一面旗帜，值得我们在它的指引下去斗争和牺牲。这就是**共产国际**这面旗帜。

共产国际第二次世界代表大会

共产国际第二次代表大会主席团告法国社会党全体党员和法国一切有觉悟的无产者书[①]

法国社会党最近一次代表大会,以绝对的多数票决定退出第二国际,因为它现在已被全世界有觉悟的工人认定是个叛徒组织。但是,代表大会又以大约三分之二的多数票反对立即加入共产国际,同时在一个含糊不清的决议中,只规定同第三国际建立某种关系,并要把那些站在第二国际和第三国际之间的政党组织起来。

马赛·加香和弗罗萨尔作为代表大会的多数委派的两位代表来到俄国,以便就法国这次代表大会的决议同我们进行谈判。为弄清因加香和弗罗萨尔的到来而引起的问题,共产国际执行委员会专门召开了两次扩大会议(参加会议的有意大利、英国、美国、奥地利、匈牙利、德国、保加利亚以及其他国家的代表)。此外,执行委员会还同法国社会党的这两位代表举行了一系列比较紧凑的会议。我们收到了他们三份书面报告。这些报告已用各种文字刊载在共产国际的正式刊物上。[②] 我们邀请了加香和弗罗萨尔参加共产国际第二次代表大会,并给予了发言权。我们听取了加香和弗罗萨尔在代表大会的委员会上的发言。当然,共产国际执行委员会认为,以关心的态度对待每个愿意向第二国际决裂并打算

---

① 代表大会主席团把这封信委托给法国社会党代表加香和弗罗萨尔转交。
② 加香和弗罗萨尔的报告,载于《共产国际》1920年7月20日第12期。

加入共产国际的政党和派别，乃是自己的职责。

我们感谢法国社会党派出自己的代表，使我们有机会像革命者应该做的那样，开诚布公地同你们商谈。你们从下面几段文字中可以看出，我们是怎样看待法国情势的。我们相信，我们的回答很快就会在法国报刊上发表，并将成为法国全体有觉悟的工人的议题。

我们在判断法国工人政党的处境时，着重考虑到下面两个重要情况：（1）法国资产阶级目前所起的国际作用；（2）法国社会党本身的内部情况。

目前，从许多情况来看，法国资产阶级显然正在扮演世界上最反动的角色。资产阶级的法国成了世界反动派的堡垒。在全世界人民的心目中，法国帝国主义资本家担任了国际宪兵的角色。在推翻匈牙利无产阶级苏维埃共和国方面，法国资产阶级最卖力气。在组织对苏维埃俄国的掠夺性进军上，法国资产阶级过去和现在一直都起着主导作用。在巴尔干，法国资产阶级在扮演最卑鄙、最龌龊的刽子手的角色。此外，在镇压日益发展的德国无产阶级革命方面，法国资产阶级也承担了主要"工作"。在制定掠夺性的凡尔赛和约中，它起了主要作用。它派遣黑人军队去占领德国城市。实际上，它勾结了德国资产阶级来反对德国工人阶级。法国资产阶级政府真是无恶不作。日益发展的世界革命，从来没有遇到过像法国资本家政府这样残酷的敌人。

因此，一项极其重要的国际任务就落到法国工人及其政党的肩上。历史要求你们法国无产者肩负起一项艰巨、重大而又崇高的任务，这就是回击国际资产阶级的这个最疯狂、最反动的队伍。

但是，共产国际执行委员会不得不遗憾地指出（这里我们来谈上面提及的两个情况中的第二个情况），法国社会党内部的情况，不利于你们完成上述情势向你们提出的历史使命。

如果我们说，在四年帝国主义战争期间，任何地方（德国除外）

都没有像你们国家中你们党原先的多数派那样卑鄙地背叛社会主义,那么,法国先进的无产者肯定是会同意我们这种看法的。你们党原先的多数派领袖列诺得尔、托马、桑巴等人的行为,在1914年8月4日之后,比德国的谢德曼和诺斯克的卑鄙的背叛行为更坏。你们党的领袖不仅投票赞成战争拨款,而且动员了全党报刊和整个党的机构为掠夺成性的帝国主义资产阶级服务。法国社会党的这些领袖毒害了普通士兵和工人的灵魂。他们帮助帝国主义资产阶级在全国掀起了一股空前骇人听闻的沙文主义浊浪。他们帮助资产阶级在工厂中建立了奴役制度,废除了极其有限的劳动保护条例。他们为帝国主义战争承担了全部责任。他们在法国资产阶级政府中任职。他们为协约国的首脑干了最肮脏的勾当。俄国1917年二月革命爆发时,阿尔伯·托马受法国帝国主义者的指使,代表你们党来到俄国,其目的是劝说俄国工人和士兵继续进行帝国主义战争。法国社会爱国主义者还帮助法国资本家组织了向俄国工人阶级和农民宣战的俄国白卫军的远征。

至于你们党的原先的少数派,它从来没有对可恶的多数派进行过原则上的、有力的、明确的斗争,而这种斗争,乃是你们党的神圣职责。少数派变成多数派以后,至今仍然执行着含糊不清的政策,既没有表现出应有的决心,也没有表现出应有的毅力,继续执行着昔日可悲的机会主义路线。

阿尔伯·托马、列诺得尔、茹奥等人,目前仍然充当着资产阶级奴仆这种极其反动的角色。在你们党的队伍中,不仅臭名昭著的社会爱国主义分子,而且许多著名的"中派"代表人物(龙格及其他人)至今仍然坚信,1914—1918年这场掠夺性的帝国主义战争,就法国来说,是为了保卫自己的祖国。以占据多数的中派为代表的你们党,至今还没有明确地告诉法国工人:最近这次世界大战,无论是从德国资产阶级方面来说,还是从法国资产阶级方面来说,都是掠夺性的战争,杀人的战争，强盗之间的战争。龙格、福尔斯特、普雷斯曼以及你们的其他领袖，早在斯特拉斯堡代表大会上所发表的"保卫祖国"的言论，是和社会爱国主义者的论调十分相似的。

同志们，我们应该坦率地告诉你们，法国社会党内部的情况，甚至比德国独立社会民主党的情况还要糟。你们落后于德国的发展速度。你们还没有同公开叛变的社会爱国主义分子决裂。你们甚至还没有做到德国独立民主党人早在1916年所做到的事情。在你们党内，依然留有阿尔伯·托马这样的叛徒，他并不厌恶在强盗般的国际联盟中占据重要的职位。在你们党内，还有比埃尔·列诺得尔这样的人物，他们正在为法国资产阶级积极地效劳。你们对那些现在力求恢复黄色工会国际的、背叛工人事业的茹奥之流，仍然持宽容态度。在你们的队伍里，你们容忍那些按照协约国资本家的旨意，玩弄成立国际劳工局这种骗局的人。在你们党内，掌握大权的人依旧是这样一些议员，他们在法国参议院表决可耻的、血腥的、掠夺性的凡尔赛条约问题时曾厚颜无耻地投了弃权票。

同志们，请同意我们的看法，你们党内的这种情况，绝对无助于你们完成历史赋予你们的使命。

同志们，毫不奇怪，在这种情势之下，当前法国社会党的官方的多数派尽管自认为是国际主义者，是革命者，而事实上，他们执行的却是左右摇摆、模棱两可、似是而非的政策。

让我们依次分析一下你们当前的各项重要的日常工作：（1）你们的议会工作；（2）你们的报刊；（3）你们在农村和军队中的宣传工作；（4）你们对工会的态度；（5）你们对法国政府最近的暴力行动的态度；（6）你们对自己党内共产主义左翼的态度；（7）你们对共产国际的态度。

1. 你们在参议院的社会党党团所做的议会工作，依然不是革命的工作，不是无产阶级的工作，不是社会主义的工作。每个社会党议员都为所欲为。实际上，整个议会党团并没有遵照党的指示行事。它只是执行它所满意的党内多数派的一些决议。它并没有成为对法国资产阶级卑鄙行径表示强烈愤懑的法国无产阶级群众的喉舌。它没有向工人群众作汇报。它没有揭露法国政府的罪行。它没有在千百万退伍军人中间进行革命宣传鼓动。它没有担负起向法国劳动群众揭露刚刚结束的帝国主义战争的全部罪行的任务。它没有号召工人武装起来。简言之，它不但没有为无产阶级革命做好准备，相反，还竭力加以破坏。你们的许多议员依旧不是工人阶级的政治斗士，而是政客。你们许多议员的整个行为，使法国工人群众对每一项议会工作都感到厌恶，因而助长了无政府主义者的声势。你们的议会党团死抱住机会主义不放，因而使工团主义的错误和偏见越来越严重。你们议员的行为，使无产阶级群众越来越蔑视议会阴谋家，即蔑视那些自称为社会主义者而实际上同工人阶级的凶恶敌人相勾结的人。

2. 你们的**日报**，首先是《人道报》和《人民报》，并不是革命无产阶级的报纸。在这些机关报上，我们看不到你们经常系统地宣传无产阶级革命思想。在这些机关报上，至多发表一些有关无产阶级专政的枯燥无味的言论，而这些言论也不是有血有肉地体现在你们日常的文字宣传中。你们的机关报，往往同法国资产阶级机关报一模一样。你们竟把议会中的琐事和资产阶级"圈子"里的小"事"放到主要版面上。你们的机关报不善于也不愿意成为无产阶级群众满腔革命怒火的真正表达者。你们的机关报不描述法国劳动群众因战争而遭受的那种民间苦难。你们的机关报只发表一些枯燥无味的、形式主义的、学究式的、不切实际的反对意见。你们竟把对农民进行宣传的机关刊物交给了臭名昭著的社会爱国主义者孔佩尔-莫雷尔来执掌。

你们必须放弃那种不能容忍的按比例选派代表的制度，因为这会使列诺得尔之流的有害文章充斥在你们党的报刊上。

3. 还得谈谈你们**在农村和军队中的宣传鼓动**工作。这种宣传鼓动，要么就完全不做，要么就带有明显的改良主义色彩。何时何地你们党向法国士兵宣传过他们应担负的革命无产阶级职责？据我们所知，**在任何地方和任何时候都没有做过**。如果法国目前的力量对比使社会党人不能公开这样做的话，那**每个忠诚的无产者也应该用秘密工作来代替公开工作**，以便为本国工人阶级和全世界无产者尽到自己的责任。

4. 你们对**工会（工团）的态度**含糊不清。你们不仅没有对法国总工会的社会爱国主义领袖展开系统的思想斗争，而且还把他们掩护起来。当茹奥之流帮助资产阶级在阿姆斯特丹恢复黄色工会国际的时候，当茹奥之流伙同阿尔伯·托马动身去参加帝国主义分子组织的国际劳工会议的时候，当总工会的领导人以叛卖的方式破坏1919年7月21日罢工的时候，你们并没有向他们作斗争，没有向法国全体工人揭穿他们的丑行，没有揭露他们是出卖工人事业的真正叛徒。你们没有这样做，而是继续同他们"合作"。你们最多也不过是好心肠地责备他们，而不是起来反对他们。你们没有把摆脱资本代理人对法国工会的有害影响作为自己的任务。

在最近的5月大罢工期间，政府把你们关进了监狱，公司把你们一脚踢开，而你们的一位同志保尔·邦库尔在议会中却只是谴责政府忘掉了1919年8月2日茹奥所表现的爱国精神及其在战时和战后的伟大功绩。

5. 最近，法国资产阶级专对法国工人运动左翼采取了**骇人听闻的暴力行动**。它把洛里欧、莫纳特、苏瓦林以及其他许多同志关进了监狱。你们为回击法国资本家的这种进攻，做了些什么呢？为什么你们不敲起警钟？为什么你们不掀起一个全国规模的运动？为什么你们只满足于一种无关痛痒的宣传？

6. 你们对自己党内**共产主义左翼**的态度，是不能令人满意的。你们没有设法和法国共产党人接近，反而组织力量同他们进行斗争。你们把参加共产国际一事列入日程，但同时，你们却丝毫没有或者几乎没有设法同本国共产党人进行真诚的、同志式的接触。

7. 最后，再谈谈你们对**共产国际**的态度。在德国独立社会民主党人尚未退出第二国际、法国工人尚未迫使法国社会党"中派"现领导同黄色国际断绝关系之前，你们一直待在黄色的、叛卖的第二国际的队伍里。你们派了代表团出席臭名远扬的伯尔尼会议。诚然，你们的代表团中有些人在那里捍卫了俄国革命，但是，他们在那里也曾试图挽救濒于绝境的第二国际。你们曾打算建立新的中间派，即所谓"改造派"。现在，你们并不是直截了当地宣布加入共产国际。你们声明退出第二国际，但同时又声明同比利时"社会党人"合作，也就是同社会党叛徒王德威尔得——第二国际的领袖合作。你们声明愿意加入第三国际，而你们的正式代表米斯特拉尔在卡普暴乱时，却同第二国际执行局签署了一个宣言，号召德国无产阶级保卫共和国以及诺斯克和谢德曼。你们对第三国际的存在，不是表示沉默，就是对它进行半隐蔽的恶意宣传。

现在，你们的代表弗罗萨尔在莫斯科向我们提出的报告中，还是以西欧各大政党尚未加入第三国际作为你们不参加第三国际的理由。但是，你们不应忘记，如果你们所说的西欧大党是那些还受社会爱国主义污染的政党，那我们不需要这些政党，并且永远也不吸收它们加入共产国际的行列。欧美两洲一切真正革命的政党，都已加入了我们的行列。

共产国际已成为如此强大的力量，以致在某些社会党人的心目中，它已成为一种**时髦的东西**。一些"中派"拥护者，开始自封为共产党人，并认为可以加入第三国际，可是事实上，他们仍在继续执行原先的半改良主义政策。对于这种情况，共产国际是不能容忍的。我们不允许我们的组织被削弱。共产国际必须始终是共产主义工人的**战斗的**国际协会。

现在，谈谈你们的代表弗罗萨尔在第一份书面报告中向我们提出的一些正面问题。这份报告主要是向我们提出我们对法国**工会（工团）**的态度问题。这个问题极其重要，我们必须仔细谈谈。

你们从我们的提纲和共产国际的其他正式文件中可以看出，我们坚决反对那些少数左翼共产党人要求退出反动工会行列的主张，并坚决反对他们抛弃这种工会、建立与之相抗衡的某种不定型的新"总工会"的主张。我们的这一观点，不仅适用于列金之流的社会民主党黄色自由工会，而且也适用于茹奥之流所领导的法国工会。即使在群众性的工会还不幸地跟随列金和茹奥分子跑的情况下，**我们也反对**革命者和共产党人脱离它们。革命者和共产党人必须和工人群众在一起。俄国共产党人也曾在工会中长期居于少数，但是，他们能够在最落后的甚至简直是反动的工人组织中，为实现自己的思想而斗争。

我们要求我们在法国的拥护者，无论如何也**不要脱离**工会队伍。相反，如果他们愿意履行自己对共产国际所担负的责任，那他们就应该在工会中加强自己的工作。

目前，工会恰恰是社会爱国主义者的最后避难所。第二国际这个政治组织，像纸牌搭的小房子那样坍塌了。而新的阿姆斯特丹黄色工会国际，还是社会党叛徒的一个相当重要的基地。目前，对于世界革命来说，阿姆斯特丹黄色国际比国际联盟更加有害、更加危险。资产阶级企图通过列金分子、龚帕斯分子和茹奥分子，把阿姆斯特丹工会国际变成为他们掠夺目的效劳的一种工具（在帝国主义战争期间，全世界的社会民主党就是这样的工具）。

这就要求我们共产党人必须十倍地关心工会运动。我们无论如何也要把这些工会从资本家和社会党叛徒的手中抢救出来。为此，我们应该置身于这些工会之中，应该把我们的优秀人物派到工会中去。我们的拥护者要留在工会中，但是，他们在那里的行动要团结一致，不要像一盘散沙。**我们应该在每个工会和工会分会中建立共产主义小组，即共产主义支部。**在工会内部，我们必须通过日常的斗争，揭穿大大小小的茹奥分子的鬼把戏。我们应该唤醒普通会员。我们应该把社会党的叛徒领袖从工会中赶走。我们应该进行坚持不懈的斗争，把工会一个一个地从社会党叛徒和茹奥式的黄色工会工作者的影响下争取过来。俄国的布尔什维克，通过多年的工作，终于完成了这项任务。十月革命前夕，俄国共产党人在工会中还居于少数。俄国布尔什维克掌握政权之后，把新的宣传手段交给了有觉悟的工人，终于在革命后的短暂时期内争取到工会运动中的大多数。全世界的共产党人和革命者都应该走这条道路。

如果说，弗罗萨尔在莫斯科提交的书面报告中声称："总工会离开我们（党），搞不了革命，而我们离开它们（工会）也搞不了革命。"——那么，这种说法至少是不够明确的。决不能同那些不想干革命的人一起搞革命。你们不能同那些想方设法和竭尽全力破坏无产阶级革命的茹奥先生们一起搞无产阶级革命。你们搞无产阶级革命，必须**抛开和反对**茹奥，正如必须抛开阿尔伯·托马和比埃尔·列诺得尔一样。假若你们将党内的机会主义清除干净，假若你们的议员在议会中进行共产主义宣传，假若你们将黄色人物从你们党的队伍中驱逐出去，一句话，假若你们将成为共产党人，那么，普通工人和工会会员就会跟随你们去反对茹奥。你们清算机会主义越快，你们就越能克服工团主义偏见。

红色工会开始在国际范围内组织起来。根据共产国际执行委员会的倡议，意大利、俄国和英国的左翼工会，成立了一个三国工会，它们在8月或9月间将召开一次红色工会国际代表大会，以对抗阿姆斯特丹黄色工会国际。你们要在法国支持这一倡议，也要使你们的工会加入红色工会国际，从而使它们永远断绝和黄色工会的关系。这就是法国真正革命者的任务。

在弗罗萨尔的报告中,以半责难的口吻向我们提出这样一个问题:我们是否仍然坚持将某些人从你们党中清除出去?

当然,这个问题具有重大的意义,但这并不是决定我们对你们的态度的唯一问题。我们倒要向你们坦率地说:你们落后了,你们甚至落后于德国独立社会民主党人。当德国独立社会民主党人最终提出开除考茨基以及考茨基分子的问题时,你们党内的阿尔伯·托马和列诺得尔,即法国的诺斯克和谢德曼却仍然是享有大权的党员。是的,我们要非常明确地声明,尽管龙格为俄国革命进行过斗争,尽管他口头上接受无产阶级专政,但是,他在报刊上和议会中所表现的思想立场和整个行为,是同考茨基在德国进行的那种宣传完全一致的。是的,你们必须离弃你们那些满脑子改良主义的右派领导人。

我们向你们提出的主要问题,并不是开除几个人的问题,而是同某种改良主义传统决裂的问题。共产国际并不要求你们立即"进行"苏维埃革命。谁从这个角度向你们提出共产国际的要求,谁就是歪曲我们的观点。我们只要求一点,即你们要在日常工作中,在报刊上,在工会里,在议会中,在各种集会上,坚持不懈地为传播无产阶级专政和共产主义思想进行真诚而又明确的宣传,要为无产阶级革命扫清道路,要真心实意地反对资产阶级改良主义思想。

同志们,这就是我们要向你们说的主要问题。

你们的代表加香和弗罗萨尔在动身回国前夕向我们正式声明,他们同意共产国际第二次代表大会提出的条件。他们说,返回法国之后,他们将建议法国社会党同旧的改良主义策略彻底决裂,并转到共产主义轨道上来。

没有什么其他可说的了,如果法国工人运动真能走上康庄大道的话,那我们是非常高兴的。我们将密切注视法国社会党内部事态的进一步发展。如果你们接受代表大会提出的各项条件，并付诸实现的话，代表大会将授权执行委员会接纳你们党加入共产国际的行列。

最后，我们向你们提出几点我们认为是很重要的意见，期望你们就这些意见作出完全明确的答复。

我们完全相信，我们给德国独立社会民主党人的答复是正确的，它已发表在巴黎共产主义报刊上。这个答复，几乎也完全适合于给你们，即给法国社会党当前的多数派。

现在，根据你们法国的情况，我们提出以下十点意见：

1. 法国社会党应按照上述精神，彻底改变其报刊上的日常宣传鼓动工作的性质。

2. 在资产阶级统治殖民地人民的那些国家里，党在殖民地问题上必须有一条特别明确的路线。法国党应当无情地揭露法国帝国主义者在殖民地所干的勾当，不是在口头上而是在行动上支持殖民地的一切解放运动，广泛地宣传"帝国主义者从殖民地滚出去！"这一口号，教育法国工人真正以兄弟般的态度对待殖民地的劳动人民，并且经常不断地鼓动法国军队反对压迫殖民地。

3. 法国党应当揭露社会和平主义的假仁假义，经常不断地向工人证明：除了以革命手段推翻资本主义之外，任何国际仲裁法庭、任何裁军言论，都不能使人类摆脱新的帝国主义战争。

4. 法国社会党应该着手把总工会中革命的共产主义分子组织起来，以便对该工会的社会党叛徒领袖作斗争。

5. 法国社会党不应在口头上而应在事实上，对整个议会党团实行严格的控制。它只能承认那些忠实执行党的决议、按上述精神改变其全部日常议会工作的议员所组成的党团。

6. 现在的法国社会党多数派，应当彻底改变其对法国工人运动中的共产主义左翼的态度。党应允许共产党人代表在党的所有机关报刊上发表文章。现在的多数派应设法同法国共产主义分子真诚相见。

7. 法国党应与改良主义彻底决裂，不断把那些不愿走新的革命道路的分子清洗出去。

8. 法国党也应更改自己的名称，作为法国共产党出现于世界。

9. 法国同志们应当承认，在资产阶级对工人及其领袖实行戒备的情况下，必须把公开工作和秘密工作结合起来。

10. 法国党以及一切愿意加入第三国际的政党应当承认，必须坚决贯彻执行共产国际的一切决议。共产国际完全理解各国工人斗争条件的复杂性。共产国际各次代表大会都将随时考虑到这些条件，只对那些能作出决议的问题作出全体成员都应执行的决议。

我们请你们把这个答复转告给全体法国工人。

同志们，我们十分坦率地向你们说出我们对一系列重大问题的看法。我们知道，目前你们党内只有少数领袖同意我们的上述看法。但是我们坚信，法国大多数有觉悟的工人社会党人和正直的革命工团主义者，会衷心拥护我们的意见的。不管最近期间我们的相互关系怎样发展，我们坚信，法国无产阶级将为自己锻炼出一个强大的共产党，将站到战斗的国际无产阶级大家庭的前列。法国革命的工人阶级，具有令人敬佩的革命传统、高度的文化、自我牺牲的决心和高超的战斗气质，在资产阶级制度显然已经开始崩溃的时代，它一定能建立起一个强大的共产党。

同志们，明天，国际无产阶级将纪念巴黎公社诞生50周年。巴黎公社是一次伟大的工人起义，俄国无产阶级革命是这次起义的继续。我们衷心地希望法国无产阶级在伟大的巴黎公社50周年纪念日，能建立起一个继承巴黎公社优良传统、准备向资本主义堡垒冲击的强大的无产阶级共产党。

法国工人阶级万岁！

统一而又强大的法国共产党万岁!
致以同志般的敬礼

共产国际第二次代表大会主席团

1920年7月29日于莫斯科

1920年7月30日发表于《共产国际第二次代表大会公报》第3号(《真理报》副刊)

第三国际告世界各国工会书

各国工人们，工会会员们！

现在，最落后的工人和最落后的工人组织都应该认清，资产阶级世界已开始土崩瓦解。旧的社会关系已被摧毁，资产阶级秩序的稳定已成幻影。资产阶级无力恢复被战争破坏了的经济。一个属于劳工的、真诚友爱的、新的自由的世界，开始在血腥的国内战争中诞生。

目前，整个人类被分成两部分：一方面是**资产阶级**，他们组织完善，拥有现代国家的全部技术手段，阶级意识强烈；另一方面是无产阶级，他们的阶级意识不及资产阶级强烈，组织不及他们的阶级敌人完善，而且最重要的是，他们在国际范围内的团结还很差。

最近几年的事实，充分证明了资产阶级具有强烈的阶级意识；尽管各国帝国主义者的角逐很尖锐，经济竞争很激烈，甚至发生战争，但各国的统治阶级，从俄国十月革命初期起，就建立了一个反对工人、反对革命的国际统一阵线。一国资产阶级的垮台，被另一国统治阶级看做是（而且是天经地义地看做是）他们自身的失败。苏维埃俄国和苏维埃匈牙利亲身体验到各国剥削者的这种阶级团结精神。在世界上的每一个角落，从日本到加拿大，从巴西到挪威，包括所有的大国在内，资产阶级以及赖其生存的报纸，都无不暴跳如雷地疯狂反对俄国革命的"野蛮行为"，反对无产阶级的"惊人野心"和对私有制"神圣"原则的"罪恶侵犯"。而且，昨天还彼此争战的国家，只要一谈到无产阶级革命问题，很快就会找到共同的语言。最近的斯帕会议证明了这一点，在这次会议上，英国大臣劳合-乔治和德国资产阶级共和国代表西蒙斯，从"布尔什维克的威胁"这个观点出发，对裁军问题采取了共同的态度。只要问题一涉及"神圣的利益"，国际资产阶级就变成了一个团结一致的集团。无论是英国资产阶级，还是法国资产阶级，都乐于帮助德国资产阶级镇压工人的革命运动，而德国资产者及其杀人的军火商则准备对英、法社会主义运动进行血腥镇压。

这种高度的阶级意识，对共同利益的强烈的阶级感，以及完善的组织，乃是资产阶级对工人阶级展开斗争的基本力量。但是，仅仅这一点，并不能说明资产阶级在一切国际战线上（除了俄国战线）取得胜利的原因。国际资产阶级之所以强大，不仅是由于它有组织性和效率很高的机构，而主要是由于工人的觉悟不高而且落后，因而**使资产阶级向革命进攻时能依靠一些工人组织**。这是令人惊奇的，但这是无可争辩的历史事实。只要看看欧美各主要国家的情况就可以相信，资产阶级的力量和它取得的胜利，都是以这些国家的工会为基础的。

在漫长的战争岁月里，实际上，几乎所有国家的工会都成了本国政府战争政策的支柱和基础。是谁提出并支持阶级休战思想呢？是那些"中立"的工会。是谁在战争期间劝说工人不要发动任何革命攻势甚至放弃经济罢工呢？是那些社会民主党的自由工会。是谁提倡延长工时，以加紧剥削女工和童工的劳动，并提倡放弃已争得的权利呢？是谁在激化广大居民群众中的民族主义和沙文主义情绪呢？是谁在对那些忠实于国际团结的教导而鼓励反对帝国主义战争的人进行残酷无情的斗争呢？是那些"社会党"工会和"工团主义"工会。如果战争无限期地拖延下去，如果千百万人死在欧洲的土地上，如果人类被弄得精疲力尽，如果资产阶级得以在战争期间控制几亿人，从各民族的相互残杀中得到空前的利润，那么，绝大部分的罪责应落在工会运动领袖们的身上，因为他们忘记了国际阶级团结这个基本原则，使工人组织投入掠夺者的血腥搏斗中去。

大战快要结束的时候，这些工会领袖在他们的政府将要取得胜利的时候，对工人许下了动听的诺言，说什么神圣的团结和阶级合作是民族危险造成的一种暂时现象，说什么战争结束以后，阶级斗争会重新开展起来。可是，战争结束以后，这些领袖不但不号召工人起来斗争，反而在国内同资产阶级搞妥协，进而在国际上搞阶级合作。

大战一结束，各国工会运动的领袖——列金、乌德赫斯蒂、茹奥、阿普尔顿、龚帕斯等先生们，就着手建立国际联合组织，以便把各国无产阶级与资产阶级休战时期所施行的那一套办法在国际范围巩固下来。为了这一目的，老练的工人阶级叛徒们建立了两个机构：一个叫"国际联盟劳工局"，另一个叫"国际工会联合会"。

"国际联盟劳工局"由6名工会代表、6名有组织的企业主代表和12名"中立"政府代表组成，其目的是为寻求各国革命运动的出路。国际资产阶级想借助于这个以出卖工人事业的专家阿尔伯·托马为首的劳工局，用小恩小惠的办法来抵消广大工人群众的社会要求。在劳工局中，在资产阶级政府"中立"代表的参与下，劳资双方的代表**应进行协商，并取得一致的意见。不言而喻，谈判和协商的基础是不能侵犯私有制，不能动摇资本的统治**。有组织的企业主的代表，更喜欢谈论社会改革，因为这种空谈不会使他们承担任何责任。他们只要求所谓工人"代表"在本国鼓吹和平解决社会问题和散播幻想，似乎"国际联盟"这个强盗组织及其机构能够帮助工人阶级摆脱那种多年帝国主义战争逼得他们走投无路的困境。

在伯尔尼成立"国际联盟劳工局"的同时，在阿姆斯特丹已拟定出"国际工会联合会"章程，其领导人是那些听从帝国主义国际联盟支配的走狗。阿姆斯特丹国际工会联合会的纲领是什么货色呢？这个联合会对于我们当前的事件持怎样的观点呢？它打算怎样解决工人阶级所面临的问题呢？它怎样对待日益激烈的国内战争呢？它怎样考虑社会革命呢？它为帮助各国斗争中的无产者做了些什么呢？阿姆斯特丹工会联合会本身，是难以回答这些问题的。但是，从它的所作所为以及它的成员中可以看出，它是完全拥护国际联盟劳工局的观点的，也就是说，它拥护资产阶级国际联盟的观点。这很明显，因为第一，阿姆斯特丹国际工会联合会的重要领导人，同时也是国际联盟劳工局的代表；第二，阿姆斯特丹国际工会联合会五月宣言的结尾提出的口号是："要实现华盛顿会议的各项决议"。

由此可见，社会爱国主义分子和背叛分子在各大国工会中占统治地位，因而导致建立了两个**黄色**组织，而这两个组织实质上是资产阶级反对革命无产阶级的最好的支柱。这也是必然的，因为由各国工人阶级叛徒组成的第二国际，只能是各国叛徒的联盟。因此，目前在国际范围内必定出现出卖工人利益的现象。工人阶级在自己的队伍中，**有一个有组织的资产阶级代理机构**。阿姆斯特丹工会联合会就是工人阵营里的资产阶级代理机构。因此，工人阶级应当认识到，当前的阶级斗争，不仅在于同统治阶级进行斗争，而首先并且主要地在于同工人阶级队伍中的"资本家帮凶"进行激烈、无情的斗争。

现在，工人群众像潮水般地涌进工会，这有助于同帝国主义战争所带来的祸害、同工人组织中有组织的资产阶级代理机构展开斗争。过去只有几百、几千名工会会员的地方，现在已有几万、几十万名。在工会中，每个工人都在为帝国主义战争给他们造成的那些无法解决的困难问题寻求答案。旧的联系已被破坏，旧的关系已被摧毁。甚至那些留恋资产阶级文化、满脑子小市民和资产阶级偏见的最落后的工人，也一反常态，他们为了谋求更好的生活，为了给自己极不稳定的经济地位寻找牢固的靠山，也都纷纷加入工会。工人加入工会的目的，是要集体解决每个无产者面临的问题，因为单个的工人比战前更加无能为力了。

工人群众挤满了工会。现在，全世界的工会已拥有3000万会员。这是一支庞大的队伍，这支队伍的动向将左右人类的命运。如果这支队伍充满革命的阶级斗争精神，它便能扭转乾坤。可是，这支显然具有革命情绪的数千万无产者的庞大队伍，仍然受着投靠资产阶级的老领袖的思想影响和组织领导。谁是劳合-乔治的整个资产阶级蛊惑政策的基础？谁在维护英国的整个殖民体系？是英国的旧工会。谁在德国整个革命期间派遣军队去镇压社会革命？谁在德国严重危机时期，即卡普反动叛乱时期，出来充当了资产阶级和无产阶级反常联盟的救星？谁在鼓吹社会和平和逐步解决德国社会问题的思想？是那些追随列金分子的所谓德国自由工会。目前，谁在法国阻挠革命斗争进程？谁在破坏法国的革命运动？是多年来曾鼓吹社会革命的那个赫赫有名的总工会组织。当社会革命被提上议事日程的时候，这个总工会的领导人却完完全全投入了资产阶级阵营。我们在美国、奥地利、比利时、匈牙利以及其他国家，也看到了这种情况。于是，出现了如下令人惊奇的现象：走上革命道路的工人群众像潮水般地涌进工会，而工会却继续执行其"阶级合作和社会和平"的旧政策，仍然充当资产阶级手中的工具。

　　工会落后的原因何在呢？大多数国家的工会为什么还继续起着社会革命绊脚石的作用呢？这是因为，工会虽然吸收了一大批新会员，会员增加了许多倍，但是它们保留了旧的机构、旧的组织形式、旧的作风和资产阶级化的老领袖。工人加入工会，本来想集体地提出劳动摆脱资本压迫的问题，然而一进入工会，就碰到了那些在战时业已声名狼藉的官僚，他们是整个地或部分地出卖本国工人的工会领袖。当工人群众的社会憎恨日益增长的时候，当阶级力量日益积聚起来的时候，当工人群众被日益贫困和资本掠夺逼得走向起义的时候——这时，工会理应反映群众的革命思想，并使之付诸实现，可是，工会却成了阻止工人前进的保守力量，**工人群众要革命**，而旧的工会组织却反对革命。

每个革命工人面对这种叛卖工会运动的行为应该怎么办呢？一个革命者，当他遇到工会领袖蓄意进行破坏的时候应该怎么办呢？退出工会，抛弃这些群众性的组织，建立自己的小型工会吗？放弃千百万满腔阶级仇恨的工人，使他们依然处于老领袖的思想指导之下，而把最革命的积极分子从工会中拉出来吗？这是自杀的策略！这是剖腹自杀！共产国际第二次代表大会充分了解黄色领袖的作用和他们叛变的程度。尽管如此，大会还是毅然决然地反对退出工人的群众性组织。共产党人必须和工人群众在一起。每个工人都应当知道和记住，没有千百万工会大军，西欧和美国的社会革命就不可能实现。因此，需要把那些阻碍革命运动的工会争取过来，需要把那些在劳资冲突异常尖锐的时刻扮演工贼角色的分子，赶出工人阶级的行列和工人阶级的组织。**不要消极地退出工会，而要在工会内部进行积极的斗争，并把实行叛卖的黄色领袖赶出工会**，这就是我们应该以最大的革命决心，全力以赴地去争取实现的口号。这种反对工会运动上层分子叛卖政策的斗争，应该通过**工厂委员会**来进行。要把工厂委员会争取过来，使它处于共产主义的革命政党的影响之下，成为变行业工会为产业组织的工具，成为粉碎资本主义经济管理制度的有力武器——这就是当前的任务。每个国家的共产党都能够而且必须实现这个任务，因为它们应该引导那些认清了我们面临的这场巨大社会灾难的人们。

这个任务比较容易实现，因为参加旧工会的新工人阶层不再容忍工会领袖的背叛行为。最近一年的许多事实可说明在这方面有了很大的进展。在英国、德国甚至美国，出现了两种极其重要的现象：其一是，工会一个接一个地摆脱了那些投靠资产阶级的老领袖的影响，开始向左转，虽然进度还很缓慢；其二是，工人无视工会官僚的决定，违背他们的意志，纷纷举行大规模的罢工。这些事实足以证明，**只要能把工人群众争取过来**，工会官僚，甚至最反动的工会官僚，也是可以制服的。

赶走工会运动中的叛徒，使工会成为国际规模的社会革命的强大工具——这是解决问题的一个途径。但是，社会主义革命是具有国际性的。只有到我们的国际组织充满了那种推翻国际资本所必需的革命精神和具有共产主义觉悟的时候，各国发生的劳资冲突才能得到彻底解决。因此，各国工会会员除了掌握住本国的工会运动外，还有一个任务，就是**建立一个国际工会运动中心**，这个中心要与共产国际结成一个整体、一个钢铁般的联盟。这个任务，要等到工会退出那个隶属于帝国主义国际联盟的、由各国工会运动叛徒组成的劳工局时，退出那个精神上和物质上都与资本主义世界联系在一起的阿姆斯特丹黄色国际工会联合会时，才能完成。共产国际号召一切拥护社会革命和无产阶级专政观点的工人进行坚决的斗争，争取使他们的工会参加俄国、英国、意大利、西班牙、南斯拉夫、保加利亚、法国和格鲁吉亚等国工会于7月15日在莫斯科成立的**国际工会理事会**，争取各国工会退出肮脏的机构——国际联盟劳工局以及与它相勾结的阿姆斯特丹黄色工会联合会。

国际工会理事会的纲领，就是共产国际的纲领，即以革命手段推翻资产阶级，建立无产阶级专政。我们要建立世界苏维埃共和国，建立各国共产党和工会之间密切的、牢不可破的联盟。由此可见，阿姆斯特丹工会中心是垮台了的第二国际的失意政客的避难所，是国际资本的最后一个支柱。因此，必须摧毁这个黄色国际。一切具有革命性和阶级性的工会，都应通过自己的国际工会理事会，成为第三国际（共产国际）不可分割的一部分。

普通工会会员、共产党人和革命者们！

共产国际第二次代表大会号召你们为工会而进行积极的斗争。你们要把工厂委员会夺取过来，要把狭隘的行业工会改造成为产业工会。要把这些强有力的组织控制在自己手里，要坚持同那些打算把工人组织变成资产阶级政策工具的人进行极其坚决的斗争。他们往往用分裂和开除来吓唬你们。但是，只有意志薄弱、态度消极的人，才会害怕开除或分裂。共产国际并不想分裂工会运动，它不希望分裂，但也不怕分裂。每个革命工人，每个真正有头脑的社会党人，也都应该这样说。和所有的工人组织一样，工会本身不是目的，而是达到目的的手段。因此，分裂和团结都不是绝对的。不需要分裂工会，但是，应该把那些打算使工人组织变为帝国主义玩物的叛徒领导集团驱逐出工会。这就是各国共产党人，一切有觉悟、有革命精神、有正确头脑的无产者所面临的任务。

黄色领袖和叛徒从工会中滚出去！

为无产阶级专政而斗争的无产阶级革命工会万岁！

各国共产党和工会之间牢不可破的联盟万岁！

共产国际万岁！

执行委员会向第二次代表大会所作的工作报告

一、共产国际执行委员会的组成

在共产国际第一次成立大会上,对于组织问题没有作比较详尽的研究,这是由第一次代表大会召开时的整个形势决定的。当时,欧美各国的共产主义运动还只是刚刚开始形成。第一次代表大会的任务是:树起共产主义**旗帜**,宣扬共产国际**思想**。但是,无论是各国共产党的一般情况,还是参加第一次代表大会的代表人数(参加大会的人数很少),都不允许比较广泛地提出第三国际组织建设的实际问题。

关于组织问题作出的唯一决议的内容如下:

为了能立即着手工作,大会要选出各种必要的机构,但认为,共产国际的组织机构应由下次代表大会根据执行局的报告来确定。

共产国际的领导工作,交由执行委员会主持。最重要的国家的共产党各派一名代表参加执行委员会。下列各国共产党应立即派出代表参加第一届执行委员会:

俄国;

德国;

德意志奥地利;

匈牙利;

巴尔干联盟;

瑞士；

斯堪的纳维亚。

在第二次代表大会召开以前申请加入共产国际的其他各国政党，将在执行委员会中占有一席。

在各国代表尚未到达之前，由执行委员会所在国的同志承担该委员会的工作。

执行委员会要选出由五人组成的执行局。

因此，除俄国党之外，还有六个党应立即派出代表参加执行委员会。但是，实际情况却是，远非所有这些党都能在执行委员会所在地俄国设常驻代表。德国党始终未能派遣自己的常任代表参加执行委员会。德意志奥地利共产党的代表只是最近才来到。斯堪的纳维亚共产党只是偶尔派遣代表参加执行委员会。巴尔干共产主义联盟刚刚形成，它的代表直到1920年春才来到。匈牙利共产党在执行委员会中有自己的常驻代表。瑞士共产党由普拉滕同志代表，直至他离开俄国。

为了使各国共产党的代表能经常参加执行委员会的工作，共产国际执行委员会曾采取各种措施。但是这一点，只是在我们最近几个月的工作中才得以实现。

因此，俄国共产党中央委员会及其特地派来工作的那些同志，几乎不得不担负起执行委员会的全部日常工作。

代表俄国共产党参加共产国际执行委员会的同志是：巴拉巴诺娃、别尔津、布哈林、沃罗夫斯基、季诺维也夫、卡拉汉、克林格尔、李维诺夫等人。作为俄国共产党的代表，参加一些极其重要会议的，还有列宁同志和其他同志。

执行委员会考虑到其他各国共产党派出常任代表确有种种客观困难，因而利用有威望的外国同志来到俄国的一切机会，邀请他们参加执行委员会的工作，即使为期很短也好。为此，被邀请参加执行委员会工作的有下列同志：鲁道什（匈牙利）、沙杜尔（法国）、里德、安德森和比兰（美国）、鲁特格尔斯（荷兰）、朴振顺（朝鲜）、刘绍周（中国）、弗利斯（挪威）、基尔布姆和格里默隆（瑞典），以及其他一些同志。波兰、南斯拉夫、芬兰和拉脱维亚等国共产党派遣了驻执行委员会的常任代表，他们是马尔赫列夫斯基、米尔基奇、西罗拉和斯图契卡等同志。

此外，最近几个星期以来，代表们开始陆续前来参加共产国际第二次代表大会，共产国际执行委员会认为，应该吸收所有这些同志参加执行委员会的定期会议和日常工作。因此，在最近几个月和几个星期里，参加执行委员会工作的有下列同志：塞拉蒂、邦巴奇、格拉齐亚德伊和瓦奇尔卡（意大利），罗斯默和德利尼埃（法国），奎尔奇和麦克莱恩（英国），赖斯勒（奥地利），拉科西（匈牙利），以及其他许多同志。

巴拉巴诺娃、别尔津、沃罗夫斯基和拉狄克四位同志，轮流担任了共产国际执行委员会书记。拉狄克同志目前仍在担任这一工作。季诺维也夫同志担任执行委员会主席。

二、执行委员会的总的工作条件

从上述情况中可以看出，执行委员会的总的工作条件是很艰难的，特别是在我们开展工作的初期。各国帝国主义分子对苏维埃俄国实行严酷的封锁，给执行委员会与欧美共产党人的联系造成极大的困难。执行委员会甚至一连几个月都无法收到各兄弟党的报纸、传单和其他出版物，通信联络极端困难，私人联系也同样不易。一些同志要冒着极大风险，冲破重重阻难，才能从各自国家来到我们这里，以便报告他们本国共产主义运动发展的情况。我们的特派员和特使，也要经过很大的周折，作出不小的牺牲，才能把共产国际的某些指示送到各个国家。

在许多"先进民主制"的国家，它们的政府在白色社会民主党的支持下，对第三国际的组织，甚至对个别有名望的第三国际拥护者，采取了特别防范措施。在美国，第三国际的拥护者遭到残酷的迫害，成千上万人被逮捕。可以毫不夸大地说，资产阶级及其仆从企图用饥饿和残酷迫害的手段来征服第三国际的拥护者。在德国，我们的党大部分都处于秘密状态，一直只能进行短时期的公开活动。在奥地利，白色社会民主党人对第三国际的拥护者长期实行最残酷的迫害。至于匈牙利，那就更不用说了。在那里，所有诚实的人，甚至那些绝不应被怀疑的、只是在口头上同情共产国际的人，也都惨遭杀害。在法国，第三国际法国支部的一些优秀人物，前不多久被关进监狱。在瑞典，几位最有名望的同志遭到法庭审讯，并以同情共产国际为罪名被判处几个月的徒刑。在"民主的"芬兰，日前逮捕了出席独立社会党代表大会的全体代表，"民主的"检察长明目张胆地宣布：出席代表大会的全体代表，因同情第三国际而被逮捕。在爱沙尼亚、拉脱维亚和波兰，白色社会民主党人竟公然充当屠杀共产党人的刽子手。第二国际的拥护者对我们格鲁吉亚同志，也是这样干的。

共产国际执行委员会就是在这样的情况下开始工作的。

但是，各个国家越是疯狂地迫害我们的同志和朋友，工人群众就越是转到共产主义方面来。我们的出版物已为自己打开通往工人群众的道路。尽管障碍重重，但可以毫不夸张地说，共产国际的思想影响每时每刻都在增长。在共产国际第二次代表大会开幕之际，我们可以说，第一时期，这个**最困难**时期，即苏维埃俄国被包围、共产国际执行委员会与各兄弟党隔绝的这个最艰难的时期，已经一去不复返了。我们认为，共产国际执行委员会现在能在比较好的条件下工作了。

三、执行委员会的中央机关刊物——《共产国际》

从我们工作的初期起,我们就给自己提出一项任务,首先要创办一个能成为全世界共产党思想中心的中央机关刊物。共产国际执行委员会在它的第一次会议上,就决定用四种文字(德文、法文、英文和俄文)每月出版一期执行委员会的机关刊物,定名为《共产国际》。这个刊物终于在极端困难的条件下问世了。要那些居住在俄国境外的同志参与工作,几乎是办不到的;要把我们的机关刊物送到其他国家,也是极其困难的。但是,我们克服了种种困难,我们的《共产国际》杂志为自己开辟了一条通往全世界先进工人阶层的道路。尽管障碍重重,但在我们工作的头一年里,我们用上述四种文字出版了12期《共产国际》。其中6期在维也纳有翻印本,5期在柏林有翻印本。关于其他翻印本,我们没有完整的资料。但是,发表在这12期上的所有重要论文和文件,几乎在世界各地都被印成小册子,或被转载于报纸和单行本上。我们通过种种巧妙的途径克服重重障碍,能够把我们的杂志送到我们的朋友那里,虽然数量很少而且拖延的时间很长。目前,执行委员会已把在所有开展工人运动的主要国家中按期再版我杂志的问题提上了日程。

共产国际执行委员会非常清楚我们的杂志所存在的缺点。我们知道,我们的杂志对于国际无产阶级运动中的迫切问题反映得太慢,有时根本没有反映。我们知道,国际共产主义运动及其种种复杂的问题,在我们杂志的版面上反映得很不够。我们知道,所有参加第二次代表大会的人,都能十分确切地给我们指出杂志中存在的许多缺点。然而,我们可以满意地说,我们毕竟通过共同努力建立了一个**思想中心**。

第二国际在完全合法的情况下存在了整整25年,在这四分之一世纪里,它没能创办一个中央机关刊物作为联合起来的各国政党的思想中心。而第三国际仅仅在一年之内，尽管外部困难重重，但还是完成了这一任务，虽说做得还不够理想，虽然目前基础还不够扎实，但终归打下了基础。《共产国际》这个刊物在各国共产党的支持下，定能成为全世界各国共产党的思想指南。

关于执行委员会的其他宣传鼓动出版物，其全部必要的资料，将列在本报告的结尾部分。

四、共产国际执行委员会对黄色的第二国际的斗争

显然，第三国际的执行机关首先必须同那个在帝国主义战争结束后企图复活的黄色的第二国际进行激烈的斗争。组织共产国际，曾遭到所有执政的旧社会民主党的痛恨。社会党叛徒和"中派"拥护者所操纵的"社会民主党"报刊，议论纷纷，对刚刚诞生的共产国际展开了一场空前未有的攻击。它们欺骗工人，企图使工人相信：共产国际纯粹是"莫斯科臆造出来的"，没有任何实力。它们百般歪曲我们的思想立场。它们企图向工人证明，似乎共产国际要求所有政党立即"搞"社会主义革命，根本不考虑各该国国内的力量对比。它们欺骗工人，胡说什么共产国际强迫工人轻率地举行起义和暴动。

执行委员会对所有这些彻头彻尾的谎言，不得不展开斗争。

根据共产国际第一次成立大会决议的总的精神，执行委员会号召所有共产党人和同情者起来，**抵制**第二国际召开的伯尔尼会议和卢塞恩会议。我们满意地指出，拥护共产主义的大多数同志同意了执行委员会的意见，**没有**派代表参加这两个会议。只有个别共产党人参加了这两个会议，其目的是在那里组织左翼反对派。但是，就连这些同志也很快地认识到，参加这种会议是完全徒劳的，是决不应该的。

共产国际执行委员会还专门发出几次呼吁，号召全世界一切有觉悟

的工人起来抵制第二国际预定召开的代表大会。执行委员会的这些呼吁,在国际无产阶级队伍中得到了热烈的响应。

在总结一年来我们同第二国际的斗争时,我们完全有理由说,这一斗争取得了辉煌的胜利。黄色的第二国际,作为一个政治组织已被彻底粉碎了。所有大党都退出了第二国际。继德国独立社会民主党和法国社会党退出第二国际之后,美国社会党、英国独立党、西班牙社会党、瑞士社会党甚至俄国孟什维克,也都先后退出了第二国际。第二国际的声誉一落千丈,先进工人对第二国际越来越不信任,以致社会爱国主义者伦纳所领导的、执政的奥地利社会民主党,在工人的压力下,也不得不拒绝参加第二国际预定召开的代表大会。

第二国际业已崩溃,现在它只是一个虚有其名的空架子。它只有靠资产阶级的支持才能度日,而资产阶级赐与第二"国际"的合法权利,就是动员一切害人虫去迫害第三国际。目前,共产国际的迫切任务,就是粉碎阿姆斯特丹黄色工会"国际"。这个工会"国际"是仍然忠于社会党叛徒的、多少具有群众性的唯一国际工人组织。毫无疑问,只要我们实行正确的策略,只要全体共产党人**在工会内部**始终齐心协力地进行工作,我们就一定能够很快地取得参加工会的大多数工人的信任,我们就一定能够使茹奥、列金、乌德赫斯蒂、龚帕斯之流变成光杆司令。

五、共产国际执行委员会对所联合的
政党事务的直接"干预"

共产国际第一次成立大会的所有决议都贯穿着一个思想,即共产国际应比第二国际更加集中地进行工作。第二国际的国际执行局,从实质上来说,只是一个情报机构。第二国际的历次国际代表大会是一种摆样子的集会,会上极力回避那些十分重大的问题。第二国际历次代表大会作出的决议，总是遭到各个政党的破坏。实际上，第二国际所有"重要"的活动家都自然而然地认为，任何人对第二国际的决议都不承担责任。

第三国际不能建立在这种基础上。第三国际是经过周密考虑组织起来的，它是一个愿意为推翻资本主义而有计划、有组织地进行工作的真正国际工人协会。1914—1918年的帝国主义战争，把所有先进国家工人的命运联结在一起了。每个有觉悟的工人都懂得，一个国家工人阶级的斗争，现在比任何时候都更加需要同其他国家工人阶级的斗争紧密结合起来。以国际联盟为代表的霸权国家的资产阶级，企图建立一个**自己的**集中领导机构，其主要任务之一就是有步骤地反对未来的无产阶级革命。国际无产阶级已完全进入直接夺取政权的斗争阶段。我们认为，阶级斗争几乎在全世界都具有国内战争性质。在这个时代，国际无产阶级必须为自己建立一个真正的总参谋部，以便能够考虑各个国家运动的特点，把世界各国无产阶级运动的一切特点结合起来，从而把各国无产者的斗争集中领导起来。

共产国际执行委员会是根据这一总的观点来开展全部活动的。它认为，对于那些属于共产国际或愿意属于共产国际的政党的工作，它不仅应当而且也必须加以"干预"。对于那些纯属地方性的问题，执行委员会决不会侵犯各个政党的自主权，但是，对于那些具有国际意义和原则性的问题，它**必须**向属于共产国际的政党下达指示。

执行委员会对美国、德国、芬兰、乌克兰、奥地利、巴尔干半岛和法国共产党人的事务进行了"干预"，这具有极其重要的意义。

在**美国**，由于一系列情况（对此，这里不加阐述了），形成了两个共产主义政党：美国共产党和美国共产主义工人党。共产国际执行委员会采取了各种措施，促使这两个党派代表到俄国来。我们还千方百计地设法得到这两个党的全部文献资料，弄清楚它们之间的意见分歧。共产国际执行委员会召开了两次专门研究美国问题的会议。会上，仔细听取了两党代表的意见。执行委员会责成一个专门委员会认真研究全部文献资料。通过这一系列的工作，执行委员会在两党代表的参与下，拟定了一个两党合并为一个政党的详细方案。① 执行委员会十分清楚，两党之间没有什么重大的原则性分歧，它们之所以分裂，主要是在组织问题上观点不一致，以及外籍工人共产党员与美国当地共产党工作人员之间在心理上的隔阂。除了拟定两党合并方案之外，执行委员会还向两党发出了专门信件，此信发表在我们的《共产国际》杂志上。② 如果说，两党的合并至今尚未实现，这纯粹是外部困难（美国共产党最近几个月遭到迫害）和其他一些次要原因造成的。执行委员会坚信，尽管有个别美国共产党人反对，但这种合并不久必将成为事实。

对于**德国**工人运动活动家中所发生的种种争论，执行委员会曾采取积极干预的态度。共产国际执行委员会接待了新成立的德国共产主义工人党的专门代表团。执行委员会在一封内容详尽的信中，对德国共产党人所面临的一切争论问题，阐明了自己的观点。③ 它十分坦率地、同志式地向德国共产主义工人党的拥护者指出了他们的党以及他们的代表大会所犯的那些重大错误。执行委员会也知道，在德国共产主义工人党的队伍中，有许多忠诚、忘我的工人在进行斗争。因此，它邀请了德国共产主义工人党来参加共产国际代表大会。同时，执行委员会指出了老德国共产党（斯巴达克联盟）中央委员会在组织问题、工会问题（几个目前中央委员会在共产党员是否应参加工会这个问题上犹豫不决），以及斯巴达克联盟中央委员会在卡普叛乱期间的政治行为问题（中央委员

---

① 见《共产国际》1920年3月22日第9期。
② 见《共产国际》1920年6月14日第11期。
③ 见《共产国际》1920年6月14日第11期。

会发表了一个有名的关于"纯粹工人政府"、"忠诚反对派"等的声明）上所犯的组织错误和其他一些重大的政治错误。共产国际执行委员会仍然希望斯巴达克联盟能比较迅速地结束德国共产主义队伍中的分裂。

外部的种种障碍，使共产国际执行委员会在卡普叛乱期间无法对德国共产党人下达任何指示。共产国际执行委员会起草了一个号召书，想通过无线电台广播出去。但后来，我们改变了主意，因为我们担心，由于不了解事情的全部情况，这样做有犯错误的危险。后来的情况表明，这种担心是不必要的。我们的号召书提出了如下口号：（1）"武装起来！"（2）"恢复苏维埃！"（3）"全力支持总罢工！"（4）"推动独立社会民主党人向左转！"（5）"号召群众起来战斗！"这些口号在当时是绝对正确的。倘若我们及时下达我们的指示，德国共产党中央委员会可能会少犯许多错误。

另一方面，执行委员会不得不特别详细地阐明自己对德国独立社会民主党的态度，因为它退出了第二国际，并表示愿意同第三国际建立联系。共产国际执行委员会在一封内容详尽的信中①，阐述了那些使我们与独立社会民主党人分离的分歧意见。这封信具有重大的原则性意义，因为它不仅阐明了我们同德国独立社会民主党人之间的意见分歧，而且阐明了我们同所有政党和所谓"中派"集团（它们在法国、英国和其他许多国家也有自己的拥护者）之间的意见分歧。

此外，共产国际执行委员会实际上还干预了芬兰共产党的事务。我们的芬兰党被迫处于秘密状态。芬兰资产阶级白卫匪帮，在社会民主党人的支持下，继续疯狂迫害共产主义拥护者。但是，芬兰共产党是一支极其强大的力量，毫无疑问，将来它必定成为芬兰社会生活中一个决定性的政治因素。

---

① 见《共产国际》1920年3月22日第9期。

由于大批人遭到逮捕和芬兰共产党内部的其他事件，这个党不得不请求共产国际执行委员会为它任命一个临时中央委员会。执行委员会完全意识到它自己应当承担多么重大的责任，于是，决定从上面来任命全党的中央委员会。执行委员会同一些最有威望的芬兰共产主义运动活动家举行了预备会议，然后才任命了临时中央委员会。我们希望，在最近的芬兰共产党代表大会上选出中央委员会，以便很快取代临时中央委员会。

在**乌克兰**的社会主义和共产主义政党的斗争中，执行委员会曾发挥过特别积极的作用。在乌克兰，除乌克兰共产党之外，还有一个相当大的政党，它自称为斗争派，并声明它同情共产主义思想。斗争派在乌克兰农民中间有很大的影响，它向执行委员会提出申请，要求加入共产国际。[①] 执行委员会坚持了这样的观点，即首先力求每个国家要有一个统一的共产党。执行委员会为这两个愿意加入共产国际的政党召开了几次代表会议。执行委员会指定专门委员会仔细研究了全部材料，并且举行了三次会议讨论有关的问题，然后作出决议[②]，建议斗争派加入乌克兰共产党，从而建立一个属于共产国际的统一的政党。我们非常满意地向共产国际第二次代表大会宣布，斗争派的同志认为自己应当执行执委会的决议。可见，由于执行委员会的干预，乌克兰所有共产主义力量很快就会联合起来，因而我们将有一个统一而强大的乌克兰共产党。

奥地利共产党出现了几个月的组织涣散现象，这是由一系列特殊情况引起的。匈牙利革命的失败，不能不沉重地打击奥地利共产党。匈牙利同志派遣贝特尔海姆（附带说一下，贝特尔海姆没有共产国际的任何委托书，说贝特尔海姆是我们派驻维也纳的代表，这纯粹是一派胡言）

---

① 见《共产国际》1919年11—12月第7—8期。
② 见《共产国际》1919年11—12月第7—8期。

作为自己的代表去奥地利，是不恰当的，这在我们奥地利党的队伍中制造了复杂的情势。由于我们的领导同志同奥地利共产党几位有名望的干部进行了会晤，共产国际执行委员会才得以为奥地利共产党的发展创造比较正常的条件。我们高兴地指出，现在，即第二次代表大会召开前夕，奥地利共产党正在迅速地加强和发展。

共产国际执行委员会认为自己有责任促使巴尔干尽快地建立**巴尔干共产主义联盟**。巴尔干战争的整个历史表明，只要所有巴尔干政党紧密地联合成为一个兄弟般的巴尔干共产主义联盟，巴尔干半岛的工人阶级和贫苦农民就可以不再成为强盗们经常掠夺的对象。保加利亚、罗马尼亚和南斯拉夫的广大共产党员群众认清了这一点。现在，这样的联盟在巴尔干已经形成。保加利亚共产党是资格最老的马克思主义政党之一，在共产国际建立之后，它立即全心全意地参加了这个组织。很快巩固和成长起来的南斯拉夫社会党，加入了共产国际，并且派遣了常任代表参加我们的执行委员会。这个党现在正着手清除混在他们队伍中的改良主义小派别。我们所掌握的有关巴尔干共产主义发展的全部材料证明，巴尔干共产主义联盟是一个非常富有生命力的组织，未来是属于它的。

在**法国**，我们一直还没有一个定型的共产党。共产国际执行委员会曾多次讨论法国的情势，但每次都得出这样的结论：总的情势要求在法国尽量采取等待时机的策略，应允许共产国际的拥护者在目前的党的队伍中再待一个时期。

我们同法国同志的书信往来十分困难。但是，我们始终保持着联系。

现在，在共产国际第二次代表大会召开的前夕，我们认为，在法国无论如何也要组织一个统一而又团结的共产党，这一时刻已经来到了。

在"第二国际"巴黎"委员会"中，现在是两个派别肩并肩地一起工作，一派是退出旧政党队伍的共产党人，另一派是主张**工团主义的**

共产党人。我们坚信，第二次代表大会的决议，必将为法国所有真诚的共产主义分子完全联合到一个政党中去，创造先决条件。

共产国际执行委员会是按照第一次代表大会的决议精神进行工作的，因而认为自己不但应该同明显的共产主义派别和政党进行联系，而且也应该同那些不完全靠近共产国际但同情共产主义思想的革命组织进行联系。属于这种派别的，首先是世界产业工人联合会（产联）、英国车间代表委员会、革命工团主义者等。执行委员会在 15 个月的工作中，开过多次会议，同前来的上述组织的代表进行了非常详细的、同志式的商讨。执行委员会曾特地写信给世界产业工人联合会的拥护者，① 向他们阐明我们的观点，并试图同他们达成协议。执行委员会认为自己有责任邀请这些组织的代表参加代表大会。执行委员会坚信，第二次代表大会将完全赞同执行委员会的这种做法。

六、共产国际执行委员会与工会

共产国际执行委员会从其工作一开始，就坚持这样一种意见：第三国际应恢复第一国际的传统，即不仅要把一些政党看做是国际工人组织，而且还要把那些决心不是在口头上而是在行动上为解放工人阶级而斗争的其他庞大工人组织，也看做是国际工人组织。属于这类工人组织的，首先是革命的工会。在俄国工作的第一届执行委员会，和俄国工会配合得很密切。执行委员会从一开始就坚决反对由"左翼"共产党人组成的小派别所表现出来的鼓吹抵制工会运动的倾向。执行委员会过去和现在一直坚持这样一点：共产党员**不应该脱离工会**；相反，应该加强

---

① 共产国际执行委员会向世界产业工人联合会发表的呼吁书，载于《共产国际》1920 年 3 月 22 日第 9 期。

自己在工会内部的工作，**在工会中组织共产主义支部**，坚持不懈地为共产国际**争取工会**。执行委员会曾就这些问题发表了一系列宣言，它向某些工会的国际代表大会发出了相应的号召。在执行委员会的倡议下，终于在莫斯科召开了英国、意大利和俄国工会运动活动家的第一次国际性会议，会议决定成立第一个国际红色工会组织。执行委员会还打算把英国车间代表委员会的拥护者、西班牙工会运动活动家、法国革命工团主义者以及其他工会运动活动家吸收到这个组织中来。执行委员会也邀请了这些活动家参加共产国际第二次代表大会。执行委员会坚持这样一种观点：共产国际应领导**各种**工人组织，其中包括国际工会组织。执行委员会坚决主张，国际红色工会组织应成为隶属于共产国际的一个支部。执行委员会一再重申，各国共产党人当前的主要任务是：使全世界的工会运动摆脱"独立的"工联主义者和黄色社会民主党人的影响。到那时，资产阶级及其走狗就会彻底丧失一切工人基础，到那时，资产阶级的灭亡就为期不远了。

七、执行委员会与国际共产主义青年组织

执行委员会不同于第二国际，它始终认为国际青年运动具有重大的意义。我们亲眼看到，没有被旧社会民主主义"父辈"的机会主义所感染的青年中，不断涌现出忠于工人阶级解放事业的战士，在最近几年的所有革命运动中，青年工人起到了相当大的作用。

执行委员会认为全面支持国际青年组织是自己的职责。在执行委员会的亲切关怀下，召开了第一次国际共产主义青年代表大会，成立了青年共产国际。执行委员会吸收了青年共产国际执行委员会的一名代表参加其工作，并使他享有表决权。执行委员会竭尽全力使青年共产国际能有较多的代表参加即将召开的共产国际第二次代表大会。执行委员会坚

决主张,今后,整个共产国际以及加入共产国际的各个政党,都要十分关心和爱护这个新生的共产主义青年组织。

在我们即将举行的代表大会上,执行委员会将提议解决与国际青年组织有关的一系列重大组织问题(关于青年运动的独立活动范围等问题)。

八、执行委员会与国际妇女组织

执行委员会在它的一次会议上,确定克拉拉·蔡特金同志为妇女共产党员的国际书记。执行委员会预定在即将举行的第二次代表大会之前,召开国际妇女共产党员代表会议。① 执行委员会认为,劳动妇女不应孤立于**整个**无产阶级组织之外,为了更顺利地把女工特别是农村妇女吸引到我们的队伍中来,需要建立特殊的妇女团体,为妇女出版专门的共产主义刊物。

我们坚信,即将召开的国际妇女代表会议,不会再犯大战爆发后举行的第一次国际妇女会议(1915年在伯尔尼)所犯的那些错误,即将召开的国际妇女代表会议,将给全世界工人阶级妇女指出正确的道路。

九、执行委员会向各国派遣个别代表的问题

美国一家大报的代表访问季诺维也夫同志时,提出一个问题:共产

---

① 第一次国际妇女共产党员代表会议,于1920年7月30日至8月3日在莫斯科举行。关于这次代表会议的情况见《第一次国际妇女共产党员代表会议》,国家图书出版局1921年版。本卷收录有《关于共产主义妇女运动的提纲草案》。——编者注

国际派了多少代表到美国去，竟一下子在美国掀起了这样大规模的共产主义革命运动？季诺维也夫同志回答这位采访记者说，像美国这样的国家，执行委员会完全没有必要派遣代表去，因为美国资本家和美国帝国主义政府推行的整个政策，就足以使无产阶级革命思想得到普及了。

资产阶级下流作家胡说什么各国的运动似乎主要是由共产国际执行委员会所派的代表领导的，这显然是毫无根据的。我们深感遗憾的是，到目前为止，我们派往各国的代表人数太少了。在执行委员会开展工作的头一年里，我们在下列国家中派有代表：德国、奥地利、法国、美国、意大利、瑞典、挪威、保加利亚以及其他一些国家。当然，在派遣代表时，我们每次都给代表作出明确指示，要他们**在任何情况下**办事，都不能也不应不征求当地共产党或共产主义小组的意见，他们的任务只是转达执行委员会的**原则性**指示，以及在技术上和思想上给予各兄弟组织以力所能及的**帮助**。贝特尔海姆所说的那种委托书（"搞苏维埃革命的委托书"），我们不仅没有给过贝特尔海姆本人，而且显然地，按照原则来看，也不可能有这种委托书。

十、对各兄弟党的经济援助

在共产国际执行委员会第一次会议上就已规定，凡是属于第三国际的每个党和每个组织，都应向共产国际执行委员会缴纳适当的党费。但是，在这次有各国许多同志参加的会议上，也曾决定建议俄国共产党暂时承担起支付执行委员会工作经费这一重担。这是由我们整个欧洲的斗争形势造成的，是由各国兄弟党的处境造成的。当然，俄国共产党把接受共产国际执行委员会的这一提议看做是自己的光荣职责。20年来，俄国工人曾得到其他国家先进工人的兄弟般的支援，所以他们认为，现在对战斗中的、物质条件比较困难的无产阶级给予兄弟般的支援，乃是自己的无产阶级职责。

黄色社会民主党人,在资产阶级报界密探支持之下,抓住共产国际向兄弟党提供经济援助一事,在欧洲各国掀起轩然大波,那些享用强盗般的国际联盟的物质援助而不以为耻的人,却由于一个国家的工人援助另一国家的工人兄弟而大喊大叫起来。

工人本身并没有这样看待这件事。例如意大利共产党人就怀着自豪的心情完全公开地说,他们党的某些企业之所以能够创办起来,就是因为共产国际给予了意大利工人以兄弟般的援助。其他国家的工人共产党员,也都是这样说的。

我们特地要把共产国际执行委员会的经费结算提交第二次代表大会,请第二次代表大会选出一个专门监察委员会来审查这个经费结算,并对执行委员会今后这方面的工作给予一些确切的指示。

十一、我们在各国设立的辅助执行局

执行委员会从着手开展自己的活动起,就已得出这样的结论:由于苏维埃俄国被封锁,由于资产阶级对共产党人采取特别防备措施,我们在一系列国家中设立执行委员会的**辅助**执行局,乃是绝对必要的。设立这种执行局的有下列地区:斯堪的纳维亚、中欧、巴尔干、荷兰和俄国南部。匈牙利党在匈牙利苏维埃政权存在期间,曾一度实际上起到了这种执行局的作用。

这些辅助执行局实质上都是代表执行委员会向各个政党**传达指示的机构**。我们同这些执行局的联系,以及这些执行局同各个政党的联系,显然都是非常困难的。因此,有些小组和政党,就我们辅助执行局的活动,对执行委员会提出很多抱怨和责难。

自从执行委员会的外部工作条件好转以后,我们的辅助执行局的工作开始大为活跃。我们希望共产国际第二次代表大会详细研究一下组织问题，并为那些我们决定保留下来的（如果大家认为这种执行局有必要保留的话）辅助执行局制定出明确的工作细则，以便让每个共产党员都明白，这些执行局**仅仅**是执行委员会的辅助机构和办事机构。

很遗憾，我们不能在自己的工作报告中，避而不谈执行委员会和一个辅助执行局之间所发生的冲突，我们要谈的是荷兰局。几个月以前，共产国际执行委员会委派了荷兰著名的共产党员鲁特格尔斯同志由俄国去荷兰，在那里同几位很有威望的荷兰共产党员一起组成了一个事务性的辅助执行局。这个执行局本应在适当时机召开代表会议，并应向一些国家提供宣传材料。当然，不用说，荷兰局应该完全依据共产国际执行委员会的各项原则性决议行事。

荷兰局成立了。但是，从它开始活动的初期就已明显地表现出，它超越了给它规定的职权范围。在对待德国出现的意见分歧上，荷兰局竟敢于以共产国际名义，采取一种与共产国际执行委员会的观点根本不同的原则立场（在议会和工会问题上，在如何对待德国共产主义工人党的问题上）。这给我们在德国的事业带来了极大的危害。荷兰局的立场加剧了德国的分裂，加剧了德国工人运动和其他一些国家工人运动的思想混乱。

显然，执行委员会对这种事态不能置若罔闻。执行委员会不能允许在第三国际中恢复第二国际曾盛行一时的做法，即每个小组由于恐惧和怕担风险而随意胡说起来。荷兰局在阿姆斯特丹召开的会议（只进行了一半），同样加剧了思想混乱。执行委员会面临着一种选择：**要么**听任事态发展下去，对共产国际队伍中日益加剧的思想混乱采取漠不关心的态度；**要么**立即解散这个超越自己职权范围的荷兰局。执行委员会选择了后一种办法，它相信第二次代表大会是会赞同这样做的。

在荷兰共产党人中间，我们拥有一些在文坛上宣扬革命马克思主义的伟大代表人物。我们对他们的功绩表示崇高的敬意。不过，荷兰共产党人是在一个小国的独特情况下进行活动的。荷兰共产党人进行了十多年的工作，但他们的党才有两三千名党员。共产国际执行委员会做了它应做的工作，是为了使共产主义运动避免宗派主义错误。

十二、执行委员会对1919年7月21日罢工的态度

为了保卫俄国和匈牙利的苏维埃共和国，共产国际执行委员会想发动一次各国工人同时开展的行动。这个想法得到了各地（凡是工人知道这一想法的地方）的大力支持。

但日期（7月21日）**不是**共产国际执行委员会指定的。这要预先说明一下，以免发生任何误会。

我们的意大利朋友对于真正实行罢工做出的贡献最大。他们前往巴黎，那里的广大无产者也都热烈拥护这种罢工的主张。

"中派"的拥护者以及茹奥那样的法国工团主义者，也随声附和地响应罢工计划，因为他们看到，工人们普遍地都有举行罢工的愿望。当然，在关键时刻，这些先生们出卖了无产阶级事业，因为这是他们分内的勾当。

当时，匈牙利苏维埃共和国受到的压力日益增大。危急时刻临近了。原定于7月21日的罢工不得不提前举行。在意大利和奥地利，罢工取得了辉煌的成就（在奥地利，**尽管遭到**社会民主党的反对）。在德国，只是局部地区举行了罢工。在法国，罢工被社会党叛徒破坏了。这是对苏维埃匈牙利的一个极其沉重的打击！因为法国资产阶级是对匈牙利苏维埃共和国进行强盗般进军的主谋。

7月21日第一次国际性罢工**未能**成功。但是，这种罢工思想并没有消失。现在，全世界工人共产党员日益团结起来，我们一定要继续发动一系列这种同时开展的运动。

十三、执行委员会与东方问题

共产国际执行委员会把自己的注意力主要放到在欧美活动的各个政党身上，但同时，执行委员会也意识到，最近期间的东方问题日益起着巨大的作用。执行委员会同中国、朝鲜、亚美尼亚、波斯、土耳其、印度以及其他东方各国的革命政党代表举行了两次会议。执行委员会在自己力所能及的情况下，照顾了上述各国的革命运动在思想上的需求。执行委员会决定于1920年8月15日，在阿塞拜疆的首都巴库召开近东各族人民代表大会，如果有可能的话，再召开远东各族人民代表大会。①执行委员会希望，出席共产国际第二次代表大会的代表，特别是英、法两国的代表（因为这两国的资产阶级是殖民地人民的主要压迫者），能参加东方各族人民的代表大会。执行委员会坚信，即将召开的巴库代表大会将具有重大的历史意义。

同时，执行委员会认识到，它在东方问题方面所做的工作是很不够的。即将召开的共产国际代表大会应给予东方各国共产党人以十分明确的指示，下届执行委员会应为这些国家中的共产国际拥护者十分具体地制定出行动路线，应对他们即将展开的宏伟斗争给予全面的支持。

十四、共产国际执行委员会的原则性指示

在代表大会休会期间，共产国际执行委员会行使代表大会职权，即它是我们整个国际工人协会的最高权力机关。因此，当新的原则性问题

---

① 东方各族人民第一次代表大会于1920年9月1—8日在巴库举行。见《东方各族人民第一次代表大会》的工作报告，共产国际出版社1920年版。

出现时,执行委员会必须以自己的名义,就那些具有重大意义的问题发布原则性的指示。当议会制问题在国际运动的队伍中十分突出地出现时,执行委员会认为自己有权力、有责任发出众所周知的那封指示信。① 在这封信中,我们就共产党员参加资产阶级议会问题,采取了相当明确的态度。我们没有理由对这一指示作任何重大的修正,我们相信,第二次代表大会必定会赞同我们的这一指示。

遇到这类情况,执行委员会就得发布原则性的指示。在工会问题、公开工作和秘密工作相结合问题（见《我们致美国共产党人的信》②）、政党在无产阶级革命中的作用问题（见《我们致世界产业工人联合会的信》③）、英国工人运动的特殊性问题（见《我们致英国独立工党的信》④）上,以及在其他一系列最重要的问题上,执行委员会都作过原则性的指示。

我们认为,共产国际执行委员会今后应享有充分的权力,以共产国际的名义发布具有约束力的政治指示。不然,就没有共产国际的执行机构,因而也就没有共产国际这一团结一致的组织。

十五、执行委员会和第二次代表大会的筹备工作

共产国际执行委员会早已周密考虑过召开共产国际第二次代表大会的计划,只要外部条件稍微允许,执行委员会就认为自己有责任确定召开这样的大会。国际无产阶级面临着许许多多需要自己解决的迫切问题。

---

① 《议会制和为苏维埃而斗争这封指示信》,发表在《共产国际》1919 年 9 月第 5 期上。
② 见《共产国际》1920 年 6 月 14 日第 11 期。
③ 见《共产国际》1920 年 3 月 22 日第 9 期。
④ 见《共产国际》1920 年 7 月 20 日第 12 期。

共产国际正在迅速地壮大起来，它已经不再是一个仅靠基本思想一致来维持的、不大定型的组织。现在，共产国际应该是**一个团结一致的、集中领导的国际无产阶级组织**，它不仅要有十分明确的纲领，而且要有非常正确的策略和完全固定而又严密的组织。

最近三个月以来，共产国际执行委员会把全部精力用在即将召开的代表大会的思想准备工作上。执行委员会将就下列问题向代表大会提出明确的提纲①：共产党在无产阶级革命中的作用问题、议会制问题、工会和工厂委员会问题、土地问题、民族和殖民地问题。其次，我们将向代表大会提出共产党议员在资产阶级议会中的工作准则草案、加入共产国际的条件的提纲，建立工人代表苏维埃的时机和条件的提纲以及共产国际章程草案，等等。我们这样做是为了使第二次代表大会的工作易于进行，因为这次代表大会将就所有这些问题为我们大家作出一些权威性的、有约束力的决议。

* * *

下面，同志们可以看到我们共产国际执行委员会的全部宣言和主要文件，以及我们的宣传、图书和出版工作的详细总结。②

---

① 向共产国际第二次代表大会提出的各种提纲，曾发表在《共产国际》1920年第11期和第12期上，并且发行过单行本《向共产国际第二次代表大会提出的提纲》，共产国际出版社1920年版。

② 1920年发表的执行委员会向第二次代表大会所作的工作报告，附有下列材料：1. 共产国际执行委员会活动摘要（共产国际执行委员会的宣言、信件和呼吁书的目录）；2. 共产国际出版物（德、法、英和亚美尼亚四种文字）目录，以及俄国和乌克兰的捷克斯洛伐克小组核心局、南斯拉夫中央局、俄共（布）匈牙利小组的出版物目录；3. 致第三国际的贺词；4. 共产国际第二次代表大会之前加入第三国际的政党和组织的名单；5. 捐款名单（见《共产国际执行委员会向共产国际第二次代表大会的工作报告》，彼得格勒斯莫尔尼1920年版）。

在这个简短的工作报告中,我们没有阐述各国共产主义运动的当前情势。《共产国际》杂志的代表大会专号(第 12 期),载有许多国家享有声望的同志的详细报告。这些报告可使同志们清楚地了解目前各国运动的情况。我们把加入共产国际的政党和组织的名单附在下面,**但要附带说明一点,这个名单很不齐全。**

* * *

第一届执行委员会所谈到的组织方面的主要意见是:**每个加入共产国际的共产党,无论如何都要选派一名代表常驻执行委员会所在地,并经常参加执行委员会的**工作。我们需要为每个国家培养熟悉业务、训练有素、享有声望的书记。这样的书记,只能由有关共产党中央委员会选派的代表来担任。

在最近一个时期内,共产国际执行委员会大概仍须留在苏维埃俄国。但是很显然,只要无产阶级革命一扩大自己的领域,执行委员会就必须迁到一个欧洲国家的首都,以便在那里更易于全面照顾国际无产阶级革命的利益。

第一届执行委员会反映了我们最近一年所经历的运动的一个阶段。现在,共产主义在全世界日益强大起来。新的执行委员会在世界各国共产党共同支持之下,毫无疑问必将成为更加强大的组织,它定能完成世界无产阶级革命进程赋予它的伟大使命。

共产主义必将在整个文明世界取得胜利,这一胜利的组织者就是共产国际。

1920 年 7 月 6 日

各个政党和组织提交第二次代表大会的报告目录[①]

欧洲

德国共产党。

匈牙利共产党。

加里西亚和布科维纳共产党。

捷克斯洛伐克的政治形势。

瑞士和第三国际。

瑞士社会民主党左翼的报告。

瑞士社会主义青年。

瑞士社会民主党的妇女联合支部。

意大利的总形势。

意大利工团主义联盟。

南斯拉夫的共产主义。

---

① 各个政党向第二次代表大会提交的报告,都收录在《共产国际第二次代表大会。共产国际第二次代表大会的报告汇编》(彼得格勒共产国际出版社1920年版)中。《共产国际第二次代表大会的报告汇编》德文版,除了这里所列举的报告外,还有保加利亚共产党的工作报告,这个报告曾用俄文发表于《共产国际》1920年12月20日第15期第3415—3422页。

希腊的共产主义运动。
西班牙社会党。
西班牙的总形势。
西班牙劳工联盟。
法国的共产主义运动。
法国社会主义青年。
瓦隆共产主义联盟。
卢森堡的总形势。
荷兰的共产主义运动。
丹麦左翼社会党。
瑞典左翼社会民主党。
芬兰共产党。
芬兰和第三国际。
拉脱维亚共产党。
爱沙尼亚的工人运动。
英国社会党。
英国独立工党左翼。
冰岛的社会主义。

美洲

美国的共产主义运动。
阿根廷的工人运动。

亚洲

荷属印度的革命运动。
日本的总形势。
中国的政治形势。
朝鲜的革命运动。
亚美尼亚的共产主义(附有关于亚美尼亚白色恐怖的文献资料)。

革命的爱尔兰与共产主义

爱尔兰对国际共产主义具有重大的意义,理由有以下两点:(1)它在战略地位上与英国的关系,是不列颠帝国主义的一个发源地;(2)爱尔兰在政治上的发展,对分散在整个不列颠帝国和北美合众国境内的广大爱尔兰民众有影响。

为使本报告能充分说明问题,必须概要地论述一下爱尔兰的工人运动和社会主义运动,指出那些在运动的发展中一直起作用的人物。可以说,爱尔兰工人运动历史的现阶段,是从1907年詹姆斯·拉金来到爱尔兰开始的。以往,只有很小一部分爱尔兰工人参加了工会,而且这种工会的90%是英国工会在爱尔兰的分会。工会会员只是缴纳会费,而对工会的政策影响不大,或者几乎毫无影响,因为工会执行委员会设在英国本土。拉金自英国独立工党成立之日起,就是该党党员。他是以英国码头工人工会组织者的身份来到爱尔兰的;他来后不久,在贝尔法斯特就爆发了爱尔兰第一次大罢工。这次罢工的特色是,贝尔法斯特警察也同运输工人和码头工人一起举行了罢工。罢工显得极其混乱,遭到了军方的镇压。贝尔法斯特的冲突平息以后,过了几个月,科克的码头工人又举行了罢工。

由于对英国工会执行委员会对待贝尔法斯特罢工工人和科克工人的政策表示不满,拉金脱离了英国码头工人工会,并在产业联合会的基础上建立了爱尔兰运输工人与全国工人联合会。经过一系列顽强的罢工,这个工人联合会在各大港口和工业中心站稳了脚跟。1910年康诺利从美国回来后,立即走访了关在都柏林监狱里的拉金。这次会面的结果是,康诺利在拉金囚禁期间暂时负起领导联合会的责任。拉金出狱后,他们开始共同工作,一直到拉金前往美国为联合会筹集资金(1913—1914年都柏林大罢工耗尽了全部资金)时为止。

康诺利在青年时代就参加了不列颠社会民主主义运动,多半是在苏格兰活动。他是那些为数不多的勇敢的青年马克思主义者之一。他们自"社会民主联盟"成立之日起,便同形形色色的海德门社会爱国主义与改良主义划清了界限,成立了社会主义工人党。他曾任该党第一任主席。直到目前,他同这个党仍保持经常的联系,至今他在这个组织(它是为数不多的积极进行斗争的不列颠社会主义组织之一)中仍有影响。1896年,他返回爱尔兰,创建了爱尔兰第一个社会主义政党——爱尔兰社会共和党。他曾任该党正式机关刊物《工人共和国》的编辑。这个刊物在爱尔兰工人群众中传播了马克思主义革命学说。值得注意的是这一事实:爱尔兰社会共和党尽管具有民族主义色彩,但它第一个公开主张建立爱尔兰共和国。虽然这个党有积极性,但人数不多,几次参加地方自治机关的选举都以失败而告终。

1902年,康诺利来到美国,在那里,他作了许多专题报告,并把报告所得的报酬用到党的事业上。他在美国逗留期间,亲身参加了创建世界产业工人联合会的工作,并以美国社会主义工人党的组织者的身份出现。1908年,他在美国创建了爱尔兰社会主义联盟,并担任它的正式机关刊物《竖琴》的编辑(该刊物后来在爱尔兰出版)。1910年,他回到爱尔兰以后,出版了《爱尔兰历史上的劳动群众》一书,这是唯一的一本用马克思主义观点论述爱尔兰无产阶级与农民的发展史的书。

自1910年起,拉金和康诺利领导了爱尔兰的工人运动与社会主义运动。他们的工作是:建立爱尔兰运输工人和普通工人工会,教育群众学会运用群众性罢工的武器,把爱尔兰工会代表大会改组成为爱尔兰工党。运输工人工会（其革命口号是消灭以雇佣劳动为基础的制度）是那样强大，因此爱尔兰资产阶级和在爱尔兰有经济利益的英国资本家于1913年采取联合行动来消灭它。结果爆发了都柏林罢工和持续十个月以上的同盟歇业。这是爱尔兰无产阶级的首次重大行动。英国工人中的激进分子用金钱和食品支援自己的爱尔兰同志，而英国工人领袖却坚持资本家阶级的奴仆的立场，暗中抵制一切革命行动，有意识地破坏不列颠工人团结一致的行动，因而爱尔兰工人不得不复工。但是，资产阶级的这一胜利不过是一种假象，因为运输工人工会虽然因为人力与财力不足而退出斗争，但它仍然保全了自己的组织，工人也把自己的满腔仇恨埋藏在心底，到后来1916年行动时，这种仇恨便彻底迸发出来了。世界大战爆发以后，运输工人工会的力量又足以向英国工人运动的社会主义叛徒提出坚决的抗议。这些叛徒保护英国帝国主义，帮助它在民族与经济方面残酷压迫爱尔兰。拉金和康诺利在全国组织了群众大会，揭露了帝国主义的战争实质；号召工人千方百计地利用这个危机；不断地批评英国工党的政策，并揭露了爱尔兰党（以往它把自己打扮成反对英国帝国主义的民主政党，现在却拥护起战争来了）在议会中的资产阶级帝国主义立场。他们也指出了声称爱尔兰中立的新芬党的资产阶级立场。他们认识到，英国帝国主义的困难处境必然给爱尔兰无产阶级创造有利的条件，所以着手发展爱尔兰民军，扩大它的数量，供给民军以武器，加强这个组织的军事特性。为了筹集资金，拉金前往美国，而英国当局刚一获悉他到国外去，便宣告驱逐他出境。联合会和民军的工作，现在完全落在康诺利的身上。从这时起直到1916年复活节，爱尔兰民军对爱尔兰工人的政策有着很大的影响。

爱尔兰民军

爱尔兰民军于1908年在科克建立。其目的是保护罢工者免遭警方镇压，此外，很少听说它有其他活动。直到1913年年底，由于都柏林罢工而出现混乱期间，它有所活动外，就再也没有起什么特殊作用。世界大战爆发以后，它的组织受到了重视，给它派来了军事教官，开始有计划地装备民军战士。第一个教官是怀特大尉——英国元帅乔治·怀特爵士的儿子。人们认为他参加了都柏林罢工的组织工作。后来，在1916年，他由于企图组织矿工罢工以阻挠处死康诺利而在南威尔士被捕。作为司令官的康诺利，身边有一个社会主义的参谋部，参谋长是米哈伊尔·麦伦（纺丝厂工人，于1916年被英国人处死）。面对全国迅速发展的民族革命浪潮，英国当局采取了军事镇压手段，因而爱尔兰义勇军（民族共和武装力量）同爱尔兰民军司令部建立了军事上的合作关系，但主动权掌握在后者手中；在1916年起义之前，爱尔兰民军在这个同盟军中一直起着主导的作用。由于英国当局禁止一切革命报纸出版，康诺利的《工人共和国》报是在民军的武装保护下（它同时保护运输工人工会执行局所在地"自由宫"）出版的。这种情况持续了将近三个月，最后一期《工人共和国》是在起义前两天出版的。

民军在组织上以无产阶级为基础，司令部的指挥人员、参谋以及普通军官均由士兵选举产生，此外成立了一个由同等数量的军官代表与士兵代表组成的管理委员会。民军的活动场所仅限于都柏林市近郊。民军有许多长处，在多次练兵比赛中，它都战胜自己的对手爱尔兰义勇军，它屡次组织真正巷战的演习，它的训练有素的军官（主要是指挥人员）给爱尔兰义勇军讲课，对他们进行指导，尤其是在巷战技术方面。爱尔兰义勇军是从无产阶级当中招收来的，其中许多人过去由于生活困难而在英国军队中服过役。

爱尔兰民军加速了起义前几个月内事态的发展,虽然有些属于中产阶级的爱尔兰义勇军领导人通常会发生动摇,但当他们面对这确实危急的情况时,他们就为爱尔兰义勇军及其领袖的坚定决心所迫,不得不参加起义。革命力量失败的直接原因是,爱尔兰民军同爱尔兰义勇军之间的竞争,以及在最后时刻取消了在全国范围内动员爱尔兰共和军的命令(胆怯的右翼资产阶级领袖赞成这样做,因为他们一向反对康诺利)。然而,1000名没有受过训练的共和军士兵,却能抵抗住47000名有纪律的、按全部现代技术规格装备起来的英国士兵,保卫了他们所占领的爱尔兰首都。此外,他们还从北面向都柏林进行过胜利的突破,在爱尔兰西部曾多次试图发动起义。

起义期间,作为共和武装力量的独立部队的民军,攻击和占领了都柏林城堡——英国在爱尔兰的最高行政权力机关所在地,并占领了城内几个战略要地。康诺利是起义期间共和武装力量的总司令。让出阵地以后,詹姆斯·康诺利(战斗时几处受伤)和米哈伊尔·麦伦(爱尔兰民军参谋长),以及几个左翼民族主义领袖被处死了,而其他杰出的无产阶级领袖,大都在战斗中或在战斗后先后被打死。参加战斗的爱尔兰民军人数,在百分比上,远远超过爱尔兰义勇军,正因为如此,爱尔兰民军紧接着遭到逮捕,整个组织完全遭到破坏;而爱尔兰义勇军却在国内大多数没有发生战斗的地方保存了完整的组织。

被捕的人获释以后,1917年12月,爱尔兰民军在原来的无产阶级基础上进行了改组,但是由于领导职务改由爱尔兰义勇军担任,而且爱尔兰民军的所有领袖均被打死,爱尔兰民军就逐渐失去了自己的影响,它目前已不是爱尔兰政治生活中的一支重要力量。必须记住,虽然爱尔兰民军有仇视爱尔兰社会党的社会民主主义倾向,但它并不是一个共产主义组织。爱尔兰民军只有一次,即在召开同情俄国布尔什维克革命大会时（当时这个大会的召开未经官方许可，而且军队也加以阻挠），与爱尔兰社会党采取了共同行动。

爱尔兰民军的纲领是通过武力在爱尔兰建立工人共和国，可是，大多数成员对这个共和国的体制和结构并不清楚。

新芬党和爱尔兰义勇军

为了正确认识新芬党运动，必须研究一下它的政治前身——爱尔兰议会党。40多年以来，该党在爱尔兰的民族政治中一直起着领导作用。它的宗旨是用立宪手段保证在大英帝国境内实现爱尔兰自治。英国议会104名爱尔兰议员中，爱尔兰议会党占80名，其余大都是东北阿尔斯特新教州的北爱尔兰统一党代表，他们反对爱尔兰自治，并且加入了英国保守党。

在帕内尔领导下，爱尔兰议会党在英国议会中实行捣乱政策，热衷于维护自身的独立性，拒绝与英国任何党联合，但是在某些问题上，它时而附和这个党，时而又附和那个党。这种政策使得该党的威信逐渐下降，终于沦为英国自由党的普通的附庸。虽然爱尔兰议会党表示自己有独立性，但它与自由党人的关系使它最终不得不赞同英国的帝国主义政策，放弃对英国帝国主义的所谓民主立场。爱尔兰议会党的最后一次行动，是反对1899—1901年布尔战争的运动。

正当这个党不再对人民当中的民族革命思潮产生影响时，新的民族政治思潮——新芬党运动应运而生。标题为《匈牙利的复兴——爱尔兰的榜样》的抨击性文章吸引了大家的注意。在这篇文章中，独立的资产阶级记者阿瑟·格里菲特详述了匈牙利为争取政治上的独立同奥地利进行战斗的情况，并且号召把匈牙利民族主义者的策略运用到爱尔兰来。他扼要地拟定了一个纲领。后来，当他的党在1916年有了声望时，这个纲领又加以充实了。纲领的要点是：（1）参加议会选举，并责成当选的党员拒绝参加英国议会；（2）成立爱尔兰议会或总理事会；（3）拒绝向英国国库缴纳赋税；（4）实行保护关税政策，尤其是针对英国；（5）鼓励发展爱尔兰工业；（6）建立爱尔兰领事业务；（7）保护全爱尔兰的民族运动。例如，以恢复爱尔兰语言为宗旨的克勒特同盟，以恢复爱尔兰古老的体育娱乐为使命的克勒特体育协会，"爱尔兰文学与戏剧协会"，以及与英国童子军针锋相对的爱尔兰童子军。

新芬党采用了政治上的和议会外的行动方法，但它不号召进行武装斗争以实现自己的使命，也没有建立爱尔兰共和国的要求。它始终相信匈牙利的范例，坚决主张建立爱尔兰议会，使议会通过英国国王个人（他同时又是爱尔兰的国王，可批准两个议会的决议）与英国议会发生联系。其实，在20世纪头10年，除了爱尔兰社会共和党以外，没有一个党公开号召建立爱尔兰共和国。

多年以来，直到起义，虽然爱尔兰议会党的声望逐渐下降，政治上也身败名裂，但新芬党也没有取得重大的成就，它与其说是爱尔兰议会党的反对派，不如说是一个独立的政党。在经济纲领中，它追随了不合时宜的资产阶级经济学家弗里德里希·李斯特，它在经济问题上的策略是极其反动的。1913年，它站在敌对的立场上反对都柏林罢工。

从战争开始到起义时止，新芬党在爱尔兰义勇军运动（它在爱尔兰政治生活中所起的作用远远超过新芬党）强有力的影响下，采取比较革命的立场。起义以后（的确，新芬党并没有积极参加起义），由于新芬党放弃了自己纲领中各项最反动的主张，并使其纲领符合建立爱尔兰共和国这个受人欢迎的要求，它才得以掌握对爱尔兰人民的政治领导权。它一个接一个地取得胜利，终于在1918年议会大选期间在全国获胜。新芬党趁机召开了它自己的议会，企图在国内建立民族政府。这个政府立即被宣布为非法政府，大多数政府成员和主要代表人物不断被关进英国监狱（他们用绝食、逃跑等办法离开那里），但在可能情况下，它仍然继续进行活动。

随着英国赎武主义不断施加压力，新芬党日益依附爱尔兰义勇军的势力，目前正是后者用武力支持新芬党在政治上与经济上的主张（它破坏英国的税收机关和警察驻地，建立和支持具有司法职能的委员会，以追究刑事犯罪和解决土地纠纷）。在最近一次选举中，新芬党在市政机关和村委员会中获得多数票；它的直接对手：爱尔兰工党（它们之间在地方自治上进行合作）。新芬党的总政策是，阻挠英国政府在爱尔兰进行活动，多扶植一些能够执行本国政府任务的自己的机构。

爱尔兰义勇军纯属军事组织，其领导机构是总参谋部。军官由士兵选举产生。许多军官同时又是新芬党议会小组的成员，他们成为这两个组织之间的连接环节，爱尔兰义勇军通过他们指导新芬党的活动。虽然通常起领导作用的是小资产阶级和农场主中的青年，但成员大都是工人和农民。大多数普通成员认为，他们的主要目标是建立爱尔兰共和国，愿意把社会问题留待实现这个目标的幸福的日子里去解决。由于爱尔兰义勇军地方成员的阶级觉悟日益提高，从而对爱尔兰义勇军像对农场主阶级的代表那样产生了敌对情绪，所以对这个纲领就不那么赞成了。总之，在爱尔兰义勇军内部，社会党人为数很少，许多人模模糊糊地赞成社会主义，崇拜康诺利，拥护建立工人共和国的主张。

由于各阶级的居民中不断掀起民族革命风暴，由于普遍仇视英国（因为它挑动各阶级彼此敌对，或促使它们暂时合作），因而难以断定哪些组织是反映哪些阶级的政治主张的。总之，新芬党多半在农业地区从小农场主、小农或佃农中征集党员，在小城镇从小店主和中产阶级中征集党员，在商业城市从小企业主、商人和资产阶级知识分子中征集党员。一般说来，这个运动的参加者中，既没有大土地占有者，也没有中等资本家，因为在爱尔兰，这些阶级在经济上依附于英国资本主义，它们的政治代表是英国保守党和自由党。由于新芬党的阶级成分不纯,党内必然有分歧,既然工人群众继续同这些阶级合作,那就必须具有政治上的独立性,否则,就不能形成任何明确的社会经济纲领。新芬党要把政治上的独立性当做自己的目标,就得向各阶级居民表明自己的观点,而要保持阶级合作,就不能提出任何明确的政治纲领或经济纲领,因此,它提出了所谓的民主纲领(它用资产阶级民主主义的一切华而不实的东西装饰门面,例如主权国人民的意志、土地与自然资源全民所有、一切公民平等,等等)。但是,它自我暴露了真正的资产阶级本质,因为它希望对工人阶级面临的生活条件实行国际性的调节。新芬党与爱尔兰义勇军这两个联盟运动的思想体系,是一切小民族的思想体系。归根结底,新芬党希望美国与欧洲之间现存的对立不断发展下去,想越来越多地依靠美国资本主义,并且取悦于它。

爱尔兰工人运动

爱尔兰工人运动的代表者是爱尔兰运输工人和普通工人工会、地方工会与全国性工会,以及英国大工会(如全国铁路员工联合会、机械工人联合会)的分会。在全国范围内,运动具体指的是爱尔兰工联和工党代表大会,在地方,则指由当地各种工会代表组成的工会理事会。显然,目前拥有12万会员的爱尔兰运输工人和普通工人工会是最强大的组织。这个工会最初是按产业原则组织起来的。虽然它的人数不多,并且只在几个比较大的城市里活动,但它卓有成效地组织了群众性罢工和同情罢工,而且几乎连续不断地开展了革命宣传运动。

起义以后,该工会失去了两位领导人,但人数却大大增加了,它的革命性减弱了,结果它变成了普通工人联合会(许多狭小的、带有明显的官僚主义和中派主义倾向的工会混了进来)。它本身并不是一个狭小的工会，但它没有达到产业联合会的现代发展水平。因此，对于无产阶级来说，它丧失了作为反对外国帝国主义和本国资本主义的武器的作用。

目前，它的大多数成员是贫农和农业工人，但是，他们没有完全同产业无产阶级团结起来，因而他们的活动没有协调一致。但不应忘记，这个联合会做了一件大事：它把农村无产阶级组织起来，提高了他们的阶级自觉性。

这个联合会的组织形式及其在农业工人的阶级教育方面的失败表明，这个组织在农村无产阶级和产业无产阶级之间不能起桥梁作用。

由于整个爱尔兰生活中充满了民族主义革命精神，这个联合会以及其他工会就比一般英国工会更富战斗性。爱尔兰工人运动与民族主义者一起阻挠了1918年的征兵工作。1919年5月1日，爱尔兰工人运动使全国大部分地区的工作陷于停顿；不久前，它再次与民族主义者结成联盟，它发动的两天总罢工，迫使英国当局释放了100多名宣布绝食的政治犯。但是，在大多数情况下，工人是在全国人民群情激愤的压力下采取行动的，参加罢工的既有工会会员，也有非工会会员。

只是不久以前，爱尔兰运输工人和普通工人工会才登上政治斗争的舞台，最近它在市政机关选举中获胜，使它更加趋于反动了。爱尔兰工党与工联代表大会通过自己的地方工会理事会，以人数占第二位的大党身份参加了市政机关选举。在爱尔兰运输工人和普通工人工会的支持下，工党党员获得了绝大多数的选票。这巩固了爱尔兰运输工人和普通工人工会在爱尔兰工党与工联代表大会上的领导地位，而代表大会也因而确定了真正的形式与纲领。虽然工党断言，这个纲领既然是康诺利制定的，就必然具有革命性，但这种说法是不正确的。工党并不想弄清楚，制定这个纲领是为了用它指导无产阶级在世界革命爆发以前那个时期的活动。

爱尔兰运输工人和普通工人工会企图吞并那些为"建立大同盟"而产生的工会,这使得工党内部的对立更为加深了。各工会群起反对这种吞并,原因是:第一,它们信奉自己狭隘的工会思想体系;第二,它们认为运输工人工会不是一个产业联合会,而是一个有意使整个工人运动官僚主义化的联盟。爱尔兰的工会力量不强,也不巩固。它们不起任何政治作用,只有一两个英国工会分会不在此列,它们打算从英国母体组织中分离出来,成立民族工会。"机械工人联合会"这个大分会不久前就采取了这一步骤。运输工人工会出版爱尔兰唯一的工人报《工人口号》(周报),发行量近1万份。它与爱尔兰所有民族主义革命出版物的遭遇一样,经常受到政府的压制。这个报纸虽然自称是继承康诺利的革命的《工人共和国》报,但实际上在把革命的马克思主义应用于爱尔兰时,经常加以歪曲,正如考茨基歪曲马克思主义的普遍原则一样。它代表爱尔兰运输工人和普通工人工会、爱尔兰工党和爱尔兰社会党中一小群统治人物的观点。

爱尔兰工人运动归附于黄色国际。卡泰尔·奥沙农是《工人口号》的出版者、爱尔兰工党执行委员会委员和爱尔兰社会党现任主席;托马斯·琼斯顿是爱尔兰工党的司库;威廉·奥布赖恩是爱尔兰工党的书记、爱尔兰运输工人和普通工人工会的司库、爱尔兰工人运动的一位杰出代表;还有爱尔兰工党执行委员会其他委员(其中尤兹是爱尔兰运输工人和普通工人工会副书记,他过去是爱尔兰社会党的代表),都参加了爱尔兰代表团。只有奥沙农和琼斯顿来到伯尔尼,因为他们得到爱尔兰社会党增补的委托证书。他们在阿德勒——龙格的决议上签了字,并且在大会上总是附和这些极端分子的政策。

1896年创建的爱尔兰社会党,屡次更改自己的纲领与名称,目前已变成一个人数有限和无所作为的党,它对民族政治已不产生任何影响。那些在爱尔兰工党、爱尔兰运输工人和普通工人工会中起领导作用的人物，同时也对爱尔兰社会党的政策与策略起指导作用。社会党的领导权在一个短时间内曾落在左翼手里。在掌握领导权的短时期内，左翼虽然遭到该党其他人的激烈反对，但它能把一些革命原则塞到早已形成的党纲里去，通过了退出第二国际的决议，使大多数人同意加入第三国际，并且为庆祝布尔什维克革命两周年在都柏林组织了群众集会。然而，这个左派还没有来得及巩固自己的势力，便被赶下了台，所通过的有关加入共产国际的决议，也未能付诸实行。目前，该党在都柏林共有党员150名左右，其中只有近30人可以称得上积极分子，几百名党员分散在全国各地，组织观念很差，相互间以及与都柏林委员会之间没有保持直接的联系。党内死气沉沉，没有机关刊物，至今只出版过几本小册子，里面丝毫没有涉及爱尔兰无产阶级最关心的问题。

显然，乔治·雷塞尔所领导的合作化运动，将是爱尔兰革命发展中起突出作用的力量。这个运动有一些组织得很好的工作机构，目前它在国家的经济生活中起相当大的作用，无产阶级国家必将立即利用它来解决无产阶级专政初期食品分配等迫切问题。共产党人特别重视农业合作化生产。当前，这个运动正竭力肃清小私有制在少地的贫农当中的思想影响，它对共产主义具有重大的意义。要知道，它在实际解决无产阶级国家一项最重要、最艰巨的任务，即通过合作化生产广泛地把贫农组织起来，借以在精神上把劳动者阶级的两部分——产业无产阶级和农民联合起来，从而保证他们在未来无产阶级专政下的统一。

阿尔斯特（或者更确切地说是爱尔兰东北角）是个大工业中心。它很像英国和苏格兰那些工业高度发达的地区。统治这个地区的恰恰是与英国资产阶级关系密切的爱尔兰大资本家。阿尔斯特工人的经济组织，是英国工会的一些分会，而在政治方面，大部分阿尔斯特工人加入北爱尔兰统一党（它和新芬党势不两立，而且根本仇视爱尔兰民族主义）。造成阿尔斯特与爱尔兰其余地区之间这种无法调和的矛盾的一个重要原因,是宗教上的敌对情绪(的确,近几年来逐渐有所缓和)。从多方面看,在阿尔斯特实现共产党人的任务,要比在爱尔兰其余地区容易得多,因为在这里可以在直接夺取无产阶级统治权的口号下把无产阶级联合起来。由于阿尔斯特无产阶级中的大多数人缺乏任何民族主义共和制的要求,所以,他们对爱尔兰资产阶级共和国抱敌视态度。阿尔斯特具备大资本主义在各地创造的一切经济与社会条件,它有充分根据可以成为无产阶级反对爱尔兰资产阶级政权的重要中心。

我们打算通过上述情况来概括地介绍一下各种力量与倾向,这是了解爱尔兰总的情况所必不可少的。我们的叙述决不会详尽无遗。爱尔兰现今的事态具有帝国主义力量与民族主义力量之间不断进行内战的性质,而后者是得到爱尔兰工人运动的支持的。

托马斯·达拉格

载于《共产国际》1920 年 7 月 20 日
第 12 期

资格审查委员会记录

1920年7月17日资格预审委员会会议记录摘要[①]

尚未解决代表资格问题的有下列同志：

（1）英国：纽博尔德（英国全国青年工人联盟）。委托沙茨金同志弄清纽博尔德同志以及奎尔奇和麦克莱恩同志的代表资格问题。

（2）法国：1. 德利尼埃（第三国际经济问题委员会）。由于罗斯默同志反对，其代表资格问题在听取法国其他代表（他们在途中，尚未到达）的意见之前，暂作悬案。

2. 戈尔登贝格（法国青年联盟共产主义反对派）。

（3）古巴：1. 耶祖斯·拉梅雷斯（古巴共产党）。呈验委托书前，问题暂不解决。

（4）意大利：1. 达拉贡纳（劳工联盟）。

这一组织对第三国际的态度未作说明之前，问题暂不解决。

在呈验委托书之前不能解决代表资格的有下列同志：

---

① 共产国际执行委员会指派的资格预审委员会的会议记录摘要，保存在马克思恩格斯列宁研究院的档案室中；完整的记录未能找到。摘要的开头部分，是资格审查筹备委员会确定在大会上有表决权和发言权的那些代表的名字。——编者注

(5) 瑞士：1. 德罗。

(6) 拉脱维亚：1. 保尔·别尔津

2. 扬·安德松代表国外局

3. 大卫·贝卡。

不准出席大会的有：

(1) 柯恩（锡安工人）。

"锡安工人"这个组织还没有肃清其民族主义偏见。因此，它的代表团参加代表大会，以及接纳这个组织加入第三国际，在原则上都是不能容许的。执行委员会指派的资格预审委员会，不能给予这个代表团以表决权和发言权。后来，这个组织终于表示愿意接受共产国际的观点，资格预审委员会认为可以让它的两名代表作为来宾列席会议。

不作出任何决定的有：

(1) 德国：1. 吕勒

2. 梅尔赫斯（德国共产主义工人党）。

他们的声明：由于不同意共产国际执行委员会提交代表大会的提纲，所以他们向党中央请示，在未收到指示之前，他们认为不能参加代表大会。

1920年7月28日资格审查委员会会议记录

出席会议的有：拉狄克、迈耶尔、邦巴奇、沙波林、鲁德尼扬斯基、苏尔坦-扎德、罗斯默等同志。

代表大会选出的资格审查委员会，审查了共产国际执行委员会指派的资格预审委员会所拟定的出席共产国际代表大会、享有表决权和发言权的代表名单，批准了这个名单，并作了如下的改动和补充：

(1) 授予爱尔兰代表盖尔和约翰逊两位同志以表决权，而不是发言权。

（2）撤销意大利代表瓦奇尔卡、科隆比诺、帕维拉尼和达拉贡纳四位同志的发言权。

（3）撤销匈牙利代表莱特纳同志的发言权。

（4）授予亚美尼亚代表阿瓦涅索夫和卡塔尼扬两位同志以发言权。

（5）授予柯恩·埃贝尔同志作为巴勒斯坦社会党代表以发言权，取消他的奥地利代表团的代表资格。

（6）驳回青年布哈拉派申请给予大会发言权的要求。

（7）把荷兰从发言分组名单中的第二组改到第三组，并把其发言人数由7名改为4名。

共产国际第二次代表大会代表名单[①]

编号	国家	姓名	权限		政党
1	澳大利亚	祖津科	发言权 1	2	共产主义联盟世界产业工人联合会
2	澳大利亚	弗里曼	发言权 1		
3	奥地利	赖斯勒	表决权 1		德意志奥地利共产党
4	奥地利	卡尔·托曼	表决权 1	5	
5	奥地利	卡尔·施泰因哈特（格鲁别尔）	表决权 1		
6	奥地利	施特勒默尔	表决权		
7	奥地利	柯恩·埃贝尔	发言权 1		锡安工人
8	锡安工人	莫·耶·萨普诺夫	决表权 1		共产党（阿塞拜疆工会委员会）
9	美国	亚历山大·比兰	表决权 1		美国共产主义工人党
10	美国	约翰·里德	表决权 1		美国共产主义工人党
11	美国	约翰·尤尔吉斯	表决权 1	6	美国共产主义工人党
12	美国	亚历山大·斯托克利茨基	表决权 1		美国共产党
13	美国	路易·弗赖纳	表决权 1		美国共产党
14	美国	纳坦·夏白劳	表决权 1		社会主义青年独立联盟

---

① 这份名单很不齐全，并有许多错误。因此，现在要确定代表的实际名额，是不可能的。这份代表名单，是按1921年刊物上公布的形式发表的，只是对代表姓名的拼音作了一些更正。

(续表)

编号	国家	姓名	权限		政党
15	美国	吉尔德	发言权 1		
16	英国	戴克·毕奇	表决权 1		世界产业工人联合会
17	英国	威廉·麦克莱恩	表决权 1		英国社会党
18	英国	托马斯·奎尔奇	表决权 1	6	英国社会党
19	英国	约翰·托马斯·墨菲	表决权 1		车间代表委员会
20	英国	戴维·拉姆赛	表决权 1		车间代表委员会
21	英国	杰·坦纳	表决权 1		车间代表委员会
22	英国	马乔里·纽博尔德	发言权 1		全国青年工人联盟
23	亚美尼亚	阿维斯（努里占扬）	表决权 1	2	共产党
24	亚美尼亚	阿马雅克·纳扎列季扬	表决权 1		
25	比利时	万-奥弗斯特拉滕	表决权 1		瓦隆共产主义联盟
26	保加利亚	赫里斯托·卡巴克奇耶夫	表决权 1		
27	保加利亚	尼古拉·马克西莫夫	表决权 1	3	共产党
28	保加利亚	H.沙波林（伊凡·涅杰尔科夫）	表决权 1		
29	布哈拉	萨迪克·穆罕默德耶夫	发言权 1		共产党
30	匈牙利	拉科西·马特维	表决权 1	2	共产党
31	匈牙利	鲁德尼扬斯基·安德烈亚什	表决权 1		
32	匈牙利	莱特纳·约翰（列卡伊）	发言权 1		青年共产国际
33	东加里西亚	阿尔诺里德·巴拉尔	表决权 1		加里西亚和布科维纳共产党
34	东加里西亚	列维茨基	表决权 1	3	
35	东加里西亚	米特拉	表决权 1		

（续表）

编号	国家	姓名	权限		政党
36	德国	布迪希	表决权 1		共产党（斯巴达克联盟）
37	德国	雅科夫·瓦尔歇	表决权 1		
38	德国	罗西·沃尔弗施泰因	表决权 1	5	
39	德国	保尔·莱维	表决权 1		
40	德国	恩斯特·迈耶尔	表决权 1		
41	德国	库尔特·莱因加尔德	表决权 1		青年联盟
42	德国	恩斯特·多伊米希	发言权 1		独立社会民主党
43	德国	威廉·迪特曼	发言权 1		独立社会民主党
44	德国	阿尔图尔·克里斯平	发言权 1		独立社会民主党
45	德国	瓦尔特·施特克尔	发言权 1	7	独立社会民主党
46	德国	席勒	发言权 1		独立社会民主党
47	德国	苏希	发言权 1		工团主义者
48	德国	?	发言权 1		
49	荷兰	范莱文	表决权 1	2	共产党
50	荷兰	戴维·怀恩科普	表决权 1		
51	荷属印度	X. 马林	表决权 1	2	荷属印度共产党
52	荷属印度	?	表决权 1		?
53	格鲁吉亚	瓦列里扬·瓦沙基泽	表决权 1		共产党
54	格鲁吉亚	菲力浦·马哈拉泽	表决权 1		
55	格鲁吉亚	阿尔奇尔·米卡泽	表决权 1	5	
56	格鲁吉亚	西尔维斯特·托德里阿	表决权 1		
57	格鲁吉亚	米哈·茨哈卡雅	表决权 1		
58	格鲁吉亚	斯捷潘·瓦尔达尼扬	表决权 1		青年联盟
59	丹麦	玛丽·尼尔森	表决权 1	2	教师共产主义俱乐部
60	丹麦	奥格·约恩森	表决权 1		左翼社会党
61	印度	阿巴尼·穆哈尔吉	发言权 1	2	?
62	印度	阿查里雅	发言权 1		

（续表）

编号	国家	姓名	权限			政党
63	爱尔兰	昆兰德	表决权	1	2	工人党
64	爱尔兰	罗德里克·康诺利	表决权	1		世界产业工人联合会
65	爱尔兰	盖尔	发言权	1		共产党
66	爱尔兰	约翰逊	发言权	1	3	共产党
67	爱尔兰	E.麦卡尔平	发言权	1		?
68	西班牙	安赫尔·佩斯塔尼亚	表决权	1		全国劳动联盟
69	意大利	尼古拉·邦巴奇	表决权	1		
70	意大利	安东尼奥·格拉齐亚德伊	表决权	1	3	社会党
71	意大利	扎钦托·梅诺蒂·塞拉蒂	表决权	1		
72	意大利	卢伊吉·波拉诺	表决权	1		社会主义青年联盟
73	意大利	阿马德奥·博尔迪加	发言权	1		
74	意大利	温琴佐·瓦奇尔卡	发言权	1		
75	意大利	卢多维科·达拉贡纳	发言权	1	5	社会党
76	意大利	科隆比诺	发言权	1		
77	意大利	帕维拉尼	发言权	1		
78	朝鲜	朴振顺	表决权	1		共产党
79	中国	刘绍周	发言权	1	2	中国工人党中央局
80	中国	安恩学	发言权	1		
81	拉脱维亚	保尔·勃兰克-别尔津	表决权	1		
82	拉脱维亚	卡尔·克拉斯滕	表决权	1	3	共产党
83	拉脱维亚	彼得·斯图契卡	表决权	1		
84	拉脱维亚	大卫·贝卡（贝尔纳德）	发言权	1	2	共产党
85	拉脱维亚	扬·贝尔津-安德松	发言权	1		

(续表)

编号	国家	姓名	权限		政党
86	立陶宛—白俄罗斯	B.C. 米茨克维奇-卡普苏卡斯	表决权 1	2	共产党
87	立陶宛—白俄罗斯	拉法伊尔·拉西卡斯	表决权 1		
88	墨西哥	罗易（罗贝特·阿连）	表决权 1	2	共产党
89	墨西哥	西曼	表决权 1		
90	墨西哥	埃莱娜·阿连	发言权 1		
91	挪威	克里斯蒂安·克里斯滕森	表决权 1		工人党
92	挪威	斯韦勒·克罗格	表决权 1		
93	挪威	朗塞特	表决权 1		
94	挪威	阿尔弗雷德·马森	表决权 1	8	
95	挪威	奥古斯塔·奥森	表决权 1		
96	挪威	吉格弗利德·西韦特森	表决权 1		
97	挪威	雅科布·弗里斯	表决权 1		
98	挪威	奥拉夫·舍弗洛	表决权 1		
99	挪威	埃纳尔·盖哈德森	表决权 1	2	青年联盟
100	挪威	约翰·梅德伯	表决权 1		
101	波斯	A. 苏尔坦-扎德	表决权 1		伊朗共产党
102	波斯	克里姆·阿迦·哈桑诺夫	发言权 1	2	共产党
103	波斯	奥鲁杰夫	发言权 1		
104	波兰	尤利安·马尔赫列夫斯基	表决权 1		共产党

(续表)

编号	国家	姓名	权限			政党
105	俄国	阿利耶夫	表决权	1		俄共（布）
106	俄国	А. А. 安德列耶夫	表决权	1		俄共（布）
107	俄国	伊涅萨·阿尔曼德	表决权	1		俄共（布）
108	俄国	弗·安·阿尔乔姆	表决权	1		俄共（布）
109	俄国	（谢尔盖耶夫）阿洪多夫	表决权	1		俄共（布）
110	俄国	拜图尔苏诺夫	表决权	1		俄共（布）
111	俄国	扬·安·别尔津	表决权	1		俄共（布）
112	俄国	勃拉基特内	表决权	1		俄共（布）
113	俄国	尼·伊·布哈林	表决权	1		俄共（布）
114	俄国	В. 瓦京（贝斯特良斯基）	表决权	1		俄共（布）
115	俄国	П. Я. 沃罗诺娃	表决权	1		俄共（布）
116	俄国	谢·伊·霍普纳尔	表决权	1		俄共（布）
117	俄国	费利克斯·捷尔任斯基	表决权	1	27	俄共（布）
118	俄国	В. 杜纳耶夫斯基	表决权	1		俄共（布）（青年联盟）
119	俄国	阿·萨·叶努基泽	表决权	1		俄共（布）
120	俄国	格·叶·季诺维也夫	表决权	1		俄共（布）
121	俄国	С. 佐林	表决权	1		俄共（布）
122	俄国	阿·伊布拉吉莫夫	表决权	1		俄共（布）
123	俄国	斯·伊格纳特	表决权	1		俄共（布）
124	俄国	伊德里索夫	表决权	1		俄共（布）（克里木）
125	俄国	阿·阿·越飞	表决权	1		俄共（布）
126	俄国	米·伊·加里宁	表决权	1		俄共（布）
127	俄国	科德扎耶夫	表决权	1		俄共（布）（南奥塞梯）
128	俄国	亚·米·柯伦泰	表决权	1		俄共（布）
129	俄国	费利克斯·柯恩	表决权	1		俄共（布）（乌克兰）
130	俄国	尼·尼·克列斯廷斯基	表决权	1		俄共（布）
131	俄国	娜·康·克鲁普斯卡娅	表决权	1		俄共（布）

(续表)

编号	国家	姓名	权限		政党
132	俄国	克拉斯诺晓科夫	表决权 1		俄共（布）
133	俄国	弗·伊·列宁	表决权 1		俄共（布）
134	俄国	索·阿·洛佐夫斯基	表决权 1		俄共（布）
135	俄国	阿·瓦·卢那察尔斯基	表决权 1		俄共（布）
136	俄国	B. A. 莫伊罗娃	表决权 1		俄共（布）
137	俄国	德·扎·曼努伊尔斯基	表决权 1		俄共（布）（乌克兰）
138	俄国	A. H. 梅列任	表决权 1		俄共（布）
139	俄国	米·斯·奥里明斯基	表决权 1		俄共（布）
140	俄国	恩·奥新斯基（瓦·瓦·奥博连斯基）	表决权 1		俄共（布）
141	俄国	М. Л. 巴甫洛维奇（志愿兵）	表决权 1		俄共（布）
142	俄国	C.C. 佩斯特科夫斯基	表决权 1		俄共（布）
143	俄国	米·尼·波克罗夫斯基	表决权 1		俄共（布）
144	俄国	叶·阿·普列奥布拉任斯基	表决权 1	26	俄共（布）
145	俄国	卡尔·拉狄克	表决权 1		俄共（布）
146	俄国	拉莫洛夫	表决权 1		俄共（布）
147	俄国	扬·埃·鲁祖塔克	表决权 1		俄共（布）
148	俄国	克里斯蒂安·拉柯夫斯基	表决权 1		俄共（布）
149	俄国	阿·伊·李可夫	表决权 1		俄共（布）
150	俄国	欧·雷夫金	表决权 1		俄共（布）（青年联盟）
151	俄国	达·波·梁赞诺夫	表决权 1		俄共（布）
152	俄国	Б. Л. 萨多夫斯卡娅	表决权 1		俄共（布）
153	俄国	萨·加·赛德-加利耶夫	表决权 1		俄共（布）（鞑靼）
154	俄国	格·伊·萨法罗夫	表决权 1		俄共（布）
155	俄国	列·彼·谢列布里亚科夫	表决权 1		俄共（布）
156	俄国	尼·阿·斯克雷普尼克	表决权 1		俄共（布）
157	俄国	彼·格·斯米多维奇	表决权 1		俄共（布）

(续表)

编号	国家	姓名	权限		政党
158	俄国	格·雅·索柯里尼柯夫	表决权 1		俄共（布）
159	俄国	尤·米·斯切克洛夫	表决权 1		俄共（布）
160	俄国	Х.Г.苏尔坦－加利耶夫	表决权 1		俄共（布）（鞑靼）
161	俄国	米·巴·托姆斯基	表决权 1		俄共（布）
162	俄国	列·达·托洛茨基	表决权 1		俄共（布）
163	俄国	И.И.菲尔斯托夫	表决权 1		俄共（布）
164	俄国	叶·蔡特林	表决权 1	12	俄共（布）（青年联盟）
165	俄国	Г.齐佩罗维奇	表决权 1		俄共（布）
166	俄国	切尔诺夫	表决权 1		俄共（布）
167	俄国	亚·加·施略普尼柯夫	表决权 1		俄共（布）
168	俄国	扬松	表决权 1		俄共（布）
169	俄国	叶梅利扬·雅罗斯拉夫斯基	表决权 1		俄共（布）
170	俄国	А.И.瓦因施泰因	发言权 1	2	犹太工人总联盟
171	俄国	М.И.利特瓦科夫	发言权 1		
172	俄国	维克多·塔拉土塔	发言权 1		共产党
173	俄国	波·弗·萨波日尼科夫	发言权 1	2	革命共产党
174	俄国	阿·米·乌斯京诺夫	发言权 1		
175	土耳其	哈克·伊斯梅尔	表决权 1		共产主义组织执行局
176	土耳其	斯拉乌茨基	表决权 1	3	共产主义组织执行局
177	土耳其	内霍德·努斯雷特	表决权 1		君士坦丁堡共产主义小组

(续表)

编号	国家	姓名	权限		政党
178	芬兰	雅洛·科霍宁	表决权 1		
179	芬兰	奥托·库两宁	表决权 1		
180	芬兰	劳里·列顿米亚基	表决权 1	6	共产党
181	芬兰	库勒沃·曼纳	表决权 1		
182	芬兰	伊凡·卢米沃科	表决权 1		
183	芬兰	伊凡·拉希亚	表决权 1		
184	芬兰	古斯塔夫·罗维奥	发言权 1		
185	芬兰	阿尔维德·塔麦诺克萨	发言权 1	3	社会主义工人党
186	芬兰	爱德华·居林	发言权 1		
187	法国	洛伦佐·万尼尼	表决权 1		第三国际委员会
188	法国	昂利·吉尔波	表决权 1		共产主义联盟"苏维埃"
189	法国	雷蒙·勒弗夫尔	表决权 1	5	第三国际委员会
190	法国	阿利弗列德·罗斯默	表决权 1		同上
191	法国	雅克·沙杜尔	表决权 1		共产主义小组
192	法国	阿布拉莫维奇	发言权 1		共产党
193	法国	马赛尔·加香	发言权 1	3	社会党
194	法国	路易·奥斯卡尔·弗罗萨尔	发言权 1		社会党
195	法国	戈尔登贝格	表决权 1	2	青年联盟
196	法国	塔尔	表决权 1		
197	捷克斯洛伐克	勃雷基斯拉夫·古拉	表决权 1		社会民主党左翼
198	捷克斯洛伐克	伊凡·奥尔布拉赫特	表决权 1	3	共产党
199	捷克斯洛伐克	安托·萨波托茨基	表决权 1		社会民主党左翼

(续表)

编号	国家	姓名	权限		政党
200	捷克斯洛伐克	胡哥·佐宁施泰因	发言权 1	2	共产主义小组
201	捷克斯洛伐克	叶琳娜·马利尔若娃	发言权 1		
202	瑞士	贝克尔	表决权 1		共产党
203	瑞士	瓦尔特·布林格利弗	表决权 1		社会民主党左翼
204	瑞士	雅科布·赫尔佐格	表决权 1	5	共产党
205	瑞士	茹尔·安贝尔-德罗	表决权 1		社会民主党左翼
206	瑞士	西格弗里德·巴特	表决权 1		青年联盟
207	瑞典	卡塔·达尔斯特伦	表决权 1	2	社会民主党左翼
208	瑞典	斯文·林德罗特	表决权 1		
209	南斯拉夫	伊里亚·米尔基奇	表决权 1		共产党
210	爱沙尼亚	鲁道尔夫·瓦克曼	表决权 1	2	共产党
211	爱沙尼亚	汉斯·佩格尔曼	表决权 1		
212	爱沙尼亚	埃里赫·约纳斯	发言权 1		独立社会党
213	—	威廉·明岑贝格	表决权 1	2	青年共产国际
214	—	拉扎尔·沙茨金	表决权 1		
215	—	安热利卡·巴拉巴诺娃	发言权 1		共产国际执行委员会
216	—	列·米·卡拉汉	发言权 1	4	
217	—	克林格尔	发言权 1		
218	—	阿·梅尼绍伊	发言权 1		

合计：享有表决权者……………………………………169人
享有发言权者……………………………………………49人

	表决权	发言权
共产党……………………………………	126	26
非共产党…………………………………	31	23
青年联盟…………………………………	12	—
合计………………………………………	169	49

参加共产国际第二次代表大会的俄国代表团成员名单[①]

（1）列宁
（2）托洛茨基
（3）布哈林
（4）季诺维也夫
（5）加里宁
（6）克列斯廷斯基
（7）捷尔任斯基
（8）拉狄克
（9）李可夫
（10）谢列布里亚科夫
（11）普列奥布拉任斯基
（12）托姆斯基
（13）安德列也夫
（14）鲁祖塔克
（15）拉柯夫斯基
（16）阿尔乔姆

[①] 在《真理报》上公布的参加产国际第二次代表大会的俄国代表团名单和正式参会名单有出入。——编者注

(17) 曼努伊尔斯基
(18) 费利克斯·柯恩
(19) 舒姆斯基
(20) 霍普纳尔
(21) 雅罗斯拉夫斯基
(22) 索柯里尼柯夫
(23) 奥新斯基
(24) 卢那察尔斯基
(25) 波克罗夫斯基
(26) 梁赞诺夫
(27) 巴甫洛维奇(志愿兵)
(28) 萨法罗夫
(29) 越飞
(30) 克鲁普斯卡娅
(31) 佐林
(32) 瓦京(贝斯特良斯基)
(33) 斯米多维奇
(34) 阿列克谢也夫
(35) 菲尔斯托夫
(36) 切尔诺夫
(37) 洛佐夫斯基
(38) 施略普尼柯夫
(39) 齐佩罗维奇
(40) 柯伦泰
(41) 伊涅萨·阿尔曼德
(42) 莫伊罗娃

（43）萨多夫斯卡娅

（44）扬松

（45）沃罗诺娃

（46）伊布拉吉莫夫

（47）赛德-加利耶夫

（48）苏尔坦-加利耶夫

（49）伊德里索夫

（50）阿洪多夫

（51）叶努基泽

（52）拉莫诺夫

（53）罗扎耶夫

（54）阿利耶夫

（55）拜图尔苏诺夫

（56）佩斯特科夫斯基

（57）克拉斯诺晓科夫

（58）雷夫金

（59）蔡特林

（60）杜纳耶夫斯基

（61）伊格纳特

（62）拉费斯

（63）梅列任

（64）奥里明斯基

俄国代表团将于7月22日上午10点在克里姆林宫大会议厅举行会议。

中央委员会书记　普列奥布拉任斯基

（此公告发表在1920年7月20日《真理报》第160号上）

第二次代表大会主席团和各委员会成员名单

主席团

列宁和季诺维也夫（俄国）、莱维（德国）、罗斯默（法国）、塞拉蒂（意大利）。

代表大会各委员会成员[①]

1. 资格审查委员会：罗斯默（法国）、迈耶尔（德国）、邦巴奇（意大利）、布哈林和拉狄克（俄国）、鲁德尼扬斯基（匈牙利）。

2. 国际形势和共产国际的基本任务委员会：卡巴克奇耶夫（保加利亚）、米尔基奇（南斯拉夫）、罗斯默（法国）、贝克尔（瑞士）、范莱文（荷兰）、莱维（德国）、鲁德尼扬斯基（匈牙利）、托曼（奥地利）、列宁和布哈林（俄国）、弗赖纳（美国）、弗利斯（挪威）、麦克莱恩（英国）、墨菲（英国）、刘绍周（中国）、朴（朝鲜）。

3. 党的作用问题委员会：弗赖纳（美国）、拉姆赛和麦克莱恩（英国）、迈耶尔（德国）、格拉齐亚德伊（意大利）、布哈林（俄国），卡巴克奇耶夫（保加利亚）、施泰因哈特（奥地利）、怀恩科普（荷兰）、

---

① 委员会之下的工作组成员，在大会记录中没有记载。——编者注

季诺维也夫（共产国际执行委员会）。

4. 民族和殖民地问题委员会：卡巴克奇耶夫（保加利亚）、米尔基奇（南斯拉夫）、吉尔波（法国）、怀恩科普（荷兰）、莱维（德国）、鲁德尼扬斯基（匈牙利）、托曼（奥地利）、列宁和加米涅夫（俄国）、里德（美国）、马林（荷属印度）、罗易·阿伦（墨西哥）、阿伦（英属印度）、奎尔奇（英国）、苏尔坦-扎德（波斯）、康诺利（爱尔兰）、拉姆赛（英国）、斯拉乌茨基（土耳其）、刘绍周（中国）、朴振顺（朝鲜）。

5. 加入共产国际条件问题委员会：马克西莫夫（保加利亚）、沙杜尔（法国）、安贝尔-德罗（瑞士）、怀恩科普（荷兰）、迈耶尔（德国）、拉科西（匈牙利）、季诺维也夫和索柯里尼柯夫（俄国）、弗赖纳（美国）、康诺利（爱尔兰）、施泰因哈特（奥地利）。

6. 议会制问题委员会：卡巴克奇耶夫（保加利亚）、米尔基奇（南斯拉夫）、勒弗夫尔（法国）、赫尔佐格（瑞士）、扬森（荷兰）、沃尔弗施泰因（德国）、鲁德尼扬斯基（匈牙利）、施泰因哈特（奥地利）、托洛茨基和布哈林（俄国）、斯托克利茨基（美国）、弗里斯（挪威）、麦克莱恩（英国）、毕奇（英国）。

7. 工会运动问题委员会：罗斯默（法国）、马克西莫夫（保加利亚）、别伊卡（拉脱维亚）、范莱文（荷兰）、瓦尔歇（德国）、拉科西（匈牙利）、托曼（奥地利）、季诺维也夫和齐佩罗维奇（俄国）、里德（美国）、马森（挪威）、奎尔奇（英国）、坦纳（英国）、佩斯塔尼亚（西班牙）、达拉贡纳（意大利）。

8. 土地问题委员会：斯图契卡（拉脱维亚）、沙波林（保加利亚）、米尔基奇（南斯拉夫）、万尼尼（法国）、布林克霍夫（瑞士）、扬森（荷兰）、迈耶尔（德国）、拉科西（匈牙利）、施泰因哈特（奥地利）、佩格尔曼（爱沙尼亚）、列宁（俄国）、尤尔吉斯（美国）、朗塞特

（挪威）、麦卡尔平（爱尔兰）、哈基（土耳其）、苏尔坦-扎德（波斯）。①

9. 组织问题委员会②：维克多（拉脱维亚）、卡巴克奇耶夫（保加利亚）、戈尔登贝格（法国）、巴马特（瑞士）、怀恩科普（荷兰）、莱维（德国）、鲁德尼扬斯基（匈牙利）、施特勒默尔（奥地利）、季诺维也夫和奥新斯基（俄国）、比兰（美国）、舍弗洛（挪威）、麦卡尔平（爱尔兰）、纽博尔德（英国）。

10. 决议编译委员会③：迈耶尔（德文）、罗斯默（法文）、里德（英文）、索柯里尼柯夫（俄文）。

---

① 这是《共产国际第二次代表大会通报》第1号（载于1920年7月27日《真理报》第164号）所公布的土地问题委员会成员名单，与代表大会记录中所记载的名单略有出入；大会记录中所记载的名单中，俄国的代表是列宁和奥新斯基，美国是斯托克利茨基，挪威是弗利斯。

② 组织问题委员会的成员，在代表大会记录中没有记载。这是根据《共产国际第二次代表大会通报》第1号（载于1920年7月27日《真理报》第164号附页）中的记载发表的。

③ 这是根据代表大会秘书的记录发表的。

附 录

列宁关于共产国际
第二次代表大会的文献

致共产国际执行委员会[①]

（不晚于7月10日）

为第三国际第二次代表大会还需要拟订一份关于国际经济和政治形势的提纲。

可否委托拉狄克或工作较少的**拉品斯基**，或者由他们指定的**其他人**拟出一个**提纲初稿，这一提纲的要点大致**如下：

1. 瓜分全世界（无论就银行资本和金融资本的势力范围，或是就国际性的辛迪加和卡特尔，以及就夺取殖民地和半殖民地来说），是帝国主义的基本事实，20世纪经济的基本事实。

2. 因此，帝国主义战争，尤其是1914—1918年的第一次帝国主义大战是不可避免的。

3. 这场战争造成了以下结果：

（a）称霸世界的强国**减少了**，弱小的、被掠夺和被瓜分的附属国**增多了**；

（b）在一切资本主义国家内部和各国之间，**一切**资本主义矛盾都极大地尖锐化了；

（c）特别是资本主义的两极分化在全世界范围内突出起来：

极少数的资本巨头更加穷奢极欲；

穷困、赤贫、破产、饥饿、失业、生活毫无保障的现象更加严重；

[①] 中译文见《列宁全集》中文第2版第39卷第196—197页。——编者注

（d）军国主义得到强化，新的帝国主义战争（从经济上看是不可避免的）在加紧和加速准备；世界上的战争特别是革命战争增多；

（e）国际联盟完全破产，其骗局已被揭穿，"威尔逊主义"遭到破产。资产阶级**民主**遭到破产。

4. 对下列国家作一最简要的评述（参看保·莱维1920年4月14日的报告）：

英国与美国

法国

日本

其他欧美的中立国家

战败国（俄国和主要是德国）

殖民地

半殖民地（波斯、土耳其、中国）。

5. 原料——原料消耗殆尽

工业——工业衰退（燃料等）

通货——通货崩溃。债务。货币贬值。

整个世界经济体系"失调"、**瓦解**。

6. 结论＝世界革命危机。共产主义运动和苏维埃政权。

载于1942年《列宁文集》俄文版第34卷

译自《列宁全集》俄文第5版第41卷第202—203页

同一位外国记者的谈话[1]

(1920年7月20日)

列宁对一位外国记者说:

"英国的建议[2]也许不过是一纸空文。但是它或许能够在东欧导致真正的和平。要是英国的外交家们认为,他们能够骗过我们,那么他们就大错而特错了,因为对每一项纸上的建议我们也以纸上的建议作答复,只对实际行动我们才报以实际行动。英国的政策是不稳定的,经常左右摇摆。一方是劳合-乔治,另一方是邱吉尔,在他们之间则是那位希望看到俄国是一个弱国的寇松爵士。但是除他们以外,还有他们必须重视的广大的英国人民群众,而我们主要是依靠这些群众。英国和俄国之间的和平直接取决于我们红军是否有力量以及英国无

---

[1] 中译文见《列宁全集》中文第2版第39卷第252—253页。——编者注
[2] 指1920年7月11日英国外交大臣乔·纳·寇松给苏维埃政府的照会。1920年夏,红军从乌克兰和白俄罗斯击退了入侵的波兰军队。苏维埃军队不断发起进攻,几乎打到利沃夫和华沙。寇松的照会就是为了阻止红军继续推进、挽救地主资产阶级波兰和弗兰格尔白卫军而发出的。照会要求红军停止进攻,不得越过协约国最高会议1919年所建议的波兰东部临时国界线,即所谓"寇松线",照会要求苏维埃俄国同波兰签订停战协定,停止同弗兰格尔白卫军作战,并以协约国最高会议的名义威胁说,如不接受照会提出的建议,就将以其"拥有的一切手段"援助波兰。1920年7月17日,苏维埃政府根据列宁的建议发出复照,坚决拒绝寇松的调停,主张苏维埃俄国同波兰直接谈判。苏维埃政府对英国吞并克里木的企图表示抗议,提出只有在弗兰格尔及其军队立即完全投降的情况下,才能保障他们的生命安全。——编者注

产阶级是否坚定。"

当问到列宁是怎样考虑协约国各国之间的关系时，列宁回答说：

"要么英国的建议是一种手法，要么有名的协约国今后不能再继续存在。英国接受'红色的'钞票这一事实本身势必使协约国各国都这样做。英国至今还自行其事，应该认为它的政策是直接针对法国的。没有经过国际联盟的调停就同波斯签订了条约。英国的土耳其政策是同法国和意大利的利益相矛盾的。最后一点，英国向苏维埃俄国提出的建议是违背法国的意志的。要是法国继续支持波兰，就会同英国产生不可避免的争执。但是，如果法国对波兰撒手不管的话，那么法国就会失掉反对德国的最后一个真正的盟友。"

记者还问列宁：

"一旦俄国同英国达成相互谅解，共产国际是否将停止国外宣传？"

列宁回答说：

"苏维埃俄国存在的事实本身就是共产主义向全世界所作的最好宣传。"

载于1920年7月20日《伯尔尼哨兵报》

译自《列宁文集》俄文版第37卷第228—229页

给奥地利共产党人的信[①]

(1920年8月15日)

奥地利共产党决定抵制资产阶级民主议会的选举。不久前闭幕的共产国际第二次代表大会认为，共产党人**参加**资产阶级议会选举和**参加**议会活动的策略是正确的。

根据奥地利共产党代表的报告来看，我相信奥地利共产党是会把共产国际的决议看得高于一个党的决议的。同样也可以相信，奥地利社会民主党人这些投靠资产阶级的社会主义叛徒，看到共产国际的决议同奥地利共产党抵制议会的决定有分歧，会采取幸灾乐祸的态度。当然，对于这些奥地利社会民主党人先生，谢德曼和诺斯克之流、阿尔伯·托马和龚帕斯之流的这些同伙采取的幸灾乐祸态度，觉悟工人是会置之不理的。伦纳先生之流向资产阶级献媚讨好，弄得原形毕露。目前在所有国家里，工人反对第二国际即黄色国际英雄们的怒潮日益高涨。

奥地利社会民主党人先生们在资产阶级议会中，在他们"工作"的一切场所，包括在他们自己的报刊上，都表现出他们实际上是完全受资本家阶级摆布、毫无气节、只会倒来倒去的小资产阶级民主派。我们共产党人参加资产阶级议会，是为了利用这个欺骗工人和劳动者的腐朽透顶的资本主义机关的讲坛来揭穿这种骗局。

奥地利共产党人反对参加资产阶级议会的一个论据，是值得较为仔

---

① 中译文见《列宁全集》中文第2版第39卷第259—263页。——编者注

细地加以分析的。这个论据就是：

"对共产党人来说，议会的意义只在于它可以作为鼓动的讲坛。我们奥地利有工人代表苏维埃可以作鼓动的讲坛，因此我们拒绝参加资产阶级议会的选举。德国没有真正像样的工人代表苏维埃，因此德国共产党人采取的策略不同。"

我认为这个论据是不正确的。只要我们还没有力量驱散资产阶级议会，我们就应当对议会实行内外夹攻。只要还有相当一部分劳动者（不仅是无产者，而且也有半无产者和小农）相信资产阶级用来欺骗工人的资产阶级民主工具，我们就**正应当利用这个讲坛**来揭穿这种骗局，因为这个讲坛是工人中的落后阶层、特别是非无产阶级劳动群众中的落后阶层最重视和最信赖的。

只要我们共产党人还没有力量来夺取国家政权，还不能做到完全由劳动者来选举**自己的**同资产阶级对立的苏维埃，只要资产阶级还掌握国家政权，还号召各阶级参加选举，我们就必须参加选举，以便不仅在无产者中间，而且在全体劳动者中间进行鼓动。只要资产阶级议会还在欺骗工人，用"民主"的词句掩盖种种贪污舞弊和收买行为（资产阶级在资产阶级议会中比任何地方更广泛地使用特别"巧妙"的方式来收买作家、议员和律师等等），我们共产党人就应当正是在这个似乎**代表人民意志**而实际上是掩盖**富人对人民的欺骗**的机关中不断地揭穿这种骗局，揭穿伦纳之流投靠资本家来反对工人的每一件事实。资产阶级各党各派之间的关系正是在议会中最经常地显示出来，而这些关系正是资产阶级社会各阶级之间的关系的反映。因此我们共产党人恰恰应当在资产阶级议会里，从它的内部向人民说明各阶级同各政党、地主同雇农、富裕农民同贫苦农民、大资本家同职员和小业主等等之间的关系的**真相**。

无产阶级必须知道这一切，这样才能学会如何识破资本家的一切卑鄙而又巧妙的伎俩，学会如何去影响小资产阶级群众，影响非无产阶级的劳动群众。无产阶级不懂得这门"学问",就无法顺利地完成**无产阶级专政**的任务,因为那时,处于新的地位(被推翻的阶级的地位)的资产阶级仍然会在别的阵地上用别的方式来奉行以前的政策,继续愚弄农民,收买和恫吓职员,用"民主"的词句来掩盖其自私自利和卑鄙龌龊的目的。

不,奥地利共产党人决不会被伦纳之流以及诸如此类的资产阶级走狗采取幸灾乐祸的态度所吓倒。奥地利共产党人决不会害怕公开承认国际无产阶级的纪律。我们感到自豪的是,我们在解决工人争取自身解放的重大问题时,遵守革命无产阶级的国际纪律,考虑到各国工人的经验,估计到他们的认识和意愿,从而在行动上(不像伦纳之流、弗里茨·阿德勒之流和奥托·鲍威尔之流只是在口头上)实现工人为在全世界建立共产主义而进行的阶级斗争的统一。

尼·列宁
1920 年 8 月 15 日

载于 1920 年 8 月 31 日《红旗报》第 396 号(维也纳)

译自《列宁全集》俄文第 5 版第 41 卷第 268—273 页

共产国际第二次代表大会[①]

（1920年8—9月）

共产国际第二次代表大会已经在8月7日闭幕了。共产国际成立以来只有一年多的时间，在这短短的时期内，取得了具有决定意义的巨大成就。

一年以前在第一次代表大会上，只是竖起了共产主义的旗帜，号召革命无产阶级的力量必须团结在这面旗帜的周围，并且向纠集了社会主义叛徒的第二国际即黄色国际宣了战，因为这些叛徒已经投靠资产阶级来反对无产阶级，已经同资本家结成联盟来反对工人革命。

工人群众愈来愈倾向共产主义，迫使第二国际内最主要的欧美政党——法国社会党、德国和英国的"独立"党、美国社会党退出了第二国际，从这一事实就可以看出，一年来我们取得了多么大的成就。

世界各国革命工人的优秀代表已经站到共产主义这一边，拥护苏维埃政权，拥护无产阶级专政。在欧美各先进国家内已经建立了共产党和很大一批共产主义小组。在8月7日闭幕的代表大会上团结起来的不仅有无产阶级革命的倡导者，还有同无产者群众保持联系的各个强大的组织的代表。这支革命无产阶级的国际大军现在拥护共产主义，在这次刚闭幕的代表大会上形成了自己的组织，获得了明确而详尽的行动纲领。

---

① 中译文见《列宁全集》中文第2版第39卷第266—268页。——编者注

代表大会拒绝把那些还保留着"孟什维主义"、机会主义的权威人物和有影响的社会主义叛徒的党,如上述那些已经退出第二国际即黄色国际的党,立刻吸收到共产国际的队伍里来。代表大会的一系列完全明确的决议没有给机会主义以任何可乘之机,要求无条件地同机会主义决裂。代表大会上公布的各种确凿的材料也表明:工人群众是拥护我们的,机会主义者一定会彻底失败。

代表大会纠正了某些国家中有些执意要"左倾"的共产党人的错误,他们否认必须在资产阶级议会和反动工会内进行工作,否认必须在一切有着千百万工人的地方进行工作,而这些工人正受着资本家的愚弄,受着工人中的资本家奴仆——黄色国际即第二国际成员的愚弄。

代表大会促成了全世界共产党的空前团结和纪律。有了这样的团结和纪律,工人革命的先锋队就能够朝着摆脱资本的桎梏这一伟大目标阔步前进。

由于同时举行了国际女工代表会议,代表大会一定会加强同共产主义妇女运动的联系。

受各强盗民族的"文明"联盟残酷地掠夺、压迫和奴役的东方各殖民地和落后国家的共产主义小组和共产党,也同样派代表出席了大会。如果反对资本的欧美工人不和受资本压迫的千百万"殖民地"奴隶在斗争中充分地最紧密地团结起来,那么,先进国家的革命运动实际上不过是一种幻影。

工农苏维埃共和国战胜了地主和资本家,战胜了尤登尼奇之流、高尔察克之流、邓尼金之流,战胜了波兰白卫分子以及他们的帮凶——法、英、美、日等国,取得了军事上的伟大胜利。

可是,更加伟大的胜利,是我们赢得了工人、劳动者和受资本压迫的群众的心,是共产主义思想和各共产主义组织在全世界取得的胜利。

无产阶级革命,摆脱资本主义桎梏的事业,正在世界各国进行,而且必将取得胜利。

载于 1920 年 8—9 月《女共产党员》杂志第 3—4 期合刊

译自《列宁全集》俄文第 5 版第 41 卷第 274—276 页

给德国和法国工人的信[①]

关于共产国际第二次代表大会的讨论

（1920年9月24日）

同志们！德法两国的资产阶级报刊很注意德国独立社会民主党和法国社会党内部在参加共产国际问题上的讨论。资产阶级报刊非常卖力地支持两党的右翼即机会主义派别的观点。

这是完全可以理解的，因为这些右翼分子实质上是小资产阶级民主派，他们同迪特曼和克里斯平一样，不会用革命的观点思考问题，不会帮助工人阶级准备革命和实现革命。必须同这些右翼分子即机会主义分子决裂，这是团结一切真正革命的、真正无产阶级的群众的唯一办法。

关于莫斯科"独裁统治"之类的叫嚣，纯粹是为了转移人们的视线。其实，在共产国际执行委员会的20个委员中，只有5个委员是俄国共产党党员。一切关于"独裁统治"之类的论调，都是欺骗自己或者欺骗工人。这些论调是用来掩盖某些机会主义领袖的破产的，正像德国共产主义**工人党**（K. A. P. D.）中有人曾用类似的论调掩盖该党某些领袖由于脱离无产阶级革命道路而遭到的破产一样。叫嚷"莫斯科的独裁者"在加入共产国际的条件上刁难某些人，这也同样是自欺欺人。在这些条件的第20条，白纸黑字写得清清楚楚：如果**取得第三国际执行委员会的同意**，在执行对右翼领袖和中央机关成员的**严格规定**时，**允许有"例外"**（Ausnahmen）。

[①] 中译文见《列宁全集》中文第2版第39卷第290—292页。——编者注

既然公开宣布允许有例外，就谈不上绝对不能容纳某些个人。这就是说，已经充分肯定，不能只看过去，而必须看到现在，必须看到个别人、个别领袖的观点和行为的转变。既然宣布允许有例外须经第三国际执行委员会同意，而这个执行委员会里俄国人只占四分之一，可见关于"独裁统治"之类的叫嚣纯属无稽之谈。

所有这些叫嚣，都只是为了转移视线。实际上，革命的**无产阶级分子**和机会主义的**小资产阶级**分子之间正在进行斗争。一向属于后者的，有希法亭之流、迪特曼之流、克里斯平之流以及德法等国议会党团中的许多人。全世界所有的国家都一无例外地进行着这两种**政治派别**之间的斗争，这一斗争有着悠久的历史，这一斗争在帝国主义战争时期和战后在各国一直都很尖锐。代表机会主义的是"工人贵族"分子，工会、合作社和其他组织中的旧官僚分子，小市民知识分子阶层等等。这一**派别**其实是以自己的动摇，以自己的"孟什维主义"（迪特曼之流和克里斯平之流同我国的孟什维克非常相像），从工人运动**内部**、从各社会党**内部**对无产阶级施加资产阶级影响，因此，不肃清这一派别，不同它决裂，不把它的一切著名代表人物开除出去，就**不能**团结革命的无产阶级。

迪特曼和克里斯平等等之流总是摇摇摆摆地倒向改良主义和孟什维主义，他们不会革命地思考和革命地行动，其实是不自觉地从无产阶级政党内部对无产阶级施加资产阶级影响，**使无产阶级屈服于资产阶级改良主义**。只有同这种人决裂，才能实现革命无产阶级的**国际统一**来**对抗**资产阶级，推翻资产阶级。

意大利的事态应该会使那些看不到同克里斯平之流和迪特曼之流保持"统一"和"和平"有多大危害的最顽固的人也清醒起来。意大利的克里斯平之流和迪特曼之流（屠拉梯、普拉姆波利尼、达拉贡纳）在意大利**面临真正的革命**的时候，就立刻来**阻挠**革命了。现在，全欧洲、全世界在不同的程度上迅速而又痛苦地向着真正的革命前进。

幻想同迪特曼之流和克里斯平之流，同德国"独立社会民主党"、英国"独立工党"和法国社会党等等的右翼保持"统一"或"和平"是极其有害的，现在是彻底抛弃这一切幻想的时候了。现在是一切革命的工人把这些分子清洗出党，建立起无产阶级的真正统一的共产党的时候了。

尼·列宁
1920年9月24日

载于1920年9月25日《真理报》第213号和《全俄中央执行委员会

译自《列宁全集》俄文第5版第41卷第295—297页

同威廉·波尔的谈话[①]

(1920年10月6日)

列宁转而评述英国共产党的现状。他说,工党、韩德逊和托马斯等拒绝接受共产党申请加入的声明,就是承认共产主义以及苏维埃思想在英国的威力和影响。这些具有资产阶级思想的领袖害怕在他们的队伍中出现共产党人这一事实本身说明,英国的事态发展是何等迅速。工党对共产党的恐惧表明,英国共产主义者应该为联合成一个团结的有纪律的组织而奋斗。他感到非常高兴的是,共产国际已决定充分利用其权力,以保证英国共产主义运动实现统一。自然,共产党和旧英国社会党在加入工党的问题上的立场差别很大。英国社会党只限于提出形式上加入的建议,而共产党则正确地坚持在工党内要有实行自己政策的权利,要有行动的自由。尽管他们没有达成协议,工党拒绝了共产党的申请,但工党这样做也就说明共产党这个新组织吸收的是真正优秀的革命战士。

列宁说,英国共产党人应该讨论的另一个重要问题,是他们对即将举行的普选的态度问题。根据现有的各种消息判断,劳合-乔治可能迫使全国在11月进行大选,共产党员的一个极为重要的义务,就是利用

[①] 中译文见《列宁全集》中文第2版第39卷第328—330页。1920年10月6日,列宁会见了英国共产党党员威·波尔,就英国共产党的策略问题同他进行了谈话。这里收载的是波尔所作的这次谈话的记录。波尔依据列宁的谈话写的《列宁论英国共产党的策略》一文,发表在1920年12月2日《共产主义者》杂志上。——编者注

即将举行的选举进行鼓动。共产党应尽可能多地提出一些候选人,以便向群众宣传资本主义是不可救药的,议会制度是不可靠的。但是,英国共产党由于没有可能提出大量的候选人,就应该制定这样一种策略方法,运用这种策略方法就可以拿对手作为例证,证明走苏维埃道路是唯一能够恰当地解决当代资本主义所产生的各种问题的政策。革命的政治活动在于利用敌人的政策,尤其是在敌人的这种政策正在为其自身的灭亡作准备的时候。议会活动不仅给共产党人提供进行广泛宣传的机会,而且还可以利用这种活动作为手段,迫使反对派暴露出他们是不可靠的。英国有很多人现在开始懂得,资本主义和议会制度已经破产。他们认识到这一点,不仅仅是靠马克思主义者和共产党人理论上的论证,而且也是停战以来联合政府给予他们的具体经验教训的结果。英国共产党人如何才能加速议会制度的破产和让群众看清议会制度的骗人主张呢?当然不能采用向工人劈头盖脑地灌输一大堆理论论证的办法。我们的理论观点是用来指导我们进行革命活动的。战斗活动的场所是检验我们理论观点的最好地方。对一个共产党人来说,真正的检验就是看他是否懂得应该怎样、在什么地方、在什么时候将他的马克思主义变成行动。既然共产党不可能在每一个选区都提出候选人去同资本主义及其选举社会代表这种毫无意义的议会制方法进行斗争,那么就产生这样一个问题:能否利用其他政党来完成这项工作。劳合-乔治、邱吉尔、博纳·罗及其一伙的联盟已经让人看清他们是不可靠的;他们已经有过这样的机会,他们在执政时期已引起了群众的不满。到目前为止只有工党这一政治组织还没有机会让人们从它身上看到议会制度这种治理方法的破产。阿瑟·韩德逊、托马斯及其追随者一方同劳合-乔治、博纳·罗一方之间的唯一区别,在于前者还没有机会操纵议会机器。英国共产党人在目前所处的条件下,应该帮助这些绅士获得控制议会的机会;帮助工党证明,它利用议会解决不了社会面临的各种迫切问题;帮助工党具体证明,苏维埃才是历史形成的、唯一能保证实现群众意愿的工具。总之,英国共产党应该帮助工党暴露出它本身是不可靠的。

我问列宁,他是否想到,如果共产党正式承担帮助工党获胜的责任,这会使英国工人感到迷惑不解。我论证说,人们会正式地把我们等同于那种加速这一危机并且终将被愤怒的群众所抛弃的组织。在这种危机的过程中,工人们会想起我们曾积极帮助过工党,因此会出现我们同样被愤怒的浪潮所抛弃的危险。列宁笑了笑说,尽管不列颠造就了优秀的共产党人,他们是卓越的战士,但是他对他见到过的所有英国同志有这样一种看法,即他们缺乏政治经验。他说我所讲的那些困难是容易克服的,如果共产党在每个有工党候选人的选区,发表一项正式声明,号召工人们投工党的票,目的是证明韩德逊们、托马斯们、麦克唐纳们和斯诺登们不可能借助议会机器来解决社会所面临的无数问题。这样的行动方式会使共产党避免我所担心的那些麻烦。我们花了一些时间讨论这个策略问题。我继续提出异议,直到列宁感到这可能是一场很有益的论战,因此提出在英国共产党刊物上就这一问题同我进行友好的讨论。我欣然同意这个意见,并问他的第一篇文章什么时候能写好。列宁遗憾地摇了摇头,并指了指他面前的一大堆重要材料。因此我建议由我来记述他对这个问题的观点(这就是我在本文中所做的),并把这篇文章推荐给《共产主义者》杂志的读者。列宁表示同意,说这样做符合他的意愿,而且可以节省他的时间。

载于1920年12月2日《共产主义者》杂志

译自《列宁文集》俄文版第37卷第248—251页

同阿古尔斯基的谈话[①]

（1920年10月28日以前）

一 美国和苏维埃俄国

合众国同俄国很快将建立贸易关系，这种看法是没有事实根据的。

万德利普先生曾对我们说，他确信，新的共和党政府将同苏维埃俄国建立贸易关系。然而我认为他错了，因为他不了解国际政治局势。万德利普先生是一个务实的人，他是一个金融巨头。同我们恢复贸易关系，对他和他那个阶级的许多人确实有好处，他们希望跟我们打交道，是因为对他们个人有好处。然而他并不了解，美利坚合众国并不像他想象的那样可以在其国际政策中完全自行其是。大不列颠和法国可以对美国施加压力，以武装干涉、继续封锁等等方式重新对我们进行公开战争。这就是我们同合众国两国关系方面的真实情况。

但是，由于我们在弗兰格尔战线即将取得军事上的进展，我们可以期望国际关系方面不久将发生某些变化。我们的军事情况比几个月以前要好得多。弗兰格尔一定会垮台，他的失败无疑将会改变国际上同苏维埃俄国的关系。

---

① 中译文见《列宁全集》中文第2版第39卷第394—396页。——编者注

二 关于工农党

美利坚合众国新出现的工农党,对美国和欧洲的运动具有重大的意义,因为这个新的政党代表着美国占多数的两部分人——工人和贫苦农民。

诚然,这个新的政党不是社会主义政党,它目前也还没有承认社会主义原则,但正在不自觉地走向社会主义……

成立工农党的想法在美国历史上并不是新的想法。美国的工人运动一直倾向于成立这种政党。当年的人民党(Populist Party)就与新的工农党具有同样的性质。在成立这类政党的过程中,美国工人会逐渐认清他们所犯的错误。他们自己会找到更加革命的策略和方法。他们在走向社会主义。他们在走向共产主义。

三 关于美国共产主义运动

我们的美国同志有忽视工农党这种群众运动的倾向,这是过去的社会主义运动所特有的宗派主义的残余。美国共产党应该是一个旗帜鲜明的共产主义政党。它应该贯彻共产国际的基本原则。在美国革命运动中,它很可能居于少数,但它应该支持任何的行动和革命运动,并参加革命活动,以求形成群众性的运动。美国的共产党人应该参加美国劳工联合会左翼的工作,应该参加世界产业工人联合会(I. W. W.)的工作,应该支持工农党这样的运动,尽管目前它还不是共产主义运动。

我们得到十分可靠的情报说,1923年美国的舰队将超过不列颠的舰队。船舰造出来当然不是用于和平目的的。毫无疑问,战争将会爆发。因此，如果美国掀起和平主义运动，那么，虽然我们并不相信狭隘的和平主义运动，但是共产党员还是应该支持这个运动的。只有这样，美国的共产主义运动才能成为社会生活中的重大因素。

译自《列宁文集》俄文版第39卷
第247—248页

论意大利社会党党内的斗争[①]

（1920年11月4日和12月11日）

1

1920年9月25日《真理报》第213号发表了我的一封短信：《给德国和法国工人的信（关于共产国际第二次代表大会的讨论）》。意大利社会党中央机关报《前进报》（Avanti!）在10月5日转载了这封信，并附了评论，这篇评论值得一谈，因为它清楚地表明《前进报》编辑塞拉蒂同志的立场是不正确的。

他写道："列宁的解释在一定程度上缓和了一些同志强行提出的十分苛刻的条件，这些人从那么遥远、情况那么不同的地方很难对人和环境作出正确的估价……

……列宁只留下一个自己的战利品——莫迪利扬尼……

……现在列宁又说（不知道他是以自己的名义还是以共产国际执行委员会的名义说的），〈如果得到执行委员会的同意，在一般的规定之外〉允许有例外。"

把一个改良主义者莫迪利扬尼说成是"战利品"的讽刺性评论并

[①] 中译文见《列宁全集》中文第2版第39卷第409—426页。——编者注

未命中要害。与塞拉蒂的意见相反，我没有提到莫迪利扬尼（还有龙格）的名字决不是故意的。我提到一些人的名字作例子是为了说明**派别**，至于某某**个人**的问题我始终没有去管它，不想去解决这种问题，我认为这是次要的问题，只要指出允许有例外就行了。不管塞拉蒂怎样说，他完全知道（因为他准确地引用了我在《真理报》上发表的那篇文章）我说的话和我所能说的都**只是**代表我自己，决不代表执行委员会。

塞拉蒂的评论使《前进报》的读者不去注意主要的、基本的、本质的问题：现在是否能容许改良主义者留在意大利革命无产阶级政党内。塞拉蒂设法把大家的注意力从本质的问题引向次要的和不重要的问题，以掩饰他的不正确的立场。

必须反对这种做法，必须弄清本质的东西。

塞拉蒂在这篇评论和其他文章中都谈到，莫斯科代表大会（共产国际第二次代表大会）对意大利的情况不够了解。似乎问题的实质不是两个根本不同的派别的斗争，不是要解决是否容许同改良主义者"统一"这一根本问题，而是在"莫斯科"不甚了解的问题上有意见分歧！

这种看法（以及这种转移对主要问题的注意力的做法）的惊人的错误，在一份关于意大利社会党**中央内部**讨论的**正式报告**中已被充分揭露。这次讨论就是在上面提到的那期《前进报》出版的前几天，即9月28、29、30日和10月1日在米兰进行的。

这次讨论结束时提出两个决议进行表决，其中一个可以称为共产主义的决议，而另一个则可以称为"中派主义"的或模棱两可的或暗中主张同改良主义者联盟（"统一"！）的决议。第一个决议通过了，共得7票（特拉奇尼，杰纳利，雷根特，通塔尔，卡祖奇，马尔齐亚利，贝洛内）；第二个决议被否决了（共得5票：巴拉托诺，扎纳里尼，巴契，贾科米尼，塞拉蒂）。

第一个决议的特点是非常鲜明和确切。它首先指出，意大利革命斗争的"目前情况"要求党有"更大程度的统一意志"。其次指出：凡是符合服从纪律这一条件的人，都允许留在党内，但是这个条件没有执行；指望那些具有同第三国际的原则和策略对立的信念的人会服从纪律是错误的；因此，在接受莫斯科的21项条件以后，必须"彻底清洗"全党，把改良主义分子和机会主义分子从党内**驱逐出去**。

这里没指名道姓，没谈细节。这里有的是鲜明的政治路线，这里准确地说明了作出决定的理由：意大利党史上的具体事实，意大利革命形势的具体特点。

第二个决议是模棱两可、玩弄拙劣的外交辞令的典型：我们接受21条，但是我们认为，"这些条件可能会使人作模棱两可的解释"，"必须使第三国际即共产国际的每个支部的政治标准适合于该国的历史条件和具体的、实际的特点，并且使它们得到国际的赞同"；决议强调"在21条的基础上保持意大利社会党的统一的必要性"；个别违反纪律的情况应该受到党中央委员会的严厉制裁。

共产主义的决议指出：革命形势要求党有更大程度的统一意志。这是无可争辩的。主张同改良主义者"统一"的人的决议企图**回避**这一不可争辩的真理，不敢加以反驳。

共产主义的决议指出：意大利的特点在于改良主义者必须服从党的决议这一条件**没有执行**。问题的关键就在这里。既然是这样，那么在整个革命形势**日趋尖锐的时候**，甚至可能是在决定性的革命搏斗的前夕，把改良主义者留在党内就不仅是犯错误，**而且是犯罪**。

事实是否如此呢？改良主义者是否执行了党的决议，真正服从党，贯彻了党的政策呢？维护改良主义者的人的决议不能作出肯定的回答，也不能反驳共产主义者作出的否定的回答，而是避而不答，支吾搪塞，拐弯抹角，泛泛地谈论不同国家的不同的具体特点，目的正是**为了回避**

和歪曲意大利的而且是它当前最重要的"具体特点"。其实意大利的这个具体特点正在于改良主义者事实上已经不能真正执行党的决议和贯彻党的政策了。主张同改良主义者统一的人的决议在这个根本问题上模棱两可，完全是自己打自己的嘴巴。

上面的事实**已经**十分清楚地、无可辩驳地证明塞拉蒂、巴拉托诺、扎纳里尼、巴契和贾科米尼是**根本**错误的，他们的政治路线是**根本不对**的。

意大利党中央委员会的讨论更进一步揭露出塞拉蒂路线是完全错误的。共产主义者正是不断指出，如果改良主义者依然如故，他们就不能不暗中破坏革命，正像不久以前他们在意大利工人夺取工厂的革命运动中暗中破坏革命一样。

问题的全部关键就在这里！当党内还有暗中破坏革命的人的时候，怎么能够去进行革命准备，怎么能够去迎接决定性的搏斗呢？这不仅是犯错误，这简直是犯罪。

如果塞拉蒂像他在10月14日的《人道报》上发表的信中所公开声明的那样，只指望开除屠拉梯①一个人，那么**事实也已**揭露出塞拉蒂的错误。意大利的改良主义者不仅召集了自己派别的特别代表大会（1920年10月11日在艾米利亚雷焦），不仅在代表大会上重申了他们所有重要的改良主义观点，不仅在会上对菲力浦·屠拉梯最热烈地欢呼，并且由特雷维斯出面声明说："我们或者是留在党内，或者是都退出党。"我们顺便指出，资产阶级报刊和改良主义者自己还用各种方法大肆吹嘘

---

① 信的要点如下："我们都拥护莫斯科的条件。**问题在于如何掌握这些条件**。我坚决主张应当把有害分子**清除**出党，因而我曾提议开除屠拉梯，但是我们不应当丧失大批的工团〈按俄国的说法是工会〉和合作社。有人主张彻底决裂。分歧就在这里。"（10月14日《人道报》。黑体是塞拉蒂用的。）

这次派别代表大会的意义。但是我们在10月13日的《前进报》（米兰出版）上看到的却是改良主义者一共只召集了200个党支部的代表，而该党却有**几千个**支部！

让我们再就问题的实质更详细地谈一谈塞拉蒂的主要论据。塞拉蒂担心分裂，怕这样会削弱党，特别是会削弱工会、合作社和地方自治机关。他的主要思想就是不要破坏这些建设社会主义所必需的机构。他在1920年10月2日米兰出版的《前进报》上写道："如果我们按照特拉奇尼的建议把重要工作岗位上的人都赶走，那么我们到什么地方去找这么多的'共产主义者'，即便是昨天才成为最热情的共产主义者的人，来担负这些重要的工作呢？"这种思想也表现在塞拉蒂同志主编的《共产主义》杂志（第24期第1627页）所刊登的塞拉蒂论第三国际第二次代表大会的一篇文章中："请设想一下那些昨天刚自称是热情的共产主义者的外行和生手所管理的米兰公社〈即米兰的市政府〉会成什么样子吧！"

塞拉蒂就怕工会、合作社、地方自治机关遭到破坏，怕生手们的无能和错误。

共产主义者则怕改良主义者暗中破坏革命。

这个对比说明了塞拉蒂的原则性的错误。他总是反复说必须有灵活的策略。这是无可争辩的。但是全部问题正在于塞拉蒂是**向右倾**，而在意大利目前的情况下应该**向左倾**。为了顺利完成革命和捍卫革命，意大利的党应该再**向左迈出一步**（但不要束缚住自己的手脚，不要忘记，以后的情况很可能又要求向右迈出几步）。

只要自己的队伍里还有改良主义者，孟什维克，就**不能**在无产阶级革命中取得胜利，就**不能**捍卫住无产阶级革命。这从原则上说是毫无疑问的。这是已经由俄国和匈牙利的经验明显证实了的。这是一个关键性的想法。把这个危险同"丧失"工会、合作社、地方自治机关等等的危险或这类机构搞糟、出错、垮台的危险相提并论，简直是可笑的，不仅可笑，而且是犯罪。从米兰的市政府会不会搞糟等考虑出发，而拿整个革命的命运去冒险，这就意味着完全张皇失措，完全不懂得革命的根本任务，完全不善于为革命的胜利作准备。

由于合作社、公社、工会等机构中的生手和外行的无能，我们在俄国犯过几千次错误，遭到几千次的垮台和损失等。我们相信，其他比我们文明的国家，这样的错误会犯得**少一些**。但是，尽管我们犯了这些错误，我们却获得了主要的东西：无产阶级取得了政权，而且我们已经将这个政权保持了三年。

塞拉蒂同志所指出的错误是局部性的错误，这比容许孟什维克暗中危害革命和破坏革命的那种"错误"容易改正一百万倍。这是不言而喻的。匈牙利已经生动地证明了这一点。我们的经验也证实了这一点，因为俄国无产阶级政权在这三年中，曾经**多次**处于困难的境地，当时如果让孟什维克、改良主义者、小资产阶级民主派留在我们党内，或者哪怕让他们的人较多地留在中央执行委员会这样的苏维埃中央机关里，那么苏维埃制度就**一定**被推翻了。

大家都承认，意大利的形势正接近于无产阶级和资产阶级为了争夺国家政权而进行决定性搏斗的时刻，塞拉蒂没有认识到意大利目前的特点正是处于这一转折关头。在这样的关头，不仅把孟什维克、改良主义者、屠拉梯分子驱逐出党是绝对必要的，而且把那些会动摇的和正在倒向同改良主义者"统一"的优秀的共产党员从一切重要工作岗位上撤下来，甚至也可以说是有益的。

我举一个明显的例子。在俄国十月革命的前夕和革命以后不久，**俄国的一些优秀的共产党员犯了一个错误**，这个错误我们现在不愿意再提了。为什么不愿意再提了呢？因为没有特别的必要而去重提已经完全改正了的错误是不对的。对意大利工人来说，提一下这个错误是有益处的。像季诺维也夫、加米涅夫、李可夫、诺根、米柳亭这样一些极为著名的布尔什维克和共产主义者在我上面提到的时期内曾经表现过动摇，担心布尔什维克会使自己孤立，举行起义太冒险，对某些孟什维克和"社会革命党人"太不肯让步。冲突甚至发展到这样的地步：上面提到的那些同志离开了党和苏维埃的各个重要工作岗位以示抗议，这使苏维埃革命的敌人十分高兴。我们的党中央委员会就在报刊上同那些辞职而去的人展开了极其激烈的论战。过了几个星期，最多过了几个月，这些同志都认识了自己的错误又回到党和苏维埃的最重要的工作岗位上来了。

发生这样的事情是不难理解的。在革命的前夜和为争取革命的胜利而进行最激烈的斗争的时刻，党内的最小的动摇都能**葬送一切**，都能破坏革命，都能使无产阶级丧失政权，因为这个政权还不巩固，因为对这个政权的压力还非常大。如果那些动摇的领袖在**这样的**时刻离去，那么无论是党、是工人运动、是革命都不会因此削弱，而只会加强。

意大利现在正是处在**这样的**时刻。革命危机在全国范围内已经成熟，这是大家都看见，都承认的。无产阶级用事实证明自己能够自发地行动起来，能够发动群众进行强大的革命运动。意大利的贫苦农民或半无产者（塞拉蒂同志莫名其妙地养成了一个坏习惯，在用这个字眼的时候，总要打上一个问号。其实这是一个正确的马克思主义的用词，它表达了已经为俄国和意大利的事实所证明的正确的思想，即贫苦农民一半是有产者，一半是无产者）已经用事实证明，他们能够跟着无产阶级起来进行革命斗争。现在意大利革命的胜利最需要和绝对需要有一个在紧要关头**不会**动摇、**不会**畏缩的真正的共产主义的政党，一个本身无比热情、忠于革命、朝气蓬勃、无私无畏和充满决心的政党，来担任意大利革命无产阶级真正的先锋队。必须在艰苦卓绝、牺牲惨重的斗争中取得胜利，必须在**全世界**资产阶级大力加紧使用陷害、阴谋、诽谤、诬蔑、挑唆和暴力等手段的时候，在各种小资产阶级民主派、屠拉梯分子、"中派分子"、社会民主党人、社会党人、无政府主义者发生最危险的动摇的情况下，捍卫住已经夺得的政权。在这样的关头和这样的情况下，党必须比平时或困难较少的时候更加百倍地坚定、果断、勇敢、忘我和无情。在这样的关头和这样的情况下，如果参加1920年10月11日艾米利亚雷焦会议的这类孟什维克完全离开了党，连现在的党中央委员巴拉托诺、扎纳里尼、巴契、贾科米尼、塞拉蒂这些可能是优秀的共产主义者也离开了党的领导岗位，党只会百倍地**加强起来**，而不是削弱下去。

毫无疑问，后一种人中的多数即使现在辞职了，在无产阶级取得胜利以后，在这一胜利巩固以后，他们会认识到自己的错误，很快就会回来的。其实，一部分意大利的孟什维克，即屠拉梯分子，在最困难的时期过去以后，可能也会回来并且被吸收入党的，正如一部分在1917—1918年站在街垒的另一边的孟什维克和社会革命党人现在（我们度过了革命后的三个艰苦的年头）又转到我们这边来了一样。

意大利的革命无产阶级现在面临的不仅是一个像我所说的非常困难的搏斗时期，而且是一个最困难的搏斗时期。最大的困难还在前面。我认为，回避这些困难是一种轻率行为和犯罪行为。我很惊奇，塞拉蒂同志怎么能够不加批驳地在他那本《共产主义》杂志上（1920年9月15—30日第24期）登载了 G. C. 的《我们会被封锁吗？》这样轻率的文章。同这位作者相反，我个人认为，如果意大利的无产阶级取得了胜利，英、法、美等国对意大利的封锁是可能的，势在必行的。我认为格拉齐亚德伊同志在意大利党中央委员会会议上的发言中关于封锁的问题的提法要正确得多（见1920年10月1日米兰出版的《前进报》）。他认为可能遭到封锁的问题是一个"非常重要的"问题（"problema gravissimo"）。他指出：俄国遭到了封锁，但是它支持下来了，这部分地是由于人口稀少，幅员辽阔；意大利的革命"如果不同另一个中欧国家的革命配合的话，是不能支持（resistere）很久的"，"这种配合是困难的，但不是不可能的"，因为整个欧洲大陆都处在革命时期。

这一点他说得非常谨慎，但是说得很正确。我只想补充一点：意大利**肯定能得到某种程度的**配合（尽管这种配合还不充分，还不完全），必须为获得**完全的**配合**而斗争**。改良主义者指出封锁的可能性是为了暗中破坏革命，吓唬人们放弃革命，把**自己**惊慌、恐惧、踌躇、动摇、彷徨的心情传染给群众。革命者和共产党人不应当否认斗争的危险和困难，这样才能使群众**更加**坚定，这样才能把懦弱、动摇、彷徨的分子从党内**清洗出去**，这样才能使整个运动充满更大的热情和国际主义精神，充满为了一个伟大目的而牺牲的更大决心；**如果**英、法、美等国决定封锁无产阶级的苏维埃意大利共和国，那么就加快这些国家的革命。

用生手来代替有经验的改良主义或"中派主义"领袖的问题，不是只关系到在某种特殊场合下的某个国家的个别问题。这是任何无产阶级革命都会遇到的普遍问题，因此共产国际第二次代表大会在《关于共产国际的基本任务》的决议中把它作为普遍问题提出来并十分正确地加以解决了。我们在决议的第8节中看到："要为建立无产阶级专政作准备，就不仅要说明……任何改良主义……都是资产阶级性质的……而且要在所有的无产阶级组织中（不仅在政治组织中，而且在工会、合作社、教育等等组织中）用共产党人去代替老领袖……必须比过去大胆百倍地把这些工人贵族或资产阶级化了的工人的代表人物从他们所占据的一切岗位上赶走，宁愿用最没有经验的工人去代替他们，只要这些工人同被剥削群众息息相关，在反对剥削者的斗争中得到这些群众的信任就行。无产阶级专政要求任命这些没有经验的工人去担任国家最重要的一些职务，不然工人政府这种政权就会没有力量，而这个政府就会得不到群众的支持。"①

因此，塞拉蒂说意大利党内"大家"都同意接受共产国际代表大会的决议，是毫无根据的。事实上我们所看到的正好相反。

塞拉蒂在前面我所提到的《人道报》上的那封信中信笔写道：

"……关于最近的事件，应当知道，劳动总联合会（意大利的'全俄工会中央理事会'）的领导者曾经建议让那些要把运动扩大为革命的人来领导运动。我们在劳动总联合会中的同志声明说，如果过激分子领导起义，他们愿意充当一名遵守纪律的士兵。但是过激分子并没有去领导运动……"

如果塞拉蒂对劳动总联合会中的改良主义者的这种声明信以为真，那就太幼稚了。实际上，这是变相的暗中破坏革命：在紧要关头以辞职相威胁。在这里，问题决不在于表示忠诚，而在于：如果领导者在事态的每个困难的转变关头，都遇到"自己人"、上层分子、"领袖"的动摇、彷徨和辞职，革命就**决不能**取得胜利。也许，了解一下以下情况对塞拉蒂同志不会没有好处的：在1917年9月底，当俄国的孟什维克和社会革命党人同资产阶级的联合在政治上显然已经垮台的时候，正是我国的社会革命党即切尔诺夫的那个党，在他们的报纸上写道："将由布尔什维克负责组阁。……希望他们不要枉费心机用匆忙炮制的关于他们不能夺取政权的理论来掩饰自己。民主派不会接受这样的理论。同时，主张联合的人应当保证给他们以充分的支持。"（切尔诺夫的社会革命党的党报《人民事业报》，1917年9月21日。我的小册子《布尔什维克能保持国家政权吗？》，1917年彼得格勒版第4页上曾引用过这一

---

① 见本卷收录的《关于共产国际第二次代表大会的基本任务的提纲》第8条。——编者注

段话。)①

如果革命工人相信这种声明的坦诚,那就和相信匈牙利的屠拉梯分子一样,犯了致命的错误,后者答应过帮助库恩·贝拉,并且参加了共产党,但是他们毕竟还是暗中破坏革命的人,用自己的动摇葬送了匈牙利革命。

* * *

现在我来总结一下。

(1)意大利革命无产阶级的政党必须表现出最大限度的坚忍不拔、小心谨慎、冷静沉着,以便在即将到来的意大利工人阶级同资产阶级争夺国家政权的决定性搏斗中,正确地估计总的情况,特别是估计适当的时机。

(2)同时,这个政党的整个宣传鼓动工作必须贯穿坚定的精神:团结一致、高度集中、无私无畏,竭尽一切努力把这个斗争进行到最后胜利,无情地消除充斥在屠拉梯分子中的那种动摇、踌躇和彷徨情绪。

(3)现在塞拉蒂主编的米兰出版的《前进报》(«Avanti!»)进行的这种宣传,不是教育无产阶级去进行斗争,而是瓦解无产阶级的队伍。在这种时刻,党中央委员会应当领导工人,教育他们去进行革命,驳斥不正确的观点。这一点是可以(而且应当)进行的,同时也让各种派别发表自己的意见。塞拉蒂是在领导,但是他领导的方向不对。

(4)开除所有参加1920年10月11日艾米利亚雷焦代表大会的人,不会削弱党而会加强党,因为这样的一些"领袖",**即使仍然是忠诚的**,也只能"按匈牙利方式"葬送革命。白卫分子和资产阶级很会利用甚至是完全"忠诚的"社会党人、社会民主党人之流的彷徨、动摇、怀疑和缺乏信心等等。

---

① 中文见《列宁全集》中文第2版第32卷第295页。——编者注

(5）如果巴拉托诺、扎纳里尼、巴契、贾科米尼、塞拉蒂这些人动摇和要求辞职，那就不要挽留他们，而是马上接受他们的辞职。决定性搏斗时期过后他们会回来的，那时他们对无产阶级将会有用些。

（6）意大利的工人同志们！不要忘记历次革命的历史教训，不要忘记1917—1920年间俄国和匈牙利的教训。意大利的无产阶级面临着最大的搏斗、最大的困难、最大的牺牲。战胜资产阶级，使政权转到无产阶级手中，巩固意大利苏维埃共和国，这一切都取决于这些搏斗的胜负，取决于工人群众的团结性、纪律性和忘我精神。意大利和世界各国的资产阶级将倾尽全力，不惜干出各种罪恶勾当和野蛮行径，不让无产阶级得到政权或推翻无产阶级的政权。改良主义者和所有参加1920年10月11日艾米利亚雷焦代表大会的人是必然会动摇、彷徨、踌躇的，因为尽管这一类人中很多还是十分真诚的，但他们在各个时期，在各个国家都曾经因自己的动摇而葬送革命事业。这一类人已经葬送了匈牙利革命（指第一次革命，接着还将有第二次革命……）；在俄国，如果不是把他们从一切重要工作岗位上撤下来，如果无产阶级不怀疑、不警惕、不监督他们，他们也会葬送掉革命的。

意大利的被剥削劳动群众一定会跟着革命无产阶级走的。胜利最后一定属于无产阶级，因为无产阶级的事业是全世界工人的事业，因为只有建立工人的苏维埃共和国才能防止还会不断发生的帝国主义战争，才能防止酝酿中的新的帝国主义战争，才能摆脱资本主义奴役和压榨的惨祸。

1920年11月4日

2
关于自由的假话
（代后记）

在苏黎世出版的瑞士左派社会党报纸《民权报》(«Volksrecht») 的编辑诺布斯同志，不久以前在该报上刊登了季诺维也夫关于必须同机会主义者决裂的信，以及他自己对这封信的冗长的答复。概括起来说，诺布斯对于接受 21 项条件和加入共产国际的问题作了坚决的否定的回答——这是为了"自由"，当然是为了批评的自由，为了摆脱过分严格的要求或者摆脱莫斯科独裁统治的自由（我没有保存诺布斯的文章，只能凭记忆引证，只能保证意思准确，不能保证措辞没有出入）。

同时，诺布斯同志拉塞拉蒂同志做盟友，大家知道，塞拉蒂同志也不满意"莫斯科"，就是说，尤其不满意共产国际执行委员会的俄国委员，并且也抱怨莫斯科破坏了共产国际各个组成部分即各个党和各个成员的"自由"。因此稍微谈谈"自由"并不是多余的。

我们经历了三年的无产阶级专政，现在完全可以说，全世界最流行和最普遍的反对无产阶级专政的论调就是指责它破坏自由和平等。各国的一切资产阶级报刊，直到包括考茨基、希法亭、马尔托夫、切尔诺夫、龙格等等在内的小资产阶级民主派即社会民主党人和社会党人的报刊，也正是猛烈攻击布尔什维克破坏了自由和平等。从理论上来看，这是完全可以理解的。希望读者回忆一下马克思在《资本论》中说的一段充满讽刺的名言：

"劳动力的买和卖是在流通领域或商品交换领域的界限以内进行的，这个领域确实是天赋人权的真正伊甸园。那里占统治地位的只是自由、平等、所有权和边沁。"（《资本论》1920 年俄文版第 1 卷第 152 页，第

2 篇第 4 章末)①

　　这段充满讽刺的话包含了最深刻的历史内容和哲学内容。应该把这段话和恩格斯在他的《反杜林论》中对这一问题所作的通俗说明加以对照，特别是和他下面这句话加以对照：平等的概念如果不归结为消灭阶级，那就是偏见或胡说。②

　　消灭封建主义及其遗迹、实行资产阶级的（也可以说是资产阶级民主的）制度的原则，在世界历史上用了整整一个时代。而这一世界历史时代的口号必然是自由、平等、所有权和边沁。消灭资本主义及其遗迹、实行共产主义制度的原则，构成现在已经开始的世界历史的新时代的内容。我们这一时代的口号必然是而且应当是：消灭阶级，为了实现这一目的而实行无产阶级专政，无情地揭露小资产阶级民主派关于自由和平等的偏见，同这些偏见作无情的斗争。谁不懂得这一点，谁就丝毫不懂得无产阶级专政、苏维埃政权、共产国际的根本原则等等问题。

　　只要阶级还没有消灭，任何关于自由和平等的笼统议论都是欺骗自己，或者是欺骗工人，欺骗全体受资本剥削的劳动者，无论怎么说，都是在维护资产阶级的利益。只要阶级还没有消灭，对于自由和平等的任何议论都应当提出这样的问题：是哪一个阶级的自由？到底怎样使用这种自由？是哪个阶级同哪个阶级的平等？到底是哪一方面的平等？直接或间接、有意或无意地回避这些问题，必然是维护资产阶级的利益、资本的利益、剥削者的利益。只要闭口不谈这些问题，不谈生产资料的私有制，自由和平等的口号就是资产阶级社会的谎话和伪善，因为资产阶级社会用形式上承认自由和平等来掩盖工人、全体受资本剥削的劳动者，即所有资本主义国家中大多数居民在经济方面事实上的不自由和不

---

　　① 见《马克思恩格斯文集》第 5 卷第 204 页。——编者注
　　② 见《马克思恩格斯文集》第 9 卷第 112—113 页。——编者注

平等。

现在在俄国，由于无产阶级专政在实践上提出了资本主义的根本的**最后的**问题，人们非常明显地看到，关于自由和平等的笼统议论究竟是**为谁服务**（cui prodest？"对谁有利？"）的。社会革命党人和孟什维克，切尔诺夫之流和马尔托夫之流向我们谈论的是**劳动民主派范围内**的自由和平等（瞧，他们决没有笼统议论自由和平等这种过错！他们绝对没有忘记马克思的教导！），我们就问他们：在无产阶级专政时期怎样处理雇佣工人阶级和小私有主阶级的区别呢？

劳动民主派范围内的自由和平等是农民小私有者（即使他是在国有化了的土地上进行经营）以投机价格出卖余粮的自由，**即剥削工人**的自由。在资本家已被推翻，而私有制和贸易自由仍然存在的情况下，任何提倡劳动民主派范围内的自由和平等的人都是剥削者的维护者。因此无产阶级在实现自己的专政的时候，应当像对待剥削者一样来对待这种维护者，尽管这种人也自命为社会民主党人、社会党人，甚至自以为已经意识到第二国际的腐朽性等等。

只要还存在生产资料私有制（即使土地私有制已经废除，还存在农具和耕畜的私有制）和自由贸易，资本主义的经济基础也就存在。而无产阶级专政则是同这个基础进行胜利斗争的唯一手段，是消灭阶级的唯一途径。不消灭阶级，就谈不到个人的真正自由（**不是有产者的**自由），就谈不到人与人之间在社会政治关系上的真正平等（**不是有产者和无产者**、饱食者和挨饿者、剥削者和被剥削者之间的**虚伪的平等**）。无产阶级专政就是要消灭阶级，其途径，一方面是推翻剥削者，镇压他们的反抗；另一方面是中立小业主，使他们在资产阶级和无产阶级之间的动摇不定不至于造成危害。

诺布斯和塞拉蒂两位同志讲了假话，这当然并不是说这两位同志虚伪、不真诚。完全不是这样。他们是十分真诚的，在他们的言论中没有任何主观上的虚伪。但是在客观上，从内容来看，他们讲的是假话，因为这些言论是在维护小资产阶级民主派的偏见，是在维护资产阶级。

共产国际无论如何不能不管任何愿意签署一定声明的人的政治行为就承认他们的自由和平等。这对共产主义者来说，就同承认"劳动民主派范围内"的自由和平等这类东西一样，是理论上和政治实践上的自杀。每一个能够阅读并且**愿意**了解所读的东西的人都很清楚，共产国际的一切决策、纲领、决议、决定和条件都**不是无条件地**承认愿意参加共产国际的人的"自由和平等"的。

我们承认"自由和平等"的条件究竟是什么呢？共产国际成员的自由和平等的条件究竟是什么呢？

条件就是像瑞士和意大利的社会党右翼著名代表人物这样的机会主义者和"中派分子"不能成为共产国际的成员。这是因为不管这些机会主义分子和"中派分子"怎样签字画押，说他们承认无产阶级专政，实际上他们仍然是小资产阶级民主派的偏见、弱点和动摇的宣扬者和维护者。

首先是同这些偏见、弱点和动摇决裂，同宣扬、维护和体现这些观点和特性的人决裂。然后，只有在这个条件下，才有参加共产国际的"自由"，才有事实上的共产主义者（不是口头上的共产主义者）同共产国际的任何其他共产主义者成员的平等。

诺布斯同志，您要维护您所维护的观点，这是您的"自由"。但是，我们宣布这些观点是对无产阶级事业有害、对资本有利的小资产阶级偏见，我们拒绝同维护这些观点、维护与这些观点相适应的政策的人结盟或结社，这是我们的"自由"。我们**已经**以共产国际第二次代表大会的名义谴责了这种政策和这些观点。我们已经说过，我们要求必须无条件地先同机会主义者决裂。

诺布斯同志和塞拉蒂同志，不要笼统地谈论自由和平等吧！你们谈论的自由是**不执行**共产国际关于必须无条件地同机会主义分子和"中派分子"(机会主义分子和"中派分子"不能不危害无产阶级专政,不能不暗中破坏无产阶级专政)决裂的决定的自由。你们谈论的平等是机会主义分子和"中派分子"同共产主义者的平等。我们就是不能承认共产国际内有这样的自由和平等,其他任何的自由和平等都可以承认。

在无产阶级革命的前夕,取得成功的最主要和最基本的条件,就是革命无产阶级的政党要有摆脱机会主义分子和"中派分子"的自由,要有摆脱他们的影响,摆脱他们的偏见、弱点和动摇的自由。

1920 年 12 月 11 日

载于 1920 年 12 月 20 日《共产国际》杂志第 15 期

译自《列宁全集》俄文第 5 版第 41 卷第 409—429 页

附录　列宁关于共产国际第二次代表大会的文献

共产国际第二次代表大会材料

(1920年6—7月)

1
关于草拟民族和殖民地问题提纲①

(不晚于6月5日)

民族问题委员会(1920年6月1日)。

我们的党纲
关于民族问题

　　(党纲的分项)。

奥地利的经验。
乌克兰的经验。
比利时的经验。
阿尔萨斯-洛林。
巴尔干的经验。
丹麦和德国的关系。

> 德国的分离主义?

---

① 中译文见《列宁全集》中文第2版第39卷第429—431页。——编者注

东方各民族：

巴什基尔人

鞑靼人

吉尔吉斯人

土耳其斯坦各民族

同泛伊斯兰主义的斗争

各殖民地……

美国与黑人。

务必征询斯大林的意见。

第1条——接近……接近的形式……

具体建议**如何**接近。

由讲几种语言的工人组成的一个共同组织（政党？）？

或者是若干民族分部？

财政？公职人员的任命？

（2）废除特权。

（a）形式？

法律？

行政实践？

（b）宪法中的

"完全平等"？

参看俄罗斯联邦宪法

其他法律等等。

（c）"承认殖民地和没有平等权利的民族有分离权"

实际保障：不但在口头上，而且**在实际上**（制定细则和具体明确——在议会等处发表声明的**形式**）。

即：在实际上**帮助**殖民地的革命斗争和起义。

（3）联邦制式的联合——作为走向完全统一的过渡形式。

俄罗斯联邦的经验：具体考虑联邦制所包含的**内容**（铁路、邮政、军事、**国民经济**及其他）。

载于1945年《列宁文集》俄文版第35卷

译自《列宁全集》俄文第5版第41卷第437—438页

2
关于共产国际基本任务的提纲①
（不晚于7月4日）

题目：
- 实质（第1—5页）。
- 一 无产阶级专政和苏维埃政权的"实质"。胜利的条件。
- 二 夺取胜利的准备。
- 三 纠正路线。

一 无产阶级专政和苏维埃政权的实质

（第1—5页）（§§1—4）。

1. 引言。

1. 第三国际的主要概念和"实质"即灵魂是无产阶级专政和苏维埃政权。

"时髦"、盲动、欺骗。曲解。错误。

---

① 中译文见《列宁全集》中文第2版第39卷第432—441页。——编者注

一

2. 无产阶级专政的"实质":

2. 独立的任务　　(α) **粉碎**剥削者和**镇压**他们的反抗；
　　非独立的任　(β) **引导**全体被剥削劳动者，**启发**、**组织**；
　　务　　　　　(γ) **中立**动摇者（部分半无产者、部分中小业主）
　　　　　　　　((**使之不起有害的作用**))。

3. 苏维埃就是**为了**这些，**处在**这场斗争**之中**；离开这个斗争就是空的

$$\left\{\begin{array}{l}\text{只有被压迫阶级}\\+\text{少数中立者}\end{array}\quad\text{等等}\right\}$$

怎样取得胜利？ **3.**
　　4. 为了**粉碎**，必须夺取政权……
　　　　（上层）
　　　　（政治上的优势＋军事上的优势）破坏国家机构
　　　　（工人、农民和红军代表苏维埃）
　　　　没收、不是赎买
　　　　驱逐和监视。
　　5. 为了**引导**，必须**剥夺**剥削者来改善生活状况
　　　　（下层）
　　　　——带领、组织、启发（党和苏维埃）。
　　6. 为了**使之不起有害的作用**，应该把**两种**方法巧妙地、及时地、
　　　　（中层）　　　　　　　　　　　　灵活地结合起来。

4.　7. 结果产生了党和苏维埃；先锋队和群众；组织及其基础。
　　　　+§3

二、口头上和实际上承认无产阶级专政。

二、应该如何立刻在各处为建立无产阶级专政作准备？

　　（第5—14页）（§§5—13）

5. 在大多数国家内，无产阶级还没有为建立自己的专政作好准备（往往还未开始），更不用说为使上层垮台作好准备。

　　　　从另一个方面，像第二国际那样口头上的"承认"。

6. §8. +因为无产阶级专政是一种不仅用论据而且用武器反对改良主义的斗争（揭露）

　　　　（芬兰、俄国、匈牙利、波兰、德国）。

8.　§9. 代替

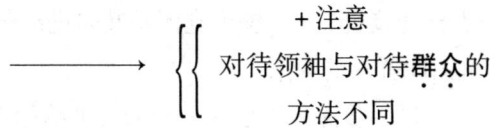

9. §10. 领导（共产党支部）

　　　　　　　　　　　+注意
　　———→ {{ 对待领袖与对待**群众**的
　　　　　　　　　　方法不同

10. §11. 在议会里，同上
11. §12. 联系群众
12. §13. 罢工，同上
　　　　7. §14. 同敌人合作附加于§8

13. §15. 不合法组织
　　{注意+结合合法的+不合法的工作

二

8. 如何现在就为建立无产阶级专政作准备？

划清同改良主义者的界线；不断揭露他们；向群众说明他们的错误和弱点。否则，就不能作好建立无产阶级专政的准备。

无情地揭露错误、弱点、背叛（1919年7月20日的罢工和多次罢工）。

分析议员的演说及他们的策略。

9. 到处（议会、工会、合作社、俱乐部等等）都用新的、年轻的、没有经验的、无产阶级的革命分子取代老的机会主义者。（尽管没有经验，却是革命的并与群众**息息相关的**）。

10. 普遍建立共产党支部。既在工人运动中也在小农运动阶级中（部分地）。进行鼓动和领导。

11. 对议会党团进行特殊的监视、监督和纠正。服从中央作委员会。"共产党支部"（=**整个党团及其先进部分**）。

12. 巩固同群众的联系。

进一步深入下层——到未受训练的人、农业工人、士兵、仆人中去。

工人"贵族"中的工作的性质。

先锋队应有作出牺牲的决心。

13. 积极支持罢工和自发运动。党必须参与、帮助、发展等等。

　　　　　　　　　　　　　　　　　| 罢工狂热、无政府主义的罢工 |

14. 宣传的性质：从无产阶级专政的观点来说必须更加具体化。

同敌人合作？

思想：同小业主一起？**反对**他们！

"自由和平等"：对哪个阶级？

谁和谁？

无产阶级专政下的不平等和不自由。

15. **不合法组织**。

芬兰和匈牙利

德国

美国、法国、英国、意大利

（白卫军；精锐部队；逮捕。）

16. 国际工人运动内部的主要敌人主要仍然是上层人物和领袖的**机会主义**，既存在于工联、合作社等组织里，也存在于<u>德国独立党、英国独立工党、法国社会党、瑞士社会党和美国社会党</u>之类的政党中。

它们承认了无产阶级专政，但这在实际上并没有改变它们的机会主义政策。

因此，它们**不能立刻**加入第三国际。首先应该：

(a) **由它们**宣传第三国际第一次和第二次代表大会的所有决议

(b) 使它们**所有的**党支部和党组织讨论这些决议

(c) 向第三国际执行委员会提供机会参加这一讨论2—3个月

(d) 召集有关党的紧急代表大会

(e) "清除"它们的机会主义领袖，并**实际上**纠正其政策。

18. 对于意大利社会党的改良派，特别是议会（＋工会＋合作社）里的改良派，也必须**清除**。

19. 另一方面，**左派**的错误现在危险性仍较小，只要服从第三国际第一次和第二次代表大会并纠正策略，就**不会妨碍**其**立刻**加入。

这些错误（主要）是：

(a) 党和"群众"（笨蛋）　　　{ 必须召开特别代表大会 }

(b) 议会活动　　　　　　　　和

(c) 工会。　　　　　　　　　{ 刊载共产国际的决议 }

政党和小组（一部分已加入，一部分还没有）：
共产主义工人党（德国）。**美国**部分地。
法国和**意大利**工团主义和无政府主义分子的一部分（＋抵制派）。
瑞士共产党
世界产业工人联合会（部分地）和工人社会主义联盟＋车间代表委员会
荷兰共产党

维也纳的《共产主义》杂志。

注意　**无政府主义**中较好的东西可以而且**应该**吸收。

总结

20. 革命工人运动发展情况非常好。

必须根据第三国际的全部决议纠正策略和整顿组织——主要有如下各点：

(a) 各共产主义小组＋世界产业工人联合会＋独立工党的左派＋英国和美国工联的左派。接近和融为一体，

(b) 同上，两个共产党＋"独立"党的左派（在德国共产党的基础上），

(c) 用法国社会党共产主义派的精神和劳动总联合会共产主义派的精神来改造法国社会党，

(d) 清洗意大利党，

(e) 清洗，在小国内，

(g) 同东方的和殖民地的革命运动接近和融为一体。

＋补充

关于罢工：领袖们的背叛。

改良主义者＝工人运动中的资产阶级代理人。

同资产阶级的斗争＝同其代理人的斗争。

对第二部分的补充

§出版自由

有钱的报社

新闻报道由国家掌握

托拉斯

纸张

司法追究和逮捕。

小报（50行）

一周出版几次。

为此要夺取印刷所

代替＋补充。

一、A

（1）**右派**：

德国"独立"党

英国"独立"党

法国社会党

　　立刻加入**不可能**：

　　特别代表大会

　　🙵 肃清

　　　等待经验

　　它们的机关刊物。

> 向共产国际提供机会出版一系列**它自己的**小册子

（2）**肃清**意大利党内的改良主义。

二、B

左派的错误

（α）"群众"？（笨蛋）

（β）集中制的党的作用

（γ）议会活动

（δ）工会。

机关报刊目录

《工人无畏舰》周刊

共产主义工人党（德国）

《共产主义》杂志（维也纳）

瑞士共产党

世界产业工人联合会

荷兰党

（《论坛报》）

立刻加入

不加入是可能的。

　　必须**在特别代表大会上**纠正。 ➤

三、纠正加入或愿意加入共产国际的各政党的路线（以及部分地改变其成分）。

13. 与第二国际不同，应更直接地提出问题和更加集中。

14. 三个重要的党（德国"独立"党＋英国的＋法国的）＋美国社会党＋瑞士社会党（如果属实）。

15. 不能立刻接受非共产主义政党的旧成分和工作性质

(α) 在**一切**定期的出版物上公布

(β) 由**各个**支部讨论

(γ) 在特别**代表大会**上讨论

(δ) 消除

(ε) 把党的**一切**机关刊物交给共产主义者

(ξ) **用事实**证明。

16. 这些政党中的共产主义者？部分应留下，部分参加共产党。

{ +工党 }

17. 意大利党　　　　　同上，瑞士党

《新秩序》（翼）　　　　　+挪威党　?

18. "左派" 名单

可以立刻吸收。

除清除外，还是那些条件。

---

18. 特别应当接近世界产业工人联合会和车间代表委员会。

{ 那里有四种流派。无产阶级专政 } 吸收**无政府主义**中好的东西。

译自《列宁全集》俄文第5版第41
卷第439—447页

3
关于"无产阶级专政"这个概念的内容和反对对这个口号的"时髦"曲解的决议提纲①

(7月4日)

1. 正是把无产阶级中革命的,而且仅仅是革命的那一部分人选拔到**党**内,并把**党**内同样的这一部分人选拔到党的各个中央领导机关。

2. 经常向群众揭露党内和工人运动中的改良主义和机会主义。

3. 在党支部、工会、合作社、俱乐部、文化教育组织中,总之,在无产阶级的**一切**组织中,用革命的领袖取代机会主义的领袖。

4. 在所有各种形式的工人组织和小农组织中建立共产党支部,以便由党对整个工人运动(和部分小农运动)实行经常的领导。

5. 一定要任用那些真正革命的,完全摆脱了和平工作、议会活动和合法主义等传统、习惯和偏见的工人,哪怕他们十分缺乏经验,但他们(1)能够同改良主义和机会主义作斗争,(2)同无产阶级的最广大群众和无产阶级的最革命的那一部分有紧密联系,——要任命足够数量的这类人担任党的最重要的职务,特别是让他们进入党的中央委员会和**议会小组**以及所有最重要的机构(以争取由党来掌握它们)。

6. 议会党团特别具体地服从党中央委员会的领导,党中央委员会对议会党团进行特别严格的监视。

7. 同敌人合作的人,主张无产阶级同资产阶级和私有者结成同盟的人(和传播这种思想的人),应当不仅仅是指直接传播这种思想、赞

---

① 中译文见《列宁全集》中文第2版第39卷第442—445页。——编者注

成在政府中结成同盟之类的人，还包括**间接**传播这种思想的人，如主张工人阶级和小私有者阶级平等，主张他们的观点有平等权利等等。

8. 改良主义者（或与改良主义搞调和）的机关刊物……①《人道报》，必须停刊。党应该只有一个**中央**的机关刊物，它应具有真正革命的方向，而不能像《**人民报**》或《**自由报**》那样。党的一切刊物应有统一的思想，共同的方针，即为建立无产阶级专政**作准备**。

<u>9.</u> 进一步深入群众。不仅为工人贵族，而且为未受训练的群众。不仅为城市，而且为农村。在群众中进行鼓动，不仅仅宣传（同英国社会党相反）。

小报免费散发给落后工人，费用从先进工人的捐款中开支。

无产者到群众中去，支援罢工者、雇农。

<u>10.</u> 向群众公开分析机会主义领袖的错误和背叛行为（1919年7月20—21日的罢工**等等**）。

在报刊上分析议员演说中的**一切**机会主义错误和弱点等等。

11. 结合一切事由、在一切方面、在生活的各个领域经常进行；阐明无产阶级专政的**具体**任务，即：

（a）镇压剥削者（包括富农和怠工的知识分子）的反抗；

（b）没收，因为现在，1914—1918年以后，赎买已不可能；

（c）对剥削者和资产阶级知识分子进行特别的监视；

（d）立即采取革命措施，以**剥夺**剥削者来改善

　　　　工人

　　　　一切被剥削群众

　　　　小农

的生活；

---

① 手稿上有一词无法辨认。——俄文版编者注

(e) 中立小私有者

$$\left.\begin{array}{l}\text{中农}\\ \text{手工业者}\\ \text{小企业主}\\ \text{部分资产阶级知识分子}\end{array}\right\}$$

即不让他们倒向白卫分子；

(f) 镇压反抗，需要果断，才干，能力和专门机构。

1. 总结＝(α) 粉碎

　　　　(β) 引导

　　　　(γ) 中立。

12. 清除……

13. "出版自由"？——"集会自由"？——"人身自由"？

党＝先锋队

(αα)（1）革命的部分

(ββ)（2）与**群众**联系的。

立刻准备：$\left\{\begin{array}{l}\text{2. 3. 4. 5. 6（+13）. 7.} \quad \alpha\alpha\\ \text{8. 9. 10.} \quad\quad\quad\quad\quad\quad \beta\beta\end{array}\right.$

主要危险：右派，即那些未撤换掉的领袖。

三个政党（+美国社会党）（+瑞士社会党？）。**不可以**立刻加入。

左派。他们的错误。**可以**立刻加入。

意大利党（或许+英国社会党？）内的改良主义

注意

　　关于法国党和报刊的委员会：

洛佐夫斯基　塞拉蒂
＋布哈林　　德利尼埃尔
＋吉尔波　　＋
　　　　　　沙杜尔

载于1935年8月1日《共产国际》杂志第22期

译自《列宁全集》俄文第5版第41卷第448—451页

4

《关于国际形势和共产国际基本任务的报告》的草稿和提纲初稿[①]

（7月10—19日）

我的关于共产国际基本任务的报告的草稿

国际形势和共产国际的		单位百万	
基本任务（报告提纲）	总数＝1657.0	（大约）美国＋	
	总数＝1600－1700	日本	150
		大不列颠	50

---

① 中译文见《列宁全集》中文第2版第39卷第446—454页。——编者注

1. 1914年和1920年瓜分世界（帝国主义的本质）

2. 资本主义一切矛盾在**世界**范围内极大尖锐化。

3. 破 产——崩 溃——经 济 危 机。战胜国间的分崩离析。

4. 不是"绝对的"没有出路，而是要**利用**危机进行**革命**。

$$136$$
$$+\ 117$$
$$\overline{\text{总数}=253}$$

{ 参看第二国际：斯图加特和巴塞尔。 }

《帝国主义》？第82页：1876年六个主要大国的殖民地人口占18%——27380万（25000万）

1914年殖民地人口为52340万（>5亿）

其他殖民地人口为　4530万
半殖民地人口为　36120万

总数＝92990万

| 世界状况 | 单位十亿 |
殖民地和战败国人口为1¼
人口总数为　　　　1¼

（1914年）
俄　国——136.2
德　国——64.9
奥地利——30.9
匈牙利——21.4

117.2
＋保加利亚——5

（a）债务
（b）工资和物价
（c）采煤量

　　　　　　　　　　　　　　(d) 汇率

　　　　　　　　　　　　　　(e) 赢利

　　　　　　　　　　　　凯恩斯《和约的经济后果》
　　　　　　　　　　　　1919年版

5. 革命情绪——思想——运动的　　第12页：我们　　　┌─────────────┐
　　增长　　　　　　　　　　　　知道，这一切　　　│战争"创造了　│
　　（在全世界）。　　　　　　　都会过去。　　　　│革命的条件"　│
　　（参看拉姆赛·麦克唐纳）　　　　　　　　　　　└─────────────┘

　　　　　　　　　　　　　　第12—13页：
　　　　　　　　　　　　　　"都会过去……"

6. 机会主义＝第二国际的本质。　"对各种社会力量因素横施暴力"。
　　工人运动中的资产阶级代理人。
　　经济根源。　　　　　　　　┌─────────────────────┐
　　　　　　　　　　　　　　│奥托·鲍威尔《布尔什维主义│
　　　　　　　　　　　　　　│还是社会民主主义？》1920年│
　　　　　　　　　　　　　　│维也纳版第111页。1920年　│
　　　　　　　　　　　　　　│4月12日《前进报》　　　　│
　　　　　　　　　　　　　　└─────────────────────┘

┌─────────────────────┐　1914年80—　　仅对三个大国的
│帝国主义？第64页：英、│　100亿法郎　　债务（1920年）
│法、德三个国家的资本输│　1920年100　　＝40亿英镑
│出一年可获利（利率5%）│　—200—300　（凯恩斯：254），
│80—100亿法郎。　　　 │　亿??　　　　即＝1000亿法
└─────────────────────┘　　　　　　　　郎，5%＝50亿
　　　　　　　　　　　　　　　　　　　　　　　法郎

7. "清洗"各革命政党中的这些代理人

　　在俄国 1903 年——1917 年——1920 年。

　　在欧洲和美国 1915 年——1920 年——

　　（我们不能吸收：首先你们要转变）。

8. 左的错误。

　　发展过程中的病症。

　　（准备立即吸收：你们要改正）。

> ×）"民主是这样一种国家形式，在这种形式中国家内部的力量分配**仅仅**〈黑体是奥·鲍·用的〉是由各种社会力量因素决定的"，**而不是暴力**决定的。（第 109 页）

> ×）五种"社会力量因素"
> (1) 人数；(2) 组织能力；(3) 在生产和分配过程中所占的地位；(4) 积极性；(5) 教育程度。

9. **殖民地国家的革命运动**。

　　东方。共产国际**实际上**的全世界性。

10. 总结＝共产国际现在不是宣

　　传家的协会，而是工人阶级**大**

　　军实践运动的**开始**。

　　不是革命是否很快到来的问题，

　　而是要加速无产阶级的**准备**，

　　这是问题的**实质**。

共产主义思想的增长。

（帝国主义战争的作用）。

运动的转折时刻。

工人阶级中被收买的上层分子的作用

（80—100亿法郎）。

机会主义＝资产阶级的社会主义。

"左派"＝无产阶级的社会主义，它的成长。

总结＝坚定地前进。

(1) 1914年和1920年瓜分世界。

(2) 各种矛盾（世界范围）极大尖锐化。

(3) 破产——崩溃——经济危机。

(4) 绝对没有出路？

　　　　不。革命行动应该借此打击没落势力。

(5) （参看麦克唐纳）和全世界的革命情绪——思想——运动的增长。

(6) 机会主义＝第二国际。

　　经济根源　1914年：‖80—100亿

　　　　　　　1920年：‖300—400亿？？

(7) "清洗"俄国和欧洲＋美国。

(8) 左的错误。发展过程中的病症。

(9) **殖民地**国家中的革命运动：东方。

(10) 总结，不是宣传家的协会，而是大军实践运动的**开始**。

1250/175　　　　250① 约300　　　　俄国　　　　——130

1050　　　　　　600 殖民地的　　　战败国

---

① 数字被勾掉了。——俄文版编者注

2000① 　　　　　400 半殖民地的　　德国+奥

1225 　　　　　1000　　　　　　　匈帝国+

250　　　　　　　　　　　　　　保加利亚　　　120

750　　　　　　　　　　　　　　　　　　　　250

　　俄国　　　　　1

　　　　　　　　130

　　德国一类　　120　　　　　　1¼

　　　　　　　　250

　　　　　　　　250　　　　　　¼ 各种工厂

　　{100}

200　{50}　　　 250　　　　　　¼ 债权国　　$\binom{100}{美国}$

{50}　　　　　　1750　　　　　1¾ 单位十亿

　　　　　　　　凯恩斯，254　　　　凯恩斯 254

　　　　　　　　　　　　　　　　　单位十亿英镑

合众国——+19（单位十亿卢布）

　　　　（½美元，⅒英镑）+1.9

英国　　+17½（+6 俄国）　　　　+1.74（+0.57）

　　　　－8½　　　　　　　　　　－0.84

法国　　+3½（1½俄国）　　　　　+0.35

　　　　－10½　　　　　　　　　－1.06

　　　　+40（单位十亿）　　　　　债务

　　　　　卢布

　　　　－19

---

① 数字被勾掉了。——俄文版编者注

白痴凯恩斯建议废除债务："大发慈悲"(255)

布劳恩	用黄金
债务	单位百万马克
七个国家	-109.2(1914年)
	776(1920年)

各国债务与国家财产的比例

法国和英国是 52—54%　　　　现在>50%

意大利和奥地利是 65—70%　　(德国 49.7%)

布劳恩,　　俄国是 90%

第8页　　{ 合众国 13%
　　　　　　日本 11% }

国际形势和共产国际的基本任务

(1876年)　　　　　　　　　　　**注意**

1914年瓜分世界　　　　　　　+殖民地和附属国人民的革命运动

——和现在相比较　　　　　　　左的错误…

六个强国——德国

英国——美国

日本

千百亿　　　　　　　　　　　总结＝我们已经不是宣传家的协会,

破坏　　　　　　　　　　　　而是在世界范围内**开始**准备的**实际**

通货膨胀　　　　　　　　　　作战大军的总和。

原料

事实

"享有特权的
国家……"
战争的"精神"后果
巴塞尔宣言和1920年
革命情绪
(参看拉姆赛·麦克唐纳)……
  1914年
机会主义者：80—100亿
   1920年：
    200—300亿??
工人贵族阶层特权阶层的
道德败坏
"清洗"各工人政党，驱逐出
工人运动。

工资 1914年——1920年——100——150——180%
   布劳恩，第61—62页 （合众国）（130 英国）（意大利）

物价   100——150—200 200—240%
    肉类 140%——190—200%——400%
    牛奶 170 ——230%—— 300%
         （意大利） （英国）
    布劳恩，《泰晤士报》

工资 1920年3月10日《泰晤士报》
（最高）

100——120%	合众国	最高经济
130——170%	英国	委员会
200%——300%	法国+意大利	1920.3.8.

1913—1919 年

60　　130%　日本：布劳恩

采煤量	英　国——20%	布劳恩摘自
布劳恩，第64页	法　国——50%	1920.3.10.
	德　国——37%	《泰晤士报》
	合众国——4%	

1913—1919 年

汇率（和美元比较）	英镑——30%	1920.3.10《泰晤士报》
	法郎——64%	（72%里拉）
	马克——96%	

赢利 50%—40%

　　拉品斯基，第14页。

译自《列宁文集》俄文版第37卷
第222—227页

5
国际形势和共产国际的基本任务①

（报告提纲）

（7月10—19日）

1. 帝国主义是现代经济的基本特征。

　　瓜分世界是帝国主义的基本特征：垄断、银行、金融寡头、国际辛迪加、资本输出、瓜分全世界。

1876年殖民地人口超过25000万

1914年殖民地人口超过5亿

　　10亿 + **半殖民地**

（波斯、中国、土耳其）。

1920年：125000万 = 殖民地 + 半殖民地 ｛ 俄国　13000万
　　　　　　　　 + 战败和经济破产　　　德国 + 奥匈帝国
　　　　　　　　　的国家　　　　　　　　12000万

　　　25000万 = 财政上附属的国家

　　　　　　　　　　　　　　　　　　　｛ 合众国1亿
　　250000万 = 独立国家？　　　　　　　　英国5000万 ｝2亿
　　　　　　　　　　　　　　　　　　　　日本5000万

　　　　　　――――――――
　　　　总数 = 175000万

2. 资本主义的一切矛盾极大尖锐化

　　（a）债务

――――――――
① 中译文见《列宁全集》中文第2版第39卷第455—458页。——编者注

| a 1 | 1914年——5500万金卢布（布劳恩）
| | 1920年——38800万金卢布

| a 2 | 合众国 +190亿卢布
| | 英国 +175亿（俄国60亿）
| 凯恩斯 | −85亿
| | 法国 +35亿
| | −105亿　　　　　总数 = 400亿金卢布。

| a 3 |
| | 债务占　　　　英国和法国　　52—54%
| | 国民财　　　　意大利　　　　65—70%
| | 产的百　　　　俄国　　　　　90%
| | 分比　　　　　**合众国**　　　11—13%
| | 　　　　　　　和**日本**。

(b) 工资和物价

　　　　合众国物价 +120；工资 +100
　　　　英国　　　+170　　　+130
　　　　法国　　　+300　　　+200
　　　　日本　　　+130　　　+60

(c) 赢利：40—50% 赢利

（**拉品斯基**，第14页）

(d) 采煤量（最高经济委员会，载于1920年3月10日《泰晤士报》）：

　　英　国——20%
　　法　国——50%
　　德　国——37%（1913—1919年）
　　合众国——4%

（e）汇率：同合众国比较（上述《泰晤士报》）

英　国——30%

法国和

意大利——60—70%

德　国——90—96%

> **保·莱维**：1920年4月14日在德国共产党代表大会上的报告
> 注意

3. 总结＝破产、贫困、发财。

   战争的目的和性质。

   凯恩斯。他的观点。

4. 战胜国间的分崩离析：

   国际联盟？

   同俄国的战争。

   瓜分土耳其、中国？

5. 总结＝革命危机，革命情绪、思想。

   绝对没有出路？

   不是。

   参看**拉姆赛·麦克唐纳**："我们知道，这一切会过去，会平息的。"

6. 机会主义＝主要的敌人。

   资产阶级民主和**社会民主主义**的破产。

参加克伦斯基政府+芬兰+匈牙利。

奥托·鲍威尔:"对各种社会力量因素横施暴力。"
　　······

7. 机会主义的根源:收买工人中的上层分子

　　80——100亿法郎　　　1914年内　⎫三国资本输出

　　?? 200——300亿法郎　　1920年内　⎭获得的收益

8. 各党和工人运动的"清洗","撤职"

　　　　在俄国　　1903年—1917年—1920年

　　　　在欧洲和美洲　　1915年—1920年—

9. "左倾病"。发展过程中的病症。

10. 殖民地和附属国的人民。

　　东方。运动的发展。　　　　　实际上运动

　　战争训练了他们。　　　　　　具有**世界**性。

　　我们领导125000万

　　苏维埃共和国领导125000万

11. 总结=不是加速革命,而是加速革命的准备。

　　　详细的决议和提纲。

　　不是宣传家的协会,而是共产国际领导的千百万无产者大军实际斗争的开始。

载于1959年《列宁文集》俄文版　　译自《列宁全集》俄文第5版第41
第36卷　　　　　　　　　　　　　卷第452—455页

6
关于杰·坦纳在共产国际第二次代表大会上的发言的笔记①
(7月23日)

坦纳(车间代表委员会)的发言清楚地证明,

(1) 应当**在**第三国际**内**给**同情者**以地位
(2) 对于英国和美国应当作出**特别**说明,尽管我们在议会活动问题上有分歧,但我们建议:

(a) 世界产业工人联合会和车间代表委员会这样形式的群众运动继续同第三国际**结合**

(b) 再一次用长时间讨论这个问题,并在实践中**考验**那些在群众中**没有充分**进行鼓动的、**过去不善于联系群众**的社会党是否有所**改进**。

列 宁

载于1959年《列宁文集》俄文版第36卷

译自《列宁全集》俄文第5版第41卷第456页

---

① 中译文见《列宁全集》中文第2版第39卷第459页。这是列宁在共产国际第二次代表大会第二次会议上听了英国车间代表委员会代表杰·坦纳的发言后写的笔记。在同一次会上,他在作关于共产党的作用的发言时,也谈到了杰·坦纳的这次发言。——编者注

7

对阿·苏尔坦-扎德关于东方社会革命前途的报告的意见[①]

（7月24日和29日之间）

（1）有产剥削阶级的瓦解

（2）大部分居民是受**中世纪剥削的农民**

（3）**小手工业者**——在工业中

（4）结论：**使**苏维埃机构和共产党（党的成分、党的特殊任务）**都适合**于殖民地东方农民国家的水平。

实质就在这里。关于这一点应加以思考并**寻找具体**的答案。

译自《列宁全集》俄文第5版第41卷第457页

[①] 中译文见《列宁全集》中文第2版第39卷第460页。列宁的这几条意见是写在阿·苏尔坦-扎德的报告的德文打字稿上的。这个报告显然是为共产国际第二次代表大会民族和殖民地问题委员会准备的。1920年7月28日，苏尔坦-扎德在代表大会全体会议上作了关于东方社会革命前途问题的报告。——编者注

8
对保·莱维关于民族和殖民地问题提纲的建议的意见①

(7月25日)

(1) 阐述太一般化,它好像适用于**所有的**民族。而现代波斯怎样呢?

请原谅,由于您把德国看做世界上的**唯一的**民族,于是便陷入了"民族布尔什维主义"。

(2) 而如果**资产阶级**(保加利亚的、德国的和另外一些国家的)对英国、法国或其他国家**发动**战争呢?

那时,工人应该怎么办?

抵制?这会是完全错误的。参加,但要保持自己的独立性,同时,**充分**利用**联合**斗争**去**打倒资产阶级。

总结=要么**只**写反对**德国的**民族布尔什维主义,要么完全不写。

载于1942年《列宁文集》俄文版第34卷

译自《列宁全集》俄文第5版第41卷第458页

---

① 中译文见《列宁全集》中文第2版第39卷第461页。——编者注

9
为民族和殖民地问题委员会写的意见[1]

（不晚于7月28日）

利用**中世纪的分立主义**？这太危险；非马克思主义的观点。

应当区别**现代**民族运动和带有中世纪特点的"运动"（所谓的**运动**）。

手稿影印件载于1923年柏林出版的昂·吉尔波《弗拉基米尔·伊里奇·列宁。其本质的真实写照》一书（德文版）

译自《列宁全集》俄文第5版第41卷第460页

---

[1] 中译文见《列宁全集》中文第2版第39卷第462页。——编者注

图书在版编目(CIP)数据

共产国际第二次代表大会文献/戴隆斌主编.
—北京:中央编译出版社,2012.12
(国际共产主义运动历史文献/王学东主编;30)
ISBN 978-7-5117-1538-8

Ⅰ.①共…
Ⅱ.①戴…
Ⅲ.①共产国际-代表会议-会议文献
Ⅳ.①D165
中国版本图书馆 CIP 数据核字(2012)第 292647 号

共产国际第二次代表大会文献

出 版 人	刘明清
出版统筹	薛晓源
责任编辑	郑　锦
责任印制	尹　珺
装帧设计	田晗工作室
排版制作	醍醐(北京)文化发展有限公司
出版发行	中央编译出版社
地　　址	北京西城区车公庄大街乙 5 号鸿儒大厦 B 座(100044)
电　　话	(010)52612345(总编室)　(010)52612335(编辑室)
	(010)66161011(团购部)　(010)52612332(网络销售)
	(010)66130345(发行部)　(010)66509618(读者服务部)
网　　址	www.cctphome.com
经　　销	全国新华书店
印　　刷	北京印刷一厂
开　　本	787 毫米×960 毫米　1/16
字　　数	706 千字
印　　张	55.25
版　　次	2012 年 12 月第 1 版第 1 次印刷
定　　价	320.00 元

本社常年法律顾问:北京市吴栾赵阎律师事务所律师　闫军　梁勤
凡有印装质量问题,本社负责调换,电话:(010)66509618